Klaus Meiß
KIRCHENGESCHICHTE
ZWISCHEN MODERNE UND POSTMODERNE

Klaus Meiß

Kirchengeschichte
zwischen Moderne und Postmoderne

Spuren des lebendigen Gottes – Band 3

francke

Über den Autor:

Dr. Klaus Meiß (*1957) hat Geschichte, Germanistik sowie Pädagogik studiert und unterrichtet seit 25 Jahren junge Erwachsene im Fach Kirchengeschichte. Er ist Direktor des Marburger Bildungs- und Studienzentrums und Geschäftsführer der Francke-Buchhandlung GmbH.

Bibliografische Information Der Deutschen Bibliothek
Die Deutsche Bibliothek verzeichnet diese Publikation in der
Deutschen Nationalbibliografie;
detaillierte bibliografische Daten sind im Internet
über http://dnb.ddb.de abrufbar.

ISBN 978-3-86827-241-3
Alle Rechte vorbehalten
© 2011 by Verlag der Francke-Buchhandlung GmbH
35037 Marburg an der Lahn
Umschlaggestaltung: www.provinzglueck.com
Satz: Verlag der Francke-Buchhandlung GmbH
Druck und Bindung: Bercker Graphischer Betrieb, Kevelaer

www.francke-buch.de

Inhaltsverzeichnis

Vorwort

Jeder Geschichtsforscher hat sein Weltbild, an dem er sich orientiert, und einen Grund, warum er schreibt. Für mich als Historiker geht es schon immer darum, Gott und Menschen zu beobachten. Wie Gott Geschichte macht, bringt mich zum Staunen, manchmal ist das Staunen gepaart mit Schrecken, manchmal mit Freude – immer getragen vom Vertrauen zu Gott! Das sagt viel über mich und mein Gottesbild – und über dieses Buch!

An diesem Buch haben viele mitgewirkt, manche bewusst, manche unbewusst. Manchen davon will ich danken. Thomas Weißenborn verdankt dieses Buch letztlich seinen Aufbau. Als ich ihm vor einigen Jahren das Manuskript meiner Kirchengeschichte überreichte und ihn um seine Einschätzung bat, fragte er mich: Klaus, worin unterscheidet sich das Buch eigentlich von anderen? Diese Frage traf mich wie ein Blitz und ich zog mich und das Buch noch einmal zurück. Inzwischen sind viele Jahre vergangen, und das Buch hat sich verändert. Zu danken habe ich meinen Kollegen am mbs, die auf die eine oder andere Weise die Entstehung begleitet haben. Dankbar bin ich darüber hinaus meiner Frau Anne, die das Buch lektoriert und durch manche gute Frage nicht nur sprachlich verbessert hat.

Dankbar bin ich vor allem meinen Studierenden aus ihren ganz unterschiedlichen gemeindlichen Prägungen, die mir geholfen haben, einen Blick für die unterschiedlichen Konfessionen zu entwickeln und über den wichtigen Unterschieden nie die ganze Kirche Gottes aus den Augen zu verlieren. Wir leben heute mit vielen Erscheinungsformen von Kirchen – aus dem Zeugnis des Neuen Testamentes ist diese Vielfalt aber nicht erwünscht, es ist vielmehr unsere Aufgabe, für die Einheit zu arbeiten. Schon immer zeigen sich in der Gemeinde vielfältige Gruppen und Kreise, man streitet über Meinungen (Röm 14,1ff.), aber über allen Unterschieden sind wir auf den Herrn gewiesen. „Denn keiner lebt sich selber, und keiner stirbt sich selber. Leben wir, so leben wir dem Herrn, sterben wir, so sterben wir dem Herrn. Darum, wir leben oder sterben, so sind wir des Herrn. Denn dazu ist Christus gestorben und wieder lebendig geworden, dass er über Tote und Lebende Herr sei! (Röm 14,5f.). Wir sind nach dem Zeugnis des Paulus zum Frieden und zur gegenseitigen Unterstützung aufgerufen, sollen uns gegenseitig annehmen, wie Christus uns angenommen hat. Diesem Auftrag sieht sich dieses Buch verpflichtet, es will Verständnis wirken und hat die Einheit im Blick, die zwar nicht strukturell erzwungen werden kann, die aber auch niemals aufgegeben werden darf. Daher will das Buch Verständnis wecken und Brücken bauen, ohne andere zu vereinnahmen oder zu verletzen. Zugleich haben wir die christlichen Wurzeln unserer Gesellschaft im Blick.

Klaus Meiß, im Februar 2011

Einleitung

Spuren des lebendigen Gottes

Gott macht Geschichte. Er beruft Menschen wie Abraham, aus einer einzigen Familie lässt er ein Volk entstehen – klein, unbedeutend, verführbar und schwach. Aus ihm beruft er Propheten, die Gottes Willen erkennen und verkünden. In diesem Volk wird er selbst Mensch, ein Teil der Geschichte, „als die Zeit erfüllt war" (Gal 4,4). Mit Jesu Kreuzigung und Auferstehung ist die Geschichte auf ihrem Tief- und Höhepunkt angekommen – die Beziehung zwischen Gott und Mensch ist neu geschaffen, die gute Botschaft läuft nun in die Welt hinaus und lädt alle ein, in das Bundesverhältnis einzutreten. Gott ist durch den Heiligen Geist in den Glaubenden präsent. Es entsteht ein neues Volk Gottes als erste Frucht (Röm 8,23) und eine neue Kreatur (2Kor 5,17; Gal 6,15), eine neue Ordnung und Ära beginnt (2Kor 5,17). Daher zählen wir Christen mit gutem Grund von der Geburt Jesu unsere Jahre.

Gott hat etwas Neues geschaffen – und schafft durch seine Nachfolger Neues! Die Botschaft Gottes wird in Wort und Tat verkündigt, neue Beziehungen entstehen, Menschen leben gegen die alten Standards, weil Jesus auferstanden ist und seinen Geist gesandt hat.

Wie Menschen in dieser Geschichte Gottes ihre Rolle spielen, ihre Herausforderung annehmen oder versagen, das macht Geschichte spannend. Hier kann man wirklich lernen für das Leben: Geschichte studieren, um Geschichte zu machen.

Und diese Geschichte endet nicht mit dem Kreuz auf Golgatha, auch nicht mit dem leeren Grab am Ostermorgen oder dem Missionsbefehl. Diese Geschichte geht weiter, bis in Moderne und Postmoderne.

Herausforderung und Antwort

Einen wichtigen Schlüssel für das Verstehen von Geschichte verdanken wir dem britischen Historiker Arnold J. Toynbee (1889–1975). Seiner Ansicht nach verläuft die Geschichte der Kulturen in der Spannung von Herausforderung und Antwort (*challenge and response*); die Herausforderung kann durch die natürliche oder menschliche Umwelt gestellt sein: Menschen sehen, dass es so nicht mehr weitergeht und dass sie handeln müssen. Eine Kultur steigt dadurch – je nach Art der Antwort – auf oder ab. Alles beginnt insofern mit einer Krise, die gemeistert werden muss.

Die Neuzeit hat mehrere solcher Krisen erlebt, ja sie beginnt mit solch einer 1. Krise, als die Menschen mit den traditionellen wissenschaftlichen und kirchlichen Angeboten nicht mehr zufrieden sind und nach neuen Antworten suchen. Zu vieles wird hinterfragbar und hält Überprüfungen nicht stand. Die Reformatoren setzen die biblische Tradition an die Stelle der mittelalterlichen Lehren (*sola scriptura*). In der Schrift erkennen sie, dass der Mensch sein Verhältnis vor Gott nicht verdienen kann, es ist vielmehr alles Gnade (*sola gratia*). Die Stellung des Einzelnen vor Gott wird wichtiger als seine Stellung in der kirchlichen Gemeinschaft, sein eigener Glaube ist entscheidend (*sola fide*); nach Ansicht von Luther und Calvin gründet dieser Glaube aber nicht in der menschlichen Entscheidung, sondern in Gottes unverfügbarer Erwählung. Insofern trägt der Mensch nichts zu seiner Rettung bei, vielmehr ist alles Gnade.

Gleichzeitig mit der Glaubwürdigkeitskrise der mittelalterlichen Kirche gerät auch das Weltbild in eine Kritik: Bestimmte Phänomene lassen sich besser verstehen, wenn man die Erde als Kugel begreift, die um die Sonne kreist (*heliozentrisches Weltbild*). Diese Erde gilt es zu entdecken – und zu beherrschen. So beginnt die Europäisierung der Erde.

Die nächste Krise beginnt mit der Aufklärung im 17. und 18. Jh., als die Religionskriege zu Ende gehen und die Religionen ihre gestaltende Kraft für die Gesellschaft verlieren. Nicht mehr die Traditionen bestimmen das Denken, sondern das Denken selbst wird zum Ausgangspunkt, wie es Descartes beschreibt. Alles wird mit der Vernunft hinterfragt und die Kirche als Vermittlerin von Bildung verliert ihre Bedeutung. Da man nach allgemeiner Überzeugung im Anschluss an Kant über Gott nichts Verbindliches vernünftig sagen kann, wird der Glaube an Gott Privatsache. Im 19. Jh. stellen immer mehr Denker Gottes Existenz infrage – und am Ende tritt der Zufall an Gottes Stelle. Religion und Kirche treten aus der Gesellschaft immer weiter zurück, eine rasche Säkularisierungswelle setzt ein. Alles scheint auf ein religionsloses Zeitalter zuzusteuern.

Seit dem Ende des 20. Jh. setzt eine neue Krise ein – der Mensch vertraut seiner Vernunft selbst immer weniger, er muss erkennen, dass es eine objektive Naturbetrachtung nicht gibt. Immer verändert der Beobachter das Beobachtete. Alles wird unsicher. Damit wird alles diffus. Alles wird neu möglich – *anything goes*. Zugleich müssen wir erkennen, dass sich das erwartete Glück nicht eingestellt hat. Schon die furchtbaren Materialschlachten im 1. Weltkrieg, der Völkermord an den christlichen Armeniern durch die Türken und der Holocaust gegenüber den europäischen Juden durch die Nazis, der alliierte Luftkrieg wie die nuklearen Katastrophen in Hiroshima und Tschernobyl zeigen, was der menschlichen Vernunft fehlt: ein menschenorientierter Maßstab.

Hier können wir wieder auf Toynbee zurückkommen. Die drei Krisen fordern uns Menschen von heute heraus. Sie fordern uns auch als Christen zur Besinnung auf. Natürlich lassen wir uns nicht von den Anfragen der Moderne von unserem Glauben abbringen. Aber wir müssen zur Kenntnis nehmen, dass die Fragen andere geworden sind und daher unsere Antworten auch anders sein müssen. Die Entdeckung der Gnade, des geschenkten und unverdienten Lebens ist auch heute so aktuell wie zur Zeit der Reformation. Die Frage nach der Nachvollziehbarkeit des Glaubens, die Denker seit der Aufklärung stellen, ist auch heute noch aktuell. Was können wir verbindlich über Gott wissen und sagen? Wir werden anerkennen müssen, dass die Überzeugungen und Fragen der Menschen nicht in Menschenhand liegen, dass es letztlich Gott selbst sein muss, der zu den Gewissen der Menschen spricht. Hier können wir auch als Christen nur für Freiräume zum Denken und Leben eintreten. Die dritte Herausforderung führt uns im Grunde genommen zum Ausgangspunkt zurück: Nicht auf unsere menschliche Leistung kommt es an, wir verdanken uns Gott, nur er kann uns Sicherheit schenken.

Drei Epochen…

In dieser Kirchengeschichte unterscheiden wir drei Epochen: Zunächst betrachten wir die Zeit zwischen **1500 und 1648** – die Zeit der Reformation und Gegenreformation! Noch einmal bestimmen religiöse bzw. theologische Fragen die abendländische Geschichte. In Mittel- und Nordeuropa lösen sich die Völker von der traditionellen Orientierung nach Rom. Hier entstehen neue Kirchen, die einen nationalen Charakter haben. Gleichzeitig erkunden die Europäer die Welt, finden nicht nur den Seeweg nach Indien und China, sondern entdecken auch den amerikanischen Doppelkontinent, der nach seiner Entdeckung kolonisiert und ausgebeutet wird. Zugleich löst das heliozentrische Weltbild große Erschütterungen aus.

In der zweiten Epoche von **1648 bis 1776/89** kommt es zu einer neuen Stufe der Modernisierung, in der religiöse Fragen und Gegensätze langsam zurücktreten und die säkularisierte Vernunft ihre Herrschaft antritt. Kirche und Glaube werden aus dem Zentrum der Gesellschaft gedrängt. Damals entstehen umfangreiche Erweckungsbewegungen, die mitunter ganze Regionen prägen und verändern.

Die letzte Epoche reicht von **1776/89 bis zur Gegenwart**, der Zeit zwischen Moderne und Postmoderne. Sie beginnt mit der amerikanischen Revolution von 1776, als die Gesellschaft ihre Bestimmung in Religionsfragen aufgibt und ihren Bürgern erstmals religiöse Freiheit überlässt! In der französischen Revolution von 1789 sagt man sich erstmals von der christlichen Kirche los und es setzt die Epoche der Säkularisation ein. Mit großem Optimismus sucht man im 19. Jh. das Paradies auf Erden zu schaffen, bis sich im 20. Jh. die autonome Vernunft gegen den Menschen richtet.

... und sieben Längsschnitte

Neben der Einteilung in Epochen teilt dieses Buch die Geschichte in sieben Längsschnitte ein. Das **1. Kapitel** führt in die **Epochen** ein, dabei schauen wir Kultur, Gesellschaft, Wirtschaft, Politik und Weltpolitik an. Die Unterscheidung der letzten beiden Punkte zeigt zum einen die innenpolitische und staatstheoretische Sicht, anschließend soll die internationale Perspektive eingebracht werden. Dass die Politik am Schluss steht, soll nicht ihre überragende Bedeutung zeigen, sondern soll sie gerade zurückstellen, weil dieser Bereich heute oft überschätzt wird. Oft hören wir eher wenig über die kulturellen Veränderungen, daher beginnen wir hier. Gesellschaft und Wirtschaft stellen die Lebensverhältnisse der Menschen dar, aber auch die ökonomischen Grundlagen, in denen Menschen Geschichte machen und erleiden. Natürlich greifen alle genannten Aspekte ineinander, es handelt sich um unterschiedliche Perspektiven, die gemeinsam ein Ganzes ergeben.

Nach der Einführung in die Epochen folgen sechs kirchengeschichtliche Längsschnitte, die auch nur alle gemeinsam das Ganze ergeben. Im **2. Kapitel** wenden wir uns der Geschichte der **Kirche** zu: Von der Trennung der Evangelischen von der mittelalterlichen Kirche, von der Entstehung der Konfessionen über deren Ausgestaltung in der Epoche der Orthodoxie bis zur Entstehung der Freikirchen im 19. Jh. und bis zur Gegenwart.

Im **3. Kapitel** kommen dann **Mission und Evangelisation** in Sicht: Die Welterkundung der frühen Neuzeit ermöglicht den Beginn einer neuen Weltmission. Im 18. Jh. treten evangelische Staaten in das Projekt ein; das Christentum scheint in seinem Siegeszug über die Erde unaufhaltsam, aber im 20. Jh. setzt eine Krise ein. Die Missionstätigkeit wird kritisch hinterfragt, die großen Weltreligionen beginnen ihrerseits mit einem missionarischen Bemühen. Die Kirche muss die eigene Missionsbedürftigkeit in ihren Stammlanden eingestehen und darauf reagieren.

Im **4. Kapitel** wenden wir uns dem Verhältnis von **Kirche und Staat** zu. Seit dem Mittelalter wird die Kirche von den staatlichen Machthabern unterstützt, Kirche und Staat arbeiten eng zusammen, Gemeinde und Gesellschaft überschneiden sich. Der Staat legt seit der Reformation den Glauben seiner Untertanen fest, nur zögernd und langsam entwickelt sich Toleranz (in England und Preußen), im Zuge der amerikanischen Revolution entsteht eine Gesellschaft mit Religionsfreiheit, im 19. Jh. entwickeln sich mit der Französischen Revolution Freiräume für Andersdenkende auch in Europa. Die Religionsfreiheit in evangelischen Ländern wird möglich, die römische Kirche ringt sich dazu auf dem 2. Vatikanischen Konzil durch.

Was wäre die Kirchengeschichte ohne die Frömmigkeit? Daher wendet sich das **5. Kapitel** der **Spiritualität** zu. Zeigen die evangelischen Kirchen zunächst in ihrem Gottesdienst eine deutliche Beteiligung der Gemeinde, so individualisiert sich die Frömmigkeit nach dem 30-jährigen Krieg zunehmend, was nicht zuletzt einen erheblichen Aufschwung von Erbauungsliteratur bedeutet, der bald auch die Bibel nicht nur als Norm aller Lehre nutzt, sondern auch als Erbauungsbuch verbreitet.

Im **6. Kapitel** geht es um die Entwicklung der **Diakonie**, die zunächst vorwiegend als Hilfe für Bedürftige betrieben wird, sich im 19. Jh. dann in der Inneren Mission auch mit der Evangelisation verbindet. Wichern erkennt, dass diakonisches Handeln ohne Vermittlung des Evangeliums zu kurz greift. Durch Stoecker und andere erhält Diakonie eine gesellschaftspolitische Dimension.

Im **7. Kapitel** geht es schließlich um die Auseinandersetzung der **Theologie** mit dem Zeitgeist.

Alle Längsschnitte sind unabhängig voneinander lesbar und verständlich. In den einzelnen Kapiteln wird auf andere Längsschnitte immer wieder hingewiesen, wenn es sich lohnt, den jeweiligen Zusammenhang zu beachten.

	EPOCHE		
	1500–1650	**1650–1776/89**	**19./20. Jh**
1. Einführung in die Epoche	1.1	1.2	1.3
2. Kirche und Gemeinde	2.1	2.2	2.3
3. Mission und Evangelisation	3.1	3.2	3.3
4. Kirche und Gesellschaft	4.1	4.2	4.3
5. Spiritualität	5.1	5.2	5.3
6. Diakonie	6.1	6.2	6.3
7. Glaube und Denken	7.1	7.2	7.3

Angesichts der gewählten Epoche und der Einteilung in Längsschnitte dürfte von vorneherein klar sein, dass nicht wirklich alles Wichtige aufgenommen worden ist. Vieles kann in einer Überblicksdarstellung nur angerissen werden. Dennoch wurde bewusst nicht darauf verzichtet, manche Aspekte auch ausführlicher darzulegen.

Man kann dieses Buch also epochenweise lesen oder längsschnittweise. Man kann mit irgendeinem Kapitel beginnen und sich von dort in sachlicher (Längsschnitte) oder zeitlicher (Epochen) Hinsicht fortbewegen.

Am Ende hilft ein Personenregister, Persönlichkeiten zu finden.

1 Das Zeitalter: Die Neuzeit

1.1 Die frühe Neuzeit: Zwischen Reformation und Revolution (16./17. Jh.)

1.1.1 Weltgeschichtliche Perspektiven: Welt im Aufbruch

Während das Mittelalter durch seine gewaltige Dauer von rund 1.000 Jahren nur wenige Veränderungen aufzuweisen scheint, lässt sich die Neuzeit geradezu als Epoche des Wandels und des Umbruchs beschreiben. Ein Paradigmenwechsel läutet das neue Zeitalter ein: Die Menschen lösen sich aus dem mittelalterlichen Weltbild, in dem sich alles um die Kirche und den Himmel dreht, und wenden sich der Welt zu: So beginnt Europa seit dem 15. Jh. seinen Aufbruch in die Welt.

Über annähernd 1.000 Jahre ist ein neuer Kulturraum herangewachsen, der auf den Traditionen der Antike gründet und über Jahrhunderte von der Kirche vermittelt und verantwortet wird. Beinahe plötzlich stellt man die Kirche als Übermittlerin von Wissen infrage, man begegnet den kirchlichen Überlieferungen zunehmend mit Misstrauen, stellt neu Fragen nach Wahrheit und Gewissheit. Zum einen mag das mit dem enormen Wissensimport nach der Eroberung Konstantinopels durch die Türken 1453 zusammenhängen, als zahlreiche gelehrte Flüchtlinge antike Schriften nach Europa gebracht haben. Zum anderen liegt das auch an den lange sichtbaren Verfallserscheinungen der Kirche, die in eine Glaubwürdigkeitskrise geraten ist. Die fortschrittlichen Kräfte Italiens wenden sich einer neuen Leitkultur zu, die vorchristlich ist: Nicht mehr das biblische Menschenbild, in dem der Mensch Sünder ist und der Rettung durch Christus bedarf, bestimmt die Gelehrten, sondern das antike Menschenbild der Römer und Griechen wird zum Leitbild der **neuen Zeit**. Dieser Modernisierungsprozess erfasst anfangs nur die kleine gebildete Elite, zeigt aber erstmals einen Ansatz von Säkularisierung: Religion und Christentum erleiden einen sozialen Bedeutungsverlust, der in den nächsten Jahrhunderten stetig steigen wird.

Seit Langem fordert man ein Reformkonzil – aber die Päpste zur Zeit der Renaissance haben daran kaum Interesse, sie haben sich allen Freuden des Diesseits zugewendet und genießen ihr Leben in vollen Zügen. Sie scheinen mit ihrer Weltzuwendung sehr moderne Menschen! Ungewollt leisten auch sie der Säkularisierung Vorschub.

Seit dem Späten Mittelalter wird zudem ein enormer Antiklerikalismus fassbar: Bischöfe, Priester, Mönche und Nonnen werden zunächst heimlich beschimpft, dann öffentlich dem Spott preisgegeben. Zu den Gründen dafür zählt auch die unglaubliche Geldgier, die nicht nur die Kurie offen zur Schau stellt und die seit Langem auf Reichstagen beklagt wird und sich in Prunk und Pomp zeigt. Aber auch der kaum authentische Lebensstil der Kirchenvertreter bietet Stoff für Kritik. Um 1500 steht die Volksfrömmigkeit dagegen in voller Blüte, die Geistlichen jedoch erfüllen die Erwartungen der Menschen immer weniger. Mit dem aufkommenden Buchdruck erscheinen Flugschriften, die mit den verschiedensten literarischen Mitteln wie Satiren, Spottgedichten, Dialogen oder Schmähschriften den Antiklerikalismus aufgreifen, populär machen und immer neue Autoren zum Schreiben bringen. An verschiedenen Orten kommt es zu Bilderstürmen, Predigten werden gestört, Geistliche auf offener Straße bedroht.

Ein ganz neuartiges kritisches Denken wird spürbar. Wahrheit und Orientierung sucht man nicht mehr in den Überlieferungen der Kirche, man stellt selbst Beobachtungen an und vergleicht diese mit dem von der Kirche überlieferten Wissen. In Italien studieren Gelehrte die Hinterlassenschaften der Antike, gehen ganz bewusst hinter die 1.000 Jahre der Kirchenherrschaft zurück und nennen diese Zeit bald abwertend „Mittelalter". Nicht mehr die christlichen Traditionen geben Antworten auf ihre Fragen, sondern in Italien wenden sich die Gelehrten den Philosophen der vorchristlichen Antike zu: Das mittelalterliche Weltbild soll durch einen Rückgriff auf die Antike überwunden werden, daher versteht man die eigene Zeit als eine *neue* Zeit, später spricht man von der Epoche der „Renaissance", der Wiedergeburt der Antike.

Kunst

Die Menschen möchten mehr über die Welt erfahren und sie erkunden. Man begeistert sich nun für den Menschen, fragt nach seinem Wesen und seiner Würde; manche Gelehrte bezeichnen sich als *Humanisten*. Künstler studieren antike Kunstwerke, der Mensch selbst rückt immer mehr ins Zentrum des Denkens und Schaffens. Die Künstler schauen ihre Welt genauer an, sie nehmen die Welt anders wahr! Die gemalten Portraits weisen nun individuelle Züge auf, man achtet auf richtige Proportionen. Erscheint das Jesuskind auf einem mittelalterlichen Gemälde wie ein kleiner Erwachsener, so malt der neuzeitliche Maler es mit typisch kindlichen Proportionen. Bald leben Maler davon, Portraits von Menschen zu malen, die einen solchen Auftrag bezahlen können.

Die Künstler entwickeln auch einen Sinn für die Perspektiven einer

Landschaft. Während der mittelalterliche Künstler einen Bedeutungs-maßstab benutzt, nach dem er etwa das Jesuskind in der Krippe größer als die in seiner Nähe stehenden Hirten malt, hat der neuzeitliche Maler ein Gespür für die Perspektiven in einem Bild. Entfernte Gebäude oder Menschen sind kleiner als solche im Vordergrund. Die Menschen schau-en sich offenbar ihre Umgebung genauer an, sie empfinden eine große Leidenschaft dafür, das Gesehene künstlerisch festzuhalten. So bricht mit einem Mal eine neue Kunst-Produktion an. Viele Werke haben mit dem religiösen Leben zu tun, die Szenen werden jedoch in die eigene Welt hineingeholt: Im Hintergrund zeigt sich nicht das Heilige Land, sondern europäische Landschaft, die Menschen tragen die Kleidung der eigenen Zeit.

Während wir viele mittelalterliche Baumeister und Künstler nicht mit Namen kennen, sorgen ihre frühneuzeitlichen Nachfolger bewusst für ihre Bekanntheit, indem etwa ein Maler wie Albrecht Dürer seine Bilder sig-niert. In Italien werden in der Renaissance auch Dichter gekrönt und gefei-ert. Das zeigt die neue Wertschätzung der individuellen Persönlichkeit, die Menschen feiern sich selber und zeigen eine ganz neue Weltfreude.

Während auf den mittelalterlichen Gemälden in Form der Heiligenschei-ne das Transzendente gleichsam in unsere Welt hineinstrahlt, stellen die Künstler nun die eigene Welt mit ihrem eigenen Licht dar. Das Transzen-dente tritt gleichsam *sichtbar* zurück, die diesseitige Welt erscheint selbst faszinierend und wird immer neu dargestellt.

Berühmte Künstler sind Leonardo da Vinci (1452–1519) – von ihm stammt „Das letzte Abendmahl" und die Mona Lisa – und Michelangelo (1475–1564), der als Bildhauer die Pietà und den David und als Maler die Deckenzeichnungen in der Sixtinischen Kapelle hinterlässt. Neben ihnen wirken Dichter wie Petrarca (1304–74) und Boccaccio (1313–75), der das Decamerone dichtet.

Welterkundung

Aber der Mensch schaut sich seine Welt nicht nur genauer an. Er bricht auch auf, um sie zu erforschen. Im Mittelalter überschreiten nur wenige Europäer die europäischen Grenzen. Dazu zählt etwa Marco Polo, der im 13. Jh. bis nach China gekommen sein soll. Und dazu zählen auch die Kreuzritter, die im Hohen Mittelalter ins Heilige Land aufbrechen, um das Land für Jesus zu erobern. Während die Kreuzritter sich sozusagen zu den Wurzeln ihrer Kultur und Religion begeben, erkunden seit dem 15. Jh. portugiesische Seefahrer die Küsten Afrikas.

Betrachten wir kurz in einer Rückblende die **Zeit um 1400**. Damals leben schätzungsweise 350 Mio. Menschen auf der Erde, bis 1800 steigt die Weltbevölkerung auf ca. 750 Mio. Menschen an; über 80% sind und bleiben Bauern, die Lebensmittel produzieren. Die meisten Menschen gehören in eine der folgenden Kulturen: Europa, der Islamische Orient, Indien, Indochina, Indonesien, China, Korea, Japan, das Inkareich und die Azteken. Am dichtesten besiedelt sind damals China (25–40% der Weltbevölkerung), Indien (20%) und Europa (25%) – gemeinsam leben um 1400 hier 70%, um 1800 sind es dann 80% aller Menschen.

Zwar leben die meisten Menschen auf dem Land, aber es gibt damals bereits große Städte. Ihre Zahl und Größe sagt uns etwas über den Wohlstand einer Gesellschaft. Von den 25 größten Städten um 1400 sind die meisten noch heute Großstädte, 9 davon liegen in China (einschl. der größten Stadt Nanking), die zweitgrößte liegt in Indien, die drittgrößte ist Kairo, erst die viertgrößte liegt mit Paris in Europa. Andere Großstädte sind damals Konstantinopel, Samarkand, Bagdad und Fez. Die meisten Städte liegen in Asien, dort sind Wohlstand und Reichtum also am größten. Kein Wunder, dass Asien für Europa anziehend wird und die Portugiesen den Seeweg nach Indien suchen!

Unter Heinrich dem Seefahrer (1394–1460) erkunden die portugiesischen Schiffsführer die afrikanischen Küsten, Diaz umsegelt das Kap der Guten Hoffnung (1487) und Vasco da Gama gelangt 1497/98 nach Indien. 1492 entdeckt der Genuese Kolumbus im Auftrag Spaniens die „Neue Welt". Magellan umsegelt schließlich 1519–22 die Erde und beweist damit, dass sie eine Kugel ist. Der Entdeckung des heliozentrischen Weltbildes folgt eine neue Kartografie und eine neue Navigationskunst, schließlich erfolgt die „Mathematisierung" der Welt! In der Begegnung mit den anderen Kulturen kommt ein Kulturtransfer in Gang, der in die Europäisierung der Erde mündet, z. T. wird er durch blutige Eroberungen begleitet.

China ist damals nicht nur reich, sondern auch die Weltmacht. Zwischen 1405 und 1433 sendet das Reich der Mitte siebenmal eine Flotte von 300 Schiffen mit 27.000 Matrosen nach Indien, Mozambique und an den Persischen Golf, um Flagge zu zeigen und den Handel zu fördern. Danach zieht sich das Land plötzlich wieder aus dem Indischen Ozean zurück. Der Handel läuft weiter. Erst am Ende des Jahrhunderts treten die Europäer mit einzelnen Schiffen auf den Plan. Um 1400 ist Asien also Europa weit überlegen, auch militärisch, verfügt China doch seit 1000 über Kanonen, Bomben, Raketen und Minen. Was wäre gewesen, wenn die chinesische Flotte noch am Ende des 15. Jh. im Indischen Ozean unterwegs gewesen wäre? Hätte Europas Geschichte einen anderen Verlauf genommen?

Europa wird ein Kontinent im Aufbruch und im Wandel. Auf dem Seeweg will man selbst an die ersehnten orientalischen Handelsgüter herankommen, indem man die muslimischen Zwischenhändler umgeht und selbst ins Geschäft kommt. Der Handel mit den orientalischen Gewürzen ist ungeheuer einträglich. Obwohl von den über 600 portugiesischen Indienfahrern zwischen 1497 und 1572 nur 315 zurückkehren, sind die Gewinne ausreichend groß! Auf diese Weise wird das zu erwartende Geschäft zu einem Antrieb der modernen Welterkundung. Was treibt die Portugiesen und Spanier voran? Was gibt jenen Entdeckern den Mut, sich auf den Weg in eine unbekannte Welt zu machen? Da ist zum einen der Lockruf des Goldes und der Macht, der ersehnte Reichtum des märchenhaften Orients, den man zu finden hofft. Da ist aber zugleich die Sehnsucht nach Gemeinschaft mit anderen, sagenhaften Christen wie dem Priesterkönig Johannes, den die Entdecker suchen. Jedenfalls nehmen die Entdecker und Eroberer die „Neue Welt" nicht nur für ihre Königreiche in Besitz, sondern auch für den Glauben. Noch ist die ganze Weltordnung auf Gott ausgerichtet, die Kirche ist die alles ordnende geistige Macht, mit der die irdischen Mächte verbunden sind. So wird in der frühen Neuzeit ein einzigartiger Missionsprozess begonnen, der die Welt verwandelt und dem Abendland für Jahrhunderte die Führung in der Welt sichert.

Forscherdrang, Hoffnung auf Gewinn und auch Missionseifer (3.1.1) gehen Hand in Hand. So wird die weite Welt außerhalb Europas entdeckt und ein Netzwerk von Handelsstützpunkten errichtet.

Die Erde wird entdeckt und schrittweise unterworfen. Damit erweist sich das kirchlich überlieferte, traditionelle Weltbild als fehlerhaft, es erheben sich Fragen der Glaubwürdigkeit der von der Kirche vermittelten Tradition: Die neuen, in der Bibel unbekannten Kontinente und Reiche, die Kugelgestalt der Erde, das heliozentrische Weltbild bringen die Welt der Schulwissenschaft und das dahinterstehende kirchlich verantwortete Weltbild durcheinander. Die Erde erweist sich als viel größer, als man sie sich vorgestellt hat. Neben die bekannten Kulturen treten unbekannte. Die Erde steht außerdem nicht mehr im Zentrum der Welt, sie erweist sich als einer von vielen Planeten, die um die Sonne kreisen; und auch die Sonne wird schließlich als eine unter vielen entdeckt.

Wo hat Gott in diesem neuen Weltbild seinen Raum? Wenn man sich den „Himmel" räumlich vorstellt, wie es viele Menschen damals getan haben, dann wird Gott mit einem Mal sehr fern, denn der „Himmel" beginnt

nicht mehr hinter dem Himmelsgewölbe, an dem „die Sternlein prangen".
Das Weltall wird immer größer, Gott immer ferner. Mit der Annahme ei-
ner unendlich großen Welt wird die Entfernung entsprechend unendlich.
So braucht es eine neue Vorstellung von dem, was „Himmel" und was
„Welt" ist.

Allmählich geraten Kirchenvertreter in eine Verteidigungsposition, da
man die überlieferten Lehren festhalten und die neue Weltsicht unterdrücken möchte. Jede neue Erkenntnis verbreitet Unsicherheit, aber Wahrheit
setzt sich immer durch und lässt sich nicht unterdrücken. Wissenschaft,
Weltanschauung und Kirche geraten so immer mehr in einen Gegensatz.
Allerdings zeigt allein der Vorgang jener Entdeckungen, dass die Kirche
ihre weltanschauliche Deutungsautorität bereits verloren *hat*. Religion
und Kirche weisen nicht mehr die Wege des Erkennens aus, die moderne
Wissenschaft kündigt sich – vielleicht anfangs noch nicht in diesem Sinne reflektiert – als voraussetzungslos an. Zunächst verbreitet sich die neue
Erkenntnis zu den Menschen: Hinter dem Horizont geht es weiter, dort
verbergen sich unbekannte Länder und Völker, und auch die Erde ist nicht
die ganze Welt, sondern vermutlich nur ein kleiner Planet neben vielen
anderen.

Bildung und Buchdruck

Zur Welterkundung gehört auch die Entdeckung der Geschichte: Humanisten in Italien studieren die Hinterlassenschaften der *vorchristlichen*
Antike und orientieren sich an deren vorchristlichen Idealen, die offenbar
etwas Positives auslösen. Ist es eine geistige Verwandtschaft? Oder wird die
eigene, noch unsichere Sehnsucht in die Antike projiziert? Auch hier löst
man sich von den christlich-kirchlichen Wurzeln, geht auf Distanz.

Durch die Erfindung des Buchdrucks (um 1450 durch Gutenberg) werden die Ideen der Renaissance in Italien und des Humanismus in ganz
Europa verbreitet, ebenso berichtet man von den Entdeckungen und den
fremden Kulturen. Viele Gelehrte nördlich der Alpen (Erasmus, Melanchthon) suchen das humanistische Menschenbild in das christliche zu integrieren. Theologen übernehmen humanistische Auslegungsmethoden, man
lernt Griechisch, um das Neue Testament in seiner ursprünglichen Sprache
zu studieren. Auch bei ihnen gilt die Losung *Zurück zu den Quellen*. Diese
Quellen sind für die Reformatoren die Heiligen Schriften, die sie studieren
und für ihre Zeit übersetzen. Auf ihrer Grundlage streben sie eine Reform
der Kirche an (2.1), alle Welt stürzt sich auf die Bibel und begründet damit
ihre Forderungen, dazu zählen auch die Bauern.

Für die Humanisten sind Sprachstudien von zentraler Bedeutung für die Bildung: Man lernt die antiken Sprachen und vor allem deren Grammatik, studiert die Vorbilder in der Originalsprache, viele Kommentare zu den Klassikern erscheinen. An den Universitäten werden Lehrstühle für Griechisch eingerichtet. Aber viele Humanisten in Mitteleuropa betätigen sich auch als Schulreformer, geben pädagogische Schriften heraus, mitunter stützen sie sich auch auf antike Vorbilder wie Quintilian oder Cicero. Kritisch setzt man sich mit der Schulmethodik der eigenen Zeit auseinander. Der Bildungsgedanke wird auch von den Reformatoren aufgegriffen, die geradezu eine Bildungsbewegung auslösen.

Die Bildungsinstitution Kirche erhält so jedenfalls Konkurrenz, die scholastischen Arbeiten des Mittelalters werden nun an der Eleganz des klassischen Lateins gemessen und allein wegen der verwahrlosten und degenerierten Sprachform nicht mehr ernst genommen. Neben die kirchlich-christliche Weltanschauung wird die antike hellenistisch-römische Weltanschauung gestellt, das Christliche erscheint vielen als kulturell niedere Kulturstufe, die Zeit zwischen der glorifizierten Antike und der eigenen Gegenwart wird zum schlichten „Mittelalter", das es mit seiner überholten Ideologie zu überwinden gelte. Auch wenn die Humanisten nur eine eher kleine Minderheit darstellen, erhält das Christentum hier eine ernst zu nehmende Konkurrenz.

Gleichzeitig steigt die Nachfrage nach einer Grundbildung im Lesen, Schreiben und Rechnen. Es entstehen neue Schulen, aber die klösterlichen Schulträger stellen ihre Arbeit mit der Auflösung der Klöster ein. Seit dem 15. Jh. findet zunehmend eine Verschriftlichung des Lebens statt (Recht, Verwaltung, Wirtschaft), dabei dringt auch die deutsche Sprache in immer neue Bereiche vor und drängt im Alltag das Lateinische zurück, das für den Wissenschaftsbetrieb noch lange dominierend bleibt. Immerhin entsteht eine deutsche Literatursprache, mit der man sich mehr und mehr von den gesprochenen Dialekten löst und einen überregionalen Sprachausgleich anstrebt. Nach Vorarbeiten in den kaiserlichen Kanzleien des Spätmittelalters wendet sich auch die sächsische Kanzlei dieser Sprachform zu, da sie weit verbreitet und nahezu überall verständlich ist. Daran orientiert sich dann auch **Martin Luther** besonders in seiner Bibelübersetzung, um in ganz Deutschland verstanden zu werden. An einer möglichst optimalen Verständlichkeit sind aber auch die Drucker und Verleger interessiert, die ihre Produkte möglichst überall an den Leser bringen möchten.

In der Reformation nimmt die Verbreitung von Schriften geradezu explosionsartig zu, man hat von einer Revolution der Kommunikation und Bildung gesprochen. Das große Interesse an Veränderung und Reformation

(2.1.1, 4.1, 5.1, 7.1) lässt überall Druckereien entstehen, die die reformatorischen Anliegen populär machen. Buchführer (und später Buchhändler) verbreiten die Schriften in zwei Wochen durch das ganze Land. Herstellung und Verkauf von Büchern werden damals zu einem einträglichen Geschäft. Die Schriften werden kontrolliert, die Bildung nicht überall gleich gefördert. Einige Zeit haben die Protestanten einen Bildungsvorsprung, den die Katholiken erst später aufholen. In den Territorien, in denen sich die Landesherren nicht für die Reformation öffnen, versucht man gegen die reformatorischen Ideen vorzugehen. Zugleich ermöglicht das gedruckte Wort, neue Ideen öffentlich und „heimlich" zu verbreiten.

Flugschriften verbreiten die Ideen, bekämpfen Positionen der anderen, berichten von Ereignissen, oft sind sie aussagekräftig illustriert. Lesekundige Meinungsführer geben die Neuigkeiten auf Messen und Märkten, im Wirtshaus und auf der Kanzel weiter.

Später nutzen die Herrschenden die neue Öffentlichkeit, um ihren Herrschaftsanspruch zu untermauern, zu begründen und zu propagieren. Aber die neuen Medien haben von Anfang an auch eine kritische Funktion, die Anfänge einer kritischen Berichterstattung beginnt. Erstmals entsteht im 16. Jh. so etwas wie eine literarische Öffentlichkeit.

Neben den Buchdruck lassen sich leicht viele weitere Erfindungen stellen, die das Leben der Menschen verändern, so bietet die Taschenuhr ganz neue Möglichkeiten individueller Zeitmessung. Nicht mehr die Uhren an den Kirchtürmen oder deren Glocken geben dem Tag ihre Einteilung, nun kann jeder selber Zeit messen und einteilen. Die Feuerwaffen revolutionieren die Kriegstechnik, der Kompass ermöglicht bessere Orientierung. Das neue Zeitalter der Erfindungen zeigt eine neue Haltung zu den kleinen und großen Problemen des Lebens, die man durch Technik lösen und in den Griff bekommen möchte. Der Mensch zeigt sich als Weltgestalter – in den kleinen und großen Dingen des Lebens, schafft sich seine Welt neu und nimmt seinen Kulturauftrag ganz neu an. Bei aller Zuwendung zur Welt, aller Freude am Diesseits und allem Schaffen für eine lebenswerte Welt bleiben die Menschen der Neuzeit mehrheitlich eingebunden in eine religiöse Weltordnung. Die Reformatoren setzen sich kritisch mit der mittelalterlichen Kirche auseinander, aber sie wollen diese Kirche nur von falschen Lehren reinigen und zu den Ursprüngen zurückführen. Die Menschen bleiben bis zur Aufklärung im 18. Jh. religiös orientiert und kirchlich gebunden, gestritten wird über die richtige Reform der Kirche (2.1, 7.1), man kritisiert die Amtsführung der Pfarrer und Bischöfe. Die Menschen der frühen Neuzeit sehen sich als Geschöpfe Gottes, die ihrem Schöpfer verantwortlich sind und einmal für ihre Taten belohnt oder bestraft werden. Sie suchen wie Luther nach einem gnädigen Gott und Sicherheit des Heils (5.1, 7.1.1).

Während in Deutschland über den religiösen Auseinandersetzungen das Reich in zwei große Konfessionen aufgeteilt wird, wenden sich die nordischen Länder entweder ganz dem neuen Glauben zu oder sie unterdrücken schließlich die Reformansätze wie in Frankreich, Polen, Österreich oder in Südeuropa. Zu Beginn des 17. Jh. findet dann der furchtbare 30-jährige Krieg statt, der Mitteleuropa verwüstet und das Lebensgefühl von Generationen prägt.

Barock

Das Zeitalter des Barock (von port. *barocco*, dt. „schiefrund") beginnt noch in der Zeit der Glaubenskämpfe im katholischen Süden und wird in ganz Europa aufgenommen. Die Epoche kann als repräsentative Seite des Absolutismus beschrieben werden. Die regierenden Fürsten bauen ihre Macht immer weiter aus, schaffen Residenzen mit prachtvollen Palastanlagen und einem repräsentativen Hofleben. Für drei Generationen geht die kulturelle Führung von den Städten auf die fürstlichen Höfe über. Alle geistigen und geistlichen Persönlichkeiten werden von den Höfen angezogen, anfangs sind die Höfe so auch Zentren gelehrter Konversation und durch die Gelehrten auch so etwas wie „Denkfabriken" mit einer großen Ausstrahlung. Auch Künstler werden von den Höfen finanziert, die Fürsten sind auch Mäzene (nach Maecenas, der etwa Vergil und Horaz unterstützte). So erscheint die kulturelle Welt des Barock als höfische Welt. Dieses kulturelle Umfeld im umfassenden Sinne ist Teil der höfischen Repräsentation und Selbstdarstellung.

Das höfische Treiben ist prunkvoll und auf Repräsentation ausgerichtet, auch die Kleidung ist formvollendet, prunkvoll – und teuer, wie das ganze Leben Unsummen verschlingt. Die weiß gepuderte Perücke wird zum obligaten Kleidungsstück, der Zopf bei Männern üblich; die Röcke der Frauen lang, Taille und Dekolleté betont. Die Umgangsformen des Hofes werden in den Residenzen nachgeahmt, „Höflichkeit" wird zum Ausdruck für angemessene und vorbildliche Umgangsformen.

Der christlichen Moral scheint das gesellschaftliche Leben an den Höfen kaum noch verpflichtet, erotische Abenteuer bestimmen die höfische Gesellschaft und werden auch in Theateraufführungen immer wieder inszeniert; in der Malerei entstehen immer neue Darstellungen erotischer Akte. Die ganze höfische Welt scheint auf Sinnlichkeit abgestimmt. Hier setzt später die Kritik bürgerlicher Autoren ausführlich an.

Die ganze Welt wird *rational* geformt und in Dienst genommen, das gilt für den Staatsaufbau mit seinem Beamtenapparat wie für die Bauwerke mit ihren Gartenanlagen und das Leben an den Fürstenhöfen. Alles wirkt dort inszeniert, wie bei den aufkommenden Opern- und Theateraufführungen. Die Sorge um Form und Gestaltung finden wir auch schon im Bemühen um die deutsche Sprache (Sprachgesellschaften, Schottels „Teutsche Sprachkunst", 1641) und die Dichtkunst (Opitz „Buch von der deutschen Poeterey", 1624), für alle Gestaltungen werden hier rationale Regeln vorgegeben, die das Leben formen sollen. Viele Dichtungen beschäftigen sich mit höfischen Stoffen, die alle später nicht zur Weltliteratur gerechnet werden.

Die prachtvollen Schlossanlagen des Barockzeitalters zeigen die erreichte Machtstellung der regierenden Fürsten, sie sind Ausdruck rationaler Planung und Gestaltung. Der Barock setzt bereits etwa 1600 ein, aber im Bereich der Architektur werden die bedeutendsten Anlagen erst Anfang des 18. Jh. vollendet, als sich schon eine neue Epoche abzeichnet: Versailles wird von 1624–1708 gebaut. Die Bauwerke sind durch ihre Geometrie so beeindruckend wie die um sie angelegten Gartenanlagen, die schwungvolle Massigkeit und ihre dekorative Überladenheit fallen bis heute auf. Dieser Stil setzt sich auch in den Portraits fort, die Menschen des Barock in einer ihnen eigenen Massigkeit zeigen.

Damals wird nicht ein Weg nach innen, sondern nach außen gesucht: Der Barock strotzt einerseits vor Lebens- und Sinnenfreude, wie wir sie etwa auf den Bildern von Raphael beobachten können. Die Personen zeigen eine schier unbegrenzte Lebensfreude, oft sind die Körper entblößt oder in einer kämpferischen Pose; sie ringen ihr Dasein im Kampf ab, das Abenteuer wird interessant! Diese Menschen leben diesseits, sie leben im Kampf, aber scheinen kaum noch auf ein Jenseits ausgerichtet. Das Leben spielt hier und jetzt! In der Architektur scheinen sich alle festen und geraden Formen aufzulösen, runde Formen bestimmen den Blick, die Kuppeln bilden einen neuen Himmel, unter den man sich flüchten kann.

Andererseits ist die Zeit auch von einem starken Pessimismus geprägt, das große Sterben des Krieges hinterlässt seine vielfältigen Spuren im Denken und Leben der Menschen.

Andreas Gryphius (1616–64) verleiht als Dichter der Erschütterung der Zeit in seinen „Kirchhofsgedanken" (1657) Ausdruck, wenn er dichtet:

- *Du siehst, wohin du siehst, nur Eitelkeit auf Erden.*
- *Was dieser heute baut, reißt jener morgen ein;*
- *Wo itzund Städte stehen, wird eine Wiese sein,*
- *Auf der sein Schäferkind wird spielen mit den Herden.*
- zit. nach W. Grabert/A. Mulot: Geschichte der deutschen Literatur.
- München 1976, S. 110.

Weltbild

Weltangst, Verzweiflung und Ausweglosigkeit prägen sich nach den Kriegen den Zeitgenossen tief ein; Melancholie bestimmt das Lebensgefühl vieler in Mitteleuropa. Neben dem Grauen des Krieges spielt auch der Schock eines neuen Weltbildes eine Rolle. Trotz aller Erfindungen und Entdeckungen beherrscht die Vorstellung von einem dreistöckigen Weltbau aus Himmel, Erde und Hölle die Menschen. Darin fühlen sie sich zu Hause. Zwar hat Kopernikus (1473–1543) sein heliozentrisches Weltbild kurz vor seinem Tode veröffentlicht, aber damit wird er kaum ernst genommen. Die Reformatoren fragen nach dem Heil und nicht nach der Gestalt der Welt. Allein Christus ist als Erlöser wichtig, er öffnet den Weg zu Gott. Die mittelalterliche Welt der Wunder, die Durchbrüche zwischen dem oberen und unteren Teil des Welthauses kennt und Begegnungen mit Heiligen für selbstverständlich hält, verliert noch kaum an Bedeutung (7.1). Aber allmählich stellen sich Menschen dem neuen Weltbild: Wenn die Erde nicht mehr im Mittelpunkt der Welt ist, sondern einer unter mehreren Planeten der Sonne, dann ist diese Relativierung der Erde für viele schwer vorstellbar und noch kaum zu denken, viele erfasst ein Schrecken.

Kurz vor dem Ende des 16. Jh. radikalisiert Giordano **Bruno** (1548–1600) noch einmal das Weltbild, als er nicht nur die Sonne ins Zentrum rückt, sondern eine neue Vorstellung von der Unendlichkeit der Welt behauptet: Die Fixsterne am Himmelsgewölbe sind unzählige weitere Sonnen mit eigenen Planeten, die wiederum selbstverständlich bewohnt seien. Der Weltraum wird unvorstellbar groß! Bruno zertrümmert geradezu das dreistöckige Welthaus, das bisherige traute Heim der Menschheit. So verliert der Mensch seine Heimat, steht nicht mehr im Zentrum des Universums, sondern an dessen Rand. Wo Menschen diese Gedanken erfassen und aufnehmen, fühlen sich viele einsam und allein. Das einsame Ich und das unendliche All gleichen den zwei Brennpunkten einer Ellipse. Es verwundert kaum, wenn Hobbes und später Locke die Menschen als Individuen sehen, die gegeneinander kämpfen (4.1). Während der Weltraum nun unvorstellbar groß wird, taucht die Frage nach dem

Himmel neu auf. Gott ist nun scheinbar ganz fern. Wird das Jenseits räumlich gedacht, so rückt der Himmel mit dem neuen Weltbild in eine unendliche Ferne. Nach Ansicht vieler Menschen nimmt das neue Weltbild Gott seinen Raum. Wo ist er?

Mit dem späten 16. Jh. wird bereits ein Paradigmenwechsel spürbar, der ein neues Denken und damit eine neue Zeit einleitet. Bedeutende Vorreiter sind Francis Bacon (1561–1626), Galileo Galilei (1564–1642) und René Descartes (1596–1650), der ein neues Denken einleitet (7.1.6). Die Welt wird untersucht – und danach unterworfen: Die erforschte Natur wird manipuliert und ausgebeutet. In der Kunst kann man die zum architektonischen Objekt gewordene Natur etwa an den barocken Gärten studieren, in der Bäume und Hecken in geometrischen Formen geschnitten und „vervollkommnet" werden. Der Mensch wird gleichsam zum „Schöpfer" der von ihm als Architekt geplanten Natur. Die menschliche Vernunft will alles ordnen und lenken, überall sucht und findet man Gesetzmäßigkeiten, der Rationalismus im Anschluss an Descartes kommt in volle Blüte.

UNTERM STRICH

Mit der frühen Neuzeit verwandelt sich Europa und mit ihm die ganze Welt. Nach tausendjähriger Vorherrschaft der einen christlichen Kirche beginnt ein Modernisierungsprozess, der sich als Säkularisierung (im Sinne einer Distanzierung von den christlichen Wurzeln und Selbstverständlichkeiten) zeigt. Kann man diesen Modernisierungsschub geistig oder geistlich deuten? Nach dem langen Mittelalter brechen erstmals neue Kräfte auf, die sowohl nach außen gehen als auch nach innen. Statt sich wie im Mittelalter auf das Jenseits auszurichten, wendet man sich nun dem Diesseits zu. Eine ganz neue Liebe und Faszination zur Welt und zur eigenen Persönlichkeit wird sichtbar. Deshalb malen die Künstler oft so eindrückliche Landschaften, deshalb stellen sie individuelle Portraits dar. Diese Weltzuwendung der Entdecker und Künstler finden wir dann auch auf dem Gebiet der Wirtschaft und Politik, wo Menschen die Welt neu formen und gestalten. Kann es sein, dass Gott durch seinen Geist die Menschen beunruhigt und aufwühlt?

Der Aufbruch in die Welt geschieht in einem sehr günstigen Augenblick: Die Weltmacht China zieht sich gerade wieder auf das asiatische Festland zurück, die islamischen Staaten haben ihre Expansionskraft eingebüßt und lassen sich in Südwesteuropa zurückdrängen. Genau in diesem welthistorischen Moment findet Europa die Kraft und das Interesse zum Aufbruch. Alles ein glücklicher Zufall? Oder macht Gott so Geschichte? Das ist sicher eine Sache des Standpunktes. Wie passen die dunklen Abschnitte von Unterdrückung und Ausbeutung zu einer frommen Sichtweise?

1.1.2 Gesellschaft im Aufbruch

Ständegesellschaft

Während die Abenteurer und Kolonisten in die weite Welt aufbrechen, ist die Mobilität in Europa selbst zunächst gering. Die Gesellschaft ist auch zu Beginn der Neuzeit traditionell gegliedert. Der soziale Rang bestimmt sich nicht aus der wirtschaftlichen Leistung, sondern hängt mit dem Status des Standes zusammen, in den jemand hineingeboren worden ist. Schon die Zeitgenossen unterscheiden Geistliche, Adel, Bürger und Bauern. Politischen Einfluss haben nur Adlige und Geistliche, die gerade einmal 2 – 5% der Gesamtbevölkerung ausmachen. Daran ändert sich in der frühen Neuzeit kaum etwas (1.1.3).Während politische Ämter vererbt werden, werden kirchliche Ämter formal durch Wahl (des Domkapitels) vergeben; in der Regel werden nachgeborene Söhne des Hochadels in leitende Positionen (Bischöfe; Äbte) berufen. Ansehen und Einfluss der Adelsfamilien sind wichtiger als Sach- und Fachkompetenz. Für die sachlichen Aufgaben sind gebildete Mitarbeiter verantwortlich, durch Bildung kann man als Berater der Mächtigen seine Rolle spielen und Einfluss erhalten. Juristen im Dienst eines Fürsten verfügen über einen höheren Einfluss als sonst in der Gesellschaft.

Die Ständegesellschaft bestimmt weiterhin das Leben der Mehrheit, allmählich ermöglichen jedoch Bildung oder wirtschaftlicher Erfolg vermehrt Aufstiegsmöglichkeiten für Bürger, soweit sie *Lateinschulen* besucht haben. Auch wenn das nur eine sehr kleine Elite betrifft, ist dies doch ein Schritt in die Moderne, Leistung beginnt sich zu lohnen. Noch immer bleiben zwischen Armen und Reichen sehr große Unterschiede bestehen, mitunter werden sie auch größer.

Sozialer Aufstieg beginnt für viele weiterhin durch Flucht vom Land in die Stadt. Manche **Bürger** werden – allerdings sehr selten – in den Adelsstand erhoben, so etwa die reichen Fugger aus Augsburg. Durch den Aufschwung im Montangewerbe gelingt manchen ein bescheidener Aufstieg. Hans Luther, der als ältester Sohn eines Bauern nicht erbberechtigt ist, zieht in das aufstrebende Industriegebiet nach Mansfeld, wo er sich vom einfachen Bergmann zum Besitzer eines kleinen Bergwerks emporarbeitet. Seinem Sohn Martin kann er eine solide Schulbildung zukommen lassen und ihm sogar ein Studium ermöglichen. Das erinnert an eine moderne Karriere.

Daneben steigen viele im Dienst der Kirche auf: Ein Bürgerlicher kann Abt eines Klosters werden. Martin Luther, Sohn eines erfolgreichen Bergmannes, geht zur Schule, beginnt sein Studium und wird – nach seinem Eintritt in ein Kloster – Theologieprofessor, als solcher erhält er enormen Einfluss auf die gesellschaftliche und politische Entwicklung seiner Zeit (2.1.1, 4.1.1, 5.1.1).

Während die Bürger seit dem Mittelalter einige „Freiheiten" für sich erobern und erwerben, bleiben diese den **Bauern** verwehrt, sodass sie im Bauernkrieg aufbegehren. Für die Bauern ist Luthers Evangelium der Freiheit anziehend, nun fordern sie auch persönlich Freiheit und Mitspracherechte. Viele Bauern betrachten Luther als *ihren* Propheten, der nicht nur unbarmherzige religiöse Forderungen abschafft, sondern auch soziale und politische Ungerechtigkeiten infrage stellt. Enttäuscht wenden sich viele nach dem Bauernkrieg von der Kirche ab. Erst im 19. Jh. werden die großen Kirchen durch Wichern (1.3, 6.3) zur sozialen Verantwortung ermahnt.

Das Leben auf dem Land ist einfach und hart. Hans Sachs dichtet im „Ständebuch":

- *Ich aber bin von art ein Bauwr/ Mein Arbeit wirt mir schwer vnd sauwr.*
- *Ich muß Ackern/ Seen vnd Egn/ Schneyden/ Mehen / Heuwen / Holtzen*
- *vnd einfuehrn Hew vnd Treyd/ Guelt vn Steuwr macht mir viel hertz-*
- *leid /Trinck Wasser vnd iß grobes Brot / Wie denn der Herr Adam gebot.*
- Zit. nach Lundt: Europas Aufbruch. S. 34.

Die Bauern arbeiten also schwer, werden von den Steuern bedrückt und nähren sich von Wasser und Brot. Betrachtet man zeitgenössische Abbildungen von Bauern, so werden sie meistens mit ihrem Arbeitsgerät (z.B. Mistgabel) gezeigt, aber auch bei froher Geselligkeit und beim Tanz. Ihr Leben spielt sich außerhalb der Arbeit in der Kirche, im Gasthaus und beim Dorfbrunnen ab. Immer wieder stellen Bauern aber auch Forderungen nach mehr Rechten. In den Auseinandersetzungen mit den Grundherren kommt es seit dem 15. Jh. immer wieder zu Unruhen und Aufständen, wie sie im Gefolge der Reformation im Großen Bauernkrieg 1525 durchbrechen.

Aber auch unter anderen sozialen Gruppen wie den Rittern gärt es, denn sie erleiden durch die neuen Kriegstechniken sowie die neuen Waffen einen eklatanten Bedeutungsverlust. Durch Druck auf „ihre" Bauern suchen sie den Verlust wirtschaftlich zu kompensieren, was wiederum mit für die Unruhen unter den Bauern verantwortlich ist.

Zugleich bauen Landesfürsten wie freie Reichsstädte ihre Macht aus, systematisch werden die klassischen Zwischengewalten ausgeschaltet und damit die persönlichen Bindungen der Menschen, wie es sie im mittelalterlichen Lehnswesen gab, erledigt. Während die verschiedenen Stände und Schichten im Mittelalter in einer ausgefeilten Gesellschaftspyramide mit dem König an der Spitze stehen und dies auch soziale Sicherheit bedeutet, steht nun zunehmend der Fürst unmittelbar über den Menschen.

Da die Bauern noch lange in die Grundherrschaft eingebunden bleiben, wird dies vor allem bei den Bürgern deutlich, die aus der mittelbaren Beziehung in die unmittelbare geworfen werden und dies auch religiös einfordern: Zwischen den Menschen und Gott soll es keine priesterlichen Vermittler mehr geben, sondern man sieht sich vom allgemeinen Priestertum her selbst berechtigt, mit Gott zu reden und sein Wort zu studieren. Das mag sozialgeschichtlich erklären, warum sich gerade die Bürger der Städte zur Reformation hinwenden (3.1, 5.1).

Für das Leben des Einzelnen kommt es vor allem auf die *Zugehörigkeit zu einer Gruppe* an, z.B. die Lebensform (verheiratet, verwitwet) oder einfach die Altersgruppe. In Jost Ammans „Ständebuch" von 1568 hebt Hans Sachs die gegenseitige Verantwortung der Stände für die Allgemeinheit hervor, wenn er dichtet „Einer dem andern dienen sol / Mit seiner arbeit recht vnd wol" (zit. nach Lundt S. 31).

Die Gesellschaft ist in sich vielfältig gegliedert, man hat Rechte und Pflichten und muss sich einer standesgemäßen Lebensführung unterziehen. Strenge Kleidervorschriften zeigen die soziale Zugehörigkeit genau, Zunftregeln halten den Schuster bei seinem Leisten, die Heiratsgesetze reglementieren wie im Mittelalter genau, wer wen heiraten darf.

Will man die Gesellschaft der frühen Neuzeit erfassen, so erscheint das Leben in „Hausgemeinschaften" am besten geeignet. Dort steht das Familienoberhaupt seinem Haus vor, dazu zählen neben der Ehefrau die Kinder, oft die Großeltern und nicht selten unverheiratete Verwandte und Mitarbeiter. Im Zentrum der Hausgemeinschaft stehen Mann und Frau, die gemeinsam für den Unterhalt der Gemeinschaft sorgen. Frauen tragen also selbstverständlich ihren Beitrag für die Versorgung des Hauses mit und üben als Hausmutter die verschiedensten Rechte und Pflichten aus. Auch die Kinder arbeiten – nach Kräften – mit. Seit der Antike bleibt so die Hausgemeinschaft bis ins 19. Jh. die Keimzelle des Lebens.

Bevölkerungswachstum

Seit 1470 nimmt die Bevölkerung ganz allgemein zu. Unsere Informationen über die tatsächliche Bevölkerungsentwicklung beruhen heute weitgehend auf Schätzungen, Bea Lundt (Europa im Aufbruch. 2009, S. 21) zeigt folgende Zahlen (in Mio.):

Land	1550	1650	1750	1850
England	3	5	6	17
Frankreich	14	21	24	36
Deutschland	13	10	18	35
Italien	12	12	16	25
Spanien	7	?	9	15
Norwegen	?	0,4	0,6	1,4

In Deutschland leben um 1500 etwa 12 Mio. Menschen, 1550 sind es bereits 13 Mio., 1618 schätzt man 16 Mio. Im 17. Jh. sinkt die Bevölkerung in Deutschland wieder, die wichtigste Ursache stellt der verheerende 30-jährige Krieg (1618–48) dar. Aber auch die weiterhin bestehende Wechselwirkung von Missernten, Hungersnöten und Seuchen führen bis zum 19. Jh. immer wieder zum Bevölkerungsrückgang. In anderen europäischen Ländern ist es ähnlich. Im Hintergrund stehen immer wieder Klimaverschlechterungen wie die „Kleine Eiszeit" Mitte des 16. Jh.

Seit dem 15. Jh. ziehen immer mehr Menschen vom Land in die Städte. Dort verbessern sich die Lebensverhältnisse immer mehr. Besonders in Hinsicht auf die Hygiene und die Wasserversorgung sind die Fortschritte deutlich. Im Deutschen Reich gibt es damals 4.000 Städte, davon haben aber nur 200 mehr als 2.000 Einwohner! Die größten Städte sind damals Köln und Augsburg mit mehr als 50.000 Einwohnern. In England verzehnfacht sich zwischen 1520 und 1700 die Einwohnerschaft Londons von 60.000 auf 600.000 Menschen!

Die Städte wirken also weiter anziehend auf die Menschen ihrer Zeit. Oft erhalten die Bürger der Städte eine neue, besondere Rechtsstellung und auch politische Mitbestimmungsmöglichkeiten im Rat der Stadt. Sehr viele Städte unterstehen unmittelbar dem König oder Kaiser als Stadtherren (im Deutschen Reich nennt man diese Städte „freie Reichsstädte", in England „Königsstädte"). Sie wählen einen Rat (also eine Stadtregierung) und bestimmen selbst ihre Geschichte. In anderen Städten gibt es dagegen einen Stadtherren (z.B. einen Bischof) und die Bürger haben weniger Rechte.

Nicht alle Einwohner sind übrigens Bürger; Dienstboten, Lehrlinge und Handwerker können normalerweise kein Bürgerrecht erwerben. Ebenso sind Abdecker und Straßenreiniger, Prostituierte, Bader und Schauspieler „unehrliche" Berufe, die einen Sonderstatus in den Städten haben.

Auch die fürstlichen Residenzen mit den glanzvollen Höfen entstehen in der frühen Neuzeit. Im Mittelalter zogen die Fürsten von Ort zu Ort, um Hof zu halten und Herrschaft auszuüben (Personenverbandsstaat). Nun errichten die Fürsten Residenzen, an denen sie ihre Verwaltung aufbauen. In England, Frankreich und Spanien etablieren sich zentrale Höfe mit entsprechenden städtischen Metropolen wie London, Paris oder Madrid. In Deutschland zählt man über 300 Residenzen, hier kann sich kein wirkliches Zentrum entwickeln! An den Fürstenhöfen entfaltet sich ein reiches Leben, die Fürsten verstehen es, ihr Leben zu inszenieren. Ihre Residenzstädte wachsen schnell heran.

Die Kirche bleibt in der frühen Neuzeit im Dorf, die Menschen leben in einer religiösen Welt und die Zugehörigkeit zum christlichen Glauben ist selbstverständlich. Alle Regionen Europas bleiben christlich-kirchlich geprägt, aber neue Konfessionen entstehen und lösen die religiöse Einheitlichkeit des Abendlandes auf. Neben dem Streben der Humanisten nach Erkenntnis leben die meisten Menschen noch in kirchlichen Strukturen. Durch die Reformation und die Entstehung evangelischer Landeskirchen (s. u. 2.1, 4.1) wird die einheitliche religiöse Geschlossenheit Europas beendet. In Deutschland treten neben die traditionelle Kirche evangelische Landeskirchen, die jeweils in der Bevölkerung der Territorien ihre Basis haben.

Konfessionen

Die Konfessionen bauen ihre Positionen aus und grenzen sich gegeneinander ab. Schließlich stehen römische Katholiken, Lutheraner und Reformierte nebeneinander. Nur diesen drei Konfessionen wird das Recht zum öffentlichen Gottesdienst und zur Verbreitung ihrer Lehren gewährt (Augsburger Religionsfrieden 1555). Wer den offiziellen Glauben in diesen Territorien nicht teilt, der muss das Land verlassen. Im 16./17. Jh. sind daher viele religiöse Flüchtlinge unterwegs. In Spanien werden Juden und Muslime vertrieben, in Frankreich die Protestanten, aus evangelischen Territorien müssen Katholiken flüchten. In allen Gebieten sind religiöse Minderheiten wie Hutterer, Mennoniten oder Hussiten gefährdet. Noch im 18. Jh. müssen Lutheraner aus Salzburg fliehen. Erst mit dem Ende des 18. Jh. hören diese Prozesse auf. Seitdem sind es politische oder wirtschaftliche Emigranten, die wir als Flüchtlinge wahrnehmen.

Die Verflechtung von Kirche und Staat ist intensiv und bestimmt den Alltag der Menschen. Der Staat schützt die Kirche. Im Zuge der Reformation werden in den evangelischen Territorien Klöster aufgehoben, hier übernimmt der Staat das Vermögen der Klöster und finanziert damit z.B. Bildung (Schulen, Universitäten) und Sozialfürsorge (6.1). Das bedeutet für Mönche und Nonnen eine enorme persönliche Herausforderung, ist doch das soziale Leben auf Familien ausgelegt. Zugleich müssen die ehemaligen Klosterbewohner ihren Lebensunterhalt bestreiten; soweit die Klöster Schulen oder Krankenhäuser unterhalten haben, steht die Gesellschaft vor dem Problem, wie sie diese notwendigen Einrichtungen künftig organisiert und finanziert. Viele dieser bisher kirchlichen Aufgaben werden nun von staatlichen Trägern übernommen oder gehen unter. Ähnliche Probleme haben die Universitäten, denn die Mittel müssen neu aufgebracht werden, wenn etwa Klöster wie z.B. in Luthers Fall Lehrstühle besetzt und unterhalten haben. Auch gehen die Studentenzahlen zum Teil drastisch zurück. Im Gegensatz zu den international ausgerichteten Studiengängen des Mittelalters werden die Universitäten in den evangelischen Ländern mit der Konfessionalisierung zu *Landesuniversitäten*, es herrscht die jeweilige konfessionelle Position.

Die Fürsten haben aber auch Einfluss auf ihre Landeskirche (3.1). Das Christentum prägt weithin die Gesellschaft, konfessionelle Gegensätze werden polemisch ausgetragen, auch Lutheraner und Calvinisten streiten erbittert gegeneinander. Erst gegen Ende des 30-jährigen Krieges (1618–48) nimmt die Polemik allmählich ab. Statt Konfessionalisierung beginnt eine fortschreitende Säkularisierung: Religiös motivierte Konflikte werden zu rein politischen Angelegenheiten. Für Frankreich wird die Türkei bündnisfähig im Kampf gegen die österreichischen Habsburger. Der religiösen Auseinandersetzung überdrüssig, wendet man sich anderen Fragen zu und klammert zunehmend religiöse Fragen aus. Jetzt beginnt eine neue Zeit! In Europa kommt es zur ersten großen Erweckung, der Pietismus (seit etwa 1675) sucht dann das konfessionelle Zeitalter zu überwinden.

Seit dem Ende des 17. Jh. beginnen England, Frankreich und die Niederlande mit dem Aufbau von Kolonien in Nordamerika. Englische Glaubensflüchtlinge, die „Pilgrim Fathers" bauen eine erste Ansiedlung auf, aus der später die englischen Kolonien hervorgehen. Diesen Vätern folgen in den nächsten Jahrhunderten weitere Glaubensflüchtlinge, die in den Kolonien nach ihren Glaubensgrundsätzen leben wollen. Neben ihnen wandern aber auch politisch Andersdenkende aus, die der Aufklärung verbunden sind. So entsteht jenseits des Atlantiks eine neue Welt ohne die traditionellen gesellschaftlichen Konventionen. Schließlich gibt es auch Abenteurer aller

Art, die als Mitarbeiter der Kolonialmächte ihren Weg machen oder als Unternehmer ihr Auskommen suchen.

Arm und reich

Angesichts der großen Reichtümer, die Unternehmer wie z.B. die Fugger anhäufen, entwickeln sich auch Neid und Unmut. Den Großunternehmen wirft man vor, dass sie die Preise für ihre Produkte willkürlich diktieren. Geld beginnt die Welt zu regieren, die traditionelle Ethik verändert sich. Im Mittelalter haben Christen kein Geld gegen Zins geliehen, nun werden Kreditgeschäfte zur Voraussetzung unternehmerischen Handelns.

Beispielhaft lässt sich der wirtschaftliche Wandel an der Unternehmerfamilie Fugger in Augsburg verfolgen. Jakob Fugger (1459–1525) stammt aus einer Familie von Tuchmachern. Sein Großvater hat von der Herstellung in den Handel von Tuchen gewechselt. Jakob kombiniert geschickt Großhandel, Produktion und Finanzierung. Besonders erfolgreich wirtschaftet er im Montanbereich, er besitzt Bergwerke, Hütten und Hammerwerke, die einen unvorstellbaren Gewinn abwerfen. Seine Überschüsse ermöglichen Finanzgeschäfte mit den Mächtigen seiner Epoche: Papst, Kaiser und Fürsten gehören zu seinen Schuldnern. 1511 werden die Fugger in den Adelsstand erhoben.

Während einzelne Bürger durch Fleiß und glückliche Umstände einen sozialen Aufstieg erleben, die großen Fürsten in Deutschland ihre Landesherrschaften errichten, steigen viele mittlere und niedere Adlige sozial ab. Die Erfindung der Feuerwaffen und die Einführung der Landsknechtsheere führen den Funktionsverlust dieser Adligen herbei. Gegen die Landsknechtsheere und die Feuerwaffen haben die Ritterheere keine Chance, auch ihre Burgen halten den modernen Belagerungstechniken nicht stand, daher erleben sie einen heftigen sozialen Abstieg. Wenige können ihre Stellung als Landsknechtsführer behaupten. Bürgerliche Beamte mit guter Ausbildung konkurrieren mit ihnen bald im Fürstendienst.

Sklaverei und Ausbeutung in den Kolonien

Im Rahmen der frühen Kolonisation erhebt sich vielfach auch die Frage nach den Rechten der indigenen Bevölkerung. Zwar verbietet etwa Königin Isabella von Spanien die Versklavung der Indios, aber mit der Encomienda (1503) unterstellt sie die Ureinwohner wie selbstverständlich den spanischen Kolonisten, für die sie gegen Lohn und Unterhalt arbeiten sollen. Begründet werden diese Maßnahmen mit den so ermöglichten und erzwungenen Kontakten zwischen Christen und Heiden. Die Königin gibt den Kolonisten folgenden Auftrag:

Die Indianer nötigt und antreibt, mit den Christen der genannten Inseln Umgang zu pflegen, in ihren Häusern zu arbeiten, Gold und andere Metalle zu schürfen und Landarbeit für die auf der Insel ansässigen Christen zu leisten [...].
Isabella von Kastilien: Die Encomienda. 1503, zit. nach KThGQ VI, S. 222.

In der Praxis sind die Indios so den Kolonisten sozusagen rechtlos ausgeliefert. Da die Kolonisten die genannten Rechte quasi umsonst erhalten, gehen die Kolonisten skrupellos mit den Indios um. Das ist mit ein Grund dafür, dass innerhalb von 100 Jahren die indigene Bevölkerung um 90% zurückgeht. Papst Paul III. hält zwar ihre Menschenwürde und Glaubensfähigkeit 1537 fest, sein Eintreten stößt jedoch auf Gegenwehr, da die spanischen Herrscher ihre Patronatsrechte nicht aufzugeben gedenken (3.1.1).

Das Verbrechen an der ursprünglichen Bevölkerung führt dann zum nächsten Schlag gegen die Menschenwürde, dem Handel mit afrikanischen Sklaven. Bereits seit Mitte des 15. Jh. tauchen die ersten afrikanischen Sklaven auf portugiesischen Märkten auf. Es entsteht das berüchtigte Handelsdreieck der frühen Neuzeit: Europa liefert Waffen und Schmuck nach Afrika, aus Afrika kommen Sklaven nach Amerika, Zucker und landwirtschaftliche Produkte kommen von Amerika nach Europa. Bis zum Ende des 19. Jh. werden bis zu 10 Mio. Afrikaner verschleppt. Im 17. Jh. beteiligen sich dann vor allem Engländer und Niederländer am Sklavenhandel. Letztere beginnen 1631 diese Geschäfte, nachdem in Hugo Grotius' *Vom Recht des Krieges und des Friedens* der Sklavenhandel legitimiert worden ist.

Joachim Nettelbeck (1738–1824), ehemaliger Kapitän eines Sklavenschiffes, der sich später gegen den Handel mit Menschen gewandt hat, berichtet über die Handelsgeschäfte der Afrikaner und die Folgen.

Einmal gewohnt, diese verschiedenen Artikel von den Europäern zu erhalten, können und wollen die Afrikaner sowohl an der Küste als tiefer im Lande sie nicht missen und sind darum unablässig darauf bedacht, sich die Ware zu verschaffen, durch welche sie sich dieselben eintauschen können. Also ist auch das ganze Land immerfort in kleine Parteien geteilt, die sich feindlich in den Haaren liegen und alle Gefangenen, welche sie machen, entweder an die schwarzen Sklavenhändler verkaufen oder sie unmittelbar zu den europäischen Sklavenschiffen abführen.
Joachim Nettelbeck: Lebensbeschreibung. 1821/23, zit. nach KThGQ VI, S. 125.

Deutlich wird die Abhängigkeit der Afrikaner von den Europäern und ihren Waren beschrieben, das bringt den Menschenhandel hervor und erhält ihn. Viele lokale Häuptlinge verkaufen auch Mitglieder ihrer Stämme, wenn gerade keine fremden Gefangenen vorhanden sind, um die begehrten Waren zu erhalten. Die Behandlung der Sklaven ist erschreckend, ebenso die Debatte darüber, ob die afrikanischen Sklaven getauft werden sollen oder nicht. Ziemlich selbstverständlich geschieht dies etwa in Südafrika, wo die niederländische *Vereinigte Ostindien-Companie (V.O.C.)* seit 1652 am Kap der Guten Hoffnung eine Station unterhält, zu der eine Schule für junge Sklaven gehört.

UNTERM STRICH

Der europäische Aufbruch wird von einem **dunklen Kapitel** begleitet, der die weiße Weste der Europäer beschmutzt: In den Kolonien wird die indigene Bevölkerung beraubt und versklavt, aus Afrika werden Schwarze als Arbeitssklaven in alle Welt verschleppt. Es wird Jahrhunderte dauern, bis hierüber eine Reflexion einsetzt und die genannten Schattenseiten als Schuld begriffen werden. Wie sähe eine *Wiedergutmachung* hierzu aus? Welche Rechnung könnten etwa die amerikanischen Ureinwohner den Europäern aufmachen, wenn die geraubten Reichtümer mit Zins und Zinseszins zurückgefordert würden? Welche Entschädigungen könnten die Nachfahren der afrikanischen Arbeitssklaven für die geleistete Arbeitszeit in Rechnung zu stellen?

Die Europäer meinen die Botschaft Jesu in alle Welt zu bringen – aber ist es wirklich die Botschaft von der Liebe Gottes zu allen Menschen? Die Botschafter zeigen so wenig Prägung durch die Liebe Jesu. Johann Arndt hat noch immer recht: Jesus hat viele Diener, aber wenige Nachfolger. Nachfolger Jesu dienen Gott und den Menschen, sie haben das Wohl der anderen im Blick – sie bringen Gerechtigkeit und keine Ungerechtigkeit in die Welt. Aber die Europäer kommen als Eroberer, die ihren Erfolg feiern und als exklusiven Segen Gottes für sich selbst begreifen. Damit haben sie aber in Wahrheit die Lehre Jesu verraten. Die machtvolle Aufrichtung der Herrschaft des Christentums gründet nicht in dem Heiland der Welt, der sich selbst ans Kreuz schlagen ließ! Die Eroberer errichten Kreuze als Zeichen der Herrschaft und Unterdrückung, keine Kreuze der Vergebung und des Willens Gottes. Die Konquistadoren verlieren die Vollmacht, Diener Jesu zu sein. Ihnen dient das Kreuz als Legitimation von Herrschaft im Namen der Kirche. Aber sie gleichen eher den römischen Unterdrückern zur

Zeit Jesu als den wahren Nachfolgern Jesu. Diese haben Versöhnung und Befreiung in die Welt getragen.

Aber immerhin kommen neben diesen Herren auch Nachfolger Jesu, denen vor allem am Evangelium und dem Bau des Reiches Gottes gelegen ist (3.1, 6.1). Sie sehen den neu ermöglichten missionarischen Auftrag, sehen die Unterdrückung der indigenen Bevölkerung kritisch und erheben dagegen ihre Stimme. Ihnen liegt das Evangelium am Herzen, und dafür setzen sie ihr Leben ein.

Bis heute haben wir mit den Auswirkungen jener Epoche zu kämpfen, die Glaubwürdigkeit Europas und des Christentums sind schwer geschädigt worden. Die Europäisierung der Erde hat so einen hohen Preis. Wenn wir nun fragen, wo Gottes Spur in diesem Prozess ist, so bleibt sie sicher verborgen: Wir wissen nicht, warum Gott es so hat geschehen lassen. Und bevor wir die menschlichen Verbrechen als Schattenseiten eines göttlichen Planes darstellen, schweigen wir besser.

Uns bleibt nur die Hoffnung, dass Gott selbst das Leid beseitigen wird und die Tränen trocknet, wie er verheißen hat. Und es bleibt ein unfassbares Geheimnis, dass sowohl unter den Indios Amerikas als auch unter den Afrikanern – in Afrika wie in Amerika – das Christentum blüht und wächst. Kräftig erweist sich das Wort Gottes auch unter den widrigsten Umständen, es tröstet die Leidenden und Unterdrückten, die Kranken und Schwachen, weil Gott selber in Jesus einer von ihnen geworden ist, der sich hingegeben, die Krankheit und Schwäche, das Leid und die Ohnmacht auf sich genommen hat, der Gerechtigkeit und Frieden bringen will – entgegen allen menschlichen Fehlern, Erfahrungen und Erwartungen. Nein, das soll nichts rechtfertigen, aber das Geheimnis der Größe Gottes entzieht sich wirklich unserer menschlichen Vorstellungskraft.

1.1.3 Wirtschaftliche Aufbrüche in der frühen Neuzeit (16./17. Jh.)

Welt im Aufbruch

Das Leben zu Beginn der frühen Neuzeit ist noch ganz an die Natur gebunden und orientiert. Klimaschwankungen haben starke Auswirkungen auf das Leben der Menschen, denn davon ist die Nahrungsmittelproduktion abhängig und bestimmt so die Bevölkerungsentwicklung. 80% der Menschen leben in und von der Landwirtschaft, sie versorgen die übrigen. Die **Landwirtschaft** liefert Lebensmittel und Rohstoffe (Seide, Baumwolle, Wolle) für das Gewerbe. Brenn- und Baumaterial ist das Holz, erneuerbare Energiequellen bestimmen das Leben. Wachstum der Bevölkerung ist nur durch die Steigerung des landwirtschaftlichen Ertrages möglich, um ausreichend Nahrungsmittel, Kleidung und Brennmaterial für Behausungen zur Verfügung zu stellen. Gegen Ende des 17. Jh. kommt es zu einer deutlichen Klimaverschlechterung („kleine Eiszeit"), die zwei Jahrhunderte die landwirtschaftliche Lage beeinflusst und die Menschen verunsichert.

Mit dem Anstieg der Bevölkerung nimmt die Nachfrage in der Landwirtschaft im 16. Jh. zu, denn mehr Menschen wollen essen. Deshalb steigen die Getreidepreise, die wirtschaftliche Lage von Bauern und Grundherren verbessert sich. Großgrundbesitzer betreiben gezielt Landesausbau, dabei bedienen sie sich auch am bisherigen „Gemeineigentum", das bis dahin der Versorgung der landlosen Bevölkerung gedient hat. In den Bauernkriegen spielen diese Maßnahmen der Mächtigen regelmäßig eine Rolle in den Forderungen der Unterschichten. Anstelle der Dorfgemeinschaft tritt die private Konkurrenz der Einzelhöfe, die Armen verlassen die Dorfgemeinschaft und ziehen auf der Suche nach Nahrung und Gelegenheitsarbeit umher. In den zeitgenössischen Chroniken werden umherziehende Bettler ständig erwähnt.

Gewerbe und Technik

Im Vergleich zur landwirtschaftlichen Produktion ist die Bedeutung des Gewerbes zunächst gering. Allerdings werden die Kapazitäten allmählich ausgebaut. Die Textilindustrie gibt der Landwirtschaft neue Verdienstmöglichkeiten (Flachs- und Hanfkulturen, Maulbeerbäume für die Seidenraupenzucht). Daneben legen das Bauhandwerk und der Bergbau zu. In einigen Gebieten, in denen Erz gut erreichbar ist, entstehen frühe Industriegebiete. Die englische Kohleförderung steigt im 16. und 17. Jh. von 200.000 auf 3.000.000 t jährlich, damit wird nicht nur der drohende Energieengpass durch die bestehende Holzverknappung aufgefangen, sondern das belebt auch den Eisenbergbau und die Eisenproduktion. In England und Wales gibt es Anfang des 16. Jh. erst drei Hochöfen, 1635 werden bereits 100 gezählt! Enorm schnell entwickelt sich eine Montanindustrie. Immer neue Erfindungen bringen das Land schnell an die Weltspitze.

Mit dem Buchdruck sowie der Glas- und Stahlproduktion entstehen neue Wirtschaftszweige. Hier liegen die Ursprünge des europäischen Aufstiegs im 16. Jh. Sie werden ergänzt durch technische Innovationen in der Schifffahrt (Navigationsinstrumente, verbesserte Schiffstypen, Kartografie).

Bereits seit dem 15. Jh. wird die Wasserkraft im Bergbau für Aufzüge benutzt, Mitte des 16. Jh. werden in Joachimstal und Tirol die ersten Saugpumpen eingesetzt. Auch die Erzmühlen werden durch Wasserkraft betrieben. Zu den innovativen Veränderungen gehört auch das Saigerverfahren bei der Silberproduktion, wodurch die Produktion sich verfünffacht. Durch die neuen Techniken steigen auch die Produktionskosten, sodass größeres Kapital erforderlich wird; oft finanzieren Händler wie die Fugger, Welser oder Hochstetter aus Augsburg den Ausbau. So entstehen moderne Großunternehmen.

Mit der Erweiterung der Gewerbeproduktion schreitet die berufliche Spezialisierung voran: Färber, Schumacher, Tuchmacher, Leinen- und Wollweber und Schneider sind nun in der Kleiderproduktion tätig. Ähnlich ist die Entwicklung in anderen Berufen, so können Menschen individuell unterschiedliche Gaben ausbilden.

In Süddeutschland entstehen neue wirtschaftliche Strukturen mit der Einführung des Verlagssystems. Da sich normale Handwerker die Herstellung hochwertiger Produkte nicht leisten können, werden sie von Verlegern vorfinanziert. Der Verleger kauft die meist teuren Rohstoffe ein und finanziert auch die Arbeitsgeräte, der Handwerker stellt die Fertigprodukte für den Verleger her, der sie anschließend verkauft. Einen beispiellosen Aufstieg erleben die niederländischen und englischen Produzenten. Auch Fischfang und Fischverarbeitung sowie Schiffbau werden rasch ausgebaut. Bis Mitte des 17. Jh. kommt die Textilherstellung in Holland hinzu. Bald strebt auch die englische Textilindustrie auf, sie überflügelt Flandern, Deutschland und Oberitalien.

Verkehrswege

Der Handel nutzt die von den Römern erbauten Straßen, die Mittel- und Westeuropa mit dem Süden verbinden. Dazu werden die großen Flüsse als Verkehrswege genutzt. Viele dieser Verbindungen laufen in der Champagne zusammen, wo viele wichtige Messen stattfinden. Von Frankreich führen Straßen nach Osten über Düsseldorf, Hildesheim, Magdeburg, Berlin, Danzig, Königsberg, Riga bis nach Novgorod. Gehandelt werden z.B. Felle und Leder, aber auch Bernstein. Auf den Straßen bringen Menschen neben ihren Waren auch Vorstellungen und Ideen von West nach Ost. So zeigen sich an den Kathedralen von Hildesheim, Magdeburg und Gnesen ähnliche bauliche Merkmale. Und natürlich verbreiten sich auch Handwerkstechniken und innovative Ideen auf diesen Wegen. Von Dänemark nach Hamburg verläuft der „Ochsenweg", auf dem jährlich 50.000 Ochsen nach Süden getrieben werden, um die Fleischnachfrage zu befriedigen. Im 30-jährigen Krieg marschieren aber auch die Heere auf dieser Straße.

Neben diesem binneneuropäischen Handelsnetz ist Europa über die italienischen Handelsmetropolen Genua und Venedig über den Nahen Osten mit dem Indischen Ozean verbunden. Dort enden drei Handelswege: ein nördlicher vom Schwarzen Meer führt durch die Steppe bis nach China, zwei andere verbinden über Bagdad bzw. Kairo den Indischen Ozean in die ostasiatischen Gewässer und Häfen mit dem Nahen Osten. Alle drei Verbindungen verlaufen über den islamischen Machtbereich nach China.

Das Vorhandensein dieser Handelswege lässt sich übrigens an der furchtbaren Pest in der Mitte des 14. Jh. illustrieren, durch die die Bevölkerung in Europa drastisch dezimiert wurde. Die Krankheit beginnt rund 30 Jahre früher in China, wo die Epidemie 1331 ausbricht und über Nagetiere und Menschen verbreitet wird. 1346 wird die Krankheit in Kaffa am Schwarzen Meer eingeschleppt, das damals von den Mongolen belagert wird, deren Heer durch die Seuche so geschwächt wird, dass die Belagerung abgebrochen werden muss. Über italienische Schiffe kommt die Krankheit im selben Jahr in Europa an und verbreitet sich entlang der Handelswege bis 1350 nach Schweden und Moskau.

Geldwirtschaft und Handel

Von Italien aus verbreitet sich zunehmend die Geldwirtschaft nach Norden. Im Zusammenhang mit den Kreuzzügen sind italienische Städte wie z.B. Venedig oder Genua aufgestiegen, ihre Kaufleute unterhalten ein weit verzweigtes Netz von Handelszentren, in denen sich die ersten Formen bargeldlosen Zahlungsverkehrs entwickeln (Kredite, Schecks), die ersten Bankhäuser entstehen in Florenz und Genua. Die portugiesischen Entdeckungsfahrten werden von Genuas Banken finanziert, viele Genuesen sind als Kaufleute, Bankiers und Admiräle im Dienst von Portugal und Spanien. Auch die päpstliche Verwaltung erweist sich als „Global Player", der früh die neuen Möglichkeiten der Geldwirtschaft für sich nutzbar macht. Die Zeit des Frühkapitalismus beginnt! Geld scheint nun die Welt zu regieren! Immer neue Geldquellen werden von der Kirche ermittelt, jede kirchliche Handlung wird berechnet. Der übergroße Reichtum führt die mittelalterliche Kirche so in eine Sackgasse, die in die Reformation einmündet. Gerade der sichtbare Reichtum zeigt ihre Verweltlichung und nimmt ihr ihre Glaubwürdigkeit als Kirche Christi. Zu wenig unterscheiden sich die Kirchenführer von den anderen wirtschaftlich führenden Schichten.

Als **Währung** werden verschiedene Münzen genutzt. Aus Italien wird der *Gulden* aus Florenz (von golden, die Münze heißt *florenus aureus;* daher die Abkürzung *fl.*) über ganz Europa gehandelt, ebenso der *Dukat* (ebenfalls Goldmünze) aus Venedig. Für den Fernhandel sind diese wertvolleren Münzen wichtig, die üblichen *Denare* und *Pfennige* sind im Wert zu klein. Seit dem Späten Mittelalter werden Gulden auch von den rheinischen Erzbistümern geprägt (*florenus Rheni* – rheinischer Gulden). Seit dem Ende des 15. Jh. kommen die *Guldengroschen* (Silbermünzen im Wert eines Guldens) dazu, die in Tirol, Sachsen und dann besonders im tschechischen *Joachimstal* geprägt werden (Münzen von 27,2 g, knapp 26 g Feinsilber), die daher als *Taler* (oder *Joachimstaler, Reichstaler*; davon leitet sich u. a. der *Dollar* ab) bezeichnet werden. In Norddeutschland bleiben Taler und in Süddeutschland Gulden als die beiden wichtigen Münzen bis ins 19. Jh. in Gebrauch. Seit Mitte des 16. Jh. wird 1 Taler gegen 2/3 Gulden bzw. 90 Kreuzer getauscht.[1]

Durch die Entdecker und Eroberer kommt den westlichen europäischen Randstaaten immer größere Bedeutung im Handel zu: Über Portugal kommen Gewürze, Seide, Porzellan, Salpeter, Indigo und Textilien nach Europa. Lissabon wird zum Zentrum des Gewürzhandels, da die Reichtümer aber nur den Luxus der Oberschicht finanzieren, finden sich kaum Auswirkungen auf die wirtschaftliche Entwicklung des Landes. Ein Großteil der Gewinne fließen ohnehin zurück an die italienischen und deutschen Finanziers, die auch die Vermarktung der Handelsgüter betreiben. Anfang des 16. Jh. entwickelt sich Antwerpen zum Zentrum des Gewürzhandels, dort entladen portugiesische Schiffe ihre Fracht und erhalten dafür das mitteleuropäische Silber der oberdeutschen Kaufleute der Fugger und Welser.

Die Fugger haben in allen Brennpunkten Europas Niederlassungen (u.a. Spanien, Portugal/Lissabon, England/London und spanische Niederlande/Antwerpen) und kontrollieren geradezu den Gewürzhandel in Europa. Gewürze werden gegen Silber getauscht und damit die Handelsgüter in Asien bezahlt. Die spanischen Expeditionen werden oft von oberdeutschen Kaufleuten wie den Fuggern ausgerüstet, in den spanischen Kolonien besitzen sie Handelsprivilegien.

Während die Portugiesen den „bewaffneten Handel" im Indischen Ozean beginnen, erobert Spanien bald Mittel- und Südamerika. Dort werden Plantagen für den Anbau von Zucker, Tabak und Baumwolle errichtet, die mit

---

1 Die Kaufkraft in heutiger Währung ist schwer zu ermitteln, man findet Hinweise, dass ein Gulden mit 50 Euro verrechnet werden könnte. Mitte des 18. Jh. arbeitet ein Handwerksmeister für einen Gulden 2 Tage (mit 13,5 Arbeitsstunden), ein Geselle 2,5 und ein Tagelöhner 3 Tage. Der Meister hätte demnach einen Stundenlohn von 1,85 Euro, der Tagelöhner von 1,23 Euro. Im 17. Jh. werden einmal 4 Pferde mit 16 Reichstalern bewertet, 1 Schwein mit 1 Taler. Wie diese Beispiele zeigen, ist es kaum möglich, eine angemessene Vorstellung über die bezeichneten Geldmengen zu erhalten.

Sklaven bewirtschaftet werden. Nachdem die indigene Bevölkerung durch eingeschleppte Krankheiten in wenigen Jahren um 90% zurückgeht (!), werden Schwarze aus Afrika verschleppt und zur Sklavenarbeit gezwungen. Portugiesen, Niederländer und später die Briten verdienen durch den Sklavenhandel ihre Vermögen.

Aus Amerika werden Nahrungsmittel wie Kartoffeln, Mais und Tomaten nach Europa eingeführt, wodurch die Ernährungsgrundlage stark verbessert werden kann. In großen Mengen werden Gold und Silber aus der neuen Welt geraubt und nach Europa gebracht: 16 Mio. kg Gold und 180 Mio. kg Silber gelangen so schätzungsweise nach Spanien, das es für seine kostspieligen Kriege ausgibt. Holländer und Briten erhandeln das Silber gegen Waffen und Kredite und finanzieren damit ihren Handel mit China, das damals Silber als Zahlungsmittel nutzt und geradezu aufsaugt. Von China werden Seide, Tee und Porzellan geliefert. So entsteht ein Handelsdreieck: Amerika liefert Zucker, Holz, Tabak nach England, wo es auf den Kontinent weitergehandelt wird. Indien liefert Fertigwaren (Baumwolltextilien) nach Afrika, wo sie gegen Sklaven für Amerika getauscht werden. Zugleich liefert Nordamerika Alkohol nach Afrika gegen Sklaven, die in der Karibik gegen Melasse getauscht werden, die in Großbritannien zur Produktion von Alkohol genutzt wird.

Durch die Vermehrung des Edelmetalls durch die amerikanischen Importe kommt es zu einer regelrechten Preisrevolution, während die Löhne durch das größere Angebot von Arbeitskräften zurückbleiben. Ein Augsburger Bauhandwerker kann um 1500 den 1,5-fachen, um 1530 den einfachen Mindestbedarf zum Leben decken, aber um 1600 kann er kaum noch drei Viertel der Lebenskosten seiner fünfköpfigen Familie bestreiten.

Bald ahmen Frankreich, England und die Niederlande Spanien und Portugal nach. Zunächst agieren etwa die Engländer als Freibeuter (z.B. der bekannte Sir Francis Drake), die portugiesische und spanische Beuteschiffe aus den überseeischen Gebieten überfallen und plündern. Das ermöglicht den großartigen Aufstieg des britischen Reiches. Ende des 16. Jh. kommt es so zu einem Konflikt zwischen dem protestantischen England unter Elizabeth I. und dem katholischen Spanien unter Philipp II. 1588 gelingt es der kleinen, kampferprobten englischen Flotte, einen spanischen Invasionsversuch abzuwehren. England kann so seinen Aufstieg weiterführen. Im 17. Jh. übernehmen neben den Engländern auch die Niederländer die portugiesischen Stützpunkte. Die Niederlande entwickeln seit dem 15. Jh. die modernste Volkswirtschaft Europas. Politisch gehört das Land zum Deutschen Reich und wird seit Ende des 15. Jh. von den Habsburgern regiert, die zugleich über Spanien herrschen und durch hohe Steuern das Land unterdrücken. Das provoziert schließlich den Freiheitskampf der Niederlande (1568 Aufstand), die ihre Glaubensfreiheit erringen und ihre wirtschaftliche Macht im Handel in Ost- und Nordsee ausbauen (Fisch, Getreide, Holz, Flachs, Hanf). Namentlich im Handel mit Getreide bestimmt Amsterdam den Markt und liefert bis Italien und Portugal. Früh dehnen die Holländer ihre Aktivitäten auf die Weltmeere aus, gründen 1602 die Vereinigte Ostindien-Companie (V.O.C.), die den asiatischen Gewürzhandel bestimmt, seit dem 17. Jh. agiert man auch in Amerika, verliert die Besitzungen allerdings wie Neu Amsterdam Mitte des Jahrhunderts an die Engländer (heute New York).

Durch den 30-jährigen Krieg (1618–48) wird Mitteleuropa verwüstet, besonders die Landwirtschaft wird stark in Mitleidenschaft gezogen. Viele folgen der Vision des kaiserlichen Feldherrn Wallenstein „Der Krieg ernährt den Krieg!" Nahrungsmittel werden von den Besatzern rigoros geraubt, das Vieh geschlachtet, Dörfer niedergebrannt. Viele Siedlungen werden so zu Wüstungen, die Menschen verstecken sich mit ihrem Vieh in den Wäldern. Wirtschaftlich wird Deutschland ein Jahrhundert zurückgeworfen.

Auch wenn der Welthandel aufblüht, ist der Handel innerhalb Europas im 16. und 17. Jh. noch immer bedeutsamer. Der Seehandel ist umfangreicher, auf Nord- und Ostsee verkehren weit mehr Schiffe als nach Amerika und Asien. Die Rohstofflieferungen für den vermehrten Schiffbau (Holz, Hanf, Pech) geben dem Handel enorme Impulse, das belebt namentlich die Wirtschaft in Osteuropa, das weitgehend diese Rohstoffe liefert. Der Handelsgewinn mit Getreide und Holz kommt in Osteuropa allerdings nur wenigen adligen Grundbesitzern zugute, sodass das Pro-Kopf-Einkommen in Osteuropa um 1700 nur 55% des westeuropäischen Niveaus umfasst.

Die Handelsbilanz mit Asien bleibt noch lange passiv, nur wenige Produkte finden in Asien Interesse, dazu gehört nur Militärtechnik, vor allem aber Gold und Silber. Daher gelangt das in Amerika geraubte Silber und Gold über Spanien schließlich nach Ostasien, wo es gegen Gewürze, Porzellan oder Textilien eingetauscht wird. Ein großer Teil des europäischen Handels geht aber auch einfach auf Raub und Plünderung zurück. Erst mit der Eroberung (und Ausbeutung) Indiens, wird die Handelsbilanz ausgeglichen.

UNTERM STRICH

Wirtschaftlich bleibt scheinbar zunächst die Landwirtschaft dominierend, aber Gewerbe und Geldwirtschaft erleben einen beinahe revolutionären Aufstieg. Neue Produktionstechniken wälzen den Markt um, technische Erfindungen beleben das Gewerbe, unvorstellbare Mengen an Edelmetall fördern zum einen den Luxus, stehen aber auch für Investitionen zur Verfügung.

Die katholische Kirche erweist sich als **Global Player** im Wirtschaftgefüge der Moderne, denn früh nutzt sie die modernen Formen der Geldwirtschaft und Verwaltung. Aus dieser Krise erwächst diese Kirche dann aber neu (2.1.5), indem sie sich inhaltlich neu ausrichtet, Positionen ausbaut und sichert. Einmal mehr beweist sie ihr inneres Erneuerungspotenzial als Kirche, das – wie in allen Kirchen – auf den eigentlichen Herrn der Kirche hinweist.

1.1.4 Staat und Politik im Übergang zum modernen Staat in der frühen Neuzeit

Absolutismus

Die Staatslehre zeigt früh einen Wandel vom Mittelalter zur Neuzeit. Machiavelli beschreibt mit seiner Schrift „Vom Fürsten" (1513) Politik als reine Machtangelegenheit. Hier scheint dem Herrscher die Rechtfertigung einer skrupellosen Machtausübung gewährt zu werden, die die überlieferten religiösen moralischen Bindungen aufgibt und die kirchenkritische Tendenz der italienischen Renaissance unterstreicht. Jean Bodin entwickelt rund 50 Jahre später seine Vorstellung von der verbindlichen Hoheitsgewalt des Staates, die von den Gesetzen unabhängig und nur den Geboten Gottes unterworfen ist. Die Vorstellung eines unabhängigen Naturrechts, das aus dem Wesen des Menschen selbst abgeleitet wird, entsteht und wird dann in der Aufklärung weiterentwickelt (4.1.1).

Parallel zu dieser neuen theoretischen Begründung von Staat und Herrschaft bauen die Monarchen Europas ihre Macht aus. Seit dem ausgehenden Mittelalter kämpfen die Fürsten mit den Ständen um die letzte Entscheidungsgewalt im Staat. Bei den Ständen handelt es sich um jene lehnsrechtlichen Zwischengewalten, die typisch für das mittelalterliche Herrschaftssystem sind. Der Herrscher baut im Mittelalter seine Macht auf persönliche Gefolgschaft und Treue, zu Beginn der Neuzeit zielen die Monarchen dann auf Untertänigkeit und Gehorsam aller Bürger.

Zu Beginn der frühen Neuzeit entwickelt sich der moderne Territorial-staat als Basis einer Herrschaft, alle Menschen unterhalb des Fürsten sind in diese Herrschaft eingeschlossen. Typisch für diese Haltung ist eine Formulierung am Ende der Edikte der französischen Könige seit dem Ende des 15. Jh.: „Denn so ist es unser Wille." Die Herrscher ziehen die Kompetenzen an sich, es entsteht allmählich die Staatsform des **Absolutismus** und die moderne Staatslehre.

Die Fürsten erheben den Anspruch auf *Souveränität* (dt. „Hoheitsgewalt" im Staat), sie zentralisieren das Gerichts- und Steuersystem und bauen entsprechende Verwaltungen auf. Die Fürsten streben nach regelmäßigen Steuereinnahmen und unterhalten „stehende Heere", um ihre Territorien zu verteidigen und zu vergrößern. Die Monarchen schalten alle Zwischengewalten aus und steuern die Macht zentral. Deshalb befreien sich fast überall in Europa die Regierenden auch von der Bevormundung durch die Kirche, indem die Herrscher von England über Frankreich bis nach Mitteleuropa Einfluss auf die Kirchen in ihrem Staat erhalten. Darüber hinaus wollen sie auch die Kirche in ihrem Territorium kontrollieren (4.1.1, 2.1.1). Das gilt sowohl für England und Frankreich, als auch für die deutschen Territorien. Die Konfessionalisierung fördert diese Entwicklung, denn seit dem Augsburger Religionsfrieden von 1555 bestimmt der Landesherr die Konfession seiner Untertanen – er entscheidet über das Weltliche und Religiöse souverän und steht damit über allen Untertanen.

Vielleicht verwundert es heute, warum die Monarchen damit so großen Erfolg gehabt haben. Nach dem Zerbrechen des alten dreistöckigen Welthauses, in dem alles hierarchisch aufgebaut ist und seinen Platz gehabt hat (1.1.1), stehen die Menschen nun in einem unendlichen Raum, in dem alle Beziehungen neu konstituiert werden müssen. Viele sehnen sich nach einer neuen Ordnung, der Absolutismus kommt so gerade rechtzeitig. Der absolute Monarch steht an der Spitze seines Staates, gleichsam eines neuen Ordnungsgefüges, das in jedem seiner Teile vom Monarchen und seiner Autorität abgeleitet ist. Nicht nur in Frankreich wird der König ausdrücklich als „Sonne" bezeichnet und immer wieder so dargestellt!

Zu Beginn der frühen Neuzeit sind Kirche und Staat noch eng miteinander verflochten, der theologische Streit ist eine politische Angelegenheit! Bis zum Ende des 30-jährigen Krieges spricht man vom „Konfessionellen Zeitalter", erst danach und vor allem im 18. Jh. geht der Einfluss der Kirche auf die Gesellschaft weiter zurück.

Westeuropa

Nach der vollständigen Eroberung der spanischen Halbinsel entwickelt sich **Spanien** zur katholischen Vormacht in Europa. Seine Könige sehen im Kampf gegen den Islam und den Protestantismus und in der Ausbreitung des christlichen Glaubens in der entdeckten neuen Welt ihre zentralen Aufgaben. Zentrale Einrichtung wird die Inquisition, mit der der einheitliche Glaube kontrolliert und verteidigt wird. In der Seeschlacht von Lepanto beseitigen sie 1571 die osmanische Vorherrschaft im Mittelmeerraum, 1580 nehmen sie Portugal in Besitz. Der Versuch, den protestantischen Glauben in den spanischen Niederlanden zu beseitigen, weckt allerdings den Widerstand der **Niederländer**, die ein neues freiheitliches Staatswesen aufbauen. Neben Frankreich werden die Niederländer mit den Engländern die energischen Gegner der Spanier.

In **Frankreich** erlangt der König die Kontrolle über die französische Kirche, die im Späten Mittelalter auch mit Gewalt gegen das Papsttum durchgesetzt worden ist. Abweichende Glaubensüberzeugungen werden von den französischen Königen intensiv und drastisch verfolgt (vgl. die Verfolgung der evangelischen Hugenotten). Mit Heinrich IV. (1589–1610) erstarkt das französische Königtum schnell, da der neue König durch den Übertritt zum Katholizismus („Paris ist eine Messe wert!") die konfessionellen Gegensätze zurücktreten lässt. Im Edikt von Nantes erklärt er 1598 den Katholizismus zur offiziellen Staatskirche und gesteht zugleich den Hugenotten die Ausübung ihres Glaubens zu. In Frankreich demonstriert so der König, dass die Politik über den Konfessionen steht. Die Kardinäle Richelieu (seit 1624) und Mazarin (seit 1643) machen das Land zur europäischen Großmacht. Zunächst bekämpfen sie die protestantische Minderheit der Hugenotten, danach wenden sie sich gegen die Opposition des Adels.

Seit der „Magna Charta" von 1215 haben die **Engländer** die Macht ihrer Könige eingeschränkt und sich Mitsprachemöglichkeiten ertrotzt. Im 14. Jh. entsteht ein Oberhaus und ein Unterhaus. In England festigen die Monarchen ihre Stellung im 15. Jh. auch kirchlich, dabei ringen sie dem Papsttum zunächst finanzielle Unabhängigkeit ab. Heinrich VIII. unterwirft sich die englische Kirche 1534 durch die Suprematsakte: Der König erklärt sich zum Oberhaupt der „Church of England". Glaubenslehre, Liturgie und Kirchenstruktur werden zunächst nicht angetastet. Die Klöster werden bald aufgelöst, ihre Besitztümer zugunsten der Krone an den Adel verkauft, das fördert Englands Aufstieg zur europäischen Großmacht besonders seit Elizabeth I. (1558–1603). Durch die Unterstützung der niederländischen Freiheitskämpfer gegen Spanien gerät England in einen Krieg mit der noch dominierenden katholischen Weltmacht. Als 1588 der Invasionsversuch der überlegenen spanischen „Armada" scheitert, entwickelt sich die Insel zur Weltmacht und zum protestantischen Bollwerk. Unter Elizabeth I. wird die anglikanische Kirche mit ihrer typischen katholischen Form und ihrer calvinistischen Theologie ausgebildet.

Mitteleuropa und Deutschland

Im Vergleich zu den westeuropäischen Staaten bleibt das **Heilige Römische Reich Deutscher Nation** als Ganzes altertümlich und im Mittelalter verwurzelt: Es besteht aus zahlreichen weltlichen und geistlichen Fürstentümern und freien Städten von unterschiedlicher Größe und Bedeutung. Die großen geistlichen und weltlichen Fürsten kontrollieren die Zentralgewalt. Bei der Kaiserwahl bestimmen die *Kurfürsten* (Kur von „küren") den neuen Kaiser. Der Kandidat muss zuvor alle Vorrechte in „Wahlkapitulationen" (so werden die Wahlversprechen genannt) bestätigen. Häufig werden neue Privilegien gefordert und gewährt; bei den Wahlen fließen große Summen in die Taschen der Kurfürsten, die Kandidaten müssen sich das Geld dafür bei großen Bankhäusern borgen. Der Handlungsspielraum der Kaiser wird mit der Zeit durch viele Gewohnheitsrechte („Reichsherkommen" genannt) eingeschränkt, eine Erneuerung des Reiches wird so auf Dauer verhindert. Die Fürsten sorgen für eine schwache Zentralgewalt und bauen ihre Territorien zu modernen Staaten aus. So geht der politische Einfluss des Deutschen Reiches in Europa zurück.

Die wichtigsten Organe des Reiches sind *Kaiser und Reichstag.* Auf den Reichstagen kommen Kurfürsten, geistliche und weltliche Fürsten und Vertreter der Reichsstädte an wechselnden Orten zusammen. Hier müssen Steuern, Kriege und Gesetze beschlossen werden. Im Grunde geht alles nur unter einem großen Zeitdruck. Dauern die Reichstage zu lange, reisen viele Teilnehmer vor Beendigung ab. Wenn die Regie geschickt ist, können Mehrheiten nach der Abreise bedeutender Persönlichkeiten geschaffen werden. Das Verhängen der Reichsacht über Luther und seine Anhänger auf dem Reichstag in Worms 1521 ist ein berühmtes Beispiel. Während das Reich altertümlich bleibt, entstehen in den **großen deutschen Territorien** moderne „Staaten" nach westeuropäischem Vorbild. Die Landesfürsten drängen den Einfluss der Stände (Grafen, Ritter, Prälaten, Städte) zurück. Seit 1500 treten die Habsburger Erblande mit Österreich und Tirol hervor; Bayern, Kursachsen und Brandenburg-Preußen sind mittlere Territorialstaaten; hier erstreben die jeweiligen Landesfürsten die Landeshoheit; einige Fürsten erlangen später sogar den Königstitel (Bayern, Preußen, Sachsen, Württemberg).

Um 1500 besteht das **Deutsche Reich** aus etwa 350 Territorien (von großen Territorialstaaten bis zur kleinen Reichsstadt), die auf den Reichstagen vertreten sind. 1493–1519 regiert Kaiser Maximilian I. Er betreibt erfolgreich habsburgerische Familienpolitik und sichert die Erbfolge für seine Familie in Spanien, Böhmen und Ungarn. Damit legt er die Voraussetzungen für das Weltreich der Habsburger und die spätere „Donaumonarchie" (Österreich, Oberitalien, Ungarn, Tschechien und Slowakei). Sein Nachfolger wird 1519-56 Kaiser Karl V., der bereits seit 1516 als König von Spanien über ein weltweites Kolonialreich regiert, über dem die Sonne nie untergeht. Die Kaiserwahl Karls V. wird durch das Bankhaus Fugger finanziert. Der Papst hat versucht, einen schwächeren Kandidaten durchzubringen, um die Macht des Kaisers nicht zu groß werden zu lassen. Aber dieses Vorhaben gelingt nicht.

Karl V. ist der mächtigste deutsche Kaiser, ihm steht eine einzigartige Machtfülle zu Gebote, die nicht zuletzt auf dem Gold der Indios in Amerika fußt. Er regiert im Deutschen Reich während der Reformationszeit und ist ein überzeugter Vertreter der Papstkirche, der folgende Ziele erreichen will: Erstens die Wiederherstellung eines starken Reiches samt einem Nebeneinander von Kaiser und Papst. Zweitens die Erhaltung der Einheit der Kirche, aber deren Reform. Da er bei allen Vorhaben auf die Zustimmung der Reichstage angewiesen ist, kommt er kaum voran. Ständige Kriege zwingen ihn immer wieder zu Kompromissen mit den evangelischen Fürsten, denn diese müssen auf den Reichstagen die Steuern mit beschließen und Truppen stellen.

Ständige Gegner sind außer den deutschen Fürsten auch die Päpste, die die Macht des Kaisers möglichst weiter einschränken möchten (2.1.6, 4.1.2). In dieser politischen Gesamtlage ist ein wirkungsvolles Handeln des Kaisers unmöglich; so tritt er 1556 resigniert zurück und beschließt sein Leben in klösterlicher Abgeschiedenheit.

Mit dem Thesenanschlag vom 31.10.1517 beginnt die Epoche der Reformation (2.1.1). Martin Luther, Sohn eines Bergmannes, Mönch, Theologieprofessor löst eine nachhaltige Veränderung Europas aus. Aber nicht die Entscheidung über Wahrheit oder Falschheit der Lehre geben vordergründig den Ausschlag, sondern die Politik. Zwar wird die Reformation vom Reichstag in Worms 1521 verboten und Luther geächtet, aber einige Landesfürsten folgen der altgläubigen Mehrheit nicht. Sie lassen die Reformation in ihren Ländern zu oder fördern sie sogar. Im großen Bauernkrieg und im Kampf gegen die radikalen Reformatoren agieren evangelische wie altgläubige Landesherren gleich, indem sie die sozialrevolutionären Bewegungen verfolgen. Luther und seine Mitarbeiter positionieren sich auf Seiten der Landesherren und bahnen damit einer neuen Epoche der Zusammenarbeit von Staat und Kirche den Weg.

Seit 1526 entstehen evangelische Landeskirchen in den einzelnen Territorien. Ein äußerer Grund dafür ist nicht etwa die Gleichgültigkeit des amtierenden Kaisers Karl V., sondern dessen Engagement im Krieg gegen Frankreich und die Türken. Als er am Ende der 1540er-Jahre endlich handlungsfähig wird und die evangelischen Fürsten militärisch besiegt, ist es zu spät. Das evangelische Bekenntnis ist gefestigt. 1555 gibt der Augsburger Religionsfriede dann die Einheit der Kirche in Deutschland auf. Er sichert als Reichsrecht zwei Konfessionen die freie Religionsausübung zu: den „Altgläubigen" (römisch-katholische Kirche) und den „Augsburger Konfessionsverwandten" (wozu eigentlich nur die Lutheraner zählen, die auf dem Augsburger Reichstag von 1530 ihr Bekenntnis vorgelegt haben: Confessio Augustana 2.1.1).

Im 30-jährigen Krieg wird Deutschland verwüstet. Was als Glaubenskrieg beginnt, entwickelt sich bald zum Krieg europäischer Mächte um die Hegemonie in Europa. Im ersten Jahrzehnt sind die katholischen Heere erfolgreicher und scheinen dem Sieg nahe, bis die Schweden unter ihrem König Gustav Adolf auf Seiten der Protestanten eingreifen. Neben religiöser Solidarität verfolgen sie eigene Vormachtspläne an der Ostsee und stehen in Auseinandersetzungen mit Polen, wo ein katholischer Verwandter aus dem schwedischen Herrscherhaus der Wasa Anspruch auf den schwedischen Thron erhebt. Nach der Besetzung Pommerns halten sich die evangelischen Fürsten zurück, sodass die Schweden sich mit Frankreich verbünden, das das schwedische Heer finanziell unterstützt, um die Macht der katholischen Habsburgerkaiser einzudämmen. Den Schweden gelingt die Eroberung Norddeutschlands und das Zurückdrängen der katholischen Partei des Kaisers. 1635 kommt es zu neuen Friedensbemühungen, aber die ausländischen Mächte (Schweden, Frankreich, Spanien) sind noch nicht am Ziel ihrer Wünsche, so wird der Krieg fortgesetzt. Seit 1644 tagen in Osnabrück die evangelischen Stände mit den Schweden und in Münster die katholischen Stände mit Frankreich wegen des Friedens, der dann 1648 endlich zustande kommt (1.1.5).

UNTERM STRICH

In der Mitte Europas bleibt das Deutsche Reich altertümlich, die mächtigen Landesfürsten ringen mit dem Kaiser um die Macht, hier entsteht die besondere Form des *„Landesherrlichen Kirchenregiments"*, in dem die Landesherren als *„summus episkopus"* (oberster Bischof) die Evangelischen Landeskirchen verantworten. Was hier die Reformation ermöglicht und erhält, ist Teil des europäischen Frühabsolutismus, die Landesherren erringen auch die Macht über die Kirche in ihrem Land! Daher lassen sie andere Bekenntnisse und Dissidenten wie die Täufer nicht zu und verfolgen sie (4.1.1, 2.1.3). Vielfach übernehmen die Landesherren seit der zweiten Hälfte des 16. Jh. auch neue Aufgaben, für die zuvor kirchliche Einrichtungen eingetreten sind, etwa die Einrichtung und Unterhaltung von Schulen und Universitäten. Oft degenerieren die Kirchen so zur staatserhaltenden Organisation, indem sie die Rechtmäßigkeit der monarchischen Herrschaft verkünden und begründen, eine kritische Sicht des Staates gibt es zunächst kaum. Die Kirchen danken den Monarchen für ihre Unterstützung und verwandeln sich zu willfährigen Dienerinnen des Staates. Andererseits sind die Kirchen auch bestrebt, den Fürsten eine christliche Werteorientierung zu vermitteln, durch die Instanz der Hofprediger wirken sie auch direkt auf den Hof ein, was allerdings oft auch zu Spannungen führt, die selten der Hofprediger gewinnt.

1.1.5 Außen- und Weltpolitik: Der Aufbruch Europas in die Welt

Seit dem 15. Jh. entstehen in Westeuropa (Spanien, Frankreich, England, Portugal) mächtige Staaten auf nationaler Grundlage mit einer starken Zentralgewalt, die nach Ausdehnung ihres Machtbereichs streben. Spanien und Portugal erobern ein Weltreich; England, Frankreich und die Niederlande folgen ihnen zunächst als Händler und Piraten („Freibeuter" genannt), dann erobern auch sie Kolonien. Es beginnt die **Europäisierung** der Erde. Das kulturelle, ökonomische und politische Schwergewicht verlagert sich von der Mitte Europas nach Westen an die Küsten des Atlantiks.

Nachdem die **Portugiesen** die Küsten Afrikas erkundet haben, erreichen sie 1498 Indien und können das arabische Monopol im Handel mit Gewürzen brechen. An der afrikanischen Küste und in Indien errichten sie befestigte Handelsstützpunkte, später erobern sie Brasilien. Durch ihre bessere Bewaffnung sind sie arabischen Handelsschiffen überlegen und bauen ein eigenes Monopol auf. Portugiesische Händler arbeiten als Agenten des Staates.

Nach der Rückeroberung seines Landes von den Arabern beginnt **Spanien** eine groß angelegte Expansion über den Atlantik; da Portugal sozusagen die afrikanische Küste kontrolliert, müssen die Spanier neue Wege gehen. 1492 segelt der Genuese Kolumbus im Auftrag Spaniens nach Westen, um den Seeweg nach Indien zu finden, er entdeckt mit Amerika eine neue Welt, ohne es zu ahnen. Auf seinen vier Entdeckungsreisen erkundet Kolumbus die Karibik, in seinen Berichten kommen die Motive der Entdeckungsfahrten immer wieder deutlich zur Sprache: Gott (Mission), Gold (Reichtum), Gewinn (Handel). 1493 teilt der Papst die Welt zwischen Portugal und Spanien auf (s. u. 3.1.1).

Bald kommen Eroberer wie Cortés, der 1519–21 das Aztekenreich in Mexiko erobert, und Pizarro, der 1531–33 das Inkareich in den Anden zerstört. Die weißen Ankömmlinge werden als Boten von Göttern identifiziert, die einst nach Westen verschwunden sind. Am Hof Montezumas, des Herrschers von Mexiko, nimmt man an, die entschwundenen Götter fordern nun die Herrschaft zurück. Die Herrscher sind verwirrt und verzweifelt – und setzen sich gegen die Spanier nur unzureichend zur Wehr. Nachdem die Spanier die Edelmetalle nach Spanien gebracht haben, wandern Europäer ein und nehmen das Land in Besitz. Die indigene Bevölkerung wird brutal unterdrückt und in manchen Regionen ausgerottet. In den westindischen Gebieten werden Monokulturen errichtet und Zuckerrohr, Tabak und Baumwolle für den Markt in Europa produziert. An die Stelle der ausgerotteten indigenen Einwohner werden Schwarze aus Afrika verschleppt und als Sklaven zur Arbeit auf den Plantagen eingesetzt.

Die spanische Weltmacht fordert den Widerstand von Frankreich und England heraus, die den Abfall der Niederlande von Spanien 1581 unterstützen. Zwar gelingt es in der Seeschlacht von Lepanto die türkische Mittelmeerherrschaft zu beenden und für wenige Jahre sogar Portugal zu erobern. Aber der Versuch, 1588 mit einer großen Flotte **England** zu erobern, scheitert. Damit beginnt der Niedergang Spaniens. England hat nicht nur die Niederländer gegen Spanien unterstützt, sondern kapert spanische Handelsschiffe, die reich beladen aus Amerika kommen. Bereits 1584 gründet man die erste Kolonie Virginia in Nordamerika.

Die **französischen Könige** betreiben eine expansive Machtpolitik in Europa. Zunächst erkämpft Frankreich im Späten Mittelalter seine Unabhängigkeit von England (100-jähriger Krieg). Dann bekämpft man die habsburgerische Dominanz während der Reformationszeit (Regierung über Spanien im Süden und Deutschland im Osten), seit 1521 werden vier Kriege Frankreichs gegen Kaiser Karl V. (1521-26, 1527-29, 1536-38, 1542-44) gezählt. Danach geht es nicht mehr um Absicherung, sondern auch um Ausweitung des Machtbereichs nach Osten und Süden (Eroberung Burgunds, Elsass und Lothringens). So kämpft das katholische Frankreich im 30-jährigen Krieg nicht auf Seiten des römisch-katholischen

Kaisers, sondern für die evangelische Sache. Rein machtpolitische Interessen bestimmen seine Position im Krieg mit England. 1529 belagern die **Türken** Wien; um ihren Angriff auf Österreich und Europa abzuwehren, benötigt Karl V. die Unterstützung aller deutschen Fürsten.

Mitten in **Europa** findet zwischen 1618 und 1648 der 30-jährige Krieg statt. Anfangs stehen die konfessionellen Gegensätze im Mittelpunkt. Der Kaiser versucht die Zugeständnisse des Augsburger Religionsfriedens in Böhmen zurückzunehmen, so bricht in Prag der Krieg aus (Prager Fenstersturz). Nachdem Ferdinand II. bereits 1620 gegen die Böhmen siegt und die Gegenreformation vorantreibt, weitet sich der Krieg in Deutschland aus. Die kaiserlichen Heere operieren erfolgreich, bis Schweden und Frankreich in den Krieg eingreifen. Schweden möchte seine Macht im Ostseeraum ausweiten und zugleich für die Sache der Evangelischen eintreten. Frankreich möchte die Hegemonie der Habsburger verhindern. Immer wieder flammt der Krieg auf, Deutschland wird furchtbar verwüstet. Endlich kommt es 1648 zum Friedensschluss, der Krieg wird beendet, die Niederlande und die Schweiz scheiden aus dem Reich aus, Frankreich erhält die Bistümer Metz, Toul und Verdun und den habsburgerischen Besitz im Elsass, Schweden übernimmt Vorpommern mit Rügen und Wismar sowie die Bistümer Bremen und Verden als Reichslehen. Neben den Lutheranern werden künftig auch die Reformierten reichsrechtlich anerkannt. Die Landesfürsten erhalten die volle Bündnisfreiheit und es wird ihnen die Landeshoheit zugestanden. Dadurch wird das Reich dezentralisiert in über 300 nahezu unabhängige Staaten.

UNTERM STRICH

Hand in Hand mit der Entdeckung der Erde geht ihre **machtpolitische Erschließung**, zunächst durch die römisch-katholischen Mächte Portugal, Spanien und etwas später Frankreich, dann erst folgen protestantische Staaten wie Großbritannien, die Niederlande oder etwa Dänemark. Europäische Mächte bauen ihren Einfluss weltweit aus, in Amerika werden vorhandene Zivilisationen vernichtet und die Menschen versklavt, noch ist das Innere Afrikas wegen verbreiteter Krankheiten verschlossen. Aber auch dort kontrollieren Europäer die Küstengebiete, errichten Handels- und Militärposten. Während die römisch-katholische Kirche in Europa den Einfluss in Nord- und Mitteleuropa verliert und um ihren Einfluss in Ost- und Westeuropa kämpft, kommen unvorstellbare Gebiete auf der ganzen Welt hinzu. Es entsteht eine Weltkirche, deren geografische Ausweitung beeindruckt (3.1.1).

Es erstaunt heute die Selbstverständlichkeit, mit der sich Franzosen und Briten als Freibeuter ihren Anteil an der spanischen Beute aus der neuen Welt „abholen". Sie treten nicht nur in die Eroberung der Welt ein, sie stellen sich auch den katholischen Vormächten entgegen. Während Mittel- und Südamerika spanische und portugiesische Zivilisationen entwickelt, bleibt die Herrschaft der Briten, Franzosen und Niederländer in Asien und Afrika auf die Kontrolle der Macht beschränkt. Nur in Nordamerika und Australien entstehen britische (und teilweise französischsprachige) Zivilisationen. Überall erscheinen Europäer so als Eroberer und Plünderer, denen die einheimischen Völker wenig an Macht entgegenzusetzen hat.

1.2 Zwischen Aufklärung und Revolution (17./18. Jh.)

1.2.1 Vom höfischen Barock zur bürgerlichen Aufklärung

Nach den Religionskriegen (1570–1680) treten Fragen des religiösen Bekenntnisses in der Öffentlichkeit immer mehr zurück. Spielen vorher die Konfessionen eine entscheidende Rolle für die Menschen, fragt man nach dem wahren Glauben und der richtigen Kirche, so möchte man nun religiösen Auseinandersetzungen aus dem Wege gehen, nicht zuletzt weil diese scheinbar nur zu Streit und Krieg führen. Vielleicht handelt es sich nicht bei allen Autoren um bewusste Entscheidungen für weltanschauliche Neutralität, vielleicht findet auch ein Mentalitätswandel statt, in dem das Religiöse ganz allgemein in den Hintergrund tritt.

Die Zuwendung zur Welt tritt in eine neue Phase, das hat sich bereits an den rein machtpolitischen Bündnissen im 30-jährigen Krieg gezeigt, als das evangelische Schweden mit dem katholischen Frankreich gegen den katholischen Kaiser gekämpft hat (1.1.5).

Das neue Denken wird als Aufklärung in den Schriften von John Locke (1632–1704), Baruch Spinoza (1632–77), Isaac Newton (1642–1717) und Gottfried Wilhelm Leibniz (1646–1716) veröffentlicht (7.2.1). Das barocke Mühen um rationale Form und System zeigt sich noch an den epochalen philosophischen und theologischen Systemen, die in dieser Epoche verfasst werden (7.2). Auch viele Meisterwerke der Musik sind für das höfische Leben gedacht, stellen sich die Fürsten immer noch gerne als Mäzene dar, das hilft Johann Sebastian Bach (1685–1750), Georg Friedrich Händel (1685–1759), in gewisser Weise gilt es auch noch für Mozart (1756–91).

Seit dem Ende des 17. Jh. mehren sich jedoch kritische Stimmen an der adligen Lebenswelt, damals zeigen sich die Zeichen einer Krise des Absolutismus. Bürgerliche Autoren stellen das allgemein Menschliche heraus, die Leitvision der **Humanität** will die Standesunterschiede zwischen Bürgern und Adligen beseitigen. Adlige Vorrechte werden infrage gestellt, immer mehr vertraut man dem menschlichen Verstand und möchte alles vernünftig reformieren.

Die neuen Ansätze kommen aus England nach Mitteleuropa, beginnen dort am Ende des 17. Jh. zum einen in Handelszentren wie Hamburg, Leipzig oder Zürich, aber auch in Universitätsstädten mit lutherischer, reformierter und betont pietistischer Prägung wie Leipzig und Halle (7.2.1). Diese erste Phase ist vorwiegend evangelisch-städtisch geprägt und wird gerade von der englischen Aufklärung (*Moralische Wochenschriften*) beeinflusst. Mit dem wirtschaftlichen Wiederaufstieg und dem Bevölkerungswachstum nimmt die Zahl der Bürger zu und setzt zudem geistige Kräfte frei, die den aufklärerischen Buchmarkt fördert. Neue Zentren der Aufklärung wie Basel, Berlin, Bremen, Danzig, Frankfurt, Göttingen, Kopenhagen, Lübeck, und Königsberg kommen um 1720 hinzu. Der populäre Philosoph Christian **Wolff** (1679–1754, s. 7.2.1) veröffentlicht seine wissenschaftlichen Werke in Deutsch und benutzt diese Sprache auch in seinen Vorlesungen. Auf Betreiben Franckes wird er aus Halle nach Marburg vertrieben.

Mitte des 18. Jh. rückt man von der einseitigen rationalistischen Vernunft ab und fordert Raum für das Gefühl. *Kopf und Herz* sollen zum Ausgleich kommen, es beginnt die Epoche von *Empfindsamkeit* und *Sturm und Drang*. Anstelle der starren Denkmethoden des Barock und der Frühaufklärung wird nun Raum für die wechselhaften Erfahrungen des Lebens gefordert. Die Literatur soll nun nicht nur moralisierend belehren, sondern rühren, Mitleid hervorbringen. An die Stelle klassischer christlicher Erbauungsliteratur tritt allmählich die bildende „schöne Literatur" (z.B. Gellert 7.2.1). Mit dem Sturm und Drang klingt die Epoche der Aufklärung gleichsam aus, das Fühlen übernimmt die Rolle des Denkens.

Vernunft wird zunehmend als das Vermögen des Menschen betrachtet, planvoll und begründbar zu denken, zu fühlen und zu handeln. Vernunft ziele auf vollkommene Glückseligkeit, das ungestörte Gemeinwohl von Gesellschaft und Staat. Immer wieder gilt der ewige Frieden als Ziel vernünftigen Handelns. Vieles kommt dem zeitgenössischen Pietismus sehr nahe, allerdings zielen Spener und Francke (5.2, 7.2) auf Gottseligkeit statt auf Glückseligkeit.

Die bürgerlichen Schriftsteller betreiben bewusst Aufklärung für ein Leben, das auf Pflichtbewusstsein, Wirtschaftlichkeit und Fleiß beruht. Angeprangert werden dagegen alle Laster, vor allem der Müßiggang, der eine besondere Lebensgewohnheit der höfischen Welt darstellt. Natürlich handelt es sich um ein polemisches Zerrbild, das die alte Ständeordnung mit den Mitteln der Zeit infrage stellen will. So lösen Dichter die theologischen Fürstenspiegel ab. Hier gründet auch die neue bürgerliche Morallehre, die sich von der adligen Erotik immer wieder abgrenzt. Manche Adlige machen sich die Kritik zu eigen, indem sie selbst die Standesunterschiede weniger gewichten, wie etwa Zinzendorf. Ähnlich wie die bürgerlichen Aufklärer argumentieren übrigens die Puritaner in Nordamerika und die Pietisten in Deutschland (5.2).

Anstelle der gesetzlichen Ungleichheiten und Lücken stellen die bürgerlichen Aufklärer eine Tugendlehre auf, die man gleichsam den staatlichen Unvollkommenheiten entgegenstellt. Denn das Recht stellt nicht alle Menschen gleich und die Richter sind in aller Regel abhängig, weshalb etwa Locke die Teilung der Gewalten fordert und die Vision eines Gesellschaftsvertrages zwischen Bürgern und Fürsten populär macht. So entstehen die Vorstellungen des aufgeklärten Absolutismus, der namentlich von Wolff vertreten wird.

Mehr und mehr wandelt sich der Absolutismus, der seine Untertanen wie Sachen behandelt, zu einem aufgeklärten Absolutismus, der die Wohlfahrt seiner Bürger als Staatsziel anerkennt und ihnen daher allmählich Freiräume zur Entfaltung öffnet. Trotz aller Zensur werden auch kritische Schriften veröffentlicht (7.2.1), in Religionsangelegenheiten werden Forderungen nach Toleranz gefordert und in gewissen Maßen zugelassen. Darüber hinaus setzt sich der Staat sowohl für Wohlfahrt als auch für Bildung ein. Der Merkantilismus wird aufgegeben und die privaten Initiativen in der Wirtschaft gefördert. Immer mehr wird das Bürgertum kulturtragend.

Mit der Hochschätzung der praktischen Vernunft setzt man sich für die Bildung ein, Romane, Tragödien und Komödien sollen die Menschen erziehen und „aufklären", dazu erscheinen eine große Zahl periodischer Schriften.

UNTERM STRICH

Nach den hitzigen religiösen Aufbrüchen der Reformationszeit und den furchtbaren Religionskriegen werden die Menschen im Umgang mit Religion vorsichtiger, denn sie wollen neuen blutigen Auseinandersetzungen aus dem Wege gehen. Dazu traut man der forschenden Vernunft zunehmend mehr zu, scheint sie doch dem denkenden Subjekt den letzten Halt in allen Unwägbarkeiten der Zeit zu geben, wie Descartes kurz zuvor dargelegt hat (7.1.6, 7.2.1). Mit der rationalen Vernunft wird alles durchdacht und gestaltet (barocke Architektur!).

Diese Utopie vernünftiger Welterkenntnis und Weltgestaltung setzt sich immer mehr durch, anfangs geht man in Übereinstimmung mit erweckten Erneuerern wie Spener und Francke vor, die jedoch Gottseligkeit statt aufgeklärter Glückseligkeit anstreben. Genügen sich die bürgerlichen Menschen in einem Leben im Diesseits, so haben die Erweckten ihre Beziehung zu Gott im Blick (5.2, 6.2, 7.2). Im Grunde zeigt sich an diesen unterschiedlichen Sichtweisen, wie sich Kirche und Gesellschaft auseinanderentwickeln.

1.2.2 Gesellschaft im 17./18.Jh.

Der Paradigmenwechsel von der religiösen Tradition zur natürlichen Rationalität spielt auch in der Gesellschaft seine Rolle. Die überlieferte Aufgabe der Stände wird im 18. Jh. zunehmend hinterfragt, zu einschneidenden Veränderungen kommt es freilich nur da, wo der politische Wille und die Macht zur Veränderung besteht. In Frankreich drängen die Könige systematisch den Einfluss des Adels im politischen System zurück (1.2.4). Die Adligen werden an den königlichen Hof gezogen, wo sie in eine Scheinwelt von Prunk und Glanz eintauchen und das höfische Zeremoniell bereichern. Dafür erhalten sie irgendwelche Ämter und spielen als kleine Rädchen im Ritual des Hofes ihre Rolle. Den französischen Königen gelingt es dabei sehr elegant, die Adligen zum Mitspielen zu bringen, diese lassen sich das sogar große Summen kosten. Denn die Garderobe und der Lebensstil bei Hofe kosten das Vermögen! Der Adel erlebt so einen erheblichen Funktionsverlust, seine überkommenen Privilegien (Status, Steuerbefreiung) werden dabei noch nicht angetastet. Die französische Kultur wird in ganz Europa führend, das Französische wird zur Weltsprache der Diplomatie und der Zivilisation an den europäischen Höfen. Friedrich II. von Preußen soll weit besser Französisch als Deutsch beherrscht haben, sein neues Schloss nennt er „*Sanssouci*" (dt. Ohnesorge).

Ohne Rücksicht auf die Staatsfinanzen wird gebaut und gefeiert, der Ressourcenverbrauch hat abenteuerliche Züge. Erschreckend erscheint uns heute, wie man auch menschliche Ressourcen verbraucht, ohne dass irgendwelche Skrupel eine Rolle zu spielen scheinen. Ärmere Fürsten vermieten ihre Truppen an ausländische Fürsten, die deren Siege ausfechten. Das Leben an den Höfen selbst scheint der christlichen Ethik kaum noch verpflichtet, insbesondere die Vorstellung, dass die evangelischen Fürsten zugleich „Notbischöfe" sind, hat schon bei den Zeitgenossen wenig Begeisterung hervorgerufen, wie etwa Speners „Pia desideria" zeigen.

Bürger

In der Gesellschaft steigen seit der Mitte des 18. Jh. zunehmend die Bürger auf; sie kommen zum erheblichen Teil aus dem traditionellen Stadtbürgertum; meist sind sie die treibenden Kräfte im Wirtschaftssystem, die nicht nur in Frankreich zunehmend ihr Selbstbewusstsein entwickeln und der Scheinwelt des Adels entgegensetzen. Während die Adligen nur im Genuss zu leben scheinen und von Privilegien leben, die sie sich nicht wie Bürgerliche durch ihre Arbeit verdient haben, bauen die Bürger ihr eigenes Wertesystem auf, das dem des Adels diametral entgegengesetzt ist. Fleiß, Ordnung und Sparsamkeit als bürgerliche Werte grenzen die Bürger vom Adel deutlich und bewusst ab. Bürgerliche Dichter wie Lessing schreiben dazu Theaterstücke, in denen sie die neuen bürgerlichen Tugenden der Gesellschaft vorstellen (z. B. *Emilia Galotti, Miss Sara Sampson*). Soweit Adlige in den Stücken eine Rolle spielen, so sind es meist gewissenlose Schurken, die etwa bürgerliche Frauen in ein Unglück stürzen. Die Helden der aufklärenden Stücke sind dagegen Bürgerliche, die nach ihren klaren moralischen Maßstäben leben und handeln!

Das Bürgertum möchte sich öffentlich zeigen, anfangs arbeiten sie mit aufgeklärten Adligen eng zusammen, wenn es etwa um Verbesserung der Humanität geht. Im letzten Drittel des 18. Jh. werden *Salons* eingerichtet, gebildete (adlige) Damen laden ein elitäres Publikum aus Adligen und Bürgerlichen ein. Hier werden Manuskripte vorgelesen und gemeinsam beurteilt, musikalische Kompositionen aufgeführt, über Theater- und Opernaufführungen geredet. Diese bildungsbürgerliche Salonkultur erscheint wie ein bewusst inszeniertes Gegengewicht zur höfischen Gesellschaft an den Residenzen. Seit den 1770ern kommen Lesegesellschaften auf, in denen meist bürgerliche Kreise Lektüre treiben und diskutieren. Dieses **Bildungsbürgertum** besteht namentlich in Mitteleuropa aus Beamten, Professoren, Hauslehrern, Pfarrern und Gymnasiallehrern, Anwälten, Apothekern und Künstlern. Diese akademisch Gebildeten stehen meist im Staatsdienst, bestimmen Bildungs- und Steuerwesen sowie Rechtsprechung und Heeresadministration. Als bürokratische Machtelite verfügt das Bildungsbürgertum über erheblichen Einfluss, kann Entscheidungen herbeiführen und verhindern.

Daneben kommt das neue **Wirtschaftsbürgertum** auf, dessen Kapital nicht die Bildung, sondern das Geschäftsvermögen darstellt. Man arbeitet als Direktor großer Manufakturen, Verlage, Bergwerke, Handelshäuser, Banken und Transportunternehmen. Europaweit bestimmt diese Schicht den wirtschaftlichen Aufschwung der Länder, ihre Leistungsfähigkeit und Risikobereitschaft bestimmt das neue wirtschaftliche Leben, das sich von den alten Beschränkungen der Zünfte und Gilden befreien will. Gegenüber der Welt des Adels verstehen sich Bildungs- und Wirtschaftsbürger als Leistungsträger der Gesellschaft, aus ihrer Arbeit entsteht der Wohlstand aller. Bald fordern sie auch ihre Teilhabe an der Macht, kritisieren Adlige samt ihren Privilegien. Vernunft, Individualität und Humanität bilden die bürgerlichen Werte, dazu zeichnen sich liberale Vorstellungen über den Staat ab (Verfassung, Repräsentation), wie sie in den britischen Kolonien in Nordamerika und in Frankreich durchgesetzt werden.

- *Derjenige Staat ist der glücklichste, der von seinen Untertanen am*
- *meisten geliebt wird, und die glücklichsten Menschen sind die, de-*
- *ren Herzen sich für die Gemeinschaft engagieren, in der sie jeden An-*
- *trieb zu Großmut und Eifer finden und einen Spielraum zur Be-*
- *tätigung jedes ihrer Talente und jeder ihrer tugendhaften Anlagen.*
- Adam Ferguson: Versuch über die Geschichte der bürgerlichen Gesell-
- schaft. Edinburgh 1767, zit. nach Budde: Blütezeit. 2009, 13.

Die bürgerlichen Werte sollen die gesamte Gesellschaft tragen und verändern, die Talente der Einzelnen sich zum Wohle aller entwickeln können. Freilich sind die Ziele für viele Landstriche in Europa im 18. Jh. noch utopisch. Immerhin breitet sich die bürgerliche Kultur mit ihren Werten der regelmäßigen, selbstbestimmten und eigenverantwortlichen Arbeit erfolgreich aus. Daneben wird die Familie auf Liebe begründet und als Gegenwelt aufgebaut. Der allein berufstätige Mann kann sich hier ausruhen, durch seine erfolgreiche Berufsarbeit ermöglicht er seiner Frau und den Kindern Muße, denn Dienstboten erledigen die praktischen Arbeiten im Haus, die Kinder gehen zur Schule und bereiten sich auf ihre künftigen Rollen vor. Mit der Lebenswirklichkeit der Handwerker und Bauern, in der alle Familienmitglieder zum Lebensunterhalt beitragen, hat das alles wenig zu tun.

Parallel zur bürgerlichen Forderung nach einer Beseitigung der Standesunterschiede bilden die Erweckten überall neue Formen christlicher Gemeinschaften aus. So finden etwa in der Herrnhuter Brüdergemeine Adlige, Bürgerliche, Handwerker und Bauern in eine Gemeinschaft, in der die Standesunterschiede keine Rolle spielen, gleichwohl bleibt der Leiter der Reichsgraf von Zinzendorf. Er lässt sich allerdings mit dem „Du" anreden, was für seine Zeit völlig ungewöhnlich ist. Für die ländliche Bevölkerung ändert sich auch im Zeitalter der beginnenden Aufklärung wenig. Das Leben auf dem Lande bleibt von der Natur abhängig, immer wieder kommt es zu Klimaschwankungen und entsprechend zu Hunger und Krankheiten. Während die Bürger ihre Tugenden propagieren und manche Adligen sie aufnehmen, bleiben die Bauern eher still.

Das Wachstum der Städte geht weiter, die größten Städte in Europa sind London (1600: 281.000; 1700: 575.000 Einwohner) und Paris (220.000 bzw. 510.000 Einwohner). Die größte deutsche Stadt ist um 1600 Wien mit 50.000 Einwohnern, um 1700 zählt man 114.000 Einwohner, um 1800 sind es dann 231.000 Einwohner. Berlin zählt um 1800 erst 150.000 Menschen. Gegenüber Paris und London erscheinen die deutschen Großstädte eher unbedeutend. Das entspricht der Schwerpunktverlagerung von Mittel- nach Westeuropa.

Seit der Mitte des 18. Jh. wächst die Bevölkerung in ganz Europa, manche haben in diesem Zusammenhang von einer demografischen Revolution gesprochen! In England und Wales wächst die Bevölkerung zwischen 1740 und 1840 von 5 auf 6 Mio. Hintergrund dieses enormen Wachstums ist die verbesserte Lage von Einkommen und Ernährung. Die Menschen heiraten früher und bekommen mehr Kinder; durch die bessere Ernährung sind besonders die Kinder weniger anfällig für Krankheiten. Anders als in anderen Ländern führt der Bevölkerungsanstieg nicht zu einer Krise, vielmehr wächst die Wirtschaft sogar schneller als die Bevölkerung. Früher als in anderen Ländern beginnt in England die Industrielle Revolution (1.2.3).

In den Auseinandersetzungen am Vorabend der Französischen Revolution werden immer wieder die unterschiedlichen Beiträge der verschiedenen Stände diskutiert. Der Abbé Sieyès bringt es dann in seiner Schrift „Was ist der dritte Stand?" auf den Punkt: Alle Leistungen werden von diesem Stand erbracht, den Bauern und Bürgern, während Geistliche wie Adlige nur von deren Mühen und Erträgen leben. Anstelle der traditionellen Privilegien fordern die Revolutionäre eine neue Verteilung der Rechte und Herrschaftsverhältnisse.

1.2.3 Wirtschaft im 17. und 18. Jh.

Im 18. Jh. sind China, Europa und Indien hinsichtlich ihrer Wirtschaftsleistung, des Lebensstandards und der Lebenserwartung vergleichbar: Alle drei erwirtschaften jeweils gut 23% des Bruttoinlandsproduktes der Welt. Bis 1750 bleiben Europa und Indien bei 23%, während China seinen Anteil auf 33% steigern kann!

Damals nimmt die Landwirtschaft in einigen Regionen Europas einen umwälzenden Aufschwung, in den Niederlanden beginnt dieser Prozess bereits im 17. Jh. Die bedeutendste Innovation stellt die Umstellung von der Dreifelderwirtschaft zur Fruchtwechselwirtschaft dar. Statt ein Drittel der Ackerfläche jeweils brachliegen zu lassen, damit sich der Boden erholen kann, wechseln nun die angebauten Früchte, die unterschiedliche Nährstoffe benötigen oder dem Boden sogar Nährstoffe zuführen. Die Ausweitung der Viehwirtschaft ermöglicht darüber hinaus eine Ausweitung der Düngung. Außerdem werden mit Mais und Kartoffel neue Nahrungsmittel angebaut, die die Ernährungslage in Europa verbessern. Schließlich werden landwirtschaftliche Geräte optimiert und vermehrt Eisenteile eingesetzt. Ergänzt durch eine sorgfältige Auswahl des Saatgutes und der Zuchttiere ergibt sich das Bild einer „agrarischen Revolution": Die Produktivität der Landwirtschaft verdoppelt sich, die Ernährungslage wird so stark verbessert. Neben den Niederländern verfügt man auch in England über eine leistungsfähige Landwirtschaft, durch die Auflösung der Klöster haben der König und der Landadel ihre Besitzungen stark ausgeweitet und eine neuartige Marktorientierung angestoßen.

Im Zeitalter des aufkommenden Absolutismus fördern Europas Monarchen die gewerbliche Produktion und den Handel (Merkantilismus) ihres Staates. Der moderne Staat bildet ein staatliches Gewaltmonopol heraus, das den Fortschritt begünstigt: Kriegsschiffe und Feuerwaffen sind kostspielige Investitionen, die sich nur der Staat leisten kann. Seit Anfang des 17. Jh. fehlt in Europa Silber, denn die Importe aus Amerika gehen zurück und große Summen fließen weiter nach Asien ab, um die Importgüter (Baumwolle, Porzellan, Gewürze, Tee) zu bezahlen. Um Silber und Gold im Land zu halten, versucht die merkantilistische Wirtschaftspolitik Importe zu verhindern, sodass kein Geld ins Ausland abfließt. Zugleich weitet man die eigene Warenproduktion entsprechend aus, um unabhängig zu werden und möglichst Fertiggüter zu exportieren, um dafür Geld ins Land zu bekommen! Auf diese Weise möchte man die eigene Wirtschaftskraft und das eigene Kapital stärken, um für Kriege gerüstet zu sein. Konkret erhebt man auf Importe möglichst hohe Zölle, für manche Waren ergeht sogar ein Importverbot. 1707 verbietet z.B. England den Import von Baumwolltextilien aus Indien, um die eigene Produktion zu schützen. Auf Einfuhr von Fertigwaren werden hohe Zölle erhoben, der Export eigener Produkte wird dagegen gefördert. Staaten wie Großbritannien, die Niederlande und Frankreich erobern Kolonien, aus denen sie Rohstoffe einführen, die sie als Fertigprodukte exportieren.

Nach den Religionskriegen setzt der wirtschaftliche Wiederaufbau ein,

namentlich den französischen Glaubensflüchtlingen kommt eine unschätz-
bare Bedeutung zu, denn Frankreich ist damals die führende Wirtschafts-
und Technikmacht. Die Ausweisung der Hugenotten leitet einen der größten Technologietransfers der Geschichte ein, der schließlich dahin führt,
dass Frankreich seine Führung in Europa verliert. Damit erscheint dieser
Bedeutungsverlust infolge der Verfolgung der evangelischen Landsleute am
Ende so etwas wie ein göttliches Gericht über das Land. In Mitteleuropa
sind Menschen nach dem verheerenden Krieg das größte Kapital eines Landes, daher werden die vertriebenen Hugenotten gerne aufgenommen. So
fördert auch die wirtschaftliche Not Toleranz gegenüber den reformierten
Franzosen in lutherischen Ländern. Hier zeigt sich zum einen auch die
neue Macht der „vernünftigen Nützlichkeit", für die religiöse Intoleranz
unvernünftig ist. Namentlich die Textilindustrie wird überall aufgebaut,
daneben entsteht eine Luxusindustrie für die Höfe (Porzellan).

Bedeutsam für die Modernisierung wird die Frage der Zunftverfassung,
die über das ganze Mittelalter hindurch die Gewerbebetriebe in Europa
bestimmt. Die Zünfte sichern das Auskommen der Betriebe, die Niederlassung neuer Betriebe wird erschwert. In England gehen die Herrscher gegen
die geschlossenen Systeme vor, in Frankreich tritt erst mit der Französischen Revolution ein Wandel ein.

Wirtschaftlich schreitet die Technisierung etwa in der Textilindustrie
weiter voran. Hier breitet sich das ländliche Heimgewerbe aus, das von
Verlegern organisiert wird. Diese bieten der Arbeit suchenden ländlichen
Bevölkerung der unterbäuerlichen Schichten Verdienstmöglichkeiten, die
die Landwirtschaft in diesem Umfang nicht bietet (Bevölkerungsanstieg).
Die Verleger stellen Rohstoffe und Arbeitsgeräte zur Verfügung, legen die
Preise fest und liefern die Produkte bis nach Amerika (zur Kleidung für die
Sklaven). Nach Osten hin nehmen die Lohnkosten immer mehr ab, sodass
Niedriglohngebiete etwa in Schlesien zu attraktiven Produktionsstandor-
ten werden. Das Verlegersystem mit den überschaubaren Kleinbetrieben
wird nur langsam durch größere Manufakturen ergänzt.

Die neue Waffentechnik gibt Bergbau und Metallverarbeitung starke
Impulse, um Lüttich, Solingen, Essen, Suhl, Augsburg und Nürnberg entstehen Zentren der modernen Waffenindustrie, bald wird Schweden führend, das über große Eisen- und Holzreserven verfügt. Nach Abholzung
der Wälder geht man in England dazu über, Kohle zum Heizen zu ver-
wenden, die man relativ leicht in der Nähe von London fördern kann. Mit
zunehmendem Verbrauch müssen die Stollen tiefer gegraben werden. Die
tieferen Stollen machen das Grundwasser zum größten Problem, dem man

mit dem Einsatz von Pumpen begegnen möchte. Schon bald werden dafür entsprechende Maschinen erfunden (Dampfmaschine, Lokomotive, Pumpen), die in England Mitte des 18. Jh. die Industrialisierung einleiten. Für den Überlandtransport von Kohle und Menschen baut man Eisenbahnen, 1830 beginnt man mit wenigen Strecken, 1840 sind die Strecken auf 7.000 km ausgebaut, bis 1850 wächst das Netz auf 37.000 km an. Die Industrialisierung kommt rasch voran.

So beginnt in England früh die Industrielle Revolution, die an den gewerblichen Aufschwung seit dem 16. Jh. anknüpfen kann. Darunter versteht man einen Transformationsprozess, durch den steigende Produktivität durch kapitalintensive Produktionstechniken die handwerkliche Produktion ersetzt. Die sich selbst versorgende Familienwirtschaft weicht allmählich kapitalistischen Unternehmen, in denen spezialisierte Arbeiter mit kapitalintensiven Maschinen für den nationalen und internationalen Markt produzieren. Die Maschinen werden nicht mehr durch menschliche oder tierische Kraft, sondern durch Wasser oder Dampf angetrieben.

In England steigt das Bruttoinlandsprodukt seit 1700 an und überflügelt die Niederlande und andere europäische Konkurrenten. Für den Aufschwung der englischen Wirtschaft darf auch hier der Beitrag der französischen Glaubensflüchtlinge nicht unterschätzt werden, die seit 1685 die fortschrittlichen französischen Produktionstechniken verbreiten.

Neben dem Bergbau entwickelt sich besonders die Textilindustrie, deren Produkte nicht nur in Europa, sondern auch in den Kolonien und in den britischen Handelsposten angeboten und verkauft werden. Während man noch 1707 den Import indischer Textilien verbietet, um die heimische Produktion zu schützen und das chronische Handelsdefizit mit Asien zu verkleinern, kann man nun weltweit günstige und hochwertige Produkte auf die Märkte bringen. Bis dahin ist Indien durch niedrige Arbeitskosten überlegen, weil der hohe landwirtschaftliche Ertrag in Indien zu sehr günstigen Lohnkosten führt. Während man in Europa für einen Sack Getreide acht Säcke ernten kann, sind es in Indien zwanzig Säcke. Das macht die Nahrungsmittel in Indien sehr billig, entsprechend können auch die Löhne niedrig sein, ohne dass die Inder einen schlechteren Lebensstandard haben. Im 18. Jh. entwickelt sich die Baumwollindustrie in England zum Leitsektor.

Zunächst dominiert die Heimarbeit, durch die steigende Nachfrage kann man den Bedarf auf diese Weise nicht mehr erfüllen. Durch verbesserte Produktionsmethoden leitet man auch hier zwischen 1780 und 1790 die Industrialisierung ein, Wachstumsraten von über 12% werden üblich. Voraussetzung für diesen Prozess sind neben der Nachfrage auch das Angebot an billigen Arbeitskräften und einige technische Innovationen (z.B. Spinnmaschine, mechanischer Webstuhl). Ist der erste Energieträger für die Textilindustrie zunächst die Wasserkraft, so wird gegen Ende des Jahrhunderts auch die Dampfmaschine eingesetzt; dadurch können die Fabriken vom Land in Städte und in die Nähe von Häfen verlagert werden. Die verbesserte Qualität und der sinkende Preis sorgen für eine große Attraktivität der britischen Textilprodukte in der ganzen Welt. Die Industrialisierung und Mechanisierung der Textilindustrie gibt der Montanindustrie erneut Wachstumsimpulse.

Neben dem Verkauf fertiger Textilprodukte handeln die Engländer auch mit den Rohstoffen aus der ganzen Welt. In den nordamerikanischen Kolonien wird Baumwolle als Rohstoff für die Textilindustrie angebaut, für die aufwändigen Arbeiten werden afrikanische Sklaven eingesetzt. Der Sklavenhandel macht im 18. Jh. einen beträchtlichen Teil des britischen Handelsvolumens aus.

Privat organisierte Handelsgesellschaften in England, Frankreich und den Niederlanden arbeiten im Auftrag ihrer Regierungen im Handel mit Asien, dabei unterhalten sie wie selbstverständlich eigenes Militär. Im 7-jährigen Krieg besiegen die Briten die Franzosen und ihre indischen Verbündeten; sie erhalten so Bengalen und beginnen die Kolonisierung Indiens (1857 abgeschlossen). Die *East India Company* handelt mit indischen Textilien nach Amerika (u.a. als Bekleidung für die Sklaven), liefert von dort Zucker, Tabak und Baumwolle nach England oder Nahrungsmittel aus Nordamerika nach Südamerika. Mit Textilien aus Indien tauscht man in Afrika Sklaven für Amerika. So macht man im Handel große Gewinne, die britische Handelsflotte wächst wie die Kriegsflotte.

Mit dem Tee aus China erreicht man zunächst die Oberschicht, bald wird er auch zusammen mit Zucker und Milch zu einem wichtigen Energielieferanten für die englische Arbeiterschaft, die dafür gut 10% ihres Einkommens aufwendet. Auch wenn der Welthandel sich im 17. und 18. Jh. sehr gut entwickelt, so spielt für Europa doch der binneneuropäische Handel die größere Rolle.

1.2.4 Der Staat im Zeichen von Absolutismus und Aufklärung im 17./18. Jh.

Wiederaufbau

1648 regelt der **Westfälische Frieden** (geschlossen zu Münster und Osnabrück) den Konfessionsstand, die Gebietsverhältnisse und die Reichsverfas-

sung in Mitteleuropa neu. Es gilt der Grundsatz der Parität in allen Gremi-
en des Deutschen Reiches: In Religionsangelegenheiten wird getrennt nach
Konfessionen abgestimmt, hier gibt es keine Mehrheitsbeschlüsse. Die
Niederlande und die Schweiz scheiden formell aus dem Reich aus; Frankreich erhält große Teile des Westens, Schweden Teile der Ostseeküste samt
Rügen. Die Landesfürsten erhalten volle Bündnisfreiheit und fast vollkommene Landeshoheit, d.h. sie werden zu beinahe selbständigen Staaten.

Den Fürsten fällt nach dem Ende des 30-jährigen Krieges die Aufgabe
zu, ihre Staaten wieder aufzubauen. So wächst noch einmal ihr Einfluss,
denn nur sie verfügen über die materiellen Mittel, den Wiederaufbau zu
bestreiten. Beamtenapparat und stehendes Heer werden zu neuen Pfeilern
der Macht. Fürsten treten weiter als Förderer von Kultur auf (Mäzenaten).
Weil Bodenschätze fehlen und Mitteleuropa nach den Kriegen am Boden
liegt, vermieten viele Landesherren Soldaten an die Großmächte ihrer Zeit.

In Westeuropa lebt die reformierte Kirche im Untergrund, die vom dort
herrschenden römischen Katholizismus zusammen mit dem Staat blutig
verfolgt wird; in Frankreich kann er sich auf Dauer nicht durchsetzen.
In acht schlimmen Verfolgungen werden die französischen Protestanten
(„Hugenotten") bis zum Edikt von Nantes (1598) verfolgt. Das Edikt gewährt ihnen Glaubensfreiheit; 1685 zieht Ludwig XIV. dieses Edikt allerdings zurück und zwingt die Hugenotten zur Auswanderung. Viele von
ihnen kommen nach Preußen, in das sie von Kurfürst Friedrich Wilhelm
durch das Edikt von Potsdam 1685 eingeladen werden. Denn Deutschland
ist nach dem Krieg geradezu entvölkert und gerade die Preußen sehen in
Menschen das wichtigste Kapital.

Seit dem 17. Jh. gelingt es den Kurfürsten in **Preußen** ihr vom 30-jäh-
rigen Krieg zerstörtes Land nach französischem Vorbild zu modernisieren:
modernes Steuersystem, Beamte, stehendes Heer, staatliche Wirtschaftsför-
derung. Noch ist das Land ein eher unterentwickeltes Agrarland, aber die
visionäre Politik führt einen enormen Aufstieg herbei. Anstelle der französischen Repräsentation herrschen in Berlin am Hof jedoch Sparsamkeit, für
den Staat sind Sparsamkeit, Pflichterfüllung und Disziplin die Leittugenden.
Bis zur Mitte des 18. Jh. unterhält das Land die viertgrößte Armee in Europa, in dem kleinen Land mit seinen 2,5 Mio. Einwohnern müssen 80% des
Staatshaushalts für die 83.000 Soldaten ausgegeben werden. Als Friedrich der
Große 1740 König von Preußen wird, erbt er eine gut gerüstete Armee samt
einem soliden Staatsschatz. Friedrich setzt beides ein – und am Ende seiner
Regierung ist das Land eines der führenden europäischen Großmächte.

In den **Niederlanden** entsteht nach den niederländischen Unabhängigkeitskriegen (1566–1609) ein Hauptgebiet der reformierten Theologie, von dem auch Einflüsse auf Deutschland ausgehen. Ganz anders als auf dem Kontinent verläuft die innenpolitische Entwicklung in **England**. Als die englischen Herrscher im 17. Jh. versuchen, den Einfluss des Parlaments zurückzudrängen, kommt es 1642 zum Bürgerkrieg, der auch durch religiöse Anliegen gespeist worden ist. Die Monarchen instrumentalisieren die Kirche für den Ausbau ihrer Machtposition. Charles I. versucht ohne Parlament zu regieren, dagegen erhebt sich seit 1629 Widerstand durch Puritaner und Stände. Oliver Cromwell (1599–1658) errichtet für knapp zwei Jahrzehnte eine Republik durch eine puritanische Revolution. Nach 1660 führt das englische Bedürfnis nach einer stabilen Ordnung wieder zur Errichtung einer **konstitutionellen Monarchie.** Die Monarchie wird vom Parlament kontrolliert (*Bill of Rights* 1689), das letztlich auch die Staatskirche leitet. Das zum Katholizismus neigende englische Königshaus der Stuarts wird 1688 abgesetzt (*Glorious Revolution* 1688/89) und durch einen protestantischen König aus den Niederlanden, seit 1714 mit dem Haus Hannover ersetzt. Bürgerliche und Puritaner besiegen den König und den Adel, der den Monarchen wie die Katholiken und Anglikaner unterstützt hat. In der *Bill of Rights* erkennt der König die Rechte des Parlaments endgültig an. Damit ist England zum Vorreiter des Parlamentarismus geworden, damals dürfen allerdings nur fünf Prozent der Bevölkerung wählen.

Während England im Kampf mit den Niederlanden sein Weltreich aufbaut, kommt es zu einer folgenschweren Auseinandersetzung mit den Kolonien in Nordamerika. Durch Einführung immer neuer Steuern wird das Verhältnis zum Mutterland so gespannt, dass 1775 der Unabhängigkeitskrieg ausbricht, 1776 erklären sich die 13 Kolonien für selbständig. Gewaltenteilung, Volkssouveränität, Religionsfreiheit und Trennung von Kirche und Staat werden zur neuen Grundordnung, die einen Epochenwandel einleitet.

Französischer Absolutismus

Seit dem 16./17. Jh. entwickelt sich der moderne Staat weiter: Der Monarch erkämpft immer mehr Kompetenzen, besonders in Frankreich. Nachdem der König die Kontrolle über die Kirche und ihre Finanzen erreicht hat, beginnt die Ausschaltung der Stände zugunsten des Hofes. Unter Ludwig XIV. (1639–1715) bildet sich in **Frankreich** die Herrschaftsform des **Absolutismus** aus. Die Staatsgewalt liegt dabei allein in der Hand des Monarchen, Judikative, Exekutive und Legislative sind nicht getrennt. Der „Sonnenkönig" sagt von sich: „Der Staat bin ich!"

Während im Mittelalter die Adligen als Lehensleute des Königs hoheitliche Aufgaben (Zölle, Polizei, Gerichtsbarkeit, Militär) ausüben, wird nun die staatliche Verwaltung mit bürgerlichen Beamten ausgebaut (Steuereinnahmen, Polizei, Gerichtsbarkeit, Militär, Landesausbau). Auch die Wirtschaft wird vom Staat reglementiert (Merkantilismus), er kümmert sich aber auch um mehr Bildung und die Kunst. Anstelle des Heeresaufgebotes, das in Kriegszeiten zusammengerufen wird, werden stehende Heere unterhalten, für die fast alle Staatseinnahmen verwendet werden. Durch die Heere ist man gegen Angriffe ständig gewappnet, vor allem kann man günstige Situationen ausnutzen und politische Ziele mit Gewalt durchsetzen (1.2.5).

Staatstheoretiker ersinnen nicht nur die Staatssouveränität, andere wie Montesquieu fordern erstmals die Teilung der staatlichen Gewalt in Legislative, Exekutive und Judikative.

In Frankreich entstehen großartige Schlossanlagen (**Versailles**), die in vielen Hauptstädten Europas nachgeahmt werden. Der Herrscher gilt als unumschränkter Herr, der souverän herrscht, d. h. der König gilt als Quelle aller Herrschaft. „Nur den göttlichen und natürlichen Gesetzen sind alle Herrscher der Welt unterworfen" (Jean Bodin 1530–96). Die Pfarrer haben staatstreu zu sein und unterstützen den Staat, ihre Ausbildung wird zur Staatsangelegenheit, auch sind sie für soziale Aufgaben zuständig. Auf der Kanzel werden öffentliche Bekanntmachungen verlesen. Der absolutistische Staat erklärt sich für alle Belange des Lebens zuständig, andere Ansprüche duldet er nicht; in Frankreich legt der Monarch daher 1685 auch die Religion der Untertanen auf den römisch-katholischen Glauben fest.

Für die absolutistischen Höfe sind die Schlösser repräsentativer Mittelpunkt des politischen Systems. Die Herrscher demonstrieren ihre Macht durch ihre prachtvolle Hofhaltung, in der es z. B. feste Rituale gibt, die sich um das Leben des Königs drehen (Aufstehen, Zu-Bett-Gehen). Jeder hat zu wissen, wie er sich bei Hofe zu verhalten hat (*Etikette*). Frankreich gibt damals in ganz Europa den Ton an, Französisch wird zur Sprache der Diplomatie und der Kultur. Viele Worte werden z.B. aus dem Französischen ins Deutsche entlehnt (z. B. *Mode*).

Doch dieser Glanz ist nur die eine Seite. Rigoros und mit aller Macht führt Frankreich Kriege, um sein Territorium nach Osten zu erweitern. Durch diese zahlreichen Kriege und die aufwändige Hofhaltung gerät Frankreich in den Staatsbankrott. Um die Finanzsituation zu verbessern, werden 1789 die Generalstände einberufen. Sie sollen neue Steuern bewilligen. Aber die gewählten Vertreter gehen einen neuen Weg, sie erklären sich zur Nationalversammlung und erarbeiten eine Verfassung (1.3.4), als der König sich nicht fügt, wird er abgesetzt und schließlich hingerichtet. Frankreich wird zur Republik.

Aufgeklärter Absolutismus

In Brandenburg-Preußen entwickelt sich das Staatssystem in der 2. Hälfte des 18. Jh. zum aufgeklärten Absolutismus, Friedrich II. (1740–86) versteht sich als „erster Diener" des Staates und ermöglicht eine Rechtsreform, die 1794 mit dem *Allgemeinen Landrecht* in Kraft gesetzt wird.

Die aufgeklärten Bürger lassen sich die Ausbeutung durch den Staat nicht mehr gefallen, die adligen Privilegien gelten als überholt und *unvernünftig*, die Bürger erklären ihren eigenen Mitspracheanspruch im Staat. Nutznießer werden vor allem Wirtschafts- und Bildungsbürger, die die politische Zukunft bestimmen. Zunehmend werden die Verbindungen von Staat und Kirche gelockert. Immer mehr fordern die Bürger ihren Anteil an der staatlichen Macht, überkommene Rechte nehmen sie nicht mehr hin.

In den meisten Staaten setzt sich der Zentralisierungsprozess der frühen Neuzeit fort, die Monarchen und Landesherren herrschen über alle Untertanen absolut, schalten traditionelle Zwischengewalten aus, bauen systematisch und skrupellos die wirtschaftliche und gesellschaftliche Machtbasis aus. Zu dieser Machtbasis gehört auch die Errichtung von Schulen, die die Menschen bilden. Dabei kommt neben der humanistischen Ausrichtung auf die alten Sprachen nun auch die berufliche Ausbildung in den Blick. Die Schulen sollen so die Menschen auf ihre Tätigkeit vorbereiten und möglichst viel für die Macht ihres Staates einbringen. Viele Fürsten setzen sich für die Volksbildung ein, im 17. Jh. werden immer mehr Volksschulen eingerichtet, sie fördern aber auch Wissenschaft und Künste. Überhaupt erscheint das 17. und 18. Jh. als Epoche der Pädagogik, es entstehen die ersten großen Didaktiken und Schulreformkonzepte (Comenius, Francke, später Locke, Rousseau und die Philanthropen), aber auch die Muttersprache wird neu gepflegt, in Deutschland entstehen entsprechende Sprachgesellschaften. In vielen Ländern entstehen die Gelehrtenvereinigungen wissenschaftlicher Akademien, dort werden wissenschaftliche Erkenntnisse diskutiert und ausgetauscht.

1.2.5 Außenpolitik im Zeitalter der Aufklärung im 17./18. Jh.

Der Machtanspruch der französischen Könige strebt seit dem Späten Mittelalter nach Expansion, unter Ludwig XIV. nutzt das Land seine Macht, um seine Grenzen nach Osten auszudehnen und eine Vormachtstellung zu erreichen. Frankreich sieht sich von den Habsburger Dynastien in Spanien, den Niederlanden und Österreich umklammert. Zunächst besiegt man Spanien und erhält Gebiete an der spanischen Grenze sowie in Flandern, der erstrebte Erwerb der Niederlande scheitert am Widerstand der Niederlande, Englands und Schwedens. Dagegen erobert man Burgund und später das Elsass und Lothringen. Erst die französischen Erbansprüche auf die Pfalz führen zum Ende der französischen Ost-Expansion nach einem 10-jährigen „Pfälzischen Erbfolgekrieg" (1688–97). Konkret sind England und Österreich die Gegner.

England folgt seit dem 17. Jh. seiner Strategie der „Balance of Power" in Europa, nach der es keine Vormachtstellung einer europäischen Großmacht geben soll. Daher lässt man weder die Habsburger noch die Franzosen zu mächtig werden. Mit der Navigationsakte von 1651 dürfen europäische Güter nur mit englischen Schiffen oder auf solchen der Erzeugerländer eingeführt werden, Gleiches gilt für den Fischfang. So schaltet man die niederländische Konkurrenz drastisch aus. Begleitet wird diese Politik durch eine 60-jährige von Großbritannien aggressiv geführte Kriegszeit gegen Holländer, Spanier und Franzosen. Die Niederländer müssen schließlich Neu Amsterdam und Delaware in Amerika aufgeben, von Spanien übernimmt England Jamaica, nach dem Spanischen Erbfolgekrieg erreicht England die Öffnung des spanisch-amerikanischen Marktes und kann die Führung im Sklavenhandel übernehmen. Seit der *Glorious Revolution*" (1688/89) haben sich in Großbritannien Staatsinteressen mit den Zielen der Unternehmer verbunden, so wird Anfang des 18. Jh. die Einfuhr indischer Textilien verboten, um die einheimische Textilindustrie zu schützen. Auch sonst steht die Außenpolitik unter wirtschaftspolitischen Zielen.

Die Konkurrenz zwischen England und Frankreich führt zu mehreren Kriegen, darunter ist der 7-jährige Krieg von 1756–63 erwähnenswert, der auf mehreren Kontinenten als Weltkrieg geführt worden ist und mit dem Sieg der Engländer endet. Frankreich verliert seinen Besitz in Indien und Amerika (Kanada, Louisiana) an England. Durch die britische Ostindienkompanie erhält man die Kontrolle über Indien und damit einen großen Anteil an den Gewinnen der indischen Textilindustrie (1.2.3).

Der Große Kurfürst hat nach dem 30-jährigen Krieg den Landesausbau in Brandenburg-Preußen vorangetrieben, ein stehendes Heer nach französischem Vorbild gibt dem Land Gewicht, seine wirtschaftliche Bedeutung ist allerdings noch gering. Mit Geduld und Hartnäckigkeit bauen die Preußen ihr Land aus. Als Frankreich die gut ausgebildeten Hugenotten verfolgt und ausweist, werden sie auch in Preußen mit offenen Armen empfangen, so stehen hoch qualifizierte Kräfte für die preußische Wirtschaft zur Verfügung.

Durch den Gegensatz zwischen Frankreich und Großbritannien einerseits und dem Gegensatz zwischen Österreich und Frankreich andererseits gelingt es in der Folgezeit Brandenburg-Preußen geschickt, einen Platz unter den europäischen Großmächten zu erobern. Immer wieder kämpfen die Preußen an der Seite der Briten. Als sich Friedrich I. als König „in Preußen" bezeichnet, nehmen die europäischen Fürsten davon kaum Notiz. Preußen ist weit weg im Osten, der Anspruch auf eine Königswürde erscheint geradezu abenteuerlich. Aber den preußischen Herrschern gelingt es doch, ihre Stellung kontinuierlich auszubauen. Dennoch sind die Kräfte des Landes nicht geeignet, eine Großmacht zu werden. Dazu braucht es besseres Land mit Bodenschätzen.

Als der preußische König Friedrich II. deshalb Ansprüche auf Schlesien erhebt, kommt es zu mehreren Kriegen zwischen Österreich (verbündet mit Frankreich und Russland) und Preußen (verbündet mit England und Hannover). Besonders der **7-jährige Krieg** (1756–63) führt die aufstrebende Großmacht an den Rand des Zusammenbruches, sie kann sich jedoch 1763 („Frieden von Hubertusburg") durchsetzen. Bis zum 1. Weltkrieg bestimmen fortan Österreich, Frankreich, England, Russland und Preußen die Politik in Europa. Im Vergleich mit den echten Großmächten ist die Bedeutung Preußens eher die eines Juniorpartners. Aber in jeder Auseinandersetzung kann das Land sein Gebiet und seinen Einfluss vergrößern.

Außenpolitisch dominiert Frankreich die Epoche, führt zahlreiche Kriege für seine Osterweiterung, Großbritannien verfolgt immer mehr seine Politik der *Balance of Power* auf dem europäischen Kontinent. In den Kriegen gegen Frankreich festigt sich seine Stellung als Weltmacht, im Siebenjährigen Krieg besiegt es mit seinem Juniorpartner Brandenburg-Preußen Frankreich, Österreich und Russland und verdrängt die Franzosen aus Nordamerika und Indien. Damit beginnt die britische Vorherrschaft auf den Weltmeeren, die auch in Europa die Fäden zieht, wenn es um die Balance der Macht geht.

1.3 Von der Moderne zur Postmoderne: Das 19. und 20. Jh.

1.3.1 Moderne: Zwischen Welteroberung und Weltkriegen

Das vernunftorientierte Denken der Aufklärung bringt seit dem 18. Jh. eine ganze Reihe von naturwissenschaftlichen Entdeckungen, die bald technische Erfindungen ermöglichen. Die Naturwissenschaft wird zur neuen Leitwissenschaft in Europa. So bahnt sich auf dem europäischen Kontinent die Industrielle Revolution an (1.3.2), die Wirtschaft und Gesellschaft bis in die Familien hinein nachhaltig verändert. Es herrscht ein eher unbekümmerter Pragmatismus, alles scheint machbar, der Glaube an den Fortschritt verdrängt einerseits die christliche Eschatologie in der Öffentlichkeit. Für die christliche Öffentlichkeit zeigt sich andererseits im Fortschritt der Anbruch der letzten Zeit, die wunderbaren Erfolge scheinen Vorboten des Kommenden zu sein (3.3, 7.3). Der Mensch scheint das Paradies auf Erden zu schaffen. Erst nach dem Ende des 1. Weltkrieges gerät das Fortschrittsdenken in eine erste schwere Krise. Nicht zuletzt die Grausamkeit des modernen Krieges führt zu einer Wende, aber noch nicht zum Ende des technischen Zeitalters, das auch noch im 20. Jh. dominiert. Theologisch bearbeitet wird diese Wende durch die dialektische Theologie (Barth, Brunner 7.3), die die Unvereinbarkeit von Welt und Gott betont.

Noch eine zweite Revolution ist zu erwähnen, nämlich in der Politik. In den britischen Kolonien in Nordamerika und wenig später in Frankreich führen die politischen Ideen der Aufklärung im Gefolge mit dem Scheitern der Regierungen zur Errichtung der modernen Demokratie und zur Modernisierung der Staaten, die auch ihre Nachbarn verändern (z. B. Reformen in Preußen 1806–10). Nicht mehr das traditionelle Gottesgnadentum begründet Herrschaft, sondern die Autorisierung durch Menschen nach einer Wahl.

Schließlich kann mit der Säkularisation die dritte große Revolution des 19. Jh. beschrieben werden: Der Einfluss der etablierten Kirchen geht in den europäischen Gesellschaften immer mehr zurück, die Menschen entziehen sich der klassischen Vereinnahmung und suchen nach neuen weltanschaulichen Gewissheiten. Mit dem 20. Jh. scheint die enge Zusammenarbeit von Kirche und Staat zu Ende zu gehen.

Ein weiteres Merkmal der Epoche ist die Europäisierung der Erde: Die Staaten Europas und die USA erobern in aller Welt Kolonien, wo sie ihren kulturellen, gesellschaftlichen und religiösen Einfluss hinterlassen. Die wissenschaftliche und technologische Überlegenheit der Amerikaner und Europäer ist beispiellos, das allein scheint die Errichtung von Kolonialreichen zu rechtfertigen (1.3.5), denn man bringt diesen armen Völkern schließlich Kultur und Zivilisation. Erst seit Mitte des 20. Jh. nehmen Stimmen zu, die diese Arroganz reflektieren. Bis dahin gilt die amerikanisch-europäische Zivilisation allein als menschenwürdig und erstrebenswert; und selbstverständlich wird das auf das Christentum übertragen (3.3.1). Erst nach dem 2. Weltkrieg lösen sich die Kolonialreiche auf, gleichwohl bleiben die Gebiete bis heute in wirtschaftlicher und damit politischer Abhängigkeit.

Die Zeit der Krise nach dem 1. Weltkrieg

Nach dem 1. Weltkrieg beginnt sich eine tiefe Krise abzuzeichnen. Oswald **Spengler** (1880–1936) veröffentlicht seine Geschichtsdeutung „Der Untergang des Abendlandes" (1918/1922), die Ideen von der Herrschaft der Vernunft, vom anhaltenden Fortschritt sind nach den furchtbaren Erfahrungen im Weltkrieg nicht mehr selbstverständlich zu nennen. Spengler untersucht acht Hochkulturen, denen jeweils eine Vorkultur vorausgegangen ist. Den Sinn der Geschichte sieht er im Werden und Vergehen der Hochkulturen, die nach Beginn und Aufstieg auf ihre Vollendung zulaufen. Wie der Untertitel „Morphologie" zeigt, knüpft der Autor bei Goethe und dem 19. Jh. an. Goethe hat so die lebendige Entwicklung von Formen bezeichnet, die Jugend, Reife, Altern und Sterben durchlaufen. Mit dem Wort *Untergang* sieht Spengler nicht so sehr eine Katastrophe (wie den Untergang eines Schiffes), sondern die *Vollendung* einer Kultur. Im Hintergrund steht bei ihm die Lebensgeschichte eines Menschen, der sich vom Kind über den Erwachsenen zum reifen alten Menschen entwickelt und dann stirbt. Insofern verläuft die Geschichte seiner Meinung nach in allen Kulturen analog (Frühzeit, Hochblüte, Verfall und Sterben). Die letzte Phase einer Kultur nennt Spengler *Zivilisation*, er skizziert sie mit den Attributen *greisenhaft* statt jugendhaft, *künstlich* und erstarrt, *städtisch* statt bäuerlich, *sinnlich-unterhaltend*, ohne Moral und Kunst, gekennzeichnet durch Vernichtungskriege und Imperialismus. Nach der Phase grausamster Vernichtungskriege und Kämpfe um die Weltherrschaft folgt der Untergang, die kulturfähige Bevölkerung ist in den Kriegen ausgerottet, es haben nur „primitive" Menschen überlebt. In der Theologie veröffentlicht Karl Barth seinen Römerbrief, in dem er die Unvereinbarkeit von Mensch und Gott propagiert und so die „Theologie der Krise" entwickelt. Im Hintergrund zeichnet sich die Wandlung im naturwissenschaftlichen Weltbild ab, als Einstein und Bohr die klassische Physik infrage stellen. Romano Guardini propagiert schließlich 1950 „das Ende der Neuzeit", Adorno und Horkheimer die „Dialektik der Aufklärung" (1947).

Das 20. Jh. wird weithin von politischen Ideologien bestimmt. Ringen zunächst Faschismus, Nationalsozialismus und Kommunismus miteinander und gegen Liberalismus und Kapitalismus, so stehen sich der Kapitalismus und die Demokratie (vertreten durch die USA und ihre Verbündeten) und der Sozialismus und die Volksdemokratien (vertreten durch die Sowjetunion bzw. China und ihre Verbündeten) gegenüber. Die großen Ideologien haben ihren Ursprung in der europäischen Kultur, sie scheinen die Weltreligionen abzulösen. Seit den 1970er Jahren geht der Einfluss der Ideologien in der Welt zurück und man beobachtet eine Renaissance der Weltreligionen (Islam, Buddhismus, Hinduismus und Christentum). Während das Christentum seinen Einfluss in seiner europäischen Heimatkultur zu verlieren scheint und sich viele Menschen hier für asiatische Religionen und den Islam interessieren, wächst das Christentum in Afrika und Asien enorm (3.3.2, 3.3.3).

Nach der Mitte des 20. Jh. sprechen viele von einem Ende der Moderne, für den seit den 1970er-Jahren der Begriff Postmoderne populär wird. Viele Beobachter (Kuhn, Küng, Bosch) sehen ein neues Zeitalter im Anbruch. Unabhängig davon, wie man zu diesem Postulat der Postmoderne steht, zeigt sich doch zunächst ein erhöhter Grad an Unsicherheit, der sich hier Bahn bricht. Wenn man in Descartes den einen Vater der Moderne sieht, der den radikalen Zweifel als Methode ins Spiel gebracht hat, dann in Francis Bacon (1561–1626), der die induktive Erkenntnis betont hat, den anderen. Beide Ansätze zeigen den Grundzug der Moderne: die große Wertschätzung der menschlichen Vernunft bzw. des Rationalismus. Wissenschaft benutzt seitdem den Verstand, benutzt anerkannte Methoden, deren Ergebnisse für alle evident sind und nachvollzogen werden können. Alles Wissen gründet somit auf Fakten.

Alle Geheimnisse werden gelüftet, die Welt erscheint erschlossen. Aber die Welt wird plötzlich auch kalt, unveränderbar und oberflächlich. Manche beschreiben sie als Maschine – die Menschen werden geradezu „versklavt": Nachdem die Maschinen die Arbeit erleichtern, werden Menschen nun „Sklaven" der Maschinen (siehe den Film „Modern Times" von Charles Chaplin). Bereits seit Mitte des 20. Jh. sehen eine Reihe von Beobachtern das Ende der Moderne gekommen. Die menschliche Vernunft wird selbst noch einmal der Kritik unterzogen, sie hat die Versklavung der Menschen unter die Herrschaft der Maschine eingeleitet, das ökologische System der Erde beschädigt, durch das militärische Bedrohungspotenzial scheint der Mensch das Ende des Lebens auf diesem Planeten in seine Hände genommen zu haben.

Eine andere Krise ist heute die der Ökologie: Die Ozonschicht wird zunehmend zerstört, das Leben auf der Erde gerät in Gefahr durch die sogenannten Treibhauseffekte. Die Atomenergie kann die Welt zerstören. So wird das Leben noch zusätzlich bedroht. Wir rechnen immer mehr mit „Restrisiken", die geradezu ein Horrorszenario heraufbeschwören, wenn es um die friedliche Nutzung der Kernenergie geht. Niemand weiß, wie und wo man die abgebrannten Brennstäbe lagern soll. Menschen wollen die Umwelt schützen, Anfang der 1970er-Jahre erwacht nach der berüchtigten Ölkrise ein neues ökologisches Bewusstsein. Dahinter verbirgt sich das Ende des Fortschrittsglaubens, künftig fürchten immer mehr Zeitgenossen, dass die Menschen die Welt durch Umweltverschmutzung selbst vernichten. Die Furcht vor kollektivem Selbstmord als Folge von technischem Fortschritt, Industrialisierung und Raubbau an der Natur wird zum neuen Gespenst der westlichen Zivilisation. Das macht Angst. Christen fordern ein neues Verhältnis zur Schöpfung: Man möchte ganzheitlich statt analytisch (d.h. zergliedernd) vorgehen. Die Kirchen haben daher im 20. Jh. eine umfassende Weiterentwicklung der Welt gefordert, die Kirche will nicht mehr nur Almosen geben, sondern nachhaltig verändern. Tatsächlich ist die Vorherrschaft des Westens immer bedrängender geworden, die Unterentwicklung in der südlichen Welt wird immer größer! Deshalb fürchten manche den Kampf der Kulturen, deshalb halten viele Kriege und Terrorismus als Zeichen für den Wandel. Ein Ruf nach Umkehr wird artikuliert, Theologen fordern eine neue Befreiung (7.3.2).

Unterm Strich

Das 19. Jh. wird zum Jahrhundert revolutionärer Umwälzungen: Naturwissenschaftliche Entdeckungen und technische Erfindungen fördern die Industrielle Revolution, verändern Wirtschaft und Gesellschaft, die politischen Revolutionen in Nordamerika und Frankreich leiten demokratische Prozesse ein, die Säkularisierung drängt den Einfluss der Religion in der Gesellschaft zurück, das Fortschrittsdenken feiert immer neue Erfolge, die Europäisierung der Erde schreitet voran. Was hier in wenigen Hauptsätzen aufgelistet wird, verändert die Welt und das Lebensgefühl der Menschen ganz grundsätzlich. Bevor wir dem im Einzelnen nachgehen, noch einige allgemeine Beobachtungen.

Nachdem die menschliche Vernunft ihren Siegeslauf vollendet hat, stehen die Menschen fast wieder da, wo der Lauf der autonomen Vernunft begonnen hat. Alle Rätsel der Welt sind gelüftet worden, alles schien kausal erklärbar, die Vorstellung einer Schöpfung durch eine „Intelligenz" schien unnötig. Am Ende der Epoche hat sich gezeigt, dass die menschliche Vernunft zwar viel erfahren und erkannt hat, dass aber ihre Voraussetzungen gar nicht gestimmt haben. Nicht alles ist im Universum kausal erklärbar, es bleibt ein Rest von „Chaos" oder „Zufall", in dem auch der Glaube neu möglich wird.

Die entfesselte, autonome Vernunft ist mit dem Glauben an die Humanität gestartet, irgendwann hat sich die Vernunft gegen diese Humanität gewendet. Die furchtbaren Materialschlachten im 1. Weltkrieg, die Flächenbombardements im 2. Weltkrieg, der Massenmord an den Juden, die Gefahr eines Atomkriegs hat uns gezeigt, wohin die autonome Vernunft geführt hat, zum Wahnsinn von Verdun, Dresden, Auschwitz und Hiroshima. So erscheint sich eine neue Chance für christliche Verkündigung anzubahnen.

1.3.2 Gesellschaft im 19. und 20. Jh.

Die Weltbevölkerung wächst seit Beginn des 19. Jh. stark. Bis zum Jahr 1800 erreichte die Weltbevölkerung nach gut gesicherten Schätzungen die erste Milliarde Menschen, 1926 wird die zweite Milliarde erreicht, die nächsten Milliardenschwellen markieren die Jahre 1960, 1974, 1987 und 1999. Die Daten zeigen ein zunehmendes Wachstum. In den 1960er Jahren hat die Wachstumsrate bei 2% gelegen, seitdem ist sie rückläufig; gegenwärtig schätzt man sie auf 1,2%.

Bevölkerungswachstum und Urbanisierung im 19. Jh.

Die Städte wachsen seit dem 19. Jh. unvorstellbar rasch. Essen wächst z. B. von 4.000 (1800) über 9.000 (1850) und 57.000 (1880) auf 119.000 (1900) Einwohner. Während 1825 nur Berlin und Hamburg mehr als 100.000 Einwohner aufweisen, sind es 1850 vier, 1875 elf (3,5% der Gesamtbevölkerung) und 1900 13 Städte (16,2% der Bevölkerung) in Deutschland.

Neben den umwälzenden Veränderungen in der Wirtschaft verändert die Urbanisierung die Lebenswelt der Menschen. Immer mehr Menschen ziehen im Umfeld der industriellen Ballungszentren in die Städte, sodass der Bevölkerungsanstieg dort entsprechend umwälzend ist und die Städte immer mehr Raum beanspruchen: Vorstädte wachsen wie Pilze aus dem Boden. Viele arbeitslose Landarbeiter und Handwerker werden geradezu magisch angezogen, nachdem etwa in Preußen die Erbuntertänigkeit der Bauern aufgehoben und die Gewerbefreiheit eingeführt ist (1.3.3).

Um die Wende vom 19. zum 20. Jh. versuchen die Städte das Wachstum durch kommunale Reglementierung zu steuern, dazu wird eine umfangreiche Verwaltung aufgebaut. Während zum einen prächtige Viertel der wohlhabenden Bürger entstehen, gibt es auch Elendsviertel mit Mietskasernen und den berüchtigten Hinterhöfen. Die räumliche Ausdehnung der Städte erfordert den Aufbau von öffentlichen Transportsystemen, sodass die Menschen von den Wohngebieten in die Industrieviertel gelangen können, so kommen seit dem 19. Jh. zuerst Pferdebahnen auf, die dann durch elektrische Straßenbahnen ersetzt werden, die von den Städten betrieben werden. In London und anderen Metropolen werden Untergrundbahnen gebaut.

Durch die engen Wohnverhältnisse ist es den Stadtbewohnern kaum noch möglich, eigene Nahrungsmittel anzubauen oder Kleidung selbst herzustellen, das gibt der Massenproduktion neue Impulse, sodass die Verbrauchsgüterindustrie deutlich wächst. Zugleich entstehen neben kleinen Läden und Märkten die Warenhäuser, die ein breites Sortiment an Waren zu günstigen Preisen zum Verkauf anbieten. Daneben wird durch Werbung auf neue Produkte aufmerksam gemacht und es werden Bedürfnisse „geweckt".

Soziale Frage

Durch die große Industrielle Revolution nimmt die Güterproduktion enorm zu, und manche Menschen werden dadurch wohlhabend, auf der anderen Seite verarmen Millionen. Insofern in England die Industrialisierung beginnt, gibt es hier auch zuerst eine Reihe von Schatten. Mitte des 19. Jh. stellen die Arbeiter 25% der Bevölkerung, die Zahl steigt bald auf die Hälfte der Bevölkerung an. Die englische Mittelschicht sieht auf die breite Not der Arbeiter selbstgerecht herab. Durch das große Bevölkerungswachstum werden viele Arbeiter arbeitslos, hungern, müssen ihre Kinder zur Arbeit schicken, leiden an unzähligen Krankheiten und müssen in erbärmlichen Wohnungen leben. Die Menschen ohne Arbeit werden in Arbeitshäuser eingewiesen, in denen sie wie in Gefängnissen leben: Männer, Frauen und Kinder werden kaum ausreichend versorgt und erkranken durch die schlechten hygienischen Verhältnisse. Wer nicht seine Arbeitsleistung erbringt, wird mit Verpflegungsentzug bestraft, eine Todesspirale dreht sich für die Unglücklichen. Obgleich ganze Familien eingewiesen werden, werden Ehegatten und Kinder getrennt. Wer sich in das System einordnet, darf seine Angehörigen zur Belohnung von Zeit zu Zeit sehen.

Auf dem Kontinent entsteht die soziale Frage auch aus den Veränderungen in der Landwirtschaft. Im Zuge der Preußischen Reformen wird auch die Erbuntertänigkeit der Bauern aufgehoben. Dies führt zur weiteren Verarmung der Bauern, die die Entschädigung an die Grundherren nicht aufbringen können. Viele haben daher ihren Besitz verkauft und können kaum mit ihren Familien überleben. Die Kehrseite dieser Freisetzung ist das fehlende soziale Netz. Für die freien Bauern tritt niemand ein, viele Bauern können von ihren kleinen Bauernhöfen nicht leben. Mit den Bauern werden auch Landarbeiter freigesetzt. Bauern und Landarbeiter ziehen in die Städte, wo sie Arbeit suchen. Dort bleiben sie zunächst sich selbst überlassen. Sie stehen nun den entstehenden Industrien zur Verfügung, durch ihre große Zahl können die Löhne insgesamt niedrig gehalten werden. Aber ihr soziales Netzwerk, das sie in den ländlichen Herkunftsgebieten verlassen haben, fehlt. Die Arbeiter sind freigesetzt in eine feindliche Umwelt, in der sie sich behaupten müssen. Die kapitalistische Wirtschaftsweise setzt die Löhne auf dem niedrigst möglichen Niveau an, die Arbeitsbedingungen sind geradezu auf Ausbeutung angelegt. Wie sollen Mieten und Lebensmittel gekauft werden? Oft sind die Löhne zu knapp, um die Familien zu versorgen. Infolge der Industrialisierung entsteht so die soziale Frage, die Arbeiter kämpfen für ihre Rechte, für bessere Arbeits- und Lebensbedingungen; sie sehen sich von Kirche und Staat ausgebeutet, die Kriminalitätsrate steigt drastisch an. Das Elend weckt erst allmählich ein Gespür für die neue Armut. Die aufbegehrenden Arbeiter werden brutal von Polizei und Militär unterdrückt, als Aufrührer kriminalisiert und abgestempelt. Ein weiteres Opfer der Reformen bilden viele Handwerker, denn durch die Gewerbefreiheit steigt die Zahl der Betriebe stark an, doch die Auftragslage steigt nicht mit, viele Handwerker verarmen daher. Zugleich können viele Betriebe mit der aufkommenden industriellen Fertigung nicht mehr mithalten. Besonders die Heimarbeiter im Bereich der Textilherstellung verarmen. Die billigen englischen Industrietextilien verdrängen die deutschen Handwerksprodukte. In Schlesien kommt es zu Aufständen der hungernden Bevölkerung. (Gerhart Hauptmann hat ihnen mit seinem Drama „Die Weber" ein eindrucksvolles Denkmal gesetzt.) So entsteht die soziale Frage.

Die Einkünfte sind in Europa z. T. sehr unterschiedlich, zur Illustration Beispiele aus Deutschland. Dort verdienen die Arbeiter durchschnittlich zwischen 300 bis 600 Mark jährlich (2.400 – 4.800 Euro)[2], ein gut ausgebildeter Mechaniker in Elberfeld kann auch auf 1.500 Mark (12.000 Euro) kommen. Natürlich bleiben diese Zahlen blass, wenn wir nicht sehen, was man sich dafür kaufen kann. Eine vierköpfige Arbeiterfamilie benötigt für Nahrung, Kleidung, Miete u. Ä. zwischen 400 Mark auf dem Land und 800 Mark in der Stadt. Die unteren Gehaltsgruppen verdienen also weni-

---

2 Die Umrechnung von Geldwerten ist ausgesprochen problematisch, weshalb in der Regel darauf verzichtet wird. Dadurch bleiben die sozialen und wirtschaftlichen Verhältnisse aber unklar. Daher versuchen wir hier wenigstens Tendenzen anzudeuten. Mit der deutschen Reichsbildung beginnt 1876 auch die Währungseinheit, man rechnet 1 Goldmark = 3 Taler. Die Umrechnung der Mark/Talerwerte in heutige Kaufkraft erfolgt nach http://fredriks.de/HVV/kaufkraft.htm

ger, als sie zum Leben benötigen! Hier wird deutlich, warum Ehefrauen und Kinder mitarbeiten müssen und dass viele durch ihre Arbeit nicht ihren Lebensunterhalt bestreiten können.

> *Ihr müsst gestehn, dass die Arbeiterschaft dieser reichen englischen Nation in einen Zustand gesunken oder in schnellem Sinken begriffen ist, wie er buchstäblich, von welcher Seite man ihn auch betrachten mag, nie ähnlich vorgekommen ist. In den Schwurgerichtsverhandlungen zu Stockport [...] wurde ein Elternpaar angeklagt und für schuldig befunden, drei seiner Kinder vergiftet zu haben, um eine Begräbniskasse um 3 Pfund und 8 Shilling, fällig beim Tode jedes Kindes, zu betrügen. Die Schuld ist erwiesen und die obrigkeitlichen Personen deuten, wie man hört, an, dass der Fall wohl nicht vereinzelt dastehen dürfte und dass es besser sein würde, diesen Dingen nicht allzu sehr auf den Grund gehen zu wollen. Auf britischem Boden haben menschliche Eltern, Europäer und Christen, eine solche Tat vollbringen können; sie sind dazu getrieben worden durch ihre Not.*
> Thomas Carlisle: Hunger einst und jetzt. zit. nach Philipp: Protestantismus. 1988, 196f.

In dieser Situation der Not steigt die Kriminalitätsrate offenbar drastisch an. Wer nicht zu solch drastischen Formen von Versicherungsbetrug greift, raubt für die Familie bei denen, die mehr haben. So füllen sich auch die Gefängnisse. Die durchschnittlichen Menschen aus der Mittelschicht sehen auf die Unglücklichen herab. Elizabeth Fry und andere Frauen aus der „Gesellschaft der Freunde" (Quäker) nehmen sich der Gefangenen an. Sie haben allerdings nicht den Einfluss, die Lebensverhältnisse insgesamt zu verändern. Aber durch ihren persönlichen Einsatz bringen sie den Verlorenen Licht hinter die Mauern der Gefängnisse.

Immerhin gibt es in allen Konfessionen Menschen, die das Elend der Menschen sehen und sich für die Armen einsetzen. Zu den grundsätzlichen Systemkritikern gehört damals etwa der Bischof von Ketteler. Zu den praktischen Helfern auf römisch-katholischer Seite zählt der Priester Adolf Kolping (1813–65), der 1849 in Köln den ersten Gesellenverein gegründet hat (6.3.2).

Unter den Evangelischen nehmen Johann Hinrich Wichern und Baron von Kottwitz eine Schlüsselrolle ein. Zu den Theoretikern gehört später aber auch Adolf Stoecker. Praktische Hilfe kommt auch durch die Einrichtungen der sogenannten Rettungshäuser (Falk, Recke-Volmarstein). Gerade in den Kreisen der Erweckung entstehen eine ganze Reihe privater

Initiativen als diakonische Arbeit. Vielfach lautet das Motiv: „Gerettet-sein gibt Retter-Sinn" (6.2).

Neben den englischen Romanen von Charles Dickens (1812–70) illustrieren die Werke des Naturalismus das soziale Leben der verschiedenen gesellschaftlichen Schichten, insbesondere das Milieu der Unterschichten. Hier ist etwa Gerhard Hauptmann (1862–1946) mit seinen „Webern" (1892) ein Meister seines Faches. Das Mitgefühl mit den Leidenden wird mit dichterischen Mitteln vorgetragen und verfehlt seine Wirkung auf das Bildungsbürgertum, das in die Theater geht, nicht.

Bürgertum

Das Bürgertum besteht im Europa des 19. Jh. aus dem reichen Wirtschafts- und dem einflussreichen Bildungsbürgertum. Das Wirtschaftsbürgertum wird oftmals auch als Großbürgertum bezeichnet, die Bildungsbürger bilden die bürgerliche Mittelschicht; beide zusammen machen etwa 5% der europäischen Bevölkerung aus. Einflussreich sind die Reichen besonders in Großbritannien (1% Großbürger um 1850, am Ende des Jahrhunderts 2%), in Deutschland nimmt ihre Bedeutung erst im letzten Viertel des Jahrhunderts zu (1% der Bevölkerung). Seit Mitte des Jahrhunderts beginnen sich Wirtschaftsbürger und Adel in Großbritannien zu durchdringen, es bildet sich die Gruppe der „gentlemen". In Deutschland liegt das Jahreseinkommen der reichen Wirtschaftsbürger am Ende des Jahrhunderts bei über 12.000 Mark (rd. 110.000 Euro), der bürgerlichen Mittelschicht bei 3.000 bis 12.000 Mark (27.000 bis 110.000 Euro).

Das deutsche **Bildungsbürgertum** tritt meist die Laufbahn in Bürokratie, Universität, Schule und Medizin an. Die großen Reformen zu Beginn des 19. Jh. werden von ihnen durchdacht und umgesetzt. Um die Mitte des Jahrhunderts kommen freie akademische Berufe hinzu. Bildung hat elementare Bedeutung für diese Bürger, für viele ersetzt sie die Religion und übernimmt eine entsprechende Ersatzfunktion. Namentlich Wilhelm von Humboldt (1767–1835) fordert das Ziel der Allgemeinbildung, durch das alle Anlagen des Menschen möglichst umfassend herausgebildet werden. Humboldt steht im Zusammenhang mit der Epoche der Klassik und Romantik in Dichtung und Philosophie, in der das Bürgertum seinen Aufstieg weiterführt. Während Standesunterschiede allgemein an Bedeutung verlieren, man die Unruhen der Französischen Revolution durch Reformen verarbeitet und zu überwinden strebt, wächst unter Intellektuellen eine Gegenbewegung zur Aufklärung heran, die neben dem Verstand auch dem Gefühl Raum geben wollen (7.3.1). So kommt es auch zu einem Neuaufbruch im Bereich der Bildung. Dabei misst man der sprachlichen und künstlerischen Bildung besondere Bedeutung zu, wie sie an den Gymnasien vermittelt wird. An den Universitäten sollen Forschung und Lehre zusammen verfolgt werden, wodurch die deutschen Universitäten ihre herausragende Rolle in der Welt spielen.

In Mitteleuropa entsteht das **Wirtschaftsbürgertum** später als in England, Frankreich und den Niederlanden. Aber seit dem zweiten Drittel des 19. Jh. nimmt seine Bedeutung mit der Industrialisierung rasch zu. Bald schließen die Wirtschaftsbürger auch zu den Bildungsbürgern auf, ihre Söhne besuchen Gymnasien und studieren häufig. Viele sind frühe *Global Player* und *Networker*. Rasch bauen sie Interessenverbände auf, wodurch die Unternehmen ihre Arbeit koordinieren und abstimmen. An Einfluss gewinnen sie den Bildungsbürgern rasch Räume ab.

Bildungs- und Wirtschaftsbürgertum verstehen sich als die Träger der bürgerlichen Gesellschaft, die sich durch Leistung definiert. Dahinter steht zunächst eine anti-adlige Haltung. Die geburtsständische Ordnung erscheint ihnen überholt, die kirchliche Deutung der Welt wird seit Kants Definition von Aufklärung als nicht mehr zeitgemäß empfunden. Für die Bürger sind Vernunft, Individualität und Humanität die tragenden Säulen der neuen Gesellschaft, ihre Tugenden sind Fleiß, Pflicht, Sorgfalt und Zuverlässigkeit.

Neben dem aktiven Leben im Beruf ist die bürgerliche **Familie** Rückzugsraum und Ort der Selbstinszenierung gleichzeitig. Durch die erfolgreiche Arbeit des Mannes werden Ehefrau und Kinder von der Erwerbstätigkeit freigestellt; ein Dienstmädchen übernimmt die Hausarbeit, die Kinder werden erzogen und gehen zur Schule. Als Arbeits- und Familienleben für die Bürger auseinandertreten, erleben gerade Frauen einen erheblichen Funktionsverlust; aus dem Erwerbsleben werden sie in die Erholungssphäre verbannt. So entsteht eine neue Rollenverteilung der Geschlechter: Bürgerfrauen schreibt man die Attribute bewahrend, passiv, anpassungsbereit, emotional, emsig und bescheiden zu, Bürgermänner werden als aktiv, selbständig, tapfer, vernünftig, energisch, zukunftsorientiert und weitblickend beschrieben. Diese Sicht lässt den Bürgermann sofort als Familienoberhaupt erkennen.

Die bürgerlichen **Ehen** sollen auf Liebe gründen und nicht mehr politischen oder dynastischen Zwecken dienen. Die romantische Liebe begleitet den Aufstieg der Bürger. In der Praxis spielen die Eltern bei der Eheschließung jedoch eine erhebliche Rolle, finanzielle Situation und berufliche Position lassen die Liebe doch zugunsten der „Vernunft" zurücktreten. Im

Wirtschaftsbürgertum spielt die Heirat zwischen den Unternehmerfamilien eine bedeutende Rolle. Vielleicht ist es die Kompensation dieses Verlustes, der zur ideellen Aufwertung der Familie führt. Bis zur Jahrhundertmitte haben die Familien fünf bis sieben Kinder, im Kaiserreich werden zwei bis vier Kinder üblich.

Seit dem 18. Jh. werden die bürgerlichen Kinder in ihrer besonderen Lebenssituation geradezu entdeckt und gepflegt. Es entsteht eine Spielzeugindustrie, die Kinder- und Jugendliteratur wächst stark und dient der Vorbereitung der Geschlechter auf ihre künftigen Rollen.

Neben der Familie ist das **Vereinswesen** der andere bürgerliche Ort, in dem die Bürger ihre Kultur pflegen: Lesegesellschaften, Musik- und Kunstvereine, Natur-, Turn- und Nationalverein, Schiller- und Shakespearegesellschaften bieten den Bürgern die nötige Öffentlichkeit, in der sich Gleichgesinnte und Gleichgestellte treffen. Die Aktivitäten sind allerdings berufstätigen Männern vorbehalten. Frauen, Schüler und Lehrlinge dürfen Versammlungen der Vereine nicht beiwohnen. Auch Juden wird es erst allmählich erlaubt, den Vereinen beizutreten. Als 1869 innerhalb des norddeutschen Bundes alle religiös motivierten Einschränkungen aufgehoben werden, haben sich die jüdischen Bürger allerdings bereits weitgehend assimiliert und der bürgerlichen Kultur angepasst.

Die Welt der **Kunst** ist für die Bürger nicht nur eine Gegenwelt zum Arbeitsalltag, in der man sich erholen und entspannen kann. Sie dient vielmehr der Präsentation der bürgerlichen Kultur, indem man umfassende Bibliotheken selbst vorhält oder öffentliche Bibliotheken unterstützt. Die Beherrschung eines Zitatenschatzes ist ein „Muss", dem entsprechende Bücher ihren großen Erfolg verdanken. Dazu sind Konzerte und Opern öffentliche Präsentationsformen der Bürgerlichkeit, dem im privaten Bereich die Hausmusik entspricht; dem Klavier kommt dabei enorme Bedeutung zu, kann man doch komplexe Werke mit wenig Aufwand aufführen. Als Möbelstück zeigt es allein durch sein Vorhandensein die Zugehörigkeit der Besitzer zum Bildungsbürgertum. Namentlich Frauen sollen das Instrument beherrschen. Schließlich gilt auch der bürgerliche Kunstverstand als typisch für diese Gesellschaftsschicht; dafür ist man Mitglied im Kunstverein, der regelmäßig Ausstellungen organisiert, Museen stiftet und auch Künstler unterstützt. Darüber hinaus nimmt europaweit das Zeitschriftenwesen einen enormen Aufschwung.

Während die Welt der Kunst und des Vereins geradezu das bürgerliche Lebensgefühl repräsentiert, nimmt die **Kirchenbindung** vieler Bürger im Verlauf des 19. Jh. ab, die Kirchen leeren sich, was besonders im abnehmenden Besuch des Abendmahls durch bürgerliche Männer abzulesen ist. Andererseits finden viele Bürger auch ihren Weg in die kirchlichen Vereine, engagieren sich in der *Inneren Mission*, in der *Caritas*, im *Evangelischen Bund* oder für die Weltmission. Die Pfarrer gehören zum Bildungsbürgertum und gelten oft für viele mit ihrer Familie als Idealbild gelebter Bürgerlichkeit.

Während die Männer andere Betätigungsfelder suchen und finden, wird die Religion zur **Domäne der bürgerlichen Frauen**. Das zeigt sich nicht zuletzt an der Verlagerung religiöser Praxis in die Familie. Weihnachtsfest, Taufe, Konfirmation und Hochzeit werden als kirchliche Feiern nun vor allem als private Familienfeier begangen, der kirchliche Ritus hat dafür nur den Ausgangspunkt gegeben. In die Gottesdienste gehen vor allem die Bürgerfrauen mit den Kindern, wo diesen insbesondere die grundlegenden Werte vermittelt werden sollen. So werden die bürgerlichen Frauen zur Bewahrerinnen religiöser Tradition, während sich die Männer aus dem religiösen Raum oft zurückziehen. Die Folge für die Kirchen ist die *Feminisierung* der Religion. Zunehmend eröffnet die Kirche Frauen auch einen öffentlichen Raum, den sie sonst in der Gesellschaft nicht finden.

Bilden die Bürger anfangs ihre Werte gegen die Welt des Adels, so ändern sich die Verhältnisse am Ende des 19. Jh. In Großbritannien vermischen sich Adel und Großbürger zunehmend. Aber auch in Deutschland sind ähnliche Tendenzen feststellbar. So heiraten etwas mehr als 25% der Kinder reicher Bürger in Adelsfamilien ein; dazu steigt die Zahl der **Nobilitierungen** seit 1860 (ca. 1000 bis 1918 – also 16 pro Jahr). Doch nicht alle Bürger haben die Erhebung in den Adelsstand angenommen. Für viele ist der Titel eines Kommerzienrates attraktiver, da er sowohl auf die herausragende Stellung als auch auf das vorausgesetzte Vermögen hinweist (kurz nach der Jahrhundertwende sind 300.000 Taler erforderlich, später 500.000 Taler, also 900.000 bzw. 1,5 Mio. Mark). Im Kaiserreich erstreben viele Bürgerliche eine militärische Karriere als Reserveoffizier, was eine Imagesteigerung im Alltag bedeutet. (Gerhart Hauptmann zeigt die hohe Wertschätzung des Militärs im Alltag in seinem „Hauptmann von Köpenick" sehr eindrücklich.)

Gegenüber den Unterschichten setzen sich die Bürger deutlich und konsequent ab; Arbeiter gelten als unzivilisiert und ungebildet. Die Unternehmer sehen sich wie Alfred Krupp (1812–82) als Patriarchen, die in ihrer Villa auf dem Unternehmensgelände wohnen und wie einst die Großgrundbesitzer für ihre Leute da sind (Bau von Werkswohnungen, Läden, Krankenhäusern, Kindergärten und Sportstätten).

Viele Bürgerliche gründen Arbeiterbildungsvereine, um den Unterschichten die bürgerlichen Werte nahezubringen (Strebsamkeit, Disziplin, Fleiß). Später entstehen Spar-, Kranken- und Unterstützungskassen. Daneben nimmt die Zahl der Angestellten bis zum Ende des Jahrhunderts zu. 2,4% rechnet man den Angestellten zu, die in den Verwaltungen der Betriebe kontrollieren, koordinieren, berechnen und planen. Rasch erhalten sie einen Sonderstatus (Gehalt statt Lohn, kürzere Arbeitszeiten, Urlaub), dafür wird ihre Treue zum Unternehmer erwartet. Um die Jahrhundertwende strömen auch zunehmend Frauen in die Verwaltungen, sie sollen kopieren, registrieren und Post ablegen. Frauen gelangen so – oft unter Protest der männlichen Kollegen – in die unteren Stellungen in den Unternehmensverwaltungen. Langsam entsteht so ein neues Frauenbild.

Das Nebeneinander von bürgerlicher und adliger Welt in der 2. Hälfte des 19. Jh. lässt sich an den Werken von Theodor Fontane (1814–98) studieren: Die Liebe zwischen einem Adligen und einer Bürgerlichen wird dichterisch dargestellt („Irrungen, Wirrungen"), die Liebenden tragen das Unabänderliche ihrer gesellschaftlich nicht akzeptierten Verbindung. Wehmütig nimmt Fontane von einer Welt Abschied, der die Zukunft nicht gehören wird (vgl. „Stechlin"). Dass in der Entwicklung des Bürgertums parallel zu seinem Aufstieg in der Gesellschaft auch schon Anzeichen eines Verfalls deutlich werden, beschreibt Thomas Mann (1875–1955) in seinem Roman „Die Buddenbrooks" (1901) am Beispiel einer Lübecker Kaufmannsfamilie über vier Generationen von der Aufklärung über die Biedermeierzeit zum Ende des Jahrhunderts.

Bürgerliche Frauenbewegung

Namentlich in England und Amerika finden Frauen früh in verschiedenen geistlichen Bewegungen die Möglichkeit zur Mitarbeit. Besonders im Rahmen der aufbrechenden Weltmission streben immer mehr Frauen nach einer verantwortlichen Aufgabe. Anfangs eröffnet man nur verheirateten Frauen diesen Weg, allmählich sucht man allerdings weibliche Mitarbeiterinnen für das Missionsfeld, die nicht durch familiäre Pflichten beansprucht sind. Bis zum Ende des 19. Jh. arbeiten schließlich mehr Frauen als Männer auf den Missionsfeldern!

Mit der Gründung des ersten Diakonissen-Mutterhauses durch Theodor Fliedner (6.3.1) öffnet sich eine berufliche Tätigkeit für Frauen im Bereich von Krankenpflege und Erziehung. Ursprünglich zielt Fliedner auf Diakonissen aus Pfarrersfamilien und damit auf die bildungsbürgerliche Schicht, tatsächlich werden damit eher Töchter aus den Schichten der Angestellten und Beamten, aber auch aus Handwerker- und Bauernfamilien angesprochen. Fliedner erlebt damit, was vor ihm schon Amalie Sieveking in Hamburg erlebt, die verschiedentlich versucht, Töchter aus dem gehobenen Bürgertum für kirchlich-diakonische Aufgaben zu gewinnen, dabei aber keinen Zuspruch aus diesen Kreisen erfährt (5.3.1).

Seit den 1860er-Jahren beginnt sich eine bürgerliche Frauenbewegung zu artikulieren, 1865 entsteht in Leipzig der *Allgemeine Deutsche Frauenverein*, der Bildungschancen und Erwerbstätigkeit für Frauen (in bürgerlichen Berufen) fordert. Frauen bleibt noch immer die Teilnahme an politischen Versammlungen und die Mitgliedschaft in entsprechenden Vereinen verboten. Der *Frauenverein* kämpft intensiv für eine höhere Schulbildung sowie für das Recht zum Studium, um einen akademischen Beruf zu ergreifen. Es wird den Rest des Jahrhunderts dauern, bevor Frauen endlich studieren dürfen.

1869 schließen sich 17 Frauenvereine aus Berlin, Braunschweig, Bremen, Breslau, Darmstadt, Hamburg, Karlsruhe, Kassel, Mainz und Rostock zum *Verband Deutscher Frauenbildungs- und Erwerbsvereine* zusammen. Langsam entstehen Handels-, Gewerbe- und Zeichenschulen für die Töchter der Bildungsbürger.

Vor dem Hintergrund längerer Ausbildungszeiten für die Bürgersöhne verschiebt sich das Heiratsalter – und die Bürgertöchter wollen die Zeit für die eigene Ausbildung nutzen; zugleich entlasten sie durch ihre bescheidenen Einkommen die elterliche Familie.

Der Aufbruch der Frauen ruft eine Reihe von Gegnern auf den Plan: Ärzte ermitteln das geringere Hirngewicht der Frau und nehmen gegen die Ausbildung Stellung. Pädagogen befürchten die Vernachlässigung der Mutterpflichten, Theologen erheben ganz grundsätzlich Bedenken, sehen sie doch die Familien in ernster Gefahr.

Neben diesen eher säkularen Arbeitsfeldern spielen Frauen im Rahmen der Erweckung in der zweiten Hälfte des 19. Jh. eine neue Rolle. Durch die Einflüsse der aus den USA kommenden *Heiligungsbewegung* (5.3) erhalten Frauen auch Leitungs- und Verkündigungsaufgaben. Namentlich die neuen Diakonissen-Mutterhäuser in der Gemeinschaftsbewegung (Vandsburger Schwestern, Aidlinger Diakonissen) zeigen hier früh moderne Züge beim Einsatz von Diakonissen bei der Verkündigung. Den Landeskirchen ist man auf diesem Gebiet weit voraus.

Eine zumindest kurzfristig ermöglichte Berufstätigkeit der bürgerlichen Frauen ist nicht mehr aufzuhalten, viele werden Lehrerinnen. Diese werden an Lehrerinnenseminaren ausgebildet und sind vor allem als Handarbeits-

und Musiklehrerinnen tätig. Lange bleiben die Universitäten eine Domäne der Männer; Frauen haben zu dieser Sonderwelt mit ihren Riten und Ritualen noch keinen Zutritt. Erst um die Jahrhundertwende dürfen Frauen studieren (zuerst 1899/1900 in Baden, 1903 in Bayern, 1904 in Württemberg, 1906 in Sachsen und 1908 in Preußen, schließlich auch 1909 in Mecklenburg-Schwerin). Mit der Weimarer Republik erhalten Frauen sogleich das Wahlrecht, in der Nationalversammlung wirken 41 Frauen (9,6%) mit.

Für weniger gebildete Berufe werden Frauen namentlich im Bereich der weiblichen Angestellten am Ende des Jahrhunderts üblich, etwa bei Bahn, Post und Telegrafendienst; längere Zeit galten Krankenpflege oder Sozialarbeit als anerkannte Berufe für Frauen.

Bevölkerungswachstum im 20. Jh.

Während die Weltbevölkerung weiter wächst, schwächt sie sich in Europa ab, in Deutschland geht die Bevölkerung seit 1972 zurück (DDR seit 1969); hier liegt die Geburtenrate weltweit am niedrigsten (deutsche Bevölkerung 1,2%, Zuwanderer 1,9%). Im Durchschnitt der Europäischen Union liegt die Geburtenrate bei 1,5%, am niedrigsten ist sie weltweit in Süd- und Osteuropa sowie in Japan.

Wachstum der Weltbevölkerung von 1800 bis 2000 in Mio. (nach Birg: Weltbevölkerung. 2. Aufl. München 2004)

	1800	1850	1900	1950	2000
Welt	978	1262	1650	2520	6158
Afrika	107	111	133	224	832
Asien	635	809	947	1403	3736
Lateinamerika	24	38	74	166	524
Nordamerika	7	26	82	166	306
Europa	203	276	408	549	730
Ozeanien	2	2	6	13	31
Wachstumsrate weltweit	0,51	0,54	0,85	1,84	1,50

Während in Asien zu allen Zeiten die meisten Menschen gewohnt haben und wohl auch in Zukunft wohnen werden, tritt Europa zunehmend zurück. Heute hat sich Afrika vor Europa geschoben, bald wird auch Lateinamerika Europa überflügeln. Damit wird vermutlich auch die Bedeutung

Europas zurückgehen. Auch die christliche Weltbevölkerung in Asien, Afrika und Lateinamerika wird stärker zunehmen als im „christlichen Europa". Von den 2 Milliarden Christen wohnen heute 560 Mio. in Europa, in Lateinamerika 480 Mio., 360 Mio. in Afrika, 313 Mio. in Asien und 260 Mio. in Nordamerika. Selbst wenn sich diese Bevölkerung nur fortschreibt, wird sich der Schwerpunkt der Christenheit nach Afrika und Lateinamerika verschieben. Mit wachsendem Wohlstand nimmt die Zahl der Kinder ab.

Sozialer Wandel im 20. Jh.

Die großen Städte bringen so ganz neue Lebenserfahrungen hervor. Dazu bieten sie eine Fülle von Angeboten neben Arbeit und Einkauf. Allmählich entsteht eine Freizeit- und Konsumwelt. Infolge der großen Massen von Menschen wird das Schlagwort von der **Massengesellschaft** mode: Kulturkritiker der 1920er-Jahre befürchten, dass das Individuum in der Masse untergeht. Großbetriebe, Großstädte, große Parteien (1914 zählt die SPD 1 Mio. Mitglieder) und Gewerkschaften (1914 zählen sie 2,5 Mio. Mitglieder) scheinen die Menschen zu vereinnahmen, andere Massenorganisationen sind in Deutschland etwa der „Deutsche Kriegerbund", der in über 30.000 Vereinen rd. 2,5 Mio. ehemalige Wehrpflichtige sammelt, oder der „Deutsche Flottenverein", der 1913 über eine Mio. Mitglieder zählt. Massenmedien bestimmen die Meinung von Millionen. Neben die Zeitungen treten Radio und Kino. Mit der Erfindung des Kinos entsteht um die Jahrhundertwende eine neue Erlebniswelt, die den Freizeitbereich namentlich für die unteren Schichten bereichert.

Dass die großen Städte als etwas Bedrohliches wahrgenommen werden, lässt sich etwa an der expressionistischen Lyrik eines Georg Heym (1887–1912) ablesen, der etwa in seinem Gedicht „Der Gott der Stadt" geradezu einen Albtraum wiedergibt. Alfred Döblin (1878–1957) beschreibt in seinem Roman „Berlin Alexanderplatz" das Großstadtmilieu aus Sicht der Unterschicht eindrücklich.

Bereits vor dem 1. Weltkrieg sinkt die durchschnittliche tägliche Arbeitszeit auf 9 bis 10 Stunden, sodass die „freie Zeit" mehr wird. Während des Weltkrieges wird die Bedeutung der Arbeiter für die Wirtschaft mehr als deutlich; in allen Ländern werden Beschränkungen im Wahlrecht aufgehoben. Nach der Auseinanderentwicklung von Arbeitsplatz und Wohnung im Zuge der Industrialisierung wird die Freizeit zu etwas Neuem. Da die Arbeitszeit genau gemessen wird, wird die freie Zeit kostbar und ebenso messbar. Durch die Arbeitszeitverkürzungen kann eine Freizeitgesellschaft entstehen.

Von England ausgehend wird der **Sport** zu einer Massenbewegung, namentlich der Fußball wird der Sport für die Unterschicht: Dieser Sport kann wegen seiner geringen äußeren Voraussetzungen nahezu überall betrieben werden. Bereits 1896 werden die ersten Olympischen Spiele der Neuzeit durchgeführt. Seit 1913 gehören in Deutschland Fußball und Leichtathletik zu den beliebtesten Sportarten. Im Laufe des Jahrhunderts wird der Sport zur wichtigsten Nebensache der Welt – und dann auch zum einträglichen Geschäft. Dabei dient er zunehmend auch der Identitätsbildung in den Städten, wo sich Menschen etwa an Vereine binden (Schalke 04), die im Wettbewerb miteinander stehen. Ähnliches entwickelt sich für die sportlichen Wettkämpfe der Nationen, die etwa als Olympische Spiele oder Fußballweltmeisterschaften ausgetragen werden.

Schließlich wird auch das Reisen zu einer Massenangelegenheit. Eisenbahnen und Ozeanriesen bringen Tausende rasend schnell von einem Ort zum anderen. Dabei werden gewaltige Entfernungen überbrückt: 1905 wird die Transsibirische Eisenbahn eröffnet, Ozeandampfer verbinden die Alte und die Neue Welt. Im Jahr 1900 hebt das erste Luftschiff ab, wenig später in den USA das erste Motorflugzeug. Zeitgleich werden die von Daimler erfundenen Automobile serienreif, 1900 wird die erste Autoralley gefahren. 1913 beginnt die Massenproduktion von Autos in Amerika bei Ford (legendäres „Modell T"). So wird im Zeitalter der Massen der Individualverkehr geboren und ständig weiterentwickelt. Nach dem 2. Weltkrieg kommt der Begriff „Massengesellschaft" neu in Mode: In den städtischen Ballungszentren leben „Massen" von Menschen, die Unternehmen stellen „Massen" an standardisierten Waren her.

Als besondere gesellschaftliche Gruppe wird seit der Jahrhundertwende auch die **Jugend** als eigene Lebensphase entdeckt. Als Ursache dafür sieht man zum einen die Verjugendlichung der Gesellschaft infolge des Bevölkerungswachstums. Aber auch die neuen Möglichkeiten der Freizeit geben jungen Menschen erstmals eigene Lebensangebote, die vorherige Generationen nicht gekannt haben. Die neuen Bildungsmöglichkeiten und -angebote treiben diese Entwicklung an. So entsteht eine Jugendbewegung, die die Gesellschaft erneuern will und neue Formen des Miteinanders lebt. Schließlich führt der Kampf um die Emanzipation der Frauen zu deren Zulassung zum Abitur, zum Studium und zu höherer gesellschaftlicher Anerkennung. Durch den hohen Grad der Mobilisierung der Männer als Soldaten nehmen Frauen deren Plätze in den Fabriken ein. Dadurch werden traditionelle Rollenbilder verändert.

Massengesellschaft und Familie

Seit den 1950er-Jahren werden Menschen immer mehr zusammengeführt: Die Zahl der Großbetriebe steigt, Verwaltungen werden zusammengefasst, Kinder besuchen Mittelpunktschulen und Schulzentren, daneben entstehen Sportzentren und Freizeitparks. Rundfunk, Fernsehen und Presse bieten Massenkommunikation. Gegenüber dieser „Vermassung" entstehen selbst organisierte Bürgerinitiativen und Bürgerbewegungen. Zugleich reagieren die Menschen mit Individualisierung ihres Lebens. Neben traditionelle Ehen und Familien treten allmählich neue Lebensformen (Wohngemeinschaft, Singlehaushalt, Ein-Eltern-Familie).

Direkt nach dem Krieg genießt die Familie zunächst eine enorme Wertschätzung; Krieg, Flucht und Vertreibung haben die Familien oft belastet, so entsteht eine meist irrationale Sehnsucht nach intakter Familie. Nach den Erfahrungen mit dem Nationalsozialismus wird die Familie im Grundgesetz (Artikel 6,1) besonders geschützt. In der DDR wird sie in der sozialistischen Gesellschaft zusätzlich als Ort der Geborgenheit erlebt. Mit der Studentenbewegung in den 1960er-Jahren wird die bürgerliche Familie jedoch infrage gestellt. Das durchschnittliche Heiratsalter bei Männern bleibt zwischen 1950 und 1990 mit gut 28 Jahren gleich, ebenso das der Frauen (etwa 25 Jahre). Demgegenüber sinkt die Zahl der Eheschließungen je 1000 Einwohnern von 1950 bis 1975 von 11 auf 6 und bleibt seitdem etwa konstant, die Zahl der Scheidungen steigt im selben Zeitraum von 17 auf 19 an.

Es zeigt sich also, dass weniger Menschen heiraten und mehr Ehen geschieden werden, allerdings streben viele Geschiedene eine neue Ehe an, sodass man nicht von einer Krise der Institution Ehe reden kann. Fernsehen und Belletristik preisen das partnerschaftliche Glück, zeigen immer wieder neu, wie sich die richtigen Partner finden, die dann vor den Traualtar treten, um endlich mit dem feierlichen Segen der Kirche die Braut zu küssen (bzw. geküsst zu werden). Aber dann enden die meisten Geschichten, immer unklarer wird, wie denn eine *glückliche* Ehe aussieht. Nachdem die klassische Schutz- und Trutzgemeinschaft „in guten wie in schlechten Tagen" vorbei ist und viele Funktionen von der Gesellschaft übernommen werden, sind die Ansprüche an die Ehe andere geworden. Viele erwarten von ihrem Partner das Glück – aber wenige wissen, dass jede Beziehung von den Investitionen an Zeit und Zuwendung lebt, offenbar fehlt die soziale Kompetenz, sich für ihre Erhaltung einzusetzen oder dafür zu arbeiten. Die Utopie der glücklichen Liebe bannt geradezu die Menschen. Werbung und Medien behaupten: Wenn der Liebe Raum gegeben wird, dann scheint alles wie von selbst zu gehen. Aber das stimmt in keiner Beziehung. Immer deutlicher erweist sich der Funktionsverlust der Ehe als das Ende der Beziehung. Ernüchterung macht sich breit: Frühere Ehen haben gehalten, weil eine Ehe die wirtschaftliche Keimzelle eines bäuerlichen oder handwerklichen Familienunternehmens darstellt. Zugleich bedeutet die Familie die Grundlage des sozialen Netzes, die bei Krankheit und im Alter die Generationen versorgt hat. Heute übernimmt die Gesellschaft – mehr schlecht als recht – diese klassischen Familienkompetenzen und ermöglicht der Ehe Freiräume, die offenbar ihre Existenz nicht sichern. Im Zuge der Studentenrevolte wird die bürgerliche Familie außerdem grundsätzlich infrage gestellt und erhält Konkurrenz durch alternative Lebensformen („Wohngemeinschaften").

Die Zahl der Geburten geht deutlich zurück, die meisten Kinder haben höchstens einen Bruder oder eine Schwester, sie machen daher nicht mehr die positive Erfahrung einer „Geschwistergemeinschaft". Kinder werden von den Eltern nicht mehr als Arbeitskräfte oder wegen der Versorgung bei Alter und Krankheit gewünscht, sondern eher aus emotionalen Bedürfnissen. Zugleich steigt die Lebenserwartung deutlich an: Während die Zahl der Jüngeren zurückgeht, nimmt die Zahl der Alten zu. Bis Mitte der 1970er-Jahre ist die Bevölkerung in Deutschland gewachsen, danach geht sie zurück, allerdings wird der Prozess durch Zuwanderung aus Osteuropa seit Ende der 1980er-Jahre aufgehalten. Viele fragen sich, wie die Renten sicher sein können. Haben 1970 hundert Beitragszahler 37 Rentner unterhalten, sind es 1990 bereits 48, 2030 rechnen Statistiker mit 96 Rentnern.

Der Rückgang der Kinderzahlen hat insbesondere mit der veränderten Rolle der Frau zu tun. Immer mehr Frauen möchten ihren Beruf nicht aufgeben. Sie befürchten trotz aller Schutzgesetze einen Karriereknick nach einer Babyzeit. Dabei spielt auch die Belastung der Frau durch die Berufstätigkeit eine Rolle, denn die Rollenbilder der Männer haben sich in der Praxis offensichtlich wenig verändert.

Mit den zunehmenden Scheidungszahlen nehmen auch die alternativen Lebensformen zu. Besonders wachsen die nichtehelichen Lebensgemeinschaften (von 140.000 im Jahr 1972 auf 820.000 im Jahr 1988, Tendenz weiter steigend). Immer öfter werden Kinder allein erzogen, sind es 1968 in Deutschland West noch 4,8% (DDR 11,4%), so steigt die Zahl bis 1992 auf 11,6% (in den sogenannten neuen Bundesländern sind es 1992 bereits 41,8%). Seit dem Ende der 1960er-Jahre wohnen viele Kinder auch in Wohngemeinschaften.

Wertewandel und Individualisierung

Die Nachkriegsgeneration lebt noch ganz von den Pflicht- und Akzeptanzwerten. Leistung, Fleiß und Opferbereitschaft brauchen die Menschen zum Wiederaufbau in der ganzen Welt, hoch im Kurs stehen Ordnung, Gehorsam und Anpassung. Weltweit führt das auf der Nordhalbkugel des „goldenen Westens" zu einem beispiellosen Wohlstand, der ein neues Lebensgefühl ermöglicht. Seit den 1970ern stehen Selbstentfaltungswerte wie Freiheit, Unabhängigkeit und Gleichberechtigung hoch im Kurs. Während bis in die 1960er-Jahre die Kinohelden opferbereit für die gute Sache eintreten, suchen die neuen Helden seit den 1980er-Jahren zunehmend ihre Identität.

Unter Individualisierung versteht man das Herauslösen aus historisch vorgegebenen Gemeinschaftsformen und sozialen Bindungen. Familie, Nachbarschaft und Siedlungsgemeinschaft verlieren weltweit in den Wohlstandgesellschaften (Nordamerika, Mittel- und Westeuropa) an Bedeutung. Damit geht den Menschen zugleich ein Großteil ihrer traditionellen Sicherheiten verloren. So entkommen sie den traditionellen Vorschriften ihrer Bezugsgruppen, aber zugleich fehlen ihnen nun Handlungswissen und Normen bzw. Werte. Da Identität (nach Erikson) durch Auseinandersetzung mit Autorität der Gemeinschaft (Eltern, Lehrer, lokale Autoritäten) entsteht, fehlt vielen Jugendlichen der notwendige Resonanzboden für eine gesunde Entwicklung. So flüchten viele in den Konsum und loben die postmoderne Freiheit des *anything goes*. Vielleicht lässt sich in diesem Zusammenhang auch die Debatte um *Gender* einbeziehen. Die englische Sprache unterscheidet zwischen dem sozialen (*gender*) und dem biologischen (*sex*) Geschlecht. Seit den 1970er-Jahren erforscht man Herkunft von Geschlechterrollen, zunächst offenbar auch im Zusammenhang mit der Emanzipation der Frau (Feminismus). Seit den 1980er-Jahren erweitert sich die Fragestellung dahingehend, ob das biologische Geschlecht das soziale Geschlecht bestimmt. Viele Forscher gehen heute davon aus, dass nur das biologische Geschlecht festgelegt ist, während die soziale Rolle in der Gesellschaft konstruiert und daher veränderbar ist.

Der Wunsch nach individueller Selbstentfaltung zeigt sich überall; viele klassische freie Werke beklagen den Rückgang ehrenamtlicher Mitarbeiter (Gemeinden, Sportvereine, Gewerkschaften und Parteien). Seit den 1970er-Jahren wird der Selbstbezug immer stärker, „Glücklichsein" und „viel Freude erleben" werden zur Triebfeder des Handelns. Neue Angebote werben intensiv um Mitgliedschaft und Mitarbeit, bieten immer neue Möglichkeiten zur Selbstbestimmung und Selbstgewinnung. Grün, bunt, alternative Basisgruppen wollen die Gesellschaft verändern und entstehen in allen Städten. Weil viele Angebote scheinbar nicht halten, was die Menschen erwarten, werden die einen frustriert, die anderen probieren immer Neues aus.

Zugleich scheint die Bevölkerung immer jugendlicher zu werden. Während früher Jugendkleidung bewusst Protestkleidung gewesen ist und nach beruflicher Karriere gegen klassische Kleidung eingetauscht wurde, pflegen die Menschen seit den 1980er-Jahren zunehmend ein bewusst jugendliches Image.

Auch im Sport zeigt sich die Individualisierung deutlich. Sind es zunächst Mannschaftssportarten, die eine hohe Akzeptanz haben, so entstehen seit den 1980er-Jahren immer neue Trendsportarten (Surfen, Skaten, Snowboarding usw.), bei denen weniger der Wettkampf als vielmehr die Schönheit des Körpergefühls, also der Erlebnischarakter des Sports wichtig wird. Gleichwohl haben auch traditionelle Sportarten ihren Zulauf, aber insgesamt zeigt sich doch ein Trend, es mit dem Sport nicht zu übertreiben. Diese Tatsche nutzen Menschen aus weniger entwickelten Gebieten, um ihr sportliches Können etwa im Fußball in den Wohlstandsländern in bare Münze zu verwandeln.

Technische Veränderungen

Hat schon die Mobilität durch Eisenbahn, Ozeandampfer, Straßenbahn und schließlich durch Auto und Motorrad in den ersten Jahrzehnten des 20. Jh. enorm zugenommen, so wird mit dem Flugzeug die Reisegeschwindigkeit noch einmal sensationell verändert. Bis zum 2. Weltkrieg kommen wenige in den Genuss des Fliegens, aber in den Jahrzehnten danach nehmen die Flugreisen drastisch zu.

Dazu bietet die Technik immer neuere Möglichkeiten der Kommunikation. Nach Brief und Telegraf, Sprechfunk und den Anfängen des Telefons verändert sich die Welt in der Nachkriegszeit noch einmal vollständig. Die Einführung von Radio und Fernsehen revolutioniert das Nachrichtenwesen und die Unterhaltungsindustrie. Ab den 90er-Jahren lassen Mobiltelefone die Menschen überall erreichbar werden. Mit dem Einsatz von Personalcomputern verändert sich die gesamte Arbeitswelt. Das Internet vernetzt weltweit Menschen, ermöglicht schriftliche Kommunikation durch E-Mails, Internettelefonie und Videokonferenzen.

Zum einen verwischen sich die Grenzen von Arbeitswelt und Freizeit immer mehr (Mailchecken am Wochenende, Erreichbarkeit an praktisch jedem Ort der Welt). Mit den Möglichkeiten der Computerspiele entstehen zudem virtuelle Welten, in denen reale Zeitgenossen geradezu verloren gehen können. Dabei verläuft die technische Entwicklung oft so rasant, dass von der Erfindung bis zur Produktreife immer kürzere Zeiträume liegen und oft schwerwiegende technische Mängel erst nach der Auslieferung der Produkte und im Massentest der Realität entdeckt werden. Namentlich im Bereich der Software sind die verkauften Waren erstaunlich schlecht entwickelt.

Eine typische Entwicklung der Zeit nach dem 2. Weltkrieg ist die zunehmende Technikfeindlichkeit. Dahinter stehen schlechte Erfahrungen mit der einst als Triumph gefeierten Technik. Immer mehr Risiken werden sichtbar, weshalb von der *Risikogesellschaft* (Ulrich Beck) gesprochen wird. Umweltschäden (*Ozonloch, Treibhauseffekt, Wasser- und Luftverschmutzung*), abnehmende Rohstoffe und die nicht absehbaren Folgen neuer Technologien (*Gentechnik, Atomenergie/Kernkraftwerke*) verbreiten Angst in der westlichen Welt. Eine neue Gleichheit wird sichtbar, denn die genannten Gefahren lassen sich in ihren Folgen nicht mehr national begrenzen (siehe Tschernobyl/Kernkraftkatastrophe oder Basel/Sandoz-Chemieunfall). Neue Krankheiten (*Aids*) zeigen die Unzulänglichkeiten moderner Medizin und steigern sogar die Angst vor unheilbaren Ansteckungen.

1.3.3 Wirtschaft im 19. und 20. Jh.

Weltwirtschaft und Industrialisierung im 19. Jh.
Seit Anfang des 19. Jh. steigt der europäische Anteil am Bruttoinlandsprodukt der Welt deutlich an, Indiens Anteil geht zurück, China stagniert: Hat Indien im 18. Jh. noch 23%, so sinkt es auf 2%, Chinas Anteil geht von 33 auf 7% zurück, Europa steigt auf 60%, dazu kommen die USA mit 20%. Eine erstaunliche Entwicklung!

China wird im 19. Jh. das Opfer des britischen Drogenhandels. 3.000t Opium werden über Hongkong jährlich nach China gebracht, die Ware wird mit Silber bezahlt, das in Großbritannien und den USA das Handelsdefizit mit Asien beendet. Nach dem 2. Opiumkrieg muss China den Opiumverkauf legalisieren, das führt neben Amerikanern und Briten neue Handelsnationen auf den Plan, seit 1870 wird aber auch in China selbst Opium hergestellt – zu Lasten der Nahrungsmittelversorgung. So rechnet man am Ende des 19. Jh. mit 10% Konsumenten im Land, das entspricht 40 Mio. Chinesen oder 95% des Weltgesamtverbrauches.

Mit dem Beginn der englischen Industrialisierung der Montanindustrie im 18. Jh. entwickelt sich seit dem Ende des Jahrhunderts die Industrialisierung in der Textilindustrie weiter. Britische Baumwolltextilien werden weltweit gefragte Produkte. Auch der Welthandel ist fest in britischer Hand. Dazu erfinden Briten auch diverse moderne Waffen. So wird Großbritannien zum Vorbild für Deutschland, Frankreich, Italien, Japan und Russland.

Viele Inder dienen als Soldaten in der britischen Armee, die auch von der *East India Company* unterhalten wird. Die mittels der englischen Industrie erzeugten Textilien unterbieten den indischen Preis, für England lautet nun die Parole „Freihandel". Indien kann künftig seine Produkte nicht mehr kostendeckend verkaufen und muss seine Industrie aufgeben, auf dem Subkontinent setzt so eine Deindustrialisierung ein. Stattdessen produziert man künftig landwirtschaftliche Produkte, vor allem Baumwolle, Indigo, Rohrzucker und Mohn (für die Opium-Gewinnung) und exportiert die Rohstoffe nach England, Afrika und Amerika.

Die verbesserten Kenntnisse in der Medizin (Behandlung und Hygiene), höhere Ernten und daher bessere Ernährung führen zum Wachstum der Bevölkerung in Deutschland von 24,8 Mio. (1816) über 39,4 Mio. (1864) auf 64,9 Mio. (1910). Um die Menschenmassen zu ernähren, wird die Intensivierung der Landwirtschaft betrieben, indem man neuen Dünger und bald auch neue Maschinen einsetzt. Letzteres führt zur Arbeitslosigkeit unter den Landarbeitern und Bauern, gibt der Industrie für Landmaschinen aber neue Impulse.

In Belgien beginnt der Aufbau einer Montanindustrie. Langsam verbreiten sich neue Techniken nach Mitteleuropa, seit 1850 verläuft die Entwicklung geradezu stürmisch. In Nordfrankreich und Flandern entsteht die Montanindustrie um Lüttich, Textilindustrien entstehen in Verviers, Aachen und Monschau. Textil- und Maschinenbau im Siegerland, im Wuppertal, am Oberrhein (zwischen Basel und Mühlhausen), um Berlin und Chemnitz, dazu in Tschechien, der Slowakei, in Wien und Piemont.

Deutschland folgt in der Industrialisierung auf dem Kontinent zunächst Belgien und Frankreich: Ende des 18. Jh. werden im Rheinland und Sachsen die ersten Fabriken eingerichtet, noch bleibt Mitteleuropas Gewerbe handwerklich oder vor-industriell bestimmt. Die Industrialisierung beginnt dann an der Ruhr und in Schlesien in der ersten Hälfte des 19. Jahrhunderts, zunächst werden englisches Kapital, englische Technologien und englische Fachkräfte auf dem Kontinent tätig. Mit den großen Reformen wird das Land modernisiert, durch den Zollverein 1834 der Warenverkehr erleichtert. Dazu gehört seit 1838 auch die Festlegung des Wertverhältnisses der deutschen Münzen (Taler, Gulden, Mark). Seit der Mitte des 19. Jh.

werden die progressiven industriellen Techniken übernommen (Eisenbahn, Bergbau, Maschinenbau) und ausgebaut. Der Eisenbahnbau stellt dabei den Motor der Entwicklung dar.

Die Industriezentren entstehen dort, wo die Bodenschätze gefördert werden. In Deutschland sind besonders Schlesien und das Ruhrgebiet begünstigt, beide Regionen gehören zu Preußen und führen zu dessen Aufstieg im Reich. Als Arbeiter für die neuen Fabriken stehen sowohl die verarmten Bauern als auch die arbeitslosen Handwerker zur Verfügung. Durch das hohe Angebot an Arbeitern können die Unternehmer die Löhne geradezu beliebig nach unten korrigieren. Da die Männer nicht genügend verdienen, müssen die Frauen und Kinder auch arbeiten, zu noch schlechteren Löhnen. Auch die Arbeitsbedingungen sind hart: 17 Stunden Arbeitszeit sind anfangs keine Seltenheit. Da die Maschinen rund um die Uhr laufen, werden 12-Stunden-Schichten üblich. Der Arbeitsschutz ist kaum entwickelt, nach Unfällen werden die Arbeiter arbeitslos, Kranken- und Rentenversicherung gibt es noch nicht. So verschlechtern sich die Lebensverhältnisse drastisch.

In diese Industrieregionen ziehen Arbeitssuchende. Sie kommen auch über die deutsche Sprachgrenze aus Polen. Da die Arbeiter in den neuen Industriezentren zugezogen sind, leben sie sozial entwurzelt. Aus dem Agrarland wird ein moderner Staat. Die industrielle Entwicklung kann recht gut anhand der industriellen Produktion beschrieben werden.

Industrielle Produktion zwischen 1780 und 1888 (in Mio. engl. Pfund):

	1780	1800	1820	1840	1860	1888
Großbritannien	177	230	290	387	577	820
Frankreich	147	190	220	264	380	485
Deutschland	50	60	85	150	310	583
Russland	10	15	20	40	155	363
Österreich-Ungarn	30	50	80	142	200	253
USA	15	25	55	96	392	1443

Die Tabelle zeigt zum einen die klare Führung Großbritanniens in der industriellen Entwicklung, dem Frankreich anfangs noch beinahe ebenbürtig ist. Seit Mitte des 19. Jahrhunderts entwickelt es sich deutlich langsamer. Seit 1842 errichtet Frankreich ein umfassendes Eisenbahnnetz, womit dort die Industrialisierung anläuft. Erschwert wird die Entwicklung durch den Mangel an Kohlevorkommen, die es nur im Elsass und jenseits der Grenzen an Saar und Ruhr gibt. In Russland gibt es die größten natürlichen Vorkommen an Bodenschätzen, aber das Land ist sozial und technisch rückständig. Um es vor einem Abstieg zu bewahren, beginnt man um die Wende zum 20. Jh. auch hier mit dem Eisenbahnbau und dem Aufbau einer Schwerindustrie.

Nach der Jahrhundertmitte holen Deutschland und Österreich-Ungarn Frankreich ein. Hinter dieser europäischen Konkurrenz wachsen die USA in der 2. Jahrhunderthälfte am meisten. Gegen Ende des Jahrhunderts sind sie zur führenden Industrienation geworden.

In den USA beginnt um 1830 der Eisenbahnbau, 1870 steht die erste Trans-Amerika-Trasse, die Nachfrage nach Eisen, Stahl und Lokomotiven bringt die Industrialisierung im Norden des Landes voran. Durch ein Kriegsschiff der USA wird Mitte des 19. Jh. die Öffnung Japans für den Handel erzwungen. Da hier Vorkommen an Kohle und Eisen gänzlich fehlen, beginnt man zunächst mit dem Export von Baumwolltextilien und Seide, um von den Importerlösen Kohle und Eisen zu importieren. Damit baut man eine exportorientierte Eisen- und Schwerindustrie auf, mit der auch modernste Waffen gebaut werden. Ende des Jahrhunderts gelingt ein militärischer Sieg gegen China (1895) und kaum 10 Jahre später gegen Russland. Damit siegt erstmals ein asiatisches Land gegen ein europäisches.

Dem Vorrang Großbritanniens entspricht der Grad der Verstädterung: Bereits 1850 wohnen 50% der Einwohner in den Städten, in Deutschland sind es erst um 1900 so viele, in den USA wird diese Quote 1920 und in Japan 1930 erreicht. Eisenbahnen zeigen sich weiter als Motor der Entwicklung, die Dampfkraft kann als Energieträger überall genutzt werden und macht von Wasser- und Windmühlen unabhängig.

Die Geschichte der technischen Erfindungen mag diesen Entwicklungsüberblick abrunden.

Zwischen 1750 und 1850 werden die meisten Erfindungen in England (z.B. 1735 Koks aus Steinkohle Darby, 1769 Dampfmaschine Watt, 1767 Spinnmaschine Hargreaves, 1785 Webstuhl Cartwright, 1814 Dampflokomotive Stephenson) und Frankreich (Musterwebstuhl Jacquards) gemacht.

Seit der Mitte des Jahrhunderts treten die deutschen Erfinder auf den Plan (z.B. 1840 Agrikulturchemie Liebig, 1861 Telefon Reis, 1866 Dynamomaschine Siemens, 1876 Benzinmotor Otto, 1876 Ammoniak-Kältemaschine Linde, 1879 Elektrische Lokomotive Siemens, 1885 Auto Benz, 1897 Dieselmotor Diesel, 1900 Luftschiff Zeppelin). In Deutschland wird die enge Verbindung von Forschung und Universität bedeutsam.

In den USA erfindet Edison 1879 die Glühbirne und die Gebrüder Wright bauen das erste Motorflugzeug.

Die zweite industrielle Revolution

Bereits gegen Ende des 19. Jh. tritt die Industrialisierung in eine neue Phase. Seit der Reichsgründung spielt Deutschland auf dem Weltmarkt seine Rolle. Mit Erdöl und Elektrizität werden neue Energiequellen erschlossen. Rasch kann die Starkstromtechnik die Dampfmaschinen in der Industrie verdrängen. Die deutsche Elektroindustrie wird rasch führend. In den privaten Haushalten wird die Elektrizität zur Beleuchtung genutzt, bereits gegen Ende des 1. Weltkrieges kommen elektrische Haushaltsgeräte wie das Bügeleisen oder der Staubsauger dazu. Im Vergleich zwischen Nordamerika und Europa hat die Neue Welt bald die Führung übernommen.

Als neuer Industriezweig entwickelt sich die chemische Industrie besonders in Deutschland, wo Farben, Pflanzenschutzmittel, Kunstdünger, aber auch Sprengstoff und Giftgas hergestellt werden. Große Industrieanlagen werden dafür gebaut und erfordern gigantische Kapitalmengen, die durch Banken zur Verfügung gestellt werden. Zu den Großunternehmen zählen in Deutschland AEG und Siemens, in England Imperial Chemical Industries. In den USA entwickeln sich Ford und General Motors. Durch den 1. Weltkrieg werden die Konzentrationsprozesse gefördert.

Mit der Erweiterung der Industrieunternehmen kommt der Dienstleistungssektor auf (Handel und Verkehr, Banken). Während der Anteil der Beschäftigten in der Industrie 1882 bei rd. 34% liegt, sinkt der Anteil der in der Landwirtschaft Tätigen kontinuierlich auf 43%, während der Anteil der Dienstleister entsprechend steigt (23%). Als Berufsstand nehmen Angestellte und Beamte stetig zu, ein neuer Mittelstand aus Angestellten setzt sich von der Arbeiterschaft ab, dem eine Reihe von Privilegien eingeräumt werden (Lohnfortzahlung im Krankheitsfall, bessere Altersversorgung, höhere Sozialleistungen). Mit der Reichsgründung in Deutschland werden insbesondere die Münz- und Maßverhältnisse neu geordnet, was den Warenverkehr innerhalb Deutschlands fördert und auch den internationalen Handel erleichtert. Im Deutschen Reich verschwinden Taler und Gulden zugunsten der (Gold-)Mark als Standard. Damit verschwinden 119 verschiedene Münzsorten (neben Taler und Gulden auch Kreuzer etc.). Die Münzen haben einen einheitlichen Wert, allerdings kein einheitliches Aussehen: Die deutschen Bundesländer prägen weiter Münzen, nun aber mit der Aufschrift „Deutsches Reich" und der Abbildung der in den Bundesstaaten amtierenden Regenten.

Wirtschaftskrisen – neue Geißel der Menschheit

Die vorindustrielle Wirtschaft ist im Wesentlichen vom Klima abhängig. Je größer die Ernte, desto höher sind die Erträge und desto niedriger die Getreidepreise bei gleichbleibender Bevölkerung. Nimmt die Nachfrage an Nahrungsmitteln durch das Wachstum der Bevölkerung zu, steigen die Preise. Sinkt die Nachfrage, sinken auch die Preise. Dazu stehen die Löhne im Verhältnis: Wächst die Bevölkerung und bleibt die Nachfrage nach Arbeitskräften gleich, sinken die Löhne.

In der industriellen Wirtschaft folgt auf das Wachstum irgendwann die Wirtschaftskrise. Wenn immer mehr Fabriken die Nachfrage nach Waren irgendwann durch eine Überproduktion erfüllen, kommt es zu einem Preissturz, die Warenlager werden verschleudert; diese Phase nennt man Rezession (Wirtschaftsabschwung): Die Warenlager sind zwar voll, aber zu wenige Käufer fragen nach den Produkten. Daher werden keine Investitionen mehr getätigt; mitunter werden Mitarbeiter entlassen. Wenn dieser wirtschaftliche Zustand länger anhält und viele Bereiche erfasst, spricht man von einer Depression (Konjunkturtief). Die erste große Depression findet 1857 statt, die zweite in den 1870er-Jahren bis 1896. In dieser Zeit führen viele Länder Schutzzölle ein, um die eigene Wirtschaft zu schützen. Wirtschaftskrisen gehören fortan zur Geschichte dazu. Nach Phasen erhöhter Nachfrage überhitzt die Konjunktur, das erhöhte Angebot an Produkten wird nicht mehr gekauft, so kommt es zum wirtschaftlichen Niedergang, Firmen gehen pleite, Menschen werden arbeitslos.

Abschließend ein Blick auf die Verflechtung der europäischen Wirtschaft: Der Austausch innovativer Techniken, die Zusammenarbeit durch Kapitaltransfer und der Ausbau des Handels lassen Europa immer enger zusammenwachsen. 1913 umfasst der Handel zwischen Großbritannien, Frankreich, Deutschland, Belgien, Niederlande, Italien, Österreich und der Schweiz ein Drittel des gesamten Welthandels. Die Briten investieren mehr als die Hälfte ihres Kapitals auf dem Kontinent, danach ist Frankreich der bedeutendste Investor (Hälfte der britischen Investitionen) und dann folgt Deutschland (ein Drittel der britischen Werte). Die Weltwirtschaft wird im 19. Jh. von Europa dominiert. Großbritanniens Rolle ist beherrschend, die USA und Japan holen mit Deutschland mehr und mehr auf.

Zwischen den Weltkriegen

Nach dem 1. Weltkrieg verlangsamt sich das Wirtschaftstempo weltweit drastisch, die engen Wirtschaftsbeziehungen sind zerbrochen, der Einfluss Europas in der Welt geht zurück, die USA und Japan gewinnen dagegen

an Einfluss und erobern neue Märkte für ihre Industrien. Die Welt-Gold-
bestände fließen in die USA, die nicht nur ihre Auslandsschulden tilgen
können, sondern fortan zu einem wichtigen Gläubigerland werden.

In allen europäischen Staaten sind die ökonomischen Verhältnisse angespannt, gut läuft die Wirtschaft dagegen in den USA, die im Weltkrieg
wenig verloren haben, aber zum Gläubiger von Siegern und Besiegten geworden sind. In Nordamerika entwickelt sich eine Konsumgesellschaft,
während die Europäer noch lange an den Folgen des Weltkrieges leiden
(Probleme der Umstellung auf die Friedenswirtschaft, viele Arbeitslose: In
Deutschland sind in den 1920er-Jahren zwischen 7 und 14% arbeitslos,
in Großbritannien 10 bis 17%, in Dänemark und Schweden zwischen 10
und 12%). Die Landwirtschaft kann sich der amerikanischen und aus-
tralischen Konkurrenz nur schwer erwehren, die sich in den Kriegsjahren
auf dem Weltmarkt etabliert hat, die Preise für Weizen fallen um 40%, die
für Zucker sogar um 60%. Da neben der Landwirtschaft auch im Bergbau
Überschüsse produziert werden, fallen die Realeinkommen. Angesichts der
hohen Verschuldung und der unermesslich hohen Reparationsforderungen
wird in Deutschland eine inflationäre Geldpolitik attraktiv, wodurch einerseits die eigene Währung abgewertet und zugleich die Preise für eigene
Produkte weltweit günstig werden. Der dadurch vermehrte Export soll zur
Schuldentilgung beitragen. Doch der Boom nach dem Krieg ist kurz und
geht bereits Anfang der 1920er-Jahre zu Ende. Die europäischen Staaten
sehen sich verantwortlich für die sozialen Folgen des Krieges und es entwickelt sich nicht nur in Deutschland der Sozialstaat (6.3).

In Deutschland kommt es 1923 zu einer Inflation, durch die viele Menschen ihre Ersparnisse verlieren. Zugleich versuchen die Unternehmen die
Produktivität in den Unternehmen zu erhöhen. Eine Rationalisierungswelle
setzt ein (Fließbandarbeit, Standardisierung von Werkzeugen und Maschinen, vermehrter Einsatz von Maschinen etwa im Bergbau). Scheinbar plötzlich bricht nach einem Börsenkrach 1929 eine **Wirtschaftskrise** herein, in
deren Folge die US-Industrie auf 50% schrumpft, die Investitionen hören
praktisch auf, eine weltweite Depression setzt ein. Die industrielle Produktion sinkt weltweit auf 63% des Standes von 1929, die Beschäftigung liegt in
den USA bei 62%, in Europa bei 80% des Standes von 1929. Als Auslöser
wird heute ein Überangebot von Konsumgütern bei geringer Nachfrage angenommen. Seit Anfang der 1930er Jahre verfolgen Regierungen erfolgreich
eine Politik des „Deficit Spending": Danach übernimmt der Staat in Zeiten der Krise die Verantwortung für die Wirtschaftskonjunktur, indem er
kräftig investiert und der Wirtschaft so Anreize verschafft. Der Staat zahlt

die Ausgaben nicht über Steuern, sondern über eine Staatsverschuldung. Die Beschäftigung von mehr Menschen bringt dann wieder vermehrt Steuern in die Staatskassen, mit denen die Schulden getilgt werden sollen.

Auch in den USA folgt man diesem Programm, das dort als *New Deal* bezeichnet wird; die Wirtschaft erholt sich langsam. Staatliche Investitionen in Gebäude und Straßen, höhere Steuern für Wohlhabende, Arbeitszeitverkürzung auf 40 Stunden pro Woche, Sozialversicherungen und ein freiwilliger Arbeitsdienst bilden ein umfassendes Programm gegen Arbeitslosigkeit und für Wirtschaftswachstum. Um die hohe Staatsverschuldung einzudämmen, fährt man 1937 die Schulden zurück, was zu einer neuen Depression führt. Erst die beginnende Produktion von Kriegsmaterial für Großbritannien und Frankreich sorgen für einen anhaltenden Aufschwung. Seitdem fragt man sich, ob Regulierung oder Deregulierung der Marktwirtschaft helfen.

In Deutschland versucht die Regierung wie in anderen Staaten durch eine strenge Sparpolitik die Konsolidierung des Staatshaushaltes; zugleich will man dadurch zeigen, dass Deutschland die Reparationen nicht länger zahlen kann. Diese Deflationspolitik führt jedoch zu einer politischen Wende im Reich, denn viele Menschen werden arbeitslos, die Kaufkraft sinkt und damit erfährt die Wirtschaft weitere Einbußen. Durch die damit einhergehenden Steuerausfälle muss die Regierung auch bei den Sozialausgaben sparen, wodurch extreme Parteien wie Kommunisten und Nationalsozialisten enorme Wahlsiege erringen. Heute sehen Wirtschaftsforscher diese Politik des Sparens als krisenverschärfend an.

Die letzte Reichsregierung der Weimarer Republik unter Franz von Papen folgt dann der Politik des *Deficit Speding*, kommt aber in der Kürze der Zeit nicht mehr zur positiven Wirkung. Immerhin erreicht man durch staatliche Investitionen, Arbeitsbeschaffungsmaßnahmen und Steuererleichterungen einen Aufschwung der Wirtschaft im Frühjahr 1933. Daran knüpfen die nationalsozialistischen Machthaber erfolgreich an, bedienen sie sich doch der konservativen Fachminister der vorherigen Regierungen, sodass die Arbeitslosigkeit rasch abgebaut werden kann (Investitionen durch Aufrüstung, Autobahn- und Flugplatzbau, Beschäftigungsinitiativen durch Wehrpflicht und Reichsarbeitsdienst). Während Preise und Löhne staatlich kontrolliert werden, wächst insbesondere die Rüstungs- und Schwerindustrie, während für den Konsum weniger Mittel zur Verfügung stehen sollen. Man verfolgt eine Politik der Autarkie, will man doch für eine globale Auseinandersetzung um die Weltherrschaft gerüstet sein. Die notwendigen landwirtschaftlichen Güter kauft man in Südosteuropa, wohin man als Gegenleistung deutsche Industriegüter liefert. So entsteht dort ein Großwirtschaftsraum unter deutscher Führung.

Im Krieg erweist sich die wirtschaftliche Abhängigkeit Deutschlands vom Weltmarkt sehr schnell, ein längeres Ausbleiben von Rohstofflieferungen wirkt sich verheerend aus. Zwar kann man eine Reihe von Produkten ersetzen, dafür gibt es aber enge Grenzen. In den USA löst der Weltkrieg einen ungeheuren Wirtschaftsboom aus, den die Welt zuvor noch nicht gesehen hat. Ähnliche Wirkung hat der Krieg für die sowjetische Wirtschaft, die eine leistungsfähige Industrie aufbaut. In Deutschland führt man immer engere Zwangsbewirtschaftung („Lebensmittelkarten") ein und finanziert die Kriegsproduktion mit der Notenpresse und der Ausplünderung der beherrschten Gebiete. Die gefährliche Lage ist Wirtschaftsfachleuten und Militärs schon vor dem Krieg klar gewesen, aber die skrupellose Rassen- und Machtpolitik hat darauf keine Rücksicht genommen. Schnell werden dann wirtschaftsstrategische Ziele immer bestimmender für die Kriegsführung, namentlich die Sorge um Treibstoffe führt zu erheblichen Problemen, die durch den alliierten Luftkrieg noch gesteigert werden.

Nach dem zweiten Weltkrieg kommt auch in Europa der Wunsch nach Kooperation wieder zum Durchbruch, der die europäische Wirtschaft vor dem 1. Weltkrieg so erfolgreich gemacht hat. Unterstützt wird dies durch die antreibende Rolle der USA, die den Schuldnern nicht nur einen Großteil ihrer Schulden erlassen, sondern sie durch den Marshallplan unterstützen, zugleich aber zur Zusammenarbeit zwingen. Auf diese Weise will man eine starke Unterstützung gegen die Ausbreitung des Kommunismus erhalten.

So kann der Wiederaufbau Europas rasch vor sich gehen. Auf dem Gebiet der Montanindustrie arbeiten Deutschland und Frankreich mit den Benelux-Staaten zusammen (Montanunion 1951, **Europäische Wirtschaftgemeinschaft** 1957). In dieser Zusammenarbeit nähern sich namentlich Deutschland und Frankreich an. Frankreich zielt auf einen guten Absatz seiner landwirtschaftlichen Produkte, Deutschland auf den seiner Industriegüter. Tatsächlich wird der EWG-Haushalt durch finanzielle Hilfen für die Landwirtschaft stark belastet, zwar wird die Bevölkerung versorgt, die Preise sind jedoch gegenüber dem Weltmarkt hoch, die Überproduktion wird häufig vernichtet.

Zwischen 1950 und 1973 kommt es weltweit zu einem historisch einmaligen wirtschaftlichen **Wachstum**, besonders intensiv ist es in Europa und Asien. Immer mehr verflechten sich die Wirtschaftsbeziehungen der Industrienationen, aber erst Ende der 1960er-Jahre wird das Niveau der Vernetzung vor dem 1. Weltkrieg erreicht! Ein einzigartiger Boom bringt die traditionellen Industrien voran, neue Leitsektoren werden die Autoindustrie, die Kunststoffverarbeitung sowie die Elektro- und Elektronikindustrie. Hier bildet sich eine Schwerpunktverlagerung der Wirtschaftsbereiche ab.

Die Sektoren der Wirtschaft verändern sich dabei zusehends. Hat noch im 19. Jh. der Primärsektor (Land- und Forstwirtschaft, früher Urproduktion genannt) die Wirtschaft dominiert, so verschiebt sich das wirtschaftliche Leben seitdem in den Sekundärsektor (Gewerbeproduktion mit Energie, Bau und Bergbau) und seit Mitte des 20. Jh. zunehmend in den Tertiärsektor (Dienstleistungen, Handel, Banken, Versicherungen).

	1882	1925	1950	1990
Primärsektor („Urproduktion")	43	31	23	14
Sekundärsektor („Gewerbeproduktion")	34	41	43	41
Tertiärsektor („Dienstleistungen")	23	28	33	55

Wichtig für das erfolgreiche Wachstum diesseits des Eisernen Vorhangs ist die gute Zusammenarbeit von Gewerkschaftern und Unternehmern, ein effektives Bankensystem und wachstumsorientierte Regierungen. Europa profitiert in den 1950er und 1960er-Jahren auch von der Sicherheitspolitik der USA, was den europäischen Militärhaushalt deutlich schont. Die ersten Regierungen der Bundesrepublik unter Wirtschaftsminister Erhard (CDU) setzen auf die Selbststeuerung des Marktes, allerdings versteht sich der Staat nicht mehr als „Nachtwächterstaat", sondern man baut auf eine starke soziale Komponente in der Wirtschaftspolitik („soziale Marktwirtschaft"). Der Staat soll die marktwirtschaftliche Ordnung gegen die selbstzerstörerischen Kräfte des reinen Kapitalismus verteidigen. Hinter diesen Maßnahmen steht immer mehr der Konkurrenzkampf der Systeme zwischen den Führungsmächten USA und UdSSR, die im geteilten Deutschland den Erfolg der eigenen Systeme illustrieren können. Volkswirtschaftlich vertraut die erste Bundesregierung also auf die Selbststeuerung des Marktes, allerdings unterstützt man doch auch durch staatliche Investitionen die Konjunktur. Mit dem Koreakrieg setzt nach einigen Anlaufproblemen ein Wirtschaftswachstum ein, das später als „Wirtschaftswunder" bezeichnet wird. Gerade die Produkte, auf die sich die deutsche Wirtschaft spezialisiert hat (Fahrzeuge, Werkzeugmaschinen, Elektro- und Chemieprodukte), werden weltweit gesucht. Damit beginnt in den 1950er-Jahren der auf Export ausgerichtete Wirtschaftsaufschwung, die Arbeitslosenquote fällt im ganzen westlichen Europa auf unter 3 %, das Wachstum liegt über 4 %, in Deutschland lange bei über 10 %.

Statt auf den freien Markt setzen die Regierungen in Frankreich und Italien eher auf eine zentrale Planung, in Großbritannien folgt man der Strategie des „Deficit Spending". Diesem Vorbild folgt man in Deutschland schließlich auch mit Wirtschaftsminister Karl Schiller (SPD) seit 1966.

Mitte der 1970er-Jahre setzt eine Rezession ein, die Arbeitslosigkeit nimmt zu, Investitionen gehen zurück. Während die traditionellen Industrien in eine Krise geraten, entwickeln sich Biotechnologie und Mikroelektronik zu neuen Leitsektoren. Die führenden Länder dafür sind zunächst die USA und Japan; dazu kommen mit Hongkong, Singapur, Taiwan und Südkorea Staaten mit niedrigem Lohnniveau und hohem Know-how. Weltweit sinkt der Marktanteil Europas daher stetig. Gravierend wirkt sich außerdem die Ölkrise von 1973 aus, nach der sich einerseits die Abhängigkeit vom Erdöl zeigt und nach der sich die Energiepreise vervielfachen. Angestoßen durch Turbulenzen in der Währungspolitik der USA verfolgt man in der EG seit dem Ende der 1960er-Jahre das Ziel, eine **Wirtschafts- und Währungsunion** zu errichten. Dazu wird 1979 das Europäische Währungssystem (EWS) eingerichtet. Mit dem Zusammenbruch des Ostblocks und dem Fall der Berliner Mauer erhalten die Bestrebungen neue Impulse, da so die Wiedervereinigung Deutschlands verarbeitet werden kann. Gegenüber einem noch weiter erstarkten Deutschland geht man die Währungsunion und die weitere europäische Integration (1991 Maastricht Verträge, 2002 Einführung des Euro) an.

Mit der zunehmenden Automatisierung werden mehr und mehr Arbeitsplätze abgebaut oder aus Industrieländern in Schwellenländer verlagert. Im Bereich der Wirtschaft vernetzt sich die Welt auf diese Weise zunehmend, oft werden Firmenteile in „Billiglohnländer" verlegt, der mögliche Druck der Gewerkschaften wird so eingeschränkt, denn die Sorge um Betriebsverlagerungen wird stärker und wirksame internationale Arbeitskampfmaßnahmen haben die Arbeitnehmervertreter nicht entwickelt. Immer mehr Arbeitsplätze verlagern sich aus dem gewerblichen in den Dienstleistungssektor (Gesundheit, Bildung, Verwaltung, Sozialdienste, Freizeit).

UNTERM STRICH

Wirtschaftlicher Niedergang in China und Indien wird von Europa gesteuert, im ersten Fall durch die unerhörte britische Drogenpolitik, im zweiten durch die Überflutung des indischen Marktes mit britischen Textilerzeugnissen. Was löst die Sehnsucht nach Reichtum eigentlich aus? Mit welchem Recht hat man diese Politik begründen wollen. Es wird schwer, hier Antworten zu formulieren.

Was in weltpolitischer Perspektive zur Verschlechterung der Lebensbedingungen der volkreichsten Länder führt, hat seine Entsprechung in den europäischen Gesellschaften. Die Lebensbedingungen der Unterschichten sind erschütternd. Angesichts der angehäuften Vermögen wird die soziale Frage rasch zur Anklage gegen die Unternehmer – und alle, die sie unterstützen. Das sind zum einen die Staaten, die von der industriellen Leistungsfähigkeit ihrer Volkswirtschaften machtpolitisch profitieren und daher für Ruhe und Ordnung sorgen. Man hat dieses System als „Nachtwächterstaat" bezeichnet. Stützende Einrichtungen sind aber auch die Kirchen, die ganz offenbar noch nicht in der modernen Zeit angekommen sind und die Verarmung der Massen vor dem Hintergrund geradezu mittelalterlicher Vorstellungen sehen (7.3.2). Das klingt marxistisch? Was soll man angesichts geradezu krimineller Energien anders sagen?

Seit dem Ende des 19. Jh. wird aus vielen losen Fäden ein soziales Netz geknüpft. Im Kampf der Wirtschaftssysteme wird die Marktwirtschaft dann sozial abgesichert. Durch die Konkurrenz der Wirtschaftssysteme (Kapitalismus und Sozialismus) streben die Verantwortlichen ein hohes Maß an Teilhabe am wirtschaftlichen Erfolg an, auch der Kapitalismus wird so zunächst geläutert. Zu einem ersten Einschnitt kommt es nach der Wende im Ostblock, nach Zusammenbruch der sozialistischen Systeme fällt der Erfolgsdruck weg und die soziale Schere geht stärker auf. Der Wohlstand der meisten Menschen sinkt, während wenige wohlhabender werden. Immer mehr Menschen sind auf staatliche Transferleistungen angewiesen, weil selbst für die arbeitende Bevölkerung häufig die Löhne nicht ausreichen, um den Lebensunterhalt zu bestreiten. Entsprechend formieren sich alternative politische Kräfte, die auf Abhilfe sinnen. Hier erwachsen auch neue Herausforderungen für Kirchen und christliche Werke, die zum missionarischen und diakonischen Einsatz gefordert sind.

1.3.4 Staat und Politik: Kampf um Demokratie

Revolution in Amerika

Rasch und beinahe über Nacht vollziehen sich in Nordamerika und Frankreich zwei politische Revolutionen. In den britischen Kolonien widersetzen sich britische Bürger zunächst den Steuerforderungen der Regierung. Da sie nicht im Parlament repräsentiert sind, lehnen sie die Forderungen kategorisch ab. Ihre Parole lautet: „No taxation without representation!" Ohne parlamentarische Vertretung sind sie nicht bereit, Steuern zu zahlen und den Staat fraglos finanziell zu unterstützen. Die Kolonisten fordern ihr Recht als Staatsbürger, die Ideen vom Gesellschaftsvertrag zwischen Regierung und Regierten führen zu Protest (*Boston Tea Party*) und zum Aufstand. Unter der Führung von Thomas Jefferson erklären die 13 Kolonien schließlich am 4. Juli 1776 ihre Unabhängigkeit und gründen so den ersten demokratischen Staat in der Neuzeit.

Es wird verkündet,

- *dass alle Menschen gleich erschaffen sind, dass sie von ihrem Schöpfer mit*
- *gewissen unveräußerlichen Menschenrechten begabt sind und dass zu die-*
- *sen das Leben, die Freiheit und das Streben nach Glückseligkeit gehören.*
- KThGQ IV, S. 154.

Unter den Kolonisten werden Menschenrechte, das Streben nach Glück und der Schutz des Eigentums zu den Leitwerten ihrer Gesellschaft. Sie gründen darin in den Idealen der Aufklärung, wie sie Rousseau (Gesellschaftsvertrag), Montesquieu (Gewaltenteilung) und andere propagiert haben.

… und Frankreich

Noch in der glanzvollen Zeit des Sonnenkönigs Louis XIV. spüren die Franzosen die Schattenseiten des aufwändigen Hoflebens und der zahlreichen Kriege. Die wirtschaftliche Situation Frankreichs ist schwierig und es erhebt sich zunehmend Widerspruch gegen den Absolutismus. In der Auseinandersetzung um Menschenrechte und Staat geht die *Grande Nation* eigene Wege. Durch den drohenden Bankrott des französischen Staates sieht sich der König dazu gezwungen, die Generalstände einzuberufen, damit sie neue Steuern bewilligen. Aber zu verfahren ist die Situation. Der Schuldenberg ist immer größer geworden: Häufige und lange Kriege, eine aufwändige Hofhaltung und eine kaum fassbare Verschwendung haben die Staatskasse geleert. Die privilegierten Stände des Adels und des Klerus müssen keine Steuern zahlen, der staatliche Haushalt wird im Wesentlichen vom dritten Stand (d.h. den Bürgern und Bauern) aufgebracht. Diese Menschen werden zur Kasse gebeten, haben aber kein politisches Mitwirkungsrecht. Der Klerus ist zweigeteilt in die Angehörigen des Adels, die die einträglichen Bischofsstellen innehaben, und die Angehörigen aus dem dritten Stand, die die Pfarrerstellen in den Gemeinden besetzen und von den kärglichen Einkünften kaum leben können. Angesichts dieser Lage wollen sich die Angehörigen des *dritten Standes* nicht weitere Lasten aufzwingen lassen.

Kein Wunder, dass die Vertreter der Generalstände nicht nur über ein paar neue Steuern abstimmen wollen, denn der absolutistische Staat (das *Ancien Régime*) hat auch innerlich abgewirtschaftet. So erklären sich die Abgeordneten kurzerhand zur Nationalversammlung und setzen sich das Ziel, eine Verfassung zu erarbeiten. Eine Revolution der aufgeklärten Bürger nimmt ihren Lauf. Als in den Städten soziale Unruhen wegen einer Hungersnot ausbrechen, spitzt sich die Lage zu. In Paris stürmen die unteren Schichten am 14. Juli die *Bastille*, die Revolution nimmt ihren sozial-revolutionären Verlauf. Auch der Privilegienverzicht des Adels und des Klerus im August ändert nichts mehr an der Entwicklung. Das alte System geht zu Ende. Am 26. August werden die Menschen- und Bürgerrechte von der Nationalversammlung erklärt (KThGQ IV,1, S. 154f.).

Freiheit, Gleichheit und Brüderlichkeit werden zu Schlagworten der Bewegung, sie zeigen die Inspiration durch die amerikanische Unabhängigkeitsbewegung. Anders als in den USA ist nicht der Schöpfer Quelle der Menschenrechte, sondern man spricht im Sinne der französischen Aufklärung vom „Höchsten Wesen".

In der Folgezeit wird die Revolution immer radikaler: Nach dem Fluchtversuch des Königs wird dieser gefangen genommen und schließlich hingerichtet. Der **Terror** der Revolutionäre macht vor niemandem Halt. Am Ende richtet sich der Terror gegen seine eigenen Kinder (Terrorherrschaft des Wohlfahrtsausschusses unter Danton, Marat, Robespierre 1793/94). Nicht zuletzt aufgrund der äußeren Bedrohung durch die europäischen Nachbarn wird die Revolution radikaler. Es entsteht die Republik, der Kampf mit dem Klerus wird zum Religionskrieg. Viele Kirchen werden geschlossen, zerstört, umgenutzt. Die Gesellschaft wird säkularisiert: Staatliche Zivilstandsregister lösen die Kirchenbücher ab, die Ehescheidung wird offiziell erlaubt, Priesterehen gefördert. Während die konservativen Gegner sich auf die alte Religion berufen, wenden sich die Revolutionäre vom Christentum ab und führen einen Nationalkult ein.

Ein Aufstand in der Provinz wird grausam niedergeschlagen. Da hier auch kirchliche Forderungen gestellt worden sind, werden die kirchlichen Zeremonien verboten, der Sonntag aufgehoben, Kirchen beschlagnahmt und sakrale Gegenstände eingezogen. Es entsteht eine Märtyrer- und Untergrundkirche. Zur Abrechnung mit dem alten Regime kommt nun die Abrechnung mit der Kirche. Nachdem die Kirchengüter enteignet und verstaatlicht worden sind, werden die Schulden des Landes abgetragen. Klöster und Orden werden aufgehoben, die französische Kirche stürzt in einen Abgrund und wird bitter arm (2.3.1)!

Eine neue Zeitrechnung wird mit der Revolution begonnen, ein neuer Kalender eingeführt, dazu neue nationale Feste. Während atheistische Gruppen einen Kult der Vernunft einführen, führt Robespierre 1794 eine deistische Ersatzreligion als Kult des „Höchsten Wesens" ein. Als man den Kirchenkampf 1795 abbricht, verdrängt die römisch-katholische Frömmigkeit rasch dessen Bedeutung. Dennoch sind breite Kreise in Frankreich künftig entkirchlicht. Staat und Kirche sind nun in Frankreich getrennt, Religion gilt als Privatsache. Napoleon schließt mit der Kirche 1801 Frieden, der Staat bleibt religiös neutral.

Nach der Schreckensherrschaft erhalten wieder gemäßigte Kräfte die Macht (Zeit des Direktoriums), die bald vom 1. Konsul Bonarparte geleitet werden. 1804 entsteht schließlich das revolutionäre Kaisertum der Franzosen unter Napoleon, der Europa außer Großbritannien erobert und erst im russischen Winter im brennenden Moskau mit seiner Expansionspolitik scheitert.

Konservative und Kirchenvertreter werden erstmals in Frankreich gemeinsam bekämpft, die revolutionären Ideologen identifizieren die Kirche im konterrevolutionären Lager, die Kirche verbindet mit den revolutionären Bewegungen antichristliche Kräfte. Diese gegenseitige Sicht bestimmt künftig den Umgang miteinander.

Unter dem Vorbild der amerikanischen Revolution entsteht eine Verfassung, in der Freiheit, Gleichheit und Brüderlichkeit als Leitwerte der Gesellschaft festgeschrieben und nach ganz Europa getragen werden. Zwar scheitert die Französische Revolution durch ihre zunehmende Radikalität, aber sie verändert doch das politische Denken in Europa. Staat und Kirche werden getrennt, ein rechtsstaatliches System aufgebaut.

Reformen in Europa

In Mitteleuropa kommen Reformen nicht durch das Volk, sondern unter dem Druck der französischen Bedrohung durch reformbereite Kräfte in der Regierung, manchmal spricht man daher auch von einer **Revolution von oben**. Allerdings setzt bereits Ende des 18. Jh. eine Tendenz zum Verfassungsstaat (z. B. Allgemeines Preußisches Landrecht 1780 durch Kabinettsorder beauftragt und 1792 erlassen) ein. Dennoch kommt unter dem Druck militärischer Erfolge des revolutionären Frankreichs eine Reformwelle in Gang, die Europa verändert.

Im Deutschen Bund schlägt man den Weg in eine Währungs- und Zollunion ein, sodass die deutschen Einzelstaaten – ohne Österreich – sich mehr und mehr vernetzen, dies geschieht zunächst in Norddeutschland, bald suchen die süddeutschen Länder Anschluss an den Modernisierungsprozess unter preußischer Führung.

Beispielhaft lässt sich die Entwicklung in Brandenburg-Preußen beobachten. Nachdem die preußische Armee 1806 vernichtend geschlagen worden ist, willigt der König in Reformen ein, die einer Revolution gleichkommen. So wird die **Erbuntertänigkeit** der Bauern **aufgehoben.** Die Bauern sind von ihren Grundherren nicht mehr abhängig und können auch andere Berufe wählen. Die Kehrseite dieser Freiheit sind allerdings die Ablösung der mit der Erbuntertänigkeit verbundenen Lasten an die Grundherren, die sich ihren Verlust bezahlen lassen. Viele Bauern werden so wirtschaftlich ruiniert. Da sie künftig bei Missernten nicht mehr durch die Fürsorge der Grundherren abgesichert sind, hat diese Freisetzung mitunter tragische Züge.

Eine andere neue Freiheit ist die **Gewerbefreiheit**, durch die die Vorrechte der alten Zünfte aufgehoben werden. Die andere Seite dieser Freiheit besteht darin, dass nun die Zahl der Handwerksbetriebe stärker zunimmt als es die Auftragslage vor Ort hergibt. Viele neue Firmen verdrängen daher alte oder können sich nicht lange halten. Bauernbefreiung wie Gewerbefreiheit ermöglichen den Menschen die freie Wahl des Berufs, sie können dabei erstmals ihre besonderen Gaben beachten. Aber durch die Freisetzung werden die Menschen auch nicht mehr durch die Gemeinschaft abgesichert. Erst am Ende des Jahrhunderts wird der Staat mit der Sozialversicherung die alten Sicherheiten ersetzen. Auch hier setzt sich die Ausweitung der modernen Staatsaufgaben fort, der die vormodernen Zwischengewalten ersetzt.

Neben diesen sozialen Reformen ist auch noch die juristische des **Zivilrechts** erwähnenswert. Das Recht wird säkularisiert, d.h. verweltlicht. An die Stelle der kirchlichen Trauung tritt mehr und mehr die staatliche, die der kirchlichen vorausgeht. Die Ehe gilt als eine Vertragsbeziehung zweier Menschen, die durch ein Gericht aufgehoben werden kann. In allen diesen

Maßnahmen wird die gesellschaftliche Bedeutung der Kirche zurückgedrängt. Die Säkularisation schreitet voran.

Im Zuge der Reformen entsteht auch die preußische **Städteordnung**, in der den Bürgern bewusst die Teilhabe an der Verwaltung der Städte eingeräumt wird. Für die Bürger eröffnet sich so ein neuer Gestaltungsraum, in dem ihre Werte gelebt und repräsentiert werden können. Man orientiert sich am Gemeinwohl, arbeitet an der städtischen Selbstverwaltung mit. Freilich gilt dies nur für die Stadtbewohner, die auch das Bürgerrecht besitzen: Voraussetzung dafür ist ein Mindestmaß an Selbständigkeit, ein eigener Hausstand, ein ausreichendes Einkommen und steuerliche Mindestleistungen; außerdem ist es – wie selbstverständlich – auf Männer ab dem 24. Lebensjahr beschränkt. Während die Städte wachsen, nimmt die Zahl der Menschen mit Bürgerrecht prozentual ab, denn viele Städte erheben Bürgerrechtsgelder, die sich nur die oberen städtischen Schichten leisten können.

Die Französische Revolution löst überall einen Reformprozess aus, der Europa auch gesellschaftlich verändert: Bauernbefreiung, Gewerbefreiheit, Städteselbstverwaltung, Zivilrecht und allgemeine Wehrpflicht. Den Menschen werden nun Freiheiten gewährt, die ihnen selbständiges Handeln ermöglichen und sie aus den gesellschaftlichen Zwängen entlässt. Zugleich werden ihnen aber auch ihre sozialen Sicherungen entzogen. So entsteht hier eine soziale Frage, die erst am Ende des Jahrhunderts durch die Sozialversicherung beantwortet wird. Freiheit hat ihren Preis!

Kampf um Verfassung, Parlament und soziale Gerechtigkeit

Nach den Befreiungskriegen unterdrücken die europäischen Fürsten alle demokratischen Bestrebungen, konservative Kräfte siegen, viele ziehen sich ins beschauliche Privatleben des Biedermeier zurück. Aber es entsteht auch der bürgerliche Liberalismus, der Freiheitsrechte einfordert.

Die Forderung nach **Verfassungen**, wie sie die deutsche Bundesakte von 1815 in Artikel 13 vorgesehen hat, werden in den großen Staaten Österreich und Preußen nicht erfüllt, aber in den 28 kleineren Territorien (z.B. Baden, Bayern, Hessen-Darmstadt, Nassau, Sachsen-Weimar, Württemberg), wo so konstitutionelle Monarchien bzw. Fürstentümer errichtet werden. Die meisten Verfassungen gestehen den Menschen Grundrechte wie Religions- und Gewissensfreiheit zu, aber noch nicht Presse- und Versammlungsfreiheit. Die vorhandenen Landtage sind auch nur teilweise an der Gesetzgebung beteiligt, auf die Regierung haben sie kaum Einfluss. Immerhin bildet sich so ein Staatsbewusstsein aus.

Dennoch gibt es eine ganze Reihe struktureller Veränderungen, die von der Bürokratie eingeleitet werden und zu einem Modernisierungsschub führen. Der Staat zieht immer mehr Kompetenzen an sich; seine Verwaltung erfasst alle Bürger, durch die allgemeine Wehrpflicht werden alle Männer zum Militärdienst herangezogen, durch die allgemeine Schulpflicht greift er in die Familien nachhaltig ein.

Deutschland ist zunächst eine „verspätete Nation", denn hier erwacht das Nationalgefühl in den Befreiungskriegen seit den Niederlagen gegen Napoleon zu Beginn des 19. Jh. Wie die Erlösung Israels aus Ägypten scheint Gott die Vormacht Frankreichs gebrochen und Deutschland gerettet zu haben. Ernst Moritz Arndt dichtet dazu entsprechende Lieder. Hinter all diesen Gedanken scheint ein Meer religiöser Anspielungen sichtbar zu werden. In Preußen wird daher das *Eiserne Kreuz* als Tapferkeitsmedaille gestiftet, oft genug heißt die Parole „Mit Gott für König und Vaterland". In manchen Kreisen entsteht so allmählich sogar eine Ersatzreligion.

Bereits am Ende der Befreiungskriege haben viele auf die Errichtung eines deutschen Nationalstaates gehofft. Entstanden ist 1815 ein Bundesstaat von 38 unabhängigen Staaten, der der modernen Europäischen Gemeinschaft ähnelt: Jeder Staat hat seine eigene Regierung mit eigenen Gesetzen, eigenem Militär, eigener Außenpolitik, ja sogar eigener Währung. Da die großen geistlichen Territorien 1803 aufgelöst sind, sind die Staaten konfessionell gemischt: Zum katholischen Bayern kommt das evangelische Franken, zum evangelischen Preußen das katholische Rheinland und Trier usw. Diesen Vorgang bezeichnet man als Säkularisierung. Zum Deutschen Bund gehört das Kaiserreich Österreich (mit seinen deutschen Gebieten) und die fünf Königreiche Bayern, Hannover, Preußen, Sachsen und Württemberg. In diesem Deutschen Bund ringen Preußen und Österreich um die Vormacht. Meist sprechen sie sich vor allen Beratungen der Bundesversammlung, die in Frankfurt am Main tagt, ab. Bis zur Mitte des Jahrhunderts hat Österreich zwar den Vorrang, in wirtschaftlicher Hinsicht gewinnt Preußen jedoch immer mehr Einfluss. Zu Preußen gehören zwei aufstrebende Industriezentren: im Westen das Ruhrgebiet und im Osten Oberschlesien.

Nach den Freiheitskriegen herrscht zunächst einmal in ganz Europa das Zeitalter der Restauration. In vielen Ländern herrscht Furcht vor Revolution. Der katholische Kaiser von Österreich, der orthodoxe russische Zar und der evangelische König von Preußen schließen 1815 eine „**Heilige Allianz**", um eine Wiederholung zu verhindern. Gemeinsam möchten die europäischen Staaten die alten vorrevolutionären Ordnungen bewahren. Die Regierungen suchen alle freiheitlichen Bestrebungen zu unterbinden, kritische Geister werden als „Demagogen" verfolgt, die

Presse und Bücher kontrolliert. Die Allianz stellt der säkularen Welt und besonders dem Liberalismus gleichsam die Einheit der christlichen Nationen entgegen. In diesem Bereich ist auch die Zusammenarbeit im neuen Deutschen Bund von 1815 am intensivsten. Der Kampf gegen die Kirche durch die Revolutionäre in Frankreich bestimmt das kirchliche Denken und Handeln im ganzen Jahrhundert und verbindet sie ganz eng mit den Monarchen. Nach den Befreiungskriegen herrschen auch in Deutschland eher konservative bzw. restaurative Kräfte. So kann die Weimarer Republik erst zu Beginn des 20. Jh. entstehen. Der Großteil der Bevölkerung zieht sich nach den stürmischen Ereignissen gerne ins Privatleben zurück, es herrscht die beschauliche *Biedermeierzeit*. In vielen Vereinen ist man mit Kunst, Singen und Turnen beschäftigt. Bereits 1803 sind die „geistlichen Territorien", die von (katholischen) Bischöfen als Fürsten regiert worden sind, unter dem Druck Napoleons, der damit die französischen Annexionen im Westen Deutschlands kompensieren will, unter den übrigen deutschen Staaten aufgeteilt worden. Damit wird die konfessionelle Geschlossenheit aufgegeben und nach dem Sieg über Napoleon auch nicht mehr restauriert. Auch diesen Vorgang bezeichnet man als *Säkularisierung*. Für die gesellschaftspolitische Entwicklung in Mitteleuropa hat dieser Vorgang revolutionäre Züge: Die Staaten müssen sich künftig in religiösen Fragen neutral verhalten, die Stellung der evangelischen Fürsten als Notbischöfe gilt zwar noch für ihre evangelischen Untertanen, aber für ihre katholischen Bürger wird religiöse Neutralität gefordert (4.3.1, 4.3.2).

Allerdings leben die Ideen von Einheit, Freiheit und Verfassung weiter, die sozialen Spannungen nehmen zu. Seit 1820 fordern Bürger auch in Deutschland Reformen, die deutsche Kleinstaaterei erschwert den Wirtschaftsbürgern ihre Tätigkeit. Mit den Liberalen sprechen sich auch die Bildungsbürger gegen die adligen Privilegien aus. Menschen- und Bürgerrechte (Presse- und Versammlungsfreiheit, parlamentarische Vertretungen) werden eingefordert, dazu Verfassungen und Parlamente. Während es in Frankreich 1830 zur erneuten Revolution kommt, geht man in England einen Weg der Reformen, der die schlimmsten Missstände beseitigt. Die süddeutschen Staaten haben bereits Verfassungen und parlamentarische Vertretungen. Andernorts verschärfen sich die sozialen und wirtschaftlichen Spannungen (Weberaufstand in Schlesien 1844). So eskalieren die Forderungen und Verhältnisse immer mehr, bis es Anfang **1848** zu revolutionären Unruhen in ganz Europa kommt. Wirtschaftliche Spannungen und soziale Probleme geben den Forderungen nach Verfassung und Parlamenten neues Gewicht. Überall entstehen neue Zeitschriften, die die Forderungen populär machen.

Die kleineren und mittleren deutschen Staaten reagieren rasch, indem sie liberale Minister berufen und Verfassungen gewähren (mit Presse- und Versammlungsfreiheit, politischer Gleichheit der Staatsbürger, unabhängiger Justiz). In Preußen und Österreich geht man nicht so weit und es kommt zu Aufständen und Barrikadenkämpfen. Schließlich beruft man eine Nationalversammlung nach **Frankfurt** ein, die eine Nationalverfassung erarbeiten soll. Während die Bürger eher an persönlichen Freiheitsrechten interessiert sind und eine Marktwirtschaft mit einem großen Wirtschaftsraum fordern, zielen die Unterschichten auf Verbesserung der sozialen Verhältnisse (höhere Löhne, Schutz vor Entlassung, Maßnahmen gegen Preiserhöhungen u. Ä.). Auf die Barrikaden steigen kaum Bürger, hier sind in ganz Europa die Unterschichten aktiver. Im Paulskirchen-Parlament geben jedoch die Bürger deutlich den Ton an. Von den 812 Abgeordneten sind nur 3 Bauern und 4 Handwerksmeister. Unter den 44 Abgeordneten ohne Berufsangabe mögen noch einzelne Arbeiter zu finden sein, dominierend sind dagegen die Staatsdiener (Professoren, Gymnasiallehrer, Richter, höhere Beamte) mit 436 Abgeordneten, die freien Berufe (Rechtsanwälte, Ärzte, Geistliche) mit 233 und die Wirtschaftsstände (Großgrundbesitzer, Kaufleute, Fabrikanten) mit 99 Abgeordneten; Frauen findet man nur bei der feierlichen Eröffnung – auf der Zuschauertribüne. In der Frankfurter Paulskirche versuchen die Abgeordneten, die Grundrechte (z.B. Presse- und Versammlungsfreiheit, rechtliche Gleichheit der Bürger, unabhängige Justiz) zu sichern, indem sie eine Verfassung für ganz Deutschland erarbeiten und beschließen (27.3.1849). Der König von Preußen wird zum Erb-Kaiser einer konstitutionellen Monarchie gewählt. Als der Gewählte die Wahl ablehnt, scheitert dieser demokratische Reformversuch, viele Länder rufen ihre Abgeordneten zurück und leiten so das Ende der Paulskirche ein. Die spontanen Aufstände der Unterschichten in Baden, Hannover, Sachsen, in der Pfalz, im preußischen Rheinland und in Württemberg werden vom Militär rasch niedergeschlagen.

Die Bewegung scheitert, weil die unteren Schichten vom Professorenparlament enttäuscht sind (keine sozialen Verbesserungen) und die aufgestaute Wut der Straße durch den Einsatz militärischer Macht zusammenbricht. Aber die Menschen vergessen die erwarteten Freiheitsrechte nicht so schnell. Immerhin gibt der König Preußen 1848 eine **Verfassung**, die zunächst abgelehnt, aber dann nach verschiedenen Veränderungen 1850 in

Geltung bleibt. Viele enttäuschte Republikaner und Demokraten verlassen das Land und wandern nach Amerika aus.

Mit der Verfassung wird das Dreiklassenwahlrecht eingeführt, das namentlich die wohlhabenden Bürger bevorzugt. Das Land wird darin in Urwahlbezirke von mindestens 750 bis höchstens 1749 Einwohner aufgeteilt. Die Wähler werden in drei Klassen nach ihrem Steueraufkommen eingeteilt: Die Bürger, die ein Drittel der Steuern des Bezirks aufbringen, bestimmen ein Drittel der Mitglieder des Stadtrates, in die zweite Klasse werden die Einwohner eingeteilt, die das zweite Drittel der Steuern aufbringen. Die übrigen Wähler bilden dann die dritte Klasse. Auf diese Weise haben die ärmeren Schichten kaum Einfluss, während wenige Reiche oft ein Drittel der Parlamente bestimmen.

Im Zuge der Industrialisierung haben sich die Arbeiter in Gewerkschaften und Arbeiterparteien organisiert. Daneben hat der Katholizismus in Deutschland das Zentrum als politische Partei hervorgebracht. Das (sonstige) Bürgertum verteilt sich dagegen auf eine Vielzahl von Parteien.

Arbeiterparteien und Gewerkschaften

Die Industrielle Revolution hat zum einen von Armut und Bevölkerungsvermehrung profitiert, zugleich hat sie neue Armut für Millionen gebracht. In der freien Marktwirtschaft herrscht das freie Spiel der Kräfte. Die Unternehmen müssen sich am Markt behaupten, die Unternehmer arbeiten vorwiegend am Gewinn orientiert. Insofern es genügend Arbeitskräfte gibt, können die Löhne niedrig bleiben, ja werden Frauen und Kinder zu regelrechten Hungerlöhnen zur Mitarbeit gezwungen. Oft reicht das Einkommen der Familie dennoch kaum zum Überleben. Die Wohnverhältnisse in den neuen Ballungszentren sind sehr schlecht, viele Wohnungen sind überbelegt. Die Not der Armen wird so groß, dass sich eine revolutionäre Situation anbahnt. Als sich in Schlesien 1844 die Weber mit Gewalt gegen ihre Unterdrücker auflehnen, wird der Aufruhr vom preußischen Militär blutig niedergeschlagen; ähnliche Szenen finden in allen Industrienationen statt.

Verschiedene Publizisten nehmen sich der Nöte an und entwickeln sozialistische Theorien, die Abhilfe schaffen sollen. In Deutschland gehört z.B. Wilhelm Weitling (1808–71) zu den sogenannten Frühsozialisten. Er gründet Arbeiter-Bildungsvereine, um die Arbeiterschaft auf einen Umsturz vorzubereiten. Sein Programm einer kommunistischen Gütergemeinschaft soll die Gesellschaft von Grund auf reformieren. Einflussreicher für die Zukunft werden jedoch **Karl Marx** (1818–83) und Friedrich Engels (1820–95), die einen „wissenschaftlichen Sozialismus" entwerfen. Berühmt ist ihr

„Kommunistisches Manifest" von 1848, in dem sie dem Kommunismus als Gespenst, das in Europa umgeht, eine theoretische Grundlage geben.

- *Ein Gespenst geht um in Europa – das Gespenst des Kommunismus. [...]*
- *Die Geschichte aller bisherigen Gesellschaft ist die Geschichte von Klassenkämpfen. [...] Die ganze Gesellschaft spaltet sich mehr und mehr in zwei feindliche Lager, in zwei große, einander direkt gegenüberstehende Klassen: Bourgeoisie [Unternehmer aus dem Bürgertum] und Proletariat. [...] Der Proletarier ist eigentumslos; sein Verhältnis zu Weib und Kindern hat nichts gemein mit dem bürgerlichen Familienverhältnis; die moderne industrielle Arbeit, die moderne Unterjochung unter das Kapital ist dieselbe in England wie in Frankreich, in Amerika wie in Deutschland [...]. Die Proletarier haben nichts zu verlieren als ihre Ketten. Sie haben eine Welt zu gewinnen. Proletarier aller Länder, vereinigt euch!*
- Marx/Engels: Manifest der Kommunistischen Partei. 1848, zit. nach
- Karl Marx /Friedrich Engels, Studienausgabe in 4 Bänden, Bd. III, Ge-
- schichte und Politik 1, hrsg. v. Iring Fetscher. Frankfurt/M. 1973, S.
- 59ff.

Alle Geschichte ist ihrer Meinung nach eine Geschichte von Klassenkämpfen. Gegenwärtig stünden sich die Klasse der Besitzenden (Unternehmer, „Bourgeoisie") und die der Besitzlosen (Arbeiter, „Proletarier") gegenüber. Sie sind davon überzeugt, dass sich die Arbeiter gegen ihre Unterdrücker erfolgreich auflehnen und eine Diktatur des Proletariats errichten werden, bevor die Geschichte in den Zielzustand der kommunistischen Gesellschaft übergeht. Das Christentum lehnen sie kategorisch ab, da Religion letztendlich die vernunftlosen gesellschaftlichen Zustände widerspiegelt. Religion ist „Opium des Volkes", mit dem die Armen über ihre Situation hinweggetröstet werden sollen. Damit nehmen die beiden eine These Feuerbachs auf, die Menschen projizierten ihre Sehnsüchte auf eine bessere Welt in den Himmel (7.3.2). Marx und Engels gehen von einer materialistischen Weltbetrachtung aus, nach der alles auf Materie beruht. Religion und Glaube gründen auf den gesellschaftlichen Verhältnissen, stellen den Überbau an Ideen dar, die im Unterbau wurzeln. Eine weitere Kritik richtet sich gegen die Entfremdung des modernen Menschen, die zum einen in der Arbeitsteilung begründet ist, da der Arbeiter das Produkt seiner Arbeit nur als Teilstück sieht. Zum anderen gründet die Entfremdung im Privateigentum, denn dadurch habe der Arbeiter letztlich kein Interesse an der Produktion. Die Gesellschaft zerfällt in die kleine Klasse der Besitzenden und die große der Besitzlosen. Da deren Ziele auseinanderklaffen, ja die zahlenmäßig vielen von den wenigen Kapitalisten unterdrückt werden, müsse der Kapitalismus schließlich ein Opfer seiner inneren Widersprüche werden und zusammenbrechen. In den gesellschaftlichen Auseinandersetzungen gewinnen die Marxisten in Gestalt der Sozialdemokraten in Deutschland an Einfluss, allerdings werden viele dieser Bewegungen von einer Avantgarde getragen und nicht von den Arbeitern selbst.

Die Kritik von Marx und Engels an den Kirchen ist aus den kirchlichen Äußerungen jener Zeit gut nachvollziehbar. Noch gilt vielen die Armut der Menschen als gottgewollt, allzu viele Prediger haben überhaupt keinen Blick für die einfachen Menschen und ihre Nöte, da die Geistlichen meist aus ganz anderen gesellschaftlichen Schichten stammen. Von einer Revolution wollen die Kirchen schon gar nichts wissen. Zu groß ist aktuell bei vielen die Erinnerung an die Französische Revolution und damit die Furcht vor Veränderungen. Zugleich herrscht ungebrochen das Landesherrliche Kirchenregiment in Deutschland. Die Landesherren sind auch höchste Repräsentanten der Landeskirchen. Regierung und Kirchen wirken zusammen, oft spricht man vom Bündnis von Thron und Altar.

Nationalismus und Nationalstaat

Schriftsteller und Journalisten propagieren in ganz Europa eine besondere Stellung der eigenen Nation in der Geschichte. Man meint, Gottes auserwähltes Volk zu sein. Jede Nation Europas sieht sich als das neue Gottesvolk, das neue Israel. Immer neue Metaphern werden gebraucht, um die je einzigartige Stellung zu beschreiben (vgl. z.B. das Gedicht Kiplings „Des weißen Mannes Bürde"). Cecil Rhodes (1853–1902) Premierminister der Kapkolonie von 1890–96 setzt sich nachdrücklich für die Ausbreitung Großbritanniens ein.

Ich behaupte, dass wir die erste Rasse in der Welt sind und dass es für die Menschheit umso besser ist, je größere Teile der Welt wir bewohnen. Ich behaupte, dass jedes Stück Land, das unserem Gebiet hinzugefügt wird, die Geburt von mehr Angehörigen der englischen Rasse bedeutet, die sonst nicht ins Dasein gerufen worden wären. Darüber hinaus bedeutet es einfach das Ende aller Kriege, wenn der größere Teil der Welt in unserer Herrschaft aufgeht. […] Da [Gott] sich die Englisch sprechende Rasse offensichtlich zu seinem auserwählten Werkzeug geformt hat, durch welches er einen auf Gerechtigkeit, Freiheit und Frieden gegründeten Zustand der Gesellschaft hervorbringen will, muss es auch seinem

- *Wunsch entsprechen, dass ich alles in meiner Macht Stehende tue, um*
- *jener Rasse so viel Spielraum und Macht wie möglich zu verschaffen.*
- Last Will and Testament of C. Rhodes. London 1902, zit. nach KTh-
- GQ VI, 162f.

Leicht lassen sich ähnliche Äußerungen aus anderen Staaten zusammenstellen.

Vor diesem Hintergrund zeichnet sich auch die deutsche Einigung ab.
Nach dem wirtschaftlichen Zusammengehen in Zoll- und Währungsfra-
gen, erringt Preußen militärisch einen Sieg gegen Österreich und seine Verbündeten im „Deutschen Krieg" von 1866, wenige Jahre später stehen die
deutschen Bundesstaaten Preußen bei, dem Frankreich den Krieg erklärt
hat. Als es endlich 1870/71 zur Reichseinheit kommt, begrüßen viele national gesinnte Deutsche dieses Ereignis mit einem Meer an Gefühlen. Eine
geradezu religiöse Erfüllung wird damit verbunden. Namentlich zu Beginn
des 20. Jh. findet diese Bewegung ihren Höhepunkt. Im neuen Nationalstaat werden liberale Rechtsreformen durchgeführt.

Politik im Deutschen Kaiserreich

In der Euphorie eines gemeinsam gewonnenen Krieges gegen Frankreich
entsteht das Deutsche Reich. Die Regierung sucht engen Kontakt zu den
nationalliberalen Kräften, die gegen das katholische Zentrum und die
(atheistische) Sozialdemokratie aktiviert werden. Eng wird das Verhältnis
von Staat und Wirtschaftsbürgertum, das nach diversen Wirtschaftskrisen
nach einer Einschränkung des Freihandels und dem Schutz der eigenen
Absatzgebiete verlangt, so beginnt seit 1877 eine Schutzzollpolitik. Während sich die Wirtschaftsbürger mit dieser Politik gut arrangieren können,
haben die Bildungsbürger aufgrund ihrer aufgebauten Werte (Liberalität)
erhebliche Probleme. Zugleich nimmt ihr Anteil in der Bevölkerung stark
zu, werden doch immer neue Wirkungsfelder in Verwaltung, Bildungs- und
Gesundheitswesen, freien Berufen und in der Industrie für diese Gruppe
erschlossen. Zugleich nimmt ihre kulturelle Prägekraft in der Gesellschaft
deutlich ab. Das zeigt sich seit der Reichsgründung auch an der bereits erwähnten Wende vom liberalen zum konservativen Nationalismus. Das mag
aber auch an der wachsenden Bedeutung des katholischen Zentrums in der
Politik liegen, die die liberalen protestantischen Bürger herausfordert.

Nach der Gründung des Deutschen Reiches 1871 spitzen sich die sozialen Nöte zu, die Industrialisierung erfasst nun neue Gebiete, der Kon-
kurrenzdruck der Firmen wird größer. 1871 dürfen sich die Arbeiter zu

Gewerkschaften zusammenschließen, 1875 wird die sozialistische Arbeiterpartei gegründet, die seit 1891 Sozialdemokratische Partei Deutschlands heißt. Ihr Programm ist an Marx und Engels angelehnt, Religion wird daher als Privatsache gesehen und abgelehnt. Auch wenn die Partei selbst nicht offen gegen die Kirchen vorgeht, so tun das manche Theoretiker und Parteiführer wie August Bebel (1840–1913) deutlich.

Bereits am Ende des 19. Jh. nimmt der Staat zunehmend neue Aufgaben wahr. Neben den klassischen Aufgaben der Justiz, Polizei und des Militärs baut der Staat Sozialsysteme auf, womit er der Herausforderung durch die Industrialisierung begegnet. Dazu gehören aber auch Ausbau der Transportwege (Eisen- und Straßenbahnen), Post und Telegrafie, Wasser-, Gas- und Elektrizitätsversorgung, Abwasserentsorgung, Krankenhäuser, öffentliche Bäder usw. Schließlich wird auch das Bildungswesen (Schulen, Universitäten) erweitert.

Um der Abwendung der Arbeiterschaft zu begegnen und die revolutionäre Gefahr im Staat zu beseitigen, reagiert Kanzler Bismarck mit seiner Sozialgesetzgebung: 1883 Krankenkasse, 1884 Unfallversicherung, 1889 Invaliden- und Rentenversicherung. Insbesondere mit dem Regierungsantritt Kaiser Wilhelms II. (1888) wird die Politik eher arbeiterfreundlich. Entsprechend ruft die Kirchenleitung die Pfarrer auf, die Diskussion mit der Arbeiterschaft zu suchen. Wenige Jahre später werden die Pfarrer aber wieder zurückbeordert: Weil viele mehr sozialpolitisch agieren, statt ihren kirchlichen Hauptauftrag auszuführen, sollen sie sich von den Arbeitern fernhalten.

Mit einer revolutionären Sozialgesetzgebung schafft Bismarck ein Zukunftskonzept, das den sozialdemokratischen Veränderungsabsichten den Wind aus den Segeln nimmt und zugleich die Arbeiter für das neue Reich gewinnen soll. Die Politik des Kaisers wird sogar als arbeiterfreundlich wahrgenommen. Es wundert daher nicht, dass der 1. Weltkrieg auch von der Mehrheit der SPD begeistert begrüßt wird, eine starke Minderheit spaltet sich allerdings als Unabhängige SPD (USPD) ab, aus der später die Kommunistische Partei Deutschlands (KPD) hervorgehen wird.

Demokratisierung nach dem 1. Weltkrieg

Das Ende des 1. Weltkrieges verändert Europa und die Welt nachdrücklich: 1917 treten die USA in den Weltkrieg ein und bestimmen seitdem in der Weltpolitik mit. Überall entstehen in Europa demokratische Regierungen, durch die geringen Traditionen wandeln sie sich unter den wirtschaftlichen Problemen in den 1920er-Jahren zu autokratischen, rechtsgerichteten totalitären Systemen, so in Italien (Faschismus), Polen (in bewusster Anknüpfung an Mussolinis „Marsch auf Rom") und in Südosteuropa. Nach dem Weltkrieg erhalten alle Bürger, in Deutschland Männer und Frauen, das Wahlrecht.

In Russland entsteht nach der Oktoberrevolution 1917 die **Sowjetunion**, die anfangs von Lenin, Stalin und Trotzki geleitet wird. Die Sowjets siegen über die Konservativen, der Zar wird gestürzt und mit seiner Familie hingerichtet. Für die russische Kirche beginnt ein langer Leidensweg, denn die Sowjets fahren einen streng atheistischen Kurs. Kirche und Staat werden im Januar 1918 getrennt, der öffentliche Religionsunterricht wird verboten, die Kirche wird enteignet und verliert alle Privilegien. Die Christen werden unterdrückt und verfolgt, Priester und Mönche getötet oder verschleppt. Viele fliehen ins Ausland, wo so russisch-orthodoxe Gemeinden entstehen.

Nach intensiven revolutionären Auseinandersetzungen zwischen 1918 und 1920 beherrschen die Kommunisten unter Stalin seit 1924 die Sowjetunion, die durch Fünf-Jahres-Pläne einen modernen Industriestaat errichten wollen (Kollektivierung der Landwirtschaft, Aufbau einer Schwerindustrie). Durch große „Säuberungen" werden Stalins revolutionäre Mitstreiter ausgeschaltet. 8 Mio. Menschen werden inhaftiert, dazu gibt es zahllose Hinrichtungen.

Nach dem 2. Weltkrieg weitet die UdSSR ihre Weltanschauung auf ihr Machtgebiet in Osteuropa aus. Ein beispielloser Einsatz für die Industrialisierung modernisiert das Land, das bald die europäischen Nachbarn überflügelt und nur von den USA übertroffen wird.

Die erste deutsche Demokratie entsteht aus dem verlorenen Ersten Weltkrieg mit der **Weimarer Republik** 1918/19. Die Monarchie hat den Weltkrieg heraufbeschworen, auf grausamste Weise geführt und die Reserven an Nahrung, Rohstoffen und Menschen erschöpft. Am Ende muss das Kaiserreich völlig überstürzt um Waffenstillstand bitten, sodass man gleichsam bedingungslos den Feinden ausgeliefert ist. Zwar stehen die deutschen Truppen noch in Frankreich und haben über Russland gesiegt, aber für eine Fortsetzung des Krieges fehlen alle Mittel (Waffen, Munition, Verbandsmaterial, Lebensmittel). Um wenigstens einen annehmbaren Frieden zu erreichen, drängen Militärs und Regierung den Kaiser zum Rücktritt. Fast zeitgleich rufen Kommunisten und Sozialisten die Republik aus. In manchen Gebieten herrschen wirklich revolutionäre Verhältnisse (z.B. Räterepublik in Bayern, Aufstand der Matrosen in Kiel). Um eine echte Revolution handelt es sich nicht, sondern eher eine Reformation – der Reichspräsident übernimmt das Amt des Staatsoberhauptes und ist mit ähnlichen Vollmachten wie der Kaiser ausgestattet.

Die Vertreter der demokratischen Regierung müssen im **Versailler Vertrag** die überzogenen Forderungen der Gegner annehmen: Deutschland muss die Alleinschuld für den Krieg übernehmen und Wiedergutmachung leisten (Reparationen), ganze Industrieanlagen werden demontiert, die Armee muss abrüsten, alle Kolonien und einige Landstriche werden abgetreten. Der Krieg und seine Folgen zerrütten Deutschland völlig, die Wirtschaft stürzt ins Chaos, die Inflation nimmt Millionen Deutschen ihre Ersparnisse, um ihr Ansehen in der Welt ist es geschehen. Die führenden Schichten erleben eine Identitätskrise. Da der Kaiser vorher abgedankt hat, scheint die neue demokratische Regierung für die Misere verantwortlich. In Weimar erarbeitet eine Nationalversammlung eine neue Verfassung.

Staatstragende Parteien werden in dieser Zeit die **SPD**, die damals noch sehr kirchenkritisch ist, und das katholische **Zentrum**, das für Ziele der katholischen Kirche eintritt (z.B. katholische Schulen, Unabhängigkeit der Kirche vom Staat). Die evangelischen Christen sind damals eher konservativ und sehen sich in keiner dieser Parteien vertreten. Da der Kaiser bis zu seiner Abdankung auch oberster Vertreter der evangelischen Kirchen gewesen ist (Landesherrliches Kirchenregiment), ist das Verhältnis der kirchlich-orientierten Protestanten zur Republik von Anfang an eher distanziert. Viele hängen noch am alten Obrigkeitsstaat, wählen eine der kleinen nationalen und/oder konservativen Parteien. Während also die kirchlichen Katholiken im Zentrum ihre Partei haben, sind die evangelischen Wähler zersplittert und politisch nicht auf eine Demokratie vorbereitet (4.3.3).

Durch den verlorenen Krieg sind die Ausgangsverhältnisse für die neue Regierung denkbar ungünstig, die hohen Kriegsschulden begünstigen eine Inflation, in der die Menschen ihre Ersparnisse auf den Banken verlieren. Der Versailler Friedensvertrag erpresst von der demokratischen Regierung das Zugeständnis einer deutschen Alleinschuld, das enormen Reparationszahlungen als Rechtsgrundlage dient und die Wirtschaft auf Jahrzehnte schwächen soll. Die Demokratie entsteht so unter negativem Vorzeichen.

Nationalsozialismus

In den politischen Auseinandersetzungen in Deutschland nimmt der Einfluss extremer Parteien immer weiter zu, seit 1930 werden die Nationalsozialisten im Deutschen Reich zur stärksten Kraft, am 30. Januar 1933 wird ihr Parteivorsitzender Adolf Hitler vom Reichspräsidenten zum Reichskanzler einer Minderheitsregierung *ernannt*. Was eher unscheinbar beginnt, entwickelt schnell Züge einer echten Revolution: Mit den langen föderalen und den kurzen demokratischen Traditionen wird gebrochen, in wenigen Jahren mit dem „Führerstaat" eine neue Staatsform mit Gewalt etabliert.

Kurz nach Hitlers Ernennung zum Reichskanzler wird der Reichstag aufgelöst und Neuwahlen angesetzt, um aus der Regierung heraus die absolute Mehrheit zu erkämpfen. Eine Reihe von Notverordnungen des Reichspräsidenten nach Artikel 48 der Reichsverfassung setzen wesentliche Verfassungsrechte außer Kraft. Es gilt bis 1945 der Ausnahmezustand (z.B. Aufhebung der Presse- und Versammlungsfreiheit, Verhaftungen ohne Grund). Zwar gewinnt die NSDAP im März 1933 nicht allein die Mehrheit, aber mit der DNVP erreicht sie erstmals seit Jahren eine solide Mehrheit im Reichstag. Aus dieser Position der Stärke entwickelt sich nun eine Revolution weiter: Die anderen Parteien werden durch Druck und Überredung für ein *Ermächtigungsgesetz* gewonnen, wodurch die Legislative auf die Reichsregierung übergeht. Nur die SPD stimmt gegen das Gesetz, die Abgeordneten der KPD sind verhaftet oder werden wie Kriminelle verfolgt. Das katholische Zentrum stimmt zu, weil die Regierung den Abschluss eines Reichskonkordates in Aussicht stellt: einen Staatsvertrag mit dem Vatikan, der die Interessen der römisch-katholischen Kirche in Deutschland sichern soll. Dies ermöglicht eine revolutionäre Umgestaltung des Landes, in dem alle Kräfte einer irrationalen Rassenideologie dienen müssen.

Bald werden die Gewerkschaften und Parteien aufgelöst, die Länder gleichgeschaltet, die Länderregierungen durch „Reichsstatthalter" ersetzt. Nach Hindenburgs Tod wird das Präsidentenamt auf den „Führer und Reichskanzler" übertragen und die Wehrmacht auf Hitler vereidigt. Eine Volksabstimmung bestätigt 1934 mit fast 90% Zustimmung die Revolution.

Im Zentrum der Partei und des neuen Staates steht mit dem „Führer" eine gleichsam religiöse Gestalt, dessen Erscheinen in der Öffentlichkeit auch entsprechend präsentiert und inszeniert wird (Reichsparteitage in Nürnberg, Ansprachen im Reichstag u.Ä.). Mit dem sogenannten deutschen Gruß „Heil Hitler" kommt die religiöse Seite sogar zur Sprache. Rasch steigt die Zustimmung für die NS-Regierung, die Politik der Vollbeschäftigung kommt ebenso gut an wie die außenpolitischen Erfolge gegen die Einschränkungen und Folgen des Versailler Vertrages. Viele nehmen Maßnahmen gegen Kommunisten und Sozialdemokraten hin, die Gleichschaltung der Länder wie die Auflösung der Parteien findet scheinbar keinen Widerstand. Auch die Diskriminierung der Juden stößt kaum auf Proteste.

Zwar bleibt das Land formal eine Marktwirtschaft mit Privateigentum, aber immer mehr Wirtschaftsprozesse werden doch zentral gelenkt und der Machtausweitung dienstbar gemacht. Zielgerichtet und rasch läuft alles auf einen neuen Weltkrieg zu, der Deutschland in Schutt und Asche legt und zum Spielball der Siegermächte macht.

Während der nationalsozialistische Staat äußerlich streng hierarchisch als „Führerstaat" aufgebaut scheint, handelt es sich bei genauer Betrachtung um ein mitunter chaotisch anmutendes komplexes System, in dem der „Führer" stets das letzte Wort hat, in dem aber die Größen unter ihm um dessen Gunst streiten und intrigieren. Gegen seine Gegner geht der Staat äußerst brutal vor. Vor allem Juden und Kommunisten, aber auch Sozialdemokraten und andere Demokraten werden verfolgt. Ein verschachteltes Sicherheitssystem („SS-Staat") überwacht die Bevölkerung und sorgt bis zum „bitteren Ende" für das Durchhaltevermögen, das bis zur „Befreiung" durch die Siegermächte reicht. Ob diese „Kultur des Parierens" aus dem System erklärbar ist, muss man sich wenigstens fragen. Immerhin hat es auch Widerstand und Verweigerung gegeben.

Im Zentrum von Hitlers Weltanschauung steht ein extremer Rassismus, der die sogenannte „arische Rasse" fördern und dessen angebliche Gegner, die „Juden", mit allen Mitteln bekämpfen will. Als Voraussetzung für das Überleben der Arier soll ein ausreichend großer Lebensraum erobert und gesichert werden. Dazu wird Deutschland rasch aufgerüstet und kriegsbereit gemacht. In Hitler scheint das Zerrbild eines „Autokraten" zu brutaler Verkörperung gekommen zu sein. Systematisch werden alle traditionell humanistischen und christlichen Werte aufgegeben und bekämpft.

Neben dem deutschen Totalitarismus hat sich in der Sowjetunion der Kommunismus unter Stalin entwickelt, der ebenso die christlichen Traditionen bekämpft und das Land durch enorme Rüstungsanstrengungen vor möglichen Bedrohungen durch die kapitalistischen Staaten schützen will. Lange Zeit arbeiten Sowjets mit den deutschen Militärs zusammen. Neben den totalitären Regimes in Deutschland, Italien und der Sowjetunion stehen die westlichen Demokratien in Frankreich und Großbritannien sowie die neue Führungsmacht der USA.

Nachkriegsordnung

Nachdem Deutschland und Italien im 2. Weltkrieg schließlich besiegt worden sind (1.3.5), stehen sich fast ein halbes Jahrhundert die USA und die Sowjetunion gegenüber, die ihre politischen Systeme in die Welt tragen wollen. 1945 unterzeichnen 50 Staaten die Charta der Vereinten Nationen (**United Nations**, UN). Die Ziele sind die Sicherung des Weltfriedens, Schutz der Menschenrechte, Gleichberechtigung der Völker, Besserung des Lebensstandards. In einem Sicherheitsrat haben fünf Siegermächte des Weltkriegs ein Vetorecht (China, Frankreich, Großbritannien, UdSSR, USA).

Deutschland wird im Westen zur Demokratie nach westlichem Vorbild, man knüpft an die Weimarer Erfahrungen an, entwickelt nach den Vorgaben und unter Kontrolle der Alliierten die Demokratie mit dem *Grundgesetz* als vorläufiger Verfassung weiter. Im sowjetisch kontrollierten Teil Deutschlands entsteht mit der DDR eine Volksrepublik östlicher Prägung. So wird Europa und die Welt aufgeteilt in zwei große Blöcke, der eine unter Führung der USA („freie Welt"), der andere unter Führung der UdSSR („Ostblock"); dazu kommen die sogenannten blockfreien Staaten, die man auch als „Dritte Welt" bezeichnet.

1.3.5 Außenpolitik im 19. und 20. Jh.

Politik im 19. Jh.
In Reaktion auf die Französische Revolution und die anschließenden Befreiungskriege entsteht in ganz Europa ein neuer Nationalismus (1.3.4). Großbritannien, Frankreich, Russland und später auch Deutschland meinen je für sich eine einzigartige geschichtliche Sendung zu haben. Dieser Sendungsgedanke steht hinter der Politik dieser Staaten, immer neue Gebiete in aller Welt unter ihrer Herrschaft zu vereinen.

Die weltpolitische Führung hat im 19. Jh. Großbritannien. Um seine wirtschaftspolitische Position in China zu verbessern, kommt es dort 1839–42 zum **Opiumkrieg**. Seit Ende des 18. Jh. verkauft man an China Opium, das im britischen Indien hergestellt wird. Zwar verbietet die chinesische Regierung den Verkauf, aber auf die Geschäfte hat das wenig Auswirkungen. Der Umsatz mit der Droge steigt. Als China den Handel mit Gewalt beenden will und gegen die Handelsstützpunkte vorgeht, entsendet Großbritannien ein Expeditionskorps. Insbesondere moderne Kanonenboote, die vollständig aus Eisen gefertigt und durch Dampf angetrieben werden, erweisen sich als schlagkräftig. China wird besiegt, tritt den Hafen Hongkong auf 99 Jahre ab und zahlt eine Kriegsentschädigung in Höhe von 21 Mio. Euro in Silber.

Im **Civil War** müssen die USA ihre Einheit verteidigen. Die Gegensätze zwischen Nord- und Südstaaten werden so groß, dass die Südstaaten sich von der Union lossagen und einen eigenen Staat gründen. Anfangs sind sie militärisch erfolgreich, aber am Ende siegt der wirtschaftlich und technisch überlegene Norden. Danach erschließen die Amerikaner den Kontinent und erobern 1880 im Krieg mit Spanien die Philippinen. So werden die USA zur Kolonialmacht. Aus europäischen Konflikten hält man sich grundsätzlich heraus.

In **Mitteleuropa** führt der innerdeutsche Gegensatz zwischen Österreich und Preußen zu einer Reihe von Auseinandersetzungen. Zu Beginn vertreten die beiden deutschen Großmächte die Interessen des Deutschen Bundes gegen Dänemark, das in der Mitte des Jahrhunderts Teile des deutschen Bundesgebietes, über das der dänische König als deutscher Fürst regiert, an Dänemark anschließt. Durch einen kurzen gemeinsamen Feldzug wird dieser Versuch abgewiesen. Immerhin entsteht aus diesem Problem ein preußisch-österreichischer Krieg, den die Preußen gegen Österreich und seine deutschen Verbündeten Hessen-Kassel, Hessen-Nassau und Hannover gewinnen. Kurzerhand werden diese Gebiete von Preußen annektiert und Österreich aus Deutschland hinausgedrängt. Mitten in Europa zeichnet sich nun ein neues Machtzentrum eines deutschen Reiches unter preußischer Führung ab.

Nach einem deutsch-französischen Krieg kommt es zur Deutschen Einigung in Versailles. Durch die Annexion von Elsass-Lothringen wird in Frankreich dieser verlorene Krieg zum bestimmenden Merkmal der künftigen Politik. Zunächst gelingt es dem deutschen Kanzler Bismarck Frankreich international zu isolieren.

Imperialismus und 1. Weltkrieg

Zwischen 1880 und 1914 herrscht die Zeit des *Imperialismus*: Die europäischen Nationen teilen Afrika und große Teile Asiens unter sich auf. Die Entdeckung des Chinin ermöglicht die Vorbeugung gegen die Malaria, sodass nun eine Eroberung des afrikanischen Kontinents ermöglicht wird. Gegenüber der modernen Militärtechnik sind die Afrikaner hilflos. Die Gebiete gelten als Kolonien, in denen sich Menschen aus den „Mutterländern" niederlassen, aber auch als Absatz- und Rohstoffgebiete. Manche Gebiete haben auch vorwiegend strategische Bedeutung als Flottenstützpunkt. Unternehmer investieren in den Kolonien in Eisenbahnen, Bergwerke oder Plantagen. So wird die ganze Welt allmählich europäisiert, es entsteht auch die moderne Weltwirtschaft (3.3).

In Deutschland erwächst der **Kolonialismus** meist privaten Initiativen. Darunter dürfte man auch Friedrich Fabri (1824–91), Direktor der Rheinischen Mission von 1857–84, einordnen dürfen, der sich vehement für deutsche Kolonien eingesetzt hat. Für Deutschland könne Afrika ein „neues Indien" werden, wenn man die Bevölkerung entsprechend erzieht.

Unter Kanzler Bismarcks Führung ist die deutsche Außenpolitik zunächst sehr zurückhaltend im internationalen Auftreten. Bismarck weiß, dass viele Staaten Furcht vor der neuen Mitte Europas haben. Er sieht auch die Kosten und meint daher 1881: „Solange das Reich finanziell nicht gefestigt ist, dürfen wir an so teure Unternehmungen nicht denken."

Doch seit 1882 gibt es in Deutschland eine immer stärkere Bewegung, die auch Deutschland als Kolonialmacht sehen will. So wird ein „Deutscher Kolonialverein" gegründet. Besonders große Handelsunternehmungen propagieren die Notwendigkeit von Kolonien. Nur widerwillig lenkt Bismarck ein und spricht sich für die Errichtung von Kolonien aus. So wird 1884 Deutsch-Südwestafrika übernommen sowie Togo und Kamerun, ein Jahr später Deutsch-Ostafrika. 1886 meint Bismarck: „Die öffentliche Meinung legt gegenwärtig in Deutschland ein so starkes Gewicht auf die Kolonialpolitik, dass die Stellung der Regierung im Innern von dem Gelingen derselben wesentlich abhängt."

Im Klima des Nationalismus gibt es aber auch andere Stimmen. Im Grunde begrüßen alle Missionsorganisationen die deutsche Kolonialpolitik. Allerdings gibt die Konferenz der deutschen Missionen 1885 eine Resolution heraus, in der sie an die gute Zusammenarbeit der deutschen Missionare mit den englischen, niederländischen und dänischen Kolonialverwaltungen erinnern. Nun erwartet man gleiches Entgegenkommen der deutschen Kolonialverwaltungen für die Missionare aus anderen Ländern.

Dennoch bleibt der Kanzler skeptisch. Als der Afrikaforscher Wolf ihm eine Karte von Afrika vorlegt, sagt Bismarck 1888 zu ihm: „Ihre Karte von Afrika ist ja sehr schön, aber meine Karte von Afrika liegt in Europa. Hier liegt Russland, und hier liegt Frankreich, und wir sind in der Mitte; das ist meine Karte von Afrika."

Nahezu alle Staaten Europas (und die USA) dehnen sich auf Kosten anderer Völker aus: England, Frankreich, Belgien und die Niederlande nach Übersee, Russland nach Asien (Sibirien, Afghanistan), die USA über den amerikanischen Kontinent und zu den Philippinen. Allerdings bringt das Ende des 19. Jh. eine Wende: In einem Krieg zwischen Russland und Japan siegen erstmals Asiaten über Europäer. Die Unterdrückung der einheimischen Bevölkerung ist grausam, Aufstände werden brutal niedergeschlagen. Die eigene Verantwortlichkeit wird meist nicht gesehen. Wie selbstverständlich bitten Kolonialmächte die Missionsgesellschaften um Hilfe bei den Befriedungsmaßnahmen. Die Basler Mission stellt etwa „Christenkompanien" aus den Gemeinden der Basler Mission, um die Briten gegen Aufständische zu unterstützen.

Die Kolonialpolitik ist sehr unterschiedlich. Während die Briten eine eher indirekte Herrschaft ausüben und einheimische Autoritäten in ihre Herrschaft integrieren, gehen die Franzosen zentralistisch vor: Nur die Franzosen haben das Sagen, eingeborene Autoritäten werden bestenfalls als Instrumente betrachtet. Andererseits arbeiten die Franzosen viel stärker an der Assimilation der beherrschten Völker. Viele erhalten so früh die Möglichkeit, an Wahlen zur Nationalversammlung teilzunehmen. Die Briten unterscheiden stark zwischen den weißen Siedlungsgebieten und den anderen. Den Gebieten mit hohem weißen Bevölkerungsanteil gesteht man nach dem 1. Weltkrieg einen besonderen Status zu, Australien, Kanada, Neuseeland und Südafrika sind *Dominions* (Westminster Statut 1931) und damit selbständig, aber unter der britischen Krone. Indien gesteht man dagegen nur ein wenig Selbständigkeit zu, 1935 bleibt sie auf die kleine Besitz- und Bildungsschicht beschränkt.

Deutscher Imperialismus

Bismarck hat deutlich die Gefahren der deutschen Situation gesehen. In der Mitte Europas muss die deutsche Politik darauf zielen, die deutsche Lage in Europa abzusichern und den anderen Großmächten keinen Grund zu geben, sich von Deutschland bedroht zu fühlen. Daher schließt Bismarck mit allen Mächten Bündnisse ab. Nach seinem Abschied geht die deutsche Politik immer mehr auf Konfrontationskurs mit den Rivalen. Äußerlich sichtbar wird das besonders an der Aufrüstung der deutschen Flotte seit 1898. Das wird namentlich von Großbritannien als eine massive Aufrüstung mit großer Sorge betrachtet. Die britische Militärdoktrin strebt an, die eigene Flotte so mächtig zu machen wie die beiden folgenden Flotten zusammen. Zu Beginn des 20. Jh. wird so ein großes Wettrüsten angestoßen, das riesige Summen verschlingt. Insofern Großbritannien ein Weltreich besitzt, ist die Flotte für das Land unverzichtbar. Insofern Deutschland nur wenige Kolonien hat, die insgesamt mehr kosten als sie einbringen, wird auch die deutsche Flotte von den Briten eher als Prestigeobjekt und nicht als notwendig gesehen. In Deutschland selbst spielt der Flottenbau eine Leitrolle für die industrielle Entwicklung: Beschäftigungspolitik und Forschung sind davon abhängig. Von einer Vollbeschäftigung erhoffen sich die Unternehmer auch, dass die Arbeiterschaft sich aus der SPD-Anhängerschaft lösen könnte. Dahinter steht die Erwartung, dass ein gewisser wirtschaftlicher Wohlstand die revolutionären Gedanken linker Prägung verdrängt.

Da sich Großbritannien von Deutschland bedroht sieht, schließt es mit seinem größten Konkurrenten in der Kolonialpolitik, Frankreich, 1904 einen Vertrag. In dessen Folge überlassen die Briten den Franzosen Marokko. Bis dahin konkurrierten England, Frankreich und Deutschland bei der Industrialisierung des Landes. Als es zu Problemen kommt, fordert Deutschland eine Konferenz. In dieser Konferenz wird Deutschland erstmals nur von Österreich-Ungarn unterstützt. Bald stellt sich heraus, dass Deutschland weltweit isoliert ist.1914 bricht dann der **Weltkrieg** aus, der von allen erwartet, von manchen sogar ersehnt wird. In ganz Europa eilen begeisterte Männer zu den Fahnen. Frauen und Kinder begleiten die Soldaten jubelnd an die Bahnhöfe, von wo sie an die Fronten fahren. Mitten im Kriegsgeschehen glaubt man an Gottes Offenbarung und Hilfe, ist Gott doch „der große Alliierte da oben", wie etwa Kaiser Wilhelm II. mehrfach äußert.

Als der Krieg schließlich sein furchtbares Ende erreicht, sind Millionen „gefallen": grausam umgekommen, von Granaten zerfetzt, mit Spaten brutal erschlagen, von Bajonetten aufgeschlitzt oder von Maschinengewehren hingemetzelt. Allein in Verdun werden 700.000 Soldaten getötet.

Zwischenkriegszeit

Nachdem man im November 1918 Waffenstillstand geschlossen hat, beginnt im Januar 1919 in Paris die Friedenskonferenz zunächst ohne die Verlierer; die USA, Großbritannien und Frankreich haben die Führung übernommen. Einerseits folgt man dem Selbstbestimmungsrecht der Völker, die Landkarte Europas verändert sich: Die Donaumonarchie Österreich-Ungarn (mit Tschechien, Slowakei, Kroatien und Bosnien) löst sich auf, die Sowjetunion muss Polen, Finnland und die baltischen Staaten in die Unabhängigkeit entlassen. Deutschland tritt Elsass-Lothringen an Frankreich und Westpreußen an Polen ab, seine Kolonien teilen sich Frankreich, England und Südafrika als Treuhandgebiete des Völkerbundes.

Länder wie Jugoslawien zeigen jedoch als neue Vielvölkerstaaten, dass einheitliche Lösungen nicht erreicht werden; Italien gewinnt mit Südtirol auch die deutschsprachigen Siedlungsgebiete, als es seine Grenzen bis zum Brenner ausdehnt. So erweisen sich die Maßnahmen als Kompromiss zwischen dem Nationalitätsprinzip und der Machtpolitik der Sieger. Innere Unruhen in Italien wie auf dem Balkan kommen so lange nicht zur Ruhe. Moderne Konflikte auf dem Balkan in den 1990er-Jahren haben nicht zuletzt hier ihre Ursache.

Im Juni 1919 wird der **Friedensvertrag von Versailles** unterzeichnet. Deutschland muss die Kriegsschuld übernehmen und Kriegsentschädigungen (Reparationen) leisten, seine Armee wird auf 100.000 Mann reduziert, eine Kriegsmarine und Luftwaffe wird ihm nicht zugestanden. Ganze Industrieanlagen werden demontiert. Als Deutschland den enormen Reparationsforderungen nicht nachkommen kann, besetzen belgische und französische Truppen 1923 das Ruhrgebiet. Die Regierung begegnet der Besetzung mit einem Generalstreik.

Als der Völkerbund gegründet wird, gehören die Verlierer und die Sowjetunion der Organisation nicht an, die USA treten ihm nicht bei. Damit ist das Gremium geschwächt, der Völkerbund soll die Ordnung von Versailles garantieren und für Abrüstung sorgen. Konkrete Abrüstungsverhandlungen werden dann nicht im Völkerbund, sondern zwischen den USA, Großbritannien, Japan, Frankreich und Italien in Washingtoner Konferenzen 1920/21 geführt. Danach sollen die Flottenstärken der genannten Staaten im Verhältnis 5 : 5 : 3 : 1,75 : 1,75 stehen. Damit versucht man vor allem die japanische Aufrüstung zu begrenzen, eine wirkliche Abrüstung bleibt jedoch aus. Insofern Deutschland wie die Sowjetunion außenpolitisch isoliert ist, schließen diese beiden Länder 1922 in Rapallo einen Vertrag. Damit nehmen sie diplomatische Beziehungen auf, verzichten auf alle Forderungen aus dem Weltkrieg und wollen den Handel miteinander fördern. Beide Staaten gewinnen so eine neue Stellung, die schließlich 1925 in den Verträgen von Locarno zur Aufnahme Deutschlands in den Völkerbund führt. Damit erreicht das Deutsche Reich wieder weitgehend außenpolitische Handlungsfreiheit, um eine Revisionspolitik einzuleiten. Zuvor hat Frankreich das seit zwei Jahren besetzte Ruhrgebiet geräumt. Ermöglicht wird diese Wende auch durch den französischen Außenminister Aristide Briand, der um des Friedens willen eine europäische Integration anstößt. Auf eine entsprechende Rede im Völkerbund reagieren aber nur die kleineren Staaten positiv, während Großbritannien, Italien und Deutschland das Ansinnen ablehnen.

Während sich die Verhältnisse in Europa zu beruhigen scheinen, beginnt **Japan** in Ostasien eine eigene Großraumpolitik. Da das Land kaum über eigene Rohstoffe verfügt, beginnt Japan gegenüber China mit einem expansionistischen Kurs: Zunächst nutzt man politische Unruhen in China, um 1932 einen abhängigen Staat in Nordostchina zu stützen, 1937 beginnt man mit offener Expansion. Die Regierung proklamiert 1938 die Vision eines asiatischen Wohlstandsgürtels unter japanischer Führung. Damit versucht man den Einfluss der USA, die die Philippinen als Kolonien besitzen, in diesem Großraum zurückzudrängen. Gleichzeitig beginnt **Italien** eine eigene Großmachtpolitik in Afrika, als es Äthiopien annektiert und 1935 aus dem Völkerbund austritt.

Als Reaktion auf die Niederlage **Deutschlands** im 1. Weltkrieg und die anhaltende Wirtschaftskrise (1.3.2) kommt es 1933 zur Machtübergabe durch die konservativen Kräfte um Reichspräsident von Hindenburg an den nationalsozialistischen Spitzenkandidaten Adolf Hitler. Seine Regierung betreibt ein Beschäftigungsprogramm, das die Wirtschaftskrise in Deutschland überwindet. Zugleich folgt die Regierung Hitler dem Ziel, Deutschlands machtpolitische Rolle in der Welt zu verbessern und die rassenideologischen Ziele zu erreichen (1.3.4).

Im Zuge der Bekämpfung der Wirtschaftskrise fördert das Reich den Ausbau der Infrastruktur (Reichsautobahnen, Flugplätze) und die Sicherstellung von Rohstoffen (Salzgitter) und verarbeitender Industrie (z.B. Volkswagen in Wolfsburg). Frühzeitig wird so der „Kampf gegen Versailles" aufgenommen und Schritt für Schritt ausgeführt (1935 allgemeine Wehrpflicht, Deutsch-britisches Flottenabkommen, 1936 Besetzung der entmilitarisierten Rheinlandzone, Unterstützung der Faschisten in Spanien, 1938 Besetzung Österreichs). Nach den Erfolgen richtet sich der Blick nun auf die Tschechoslowakei, die man zur Abtretung des Sudentenlandes (Münchner Abkommen) zwingt und danach im März 1939 als Protektorat „Böhmen und Mähren" besetzt. Die Forderungen gegenüber Polen führen im September zum 2. Weltkrieg. Zuvor hat man sich mit der UdSSR über dessen Teilung geeinigt. Überraschend wird Polen in einem Blitzkrieg erobert, bald darauf auch Dänemark, Norwegen und sogar Frankreich. Als der Sieg gegenüber England nicht zu erringen ist, wendet sich Hitler seinem eigentlichen Ziel zu, der Eroberung von Lebensraum auf Kosten der Sowjetunion. Gleichzeitig unterstützt Deutschland die italienischen Ambitionen in Griechenland und Nordafrika, sodass die militärischen Kräfte verzettelt werden. Nachdem man die Fronten überdehnt hat, beginnt 1943 der Rückmarsch an allen Fronten, statt Eroberung stehen nun „Abwehrschlachten" auf dem Programm, die mit der Einnahme Berlins und der bedingungslosen Kapitulation am 8. Mai 1945 enden.

Nach der japanischen Kapitulation werden Korea, Taiwan und die Mandschurei unabhängig. 1946 entlassen die USA ihre philippinischen Kolonien in die Freiheit. Nach einem längeren Versuch der Niederlande, ihre Kolonien in Indonesien unter Kontrolle zu halten, muss man dem Land 1949 die Freiheit zugestehen. Frankreich versucht am Ende des Krieges seine Kolonien zu behalten, indem man 1946 allen Bewohnern das französische Bürgerrecht verleiht. Aber das Streben nach Unabhängigkeit kann man so nicht mehr aufhalten. Im selben Zeitraum entlässt Großbritannien seine Kolonien Burma, Ceylon, Indien und Pakistan in die Freiheit, wobei es durchaus unklar ist, ob die Inder sich die Macht nicht auch erobert haben.

Vom Kriegsende bis zur Kubakrise (1945–1962)

Bereits während des Krieges haben die Alliierten anlässlich verschiedener Gipfeltreffen (Teheran, Jalta) die Nachkriegsordnung besprochen. Stalin stimmt dem Beitritt der UdSSR zu einer neuen Völkergemeinschaft (**UNO**) zu; Polen soll bis zur Oder nach Westen verschoben werden, der polnische Ostteil an die UdSSR fallen, die baltischen Staaten sollen sowjetisch bleiben – diese Grenzziehungen gehen auf den geheimen Hitler-Stalin-Pakt von 1939 zurück. Schließlich wird die vollständige Entwaffnung, Entmilitarisierung und Entnazifizierung Deutschlands beschlossen, das Land wird in Besatzungszonen aufgeteilt und soll Reparationen zahlen; Kriegsverbrecher sollen bestraft werden.

Schon während des Krieges zeigt sich aber, dass die Alliierten nur als Anti-Hitler-Koalition zusammengehalten werden; ständig misstrauen sich insbesondere Stalin und Churchill. Churchill will durch eine Landung auf dem Balkan die dortigen Unabhängigkeitsbewegungen unterstützen und einer sowjetischen Befreiung zuvorkommen, um so diese Gebiete vor einer „Sowjetisierung" zu bewahren. Churchill sieht voraus, was Stalin am Ende des Krieges (1945) so formuliert: *Dieser Krieg ist nicht wie in der Vergangenheit; wer immer ein Gebiet besetzt, erlegt ihm auch sein eigenes gesellschaftliches System auf. Jeder führt sein eigenes System ein, soweit seine Armee vordringen kann.* Daher werden bereits im Krieg zukünftige Einflusszonen abgesteckt: Rumänien, Bulgarien, Ungarn und Polen sollen in den sowjetischen Einflussbereich fallen, Griechenland in den britischen, in Jugoslawien will man sich 50 zu 50 den Einfluss teilen. So ist die Teilung Europas letztlich bereits vor Kriegsende absehbar gewesen.

Beide Großmächte entwickeln ihre Visionen von Außenpolitik aus den Erfahrungen der Weltkriege. Die **USA** erkennen, dass eine Macht, die Europa kontrolliert, auch für sie zu einer Bedrohung werden kann. Daher unterstützt man seit Kriegsbeginn Großbritannien und Frankreich. Bereits im Krieg erkennt man dann das mögliche Bedrohungspotenzial der UdSSR und geht entsprechend dazu über, ihren Einfluss einzudämmen. Dabei werden die USA von Großbritannien unterstützt, das die im Krieg geplante Zerstückelung Deutschlands nicht mehr verfolgt, um das Land für den Kampf gegen die Sowjetunion zu gewinnen. Im Resultat führt dies zur Vier-Mächte-Kontrolle über Deutschland, dessen zuvor geplante Gebietsabtrennungen im Osten aber hingenommen werden. Die **UdSSR** zieht aus dem Überfall durch die Deutschen andere Schlüsse. Sein Sicherheitsbedürfnis führt zur Wiedererlangung der Gebietsverluste aus dem 1. Weltkrieg in Osteuropa, aber auch zur Kontrolle seiner westlichen Nachbarstaaten. In diesem Zusammenhang sucht man auch Einfluss über ganz Deutschland zu gewinnen und man arbeitet daher in der Besatzungsbehörde zusammen. Weltweit will man den eigenen Einfluss ausdehnen, um einer erneuten Bedrohung gewachsen zu sein. Dabei bedient man sich der kommunistischen Parteien und unterstützt Befreiungsbewegungen, die gegen die potenziellen Gegner kämpfen.

1945 trifft man sich noch einmal in **Potsdam**. Dort stellt Stalin Großbritannien und die USA vor die Tatsache der Vertreibung der deutschen Bevölkerung aus den von der UdSSR besetzten deutschen Gebieten jenseits von Oder und Neiße; man spricht über Reparationsleistungen und Demontage der deutschen Wirtschaft. Über eine staatliche Zukunft Deutschlands kann man sich weder in Potsdam noch später einigen. Die Zusammenarbeit der Alliierten in der Verwaltung Deutschlands im Kontrollrat zerbricht bald, weil die französische Besatzungsmacht alle Versuche, zentrale deutsche Verwaltungsbehörden zu errichten, verhindert. Während die UdSSR ihre Besatzungszone (SBZ) in ihren Machtbereich einbindet, schließen die drei Westalliierten ihre Besatzungszonen in ihren Machtbereich ein; 1949 entstehen die DDR und die Bundesrepublik. Zuvor versuchen die Sowjets durch die Blockade von Westberlin einen deutschen Weststaat zu verhindern und wenigstens die Kontrolle über Berlin zu erhalten. Die von den Westmächten organisierte **Luftbrücke** hält die Stadt am Leben, macht Westberlin zum Symbol der Freiheit und führt zu einem neuen Verhältnis zwischen Alliierten und (West-)Deutschen. 1956 treten beide deutsche Staaten den jeweiligen Militärbündnissen (Warschauer Pakt, NATO) bei. Der krasse Unterschied der Interessen führt immer mehr zu einem Konfrontationszustand zwischen der westlichen Führungsmacht (USA) und der östlichen (UdSSR); in der Folge spricht man von der Zeit des Kalten Krieges.

Trotz verschiedener Unruhen im Machtbereich der UdSSR (1953 in der DDR, 1956 in Ungarn) stabilisiert sich die Lage allmählich. Der amerikanische Präsident Truman verfolgt eine Politik der Eindämmung der sowjetischen Expansionsbestrebungen (*Truman Doktrin*). Ein Grundpfeiler dieser Politik ist das *European Recovery Program* (ERP oder Marshallplanhilfe), durch das alle Staaten, die dies wünschen, Kredite von den USA zum Wiederaufbau erhalten können; die USA wollen so die Staaten an den Westen binden. Die UdSSR untersagt den Staaten ihres Einflussbereichs die Teilnahme am ERP und so verfestigt sich die Spaltung Europas; der *Eiserne Vorhang* (Churchill) ist in Europa niedergegangen. Die weltpolitische Rolle der beiden europäischen Großmächte, Frankreich und Großbritannien, wird immer geringer; sie müssen fast alle Kolonien in die Unabhängigkeit entlassen. Während sich Großbritannien mehr und mehr an die USA anlehnt, kommt es zu einer Annäherung zwischen Frankreich und Deutschland sowie Italien und den Beneluxstaaten; sie unterzeichnen 1957 die **EWG-Verträge** in Rom.

Während sich in Europa die Fronten verfestigen, scheint der Kommunismus in anderen Teilen der Welt auf dem Vormarsch, so vor allem in Asien, wo Kommunisten unter Mao Zedong 1949 im Bürgerkrieg siegen und 1950 Truppen des kommunistischen Nordkorea nach Südkorea eindringen; später verschiebt sich der amerikanische Kampf gegen den Kommunismus nach Indochina (Vietnam, Kambodscha, Laos). Kuba wird 1959 kommunistisch. Unabhängigkeitsbewegungen in Afrika und Asien geraten immer stärker unter kommunistischen Einfluss. Der Ost-West-Konflikt hat die Dekolonisation stark beschleunigt.

Ein weiterer Krisenherd entflammt im **Nahen Osten**, wo 1948 in Palästina der Staat *Israel* entstanden ist und sich gegen seine arabischen Nachbarn in mehreren Kriegen behauptet. Die UdSSR setzt sich insbesondere in der Suezkrise 1956 vehement für die Araber ein; sie leistet Militär- und Wirtschaftshilfe für Ägypten und Syrien, wodurch diese Staaten unter sowjetischen Einfluss geraten.

Neben den beiden Supermächten und ihren Blöcken schließen sich 1955 auf der Konferenz von Bandung (Indonesien) die ehemaligen Kolonien zur Gruppe der **Blockfreien** zusammen. Die führenden Nationen sind Ägypten, Indonesien, Indien und Jugoslawien. Die *Blockfreien* verstehen sich als dritte Kraft und versuchen ihren Weg in die Selbständigkeit gegenseitig zu unterstützen.

Der Konfrontationskurs zwischen den beiden Führungsmächten zeigt sich auf verschiedenen Gebieten: Der Wettlauf im All (1957 Sputnik-Schock, als die UdSSR den ersten Satelliten in eine Umlaufbahn schossen) erreicht mit der Landung amerikanischer Astronauten auf dem Mond (1969) seinen finanziellen Höhepunkt (Apollo-Programm). Der konventionelle und nukleare Rüstungswettlauf läuft rasch auf ein atomares Patt hinaus. Schließlich kommt es zu einer dauernden Leistungsmessung auf dem Gebiet des Sportes.

Die größte Gefahr für ein Umschlagen des Kalten in einen heißen Krieg besteht im Oktober 1962, als die UdSSR Atomraketen auf Kuba stationieren und die USA ultimativ auf deren Abbau bestehen. Chruschtschow lenkt ein, seitdem wandelt sich die Politik der Supermächte von der Konfrontation zur Koexistenz.

Von der Kubakrise bis zum SALT-I-Vertrag (1962–72)
Nach der Gefahr der Kubakrise richten die Supermächte eine ständige Nachrichtenverbindung zwischen ihren Regierungen ein; außerdem unterzeichnen sie ein Atomteststoppabkommen (1963) sowie den Atomwaffensperrvertrag (1968). Anstelle einer direkten Auseinandersetzung zwischen den USA und der UdSSR kommt es immer häufiger zu „Stellvertreterkriegen" im Nahen Osten und der sogenannten Dritten Welt. In **Vietnam** engagieren sich die USA militärisch stark (seit 1960 mit Militärberatern, seit 1964 mit Truppen), in anderen Gebieten kommt es zu reinen Stellvertreterkriegen zwischen von den Supermächten aufgerüsteten Staaten.

Schließlich setzt eine **Entspannungsphase** ein, als Verhandlungen zur Rüstungskontrolle (seit 1969) beginnen, die im Mai 1972 zum SALT-I-Vertrag führen, einer oberen Begrenzung der Aufrüstung. 1971 erhält das kommunistische China statt der chinesischen Republik auf Taiwan den ständigen Sitz im Weltsicherheitsrat. Die Entspannungsphase ermöglicht auch Friedensverhandlungen zwischen den USA und Nordvietnam (1973 Truppenabzug); Südvietnam und Kambodscha werden faktisch den Kommunisten überlassen.

Parallel zu diesen Annäherungen der Supermächte kann die sozialliberale Regierung der Bundesrepublik die Beziehungen zu den östlichen Nachbarstaaten (insbesondere der UdSSR und Polen sowie zur DDR) normalisieren. Dadurch wird auch die Situation West-Berlins (Viermächteabkommen) gesichert. Schließlich führt ein Gipfeltreffen aller Staats- und Regierungschefs der Staaten Europas (außer Albanien) sowie Kanadas und der USA 1975 in **Helsinki** zur „Schlussakte der Konferenz für Sicherheit und Zusammenarbeit in Europa" (KSZE-Verhandlungen seit 1973). Obwohl sich alle Unterzeichner zu den Grund- und Menschenrechten bekennen, können sich Bürgerrechtsgruppen z.B. in der CSSR (Charta 77) und Gewerkschaften z.B. in Polen (Solidarnosc) nicht ohne Weiteres durchsetzen. Die Rüstungskontrollverhandlungen führen schließlich neue Verträge herbei (SALT II, MBFR); allerdings führt 1979 der Einmarsch der UdSSR nach Afghanistan zu einem größeren Widerstand politischer Kreise in den USA gegen die Entspannungspolitik.

Nach Maos Tod beginnen seine Erben in **China** eine sozialistische Marktwirtschaft zu schaffen, ohne das politische System zu verändern.

China verfolgt seitdem seine eigenen Vorstellungen von Demokratie, die sich nicht an westlichen Mustern orientieren. Für die Chinesen scheint die herrschende Ordnung zentral, daher strebt man eine Verbesserung des Rechtssystems an. Namentlich in besonderen Wirtschaftszonen kann die chinesische Wirtschaft gut mit der Weltwirtschaft mithalten. Immer mehr Produkte werden dort für den Weltmarkt produziert.

Parallel zur äußeren Entspannung kommt es im Inneren der unterschiedlichen Systeme zu **Bürgerrechtsbewegungen**, die sich mit ihrer jeweiligen Gesellschaft kritisch auseinandersetzen. Während in den USA eine Bürgerrechtsbewegung für Gleichberechtigung der Farbigen und gegen den Vietnamkrieg eintritt, formieren sich auch in den UdSSR Bürgerrechtsgruppen. Deren Angehörige können sich allerdings kaum frei äußern. Ein von Moskaus politischer Linie abweichender Kurs in der CSSR (Prager Frühling) führt 1968 zur Intervention der Truppen des Warschauer Paktes.

Der Kampf um das Existenzrecht **Israels** führt 1967 zum Sechstagekrieg, in dem Israel die Westbank, die Sinaihalbinsel sowie die Golanhöhen besetzt; 1973 kann es sich im Jom-Kippur-Krieg behaupten. Die arabischen erdölexportierenden Staaten setzen damals erstmals das Schwarze Gold als Waffe gegen die Industrienationen ein und lösen weltweit eine Energie- und Wirtschaftskrise aus, indem sie den Erdölexport stoppen. Es offenbart sich eine bis dahin ungeahnte Abhängigkeit der Industrienationen von diesem Rohstoff, und es zeigt sich eine völlig neue Frontstellung in der Welt. Zum einen löst diese Ölkrise ein ökologisches Umdenken aus (unterstützt durch eine Studie über „Grenzen des Wachstums" des Club of Rome), zum anderen scheint die politische Mächtekonstellation ins Wanken zu geraten.

Die **islamische Revolution** im Iran zeigt – wie bereits im Vietnamkrieg – noch einmal die Schwäche der Supermächte. Als iranische Studenten die amerikanische Botschaft stürmen und die Angehörigen als Geiseln nehmen, gelingt es den USA lange nicht, ihren Staatsbürgern zu helfen. Diese Niederlagen leiten in den USA eine konservative Wende ein, die zur Wahl Ronald Reagans führt. Er proklamiert eine Politik der Stärke (gigantische Aufrüstung, SDI-Programm; Nato-Doppelbeschluss). 1979 marschiert die UdSSR in Afghanistan ein und erlebt dort „ihr" Vietnam-Trauma; vermutlich beschleunigt dieser Krieg die Entwicklungen, von denen im nächsten Abschnitt die Rede sein soll. Doch ein Rückfall in einen Kalten Krieg bleibt aus, nicht zuletzt wegen der Veränderungen in der UdSSR, die mit Michail Gorbatschow verbunden sind.

Neben dem Ost-West-Gegensätzen und der Artikulation des moslemischen Unbehagens mit der Westlichen Kultur erleben die 1960er-Jahre die große **Entkolonisierungswelle in Afrika**. Die neuen Führungsschichten Afrikas sind auf Missionsschulen und Universitäten nach westlichem Vorbild ausgebildet und verlangen zunehmend nach dem Selbstbestimmungsrecht für ihre Länder. Seit der Unabhängigkeit Ghanas beginnt die Freiheit für die Länder Afrikas. Schwierigkeiten gibt es jedoch in den Ländern mit einer größeren weißen Siedlungsgemeinschaft (wie in Kenia oder Rhodesien). Während der Einfluss Frankreichs in seinen ehemaligen Kolonien durch Sicherheitsverträge, wirtschaftliche und kulturelle Beziehungen hoch ist, ist das britische *Commonwealth of Nations* eher eine informelle Staatengemeinschaft.

Die Auflösung der Blöcke

In der zweiten Hälfte der 1980er-Jahre entdeckt man das „Ende der Nachkriegszeit". Nach der Berufung Gorbatschows (1985) zum Generalsekretär der KPdSU werden die seit 1983 abgebrochenen Abrüstungsverhandlungen in Genf wieder aufgenommen. Um den dringenden wirtschaftlichen und gesellschaftlichen Wandel in der UdSSR zu ermöglichen, soll die Hochrüstungspolitik aufgegeben werden. Bemerkenswerte Abrüstungsvorschläge und einseitige Vorleistungen der UdSSR (Atomteststopp) stoßen zunächst auf Skepsis im Westen, allerdings seit 1987 auch zu weiteren Abrüstungsschritten (1987 INF-Vertrag). In den folgenden Jahren wird Gorbatschow mit seinen Schlagworten „**Glasnost**" (politische Öffnung) und „**Perestroika**" (wirtschaftliche Umgestaltung) zum Hoffnungsträger in den Ostblockstaaten. Die Breschnew-Doktrin finden ihr Ende, den Ostblockstaaten werden politische Spielräume zugestanden und führen dort bald zu gesellschaftlichen und politischen Veränderungen (vgl. Polen, Ungarn, CSSR und DDR, schließlich auch Bulgarien und Rumänien). 1988 kündigt Gorbatschow den Abzug sowjetischer Truppen aus Mitteleuropa an; auch aus Afghanistan ziehen sich die sowjetischen Truppen zurück.

In der DDR kommt es zum Zusammenbruch der SED-Regierung im Zuge der Aktivitäten der Bürgerrechtsgruppen (seit 1989) und zum Ende ihrer staatlichen Unabhängigkeit durch Beitritt zur **Bundesrepublik** am 3. Oktober 1990. Auch die Zustimmung der UdSSR zur deutschen Einheit bei weiterer Mitgliedschaft in der NATO stellt die Kursänderung sowjetischer Politik unter Beweis. Im Frühjahr 1991 löst sich der *Warschauer Pakt* auf, im gleichen Jahr auch der *Rat für gegenseitige Wirtschaftshilfe* (*RGW*). Parallel dazu verlaufen dramatische Veränderungen in der UdSSR, die schließlich zu ihrer Auflösung führen. Gorbatschow scheitert im eigenen Land mit seinem Versuch, den sowjetischen Staatsverband zu erhalten. Durch die politische Toleranz seiner Reformpolitik werden nationale Kräfte in den Teilrepubliken freigesetzt, die seit Jahrzehnten unterdrückt worden sind. Die baltischen Republiken, im Zusammenhang mit dem deutsch-sowjetischen Nichtangriffspakt von 1939 der UdSSR zuerkannt, fordern und erlangen zuerst ihre Unabhängigkeit. Aber auch in den anderen Republiken werden eigene Wege beschritten, die mit denen der sowjetischen Zentrale kollidieren. Damit beginnt eine russische Phase der Entkolonisierung, denn Russland muss seine in Asien erworbenen „Kolonien" in die Unabhängigkeit entlassen.

Daher geht auch Russland eigene Wege. Sein Präsident Boris Jelzin hat einen Militärputsch zum Scheitern gebracht, 1991 verbietet er die KPdSU und es kommt zum Vertrag der *Gemeinschaft unabhängiger Staaten* (*GUS*), der Estland, Lettland, Litauen und Georgien nicht mehr angehören. Russland tritt die Rechtsnachfolge der UdSSR an, es nimmt dessen Platz im Sicherheitsrat der UN ein und führt die Abrüstungsverhandlungen mit den USA, obwohl auch in der Ukraine, Weißrussland und Kasachstan Atomwaffen stationiert sind.

Der Ost-West-Konflikt, der rund 40 Jahre Europa und die Welt bestimmt hat, ist vorbei. Die Welt steht am Anfang eines neuen Zeitabschnitts, der von Chancen und Risiken begleitet wird. Die Stabilisierung mancher Nachfolgestaaten der UdSSR scheint bis heute noch nicht eingetreten; Nationalitätenkonflikte bestimmen dort wie in anderen Staaten des ehemaligen Ostblocks (vgl. Trennung der Tschechoslowakei in zwei Staaten, Jugoslawien) das Tagesgeschehen. Die Abtragung der sowjetischen Erblasten ist längst nicht abgeschlossen. Die USA sind als einzige Supermacht übrig geblieben, scheinen sich aber in einer ökonomischen und sozialen Krise zu befinden.

Während dieses Wandels im Ostblock schließen sich die Europäer weiter zusammen, seit 1981 treten Griechenland, Portugal und Spanien der **EG** bei, in den 1990ern folgen Finnland, Österreich und Schweden. 2004 beginnt die sogenannte Osterweiterung mit Estland, Lettland, Livland, Polen, Tschechien, Slowenien, Slowakei und Ungarn, später kommen Rumänien und Bulgarien hinzu. Seit 1993 soll der europäische Binnenmarkt geschaffen und kurz nach der Jahrtausendwende die politische Union erreicht werden. Inwiefern dies angesichts nationaler Vorbehalte (z.B. Dänemarks zum Vertrag von Maastricht) Wirklichkeit wird, scheint m.E. fraglich. Auch das wiedervereinigte Deutschland scheint in einer Krise zu stecken, die finanziellen, sozialen und weltanschaulichen Altlasten hüben wie drüben scheinen schwer kalkulierbar zu sein, zumal sich zunehmend eine soziale Schere zwischen Reichen und Armen öffnet. Neue Ziele fehlen nach dem Erreichen der „Wiedervereinigung".

Nach dem Ende der Blöcke kommen die Probleme der ärmsten Länder in den Blick, die vor den größten wirtschaftlichen Problemen stehen (geringe Alphabetisierung, Pro-Kopf-Einkommen unter 600 US-Dollar, Anteil der Industrieproduktion am Bruttosozialprodukt unter 10%). Neben ihnen gibt es die reichen Ölländer, die durch ihre Öllieferungen über erheblichen Einfluss in der Weltwirtschaft verfügen und mit ihren Einkünften zunehmend Anteile an den Industrieunternehmen erwerben.

Nach Maos Tod gelangt schließlich Deng Xiaoping an die Macht in China, der Reformen einleitet (Landwirtschaft, *Sonderwirtschaftszonen*). Seit den 1990er-Jahren zieht sich der Staat aus Betrieben zurück, es beginnt eine Privatisierung. 2001 tritt das Land der *Welthandelsorganisation* (WTO) bei.

Während westliche Staaten immer neue Schulden aufnehmen, um ihren stockenden Volkswirtschaften Impulse zu geben, wird China immer mehr zum Gäubigerland des Westens.

2 Kirche in der Neuzeit

2.1 Kampf um die Kirche in der Reformation

Vordergründig erwächst die Reformation aus dem Ablasswesen. Um den Bau der Peterskirche in Rom zu finanzieren, schreibt Papst Leo X. 1515 einen Ablass aus. Fast zeitgleich möchte der 24-jährige Albrecht von Brandenburg Erzbischof von Mainz werden. Da er bereits Erzbischof von Magdeburg ist, lässt sich der Papst diese Ausnahmeregelung teuer bezahlen: 29.000 Gulden oder 21.000 Dukaten[3] muss er aufbringen. Da er das Geld nicht hat, borgt er sich die Summe beim Bankhaus Fugger, das dafür 52.286 Dukaten als Zinsgewinn erhält. Die Rückzahlung soll aus Geldern erfolgen, die er mit dem Vertrieb des erwähnten Ablasses in Deutschland „erwirtschaftet". Die eine Hälfte geht an den Papst zum Bau der Peterskirche, die andere Hälfte darf er sozusagen als Aufwandsentschädigung zum Abbezahlen seiner Schulden nutzen. Als Ablasskommissar setzt er den Dominikaner Johannes Tetzel ein, der durch seine „marktschreierischen" Predigten Anstoß erregt und so in die Geschichte eingeht.

Um eine theologische Klärung voranzubringen, stellt der Wittenberger Theologieprofessor Martin Luther **95 Thesen** über den Ablass auf und veröffentlicht sie am 31. Oktober 1517. Ungeheuer rasch werden die Thesen durch den Buchdruck in ganz Deutschland verbreitet. So wird Luther plötzlich bekannt. Die Zeit ist reif für Veränderung, die obskuren Praktiken der Kurie mit ihren finanziellen Machenschaften werden von allen Seiten angeprangert. Der Ingolstädter Theologieprofessor und Dominikaner Johannes Eck verdächtigt Luther der Häresie, hat er doch den Papst und seinen Ordensbruder Tetzel offen attackiert. Wenige Jahre zuvor haben Humanisten in Köln schon einmal die Dominikaner angegriffen und ihre theologische und wissenschaftliche Kompetenz angezweifelt. Nun wehren sie sich energisch gegen den Theologieprofessor aus der sächsischen Provinz. So kommt Luther in Konflikt mit den Dominikanern und der Kirche in Rom. Er rechtfertigt sich in verschiedenen Schriften und Stellungnahmen und entwickelt zwischen 1518 und 1520 sein reformatorisches Programm (7.1.1). Was als akademische Disputation beginnt, führt zur tief

---

3 Historische Münzwerte zu ermitteln, ist ausgesprochen schwierig. Damals sind verschiedene Münzen im Umlauf, z.B. rheinische Gulden (die vorwiegend aus Gold, aber auch aus Silber bestehen) oder Dukaten (die aus 23 2/3 Karat Gold bestehen und 3,5 g wiegen). Eine grobe Vorstellung erhält man, wenn man für 1 Gulden 50 Euro rechnet, d.h. es geht hier um eine Summe von 1.450.000 Euro.

greifenden Reform von Staat, Gesellschaft und Kirche in Europa. Erstmals entsteht in diesem Zusammenhang so etwas wie eine öffentliche Debatte in Deutschland, in der strittige Fragen in den Druckmedien diskutiert werden. Das löst nicht zuletzt einen Aufschwung der Bildung aus. Durch seine Flugschriften und Predigten liefert Luther einer breiten Öffentlichkeit Argumente (2.1.1). Seine Person und die Reform der Kirche werden ausgesprochen populär.

Aber Luther ist nicht der Erste, der die Ablassgeschäfte kritisch untersucht. Er steht in einer antiklerikalen Stimmung, die sich seit dem 15. Jh. Luft macht und seit der Erfindung des Buchdrucks zahlreiche Flugschriften hervorgebracht hat. Die Geistlichen werden wegen ihrer Geldgier geschmäht und für ihren nicht authentischen Lebensstil geradezu verflucht. Wiederholt nehmen Reformatoren wie Luther und Zwingli diese Kritik in ihren Schriften auf.

Und Luther steht nicht allein. Eine ganze Reihe von Bewegungen fordern mit einem Male eine Reformation, wobei nicht alle darunter dasselbe verstehen: Die Theologen fordern die Reform der Lehre, Klärung strittiger oder offener Fragen und Reformen der kirchlichen Praxis. Die Humanisten fordern eine Reform der Weltordnung, treten für Frieden und eine Verbesserung der Bildung ein. Die Bauern fordern soziale Reformen, namentlich das Ende der persönlichen Unfreiheit und eine Reduzierung der Abgabenlasten an die Grundherren. Die Ritter fordern eine Kirchenreform und möchten, dass die Kirche ihre politischen Herrschaftsrechte abgibt und den Rittern überträgt. Die Bürger fordern die Reform der Kirche und beanspruchen die Kirchenhoheit. Damit ähneln sie den großen Landesfürsten.

Die wenigen Anmerkungen zu den einzelnen Gruppen zeigen den enormen Zündstoff, der namentlich durch die Verbindung von sozialen, politischen und kirchlichen Anliegen gefährlich wird. Die Gesellschaft des 16. Jh. ist noch ganzheitlich orientiert, die Kirchen stehen nicht nur in den Dörfern im Zentrum, hier laufen auch viele Fäden zusammen. Kirche und Staat sind vielfach verflochten; führende Familien haben Posten in staatlichen und kirchlichen Ämtern inne. Der oben erwähnte Albrecht von Brandenburg ist der jüngere Bruder des brandenburgischen Kurfürsten; als Albrecht Erzbischof von Magdeburg wird, löst er den Bruder Friedrichs des Weisen, Kurfürst von Sachsen ab. Während die Macht der Brandenburger Hohenzollern zunimmt, nimmt die der Kursachsen ab.

Bis in die Mitte der 1520er-Jahre ist die Reformation eine Volksbewegung, doch sie wird auch von den führenden Schichten aufgenommen und so nimmt in den unteren Schichten bald das Desinteresse zu, als deren

Hoffnungen auf Verbesserung ihrer sozialen und wirtschaftlichen Lage sich nicht erfüllen (2.1.1).

Folgende **Konfessionen** sind nach dem Augsburger Religionsfrieden von 1555 in Europa zu unterscheiden:

Die **Lutherische Kirche** verbreitet sich besonders in Deutschland und Skandinavien. Sie beginnt mit Martin Luthers Thesenanschlag 1517 in der eher unbedeutenden Universität Wittenberg als akademische Bewegung. Im Zentrum geht es um die Rechtfertigung des Sünders, die Martin Luther eindrücklich wieder entdeckt hat. Luther wird von Landesfürsten unterstützt, die in ihren Herrschaftsgebieten Landeskirchen aufbauen und so ihre politische Macht als Fürsten auf den geistlichen Bereich ausdehnen. Was den mittelalterlichen Kaisern seit Heinrich IV. gesamtkirchlich versagt bleibt, erreichen die evangelischen Landesfürsten nun gegen Papst und Kaiser.

Die **Reformierte Kirche** beginnt in der Schweiz und verbreitet sich von dort in die Niederlande, nach England und Amerika, wo sie auch als presbyterianisch oder kongregationalistisch bezeichnet wird. Nach Vorarbeiten des Züricher Pfarrers Zwingli baut Calvin theologisch weitgehend auf Luthers Reformation auf, ihm geht es aber von Anfang an um eine neue kirchliche Struktur und die christliche Lebensgestaltung der Gemeindeglieder. Seine Nachfolger (u. a. Theodor Beza) modifizieren seine Lehre, die dann der englische Puritanismus aufnimmt. Seine Theologie beeinflusst sowohl die modernen freien Gemeinden als auch landeskirchliche Gemeinschaften.

Zur evangelischen Bewegung gehört schließlich auch die **Radikale Reformation** der täuferisch gesinnten Gruppen, die zunächst u. a. im Umkreis der Reformation Zwinglis in der Schweiz entstehen. Ausgehend von den biblischen Berichten legen sie auf die Bekenntnistaufe von Erwachsenen wert und lehnen die Kindertaufe daher ab. Auch setzen sie sich energisch für Gewaltlosigkeit und Frieden ein. Weil sie keine Kompromisse mit den Obrigkeiten ihrer Zeit finden, werden sie verfolgt und in den Untergrund abgedrängt. Ihre Nachfolger wandern später nach Russland und Amerika aus. Heute noch bekannte Gruppen sind die Hutterer und die Mennoniten, von denen sich später die Amisch trennen. Ihr theologisches Konzept beeinflusst auch die baptistischen Gemeinden der Gegenwart.

In England entsteht auf Veranlassung des Königs die **Anglikanische Kirche**, die die bischöfliche Verfassung beibehält und gleichsam zwischen reformierter und römischer Kirche steht.

Die Katholische Reform setzt mit dem Konzil von Trient 1545 ein und führt zu einer Veränderung von Struktur und Lehre. So bildet sich die **Rö-misch-katholische Kirche** heraus. Sie beseitigt als Gegenreformation die vorhandenen und kritisierten Missstände und drängt die Evangelischen in vielen Ländern (Polen, Tirol, Frankreich) zurück.[4]

UNTERM STRICH

Neben der Aufteilung der abendländischen einen Kirche in mehrere wird auch der Charakter der Kirche ein anderer. Während die Kirche des Mittelalters in ihrer hierarchischen Struktur im Grunde dem gesellschaftlichen Ständeaufbau des Lehnswesens entspricht, werden die Kirchen der Reformation nun egalitärer. Der Unterschied zwischen Priestern und Laien entfällt, in den reformierten und täuferischen Kirchen tritt die Gemeinde in die Verantwortung für Einsetzung und Kontrolle der Pfarrer, in der lutherischen Kirche tritt das Landesherrliche Kirchenregiment an diese Stelle, in der Anglikanischen Kirche bleibt das Bischofssystem wie in der Römisch-katholischen Kirche erhalten. Die reformatorischen Kirchen verstehen sich nicht mehr als Heilanstalt, in der es auf die Strukturen ankommt. Vielmehr tritt der Einzelne als Glaubender mit Gott in Beziehung, hört auf sein Wort und tritt durch sein Gebet mit ihm selbst in Kontakt. Das ermöglicht eine neue Spiritualität (5.1), ändert aber auch die Institution Kirche.

2.1.1 Lutherisches Landeskirchentum: Kirche des Wortes in der Hand der Obrigkeit

Luthers Ringen um die Reform der Kirche erwächst zunächst aus seiner persönlichen seelsorgerlichen Not: Er sucht als Sünder verzweifelt den gnädigen Gott. Durch seinen Eintritt ins Kloster erreicht er sein Ziel nicht. Verzweifelt forscht er in der Bibel, bis er die „reformatorische Entdeckung" macht (5.1.1). Zugleich verzweifelt er an der Ablasspraxis, die ihn auch als Seelsorger in Wittenberg beunruhigt und ärgert. Nach der Phase wissenschaftlicher Diskussion (*95 Thesen zum Ablass*, Disputationen in Leipzig und Heidelberg) wendet er sich an die breite Öffentlichkeit. Von Schrift zu Schrift entwickelt er seine reformatorische Theologie. In seiner Schrift *An den christlichen Adel deutscher Nation von des christlichen Standes Besserung*

---

4 Von ihrem Selbstverständnis her sieht sie sich als einzige katholische Kirche, von der sich die anderen abgespalten haben. Die evangelischen Kirchen gehen dagegen davon aus, dass sie keine neue Kirche gegründet, sondern die mittelalterliche Kirche nach dem Zeugnis der Bibel reformiert haben. Die evangelischen Kirchen halten daher an ihrer eigenen Katholizität fest, d.h. sie sehen sich als Teil der wahren Kirche Jesu, während die römische Kirche dies für sich allein beansprucht. Evangelisch korrekt ist daher die Bezeichnung „römisch-katholisch", während „lutherisch-katholisch" oder „reformiert-katholisch" ungebräuchlich ist.

(1520) sucht er den neuen Kaiser und den christlich geprägten Adel für Reformen zu gewinnen. Da die Kirchenleiter sich verweigern, sollen die politisch Verantwortlichen handeln. Die mittelalterliche Überordnung der geistlichen über die weltliche Gewalt lehnt Luther ab, denn alle Getauften sind Priester und haben denselben Stand vor Gott. Nur ihre Aufgabe als Geistliche (Predigt und Seelsorge) oder Adlige (Einsatz für Ordnung und Frieden) ist eine andere. Den politischen Führern traut er so viel Urteilsvermögen zu, dass sie eine Reform der Kirche angehen können. Nicht zuletzt beruft er sich auf das erste ökumenische Konzil von Nicäa, das auf Einladung von Kaiser Konstantin zustande gekommen ist. Damit wird Luther zum Wegbereiter der neuzeitlichen Emanzipation des Staates von der kirchlichen Vorherrschaft. Sehr detailliert macht Luther auch praktische Reformvorschläge für Kirche und Gesellschaft.

So zeichnet sich früh das Modell des Landeskirchentums ab: Um eine Revolution zu vermeiden, ruft Luther die politischen Führer zum Handeln auf, um die Kirche äußerlich zu reformieren. Dabei geht es ihm nicht um den Einsatz von Macht. Hier äußert sich Luther wiederholt glaubwürdig anders. Das Gelingen der Reformation hängt seiner Ansicht nach nicht von Macht, sondern allein vom Segen Gottes ab. Würde er auf Gewalt und Macht setzen, so fürchtet er gerade den Beistand Gottes zu verlieren. Dem Wittenberger Reformator geht es jedoch um die Rechtmäßigkeit des Vorgehens, er möchte seine Reform legal voranbringen und wendet sich deshalb an die weltliche Obrigkeit, die nach dem Zeugnis der Schrift von Gott in ihre Aufgaben eingesetzt ist. Zögernd übernehmen eine Reihe von Landesfürsten die neue Sicht und schließen sich der Reformation an (4.1.1).

In der zunächst lateinisch verfassten Schrift *Von der Babylonischen Gefangenschaft der Kirche* (1520) wendet er sich der konkreten Reform von Theologie und Gemeindearbeit zu, insbesondere versteht er Sakramente und Gottesdienst neu. Er lässt nur Taufe und Abendmahl als Sakramente gelten. Die Vorstellung, der Gottesdienst sei ein „gutes Werk" und darin gehe es um das „Opfer Jesu", hält er für besonders verwerflich (7.1.2). In seiner Programmschrift *Von der Freiheit eines Christenmenschen* (1520) zeigt Luther, dass die Christen gegenüber den traditionellen Forderungen der Kirche frei sind: Weder Gottesdienstbesuch noch Fasten oder Wallfahren sind zum Glauben nötig. Gott rechtfertigt die Glaubenden aus Gnaden. Aber um des Nächsten willen soll der Christ auf den Nächsten Rücksicht nehmen und ihm dienen. Noch denkt Luther im Jahr 1520 nicht an den Aufbau einer neuen Kirche, noch will er eine Reform der vorhandenen Kirche. Das kommt auch durch seinen „Sendbrief an den Papst Leo" zum

Ausdruck, der ganz auf Vermittlung angelegt ist und der im Zusammenhang mit Luthers Schrift *Von der Freiheit* erscheint.

Luther geht von der Rechtfertigung des Sünders aus. Er hat die Barmherzigkeit Gottes im Studium der Schrift neu entdeckt und bekommt so einen neuen Blick auf den Einzelnen als Menschen und Christen, aber auch für Gottes Wirken durch den Heiligen Geist in der Schrift (7.1.1). Eine äußere Frömmigkeit als Mönch hat ihm persönlich nicht geholfen, und er öffnet diese Erfahrung für alle. Es ist daher nur konsequent, wenn er auch Reformen in Gottesdienst und Gemeinde fordert und fördert. Er **übersetzt** darüber hinaus die Bibel ins Deutsche und veröffentlicht sie (1522 NT, bis 1534 Gesamtbibel), um dem *Wort Gottes* Raum zu geben. Damit steht allen die Heilige Schrift in der Volkssprache zur Verfügung, ihre Sprachform eignet sich besonders zum Vorlesen (dafür führt er die Groß- und Kleinschreibung für die Betonung ein), durch die rhythmische Sprachform zentraler Texte lässt sich diese Bibel auch gut auswendig lernen. Das lässt die Lutherbibel zum Volksbuch werden. Direkte Auswirkungen hat diese Übertragung so namentlich im Gottesdienst, die Bibel wird gehört, eher selten gelesen (nur 5% der Menschen können damals lesen!).

Gegenüber einer Kirche von unten hat Luther erhebliche Vorbehalte. Gegenüber den *Zwickauer Propheten* und den *Täufern* bleibt er distanziert: Als während seiner Abwesenheit auf der Wartburg schwärmerische Sendboten auftauchen, die von sich behaupten, durch sie spräche der Heilige Geist, gewinnen sie die Unterstützung von Luthers Kollegen Andreas Bodenstein (genannt Karlstadt) und verunsichern Philipp Melanchthon. Anstelle des geschriebenen Wortes setzen die Zwickauer auf den „Geist" und fordern die sofortige Reform der Gottesdienste und sittliche Reformen. Als Luther durch Briefe von diesen „Wittenberger Unruhen" erfährt, kehrt er vor Ostern 1522 zurück und hält seine *Invokavitpredigten*: Wie man nur allmählich einem Kind festere Speisen gibt, so könne man auch die kirchlichen Reformen nur langsam durchführen. Einerseits ist er für eine Volkskirche und hält daher am mittelalterlichen Parochialsystem fest. Andererseits hält er die „himmlischen Propheten" für Schwärmer und grenzt sich ab (2.1.3).

Bald setzt sich Luther für die Neuordnung des Gottesdienstes ein. Er verfasst dazu die Schrift: *Von Ordnung des Gottesdiensts in der Gemeinde* (1523). Darin schreibt er u. a.

- *Drei große Missbräuche sind in den Gottesdienst eingedrungen. Der erste:*
- *dass man Gottes Wort zum Schweigen gebracht und es lediglich gelesen*
- *und gesungen hat, das ist der ärgste Missbrauch. Der zweite: nachdem*

Gottes Wort zum Schweigen gebracht war, sind daneben so viel unchristliche Fabeln und Lügen hereingekommen, sowohl in Lesestücken, wie in Gesang und Predigt, dass es gräulich zu sehen ist. Der dritte: dass man solchen Gottesdienst als ein [gutes] Werk getan hat, damit Gottes Gnade und Seligkeit zu erwerben. Da ist der Glaube untergegangen ...
Luther Deutsch VI, S. 82-85.

Die Gemeinde soll nur noch zusammenkommen, wenn *gebetet und Gottes Wort gepredigt* wird. Die täglichen Gottesdienste sollen morgens und abends stattfinden. Als Teilnehmerkreis sieht Luther vor allem die Pfarrer und Schüler, um dort die Hl. Schrift zu lesen und sie auszulegen. Sonntags soll sich dann die ganze Gemeinde versammeln (Predigt, Abendmahl). Entscheidend sei, dass im Gottesdienst das Wort Gottes gelesen und ausgelegt werde*: Und es ist nichts besser getrieben als das Wort* (ebd.).

Auf die Erneuerung des Gottesdienstes folgt die Neuordnung der Gemeinden. Bereits 1523 verfasst Luther die Schrift *Dass eine christliche Versammlung oder Gemeinde Recht und Macht habe, alle Lehre zu urteilen und Lehrer zu berufen, ein- und abzusetzen, Grund und Ursache aus der Schrift.* Die Gemeinde soll die Lehre selbst beurteilen, sie soll Lehrer und Seelsorger selbst ein- oder absetzen (Joh 10,1ff.; 1Thess 5,21; Matth 24,4f. u.a.). Wo keine Gemeinde ist, da ist jeder Christ zur Predigt des Evangeliums berufen; wo eine Gemeinde vorhanden ist, da soll sich keiner selbst *hervortun, sondern sich berufen und hervorziehen lassen.* Wo der Berufene allerdings falsch lehrt, da ist jeder Christ aufgefordert, dagegen aufzutreten und die Wahrheit zu lehren.

An verschiedenen Orten entstehen danach neue Gottesdienst-Ordnungen, schließlich veröffentlicht auch Luther einen eigenen Vorschlag:

Vor allen Dingen will ich sehr freundlich, auch um Gottes willen, alle diejenigen gebeten haben, die diese Ordnung im Gottesdienst sehen oder befolgen wollen, dass sie ja kein notwendiges Gesetz daraus machen noch jemandes Gewissen darein verstricken oder fangen, sondern sie gemäß der christlichen Freiheit nach ihrem Belieben gebrauchen, wie, wo, wann und wie lange es die Umstände fügen und erfordern.
Luther: Deutsche Messe und Ordnung des Gottesdiensts. 1526, zit. nach Luther Deutsch VI, S. 86ff.

Luther sieht seinen Vorschlag also keineswegs als verbindlich an, vielmehr kann er sich gut vorstellen, dass es verschiedene Ordnungen geben könne, denn *es ist nicht meine Meinung, dass das ganze deutsche Land gerade unsere Wittenberger Ordnung annehmen müsste* (ebd.). Vielmehr könnten die Gottesdienstformen in den unterschiedlichen Regionen durchaus verschieden sein und von den Gemeinden unterschiedlich geordnet werden.

Drei Formen des Gottesdienstes unterscheidet der Reformator. Als Erstes nennt er die **lateinische Messe**, die um des Spracherwerbs der Jugend willen weiterhin praktiziert werden soll. Nur wenn die jungen Leute Fremdsprachen lernen und einüben, können sie *in fremden Ländern Christus zunutze sein und mit den Leuten reden.* Luther denkt hier scheinbar an Ökumene, und es klingt nach Mission. Als zweite Form möchte er einen **volkssprachlichen Gottesdienst**, damit die Menschen zum Glauben gerufen werden. Hier hat er die Evangelisation im Blick. Schließlich beschreibt er noch eine **dritte Weise** des Gottesdienstes für *diejenigen, die mit Ernst Christen sein wollen und das Evangelium mit Hand und Mund bekennen.* Sie sollte sich in einem Haus versammeln zum Gebet und Bibellesen, ja selbst zum Taufen und um sich seelsorgerlich zu begleiten. Noch scheint es ihm, dass nicht viele nach solchen gottesdienstlichen Formen suchen. Daher bleibt diese Form unausgeführt. Bestimmend bleibt das volkskirchliche Modell eines verbindlichen Gottesdienstes, an dem alle teilzunehmen haben und der auf kirchliche Bildung ausgerichtet ist.

Die Ausführungen über Gottesdienst und Gemeinde zeigen die „Theorie" Luthers vom Gemeindebau. Wie sieht es mit der Praxis aus? Nach den ersten stürmischen Jahren der Reformation nehmen die Dinge ihren Lauf. Immer mehr Fürsten und Städte wenden sich dem neuen Glauben zu und werden „evangelisch".

Aber es tauchen Probleme auf. Da sich die traditionelle Kirche nicht verändert, wird allmählich der Aufbau einer neuen Kirchenorganisation dringlich. Wer soll künftig für die Pfarrer das Gehalt bezahlen? Wer soll die Amtsführung der Pastoren beaufsichtigen? Welche „Finanzen" sollen eingesammelt werden? Da die Bischöfe aus ihren Bistümern vertrieben worden sind, liegt vieles im Argen. Seit Mitte der 1520er-Jahre häufen sich Botschaften über schlimme Zustände in den Gemeinden.

Seit Anfang 1526 werden daher in Kursachsen erste Visitationsreisen (= Besuchsreisen) durchgeführt. Weil die Bischöfe vertrieben worden sind, übernimmt der Kurfürst deren Aufgabe (4.1.1). Luther folgt dabei seiner Vision, wie er sie in seiner Schrift *An den christlichen Adel* bereits 1520 angedeutet hat. Als „weltliche Obrigkeit" scheint der Landesherr Luther geeignet, die äußeren Angelegenheiten der Kirchen zu ordnen. Luthers Mitarbeiter Philipp **Melanchthon** verfasst dazu eine Instruktion (*Unter-*

richt der Visitatoren an die Pfarrherrn im Kurfürstentum zu Sachsen, 1528). Erstens sollen Lehre und Lebenswandel der Pfarrer, Prediger und Schulmeister geprüft werden, die altgläubigen Priester sind zu pensionieren und Irrlehrer des Landes zu verweisen. Zweitens müssen die kirchlichen Einkünfte festgestellt und die Besoldungsverhältnisse geordnet werden (dazu werden manchmal mehrere Pfarreien zusammengelegt). Die Unterhaltung kirchlicher Gebäude und die Armenfürsorge aus dem „gemeinen Kasten" ist zu regeln. Drittens soll die neue Gottesdienstordnung eingeführt werden. Außerdem sind Superintendenten bzw. Dekane einzusetzen.

Die Visitatoren befragen Männer aus der Gemeinde über „ihren" Pastor; die Berichte sind zum Teil sehr ernüchternd. Viele Pfarrer sind evangelisch geworden, meist äußerlich daran erkennbar, dass sie geheiratet haben, doch bei manchen lässt der Lebenswandel zu wünschen übrig. Viele Pfarrer hängen ihren Mantel nach dem Wind, viele erweisen sich als ungelehrt, manche halten am alten Glauben fest. Andere wiederum haben keine packende Verkündigung. Da Predigten vorher nicht notwendig zur Aufgabe eines Pfarrers gehört haben, ist dieser Bildungsmangel nicht ungewöhnlich. In der mittelalterlichen Kirche steht das Verwalten der Sakramente (Taufe, Austeilen des Abendmahls, Eheschließung, Beerdigung) im Zentrum des Pfarrdienstes. Nun soll im Mittelpunkt die Predigt stehen. Damit sind viele Amtsinhaber überfordert. Die Ausbildung neuer Geistlicher wird seine Zeit dauern, die Fakultäten sind klein, die Absolventenzahlen gering.

Das Ergebnis der Visitationen in Kursachsen (1526–30) zeigt: Die **Gemeindeglieder** scheinen von der Reformation eher ungerührt, keine Spur von Erweckung. Luther revidiert allerdings seine hohe Wertschätzung des Wortes Gottes in der Predigt nicht. Aber er entdeckt nun den Wert der Gemeindepädagogik: Den Menschen fehlt Lehre. Daher schreibt er 1529 seine beiden **Katechismen**. Der kleine Katechismus soll für ein christliches Elementarwissen der Gemeinde sorgen (Erklärung von Glaubensbekenntnis, Zehn Gebote, Vaterunser, Taufe, Abendmahl, Beichte), zumal viele Pfarrer bisher nicht in der Lage sind, das Elementarwissen zu vermitteln. Er setzt daher nicht nur inhaltliche Impulse, sondern auch auf pädagogische. Durch seinen Frage-und-Antwort-Aufbau ist er in seiner Zeit wegweisend für den kirchlichen Unterricht. Meist wird im sonntäglichen Frühgottesdienst die Predigt über einen Aspekt des Katechismus gehalten. Daneben werden Drucke des Kleinen Katechismus in Plakatgröße aufgehängt. In den Schulen lernt man damit Lesen und Buchstabieren, der Religionsunterricht beschäftigt sich mit dem Katechismus inhaltlich. Besonders in den Familien wird darüber hinaus mit dem Katechismus gelebt, der Hausvater unterweist seine Familie (einschließlich der Mitarbeiter) im Katechismus, fragt den Stoff ab und prüft das Verständnis.

Der große Katechismus ist schließlich für die Unterrichtung der Pfarrer und Prediger gedacht; er ist daher viel umfassender. Im Kern entwickelt sich die volkskirchliche Struktur mit einer kirchlichen Minimalbildung, wie er im Katechismus niedergelegt wird. In der Pflicht zur Erziehung sieht Luther zunächst die Eltern, aber auch die Schule, die er in staatlicher Trägerschaft sieht, da die Gemeinden eher als arm gelten und andere Institutionen noch nicht entstanden sind.

Dennoch bleiben die Probleme der Gemeinden bestehen. Evangelische Pfarrer sind selten, die pastorale Betreuung der Gemeinden nicht sehr intensiv: mehrere kleine Dörfer bilden eine Pfarrei. Pfarrer werden schlecht behandelt und versorgt; mit ihrer Autorität in Fragen der Sittenzucht ist es schlecht bestellt. Auch die Baumaßnahmen bei Pfarrhäusern sind oft unzureichend. Luther spricht in den Tischreden von der Undankbarkeit gegenüber dem Evangelium. Aber auch seine Klagen über den Lebenswandel und die Lehre der Pfarrer sind überliefert.

Nachdem die alten Zwangsmittel in den Kirchen abgeschafft worden sind, tut jeder, was er will. Die Kehrseite der Rechtfertigung aus Glauben ohne die Werke des Gesetzes führt dazu, dass die Menschen weder in die Gottesdienste gehen noch Werke für den Nächsten tun. Wieder und wieder klagt schon Luther, dass es in der Gemeinde keine guten Werke gibt. Anfang 1530 geht er sogar in einen Predigtstreik.

Aus den Visitationen entstehen schließlich die **evangelischen Landeskirchen**. Jeder evangelische Landesherr ergreift die Initiative und baut eine Kirchenverwaltung auf. Formell steht der Landesherr an der Spitze der Kirche, in Lehrfragen mischt er sich allerdings kaum ein. Man spricht vom „Landesherrlichen Kirchenregiment", das in Deutschland bis 1918 Bestand hat. Erst das Ende der Monarchien in Deutschland sorgt dafür, dass die Kirchen Bischöfe, Kirchenpräsidenten oder Präsides an ihre Spitze stellen (zum Verhältnis Kirche und Staat s. 4.1.1). Die verwaltungstechnische Seite der Kirchenreform wird nun von den landesherrlichen Juristen beigesteuert, die Besoldung der Pfarrer erfolgt auch durch staatliche Hilfen, dafür werden dem Staat etwa Klostervermögen übereignet. Zugleich erweckt das den Anschein, die Pfarrer würden als landesherrliche Beamte besoldet. Auch für die Hochschulen und Schulen werden die Landesherren in die Pflicht genommen, die notwendigen Mittel werden aus dem kirchlichen und klösterlichen Vermögen bereitgestellt. In den lutherischen Kirchen hat es so den Anschein, dass die verwaltungstechnische und finanzielle Seite der Kirche eine staatliche oder gesellschaftliche Aufgabe sei, während sich die Pfarrer und Theologen auf Theologie und Seelsorge konzentrieren.

Die enge Verbindung von Kirche und Staat findet verfassungsrechtlich im *Augsburger Bekenntnis* (1530) seinen Niederschlag, das die Glaubensgrundlage für die evangelisch-lutherischen Landeskirchen wird (zur Entstehung s. 4.1.1). Hier spiegelt sich der spezifisch volkskirchliche Charakter der Reformation wider, die auf religiös-kulturelle Durchdringung der Bevölkerung abzielt und auf eine Volkskirche setzt. Melanchthon sucht in diesem zentralen Bekenntnistext den Nachweis zu führen, dass der Glaube der Evangelischen „katholisch" sei, also mit dem Glauben der Alten Kirche übereinstimme. Im Kern geht es dabei um die Rechtfertigung und die „guten Werke".

Verbunden durch das Augsburger Bekenntnis streiten sich die Nachfolger Luthers über das rechte Verständnis seines Erbes. Die Schüler Melanchthons („Philippisten" genannt) stehen den „unverfälschten" Lutherschülern („Gnesiolutheraner" genannt) gegenüber. Jahrelange Konflikte prägen den Alltag der verschiedenen Parteien. Endlich gelingt 1577 ein Ausgleich in der **Konkordienformel**: Man einigt sich auf die lutherischen Grundlehren und trennt sich von extremen Positionen. Die Konkordienformel wird als „Wiederholung und Erklärung etlicher Artikel der Confessio Augustana" verstanden. 1580 fassen die Lutheraner schließlich ihren Glauben in ihren *Bekenntnisschriften* zusammen, die als Richtschnur des Glaubens dienen sollen. Die Sammlung wird „Konkordienbuch" genannt; es unterschreiben 86 Reichsstände und über 8.000 Theologen. Der Kampf um die *reine Lehre* innerhalb des Luthertums ist damit beendet. Damit ist auch die Ausgangsbasis zur Unterscheidung von Katholizismus (Trient) und reformiertem Glauben gegeben.

Nach Abschluss der innerlutherischen Lehrauseinandersetzungen beherrscht der Kampf um die Reinheit der Lehre (Orthodoxie) mit anderen Konfessionen das Luthertum. Ansätze zur Reformation des Lebens der Gläubigen und der Gemeinden etwa bei Johann Arndt bleiben vor dem Aufkommen des Pietismus Randerscheinungen.

UNTERM STRICH

In den **lutherischen** Kirchen organisieren die Landesherren die Neubildung der Kirche als Landeskirchen. Frühzeitig hat sich Luther an die von Gott eingesetzte Obrigkeit (Röm 13) gewandt, um sie für eine *legitime* Kirchenreform zu gewinnen. Zwar vertraut der Wittenberger Reformator wie kaum ein anderer auf die Wirkkraft des Wortes Gottes bei den Menschen, eine legale Kirchenreform kann seiner Überzeugung nach aber nur mit der Obrigkeit durchgeführt werden, denn der wahre Christ setze seine Anliegen nicht mit Gewalt durch, sondern übe sich lieber in Geduld und Demut. Gott wirke aber über die Landesherren und mache so Geschichte.

In den Gottesdiensten tritt die Wortverkündigung ins Zentrum, nun wird die Volkssprache benutzt und die Gemeinde durch den Gemeindegesang beteiligt. Vor der Einrichtung einer Kerngemeinde schreckt Luther noch zurück, er setzt aber auf die aufklärende und missionierende Wirkung der volkssprachlichen Predigtgottesdienste und später auf die gemeindepädagogische Wirkung des Katechismus. Namentlich die Bibelübersetzung bietet künftig ein enormes Erneuerungspotential, von der immer wieder Erneuerungen in den Kirchen ausgehen. Ihre weite Verbreitung in Deutschland führt einen Sprachausgleich zwischen den unterschiedlichen Sprachlandschaften in Deutschland herbei. Die Bibel wird im evangelischen Bereich zum Volksbuch, die modernisierende Wirkung ist kaum zu überschätzen, denn eine Grundbildung im Lesen und Schreiben, die Verbreitung des Buches, die Wertschätzung des Individuums verändern die mittelalterliche Welt endgültig.

Angesichts der reformatorischen Entdeckung der barmherzigen Zuwendung Gottes zum Menschen muss aber noch eine Frage gestellt werden. Wenn die Reformatoren erkennen, dass Gott durch sein Wort (und seinen Geist) zu dem Menschen redet und er so zum Glauben kommt, dann ist die Kirche eine Wirkung dieser göttlichen Zuwendung zum Menschen (5.1, 7.1). Macht dann die Einrichtung einer Volkskirche wirklich Sinn? Müsste nicht eigentlich eine Freiwilligkeitsgemeinschaft die logische Konsequenz sein? Hier kommt nun der lutherische Kirchenbegriff ins Spiel. Insofern für Luther die Kirche von Gott gewirkt ist, der die Seinen kennt, bleiben die Glaubenden unbekannt („unsichtbare Kirche"). Soweit in der Kirche das Evangelium verkündet und die Sakramente angemessen verwaltet werden, entsteht daraus Kirche (7.1.2). Im Luthertum braucht es insofern streng genommen keine Gemeinde der Glaubenden, sondern glaubende Pfarrer, die das Wort verkünden.

Für das Selbstverständnis in Deutschland hat sich die (lutherische) Sicht von Kirche weithin durchgesetzt, für die Menschen ist die Zugehörigkeit bis zum Ende des 19. Jh. so selbstverständlich, wie die Kirche im Dorf steht! Anderen religiösen Ansprüchen gegenüber ist man dagegen zurückhaltend, sicher auch weil die kirchliche Verkündigung seit Luther vor den Schwärmern und Sektierern warnt. Neben der lehrmäßigen Erneuerung bleibt das kirchliche Leben in den entstehenden Volkskirchen meist schwach ausgeprägt, für die meisten Gottesdienstbesucher besteht es aus dem sonntäglichen Kirchgang und der obligatorischen lehrhaften Predigt, die von der schwer arbeitenden Bevölkerung hingenommen und oft genug verschlafen wird.

Die spezifische Form von Volkskirche mit landesherrlichem Kirchenregiment fördert aber auch die Vorstellung einer Rundumversorgung durch den Staat, der quasi alle Lebensbereiche regelt. Wie im Mittelalter führt der Landesherr seine Autorität auf Gott zurück, glaubt selbst an seine Verantwortung als Landesvater vor Gott und Menschen. Die Verantwortung des Bürgers für sein Leben tritt in dieser Hinsicht zurück.

2.1.2 Die Reformierte Kirche

Ulrich Zwingli

Nach Wittenberg entsteht in Zürich durch die Arbeit von Ulrich Zwingli (1484–1531) ein weiteres Zentrum der Reformation, das namentlich in Süddeutschland auf viele Gebiete ausstrahlt. Dieser Schweizer Reformation geht es viel stärker um Heiligung und um den bewussten Aufbau einer reformierten Kirche.

Zwingli arbeitet seit 1519 als Pfarrer in einer Stadt, daher ist seine Ausgangslage eine ganz andere als für den Theologieprofessor Luther, der in einem ländlichen Raum an der Universität wirkt. Zwingli ist bäuerlicher Herkunft und wird stark vom Humanismus beeinflusst, dessen Leitfigur Erasmus von Rotterdam er 1515 kennengelernt hat. Damit hat er einen eigenen Zugang zur Reformation. Während Luther die Rechtfertigung aus Gnaden in den Mittelpunkt seines Denkens und Handelns stellt, geht es Zwingli um eine vernünftige Neugestaltung der Kirche.

Zwingli zieht zunächst durch seine Predigten viele Menschen an, auch der Rat – die Stadtregierung – von Zürich schätzt ihn sehr. Seit 1522 setzt die Reformation ein, als Zwinglis Anhänger demonstrativ die kirchlichen Fastengebote brechen (der Buchdrucker Froschauer veranstaltet ein Wurstessen während der Fastenzeit). Auch in Zürich herrscht eine kaum zu bändigende antiklerikale Stimmung, die Zwingli anfangs bewusst für seine Ziele benutzt, der er aber energisch entgegentritt, wenn sie die Ordnung bedroht; sehr früh arbeitet er daher mit dem Rat zusammen. Als altgläubige Pfarrer sowie Ordensgeistliche dagegen vorgehen, beansprucht der Rat von Zürich ein Entscheidungsrecht. Nach einer (ersten) Disputation werden alle Pfarrer 1523 vom Rat angewiesen, künftig nur noch schriftgemäß zu predigen. Damit hat der Rat bischöfliche Rechte an sich gezogen.

Danach werden die Messe und die „kultischen Bilder" infrage gestellt, eine zweite Disputation soll die Streitfragen klären. Während der Rat vor zu drastischen Veränderungen noch zurückschreckt, wollen andere klare Reformen durchführen. Eine radikale Gruppe, aus der die Täufer (2.1.3) hervorgehen, spaltet sich ab. Seit Sommer 1524 wird das Kirchenwesen neu geordnet: die Bilder werden aus den Kirchen entfernt, Klöster aufgelöst, aus kirchlichen Mitteln Diakonie betrieben, eine Bibelschule eingerichtet, die bis 1530/31 die Züricher Bibelübersetzung herausgibt (die vollständige Lutherbibel erscheint erst 1534), zu Ostern 1525 schafft man die Messe ab und führt eine evangelische Ordnung des Gottesdienstes ein (Schriftlesung, Predigt, Gebet, Abschaffung der Orgel und des Chores – Luthers Neuordnung des Gottesdienstes erscheint 1526 im Druck); das Abendmahl wird nur noch selten (etwa viermal im Jahr) gehalten. Rasch hat die Schweizer Reformation zur Wittenberger aufgeschlossen. In der Abendmahlslehre geht man eigene Wege (Gedächtnismahl, symbolische Auffassung), die auch im Marburger Religionsgespräch 1529 nicht ganz ausgeräumt werden können (7.1.1).

Ausgehend von Zürich verbreitet sich die Reformation in der Schweiz. Einige Kantone (wie Schwyz, Uri, Unterwalden, aber auch Luzern, Zug und Freiburg) verweigern sich jedoch energisch der Erneuerung. Rasch entstehen Bündnisse, die auch zu militärischen Aktionen entschlossen scheinen. Zunächst kann ein Konflikt aufgehalten werden. 1531 kommt es dann aber doch zum Krieg, in dem Zürich von den Altgläubigen geschlagen wird. Zwingli, der am Kriegszug als Feldprediger teilgenommen hat, fällt in der Schlacht. Die weitere Verbreitung der Reformation wird in der Schweiz so zunächst beendet. Die neuen Impulse gehen dann von Genf aus, wo Calvin wirkt.

Zwingli arbeitet bewusst am Aufbau einer neuen Kirche, bewusster und rascher löst er sich von den mittelalterlichen Wurzeln, ohne allerdings das volkskirchliche Modell aufzugeben. Die städtische Obrigkeit wird auch hier für die Kirche verantwortlich, übernimmt doch der Rat bewusst die Entscheidungsgewalt über die geltende kirchliche Lehre.

Johannes Calvin und die Genfer Reformation

Johannes Calvin (1509–64) gehört im Gegensatz zu Zwingli und Luther bereits zur zweiten Generation der Reformatoren, er kann daher auf Erreichtes zurückgreifen. In vielen theologischen Fragen schließt er sich im

Wesentlichen Luther an, anders als dieser fasst er seine Theologie in einer Glaubenslehre systematisch zusammen (7.1.2). Calvins Wirkungsstätte wird Genf. Die Stadt hat sich 1536 aus politischen Gründen der Reformation angeschlossen, da sie so „automatisch" ihre Unabhängigkeit vom katholischen Savoyen und ihrem Bischof als Stadtherren erreicht. Gefördert wird der Prozess durch das evangelische Bern, das sein Einflussgebiet bis an den Genfer See ausdehnt. Nun will man die Reformation auch durchführen und beauftragt den Franzosen Guillaume **Farel** (1489–1565), der seit 1532/33 in der Stadt arbeitet, mit der Umsetzung der Reformation. Aber die evangelische Bewegung ist noch sehr klein. Farel zieht noch Calvin hinzu, der sich auf der Durchreise in Genf aufhält.

In den Streitfragen um die Gestaltung des Lebens als Evangelische kommt es zu zahlreichen Auseinandersetzungen um das Verhältnis von Kirche, Gesellschaft und Stadt. Während Farel die Stadt mit Hilfe der Kirchenzucht christlich verändern will, möchten die Bürger und der Rat die katholische Bevormundung im Alltag ablegen. In der Frage der Kirchenzucht kommt es zum Konflikt zwischen dem Rat und den Predigern: Als der Rat den Predigern das Predigen verbietet, lassen sich Farel und Calvin das nicht gefallen und verweigern der Gemeinde das Abendmahl. Daraufhin werden sie vom Rat aus der Stadt gewiesen, Farel geht nach Neuchâtel, Calvin zieht nach Straßburg, wo er zwischen 1538 und 1541 die Kirchenordnung Martin Bucers kennenlernt und unter französischen Glaubensflüchtlingen arbeitet. Bereits 1540 ruft man Calvin aus Straßburg zurück. Dieser lässt sich jedoch bis 1541 Zeit und handelt zuvor die Bedingungen für seine Rückkehr mit dem Rat aus. Calvin wirkt künftig als geistlicher Leiter der Kirche in Genf. Gemeinsam mit dem Rat wird im Herbst 1541 eine Kirchenordnung erarbeitet, in der dem Rat ein gewisser Einfluss zugestanden wird. An diesen Kompromissen zeigt sich: Auch in Genf gibt die Obrigkeit den Ton an!

Calvin unterscheidet (in Anlehnung an Martin Bucer) **vier Ämter**: Pastoren, Lehrer, Älteste und Diakone. Während sich die *Pastoren* um die geistliche Versorgung der Bevölkerung durch Seelsorge, Sakramentverwaltung und Predigt kümmern, unterrichten die *Lehrer* in Schule, Universität und Gemeinde. Beide Ämter teilen sich die Aufsicht über Lehre und Wahl der Geistlichen und arbeiten an ihrer Weiterbildung durch Studien und regelmäßigen Erfahrungsaustausch.

Die *Ältesten* sind Laien und kommen aus dem politischen Stadtrat. Sie überwachen den Lebenswandel der Gemeindeglieder und sind für die Kirchenzucht zuständig. Gemeinsam mit den Pastoren bilden sie das „*Konsis-*

torium" als oberste geistliche Aufsichts- und Gerichtsbehörde. Diese Genfer Ämterordnung hat als Modell im reformierten Bereich weltweit große Wirkung erzielt: Der Dienst an der Gemeinde und die Kirchenzucht sind ihre zentralen Elemente. So soll in Genf eine christliche Stadt gebaut werden, in der Kirche, Gesellschaft und Staat nach biblischen Linien zusammenwirken.

Die Reformation in Genf löst sich stärker von der katholischen Tradition: Altäre, Bilder, Kruzifixe, Orgeln und Kerzen werden aus den Kirchengebäuden entfernt; die Gottesdienste sind eher einfach und verzichten auf die traditionelle Liturgie. Die eher volkskirchliche Genfer Bevölkerung setzt Calvins Versuch, in Genf eine heilige Gemeinde Gottes zu errichten, allerdings einigen Widerstand entgegen. Bald wechseln anfängliche Anhänger auf die Seite seiner Gegner. In die Geschichtsbücher geht diese Auseinandersetzung als Streit mit den *Libertinern* ein. Für Calvin ist es eine schwere Zeit, wird er doch sehr persönlich angegriffen, ja sein Leben ist in Gefahr. Seine Gegner nennen ihn den „Papst von Genf", er wird öffentlich angepöbelt, doch in exemplarischen Streitfällen kann er sich behaupten.

In Westeuropa wird der Calvinismus eine Untergrundkirche, die vom dort herrschenden römischen Katholizismus zusammen mit dem Staat blutig verfolgt wird; in Frankreich kann er sich auf Dauer nicht durchsetzen. In acht schlimmen Verfolgungen werden die französischen Protestanten („Hugenotten") bis zum Edikt von Nantes (1598) verfolgt. Das Edikt gewährt ihnen Glaubensfreiheit; 1685 zieht Ludwig XIV. dieses Edikt allerdings zurück und zwingt die Hugenotten zur Auswanderung. Viele von ihnen kommen nach Preußen, in das sie von Kurfürst Friedrich Wilhelm durch das Edikt von Potsdam 1685 eingeladen werden.

In den Niederlanden entsteht nach den niederländischen Unabhängigkeitskriegen (1566–1609) ein Hauptverbreitungsgebiet der reformierten Theologie, von dem auch Einflüsse auf Deutschland ausgehen. Dort kann sich der reformierte Glaube nur vereinzelt verbreiten. 1560 wird die Pfalz reformiert, die Universität Heidelberg wird ihr Zentrum. Später treten die Fürsten kleinerer Territorien über, 1613 das brandenburgische Herrscherhaus; dort verzichtet jedoch der Kurfürst auf sein Recht, die Religion seiner Untertanen zu bestimmen. Der reformierte Glaube verbreitet sich daher in Brandenburg-Preußen vor allem in der Führungs- und Beamtenschicht.

Auch Calvin setzt auf eine Volkskirche, unterwirft die kirchlichen Traditionen einer intensiveren Überprüfung: Was die Schrift nicht gebietet, muss es in den Kirchen nicht geben (7.1.3). So werden Altäre und Bilder in den Kirchen aufgegeben, die Kanzel und die Verkündigung treten auch äußerlich in den Mittelpunkt, während die Liturgie auf ein Minimum reduziert wird. Als Lieder werden insbesondere die Psalmen vertont und gesungen.

UNTERM STRICH

Die städtisch geprägte schweizerisch-reformierte Reformation erscheint auf den ersten Blick moderner, erhält im Kontext der Schweiz sogar demokratische Ansätze, aus der sich später in Großbritannien und vor allem in Amerika unsere moderne Demokratie entwickelt. Die große Wertschätzung der Gemeinde stärkt deren Einfluss auf die praktische Arbeit (4.1.3, 4.2.3). Die Verbreitung der reformierten Kirche im übrigen Europa ist mit starken Gegenwirkungen der anderen Konfessionen verbunden, so leben die Reformierten in Frankreich im Untergrund und werden nur vorübergehend geduldet. Über die Niederlande und Schottland gelangen sie in die USA, wodurch sie weltweite Bedeutung erlangen und die lutherischen Kirchen an Mitgliederzahlen weltweit hinter sich lassen. In Deutschland übernimmt zunächst die Pfalz (1560) den reformierten Glauben, später werden die brandenburgischen Herrscher (1613) reformiert. Stärker als die lutherischen Kirchen geht es den reformierten auch um das praktische Christentum, das in den lutherischen Gemeinden später durch den Pietismus „entdeckt" wird.

2.1.3 Kirche als Gemeinde der Heiligen: Die Täufer

Die Täufergemeinden entwickeln sich an verschiedenen Orten in der Schweiz, in Nord-, Mittel- und Oberdeutschland; lange Zeit hat man sie unter das Stichwort „Wildwuchs" der Reformation zusammengefasst. Wie die übrigen Reformatoren profitieren sie von der herrschenden **antiklerikalen Stimmung.** Sie haben ganz unterschiedliche Wurzeln, werden auch von Luthers Schriften stark beeinflusst. An vielen Stellen kommt es zu Aufbrüchen, aber weil die Täufer keine Nähe zu Tradition und Obrigkeit suchen, kommt es zum Konflikt mit den anderen Kirchen und den Obrigkeiten. Noch arbeiten Kirche und Staat Hand in Hand (1.1.1, 4.1.1) – und in diesem Falle gegen die Täufer. Religiöse und soziale Anliegen gehören bei ihnen zusammen; sie suchen auch sozial Anschluss an die Urgemeinden der apostolischen Zeit. Neben ihnen zählt man auch die Spiritualisten zum linken Flügel der Reformation, zu denen Luthers Kollege Karlstadt, aber auch Schwenckfeld, vor allem jedoch Sebastian Franck und Thomas Müntzer zählen.

Aus Hausbibelkreisen in Zürich (2.1.2) entsteht im Zusammenhang mit der Züricher Reformation das **Schweizer Täufertum**, von wo die Bewegung auf Landgemeinden überspringt. Ihre Führer Konrad Grebel (1498–1526) und Felix Mantz (1500–27) stehen Zwingli zunächst nahe. Grebel taucht mit Anfragen schon in den Disputationen über die Messe im Oktober 1523 als Reformer auf. Als die ersten Vertreter in Zürich Ende 1524 ihre neugeborenen Kinder nicht mehr taufen, nimmt Zwingli zunächst schriftlich Stellung. Im Januar findet eine Disputation zwischen Zwingli und Grebel statt, in der nach Auffassung des Rates Zwingli „siegt". Innerhalb von acht Tagen sollen die Kinder getauft werden, sonst droht die Verbannung aus Zürich. Energischer als Zwingli möchten die Täufer die Kirche reinigen. Daneben erheben sich in ihren Reihen auch sozialkritische Stimmen. So fordern spätere Täufer bereits 1522 die Abschaffung des Zehnten, was später eine wichtige Forderung im Bauernkrieg wird. Die Täufer setzen also stärker auf eine gesellschaftsverändernde Reform nach biblischen Vorbildern.

Nach ersten Ausgleichsversuchen werden Täufer verhaftet und man droht ihnen mit Verbannung. Wie Luther setzt auch Zwingli auf ein volkskirchliches Modell, nach dem mit der Zeit die Menschen umkehren. Grebel und Manz schwebt dagegen eine Bekenntniskirche vor, in der eine gläubige Obrigkeit Kirche und Staat nach biblischer Lehre leiten. Als Zwingli und der Rat sich dagegen entscheiden, entwickeln die Täufer die Vorstellung von der „kleinen Herde": Die Glaubenden schließen sich in Gemeinden zusammen, wählen ihre „Hirten", schaffen alle Pfründen ab und ziehen sich aus dem politischen Leben zurück. Den Einsatz von Gewalt lehnen sie meist grundsätzlich ab.

Die Radikalen treffen sich fortan heimlich im Hause der Mutter von Mantz, nehmen die ersten Erwachsenentaufen vor und ziehen in die Landgemeinde Zollikon, wo sie Versammlungen durchführen und weitere Taufen vornehmen. Eine kleine Gemeinde entsteht. Der Rat leitet erste Gegenmaßnahmen ein.

Während einige nun auf Abstand zur Bewegung gehen, verlassen viele Meinungsführer die Gegend und tragen die Botschaft weiter. In der Folgezeit kommen viele Menschen neu zu dieser Glaubensbewegung; es finden Erweckungen unter den einfachen Bauern statt, bald wird von schwärmerischen Zügen mit körperlichen Erscheinungen berichtet. Im März 1526 erlässt der Rat von Zürich ein Mandat gegen die Täufer, denen nun die Todesstrafe droht. Anfang 1527 wird Mantz auf dieser Grundlage ertränkt. Durch die Gegenmaßnahmen der Obrigkeit vertrieben, durchziehen die

Täufer das Land, taufen und predigen. In der Nähe von Schaffhausen und in Waldshut werden ganze Gemeinden erweckt.

In Waldshut wird Pfarrer Balthasar Hubmaier (1480–1528) für die Sache der Täufer gewonnen, er zählt schnell zu den theologischen Köpfen der Täuferbewegung in Süddeutschland. Er reformiert die Stadt, wird jedoch von Habsburger Truppen vertrieben. Hubmaier lehnt den strengen Pazifismus der Schweizer Gruppen ab; er setzt auch auf gewaltsame Lösungen. Da die Taufbewegung sich überregional ausbreitet, wird 1527 die Verfolgung gemeinsam von Bern, St. Gallen und Zürich erlassen; andere Städte und Kantone der Schweiz folgen. Bis 1618 werden 30 Hinrichtungen vorgenommen. Die meisten Maßnahmen fallen in die Zeit zwischen 1527 und 1533. Als Begründung für die Todesstrafe wird nicht die „Wiedertaufe" genannt, sondern *Aufruhr*. 1527 entwickeln die südwestdeutschen Gruppen ihr Programm in den *Schleitheimer Artikeln* (7.1.3), das rasch zum „Grundsatzprogramm" vieler Anhänger geworden ist. Sie sind redaktionell vom ehemaligen Benediktinerprior Michael Sattler (1490–1527) bearbeitet, der im Mai in Rottenburg hingerichtet wird.

- *Die Punkte, die wir behandelt haben und in denen wir eins geworden sind, das sind diese: Taufe, Bann, Brechung des Brotes, Absonderung von Greueln, Hirten in der Gemeinde, Schwert, Eid.*
- Schleitheimer Artikel (Februar 1527), zit. nach KThGQ III, S. 140.

In den „Artikeln" ist von der Abwehr von falschen Lehren die Rede und der Absonderung von der „Welt". Das spiegelt sowohl die Trennung von den Reformatoren Zwingli und Luther wider als auch die Vielgestaltigkeit der Täuferbewegung. Neben der Begründung der Glaubenstaufe (als äußeres Zeichen der Glaubenden) steht an zweiter Stelle die Gemeindezucht (*Bann*) nach Matth 18,15ff., die die Gemeinde rein erhalten soll. Das Abendmahl (*Brotbrechen*) verstehen sie wie Zwingli als Gedächtnismahl. Von der Welt wollen sie sich abwenden: Der Staat wird zwar als nötig angesehen, aber er gehört zum Fleisch, während die *Christen nach dem Geist* leben. Als Folge bleibt nur der Rückzug aus der Welt. Die Täufer werden in den Untergrund abgedrängt und viele wandern nach Amerika und Russland aus.

In Thüringen werden seit der Mitte der 1520er-Jahre Täufer erwähnt, die im Grenzgebiet zu Hessen (Raum Hersfeld bzw. Eisenach) aktiv sind, meist sind es friedliebende Gruppen. Allerdings scheinen andere täuferische Gruppen auch regelrechte Umsturzpläne ausgearbeitet zu haben, sie wollen am Neujahrstag 1528 Erfurt einnehmen, werden jedoch verraten. In Thüringen und Hessen entsteht nach dem Bauernkrieg von 1525 eine Täuferbewegung mit eher mystisch-spiritualistischen und apokalyptischen Zügen, die von Karlstadt und vor allem Thomas Müntzer geprägt ist. Sie breitet sich nach Franken, Bayern und Schwaben bis nach Österreich aus. Ihr Anführer ist der Buchhändler **Hans Hut** (1490–1527), der in leidenschaftlichen Predigten das Leiden in der Nachfolge Jesu herausstellt und das Weltende für Pfingsten 1528 ankündigt. Nach der Niederlage der Bauern erwartet er das Gericht Gottes über die Gottlosen. Daher sammelt er die Frommen 144.000 nach Offb 7,4 und bereitet sie auf die große Scheidung vor, ohne dass es zu Gemeindegründungen kommt.

Im August 1527 treffen sich über 1.000 Vertreter dieser Bewegung in Augsburg und senden Missionare aus. Dort wirkt nun der aus Waldshut vertriebene Hubmaier. Der Augsburger Rat verhaftet die meisten der Versammlung, die später als *Märtyrersynode* bezeichnet wird, da man befürchtet, durch die Täufer werde ein neuer Aufstand geschürt. In Süddeutschland und Österreich werden die Täufer fortan intensiv verfolgt. Hut selbst kommt beim Versuch, aus dem Gefängnis auszubrechen, um. Als das erwartete Weltende 1528 ausbleibt, löst sich die Bewegung allmählich auf. 1529 beschließt der Reichstag in Speyer, dass die Täufer als Ketzer und Aufrührer zu verfolgen seien (4.1.1).

Nach den obrigkeitlichen Gegenmaßnahmen gehen viele Täufer nach **Mähren** (im heutigen Tschechien), wo sich im Gebiet um Nikolsburg Gruppen sammeln. Balthasar Hubmaier hat dort 1526 Leonhard von Liechtenstein für eine Täuferreformation von oben gewonnen, die jedoch zur Trennung führt, weil die Gruppe der Gewaltlosen nicht bereit ist, für die Obrigkeit auch das Schwert zu führen. So müssen die Täufer, die für Gewaltlosigkeit eintreten („Stäbler"), am Ende des Jahrzehnts Nikolsburg verlassen. Sie werden seit 1533 vom Tiroler Jakob **Hutter** gesammelt. In ihrer Not als Flüchtlinge werden sie an die Gütergemeinschaft der ersten Christen erinnert und legen daher ihren wenigen Besitz zusammen. Bald bilden sie darüber hinaus Produktionsgemeinschaften der **Bruderhöfe**: Die Handwerker und Bauern arbeiten für ihren gemeinsamen Lebensunterhalt, nehmen gemeinsam ihre Mahlzeiten ein, produzieren ihre Kleidung selbst und unterhalten Wäschereien. Weil die Kinder in frühpädagogischen Einrichtungen versorgt werden und auch zur Schule gehen, können beide Eltern arbeiten. Das verschafft ihnen einen Wettbewerbsvorteil und macht sie zu einer modernen Gruppe. Sie produzieren über den Eigenbedarf hinaus. Gegenüber den Zunfthandwerkern haben sie erhebliche Wettbewerbsvorteile, ihre Produktionsgenossenschaften ähneln bereits den Manufakturen des nächsten Jahrhunderts. Zwischen 1560 und 1600 erleben sie eine gute Zeit. Doch mit dem Beginn des 30-jährigen Krieges werden sie 1622 aus Mähren vertrieben und ziehen nach Ungarn, Siebenbürgen und in die Ukraine.

Obwohl Jakob Hutters Frömmigkeit individualistisch ausgerichtet ist und mystisch-apokalyptische Züge trägt, werden diese durch die Güter- und Produktionsgemeinschaft kompensiert. Die Absonderung von der Welt gelingt hier durch das tragende, erfolgreiche wirtschaftliche System, obwohl sie vielfach mit der Gesellschaft ihrer Zeit zu tun haben.

Ein für die Täuferbewegung verheerendes Konfliktfeld entsteht im Nordwesten. Unter dem Einfluss von Melchior Hoffmann (1500–43) wenden sich Gebiete in den **Niederlanden** und **am Niederrhein** den Täufern zu. Im Zentrum der Verkündigung stehen Glaubensfreiheit, Heiligung, Glaubenstaufe und Gewaltlosigkeit; für das Jahr 1533 berechnet Hoffmann die Wiederkunft Christi und schürt so eine apokalyptische Stimmung: Er erwartet den Anbruch des 1000-jährigen Reiches nach Offb. 20,1-6. In Straßburg sammelt er einen eigenen Kreis um sich. Geprägt wird er von einem endzeitlichen Sendungsbewusstsein. Kurze Zeit verlässt er die Stadt, kehrt jedoch zurück und kommt 1533 dort in Haft; seine Ideen jedoch verbreiten sich weiter im niederländischen und norddeutschen Raum. Allerdings teilen nicht alle seine Anhänger seine Vorstellungen von der Gewaltlosigkeit. Der Bäcker Jan Matthys aus Haarlem sendet 1533 zwölf Apostel aus, von denen zwei im Januar 1534 in Münster eintreffen.

In **Münster** hat sich der Rat durch die Verkündigung des lutherischen Pfarrers Bernhard Rottmann (1494–1535) der Reformation zugewendet, der sich Zwinglis Abendmahlslehre angeschlossen hat. Die niederländischen Sendboten predigen und taufen innerhalb einer Woche 1.400 Menschen und es kommt zu einem erwecklich-charismatischen Aufbruch. Bald kommt Matthys selbst in die Stadt und baut in kurzer Zeit eine Theokratie auf. Diejenigen, die sich der aufkommenden Bewegung nicht anschließen wollen, werden aus der Stadt gedrängt. Die Reformation erhält nun einen revolutionären und gewaltsamen Zug. Die Täufer in Münster verkünden, die Stadt werde die Hauptstadt des Neuen Zeitalters. Alle Bürger werden dazu verpflichtet, ihre Wertgegenstände abzugeben, und man errichtet nach dem Vorbild der Jerusalemer Gemeinde eine Gütergemeinschaft.

Nun kommen weitere radikale Täufer aus den Niederlanden (Zwolle, Leiden, Amsterdam). Einer von ihnen, Jan van Leiden, nennt sich seit August 1534 „König David", nachdem Matthys bei einer Militäroperation das Leben verloren hat. Der Bischof lässt als Stadtherr Münster belagern, die Verhältnisse in der Stadt verschärfen sich. Nach der Gütergemeinschaft wird die Polygamie eingeführt, weil man das Fortpflanzungsgebot der Bibel einhalten will – und es viel mehr Frauen als Männer in der Stadt gibt, die versorgt werden müssen. Eine exzessive Willkürherrschaft erschüttert die Stadt. Andersdenkende werden verfolgt und sogar hingerichtet. 1535 wird die Stadt nach monatelanger Belagerung erobert und die Aufrührer grausam hingerichtet. Die sterblichen Überreste der Täuferführer werden (bis 1881!) in eisernen Käfigen am Turm der Lambertikirche öffentlich aufgehängt. Künftig werden die Täufer intensiv verfolgt, es scheint auch so, als sei Luthers Abrücken von gemeindeorientierten Vorstellungen seiner Anfangszeit eine Reaktion auf die Erfahrungen mit diesen Täufern.

Eine Ausnahme stellt die Landgrafschaft Hessen dar, da Philipp von Hessen die Todesstrafe für die Täufer grundsätzlich ablehnt. In Hessen werden die Täufer daher nicht getötet, aber auch nicht gefördert. Nach einigen Verhandlungen errichtet man jedoch in Hessen eine Landeskirche, in der der Gemeindezucht eine größere Bedeutung beigemessen wird; außerdem führt man hier in der Ziegenhainer Ordnung von 1538 die Konfirmation ein, um die getauften Kinder als Jugendliche in die Gemeinde aufzunehmen. Viele Täufer finden das hessische Modell anziehend und integrieren sich in die Kirche.

Nach der Katastrophe von Münster sammelt der ehemalige Priester **Menno Simons** (1496–1561) die niederländischen und norddeutschen Täufer in Gemeinden. Er wirkt unermüdlich an den Küsten von Nord- und Ostsee. Rastlos sucht er den Täufern eine neue Identität zu geben, anstelle der schwärmerischen Züge Hoffmanns bemüht er sich um eine stärkere Anbindung an die Heilige Schrift und wirbt für die Heiligung des Lebens. Anstelle der militanten Gruppen bilden sich unter seiner Leitung die Stillen im Lande heraus. Auf ihn gehen die mennonitischen Gemeinden zurück, die – soweit sie von der Obrigkeit geduldet werden – in der Abgeschiedenheit von der Welt leben können. Viele von ihnen ziehen im 18. Jh. nach Russland, wo sie bis zum Beginn des 20. Jh. ungestört leben können.

UNTERM STRICH

Die Täufer ähneln in gewisser Weise dem vorkonstantinischen Christentum, das sich auch gegen Staat und Gesellschaft stellt und neue Wertorientierungen entwickelt. Sie wollen als Christen auch in der Welt in Gemeinschaft nach den Forderungen der Bergpredigt leben und sich daher aus der Gesellschaft zurückziehen. In manchen Regionen entwickeln sie neue wirtschaftliche Modelle wie die Bruderhöfe, in denen die Gemeinden eine Art Kommunismus auf christlicher Grundlage pflegen. Im Kontext der christlichen Gesellschaft werden sie zu Aufrührern, die der kirchlichen Ächtung und der staatlichen Verfolgung anheimfallen. Insofern sie auch einige soziale Reformforderungen der Bauern unterstützen, erscheinen sie auch als politische und soziale Aufrührer gefährlich.

Nach den Erfahrungen mit dem „Täuferreich von Münster" gelten Täufer als Zeichen dafür, was man von schwärmerischen kirchlichen Aufbrüchen zu halten hat. Das Bild der Täufer wird sehr einseitig dargestellt, ihre Gemeinden überall im Reich mehr oder weniger verfolgt.

Eine Freiwilligkeitskirche ist in der frühen Neuzeit nicht denkbar und erscheint daher unmöglich, daher leben sie zunächst im Untergrund und wandern nach Russland und später nach Amerika aus, wo sie in eigenen Siedlungsgebieten leben können. Für die modernen Friedensbewegungen kommt Täufern wie z.B. den Mennoniten eine kaum zu überschätzende Bedeutung zu.

2.1.4 Die Anglikanische Kirche: Reformation mit katholischer Tradition

Die Reformation in England steht seit dem 14. Jh. im Zusammenhang mit der Machtpolitik der englischen Könige. 1532 unterwirft König Heinrich VIII. (1491–1547) alle Geistlichen seines Königreiches seiner Gesetzgebung, 1534 macht er sich zum Oberhaupt der *Church of England*. Dahinter steht auch seine Auseinandersetzung mit dem Papst, der sich weigert, Heinrichs Ehe aufzulösen. In der Folgezeit wird die Kirche ausgeplündert: Die Klöster werden aufgelöst und ihr Besitz säkularisiert, d. h. zugunsten der Krone verkauft.

Im Hintergrund wirkt auch in England seit dem späten Mittelalter eine evangelische Bewegung, die dann von der lutherischen Reformation beeinflusst wird. William Tyndale (1490–1536) übersetzt die Bibel ins Englische (1525/26). Seine Übersetzung ist von Luthers Arbeitsprinzipien beeinflusst. Doch der König verbietet die Verbreitung dieser Bibelübersetzung. Tyndale wird 1536 hingerichtet. Die Kirche von England scheint noch ganz der katholischen Tradition des Mittelalters verpflichtet.

Unter König Edward VI. (1537–53) soll mit seinem Regierungsantritt 1547 die Kirche evangelisch ausgerichtet werden. Unter Erzbischof Thomas Cranmer wird zunächst eine neue Gottesdienstordnung eingeführt, das *Common Book of Prayer* (1549–52, 5.1.2) und die Religionsartikel von

1553 sorgen für eine klare Bekenntnisgrundlage. Darin werden einerseits die evangelische Rechtfertigungs- und Abendmahlsprägung aufgenommen, andererseits bleiben Liturgie und Amtsverständnis noch ganz traditionell.

Weiterhin deutet auch in der englischen Kirche nichts auf eine Erweckung hin; Krone, Parlament und Bischöfe sind die treibenden Kräfte der Reformen. In der Abendmahlslehre zeigt sich eher eine reformierte als eine lutherische Ausrichtung, die u. a. durch Martin Bucer vermittelt wird, der eine Zeit lang in England gewesen ist. Nach Edward regiert Maria „die Katholische", die das Rad der Geschichte aber trotz heftiger Verfolgung der Protestanten nicht mehr zurückzudrehen vermocht hat (4.1.3).

Unter der Regierung Elizabeth I. (1558–1603) wird 1559 der *Act of Uniformity* erlassen, der Liturgie und Kleidung der Geistlichen regelt. Dagegen laufen evangelische Christen Sturm, sie nennen sich **Puritaner**. Einerseits verstehen sie sich durchaus als Teil der Kirche von England. Andererseits möchten sie eine weitergehende Reformation. Sie lehnen die alten Zeremonien und Gewänder ab, denn sie halten das Studium der Bibel und erweckliche Predigten für wichtiger. Überhaupt möchten sie die Gesellschaft insgesamt reformieren. Im sogenannten „Kleiderstreit" zwischen 1563 und 1567 geht es bei vielen Puritanern nicht bloß um Äußerlichkeiten, sondern sie sehen in den traditionellen Gewändern den verhassten alten Glauben repräsentiert. Eine besondere Kleiderordnung für Geistliche steht im Gegensatz zu ihrem Verständnis des allgemeinen Priestertums. Die Kleidungsvorschriften scheinen nahezulegen, dass Äußerlichkeiten wichtig für den Glauben sind. So bekommt der Protest Tiefgang.

Bald werden Forderungen nach der Freiheit der Kirche vom Staat erhoben. Die alte Bischofsverfassung soll abgeschafft und stattdessen eine presbyterial-synodale Struktur aufgebaut werden. Das fordert z.B. der Theologieprofessor Thomas Cartwright in Cambridge, der bald darauf aus England vertrieben wird und nach Genf zieht. Versuche seiner Freunde, das Unterhaus zu einer Reformation der Kirchenverfassung zu bewegen, werden von der Königin verboten. Zwar behaupten die Presbyterianer, die Stellung des Monarchen nicht anzutasten, ihre Forderungen zielen jedoch unterm Strich darauf, dass nicht mehr die Kirche dem Staat dient, sondern der Staat von der Kirche in Dienst genommen wird.

Auch wenn die Königin der evangelischen Bewegung nicht direkt angehört hat, so sorgt sie doch für eine Beruhigung der religiösen Verhältnisse. Die Kirche von England bleibt in ihrer Mittelstellung zwischen römisch-katholischer Form und evangelischer Lehre. So zeigen die „39 Artikel" von 1563 eine evangelische Prägung im Anschluss an Calvin; 1571 wird dieses

Bekenntnis für alle Pfarrer verbindlich. Die *39 Artikel* sind sowohl an der „Confessio Augustana" als auch der „Confessio Virtembergica" angelehnt, nehmen allerdings Calvins Abendmahls- und Prädestinationslehre auf.

- *28. Artikel: Das Mahl des Herrn*
- *Das Mahl des Herrn ist nicht ein bloßes Zeichen des gegenseitigen Wohl-*
- *wollens der Christen unter sich, sondern vielmehr ist es das Sakrament*
- *unserer Erlösung durch den Tod Christi. Und so ist denen, die es rich-*
- *tig, würdig und mit Glauben empfangen, das Brot, das wir brechen,*
- *die Gemeinschaft des Leibes Christi; ebenso ist der gesegnete Kelch die*
- *Gemeinschaft des Blutes Christi. Die Verwandlung des Brotes und*
- *Weines im Abendmahle kann aus der Heiligen Schrift nicht bewie-*
- *sen werden [...]. Der Leib Christi wird gegeben, empfangen und ge-*
- *gessen im Abendmahle, aber in himmlischer und geistiger Weise. [...]*
- *Das Sakrament des Abendmahls wird nach der Anordnung Christi*
- *nicht aufbewahrt, umhergetragen, in die Höhe gehoben und angebetet.*
- 39 Artikel, zit. nach KThGQ III, S. 264.

Gegenüber Zwingli wird das Abendmahl in England nicht nur als Gedächtnis- oder Gemeinschaftsmahl verstanden, sondern in Luthers und Calvins Sinne als Sakrament der *Gemeinschaft des Leibes Christi*. Die römisch-katholische Vorstellung einer Wandlung (*Transsubstantiation*) wird ausdrücklich abgelehnt, weil sie nicht der Schrift gemäß sei. Man folgt jedoch nicht Luthers Auffassung einer leiblichen Aufnahme (7.1.2), sondern eher Calvins Vorstellung eines „geistigen" Vorganges (7.1.3). Die mittelalterlichen Riten der Prozession und *Elevation* der *Hostie* werden abgelehnt.

Den Puritanern geht die Reform in England aber noch nicht weit genug. Zwar entspricht die Lehre der reformierten Position, aber in der äußeren Form erscheint alles viel zu „katholisch". Nach dem Streit um die Kleidung der Priester und die Kirchenverfassung kommt 1576 ein Streit um die sogenannten *prophesyings* hinzu. Gemeint sind damit Gemeindeversammlungen nach 1Kor 14, in denen Pfarrer in Gegenwart von Laien und anderen Pfarrern Bibelstellen auslegen. In einer anschließenden freien Aussprache haben sich auch die Laien beteiligt. Ursprünglich scheint der Sinn dieser Veranstaltungen im Zusammenhang mit der Pfarrerausbildung gestanden zu haben. Hier lernen angehende Pastoren, Texte auszulegen und darüber zu predigen. Da Elizabeth I. der Auffassung ist, man benötige keine Pfarrer, die predigen können, lässt sie die Veranstaltungen vom Erzbischof von Cambridge verbieten. Der Erzbischof widersetzt sich jedoch dieser Anordnung und belehrt sie über die Bedeutung der Predigt für die Kirche. Daraufhin wird er abgesetzt und unter Hausarrest gestellt; sein Nachfolger sucht die Pastoren zu disziplinieren. Viele Pastoren werden abgesetzt oder scheiden freiwillig aus dem Amt. Nach diesen Erfahrungen kommt eine Minderheit der Puritaner zu dem Schluss, es sei besser, das Land zu verlassen. 1582 wandern sie nach Middelburg in den Niederlanden aus. Sie setzen fortan auf den freiwilligen Zusammenschluss der Glaubenden. Die Mehrheit der Puritaner bleibt jedoch in der Kirche, da ihrer Ansicht nach das Bekenntnis das Wesentliche sei.

Im Februar 1589 beginnt eine intensive Verfolgung der Puritaner als „falsche Propheten", die für Kirche und Staat eine Gefahr seien. Mit dem Regierungsantritt James I. (1603–25) erhoffen sich die Puritaner eine Veränderung der angespannten Situation, leider kommt es zu einem erneuten Konflikt, da auch der neue König von einer presbyterianischen Kirchenverfassung nichts wissen will und an der Leitung durch Bischöfe festhält (*no bishop no king!*). Puritanisch orientierte Pfarrer werden verfolgt und aus den Ämtern verdrängt. Immerhin entsteht eine bessere Bibelübersetzung (*King James Version*, 1611).

Theologisch wird der aus den Niederlanden stammende **Arminianismus** staatlich gefördert. Jacob Arminius hat gelehrt, dass Gott alle (getauften) Menschen zum Heil berufen hat. Die Prädestinationslehre Calvins wird abgelehnt, da sie mit einem gerechten und gütigen Gott nicht in Einklang gebracht werden könne. Zudem werden sowohl die Sakramente als auch die besondere Stellung der „Geistlichen" als maßgeblich betrachtet. Da die Arminianer namentlich das Gottesgnadentum des Königs lehren und das presbyterianische Kirchenmodell als staatsfeindlich ablehnen, entsteht eine Win-win-Situation mit dem König. Systematisch setzt dieser Arminianer in kirchliche Schlüsselstellungen ein. Die Puritaner vermuten hinter dieser Kirchenpolitik, man wolle den Katholizismus in England wieder einführen. Als das Unterhaus gegen die Arminianer Stellung nimmt, löst der König es 1629 auf. Weitere Puritaner wandern in die Niederlande und nach Nordamerika aus, wo sie die Kolonie Massachusetts gründen. Diejenigen von ihnen, die im Land bleiben, werden zum Teil drakonisch bestraft. So wächst die Abneigung gegen die arminianischen Bischöfe in England (4.1.3).

UNTERM STRICH

Was in England aus scheinbarer königlicher Willkür beginnt, entwickelt sich zu einer eigenen Form von Kirche, die einerseits die kirchliche Tradition samt Bischofsverfassung und Liturgie bewahrt, die andererseits reformierte Impulse aufnimmt. Die *Church of England* versteht sich als reformatorisch *und* katholisch. Wegen der wiederholten Versuche der Könige und der römisch-katholischen Kräfte die Reformation zurückzudrehen, werden die Briten für eine lange Zeit sehr romfeindlich.

In gewisser Weise stellt der Siegeszug der Arminianer eine Säkularisierung dar, denn die menschliche Entscheidung leuchtet der menschlichen Vernunft scheinbar mehr ein als die christliche Erwählungslehre. Diese Entwicklung zeigt, dass der Mensch seinen Einflussbereich auf Kosten Gottes erweitert. Dieser Prozess passt aber auch durchaus zur englischen Politik, in der die Macht der Krone sich auf Kosten der Kirche (und des Papstes) deutlich erweitert.

2.1.5 Römisch-katholische Reformkirche

Aus der abendländischen Kirche des Mittelalters geht auch die römisch-katholische Kirche verändert und reformiert hervor. Die Bindung an Rom und die Herrschaft des Papstes werden dabei neu gefestigt. Im 15. Jh. hat man noch den Vormachtsanspruch des Papstes bestritten und gefordert, dass nur ein Konzil die Gesamtkirche vertreten könne. Dagegen hat sich allerdings die römische Position durchgesetzt, dass der Papst als Nachfolger des Petrus und Stellvertreter Christi die Kirche leite und repräsentiere; die Bischöfe hätten allein vom Papst ihre Amtsbefugnis. Diese Forderung steht in einer langen Reihe ähnlicher Forderungen römischer Bischöfe, die der altkirchlichen Wirklichkeit so sicher nicht entspricht. Erstaunlich ist vor allem, dass selbst die Epoche der Renaissancepäpste dem Ansehen des Papstes scheinbar nicht geschadet hat. Am Ende des Mittelalters steht der Sieg des Papsttums über den Konziliarismus. Eine Reform der Kirche geht nur mit Papst und Kurie als römischer Zentralbehörde. Verschiedentlich äußern Theologen die Theorie von der Unfehlbarkeit des Papstes.

Dahinter stehen alte Traditionen: Rom und sein Papst ziehen schon im Mittelalter unzählbare Pilgerscharen aus ganz Europa an; seit dem Spätmittelalter verdichten sich die Pilgerströme noch einmal. Der Ausbau der „Heiligen Stadt" seit dem letzten Viertel des 15. Jh. ist gewaltig; die Stadt wird so nicht nur modern, sondern repräsentiert noch stärker den Herrschaftsanspruch des Papstes: Eine prunkvolle Residenz wird im Vatikan gebaut. In einer Bauzeit von über 100 Jahren wird der Petersdom errichtet. Damit einher geht ein einzigartiges Mäzenatentum, das alle namhaften Künstler der Epoche nach Rom zieht. Überdeutlich denkt man im Umkreis des Papstes in der Tradition des römischen Imperiums!

Der Papst hält Hof wie ein irdischer Machthaber. Als Fürst des Kirchen-staates hat er eine nicht kleine Machtbasis, zu der selbstverständlich ein Heer gehört. Mit der *Schweizer Garde* wird eine nach damaligen Maßstä-ben kampfkräftige Elitetruppe vorgehalten. Die Territorien werden syste-matisch – sehr oft auch mit militärischen Mitteln – ausgebaut. Daneben werden Bestechungsgelder zielstrebig eingesetzt. Wie weltliche Fürsten ver-trauen die Päpste vor allem den eigenen Familienangehörigen und setzen diese in die wichtigsten Ämter ein. Fast hat es den Anschein, als betreiben die Päpste eine Dynastiebildung.

Die Kirche ist aber auch damals mehr als der Papst. So gibt es ganz ver-schiedene Kräfte, die sich für eine Reform einsetzen: Humanisten, „Evan-gelismus", Mystik und die neuen Orden der Jesuiten und Ursulinen weisen und gehen neue Wege (5.1.2). Neben diesen inneren Kräften der Erneue-rung, die vor allem den Süden Europas repräsentieren, ist das **Konzil von Trient** (1545–63) für die Ausgestaltung der römischen Konfession funda-mental (7.1.4). Vor seinem Zustandekommen ringen Papst und Kaiser um das Ziel. Während es dem Kaiser um eine Reform der Kirche „an Haupt und Gliedern" geht, wollen die Päpste zunächst ein Konzil verhindern; seit den 1530er-Jahren geht es ihnen um die Abgrenzung von den protestanti-schen Häretikern. Als das Konzil 1545 endlich beginnt, wird es von Anfang an von den Päpsten gelenkt, die selbstverständlich die Themen bestimmen und die Geltung der Beschlüsse in Kraft setzen. Alle Lehrentscheidungen grenzen die römischen Dogmen von den evangelischen Entscheidungen ab. Die römisch-katholische Kirche hält an der apostolischen Sukzession der Bischöfe fest, nach der etwa der Papst sich in einer ununterbrochenen Kette von Bischöfen auf Petrus zurückführen kann, da dies die evange-lischen Kirchen nicht nachweisen können, werden sie nicht als Kirchen anerkannt.

Die Erneuerung der römisch-katholischen Kirche geht aber nicht nur vom Konzil in Trient aus. Vielmehr gelingt es der Kirche, die **Volksfröm-migkeit** nachhaltig zu fördern. Besonders erfolgreich geschieht dies in den Gebieten, in denen die politischen Gewalten diesen Prozess unterstützen. Meist verfolgen sie damit eigene, staatliche Ziele, etwa der Modernisierung. Zu den wichtigsten politischen Stützen gehören die Monarchen in Frank-reich, Österreich (mit Tschechien, Norditalien und Südtirol) und Spanien (mit den Niederlanden). Im Kirchenbau und der Kirchenmusik gibt es neue Aufbrüche, die die Konfessionalisierung voranbringen und zugleich als Unterscheidungsmerkmale zu den Protestanten angesehen werden. In der Volksfrömmigkeit werden gerade solche Frömmigkeitsformen unterstützt, die den eigenen Charakter markieren, dazu gehören etwa Wallfahrten und Prozessionen und die Verehrung der Heiligen (mit Reliquien etc.).

Theologisch löst man sich von den eher lebensfremden Fragen des Spätmittelalters und wendet sich neu der Bibelauslegung, den Kirchenvätern und den Fragen der Gegenwart zu. Besonders die Kontroverstheologie wird ausgebaut, ähnlich wie in den protestantischen Kirchen. Thomas von Aquin wird 1567 zum normativen Kirchenlehrer erhoben.

Intensiv treibt die Zentrale in Rom nach dem Konzil die Vereinheitlichung der Theologie und des kirchlichen Lebens voran: Verkündigung, Liturgie, Seelsorge und kirchliche Unterweisung werden einheitlich gestaltet, was zum grundlegenden Merkmale des Katholizismus wird. Die Mittel dazu sind unterschiedlich. Theologische Veröffentlichungen werden zensiert, Missliebiges verboten und auf einen Index verbotener Bücher gesetzt. Der Einheit dient die lateinische Sprache, die für Gottesdienst, Bibel, Theologie und Recht offiziell zu benutzen ist. Die katholische Reform wird von den deutschen Fürsten im Zuge einer allgemeinen Modernisierung unterstützt.

Durch den Kolonialismus des 16.Jh. wird die römisch-katholische Kirche plötzlich zur **Weltkirche**, denn die zunächst führenden Nationen der Europäisierung der Erde sind Portugal, Spanien und Frankreich. Von Anfang an verpflichten die Päpste die Kolonialmächte zur Mission (3.1.1), dafür erhalten die Herrscher das Kirchenpatronat über die Völker in den Kolonien.

UNTERM STRICH
Die Erneuerung der römisch-katholischen Kirche im Zeitalter der Reformation ist im Nachhinein beeindruckend, dieser Prozess zeigt wohl auch das Geheimnis der Kirche überhaupt. Alle menschlichen Verfehlungen von Mönchen, Priestern, Bischöfen und Päpsten im Mittelalter machen einen Neuaufbruch nicht unmöglich. In zähen Verhandlungen gelingt es den reformbereiten Kräften die organisatorische und dogmatische Basis zu reformieren und neu auszurichten. Zwar verliert man Mittel- und Nordeuropa an den Protestantismus, in Süd- und Westeuropa bleiben die Menschen jedoch ebenso wie in Osteuropa mit Rom verbunden.

2.1.6 Konfessionelles Zeitalter: Festigung und Verfestigung
Vehement streiten die Konfessionen bis zum Ende der Epoche um die reine und rechte Lehre, dabei entwickeln sie einerseits ihre theoretischen Glau-

bensgrundlagen, andererseits tragen sie dazu bei, dass ihre Relevanz in der Gesellschaft abnimmt, weil die Argumente abgeschliffen werden und das Interesse immer mehr erlahmt. Die Zeit zwischen der Reformation bis zum Westfälischen Frieden (1648) bezeichnet man als **konfessionelles Zeitalter**: Die Konfessionen bauen ihre Positionen aus und grenzen sich gegeneinander ab. Verschiedene Einigungsversuche in den 1540er-Jahren führen leider nicht mehr die Einheit zwischen Evangelischen und Altgläubigen herbei. Zwischen 1555 und 1618 konsolidieren sich die verschiedenen evangelischen Landeskirchen; im Bunde mit den Landesfürsten muss die reformatorische Bewegung in Deutschland nicht mehr um ihren Bestand kämpfen – die täuferischen Gruppen leben im Untergrund.

Der Augsburger Religionsfrieden (1555) sichert als Reichsrecht zwei Konfessionen die freie Religionsausübung zu: den Altgläubigen der römisch-katholischen Kirche und den *Augsburger Konfessionsverwandten* (wozu eigentlich nur die Lutheraner zählen, die auf dem Augsburger Reichstag von 1530 ihr Bekenntnis vorgelegt haben (4.1.1). Tatsächlich gibt es aber auch die *reformierten* Gemeinden, die sich nach und nach schärfer vom Luthertum abgrenzen (2.1.2); ihr Status wird reichsrechtlich erst im Westfälischen Frieden 1648 (Friedensvertrag des 30-jährigen Krieges) gesichert. Nur diesen drei Konfessionen wird das Recht zum öffentlichen Gottesdienst und zur Verbreitung ihrer Lehren gewährt.

Man spricht aber auch vom konfessionellen Zeitalter wegen der intensiven Verflechtung von Kirche und Staat. Der Staat schützt die Kirche auf seinem Territorium und die Kirche ruft die Glaubenden zum Gehorsam gegenüber dem Fürsten auf. Noch prägt das Christentum die Gesellschaft. Die Folgen für die Kirche: Pfarrer haben staatstreu zu sein, ihre Ausbildung wird zur Staatsangelegenheit, auch sind sie für soziale Aufgaben zuständig. Auf der Kanzel werden öffentliche Bekanntmachungen verlesen.

Konfessionelle Gegensätze werden polemisch ausgetragen, auch Lutheraner und Calvinisten streiten erbittert gegeneinander. Wie römischer Katholizismus und Calvinismus entwickeln auch die Lutheraner eine ausgefeilte Theologie. Alle drei Konfessionen haben den Anspruch, allein die wahre Theologie zu besitzen und damit in der Nachfolge der Urgemeinde zu stehen. Ihr Wahrheitsanspruch wird mit großen dogmatischen Lehrwerken untermauert. Dogmatik und Polemik bestimmen das Geschäft der Theologen; die Exegese und die Kirchengeschichte geraten aus dem Blick. So umfasst beispielsweise eine Dogmatik aus dieser Zeit (Dannhauer: „Christliche Wegweisheit", 1649) 1000 Seiten Darlegung der lutherischen Lehre; sie ist verbunden mit einer „Päpstlichen Wegtorheit" und einer „Calvinistischen Wegtorheit", die beide zusammen 6000 Seiten umfassen.

Andererseits lebt die Kirche jener Zeit auch nicht nur von Orthodoxie und Polemik. Es entstehen auch viele Erbauungsbücher, die die Frömmigkeit der Zeit widerspiegeln. Die Bibel wird gerne und häufig gelesen; viele Zeitgenossen erweisen sich als „bibelfest". Das Kirchenlied blüht, aus der großen Fülle an Gestalten sei hier nur auf Paul Gerhardt (1607–76) hingewiesen. Und auch die Kirchenmusik hat etwa mit Heinrich Schütz (1585–1672) hervorragende Vertreter vorzuweisen.

Erst gegen Ende des 30-jährigen Krieges (1618–48) nimmt die Polemik allmählich ab. Statt Konfessionalisierung ist danach die fortschreitende Säkularisierung zu beobachten: Religiös motivierte Konflikte werden zu rein politischen Angelegenheiten. Der religiösen Auseinandersetzung überdrüssig, wendet man sich anderen Fragen zu und klammert zunehmend religiöse Fragen aus. Jetzt beginnt eine neue Zeit!

UNTERM STRICH

Wenn man die Intensität des Streites um die Reformation der Kirche betrachtet, bleibt am Ende die Frage, ob diese Epoche nicht starke mittelalterliche Züge hat. Noch einmal gelingt es theologischen Fragen, die europäische Kultur zu bestimmen, die Diskussionen sind durch das neue Medium des Buchdrucks allerdings heftiger und kontroverser. Im Ergebnis setzen sich zunächst mittelalterliche Gewohnheiten durch: Der Landesherr bestimmt wie seit dem frühen Mittelalter über die Religion seiner Untertanen, nur nach heftigen Auseinandersetzungen lässt man das Nebeneinander unterschiedlicher Konfessionen im Deutschen Reich bestehen – hier wird dies allerdings nur dadurch möglich, dass der religiöse Einfluss des Kaisers zugunsten der Territorialherren weiter zurückgeht und der Kaiser auch seinen religiösen Einfluss abgibt. Weltgeschichtlich übernehmen die evangelischen Mächte die Führung, hier werden bald die revolutionären Entdeckungen gemacht, die in die Modernisierung des Kontinents einmünden. Die römisch-katholischen Länder erscheinen dagegen lange als rückständig und verschlossen, entfalten jedoch im Zeitalter des Barock ein intensives kirchliches Leben, das die Menschen integriert.

2.2 Kirche im Zeitalter von Absolutismus, Aufklärung und Erweckung

2.2.1 Orthodoxie und Barock

Kontroverse religiöse Fragen treten allmählich aus der Öffentlichkeit zurück, die Menschen wenden sich der Erkundung der weiten Welt zu. In der Zeit der Kriege und des Hungers rechnen viele zunächst noch wie Martin Luther mit dem nahen Ende der Welt. Die äußeren Verhältnisse erinnern die Menschen an die Szenarien der Endzeitreden Jesu. Aber in den Gemeinden nehmen nach dem großen Krieg auch die Stimmen zu, die mit dem Anbruch des Tausendjährigen Reiches rechnen (*Chiliasmus*). Wer sich zu intensiv dazu bekennt, stellt sich damit zunächst gegen die herrschende Orthodoxie, einige Pfarrer verlieren deshalb sogar ihre Stelle. Aber dann wendet sich allmählich die Ablehnung in Zustimmung und Toleranz, und das setzt Kräfte der Erneuerung frei.

Eine neue Eschatologie kommt auf, als man nicht mehr mit dem Ende der Welt rechnet, sondern zunehmend vom bereits angebrochenen Tausendjährigen Reich ausgeht, das ein neues Zeitalter der Hoffnung einleitet und Reformen und spirituelle Aufbrüche unterstützt. Diese Wendung findet Ausdruck in verschiedenen Reformschriften, die wie etwa Speners „Pia desideria" (dt. *Fromme Wünsche*, 1675) weit über jene Zeit hinaus wirken und einen Wandel einleitet (7.2.4).

Katholiken wie Evangelische feiern das Leben, bauen prächtige Kirchengebäude. Immer mehr bestimmen profane Motive die Gesellschaft. Typisch für die neue Zeit ist der *Barock.* Hier folgt die Kirche erstmals der weltlichen Baukunst, auch im **Kirchenbau** sieht man viel Gold und Pracht. Die Kirche tritt unmerklich aus der gesellschaftlichen Leitrolle zurück. Der Adel inszeniert eindrucksvolle Feste in seinen Schlössern, feiert das Leben – was sich zum Teil auch als Reaktion auf die furchtbaren Kriege und Seuchen erklärt. Die Künstler zeigen das diesseitige Leben in aller Farbenpracht, lösen die geraden Linien und Wände der Renaissance in einem Meer von Wucherungen in den „barocken Schwulst" auf. Die Bauwerke stürmen nicht mehr in den Himmel, sondern bleiben letztlich eher erdverbunden – wie die Gedanken der Menschen, die in die Kirche zum Gottesdienst gehen. Hinter und neben dieser Äußerlichkeit des Barock steht eine große Erfahrung von Vergänglichkeit und Pessimismus, an der viele verzweifeln und sich auf einen Weg nach innen machen.

Die **orthodoxe evangelische Theologie** sucht mitten im Chaos und der Krise nach der kosmischen Ordnung, die sie in großartigen dogmatischen

Entwürfen niederlegt. Es ist die Zeit der großen protestantischen Systematiken, in denen rechtgläubige Theologen die kosmische und theologische Ordnung darstellen und gleichsam festzurren. Kirchliches Leben erstarrt vielerorts zur Zustimmung zur richtigen Lehre, sie dient als Selbstvergewisserung zur richtigen Kirche zu gehören. Die Gottesdienste sind entsprechend auf die lehrhafte Predigt abgestimmt, die zumeist die eigene Konfession darstellt und sich mit anderen Lehrauffassungen polemisch auseinandersetzt. Dabei spielt der Katechismus eine entscheidende Rolle für die kirchliche Unterweisung. Während der lehrmäßigen Konsolidierung im Inneren und der erfolgreichen Verteidigung nach außen scheinen die Konfessionen hinsichtlich des konkreten Gemeindelebens zu stagnieren.

Neben der Predigt kommen den Kirchenliedern eine vergewissernde und belehrende Bedeutung zu. Durch die Predigt und das Kirchenlied werden Erkenntnisse der Reformation immer neu propagiert, bis sie ihren Sitz im Leben gleichsam verlieren. Die Selbstverständlichkeiten der Predigten fordern die Gemeinden kaum noch heraus. Vielerorts wendet man sich von religiösen Themen immer mehr ab. Infolge der kritischen Betrachtung der traditionellen Kirche, verliert die Institution Kirche in der Öffentlichkeit an Bedeutung; so macht Kant die Kirchenvertreter etwa dafür verantwortlich, dass die Menschen so lange unmündig sind. Nun wird zum Selber-Denken ermutigt, auch die Theologie muss Neues denken, sich vor der Vernunft rechtfertigen, ihre Lehrsätze einleuchten (7.2.1).Theologen streben nach Geschlossenheit des Weltbildes, auch setzt sich die konfessionelle Polemik fort, hat diese doch enormen Wert für die Selbstvergewisserung der Glaubenden. Das Interesse verlagert sich in den Kirchen von der Theorie zur Praxis, von der Lehre zum Leben. Anstelle des traditionellen Glaubens, der sich auf die Schrift gründet, formulieren die Theologen nun einen Vernunftglauben, der den Menschen einleuchtet. Mit den kirchlichen Festen und Ritualen können namentlich die gebildeten Menschen immer weniger anfangen und viele wenden sich von den Angeboten der Kirche ab (7.2.1).

UNTERM STRICH

Abgrenzung von einander und Beschwörung der eigenen Glaubensposition bestimmen das kirchliche Leben in der Zeit der Orthodoxie. Immer ausgefeilter werden die Formulierungen, die an die schwülstigen barocken Kirchen erinnern. Die ausgefeilten Lehren und die prächtigen Gebäude entfernen sich so sehr von den reformatorischen Anliegen, dass es uns heute doch sehr erstaunt. Die Sehnsucht nach einem gnädigen Gott scheint kaum noch durch. Sicher und stolz erscheinen die Kirchenvertreter nach dem Ende des 30-jährigen Krieges.

Während noch Luther intensiv um die eigene Glaubensposition gerungen hat, scheint nun alles geklärt, trocken und langweilig. Immer neu setzt man sich mit den anderen Glaubenspositionen auseinander, verletzt, polemisiert, gießt neues Öl in die Flammen der Spaltung. Es nimmt daher wenig Wunder, wenn sich die modernen, zukunftsoffenen Geister der Zeit vom kirchlichen Streit abwenden und sich neue, wichtige Themengebiete suchen.

2.2.2 Erweckungskreise

Während in den Kirchen meist das Lehrhafte im Zentrum steht und die konfessionelle Polemik ihren Höhepunkt erreicht, kommt es weltweit zu einem spirituellen Neuaufbruch, der die Kirchen an verschiedenen Orten von innen erneuert (5.2.2). Die neue Spiritualität verbreitet sich an der Wende vom 16. zum 17. Jh. überall von Europa bis Nordamerika: *Jansenismus* im katholischen Frankreich, *Methodismus* in England und Schottland, *First Awakening* (dt. erste Erweckung) in Nordamerika, *Pietismus* in Deutschland (5.2.2). Weltweit korrespondieren die Erweckten von Europa bis nach Nordamerika miteinander, durch Reisen besucht man einander, lernt sich kennen. So tauschen sich die Erweckten aus, befruchten sich gegenseitig. Englische *Methodisten*, deutsche *Pietisten* und amerikanische *Erweckte* profitieren so intensiv voneinander.

Die **Bibel** soll nicht nur im Gottesdienst vorgelesen, sondern auch in Bibelstunden behandelt werden, wie Spencer sie in Frankfurt mit seinen *Collegia pietatis* seit 1670 erprobt hat. Zugleich stärkt er die Kompetenz der Laien durch das allgemeine Priestertum, das Luther einst betont hat. Während Luther die Landesherren und deren geistliche Kompetenz im Blick hat, sieht Spener die Laien als Mitarbeiter, die er sammeln will und die zum Leben in gegenseitiger Liebe ermahnt werden. Namentlich die Entdeckung der Bibel als Erbauungsbuch führt zur neuen Belebung der Kirche: Während in der Orthodoxie die Bibel v. a. als Quelle der Lehre ihren Dienst tut, wird sie nun von den Glaubenden selbst gelesen. Zur Gemeindearbeit gehört nun neben dem Gottesdienst der ganzen Gemeinde das Treffen der Erweckten zur eigenen Erbauung. Die Erweckten tauschen sich über die Bibel aus, nehmen einander wahr und hören nicht mehr nur auf die Predigt des Pfarrers. Vielmehr werden neue Gemeindeveranstaltungen üblich, die das klassische Angebot erweitern. So wird Glaube zur Privatangelegenheit, während er vorher vor allem auch eine öffentliche Dimension gehabt hat.

In vielen Ländern wird diese Verschiebung in den privaten Bereich sehr reserviert aufgenommen; oft werden pietistische Konventikel verboten. In Württemberg wird der Pietismus dagegen ausdrücklich durch ein Toleranzedikt 1743 begrüßt und nicht nur geduldet.

Sammlung der Frommen

Früher als im lutherischen Bereich beginnt der Pietismus in der reformierten Kirche zu wirken. Theodor **Undereyck** (1635–93) arbeitet in Mühlheim/Ruhr seit 1660 als reformierter Pfarrer, der streng von der Prädestinationslehre ausgeht, auf biblischen Unterricht und Kirchenzucht großen Wert legt. Seit Anfang der 1660er-Jahre hält er Erbauungsversammlungen nach niederländischem Vorbild ab. Damit beginnen die klassischen pietistischen Bibelstunden im reformierten Raum noch vor Spener in Frankfurt. Später wirkt Undereyck kurze Zeit in Kassel und seit 1670 in Bremen, wo er die niederrheinischen und niederländischen Kirchenreformbemühungen dauerhaft in der Kirche verankert.

Berühmt wird der Lutheraner Philipp Jakob **Spener** (1635–1705) als Wegbereiter eines Gemeindebau-Programms, das große Folgen für die Frömmigkeit der Einzelnen wie der Gemeinde hat und den reformierten Vorbildern folgt. Er betreibt in Frankfurt neue Formen des Gemeindelebens, indem er neben den Gottesdiensten Gesprächsgruppen (zunächst als Literaturzirkel) gründet, aus denen sich Bibelstunden entwickeln. Er versteht sich in allem Tun als treuer Schüler Luthers, beruft sich auf Luthers Ausführungen zur dritten Weise des Gottesdienstes, wenn er *Collegia pietatis* (Gebet, Austausch von Glaubenserfahrungen, allgemeines Priestertum) gründet. Die Erbauungsversammlungen wollen bewusst an 1Kor 14 anknüpfen, in denen sich die Glaubenden gegenseitig „erbauen". Diese neue spirituelle Erfahrung gegenseitiger Erbauung führt zu jenen frommen Zirkeln der Frommen, die sich zwar in den Landeskirchen sammeln, aber durchaus ihr Eigenleben führen. Später wird manchem Beobachter der Bezug zum Mönchtum bewusst, das sich ebenfalls aus der Welt zurückgezogen hat und eine Ethik des Verzichts lebt. Anders als dort tauschen sich die Erweckten über die Heilige Schrift aus, gebrauchen Verstand und betreiben ein Studium, während das gemeinsame Leben der Mönche vom gemeinsamen Lobgesang bestimmt ist. Nicht mehr die ganze Gemeinde, sondern die Sammlung der Frommen nimmt Spener in den Blick, baut ein Kirchlein in der Kirche. In Dresden beginnt er später die religionspädagogische Arbeit mit Kindern. So werden eine ganze Reihe von Reformen in Kirche und Gesellschaft angestoßen. Es entsteht der innerkirchliche Pietismus.

Mit seiner Programmschrift „Pia desideria" (Fromme Wünsche) entwickelt er sein Reformprogramm (7.2.4).

Spener fordert die Vollendung der Reformation. Genau hier setzt nun ein Paradigmenwechsel an: Nicht nur die Reformation der Lehre und das Warten auf das Ende der Welt bestimmen die Haltung der Evangelischen, sondern man erwartet ein Eingreifen Gottes und die menschliche Antwort im Leben der Gemeinde. Nach der Lehre soll nun auch das Leben reformiert werden. Dazu macht Spener seine Reformvorschläge, unter der die Reformation der Kirche vollendet werden soll: 1. Beschäftigung mit dem Wort Gottes, 2. Übung des geistlichen Priestertums, 3. Praxis der Liebe, 4. Gebet und gutes Beispiel für Andersglaubende, um sie zu gewinnen, 5. Reform der Pfarrerausbildung, 6. erweckliche Predigten (5.2).

Da eine umfassende Reform der ganzen Kirche nicht möglich ist, beginnen die Erweckten in Deutschland mit der Sammlung der Bekehrten, die ein **„Kirchlein in der Kirche"** bilden. Die privaten Gruppen werden von vielen Kirchenleitungen sehr kritisch betrachtet, vielerorts verboten, selten geduldet. In Württemberg wird der Pietismus allerdings bewusst erlaubt und gefördert, auch in Halle (Reformuniversität in Brandenburg-Preußen) entsteht ein pietistisches Zentrum, das großen Einfluss auf Staat und Gesellschaft ausübt. Den erweckten Pfarrern ist bewusst, dass lebendiger Glaube nicht erzwungen werden kann. Daher konzentrieren sie sich wie Undereyck und Spener auf die Sammlung der Frommen. Spener beruft sich bewusst auf Luthers dritte Weise des Gottesdienstes und betont so seine Orthodoxie. Sowohl im lutherischen wie im reformierten Raum setzt ein Aufbruch der Frömmigkeit ein, der die Kirche gleichsam von innen erneuern will. Da der Mensch nicht mehr von der durch die Sünde bewirkten Trennung von Gott bestimmt ist, sondern von der Erneuerung durch Gott („Neuschöpfung"), kann der Mensch ein gottseliges Leben führen. In seiner erneuerten Natur wirkt nun der Geist der Liebe. Der Glaubende kann im Vertrauen auf Gottes vollendendes Wirken in der Welt positiv wirken.

So verschränken sich Frömmigkeit und Kirchenreform in Speners Programm intensiv. Während in vielen Regionen die Frömmigkeit einzelne Kirchen belebt (Württemberg, Niederrhein), bleiben andere eher unberührt. Es entstehen geistliche Zentren in Herrnhut und Halle, die einerseits innerkirchlich bleiben, aber durchaus eigenständige Gemeinschaftsformen entwickeln. Daneben gibt es auch separatistische Gruppen, deren Größe insgesamt aber eher klein bleibt. Zentrales Anliegen Speners und des Pietismus wird es, die Gnade im Menschen wirklich werden zu lassen.

Paradigmatisch lässt sich der Wandlungsprozess auch an der Arbeit August Hermann Franckes in Glaucha bei Halle nachvollziehen. Die Verhältnisse sind nach Krieg, Pest und zwei verheerenden Bränden schwierig. Zunächst setzt er klassisch bei der Überprüfung des Katechismuswissens ein: Wer das Glaubensbekenntnis unzureichend kennt oder unsittlich lebt, wird vom Abendmahl ausgeschlossen. Die staatliche Anordnung, dass während des Sonntagsgottesdienstes die Wirtshäuser geschlossen bleiben, setzt er formal durch. Nach Speners Vorbild dehnt er den Katechismusunterricht auf ein ganzes Jahr aus. Abends veranstaltet er *Collegia pietatis*. Seine Maßnahmen finden Zuspruch, rufen aber bald auch Gegner auf den Plan. Dazu gehören auch die Pfarrer aus Halle, die sich sowohl über die *Collegia pietatis* ärgern wie auch darüber, dass Mitglieder ihrer Gemeinden in Franckes Predigten gehen. Das zeigt den Zuspruch zu Franckes Predigttätigkeit in der Stadt.

Ein Ausgleich mit den Amtskollegen scheitert zunächst, öffentlich rechtfertigt sich Francke in einer Predigt über die „wahre Gerechtigkeit" (Matth 5,20-26), in der er die Schuld am Verfall der Kirche im unwürdigen Verhalten der Geistlichen sieht. Man müsse auf ein frommes Leben dringen und den Menschen, die bloß weltliche Vergnügungen im Blick haben, nicht zu schnell die Vergebung zusprechen. Die Pfarrer müssten ihre Vorbildrolle wahrnehmen und selbst aus ihrer Gottseligkeit agieren. Diese Gedanken finden sich bereits in Speners *Pia desideria* von 1675.

Immer wieder bietet Francke seinen Gegnern Grund zur Klage und zur Kritik. So wird eine Untersuchungskommission eingesetzt, die den Glauben Franckes prüfen soll. Zu den Vorwürfen gehören die Konventikel wegen der Gefahr der Separation und der Verbreitung von Irrlehren, die Behauptung ethischer Vollkommenheit u. Ä. Francke bestreitet die Vorwürfe und betont immer neu seine Rechtgläubigkeit. Die Übereinstimmung der Beklagten mit der Augsburger Konfession wird schließlich festgestellt.

Weiter hält Francke seine *Collegia pietatis*, verschiebt sie aber vom Abend in den späten Nachmittag, worauf sich die Teilnehmerzahlen von 20 auf 250 erhöhen. Auch weiterhin wirken Gegner für seine Versetzung, aber vergeblich. Immerhin machen 120 Bürger Glauchas eine Eingabe, um ihren engagierten Pfarrer zu behalten. So trägt seine Arbeit deutliche Früchte. Parallel zur erwecklichen Gemeindearbeit baut Francke den diakonisch-pädagogischen Komplex des „Waisenhauses" (6.2) aus. Mit dem zunehmenden Wachstum des Waisenhauses wird Franckes Stellung gestärkt, auch wenn es weiter Spannungen gibt. 1715 wird Francke dann Pfarrer an St. Ulrich in Halle. Die Beziehung zur Orthodoxie bleibt gespannt. Formal bleibt Francke auf der Grundlage der lutherischen Bekenntnisschriften, methodisch wirkt er aber in Speners Spuren.

Neben den innerkirchlichen Aufbrüchen werden auch separatistische Bestrebungen aus dem radikalen Pietismus fassbar, die für sich in der Volkskirche keine Zukunft sehen. Einen formalen „Austritt" aus der Staatskirche gibt es damals noch nicht, entsprechend schwierig ist die Lage der Dissidenten in Mitteleuropa, viele wählen daher den Weg nach Amerika oder finden an frommen Fürstenhöfen Zuflucht.

Herrnhuter Brüdergemeine als neue Kirche

Während in dieser Epoche der Orthodoxie die Lehre geradezu eifersüchtig verteidigt wird und der Pietismus in Halle langsam seine Anerkennung erlangt, nutzen nicht wenige Adlige ihre Patronatsrechte, um in ihren Zuständigkeitsbereichen pietistische Reformen durchzuführen. Auch nutzen diese frommen Adligen ihre Stellung, um radikale Kräfte zu unterstützen. In Nachahmung anderer Vorbilder entsteht so auch die Zinzendorf'sche Hofgemeinde in Herrnhut Anfang des 18. Jh., aus der sich sogar eine neue Denomination entwickelt. Dort haben sich auf Einladung des Grafen Glaubensflüchtlinge aus dem katholischen Böhmen niedergelassen und mit anderen Glaubenden unter Zinzendorfs Leitung zur **Brüdergemeine** entwickelt. Mit der Herrnhuter Brüdergemeine entsteht gewissermaßen eine Freikirche, die sich allerdings auf die böhmische Brüderunität als „Augsburgische Konfessionsverwandte" beruft. Überall in der Welt entstehen Niederlassungen, intensiv betreibt man eine Diasporaarbeit unter Erweckten.

Da immer wieder neue Glaubensflüchtlinge zuziehen und wohl auch bewusst unter den römischen Katholiken evangelisiert wird, kommt es zu Beschwerden der kaiserlichen Landesherren in Kursachsen, was zur Ausweisung Zinzendorfs aus Sachsen führt.

Überregional wirksam ist am Ende des 18. Jh. die Diasporaarbeit der Herrnhuter Brüdergemeine. Diese Arbeit geht direkt auf Zinzendorf zurück, der die Betreuung aller Gläubigen in der Diaspora als Aufgabe der Brüdergemeine gesehen hat. Dabei sollen die Sendboten möglichst im Einvernehmen mit den Ortsgeistlichen arbeiten. Besonders in den 1770er und 1780er-Jahren erreicht dieser Arbeitszweig seinen Höhepunkt, als die Aufklärung auf dem Höhepunkt ist. Meist sind die Sendboten mit ihren Ehefrauen unterwegs, die sich um die Seelsorge der Frauen kümmern. Sie betreiben weniger Mission als vielmehr Gemeinschaftspflege. Neben einer kurzen Verkündigung gehören freie Gebete und Gesang zum festen Programm. Darüber hinaus werden Mitteilungen aus Herrnhut und der weltweiten Mission weitergegeben. Der für Württemberg zuständige Sendbote besucht 1770 20 Orte und lernt dabei 435 Menschen kennen, darunter sind 17 Geistliche. In Franken und Bayerisch-Schwaben werden an 25 Orten 367 Menschen besucht, darunter sind acht Pfarrer. Durch diese Arbeit sind gerade in der Zeit der Revolutions- und Freiheitskriege viele Verbindungen aufrechterhalten worden. Danach sind die Behörden im Zeichen der Restauration gegenüber allen Versammlungen sehr restriktiv, und vielen Sendboten wird die Arbeit untersagt. Oft unterstützen die Betreuten die Anfang des 19. Jh. entstehenden Missions- und Bibelgesellschaften.

UNTERM STRICH

In reformierten wie lutherischen Gemeinden sammeln erweckte Pastoren die Glaubenden in besonderen, frommen Kreisen, die ihr Leben an der Nachfolge Christi ausrichten wollen. Manche orthodoxe Prediger lehnen die erweckten „Konventikel" ab, andere begrüßen sie herzlich. In vielen Gegenden treffen sich nun Erweckte, bilden neue Gemeinschaften und bieten den Menschen Zugehörigkeit. „Weltliche Vergnügungen" werden gemieden, fromme Werke gesucht und getan. Ethik und Moral scheinen alle Aufmerksamkeit zu erhalten. Die Erweckten sondern sich von der Welt ab und bauen eine Parallelwelt auf, in der sie sich vorwiegend bewegen. Neben den sonntäglichen Gottesdiensten erweitern „Bibelstunden" die kirchlichen Angebote. Hier tauschen sich erweckte Christen über die Bibel aus. Die Auslegung ist also nicht mehr nur Aufgabe des Pfarrers, jetzt können sich interessierte Laien betätigen und gegenseitig lehren und ermutigen. In Gestalt des Pietismus ähneln sich die Anliegen im lutherischen und reformierten Raum, das kündigt einen Modernisierungsschub an, der Glauben nicht mehr als Zustimmung zur objektiven Lehre begreift, wie sie der Pfarrer auf der Kanzel vertritt, sondern als persönliche Überzeugung, die jeder Erweckte selbst aus dem Studium der Schrift gewinnt und mit anderen teilen kann.

Das echte christliche Leben soll die gewonnenen Einsichten widerspiegeln und gleichsam beweisen. Der Tatbeweis des Lebens spielt für die Erweckten eine große Rolle und lässt sich von Nordamerika bis Europa beobachten. Die Vorstellung finden wir aber auch bei den Aufklärern, die alle die große Bedeutung der Moral betonen. Klassisch zeigt das etwa Lessing in seiner „Ringparabel", wenn er behauptet, dass sich der Wert einer religiösen Überzeugung im moralischen Verhalten der Religionsanhänger zeige. Neben der öffentlichen Religionsausübung im Gottesdienst privatisiert sich so der Glaube in den erweckten „Privaterbauungsversammlungen". Zugleich individualisiert sich der Glaube, denn der Erweckte kann ihn auch für sich durch sein eigenes Bibelstudium oder das Lesen von Erbauungsliteratur betätigen.

2.3 Kirche im 19. und 20. Jh. zwischen Säkularisierung und Erweckung

2.3.1 Zwischen Revolution und Reform

Revolution und Restauration

Mit der Französischen Revolution beginnt die Moderne: Für die Kirchen Europas setzt ein einzigartiger Traditionsbruch ein. Durch die andauernde enge Zusammenarbeit von Kirche und Staat richten sich die revolutionären Kräfte in Frankreich gegen beide Institutionen des *Ancien Régime*. Zunächst wird der Staatsbankrott aus dem Vermögen der Kirche abgewendet. Als sich Priester gegen die Neuordnungen stellen, da sie den Eid auf die Verfassung verweigern, setzt eine regelrechte Verfolgung ein. Priester werden eingesperrt und getötet, Kirchen werden zu Pferdeställen und Magazinen umfunktioniert. Die französische Kirche verliert ihren politischen und wirtschaftlichen Einfluss. Für die Kirchen Europas wird diese Erfahrung zum paradigmatischen Lehrstück: Künftig stehen die Kirchen allen politischen Veränderungen kritisch gegenüber; Thron und Altar sehen sich aufeinander angewiesen, Kirchen sind und bleiben bis ins 19. Jh. konservativ (1.3.4, 4.3.1)!

Infolge der französischen Revolution verlieren die Kirchen überall in Europa an politischem Einfluss (4.3.2). Im Umfeld des Reformationsjubiläums von 1817 sorgt der preußische König in seiner preußischen Landeskirche für eine neue Gottesdienstordnung, die er stark an Luthers Reform aus dem 16. Jh. orientiert. Dieser Traditionalismus führt zu erheblichen Spannungen und macht die Kirche in gewisser Weise „unmodern". Intensiv sorgen sich Theologen außerdem um die Einheit der Christen. Vielen scheint es an der Zeit, wenigstens unter den Evangelischen eine Einheit zu erreichen. Seit dem Reformationsjubiläum von 1817 entsteht auf Befehl des preußischen Königs die *Kirche der Altpreußischen Union*. Im selben Jahr setzen Bemühungen um die Einheit der evangelischen Kirche ein, die zur Bekenntnisunion in *Nassau* und *Baden* führen. Mit der Aufklärung sind in vielen Regionen die konfessionellen Gegensätze zurückgetreten, daher scheint nun die Einheit der Kirche möglich (7.2); vielfach will man so dem Fortschritt dienen. Aber so einfach liegen die Dinge nicht. Während es durchaus Kräfte gibt, die sich für eine Union aussprechen, erhebt sich intensiver Widerstand bei den lutherischen Christen, die ihre Konfession neu entdecken und verteidigen.

Säkularisierungstendenzen

Die Säkularisierung des Denkens schreitet voran, antireligiöse Daseinshaltungen werden möglich, zugleich wirbt die Kirche um neues Interesse für *Religion* und Kirchlichkeit. Erstmals werden antireligiöse Daseinshaltungen und Deutungen artikuliert (7.3.1). So gerät die Kirche unter einen Selbstrechtfertigungsdruck. Die Kirche ist zwar im Bürgertum präsent, aber ihre Rolle im öffentlichen Leben geht weiter zurück. Theologen wie Schleiermacher (1768–1834) bemühen sich die Bedeutung der Kirche zu verdeutlichen. 1799 veröffentlicht er seine *Reden über die Religion an die Gebildeten unter ihren Verächtern*. Nicht um Moral oder Metaphysik geht es seiner Ansicht nach in der Religion, sondern um eine besondere Dimension des Lebens, um Anschauung und Gefühl, um Erleben des Unendlichen. Neben ihm gibt es viele Theologen, die in der Tradition der Aufklärung gerade die Bedeutung der Kirche für die Moral der Gesellschaft betonen. Die Kirche hat demzufolge einen Bildungsauftrag und soll die Menschen zu freien Individuen bilden und moralisch verbessern (7.3.1, 7.3.2).

Dagegen suchen Theologie und Kirche nach Strategien zur Verbesserung der Kirchlichkeit im Rahmen von Gottesdienst und Seelsorge. Die Evangelische Kirche hat zwar den Anspruch, die ganze Gesellschaft zu erreichen, das entspricht aber nicht mehr der Wirklichkeit. Während der Staat seine Kompetenzen laufend erweitert, Zwischengewalten ausschaltet und so die Bürger direkt seinem Zugriff unterstellt (Schule, Wehrpflicht, Polizei und Gerichtswesen), bleibt in der Staatskirche die Verweigerung möglich, ohne dass es dort Sanktionen gibt. Für den modernen Staat spielt die Kirchenzucht keine Rolle mehr. In der zweiten Hälfte des Jahrhunderts gewähren die Staaten der Kirche insgesamt mehr Eigenständigkeit, aber keine Unabhängigkeit. Damals kommen neue Probleme für die Kirchen auf, als die Großstädte in Deutschland die traditionellen kirchlichen Strukturen überfordern. Volk und Nation werden zu neuen Themen. Nach England und Frankreich wird dies seit den Befreiungskriegen auch in Deutschland von Bedeutung.

Erweckung und Innere Mission

Mitten in der Zeit zunehmender Säkularisierung kommt es seit 1820/30 auch zu einer Erweckung (5.3.2), in der das geistliche Leben in den Gemeinden neu aufbricht. Einerseits dreht sich darin vieles um Sündersein und Errettung, andererseits gehen von den Erweckten große Wirkungen im diakonischen und missionarischen Bereich aus. So kommt es auch zu Impulsen der Rechristianisierung (3.3.2, 5.3.2).

Um 1830 entsteht in Dublin (1829), Plymouth (1831) und Bristol (1832) die **Brüderbewegung**. Die *Brethren* (Brüder) versammeln sich nach Jesu Wort Matth 23,8 (*Einer ist euer Lehrer, ihr alle seid Brüder*) und folgen der Vision des Priestertums aller Glaubenden. Jeder Bruder ist gleichberechtigt, legt die Schrift aus, macht Liedvorschläge und betet. Die Charismen der Glaubenden und die Leitung durch den Heiligen Geist werden ganz neu betont. Namentlich junge Akademiker werden angesprochen und finden als Christen zueinander, als man nach den napoleonischen Kriegen mit der Wiederkunft Jesu rechnet. Großen Einfluss erhält John Nelson **Darby** (1800–82), Jurist und anglikanischer Pfarrer, der die *Einheit der Kirche* sucht. In der Feier des Herrenmahls sollen sich die Christen aus allen Denominationen versammeln und dazu ihre Kirchen verlassen, um sich so von diesen religiösen Systemen abzusondern. Diese Absonderung hält er für grundlegend, denn die religiösen Systeme seien ein Übel, das es zu verlassen gelte, wolle man nicht in der Sünde bleiben. Wegen dieser Ablehnung von Strukturen gründen die Brüder keine eigenen Gemeinden im klassischen Sinne. Seit 1843 versammeln sich in Württemberg und im Rheinland Brüder. 1848 spaltet sich die Brüderbewegung in die abgesonderten *exklusiven Brüder* (*exclusive* bzw. *close Brethren*) und die *offenen Brüder* (*open Brethren*). Beide Richtungen wollen bewusst keine neue Freikirche gründen, sondern sich als Christen im Namen Jesu nach Matth 18,20 versammeln.

Am Ende des ersten Drittels des 19. Jh. brechen neue separatistische Bestrebungen auf, die zur **Gründung von freien Gemeinden** führen. Im Rahmen der Feierlichkeiten zum „Augsburger Bekenntnis" 1830 kommt es zu einem Konflikt der Lutheraner in Schlesien, wo eine Freikirche lutherischer Prägung entsteht. Später folgen auch Baptisten, Freie evangelische Gemeinden und Methodisten. Sie verlassen den volkskirchlichen Rahmen und gehen neue Wege, die die traditionellen Spuren verlassen.

Zur Zeit der Erweckung entsteht in Deutschland 1834 durch den Erweckten Johann Gerhard Oncken (1800–84) die erste **Baptistengemeinde** in Hamburg. Da es damals noch keine Religionsfreiheit gibt, kommt es vielfach zu Repressalien der Behörden: Hausdurchsuchungen, Inhaftierungen, Ausweisung und zwangsweise Taufen von Kindern sind an der Tagesordnung. Dennoch entstehen durch Onckens Aktivitäten weitere Gemeinden. Insofern die Kirchen allzu oft ihre Glaubwürdigkeit verlieren, schließen sich Glaubende zu neuen Gemeindeformen zusammen. Nach 1848 wird der *Bund der Vereinigten Gemeinden getaufter Christen* gegründet. Im Todesjahr Onckens 1884 hat der Bund 32.000 Mitglieder. 1880 entsteht ein Predigerseminar in Hamburg (1997 nach Elstal bei Berlin verlegt).

Den revolutionären Aktivitäten der Jahrhundertmitte (1.3.4) begegnet **Wichern** mit seinem Konzept einer **Inneren Mission**. Hat er ursprünglich mit seinem Rettungshauskonzept den Menschen ganzheitlich helfen wollen (6.3.1), so erweitert er diese Vorstellung nun in die Gesellschaft hinein. Er will die gesellschaftlichen Missstände durch Evangelisation bekämpfen. Die Entkirchlichung der Massen stellt für ihn das eigentliche Problem dar. Folgerichtig entwirft er ein Rechristianisierungsprogramm der Inneren Mission.

- *Was von der Kirche als Kirche geschehen muss, um den unteren Klassen der*
- *Gesellschaft christlich gründlich zu helfen, ist in dem einen Wort zusam-*
- *menzufassen: Den Armen muss das Evangelium gepredigt werden! […]*
- *Die Frucht wird sein, dass die Armen in Kraft der göttlichen Predigt glau-*
- *ben, glauben, wie das Glauben allein gemeint sein kann, namentlich zur*
- *Erneuerung ihres ganzen persönlichen, häuslichen, gesellschaftlichen und*
- *politischen Lebens. Wo dieser Glaube ist, da ist die Grundlage aller Hilfe…*
- Wichern: Die Proletarier und die Kirche. in: Fliegende Blätter, 1848,
- zit. nach Philipp: Protestantismus, S. 207.

Wichern will die Getauften evangelisieren und entwickelt neue gemeindepädagogische Formen: Die Kirche soll zu den Menschen gehen (Straßenpredigten), Wichern sieht neue Orte der Begegnung (Gemeindehäuser oder Kirchsäle in den Mietskasernen der Armenviertel) und fordert neue Mitarbeiter aus den Proletarierkreisen (Prediger). Ein umfassendes Problembewusstsein für die Strukturprobleme der Zeit zeigt er nicht. Immerhin sieht er die große Not und ruft die Kirche zum Handeln auf. Die Aufgabe der Inneren Mission wird eine große Gemeinschaftsaufgabe aller deutschen Landeskirchen, während an ein engeres Miteinander noch kaum zu denken ist (4.3).

Karitative Aktivitäten ergänzen die evangelistischen Anliegen und ergeben ein ganzheitliches Konzept von Glaube und Liebe. Hier entsteht seine

Konzeption von *Volkskirche* gegenüber der traditionellen *Amtskirche*: Alle Kräfte der Gesellschaft sollen gemeinsam daran arbeiten, dass die Kirche wieder mit christlichem Leben erfüllt wird. Dazu sollen auch Laien herangezogen werden. Dahinter steht seine Vorstellung vom Reich Gottes, das dem Reich der Sünde entgegenarbeitet: Durch die Innere Mission sollen die Menschen zurück zu Gott geführt werden, sodass sich das Reich Gottes hier ausbreiten kann und dadurch auch das Elend beendet wird.

Die praktische Durchführung der Inneren Mission (einschließlich sozialpädagogischer und sozialkaritativer Aktivitäten) liegt bei den Vereinen, die sich in der Mitte des 19. Jh. unter dem *Central-Ausschuss für Innere Mission* zusammengeschlossen haben, der nach Wicherns Stegreifrede am 23.9.1848 auf dem Wittenberger Kirchentag entstanden ist. Durch die sozialkaritative und sozialpädagogische Arbeit ist für viele Menschen die Bedeutung der Kirche für die Gesellschaft wieder deutlich geworden.

Parallel zu Wicherns Plänen gründen über 50 Pastoren in Barmen 1848 die **Evangelische Gesellschaft für Deutschland**; hier sammeln sich zunächst lutherische Pastoren, die volksmissionarisch wirken wollen. Man stellt Evangelisten an, die zwischen Mülheim und Solingen arbeiten. Immer wieder kommt es zu Konflikten mit örtlichen Pfarrern (2.3.1). In Lemgo gründet man eine Gemeinde, von wo ein Reiseprediger umliegende Ortschaften besucht. Die revolutionäre Bewegung im Wuppertal nach dem Scheitern des Paulskirchenparlaments (1.3.4) scheint der Hintergrund dieser umfassenden Missionsbemühungen. Die Evangelisation des säkularisierten Volkes ist damals das Anliegen vieler Frommer; so finanziert Heinrich Grafe (1818–69), ein Kaufmann in Barmen, den Evangelisten Johann Heinrich Lindermann (1806–92). Dieser ist Anhänger Tersteegens und pflegt offenbar besonders dessen kirchenkritische Einstellung. Als 40-jähriger wird er zunächst Mitarbeiter der Bergischen Bibelgesellschaft, die seit 1846 das Land bereisen lässt, um Bibeln zu verteilen und Stunden zu halten.

Zwei Jahre später entsteht der **Evangelische Brüderverein**, der missionarisch vom Bergischen Land bis ins Siegerland wirkt. Ausdrücklich weist dessen erster Vorsitzender Gymnasialdirektor Dr. Carl Bouterwek auf den Zusammenhang der Vereinsgründung mit der Revolution von 1848/49 hin. Nach dem vergossenen Blut auf den Barrikaden der Stadt wird den Vereinsgründern die problematische sittliche und religiöse Situation klar.

- *Was die Kirche und Schule verbrochen hatten, sollte durch Vereine*
- *für innere Mission, eine Sache, deren Name in den letzten Jahren hier*
- *und da öfter gehört wurde, in aller Eile wieder gut gemacht werden;*

- *die durch vertragsmäßige Einigung sich stärker fühlende äußere Kir-*
- *che wollte durch diese Mission sich selbst innerlich wieder aufhelfen.*
- Bouterwek in Evangelische Kirchenzeitung 1851, zit. nach Act des Ge-
- wissens, S. 19.

Bildungs- und Wirtschaftsbürger haben sich wie hier im *Evangelischen Brüderverein* zusammengeschlossen, um die Versäumnisse der Vergangenheit anzugehen. Bewusst knüpft man an die neue Möglichkeit der Vereine an, die auch Wichern für seine Vision der Inneren Mission vorantreibt. Bei aller Ablehnung der Revolution in der vom Verein herausgegebenen Zeitschrift *Der Sämann* macht man doch nicht die Unterschichten allein verantwortlich, sondern auch die ebenfalls säkularisierte Oberschicht: Erst müssen sich die wohlhabenden und gebildeten Bürger bekehren, dann könne man sich den unteren Schichten zuwenden.

- *Ich sehe jetzt das Unrecht nicht mehr bloß im Volke, sondern ebenso*
- *gut bei den Fürsten; ich sehe es überhaupt in jedem unbekehrten Men-*
- *schen, als Menschen eben, gleichviel welches Standes und Ranges er sonst*
- *ist. – Und sollte ich unter den verschiedenen Regierungsformen wählen,*
- *so würde ich kein Bedenken tragen, mich für die* Republik *, als für die*
- *an sich beste, zu erklären; weil sie der persönlichen Entwickelung, zur*
- *Bildung tüchtiger Charaktere, am förderlichsten ist, indem ihre Hand-*
- *habung, wenn solche wirklich am ersprießlich sein soll für das Wohl des*
- *Landes, schon Charaktere verlangt, die aus dem Volke hervorgegangen*
- *und in ihm gebildet, dann auch auf's Volk volksthümlich zurückwir-*
- *ken und dasselbe zur eigenen Bildung soviel besser anspornen können.*
- Grafes politische und theologische Beurteilungen der Barrikadenzeit
- (1879), zit. nach Act des Gewissens, S. 43.

Bildungs- und Wirtschaftsbürger wie Gymnasialdirektor Dr. Bouterwek, Lehrer Brockhaus, Kaufmann Neviandt und Unternehmer Grafe geben sich mit dem Zustand nicht ohne Weiteres zufrieden. Durch die Innere Mission des Volkes zielt man also nicht nur auf die Seelengewinnung, sondern durchaus auch auf gesellschaftliche Erneuerung und Veränderung. In der neu ermöglichten Form des Vereins kann dieses transformatorische Ziel angegangen werden. Im Verein selbst lebt man neue Formen des Zusammenarbeitens, denn im Verein sind alle gleich. Die Geschicke werden gemeinsam demokratisch entschieden. Bald übernimmt der Brüderverein den von Grafe bis dahin finanzierten Mitarbeiter Lindermann.

Im Kampf gegen die Säkularisierung und für die Evangelisation stellt der *Brüderverein* weitere Mitarbeiter für missionarische Aufgaben an. Gegenüber diesem missionarischen Aufbruch sind die verantwortlichen Kirchenvertreter nicht selten reserviert, da sie demokratische und separatistische Tendenzen vermuten, schließlich geht die Bewegung von Laien aus. Die Vereinsmitglieder sind gleich und gegenüber der Kirche ist man unabhängiger. Die bald insgesamt elf angestellten Reiseprediger (intern „Lehrbrüder" oder „Sendboten" genannt) sollen keine Abendmahlsfeiern halten, da es so Konflikte mit den verschiedenen Kirchengemeinden vor Ort geben wird. Als Schrift- und Geschäftsführer wirkt Carl Brockhaus (1822–99), der für die Reiseprediger verantwortlich und selbst für den Verein unterwegs ist. Nach zwei Jahren werden an 160 Orten Versammlungen abgehalten.

Verschiedene Mitarbeiter gehen bald eigene Wege, arbeiten zwischen Velbert, Solingen und Mülheim und sammeln Anhänger. 1851 kommt Friedrich Herring mit Julius Köbner aus der Hamburger Baptistengemeinde in Kontakt, der ihn tauft. Nun wirkt Herring als Baptist. Zu Weihnachten 1851 tauft er 22 Anhänger in der Ehrener Mühle; kurz darauf meldet er eine baptistische *Gemeinde Jesu Christi* an. Auch Lindermann wird im Winter 1851 Baptist, durch das Wirken von Herring und Lindermann entsteht so die „Bergische Täuferbewegung", die regional recht bekannt wird.

Im November 1852 gründen die Hamburger Baptisten dann eine Gemeinde in Barmen, von der weitere Gemeinden gegründet werden. Immer wieder verlangen kirchliche Behörden, aber auch die preußische Regierung in Berlin Berichte über die Separationen, die dann über die Landräte von den Bürgermeistern gefordert werden. Meist berichten sie von kleinen Gemeinschaften von 8-12 Personen, von den „religiösen Versammlungen" und den Zielen der Separatisten. Diese sind teilweise gegen die Kindertaufe, aber auch werden Pfarrer kritisiert, weil sie nicht das „lautere Wort Gottes" verkündet hätten. Die Anhänger gehören oft zur Unterschicht und man stellt ihnen ein gutes Zeugnis aus.

Gegenüber den Separatisten bleiben Pfarrer und Bevölkerung nicht gleichgültig, manche schauerliche Gerüchte sind im Umlauf (so wird behauptet, die Erwachsenentaufen geschähen nackt), manche können auch noch nicht mit den neuen Freiheiten umgehen. Mitunter werden Versammlungsstätten demoliert, was zu strafrechtlicher Verfolgung führt.

Durch die im Umkreis des Evangelischen Brüdervereins wirkenden Täufer sieht sich der Verein genötigt, sich gegen diese öffentlich abzugrenzen. In der eigenen Vereinszeitschrift *Der Sämann* veröffentlichen Grafe und

Brockhaus 1852 eine „Erklärung des Brüdervereins", dass sie sich in kirchlichen Fragen „neutral" verhalten.

- *Es ist daher dem Verein auch nicht gleichgültig, wenn man ihn, wie es leider vielfach und geflissentlich geschieht, mit den gegen die Landeskirche gerichteten Bestrebungen der in hiesiger Gegend jüngst zahlreich auftretenden Taufgesinnten in Verbindung bringt, und persönliche Bekanntschaften zwischen Mitgliedern des Vereins und einigen Taufgesinnten dahin ausbeutet, dass man darin eine Verbindung des Vereins selbst mit jenen erblicken will. Der Verein kann und wird an keiner Bestrebung, welche die Bildung von Gemeinen zum Zweck hat, irgend einen Anteil nehmen.*
- Grafe/Brockhaus: Erklärung des Brüdervereins, 1852, zit. nach Jung: Als die Väter noch Freunde waren. 1999, S. 79.

Ende 1852 treten Carl Brockhaus und sieben andere Brüder aus dem Evangelischen Brüderverein aus und versammeln sich zum Herrenmahl als *exklusive Brüder*. Zum Austritt kommt es, weil einige Mitarbeiter separatistisch im Sinne der Brüderbewegung wirken. Von den 4.000 Lesern der Zeitschrift des Brüdervereins bestellen mehr als die Hälfte die Schrift ab.

Zur Brüderbewegung zählt auch der Jurist Julius Anton von Poseck (1816–96) aus dem Vogtland, der mit Brockhaus und John Nelson Darby die Bibel ins Deutsche übersetzt. Seit seiner Bekehrung 1848 studiert und übersetzt von Poseck Darbys Schriften. Brockhaus formuliert 1853 ein „Glaubensbekenntnis der Brüder-Gemeinde" und gründet in Breckerfeld eine Gemeinde. Namentlich durch die *Elberfelder Bibelübersetzung* werden die Brüder bekannt, Brockhaus gründet einen Verlag, den sein Sohn Rudolf weiterführt; dazu entsteht in Dillenburg durch Emil Dönges ein weiterer Verlag.

Neben den *exklusiven* Brüdern entsteht auch in Deutschland eine Bewegung der *offenen* Brüder, die im Rahmen der Evangelischen Allianz mit anderen Christen zusammenarbeiten und 1905 eine Bibelschule für Innere und Äußere Mission gründen (seit 1905 in Wiedenest/Bergneustadt).

Ökumenische Initiativen

Mit der zunehmenden Internationalisierung finden die Christen auch wieder Interesse aneinander. Die „Heilige Allianz" des orthodoxen Zaren von Russland mit dem römisch-katholischen Kaiser von Österreich und dem evangelischen König von Preußen wird 1815 als Reaktion auf die Französische Revolution geschlossen und soll der Restauration dienen (1.3.4,

1.3.1). In Deutschland suchen viele im Rahmen des Reformationsjubiläums 1817 in der Union zwischen Lutheranern und Reformierten den Weg zueinander, der aber insbesondere von den Lutheranern zu Gegenreaktionen führt (4.3.2). In Deutschland kommen die Kirchen 1851 zur Eisenacher Konferenz zusammen, ab 1903 entsteht der Kirchenausschuss, 1922 entsteht der Deutsche Evangelische Kirchenbund.

Daneben finden einzelne Christen über konfessionelle Grenzen hinweg zueinander. So entsteht 1846 die **Evangelische Allianz** in London, als sich 900 erweckte Christen aus verschiedenen Kirchen zusammenfinden, um die unzerstörbare Einheit im Glauben an Christus zu demonstrieren. Dabei will man keine Einheit der Institutionen, sondern die Einheit der Christen pflegen. Örtlich sollen sich Christen aus unterschiedlichen Gemeindehintergründen zum Gebet versammeln, aber sich auch gemeinsam um Mission und Diakonie mühen.

Parallel dazu entstehen internationale Jugendverbände, zunächst 1855 in Paris der **Christliche Verein junger Männer** (*CVJM/ YMCM*), der wie die „Evangelische Allianz" ihre Einheit im Glauben an Jesus findet. 1893 entsteht der *Christliche Verein Weiblicher Jugend*, ein Jahr später der *Jugendbund für Entschiedenes Christentum* und schließlich 1895 der *Christliche Studentenweltbund*.

Gründung der Freien evangelischen Gemeinde

1854 gründet **Hermann Heinrich Grafe** *in Elberfeld* und *Barmen* die erste *Freie evangelische Gemeinde*, als eine vom Staat freie Glaubensgemeinschaft, die ihre Geschicke demokratisch in die Hand nimmt. Grafe hat bei einem Aufenthalt in Lyon 1841 die dortige freie evangelische Gemeinde (*Èglise évangélique de Lyon*) kennen und schätzen gelernt. Neben der Botschaft der Gnade Gottes wird ihm der Bezug auf das Neue Testament und das allgemeine Priestertum aller Gläubigen wichtig. Dass dort das Abendmahl nur an Glaubende ausgeteilt wird, wird für ihn zu einem wichtigen Anstoß, der sein Verhältnis zur Landeskirche verändert. Die Gemeinde der Glaubenden wird dem Konzept der Volkskirche direkt gegenübergestellt. Für die neue Gemeinde wird ein ausführliches Glaubensbekenntnis formuliert und eine Verfassung erarbeitet. An den Abendmahlsfeiern sollen nur Glaubende teilnehmen, die Kindertaufe wird toleriert wie eine „Wiedertaufe".

Die Verfassung der Gemeinde regelt die Beziehungen innerhalb der neuen freien Gemeinde, sie gehört für Grafe selbstverständlich zu einer sichtbaren Gemeinde Jesu Christi. Wichtige Eckpunkte stellen für ihn die Trennung von Gläubigen und Ungläubigen, die Einsetzung von Abendmahl und Taufe, das allgemeine Priestertum der Glaubenden, die Ämter sowie die Gemeindezucht dar. Gerade die Einsetzung der Ämter spielen für die erste Freie evangelische Gemeinde eine zentrale Rolle, sieben der neunzehn Artikel der ersten Verfassung handeln von ihnen. Namentlich werden Älteste und Diakone unterschieden.

Ermöglicht werden diese neuen Kirchen durch die neuen Verfassungen, die im Zuge der Revolution von 1848 in verschiedenen deutschen Staaten erlassen werden. Die Preußische Verfassung von 1850 räumt im Artikel 12 die *Freiheit des religiösen Bekenntnisses, die Vereinigung zu Religionsgesellschaften und der gemeinsamen häuslichen und öffentlichen Religionsübung* ein. Zugleich gewährt diese Verfassung im Artikel 29 die Versammlungsfreiheit in geschlossenen Räumen und in Artikel 30 das Recht zur freien Vereinigung. Auf diesen Grundlagen kann man aus den bestehenden Kirchen austreten und sein Bekenntnis frei wählen. So wird Preußen im Hinblick auf Religionsfreiheit im 19. Jh. zum Vorreiter in Deutschland.

Mit der Gründung der ersten Freien evangelischen Gemeinde in Elberfeld und Barmen muss sich die Landeskirche auseinandersetzen. Nachdem sich Grafe und seine Gleichgesinnten zur Gründung entschieden haben, treten sie aus der Landeskirche aus, indem sie dies der Polizeidirektion anzeigen, und teilen zugleich die vorgesehenen Versammlungen offiziell mit. Gleichzeitig formuliert man ein Austrittsschreiben an die Presbyterien der betroffenen Kirchengemeinden. Die andauernde Verflechtung von Kirche und Staat wird hier konkret nachvollziehbar; zur Sicherheit lassen die Beteiligten ihren Schritt durch einen Notar beurkunden. Eine Genehmigung der neuen Gemeinde ist nach Artikel 12 der Preußischen Verfassung von 1850 nicht nötig. Von landeskirchlicher Seite wird der Vorgang nicht nur kritisch begleitet.

Im *Evangelischen Brüderverein* ziehen sich manche Mitglieder in Reaktion auf die Gründung zurück. Grafes Angebot, aus dem Vorstand des Vereins zurückzutreten, nimmt man aber nicht an. Der neue Inspektor des Brüdervereins, Pastor Wilhelm Heuser (1825–90), wird für sein Engagement im Brüderverein von der Landeskirche gemaßregelt, entzieht ihm doch das Konsistorium in Koblenz das Recht der öffentlichen Predigt in den Gemeinden der Rheinprovinz bis auf Weiteres, weil er in der neuen Gemeinde mehrmals gepredigt habe. Andere Maßnahmen werden jedoch nicht greifbar. Während der zuständige Superintendent Hermann Ball frühzeitig von der Gemeindegründung erfährt, dem Konsistorium berichtet und bei der zuständigen Polizeidirektion Informationen einholt, verhalten sich die beteiligten Beamten professionell und gesetzeskonform. Sie informieren den

Superintendenten von der Rechtmäßigkeit des Vorgehens und lassen dem Geschehen seinen Lauf. Ball selbst überlegt, ob man den „irrenden Brüdern" *nicht das gute Recht unserer Kirche aus Gottes Wort zu bezeugen* habe (Act des Gewissens 152). Für ihn und die Mitglieder im Presbyterium ist die Separation *eine ernste Mahnung von dem Erzhirten* zur Demut unter die *Amtssünden und die Sünden der Gemeine*. Anders als in anderen deutschen Ländern werden Separationen in Preußen von Seiten des Staates nicht bekämpft, wofür nicht zuletzt die persönliche Nähe des preußischen Königs zur Erweckungsbewegung verantwortlich ist.

Diese Nähe des Königs wird nicht zuletzt daran deutlich, dass er im Oktober 1855 in Köln eine Abordnung der Evangelischen Allianz empfängt, die ihm Klagen über Behinderungen der Freikirchen in den deutschen Staaten vortragen. Im September 1857 lädt Friedrich Wilhelm IV. eine Konferenz der Evangelischen Allianz nach Berlin ein und übernimmt die Schirmherrschaft.

Bald entstehen weitere Gemeinden, die auf ihre Selbständigkeit großen Wert legen. So erhalten die traditionellen Kirchen Konkurrenz. Entfremdete und enttäuschte Menschen suchen nach neuen Formen für ihr gemeinsames Leben als Christen. Auch nach der Gründung der *Freien evangelischen Gemeinde* geht die missionarische Arbeit des Evangelischen Brüdervereins weiter. Die Verantwortlichen der neuen Gemeinde trennen sich keineswegs vollständig von den Geschwistern. Ja Grafe lässt sein Kind noch ein halbes Jahr nach seinem Kirchenaustritt landeskirchlich taufen, weil seine Ehefrau den Schritt in die Separation noch nicht mitvollzogen hat.

Parallel dazu kommt es zur **Gründung methodistischer Gemeinden**, durch die die amerikanische Erweckungs- bzw. Heiligungsbewegung (5.3.3) nach Deutschland kommt. Oft sind es deutsche Auswanderer, die sich in der neuen Welt Gott zugewendet haben und die nun in der alten Heimat evangelisieren. Unter den Erweckten gibt es aber auch viele internationale Kontakte, mit großem Interesse verfolgt man die amerikanischen Evangelisationen und hofft auch in Mitteleuropa auf eine Erweckung; es herrscht ein Klima gespannter Erwartung (5.3.3).

Gemeinschaftsbewegung

Bereits seit Mitte des 19. Jh. entstehen Vereine für Volksmission, aus denen sich später die **landeskirchlichen Gemeinschaften** entwickeln. In Schleswig-Holstein arbeiten die Sendboten des Vereins für Innere Mission. Nach der Reichsgründung kommen dann auch Einflüsse der Oxford-Bewegung nach Mitteleuropa, die etwa durch die Prediger der **Pilgermissi-**

on **St. Chrischona** verbreitet werden. Aber auch die Bibelschularbeit von Theodor Jellinghaus und die Verbreitung der *heilistischen Lehre* (5.3.3) sind neben dem Wirken des *Reichsbrüderbundes* seit 1878 unter Johannes Seitz im Osten Deutschlands zu nennen. An verschiedenen Orten kommt es zu erwecklichen Aufbrüchen.

Um den freikirchlichen Bestrebungen entgegenzuwirken, organisiert u. a. der Bonner Theologieprofessor Theodor **Christlieb** Evangelisationen, zu denen er z.B. den deutsch-amerikanischen Methodistenprediger Friedrich von Schlümbach nach Berlin holt, wo sich unter der Leitung von Eduard von Pückler Gemeinschaften bilden. 1884 gründet Christlieb in Bonn den *Deutschen Evangelisationsverein*, 1886 ist er an der Gründung der *Evangelistenschule Johanneum* beteiligt, in der Laien zu Volksmissionaren ausgebildet werden sollen. Die Bekehrten werden in Gemeinschaften gesammelt, die sich auf Luthers *dritte Weise des Gottesdienstes* (2.1.1) berufen. Neben Christlieb wirkt der ehemalige Afrikamissionar Elias **Schrenk** (1831–1913) als hauptberuflicher Evangelist seit 1879 in der Schweiz und seit 1886 in Deutschland (3.3.2). Bei den zahlreichen Evangelisationen bekehren sich Menschen, die sich neben den kirchlichen Gottesdiensten zu Gebetsstunden und Bibelstunden treffen. Bald entstehen vielerorts neue Gemeinschaften, die sich regional zu Gemeinschaftsverbänden zusammenschließen.

1888 findet in **Gnadau** bei Magdeburg die erste Konferenz der Gemeinschaftsbewegung statt: Gemeinschaftspflege, Evangelisation, Laientätigkeit und Heiligung sind zunächst die zentralen Themen der Bewegung, die zu dieser Zeit in der Kirche sehr umstritten sind. Nun sammeln sich verschiedene innerkirchliche Gruppen und Kreise, die oft an den älteren Pietismus und die Erweckungsbewegung der ersten Hälfte des 19. Jh. anknüpfen. Daneben kommen aber auch starke Impulse aus der angelsächsischen Heiligungsbewegung (5.3.3). Ihre Anliegen definieren ihre Vertreter als **Evangelisation und Gemeinschaftspflege** innerhalb der evangelischen Kirchen. Die Getauften sollen mit dem Evangelium erreicht und zum Glauben gerufen werden. Neben den Pfarrern sollen begabte Laien eingesetzt werden. Bei den Bekehrten entsteht dann der Wunsch nach engerer geistlicher Gemeinschaft. Während sich freie Gemeindeformen entwickeln, sehen die Gemeinschaftsleute ihre Platzanweisung in den Kirchen. Württemberg und Baden, das Wuppertal und das Siegerland, der Niederrhein, Minden-Ravensberg, aber auch das Oberbergische Land, Hessen und Nassau, Hamburg und Schleswig-Holstein, Berlin und Brandenburg, Ost- und Westpreußen, Sachsen und Schlesien werden besonders von der Gemeinschaftsbewegung geprägt.

Zwar stehen die Gemeinschaften meistens bewusst zu den Landeskirchen, deren Leitungen scheinen sich dieser Nähe aber nicht nur zu freuen. Offizielle Stellungnahmen sind zunächst sehr verhalten. Das mag auch an den sehr unterschiedlichen Haltungen der Gemeinschaftsleute zu den Landeskirchen liegen. Während etwa die **Altpietisten** in Württemberg ganz traditionell kirchennah agieren, verhalten sich die Anhänger der angloamerikanischen Heiligungsbewegung eher distanziert. Während die Eisenacher Kirchenkonferenz noch 1896 gegenüber der Evangelisationstätigkeit trotz einer Reihe von Fürsprechern distanziert bleibt, setzt die Generalsynode der Altpreußischen Union am Ende des Jahres 1897 einen Ausschuss für Evangelisation und Innere Mission ein. Man zeigt sich so gegenüber der evangelistischen Verkündigungsform aufgeschlossen. Unterdessen wird 1897 der **Deutsche Verband für Gemeinschaftspflege und Evangelisation** gegründet, der die Gemeinschaften auf Innerlichkeit, die Bibel und die reformatorischen Bekenntnisse festlegt. Noch ist die Bewegung denkbar klein, nur langsam entwickeln sich Strukturen. Die Kirchen setzen auf die berufenen Pfarrer und bleiben distanziert; mitunter werden Versammlungen nach landeskirchlicher Intervention durch die Polizei aufgelöst. Aber es gibt auch eine ganze Anzahl von Pfarrern, die sich der neuen Bewegung anschließen und sie mit prägen. Bis zum Beginn des 20. Jh. werden vielerorts Gemeinschaften gegründet, die verbindliche Gemeinschaftsformen einführen und Parallelstrukturen zu Kirchengemeinden ausbilden.

Im Zusammenhang mit der Ausbreitung der Heiligungsbewegung kommen neue Elemente in die erweckten Kreise. Die Sehnsucht nach Sündlosigkeit führt viele zur Abgrenzung von der verfassten Kirche, in der zwischen Sündern und Glaubenden nicht unterschieden werde. Namentlich die kirchlichen Abendmahlsfeiern führen zur Ablehnung und zur Etablierung eigener Feiern, wodurch die Einheit der Ortsgemeinde gewissermaßen aufgegeben wird. Regelmäßig laden geistliche Zentren und Verbände zu **Konferenzen** ein, um die Gemeinschaftsleute zu ermutigen, zu schulen und Raum zum Austausch zu geben. Insgesamt bleibt die Bewegung überkonfessionell ausgerichtet und dem Reich Gottes verpflichtet. Ihre Arbeitszweige sind Evangelisation (3.3.1), Ausbildung von Predigern und Diakonissen (z.B. *Pilgermission St. Chrischona, Evangelistenschule Johanneum, Bibelhaus Malche* in Bad Freienwalde, *Gemeinschafts-Diakonissenhaus* in Vandsburg). Dazu entstehen verschiedene Werke wie 1888/92 das *Blaue Kreuz* (Alkoholmissbrauch), 1890 *Weißes Kreuz* (Sexualität und Seelsorge), Jugendbund für EC (1894). Schließlich unterstützt man auch die Äußere Mission (deutscher Zweig der *China-Inland-Mission* in Liebenzell, *Sudan-*

Pionier-Mission, Deutscher Hilfsbund für christliches Liebeswerk im Orient).

Nach dem ersten Weltkrieg ändern sich die Verhältnisse für die Christen in ganz Europa. In der Türkei werden die armenischen Christen systematisch verfolgt und einem Völkermord unterworfen, der von Europa kaum wahrgenommen wird. In Russland siegen die Kommunisten und errichten eine Sowjetrepublik, in der Kirche und Staat getrennt werden. Die Christen werden grausam verfolgt.

UNTERM STRICH

Im 19. Jh. haben sich Kirche und Gesellschaft grundlegend verwandelt. In den Vereinen und Gemeinden kommen die neuen demokratischen Tendenzen zum Zuge, die das Wollen und Sehnen der Menschen stärker berücksichtigen. Die Vereine ermöglichen bewusst private Initiativen, während in den Landeskirchen noch eher obrigkeitliche Züge dominieren, bis die Gemeinschaftsbewegung hier innerhalb der Landeskirchen nach der Jahrhundertmitte neue Wege eröffnet. Durch ihre freiwillige Zusammenkunft bieten die Vereine moderne Formen der Gemeinschaft, Möglichkeiten zur Mitarbeit und zur Mitbestimmung an. Diese demokratischen Tendenzen passen lange nicht in das kirchliche Weltbild, in dem der Pfarrer das Sagen hat.

Infolge von Aufklärung und Säkularisierung haben sich viele Menschen von den Kirchen abgewendet, zunächst die gebildeten Bürger, bald kommen die Arbeiter hinzu, die von der akademischen und kirchlichen Verkündigung kaum noch angesprochen werden. Auch scheint die Kirche nur die Interessen der Wohlhabenden zu vertreten, aber keine Nähe zu den Unterschichten und ihrer sozialen Lage zu besitzen. So werden sich Kirchen und Menschen fremd. Erweckte wie Wichern entdecken die Aufgabe der Evangelisation neu. Vielfach entstehen im Rahmen der neu einsetzenden Erweckung *Vereine*, die sich auch der Evangelisation und auch der Weltmission widmen.

Durch die Gründung staatsfreier Gemeinden gehen Erweckte seit dem 19. Jh. neue Wege, nachdem die neuen Verfassungen nach 1848 Religionsfreiheit gewähren und die Möglichkeit zur religiösen Vereinsbildung eröffnet haben. Menschen machen immer wieder von den neuen Möglichkeiten Gebrauch. Für Freikirchen wird die gemeinsame Abendmahlsfeier von Glaubenden oft zur Gewissenssache. Erst in zweiter Linie stellt sich damals etwa für die *Freien evangelischen Gemeinden* die Frage nach der Kindertaufe, so lässt etwa deren Gründer sein Kind noch kirchlich taufen, nachdem er bereits selber aus der Landeskirche ausgetreten ist. Neben der Entfremdung der Kirche von den Menschen wird für die Freikirchen die größer werdende Zahl der getauften unkirchlichen Menschen zum Problem. Die Landeskirchen suchen nach Möglichkeiten, die neuen Gemeinden zu verhindern, bemerken aber, dass sie darin vom Staat nicht mehr unterstützt werden.

Innerkirchlicher Pietismus und Freikirchen gehen je eigene Wege. Tragende Kreise sind meist Angehörige der Mittelschicht, geleitet werden die Gemeinden von Mitgliedern der Führungsschicht (Adel, Bildungs- und Wirtschaftsbürgertum). Die gemeinsame Wurzel der Freikirchen und Gemeinschaften wird heute nicht sehr oft wahrgenommen, weil viele die eigene Geschichte im Blick haben, die in der Regel auch eine identitätstiftende Funktion hat. Am Beispiel der Erweckung im Wuppertal erhält man allerdings einen guten Einblick in ein komplexes Netz von frommen Gemeinschaften und Kirchen, die auch eine Reaktion auf Säkularisierung und Demokratisierung in gemeindlichen Strukturen zeigen und zu ganz unterschiedlichen Gemeinde- und Gemeinschaftsformen führt.

2.3.2 Die Kirchen in den Stürmen des 20. Jh.

Ökumenische Annäherungen

Nach dem 1. Weltkrieg setzen auch neue ökumenische Bemühungen ein, die nicht zuletzt durch die Weltmissionskonferenzen seit 1910 angeregt worden sind (3.3.3). Für 1920 wird zu einer vorbereitenden Konferenz nach Genf eingeladen, an der 133 Vertreter von 80 Kirchen aus 40 Ländern teilnehmen. Evangelische und orthodoxe Kirchen nehmen teil, die römisch-katholische Kirche sagt ab, die Teilnahme der russisch-orthodoxen Kirche wird von der Sowjetunion nicht zugelassen. Auch die deutschen Landeskirchen sind nicht dabei, weil Bekenntnisfragen nicht Gegenstand internationaler Vereinbarungen sein könnten, immerhin kommen Vertreter aus freien evangelischen Verbänden zur Konferenz.

Wie es bei einer so großen Vielfalt von Kirchen und Bekenntnissen nicht anders zu erwarten ist, gehen die gemeinsamen Schritte zunächst nicht sehr weit. Immerhin kommt es 1927 zur ersten *Weltkonferenz für Glauben und Kirchenverfassung* in Lausanne, an der 439 Kirchenvertreter aus 127 Kirchen teilnehmen. Wieder kommen weder offizielle Vertreter der römisch-katholischen Kirche noch die der deutschen Landeskirchen. Immerhin entsenden die Deutschen 40 Kirchenleiter und Theologieprofessoren.

Die deutschen Landeskirchen in der Weimarer Republik

Einschneidend für die Kirchen in Deutschland wird die Weimarer Republik: Nach der Abdankung des Kaisers und der anderen regierenden Fürsten verlieren die evangelischen Landeskirchen ihre traditionellen Oberhäupter, das landesherrliche Kirchenregiment lässt sich in einem demokratischen Staat nicht fortsetzen. Zunächst erscheinen die Kirchen orientierungslos. Wie soll es nun weitergehen (4.3.4)?

Kirchenvertreter befürchten das Schlimmste: Die evangelischen Kirchen verfügen über keine eigene Kirchenpartei, wie sie die katholische Kirche mit dem Zentrum seit Jahrzehnten aufgebaut hat und die nun in der Erarbeitung der Weimarer Verfassung eine wesentliche Rolle spielt. Die andere große Partei von Weimar ist die SPD, die traditionell atheistisch orientiert ist und die Kirchen für überholt hält. Ganz abgesehen von der Notwendigkeit, nun eine eigene Kirchenleitung zu etablieren, stehen die evangelischen Kirchen auch vor einem finanziellen Problem. Wie sollen die Finanzen aufgebracht werden (4.3.4), wenn Kirche und Staat getrennt werden?

Nach intensiver Debatte organisieren sich die Landeskirchen neu und gehen aufeinander zu, indem sie sich als Kirchen miteinander verbinden. **1922** entsteht der **Deutsche Evangelische Kirchenbund** der 28 Landeskirchen. Er hat drei Organe: den Kirchentag (als synodales Element, das alle drei Jahre zusammentritt, aber keine Entscheidungen trifft), den Kirchenbundesrat (Vertretung der Landeskirchen) und den Kirchenausschuss (als eigentliches Entscheidungsgremium).

Im Rahmen der Neuordnung der kirchlichen Verhältnisse steht auch die Zukunft der **Gemeinschaftsbewegung** auf dem Spiel. Im Zusammenhang mit der Neuordnung der kirchlichen Verhältnisse fragen sich die landeskirchlichen Gemeinschaften, ob sie Teil der Volkskirche bleiben wollen oder als Freikirche weiterarbeiten sollen. In diesem Zusammenhang fordern die Befürworter der Innerkirchlichkeit die Ausweitung von Minderheitenrechten (z.B. wünschen sächsische Brüderräte eigene Abendmahlsfeiern, Minderheitengemeinden, Aufhebung des Parochialzwangs, Überlassung von Kirchen und kirchlichen Gebäuden für Evangelisationen und Gemeinschaftsstunden). Sie werden dabei unter anderem vom Liberalen Martin Rade (1857–1940) aus Marburg unterstützt, der offenbar selbst Sympathien für die Pietisten hegt. Der liberale Rade gibt als Schriftleiter die *Christliche Welt* heraus und hält die Landeskirchen mit ihrem „Beamtenapparat" für nicht reformierbar. Daher setzt er sich für eine *Freie Evangelische Volkskirche* ein, die aus allen landeskirchlichen wie freien Gemeinden besteht. Ähnlich wie Rade setzen sich auch Otto Schmitz und Karl

Heim für einen Demokratisierungsprozess in den Kirchen und die Freiheit der Einzelgemeinden ein. Die Minderheiten sollen einen entsprechenden Schutz genießen.

Insgesamt stimmt man einigen Forderungen der Gemeinschaftsbewegung zu (eigene Abendmahlsfeiern, Aufhebung des Parochialzwangs für Kasualien, Benutzung kirchlicher Gebäude), allerdings soll eine Personalgemeinde nur dann ausnahmsweise eingerichtet werden, wenn die Gemeinde die Kosten für den notwendigerweise akademisch ausgebildeten Pfarrer übernimmt. An dieser finanziellen Unmöglichkeit scheitert die Selbstständigkeit schließlich, weil die Kirchen – im Gegensatz zu anderen europäischen Beispielen wie Dänemark – eine Finanzierung der Minderheitengemeinden ausgeschlossen haben. Laien kann man sich damals nicht als Minderheitenpfarrer vorstellen.

- *Nehmen Sie unserem Stande nicht die Sakramente zu Gunsten der Laienverwaltung! Nehmen Sie uns nicht die letzten Reste priesterlicher Amtsverwaltung!*
- zit. nach Bormuth: Kirchentage. S. 145.

Hier sind der Wunsch der Gemeinschaftsbewegung und die Entscheidung der Kirchen auseinandergegangen. Die zitierte Aussage überrascht und mag für sich stehen. Am Beispiel der Gemeinschaftsbewegung zeigt sich die mangelnde Veränderungsbereitschaft in den Kirchen beispielhaft. Noch will man das Bestehende nur **bewahren und sichern**. Auch in der Kirche tut sich die Kirche mit demokratischen Prozessen schwer, die Beteiligung von Laien am kirchlichen Leben wird nur bedingt zugestanden.

Zum Problem werden die Auseinandersetzungen um die Schule. Während die Katholiken immer für die Bekenntnisschule eingetreten sind, zeigen sich im Protestantismus zwei Lager. Die Konservativen treten für die Bekenntnisschulen ein, die eher liberalen Protestanten für die Gemeinschaftsschule. Mitte der 1920er-Jahren kommt es zu verschiedenen Verträgen zwischen Staat und Kirche, womit man den entsprechenden katholischen Konkordaten folgt. In Bayern werden so 1924 die Konfessionsschulen gesichert. Die Kirche darf auch bei der Ernennung von Theologieprofessoren und Religionslehrern mitreden; der Bestand der theologischen Fakultät Erlangen wird zugesichert und ebenso die herkömmlichen finanziellen Zuschüsse.

Gegenüber dem neuen Staat äußern sich Vertreter der Kirchen mehr als kritisch. Der Stuttgarter Kirchentag von 1921 setzt sich intensiv mit der

Demokratie auseinander. Einer der Hauptredner ist der 73-jährige Berliner Systematiker Julius Kaftan, der noch ganz in der Theologie des Kaiserreiches verwurzelt ist. Im Rückblick auf den November 1918 sieht er bedrohliche Kräfte am Werk, die den christlichen Charakter des Volkes angreifen, der neue Staat sei religionsfeindlich bzw. religionslos und ohne sittliche Substanz (4.3.3).

Die Kirchen und der Nationalsozialismus

Nach den Wahlerfolgen der NSDAP zu Beginn der 1930er (1.3.2, 4.3.5) und der Ernennung der Regierung Hitler äußern sich die evangelischen Landes- und Freikirchen weithin zustimmend. Hitlers Werben um die Kirchen hat Früchte getragen, die wir uns heute gar nicht mehr vorstellen wollen. Bereits seit 1932 arbeitet die *Glaubensbewegung Deutsche Christen* als kirchlicher Arm der NSDAP in den evangelischen Kirchen. Viele Pfarrer und Pastoren begrüßen den Regierungswechsel froh und dankbar. In den mehrheitlich von evangelischen Christen bewohnten Landesteilen gewinnt die NSDAP mehr Stimmen als in den katholischen Gebieten (Bayern, Rheinland). Ihr religiöses Programm bleibt zunächst weithin nebulös; sie schreibt den Neubeginn der „Volksmission" auf ihre Fahnen, was ihr die Zustimmung mancher Frommer einbringt (4.3.5).

Seit März 1933 streben die Nationalsozialisten nach Gleichschaltung aller Organisationen – auch der Kirchen! Die *Deutschen Christen* fordern 1933 die Bildung einer Reichskirche, was die Kirchenleitungen, um staatliche Eingriffe in ihre Kirchenhoheit zu vermeiden, unterstützen. So wird ein Verfassungsausschuss eingesetzt, in dem auch ein Bevollmächtigter Hitlers, Pfarrer Ludwig Müller (1883–1945), mitarbeitet. Für die neue Reichskirche wird – dem Geist der Zeit entsprechend – ein Reichsbischof als Leiter vorgesehen. Als Kandidat wird zunächst Friedrich von Bodelschwingh, Leiter von Bethel, gehandelt, gegen den die *Deutschen Christen* allerdings laut und energisch protestieren. Nachdem der preußische Kultusminister – entgegen der Weimarer Reichsverfassung – einen Staatskommissar einsetzt, verstärkt das die herrschenden Anpassungstendenzen noch einmal; nun wird Ludwig Müller als Kandidat für das Reichsbischofsamt nominiert. Dieser greift kräftig in die Verfassungsarbeit ein. Im Juli finden dann Kirchenwahlen statt, in denen die *Deutschen Christen* eine große Mehrheit in vielen Landeskirchen erringen. Intensiv unterstützen die NS-Organisationen die *Deutschen Christen*: Hitler ruft in einer Radioansprache zur Wahl der *Deutschen Christen* auf, geschlossene SA-Formationen gehen wählen. So werden viele Kirchenleitungen mit Kandidaten aus den *Deut-*

schen Christen gewählt; nur in Bayern, Hannover und Württemberg bleiben die alten Kirchenleitungen im Amt, da dort die Bischöfe auf Lebenszeit berufen worden sind.

Bald setzt eine intensive kirchliche Auseinandersetzung mit den *Deutschen Christen* ein: Diese dreht sich zunächst um das Führerprinzip, das nun auch in den kirchlichen Gremien eingesetzt werden soll. Dazu stehen von Anfang an Fragen des Bekenntnisses im Fokus und insbesondere der **Arierparagraf**, nach dem „Juden" aus den Gemeindeämtern und den Gemeinden gedrängt werden sollen (4.3.5). Anlässlich einer Großveranstaltung im Berliner Sportpalast (vor 20.000 Zuhörern!) kommt es im November 1933 zur Wende, als Dr. Reinhold Krause als Berliner Gauobmann einen Vortrag über „Die völkische Sendung Martin Luthers" hält. Krause gehört zum revolutionären Flügel der *Deutschen Christen* und möchte „heldische Frömmigkeit" in der Kirche verkündet sehen. Die „Sündenbock- und Minderwertigkeitstheologie des Rabbiners Paulus" (Scholder: Kirche im 3. Reich. S. 704) lehnt er kategorisch ab und formuliert Grundsätze der völkischen Religion in der Kirche. Von den 20.000 Zuhörern wird die Rede begeistert aufgenommen, unter traditionellen Theologen ist man empört. Die Vertreter des Pfarrernotbundes um Martin Niemöller stellen dem Reichsbischof ein Ultimatum, sich von den Deutschen Christen und Krause zu distanzieren, was dieser notgedrungen schrittweise tut. Zugleich formuliert sich auch von Karl Barth ausgehend die **Bekennende Kirche**, die sich in Barmen im Mai 1934 zusammenfindet und sich gegen die falsche Lehre zur Wehr setzt. Zugleich ist sie die Grundlage für die Auseinandersetzung mit der *Deutschen Evangelischen Kirche* (*DEK*).

Im Oktober 1934 beruft man sich in Berlin-Dahlem auf ein **kirchliches Notrecht** und setzt eine „Vorläufige Kirchenleitung" ein, die allerdings staatlich nicht anerkannt wird. Immerhin scheitert so die völlige Gleichschaltung der Kirchen. Seit 1935 nehmen die kirchenkritischen Kräfte in der NSDAP zu, zugleich strebt man eine Verdrängung der Kirchen aus dem öffentlichen Leben an. Im Juli 1935 wird ein Reichskirchenministerium eingesetzt, das die staatliche Aufsicht über die Kirche übernimmt. Reichsbischof Müller bleibt bis 1945 im Amt, verfügt allerdings über wenig Macht. 1936 kommt es zur Spaltung der Bekennenden Kirche, als einige Bruderräte mit den drei lutherischen Landeskirchen sich zum Rat der Evangelisch-Lutherischen Kirche Deutschlands zusammenschließen (zum „Kirchenkampf" 4.3.5).

Die **römisch-katholische Kirche** ist in der Auseinandersetzung mit dem Nationalsozialismus viel geschlossener aufgetreten, das kostet sie auch mehr

Opfer (4.3.5). Nach dem Konkordat im Juli 1933 hält sich die deutsche Regierung kaum an die Verpflichtungen und Rechte (Jugendarbeit, Bekenntnisschulen). In seiner Enzyklika „Mit brennender Sorge" protestiert der Papst 1937 energisch gegen Vertragsbrüche verschiedenster Art.

In der Auseinandersetzung mit dem Nationalsozialismus kommen auch die **Freikirchen** (Baptisten, Methodisten, Freie evangelische Gemeinden und die Brüderbewegung) **und** die **Gemeinschaftsbewegung** unter Druck. Viele Vertreter der erweckten Kreise und Kirchen stehen eher naiv den politischen Entwicklungen gegenüber, müssen jedoch ihre Kompromisse im Umgang mit dem totalitären Staat finden (4.3.5). Während die Freikirchen sich neben den beiden großen Landeskirchen als dritte Säule platzieren, haben es die Gemeinschaften als innerkirchliche Bewegung zunächst einfacher. Die Gemeinschaftsbewegung wartet anfangs ab: Wie viele andere Vertreter von Landes- und Freikirchen zeichnet zunächst Ratlosigkeit bei bleibender Staatsloyalität die überwiegende Haltung aus. Auch hier begrüßen viele geradezu euphorisch die neue Regierung, wenige andere blieben nüchtern und sachlich. Dazu gehört Pfarrer Walter Michaelis (1866–1953), der Vorsitzende des *Gnadauer Gemeinschaftsverbandes*, der früh einen unabhängigen Weg einzuschlagen sucht und sich auch im Gnadauer Vorstand mit Befürwortern der neuen Regierung und der *Deutschen Christen* auseinandersetzen muss. Intensiv versuchen führende Personen wie der Berliner Pfarrer Karl Jakubski (1880–1940), seit 1931 Präses des Gemeinschaftsverbandes St. Michael und dadurch Mitglied des Gnadauer Vorstandes die Gemeinschaftsbewegung für die *Deutschen Christen* zu gewinnen. Auch andere erhoffen einen volksmissionarischen Neubeginn in der Aufbruchstimmung jener Jahre.

UNTERM STRICH

Rassismus in der Kirche kann es ebenso wenig geben wie ein Führerprinzip, Autorität hat in der Kirche das Wort Gottes, dem sich auch politische Bewegungen unterordnen müssen. Im Zuge dieses *Kirchenkampfes* treten evangelische Kirchen und der Staat deutlicher auseinander, als sich gegenüber der von den völkischen „Deutschen Christen" gelenkten Reichskirche die „Bekennende Kirche" bildet.

Auch die Freikirchen und Gemeinschaften kommen um eine Auseinandersetzung mit dem Nationalsozialismus nicht herum, schwer wird ihnen dieser Kampf insbesondere dadurch, dass sie eigentlich unpolitisch sein und ihre Kraft dem inneren und äußeren Aufbau des Reiches Gottes widmen wollen. Neben den zwei großen Volkskirchen entziehen sich die kleineren Gemeinden der staatlichen Kontrolle, allerdings versuchen sie, sich als dritte Säule in der kirchlichen Landschaft zu präsentieren.

Römisch-katholische Kirche in der Nachkriegszeit

Im 20. Jh. setzt sich die römisch-katholische Kirche intensiv mit der säkularen Kultur auseinander. Bereits seit Beginn des Jahrhunderts sind erneuernde Kräfte spürbar geworden, wie sie sich etwa in der *Liturgischen Bewegung* formieren: Laien sollen und wollen sich an den Gottesdiensten beteiligen. Daneben findet die Bibel eine neue Wertschätzung (*Bibelbewegung*).

Gegenüber Materialismus und Kommunismus macht man Front, Mitglieder der Kommunistischen Partei werden nach dem 2. Weltkrieg exkommuniziert. Zugleich wendet man sich allmählich der modernen wissenschaftlichen Exegese zu und schränkt den Gebrauch der Vulgata auf die Liturgie ein. Als erster Papst verkündet Papst Pius XII. 1950 ein Dogma (nämlich das von der Himmelfahrt Marias). Ansonsten spürt man einen deutlichen Modernisierungsdruck und –willen in den Äußerungen von Kirchenvertretern. Schließlich findet von 1963–1965 das 2. Vatikanische Konzil statt, auf dem eine große Diskussion neuer Ideen in der Kirche eingeleitet wird. Die 2.500 Teilnehmer verhandeln über die Zukunft ihrer Kirche, gehen auf Probleme der Zeit ein und fassen eine Reihe von Beschlüssen, die die Kirche erneuern: Für die Liturgie wird künftig der Gebrauch der Volkssprache empfohlen, Bibelübersetzungen in den Volkssprachen werden nun möglich; die Gemeinden sollen aktiver beteiligt werden. In der Konstitution *Lumen Gentium* wird die Kirche als *Volk Gottes* definiert. Damit wird der traditionelle Anstaltsbegriff aufgegeben. Das Dekret über die Ökumene formuliert den Willen zur Wiederherstellung der Kircheneinheit, die ökumenische Bewegung wird ausdrücklich begrüßt. Nach spannungsvollen Beratungen wird auch Gewissens- und Religionsfreiheit möglich (4.3.6, 7.3.2). Allerdings sieht man in den Kirchen der Reformation nicht „Kirche", sondern nur *kirchliche Gemeinschaften*. In der Bundesrepublik sind römisch-katholische und evangelische Kirche annähernd gleich stark, in der Politik gewinnt der Katholizismus über die CDU/CSU erheblich an Gewicht.

Evangelische Kirchen in der Nachkriegszeit

Mit dem Kriegsende 1945 erleben die evangelischen Kirchen in Deutschland einen enormen Einschnitt: Ein Drittel ihres Verbreitungsgebietes geht mit den Gebieten jenseits von Oder und Neiße verloren, die *Altpreußische*

Kirche verliert die Hälfte ihrer Provinzen. Durch die deutsche Aggression gegen die Nachbarn verlieren die deutschen Theologen zugunsten der angelsächsischen Länder an Einfluss: In Skandinavien wenden sich die Theologen der englischen Sprache zu.

Durch die Niederlage und die deutsche Teilung sind auch die Kirchen herausgefordert. Im August 1945 treffen sich die führenden Kirchenvertreter in Treysa, wo die Evangelische Kirche in Deutschland (EKD) die Deutsche Evangelische Kirche (DEK) von 1933 ablöst (Grundordnung 1948 in Eisenach). Ihre Organe sind die *Synode* und der *Rat der EKD*, dazu kommt ein *Ratsvorsitzender*. Zur EKD gehören 25 Mitgliedskirchen.

In Deutschland müssen die evangelischen Kirchen mit einer Reihe von Einbußen im Zusammenhang mit der deutschen Niederlage klarkommen, zugleich müssen Millionen Vertriebene integriert werden. Die Kirchen bleiben in der Nachkriegszeit im Westen Deutschlands privilegiert, aber sie verstehen sich nun als kritische Begleiter des Staates und betonen ihr Wächteramt. In der DDR setzt seit den 1950er-Jahren eine Kirchenaustrittswelle ein, die die Gesellschaft stärker als sonst in Europa säkularisiert.

In der DDR geraten die Kirchen mit der neuen Regierung in Konflikt. Der weltanschauliche Anspruch des Marxismus-Leninismus fordert gerade Einfluss in der Erziehung der Jugend: Die Auseinandersetzung um Konfirmation und Jugendweihe geht schließlich zugunsten des Staates aus, die Menschen verlassen zunehmend die Kirchen, denn Zugehörigkeit zur Kirche führt zu Benachteiligungen. So dürfen Jugendliche, die zur *Jungen Gemeinde* gehören, nicht das Abitur machen und nicht studieren (4.3.6).

Im vereinigten Deutschland zeigt sich die Gesellschaft hinsichtlich der Religionszugehörigkeit gedrittelt: Neben einem Drittel Katholiken stehen ein Drittel Evangelische und ein Drittel ohne Zugehörigkeit zu den großen Kirchen. Aber nicht nur in Deutschland nimmt die Bedeutung der Kirchen in der Gesellschaft ab, im Grunde gilt dies für ganz Europa; in Großbritannien oder Frankreich ist das Bild kaum anders. Die europäischen Gesellschaften sind säkularisiert.

Vergleicht man die mitteleuropäischen Entwicklungen mit der weltweiten Geschichte der Kirche, so wandelt sich das Bild enorm (2.3.3). Aber hinter diesen Zahlen gibt es auch Aufbrüche in der kirchlichen Entwicklung.

Nach der Wiedervereinigung sind ein Drittel der Bevölkerung keine Kirchenmitglieder mehr, die übrigen zwei Drittel weisen eine wachsende Pluralisierung der Zugehörigkeiten und Frömmigkeitsformen auf.

Erweckliche Aufbrüche

Seit der Jahrhundertmitte werden evangelikale Aufbrüche weltweit zu einem deutlich sichtbaren Element in der kirchlichen Landschaft. In Mitteleuropa erscheinen sie als *innerkirchlicher Pietismus* (z.B. Landeskirchliche Gemeinschaften), aber auch die *Freikirchen* nehmen stärker zu. In der Tradition der Erweckungsbewegung wird die Bekehrung des Einzelnen und die darauf folgende Änderung der Lebensweise betont. Dazu wird den Bekehrten eine neue, verbindliche Gemeinschaft geboten. Offensichtlich zeigt sich hier eine Gegenbewegung gegen den Individualisierungstrend und die Säkularisierung der Zeit (1.3.2). In den Gottesdiensten und Gemeinschaftsstunden spielen außerdem Laien eine deutlich größere Rolle.

Nach dem Krieg jedoch trennen sich wieder die Wege der *exklusiven* und *offenen* Brüder, viele der Versammlungen gehen wieder ihren eigenen Weg, manche öffnen sich jedoch für die Abendmahlsgemeinschaft mit anderen Christen.

Der intensive Austausch zwischen Europa und Nordamerika setzt sich auch in der Nachkriegszeit fort, wobei zunehmend geistliche Impulse aus der Neuen in die Alte Welt feststellbar sind. Damit entspricht diese geistliche Bewegung der allgemeinen Globalisierung der zweiten Jahrhunderthälfte. Zunächst erweisen sich die mitteleuropäischen Landeskirchen als beharrlich und veränderungsresistent, allerdings kommt es spätestens im Zuge der 1968er-Jahre zu einem deutlichen Wandel.

Mit dem Schwund traditioneller Sicherheiten und Bindungen verliert das Leben generell an Eindeutigkeit und Selbstverständlichkeit. Individualisierung und Pluralisierung erfasst alle Lebensbereiche, so entstehen viele gemeindliche Angebote auch innerhalb der Großkirchen (z.B. Hauskreisbewegung), aber auch neue Gemeindeangebote im evangelikalen Spektrum.

Ihre organisatorische Zusammengehörigkeit finden die meisten Evangelikalen unter dem Dach der *Evangelischen Allianz*. Neben dem Fundamentalismus (7.3.1, 7.3.3) stehen die bekenntnisorientierten Evangelikalen, die neben der Schrift auf die Bekenntnisse Wert legen und sich etwa in der Bekenntnisbewegung *Kein anderes Evangelium* gesammelt haben; viele haben grundlegende Erfahrungen in der Auseinandersetzung mit dem Nationalsozialismus gemacht. Daneben steht der *missionarisch-diakonische* Typ, für den die Evangelisation zentral ist. Schließlich ist noch der betont pfingstlerisch-charismatische Typ zu nennen, der auf den Heiligen Geist und seine Gaben großes Gewicht legt (5.3.4).

Neben den klassischen mitteleuropäischen Freikirchen nimmt die Zahl anderer Freikirchen deutlich zu. Zugleich entwickeln sich die landeskirchlichen Gemeinschaften zu Personalgemeinden, die immer mehr traditionelle kirchliche Amtshandlungen ausrichten. Seit den 1970er-Jahren entstehen zunehmend freie, eigenständige Gemeinden im evangelikalen Kontext. Dabei spielen auch in Europa charismatische und pfingstlerische Gemeinden eine führende Rolle. Ein enormes Wachstum erleben die ihnen nahestehenden Migranten- bzw. Einwanderergemeinden in vielen Städten; die Mitglieder haben afrikanische, koreanische oder indonesische Wurzeln. Eine etwas geringer wachsende Gruppe sind Gemeinden, die sich z.B. in der *Konferenz für Gemeindegründung* sammeln. Bewusst steht man in kritischer Distanz zur Volkskirche. Schließlich lässt sich auch unter den russlanddeutschen Aussiedlergemeinden ein enormes Wachstum feststellen, die Gemeinden bleiben in der Regel ganz im Kontext der mitgebrachten Konfession und Kultur (baptistisch, mennonitisch, lutherisch). Die Dynamik des Wachstums zeigt sich u. a. darin, dass die neuen Gemeinden nur zum kleineren Teil in den vorhandenen Konferenzen vertreten sind (*Arbeitsgemeinschaft Christlicher Kirchen, Vereinigung Evangelischer Freikirchen*). Beobachter der Szene sagen, dass die Zahl der Mitglieder bzw. Gottesdienstbesucher kaum statistisch erfasst ist. Während man gegenwärtig mit 280.000 Personen im Bereich der *Vereinigung Evangelischer Freikirchen* rechnet, ist die Zahl der darüber hinausgehenden freikirchlich geprägten Christen unbekannt; Reinhard Hempelmann nimmt an, dass es noch einmal 280.000 Menschen sein dürften, die evangelikal bzw. charismatisch-pfingstlerisch geprägt sind.

Für neue Frömmigkeitsformen sucht man neue Strukturen und greift bei diesem Prinzip auf Einsichten der Gemeindewachstumsbewegung zurück. Amerikanische Vorbilder haben gezeigt, dass Gemeindegründung eine effektive Missionsmethode darstellt. In England haben auch die Großkirchen diese Erfahrung genutzt, wenn sie etwa im Rahmen von *Church Planting* (Gemeindepflanzung) neue Gemeinden jenseits bestehender Parochien errichten.

Typisch für die neuen Gemeinden scheint die Nutzung nicht-sakraler Räume zu sein. So werden Fabrikhallen, Schulen, Restaurants, Hotels, Theater- oder Kinosäle angemietet und für Gottesdienste genutzt. Andererseits sind die Gemeindemitglieder und Gottesdienstbesucher eher konservativ, viele junge Familien finden hier neue Gemeinschaft – insbesondere in den Großstädten. Manche der Besucher sind von den erstarrten Angeboten „normaler" Gemeinden enttäuscht, manche kommen aus säkularem Hintergrund ohne Kirchenbindung.

Dabei wirken verschiedene Impulse zusammen. Zum einen ist es ganz einfach der zunehmende Deinstitutionalisierungstrend, den auch große Unternehmen zu spüren bekommen (neben Kirchen auch Gewerkschaften und Parteien), der gepaart ist mit dem Wunsch nach Zugehörigkeit zu einer stützenden und tragenden Gemeinschaft. Zum anderen fragt man auch neu nach religiöser Vergewisserung. Der antikirchliche und antireligiöse Modernisierungstrend ist längst zum Stehen gekommen, ganz neu und unverkrampft fragen Menschen nach religiöser Rückbindung, nach Erfahrungen des Glaubens. Gerade die Angebote im pfingstlerisch-charismatischen Bereich (5.3.4) locken viele an; so entsteht eine religiöse Alternativkultur.

Für viele beginnt die neue Gemeinde mit einem Gottesdienstangebot, zu dem über persönliche Kontakte oder verschiedene Werbemaßnahmen eingeladen wird. Die Gemeindegründer zeigen ein großes Sendungsbewusstsein, möchten ihren Glauben anderen vermitteln und dort suchende Menschen erreichen, wo die Großkirchen dazu kaum noch in der Lage sind. Während einst schmerzhafte Trennungs- und Ablöseprozesse stattgefunden haben, wenn sich neue, freie Gemeinden gebildet haben, entstehen am Ende des 20. Jh. neue Gemeinden meist in großstädtischem anonymen Raum. Eine wesentliche Folge dieser Entwicklung ist die weitere Pluralisierung bzw. Partikularisierung der evangelischen Kirchenlandschaft, die damit immer unübersichtlicher wird.

Die etablierten Kirchen tun sich schwer mit dem Wachstum außerhalb der verfassten Kirchen, spielen hier doch vor allem wachsende Austrittszahlen und damit schwindende Kirchensteuereinnahmen eine beherrschende Rolle. Pauschal werden viele neue Gemeinden als *Sekten* bezeichnet und damit abgewertet. Vielfach betont man die Abgrenzung der Evangelikalen von der Moderne. Schnell ist man mit der Wertung „Antimoderne" oder „Gegenmoderne" bei der Hand. Eher selten wird die eigene Position kritisch unter die Lupe genommen, wird nach den geistlichen Hintergründen für das Desinteresse der Menschen am Angebot der Großkirchen gefragt.

Noch massiver gehen die nichtkirchlichen Medien mit dem Gemeindewachstum um. Pauschal werden alle *Evangelikalen* zu *Fundamentalisten* (7.3.3). Jede Form religiöser Hingabe führt zu Fundamentalismusverdacht, bewusst wird eine entsprechende Berichterstattung aufbereitet. Munter werden dabei seit den 1990er-Jahren ganz unterschiedliche Gruppierungen als fundamentalistisch bezeichnet: neben den Gruppen aus dem klassischen Pietismus über klassische Sondergemeinschaften (Mormonen, Zeugen Jehovas) über konservative Juden in Israel (*Siedler*) oder islamische Bewegungen (von der algerischen Heilsfront bis zu den Anhängern Osama bin

Ladens). Besonnene Zeitgenossen können nur zum Dialog aufrufen und ihn zu führen suchen.

UNTERM STRICH

Freikirchen und Gemeinschaften erscheinen in ihrem Wunsch nach Unabhängigkeit von den großen gesellschaftsprägenden Volkskirchen auch ein Ausdruck der Individualisierung und Selbstentfaltung. Zugleich führt der Prozess hier nicht in Vereinzelung, sondern zum Aufbau neuer Gemeinschaftsformen, die sich an urchristlichen Modellen orientieren, zugleich aber in einem neuen Kontext angesiedelt sind. Denn das gesellschaftliche Umfeld der altkirchlichen Gemeinden besteht zunächst aus den jüdischen Gemeinden als *religio licita*, aus denen die christlichen Gemeinden entstehen und sich abzugrenzen bemühen. Zugleich besteht der Kontext aber auch aus der „heidnischen" bzw. „nichtchristlichen" Gesellschaft, mit ihren ganz anderen Werten, Normen und Verhaltensmustern, denen die christliche Kirche ihr neues Konzept entgegenstellt. Im 20. Jh. ist es jedoch eine säkularisierte Welt, die in ihrem Kern christlich geprägt ist. Insofern handelt es sich um kein Wiederaufleben der Urgemeinde, sondern um eine neue Sammlungsbewegung, die aus der Neuzeit erwächst und der wachsenden Individualisierung neue Zugehörigkeit entgegenstellt. Zugleich stellen sie angesichts der Multioptionsgesellschaft verbindliche Angebote zur Verfügung, die das Leben für die Mitglieder leichter macht. Soziologisch sind Gemeinschaften und Freikirchen ähnliche Rückzugsräume aus der „Welt" wie einst Klöster, die sich ebenfalls aus der gesellschaftlichen Entwicklung in die Abgeschlossenheit des Klosters abkoppelten und so ihren Mitgliedern alternative Lebensformen ermöglichten. Während die Mönche Gebet und Arbeit als Dienst für Gott in einem starken Jenseitsbezug leben, ist heute der Weltbezug stärker, denn die Mitglieder müssen sich als Gesellschaftswesen im Alltag ihrer Verantwortung stellen.

2.3.3 Ausblick

Während in Europa und Nordamerika der Einfluss des Christentums in den Gesellschaften weiterhin abzunehmen scheint, zeigt das Christentum auf der Südhalbkugel ein anderes Gesicht. Namentlich in Afrika, Südamerika und Asien scheint das Christentum unaufhörlich zu wachsen. Gegenwärtig stellen Christen etwa ein Drittel der Weltbevölkerung, der größte Anteil lebt noch immer in Europa (ca. 560 Mio.), es folgen Lateinamerika (480 Mio.), Afrika (360 Mio.), Asien (313 Mio.) und Nordamerika (mit

260 Mio.). Allein durch die Bevölkerungsentwicklung wird die Zahl der Christen bis 2025 auf 2,6 Milliarden Menschen steigen. Die meisten von ihnen werden in Lateinamerika (640 Mio.), in Afrika (633 Mio.), Europa (555 Mio.) und in Asien (460 Mio.) leben. In Nordamerika bleiben die Zahlen erst einmal unverändert (260 Mio.), was auch an der Einwanderung von bekennenden Christen liegt. Seit Mitte der 1960er-Jahre verzeichnen die USA 30 Mio. Einwanderer (11% der Bevölkerung, davon 13 Mio. in den 1990er-Jahren); der Anteil der weißen Bevölkerung geht immer stärker zurück. Die Kirchen des Südens sind dabei für die Christen im Norden geradezu unsichtbar (Philipp Jenkins). Gegenüber der europäischen Tradition wird sich auch inhaltlich vieles ändern. Die Einheitlichkeit der großen Kirchen gehört vermutlich ebenso der Vergangenheit an wie die Verbindung mit der Aufklärung. Vermutlich ist es auch nur eine Frage der Zeit, bis der erste Papst aus der Südhalbkugel kommt.

Nun ist natürlich klar, dass diese Zahlen leicht anfechtbar sind, zumal die europäischen Zahlen meist auf die nominelle Kirchenmitgliedschaft gründen und daher nicht unbedingt auf die tatsächliche Zugehörigkeit schließen lassen. Viele Europäer bezeichnen sich als nicht religiös, aber nicht alle verlassen auch die Kirchen. Deutlich nimmt die Zahl der religiösen Bekenntnisse zu, namentlich die Zahl der Muslime steigt in Europa (Deutschland 3 Mio., Frankreich 2 Mio., Großbritannien 1 Mio., Italien 0,75 Mio.). In den letzten Jahren werden zunehmend Moscheen gebaut, in der Schweiz hat sich eine Volksabstimmung damit auseinandergesetzt.

3 Mission als Weltmission

Nachdem die Mission am Ende des Hohen Mittelalters das Baltikum erreicht hat, endet die europäische Weltmission. Das europäische Christentum muss sich lange Zeit der islamischen Expansion im Süden (Spanien, Balkan) erwehren. Mit dem Zurückdrängen des Islam in Spanien beginnt allmählich ein neues Vordringen in westliche und südliche Richtung über das Meer. In einem imposanten Vorgehen erreicht das Christentum schließlich alle Kontinente. Neben dem Evangelium bringen die Missionare auch ihre Zivilisationen in die ganze Welt, sodass die Europäisierung der Erde einsetzt und scheinbar einen unumkehrbaren Prozess einleitet.

Seit dem Ende des 19. Jh. beginnt ein Dialog mit den anderen Religionen, der die weitere Mission fragwürdig erscheinen lässt. Das missionarische Bemühen setzt zudem neue Kräfte in anderen religiösen Kontexten frei (etwa im Hinduismus), der dann selbst missionarisch wirkt und dem Christen scheinbar wenig entgegenzusetzen haben. In Afrika lässt sich sogar südlich der Sahara ein Wettkampf mit dem Islam beobachten.

Seit dem 19. Jh. kommt zur Auseinandersetzung mit anderen Religionen auch eine innere mit säkularen Konzepten, die zur Unsicherheit über die Mission führen. Zugleich setzt man sich mit der zunehmenden Entkirchlichung auseinander, was zur Inneren Mission führt. In der Auseinandersetzung mit dem Marxismus widmet man sich auch der Frage nach den sozialen Folgen der Evangelisation. In der zweiten Hälfte des 20.Jh. beginnt ein Fragen nach dem Wesen der Mission.

3.1 Welteroberung und Mission in der frühen Neuzeit

Seit der Mitte des 20. Jh. hält sich in Europa die Theorie, Mission sei eindeutig negativ zu beurteilen. Die guten Sitten und religiösen Ansichten indigener Bevölkerungen gelten als vorbildlich, kommen sie doch dem Ideal natürlichen Menschseins am nächsten. Weltanschaulich wirkt hier der auf Rousseau zurückgeführte Slogan *Retour à la nature!* (Zurück zur Natur!) nach. Die Missionskritik ist insofern auch Ausdruck der einsetzenden Krise der europäischen Zivilisation. Aber auch das Ende des Kolonialismus wird seinen Beitrag an der Missionskritik leisten, angeblich hat Mission immer dem Kolonialismus gedient. Spätestens mit der Dekolonisation scheint das

Christentum seine Daseinsberechtigung in den ehemaligen Kolonien zu verlieren. Gegenwärtig zeichnen Literatur, Spielfilme und Dokumentationen ein negatives Bild von Mission. Es lohnt sich daher, die Geschichte der neuzeitlichen Mission einmal im Überblick zu betrachten.

3.1.1 Katholische Weltkirche

Im 15. Jh. beginnt Europa die Welt zu erkunden (1.1.1, 1.1.5), Kolumbus gelangt 1492 nach Amerika, 1497 umsegelt Vasco da Gama das Kap der Guten Hoffnung und kommt nach Indien. Damit öffnen sich auch für die Mission neue Perspektiven! Für die Entdecker selbst spielt zunächst die Aussicht auf eine Umgehung des moslemischen Zwischenhandels eine große Rolle, die Sehnsucht nach Reichtum und Ruhm motiviert zu wagemutigen Entdeckungsreisen. Von Anfang an werden aber auch religiöse Gründe genannt, so hofft man auf Kontakt zum sagenhaften Priesterkönig Johannes, mit dessen Hilfe man eine weltumspannende christliche Allianz gegen die Moslems aufbauen will. Angesichts der Zerstrittenheit der christlichen Völker in Europa kann dieses Ziel jedoch eigentlich wenig Gewicht gehabt haben. Schließlich wird auch die Möglichkeit zur Mission von den Zeitgenossen genannt. Die Portugiesen lassen sich 1454 vom Papst das Recht geben, alle entdeckten Länder friedlich in Besitz nehmen zu dürfen. So tritt die Einrichtung von Kolonien als weiteres Motiv neben Handel und Entdeckerfreude.

Mit der Entdeckung der afrikanischen Küste geraten die Portugiesen u. a. in Verbindung mit dem Kongo-Reich, mit dem sich freundschaftliche Beziehungen ergeben. Bald lässt sich der König taufen, immer mehr Menschen bekennen sich dort als Christen. Der neue König Nzinga Mbemba versteht sich als katholischer König und unterhält Beziehungen zum portugiesischen König und zum Papst. Anfang des 16. Jh. entsteht der Sklavenhandel, über den sich der König des Kongo beschwert.

Nachdem auch die Spanier fremde Länder entdeckt haben, lassen sich die spanischen Herrscher Ferdinand und Isabella von Papst Alexander VI. 1493 das Recht gewähren, die neu entdeckten „Festländer und Inseln mitsamt ihrer Bevölkerung zu unterwerfen und sie zum katholischen Glauben zu bekehren" (KThGQ VI, 2010, S. 220). Der Papst beruft sich dabei auf seine „apostolische Machtbefugnis, die durch den allmächtigen Gott [...] auf Uns übertragen worden ist". Ausdrücklich dürfen sie in den Ländern Handel treiben, werden aber auch **zur Mission der Völker** in diesen Gebieten **verpflichtet**. Dazu sollen sie Missionare („würdige, gottesfürchtige, geschulte, geschickte und erfahrene Männer") aussenden und Bistümer gründen. Die indigene Bevölkerung wird im Stile des Frühen Mittelalters unter Hinweis auf Luk 14,23 zwangsweise missioniert: Die Menschen werden gleichsam zu ihrem Glück gezwungen, denn der Herr beauftragt dort seinen Knecht, „nötige sie hereinzukommen, auf dass mein Haus voll werde". Kolonisation und Mission, Staat und Kirche arbeiten Hand in Hand. Die Fürsten sehen die Ausbreitung des Glaubens als ihre ureigene Aufgabe. Wie sie zuvor den Islam zurückgedrängt haben, tragen sie nun ihren Glauben weiter.

Den europäischen Monarchen wird das Kirchenpatronat vorab eingeräumt. Damit verbunden ist das Vorschlagsrecht der Bischöfe, die nur auf dem Dienstweg über den spanischen König mit dem Papst kommunizieren dürfen. Ein Jahr später korrigieren Portugal und Spanien im Vertrag von Tordesillas die Grenzlinie 370 Seemeilen westlich der Kapverdischen Inseln: die Länder dahinter (Amerika) fallen Spanien zu, die anderen (Afrika und Asien, aber auch Brasilien!) Portugal. Insbesondere diese Korrektur der Grenzlinien durch die beiden iberischen Kolonialmächte zeigt die wahren Machtverhältnisse: Der Papst scheint von den beiden Weltmächten instrumentalisiert worden zu sein.

Südamerika

Zwar wird die Versklavung der indigenen Bevölkerung ausdrücklich verboten, aber als sich die Indianer nicht in das abendländisch orientierte Wirtschaftssystem integrieren lassen, wird das *Encomienda*-System eingeführt. Dadurch sollen die Indianer mit den ankommenden Christen zusammengebracht und so über den katholischen Glauben belehrt werden. Die Indianer sollen gegen Lohn arbeiten und zugleich missioniert werden. Nachdem sich dagegen kritische Stimmen von Seiten der Missionare erheben, wird eine Kommission eingesetzt und ein neues Vorgehen bei der Behandlung der indigenen Bevölkerung vereinbart, um deren Ausbeutung einzugrenzen. Nach der *Requerimento*-Methode (dt. Aufforderung, Mahnung) werden die Gebiete seit 1513 erobert. Man geht von der Weltherrschaft des Papstes aus und beruft sich auf das von ihm den spanischen Herrschern gewährte Recht, die neuen Länder in Besitz zu nehmen. Dieser Rechtsanspruch wird den Völkern in Spanisch vorgetragen. Wenn sie sich nicht unterwerfen, rechtfertigt diese Weigerung die Führung eines „gerechten" Krieges.

Als 1521 Cortez das Aztekenreich in Mexiko erobert und Pizarro zehn Jahre später das Reich der Inka in den Anden, werden die Indios nicht nur unterworfen, sondern ihre Tempel werden zerstört und ihre Religion wird grausam unterdrückt. Die Stimmung der Indios ist von großer Trauer bestimmt, wie ein kurz nach der Eroberung verfasster Trauergesang eindrücklich zeigt.

- *Nur Blumen und Trauergesänge blieben noch / in Mexiko und Tlatelolco,*
- */ wo wir einst Krieger und Weise sahen. // Wir müssen zugrunde gehen. /*
- *Wir wissen es, / denn wir sind sterbliche Menschen. // Du, der Du das Le-*
- *ben gibst, / hast es verfügt. // [...] Wir haben Blutvergießen und Schmerz*
- *gesehen, / wo es einst Schönheit und Mut gab. // Wir sind zu Boden ge-*
- *schlagen. / Wir liegen in Trümmern. // Nur Kummer und Leiden blieben*
- *noch / in Mexiko und Tlatelolco, / wo es einst Schönheit und Mut gab.*
- Aztekischer Trauergesang ca. 1523, zit. nach KThGQ VI, S. 218.

Noch im 17. Jh. sehen die Mayapriester in der Ankunft der Christen die Wurzel allen Übels, zwischen Soldaten und Patres wird dabei nicht unterschieden. Bis 1600 reisen etwa 5.400 Ordensgeistliche nach Amerika aus. Zunächst sind vor allem Franziskaner und Dominikaner die Missionare, später treten auch die Jesuiten in die Arbeit ein. Das erste Bistum in Amerika wird 1511 Santo Domingo, in Mexiko werden 1525 Tlaxcala und 1526 Mexico City Bistümer, das Letztere wird 1548 zum Erzbistum erhoben. Ähnlich schnell steht die Grobstruktur in Südamerika (Bistümer in Caracas, Lima, San Salvador de Bahia). Die Mission der Indios geht scheinbar zügig über die Bühne. Ein Missionar berichtet, dass er allein in Mexiko mehr als 200.000 Indios getauft hat, an einem Tag zwischen 8.000 und 14.000. Diese wenigen Daten weisen auf die Oberflächlichkeit des Unternehmens hin. Zunächst kämpft man gegen die amerikanische Religion, die Heiligtümer werden zerstört, der Kult unterdrückt. Man verkündet den christlichen Gott, Maria und die Heiligen. Später bezeichnet man das Vorgehen als Substitutionsmethode. Langsam entsteht eine bildende Kunst, die meist von Indios betrieben wird und die ganz eigene ästhetische Vorstellungen hat. Nur langsam erhält diese neue amerikanische Kunst die Anerkennung der offiziellen Kirche.

Immer wieder werden Missionare auch umgebracht, weil sich Indios hin und wieder gegen ihre Unterdrücker auflehnen. Bald wird die Arbeit nachhaltiger. Franziskaner holen Kinder aus der Führungsschicht in Mexiko auf ihre Schulen, lassen sich über die religiösen Vorstellungen der Indios informieren und beginnen die zentralen christlichen Glaubensdokumente zu übersetzen. Die Missionare bedienen sich dabei der aztekischen Bilderschrift, um zentrale christliche Lehren zu verbreiten. Zunächst will man die

Bildungsfähigkeit der Indios erforschen, aber man möchte auch Voraussetzungen für einen einheimischen Klerus schaffen. Diese Frage bleibt anfangs
sehr kontrovers, im 17. Jh. werden dann immer mehr Indios zu Priestern
ausgebildet.

Auch in Peru folgt auf die gewaltsame Mission zu Beginn des 16. Jh. eine
andere Haltung, als Indios selbst nach dem christlichen Glauben fragen.
Seit dem letzten Drittel des 16. Jh. wird die indigene Bevölkerung sorgfältig unterwiesen. Die Missionare erlernen die indianischen Sprachen und
erforschen deren Kultur.

Bereits 1531 wird von einer Marienerscheinung in Guadalupe berichtet,
bei der eine dunkelhäutige Frau viermal einem getauften Indio erschie-
nen ist. Die Kirchenvertreter sind skeptisch, denn man fürchtet, die Indios
wollen unter dem Deckmantel Marias eine ihrer Göttinnen anbeten. In
Mexiko wird der Bericht jedoch so etwas wie die Geburtsstunde nationaler
und katholischer Identität.

Der Dominikaner Bartholomäus de Las Casas (1484–1566) setzt sich
immer wieder für die Rechte der Indianer ein und kritisiert das *Requerie-
mento*. Zum einen argumentiert er, dass die von den Spaniern den Indios
vorgetragene „Aufforderung" zur Unterwerfung unter den Gott der Christen nicht von selbst einleuchten müsse. Zum anderen sei es den indianischen Fürsten unverständlich, wie der neue Gott ihre Länder dem spanischen König übereignen könne, während sie sich doch als wahrhaftige und
freie Könige fühlten und von alters her wie ihre Vorfahren jene Länder in
Besitz hatten (KThGQ VI, S. 225).

Für die Europäer sind die Indios Menschen zweiter Klasse, auch wenn
Papst Paul III. 1537 die Menschenwürde und Glaubensfähigkeit der Indios
ausdrücklich bestätigt (6.1.3). Das wird auch daran deutlich, dass eine Synode in Lima 1552 darüber disputiert, ob man die Indios zum Abendmahl
zulassen könnte. Man gesteht ihnen aber nur die Firmung zu und behält
allein den Bischöfen das Recht vor, die Würdigkeit von Indios zu prüfen
und sie bei tieferer Einsicht zum Abendmahl zuzulassen. Dazu passt das
Versäumnis, aus den Reihen der Urbevölkerung Priester heranzuziehen. Es
gereicht den Päpsten zur Ehre, dass sie früh für die indigene Bevölkerung
eintreten. Allerdings ist es für die römische Zentrale schwer, wegen des
spanischen Kirchenpatronats direkt zu agieren.

Mit der Erforschung der Neuen Welt erweisen sich die Europäer als mi-
litärisch überlegen. Das ermöglicht die Kolonisation und rechtfertigt die
Mission der indigenen Bevölkerung in der Praxis. Immerhin entsteht in
Spanisch-Amerika rasch eine blühende Kultur, in der auch die verschiede-

nen Orden ihre Niederlassungen gründen, um dort Spitäler für die Armen oder Schulen zu betreiben. Lima und Mexico City haben bald einen europäischen Lebensstandard. Allerdings bleibt die Gesellschaft in ihrer Rangordnung gemischt: Spanier (aus Europa) haben die einflussreichsten Stellen inne, Kreolen (in Amerika geborene Nachfahren der Spanier) folgen vor den Mestizen (Kinder von Indios und Spaniern), Indios, Schwarzen und Mulatten (Kinder von Indios und Schwarzen). Um 1600 keimt unter Kreolen und Indios eine neue, amerikanische Identität, die 200 Jahre später um politische Unabhängigkeit ringt.

Asien

Die Portugiesen betätigen sich zunächst in Indien missionarisch, wo sie die vermutlich von Syrien aus missionierten *Thomas-Christen* vorfinden. In Südindien kommt es seit 1535 zu einem Massenübertritt der Paraver, die dadurch der politischen Unterdrückung durch lokale Herrscher entgehen wollen, indem sie sich dem Schutz der Portugiesen unterstellen. Wenig später werden auch auf Ceylon Menschen Christen, die jedoch massiv von den Hindu-Herrschern verfolgt werden, ohne dass diese Maßnahmen erfolgreich sind. 1557 gründen die Portugiesen in Goa ein Erzbistum, Jesuiten bauen ein theologisches Seminar auf. Bald zwingen sie den indischen *Thomas-Christen* den katholischen Glauben auf und unterstellen sie dem Papst in Rom, von dessen Existenz die Inder – sehr zum Verwundern der Portugiesen – noch nie etwas gehört haben. Wie selbstverständlich tritt der Jesuit Robert de Nobili wie ein indischer Guru auf, als Lehrer, der seine Schüler in die Geheimnisse des Glaubens einweist.

Der bedeutendste Missionar in Asien wird der Jesuit Franz Xavier (1506–52), der zunächst unter den Tamilen in Südindien wirkt. Später überlässt er die Arbeit seinen Ordensbrüdern und zieht zunächst nach Malakka (1546–47) und dann nach Japan. Damals steht das Land für Ausländer offen, die Japaner sind durchaus am Handel mit europäischen Erzeugnissen interessiert. In Japan treffen die Europäer – wie in China – erstmals auf eine besondere eigenständige Kultur und machen sich Gedanken, wie die Missionare vorzugehen haben. Sie stellen die Frage, was zum christlichen Glauben im engeren oder weiteren Sinne gehört und was an der japanischen Kultur als „neutral" übernommen werden könnte. Berühmt ist die Frage nach der angemessenen Kleidung: Wählen die Missionare Kleidung aus Baumwolle, so zeigt man die Gemeinschaft mit den Unterschichten und lebt die christliche Theologie. Damit erhält man aber keinen Zugang zur Oberschicht. Daher kleiden sich die Missionare wie die japanische Oberschicht in Seide, damit erhalten sie Zugang zu den führenden Schichten. Durch die Arbeit Xaviers entsteht eine kleine Gemeinde, einheimische Priester werden ausgebildet. 1601 wird der erste japanische Priester ordiniert. Gegen Ende des 16. Jh. rechnet man mit 300.000 Christen in Japan. Im Zuge der politischen Neuordnung durch Shogun Hideyoshi 1587 setzen christenfeindliche Maßnahmen ein, später werden die Christen grausam verfolgt, gefoltert und zur Verleugnung des Glaubens gezwungen oder hingerichtet. Offenbar haben sich Missionare darüber unterhalten, ob man Japan nicht in eine spanische Kolonie umwandeln solle, was zu den grausamen Maßnahmen geführt hat. So bleibt das Christentum in Japan zunächst eine Episode. 1636 schließt sich das Land hermetisch gegen die Außenwelt ab, das Christentum wird verboten, im Untergrund überlebt ein kleiner Rest.

Im Vergleich zu Japan ist **China** die ganze Zeit ein geschlossenes Land. Allerdings gelingt es Portugal 1557 in Macao, eine kleine Kolonie einzurichten, von der aus dann einige missionarische Unternehmungen gestartet werden. Hier ist der italienische Jesuit Matteo Ricci (1552–1610) der bedeutendste Missionar. Nach einigen Zwischenschritten gelingt es ihm, 1601 die Hauptstadt Peking zu betreten. Dem Kaiser bringt er verschiedene Geschenke aus Europa, darunter zwei Uhren, die einen sensationellen Erfolg haben und dem Missionar das Vertrauen des Kaisers einbringen. Nach einigen kleinen Erfolgen setzen aber auch in China 1616 Verfolgungen ein. So bleibt diese Mission im Reich der Mitte wechselhaft.

Leichter als in Japan und China gelingt die Mission auf den **Philippinen**. Hier suchen die Europäer keinen Reichtum, hier gibt es keine mit Europa vergleichbare Kultur. Bereits 1579 wird ein Bistum in Manila geschaffen (es untersteht zunächst Mexiko, ab 1595 wird es zum Erzbistum erhoben). Die Missionare bauen in den Dörfern Kirchen, Schulen, Krankenstationen und Waisenhäuser. Seit 1611 gibt es ein Kolleg, aus dem sich später eine Universität entwickelt.

Während zunächst Spanien und Portugal als Kolonialmächte auch die Mission steuern, hat 1622 Papst Gregor XV. die Kongregation für die Verbreitung des Glaubens gegründet. Seit dieser Zeit versucht die römische Kirche, die Ausbreitung des Glaubens mitzugestalten. Für die Katholiken bleibt Mission eine Aufgabe der Kirche, genauer eine Aufgabe des Papstes. Zu den weiteren Zielen gehört auch der Aufbau eines einheimischen Klerus. Das bleibt zunächst ein hohes Ziel, das gegen die faktische Macht der Kolonialmächte kaum umgesetzt werden kann. Allerdings stellt es eine Grundlage für die Zukunft dar, an die später angeknüpft werden kann.

UNTERM STRICH

Aus der Überlegenheit leitet man das Recht zum Herrschen ab und zum Aufbau von Kolonien. Mit den westeuropäischen Entdeckern kommen die Kolonisatoren und Missionare: In einem „Wahnsinnstempo" verbreitet sich das Christentum im 16. Jh. über die Erdkugel: 30 Jahre nach der Entdeckung Amerikas werden die amerikanischen Hochkulturen erobert und zerstört, keine fünf Jahre später werden Bistümer errichtet. Hunderttausende Indios werden getauft, ohne dass man sie wie Christen behandelt. Ein erstaunliches Vorgehen.

Gott sei Dank erweckt Gott Menschen wie Las Casas, der sich für die indigene Bevölkerung einsetzt und die Gräueltaten der Konquistadoren anprangert. Bald mühen sich die Missionare auch um ein besseres Verständnis der indianischen Kultur, studieren ihre Sprache und knüpfen in ihrer Verkündigung an ihrer Kultur an. Dennoch bieten die Missionare den Menschen keine Freiräume, Unterdrückung der alten Religion und Zwang zur katholischen Religionsausübung halten an. Fassungslos und traurig steht man vor einer Arbeit im Namen des Christentums, die heute den Kirchen entgegengehalten wird. Von der Botschaft Jesu, der sein Leben für uns hingab, der niemals Zwang ausgeübt hat, ist wenig zu beobachten. Die katholische Kirche zieht die Mission bald als Aufgabe des Papstes an sich, indem 1622 die entsprechende Glaubenskongregation gegründet wird. Man will ganz offenbar der Unterdrückung begegnen und den kirchlich-theologischen Aspekt betonen. Für die Indios ändert sich dabei allerdings wenig.

Auffallend erscheint jedoch die rasche und tiefe Verwurzelung des Glaubens bei den Indios im spanischen Amerika. Was als Teil einer Unterdrückungspolitik beginnt, findet doch ziemlich bald Eingang in die Herzen der Menschen, rasch entsteht eine indigene christliche Kultur, die auch eigene Elemente hervorbringt. Heiligt das Ziel die Mittel? Das wird man kaum sagen dürfen. Aber bei allen Unzulänglichkeiten der Missionare fällt doch auf, wie bald die Indios den neuen Glauben annehmen und mit ihren Sehnsüchten und Traditionen verschmelzen.

Mit der Wiederaufnahme der Mission entsteht die lange geltende neuzeitliche Vorstellung, dass Mission in Übersee geschehe, Missionare müssen sich daher aufmachen und in entfernte Länder reisen. Die Welt wird so aufgeteilt in die christlichen Siedlungsgegenden und die Missionsgebiete.

3.1.2 Evangelischer Provinzialismus

Während der Frühen Neuzeit spielen Protestanten für die Weltmission kaum eine Rolle. Für die Reformatoren stehen die aktuellen Herausforderungen in Europa im Vordergrund. Sie sind sehr mit der Konsolidierung der Reformation beschäftigt: Der Überlebenskampf gegen die Katholiken ist heftig, aber auch die Abgrenzung gegeneinander bindet Kräfte. Nur beiläufig äußert sich etwa Luther sehr allgemein zum Thema Mission: Das Evangelium ist seit der Zeit der Apostel in die Welt hinausgegangen.

- *Ihre Predigt ist in alle Welt ausgegangen, wiewohl sie in alle Welt noch*
- *nicht angekommen ist. Dieser Ausgang […] wird je weiter und ferner aus-*
- *gepredigt bis an den Jüngsten Tag.*
- zit. nach Raupp: Mission. 1990, S. 14.

Die Apostel haben also nach dieser typischen Ansicht die Evangelisierung der Welt abgeschlossen. Insofern Gott nach Luther seine väterliche Liebe in der Rechtfertigung aus Gnaden zeigt, wirkt er auch dort, wo und wann Menschen es kaum erwarten. Aber der Reformator ist sich Gottes Wirken immer bewusst, selbst wenn er mit seinen Kollegen ein „Wittenbergisch Bier" trinkt, verbreite Gott selbst das Evangelium. Wir Menschen könnten für das Heil der Welt nichts tun, Gott habe vielmehr alles längst getan und wirke bis in die Gegenwart. Luther sieht also Gott am Werk, leitet daraus aber offenbar nicht den Auftrag ab, die noch nicht erreichten Völker aufzusuchen. Wenn aber ein Christ unter solchen Menschen leben würde, müsse er das Evangelium bezeugen. Das entwickelt Luther 1523 theoretisch im Zusammenhang mit der Frage, welche Autorität die Gemeinde und welche Rechte die Laien haben.

- *Wenn er [ein Christ] ist an dem Ort, da keine Christen sind, da bedarf er*
- *keines andern Berufs, denn dass er ein Christ ist, inwendig von Gott beru-*
- *fen und gesalbet. Da ist er schuldig den irrenden Heiden oder Unchristen*
- *zu predigen und zu lehren das Evangelium aus Pflicht brüderlicher Liebe,*
- *ob ihn schon kein Mensch dazu beruft.*
- zit. nach Raupp, S. 16.

Das allgemeine Priestertum aller Getauften macht jeden Christen zum verantwortlichen Missionar und Prediger, wenn er unter Nichtchristen ist. Ganz ähnlich argumentiert Calvin, wenn er im Anschluss an Eph 4 die vier Ämter der Apostel, Propheten, Evangelisten, Hirten und Lehrer unterscheidet. Nur die beiden letztgenannten sind „ordentliche" Ämter der Kirche.

> *Die anderen drei hat der Herr zu Beginn seines Reiches erweckt, und er erweckt sie auch sonst zuweilen, wenn es die Not der Zeitumstände erfordert. Was die Amtsaufgabe der Apostel ist, ergibt sich deutlich aus der Anweisung: „Gehet hin […] und prediget das Evangelium aller Kreatur" (Mark 16,15). Ihnen werden keine bestimmten Gebiete zugeordnet, sondern sie bekommen den ganzen Erdkreis zugewiesen, um ihn zum Gehorsam gegen Christus zu bringen: Sie sollen das Evangelium bei allen Völkern ausstreuen, bei denen sie es zu tun vermögen, und allenthalben Christi Reich aufrichten.* Institutio IV, 3,4.

Für Luther wie für Calvin ist es also selbstverständlich, dass den Heiden das Evangelium verkündet werden muss – wenn sich Gelegenheit findet. Immerhin gehen 1557 von Genf Missionare nach Brasilien, als dort Missionare angefordert werden, und arbeiten unter Indianern. Das Unternehmen scheitert bereits innerhalb eines Jahres u. a. wegen Auseinandersetzungen mit der Kolonialverwaltung.

Nach Luthers Ansicht steht die Wiederkunft Christi unmittelbar bevor, es ist letzte Zeit und daher kann man ein so großes Werk wie die Mission nicht mehr beginnen. Calvin sieht die Christen dagegen eher als Instrumente Gottes, um diese Welt zu verändern und etwas aus ihr zu machen. Der erhöhte Christus ist für Calvin vor allem der aktive Christus, seine Eschatologie zielt auf den Prozess der Vollendung, das Reich Christi, die Transformation der Welt. Die Kirche steht seiner Ansicht nach zwischen dem erhöhten Christus und den weltlichen Strukturen. Daher werden Missionare aus Genf nach Frankreich, die Niederlande und Schottland ausgesandt, um zu missionieren und die Menschen zum richtigen Glauben zu rufen.

Damit erinnern die Reformierten an das Vorgehen der Täufer im 16. Jh., die generell aktiver sind und „innere Mission" betreiben, indem sie Missionare „zu den unwissenden Völkern" aussenden. Da ihrer Ansicht nach alle vorhandenen Kirchen im Irrtum gefangen sind, senden sie regelmäßig Missionare in alle Regionen aus. Sie denken nicht mehr in regionalen Kirchenbezirken und senden bewusst Missionare auch zu den katholischen und reformatorischen Kirchen. Insofern Kirche und Staat ihrer Ansicht nach getrennt sind, akzeptieren sie weder staatliche noch kirchliche Ordnungen (z.B. Ordination, Amt). Sie berufen sich als Erste auf den Missionsbefehl und wollen die ursprünglichen Gemeinden der Gläubigen in Europa wiederherstellen. Die Christen leben als Pilger, als Missionare und Märtyrer.

Die deutschen evangelischen Theologen haben Mission dagegen kaum im Blick, haben sie doch keinen Kontakt zu jenen fernen Gebieten und zu den nicht-christlichen Völkern. Dahinter mag auch der seit dem Augsburger Religionsfrieden (1555) herrschende Grundsatz *cuius regio, eius religio* stehen, denn die Landesherren schauen nur auf ihr Territorium, in einen anderen Amtsbezirk geht man nicht. So kann zunächst kein missionarischer Aufbruch geschehen.

Bereits am Ende des 16. Jh. beginnen protestantische Staaten, den iberischen Kolonialmächten ihre Vorrangstellung streitig zu machen: Engländer, Franzosen, Dänen und Niederländer drängen nach Asien und Amerika. Nach dem britischen Sieg über die spanische Armada (1588) machen sich die Protestanten auf nach Afrika. Besonders die Niederländer verdrängen die Portugiesen aus ihren Stützpunkten. Um ihre Mitarbeiter kirchlich zu betreuen, entsenden sie Pastoren.

Mitte des 16. Jh. kommen französische Hugenotten nach Brasilien, um in der Bucht von Rio de Janeiro zu arbeiten. Dort gibt es von 1555–58 eine französische Kolonie. In den Augen der französischen Missionare haben die dort lebenden Indios keine Religion, vielmehr haben sie „falsche Propheten", die religiöse Aufgaben übernehmen. Mit ihnen setzt man sich intensiv auseinander. Die Arbeitsweise und Lageanalyse der Protestanten ist ganz ähnlich der der Jesuiten, die im selben Gebiet tätig gewesen sind.

Am Ende des 16. Jh. gibt es jedoch einzelne Aufrufe zur Weltmission im evangelischen Bereich, die allerdings sehr vereinzelt sind und meist zu abschlägigen Reaktionen führen. So tritt Hadrian Saravia (1531–1613), der an der King James Bibelübersetzung mitgewirkt hat, für die Aussendung von Missionaren ein.

- *Der Auftrag, das Evangelium zu predigen, und die Aussendung zu allen Völkern sind den Aposteln offensichtlich so befohlen worden, dass auch die Kirche daran gebunden bleibt. Der Auftrag, den ungläubigen Völkern das Evangelium zu predigen, bezog sich nicht nur auf das Zeitalter der Apostel, sondern auf alle zukünftigen Zeiten bis zum Ende der Welt. [...] Folglich hat die Kirche offensichtlich von Christus den Auftrag, nach der Aufnahme der Apostel in den Himmel für die Predigt des Evangeliums bei den ungläubigen Völkern Sorge zu tragen.*
- Hadrian Saravia: Über die verschiedenen Stellungen der Diener des Evangeliums 1590, zit. nach Raupp: Mission, S. 61.

Nach 1500 Jahren sei das Evangelium noch nicht in allen Ländern gepredigt worden, daher bestehe für die Kirche eine Verpflichtung zur Aussendung von Missionaren. Allerdings bleiben die meisten Theologen in den Spuren Luthers, d.h. sie sind wie etwa Philipp Nicolai (1556–1608) überzeugt, dass es keine Gegend mehr gibt, wohin der Ruf des Christentums noch nicht gelangt ist. Die Apostel hätten den Missionsauftrag ausgeführt, heute sei er für die Kirche nicht obligatorisch. Nur die Apostel hätten missionarisch gewirkt, daher sei die Voraussetzung für die Wiederkunft Christi (Matt 24,14) erfüllt, heute werde nur noch „propagiert". Allerdings sei die Arbeit noch nicht getan, sondern werde etwa durch die katholische Mission weitergeführt, davon werde später auch die lutherische Kirche profitieren. Wenn lutherische Landesherren Kolonien hätten, würden sie auch Mission betreiben.

Als der katholische Theologe Robert Bellarmin den protestantischen Kirchen ihr Kirchesein abspricht, weil sie keine Mission betreiben, argumentieren die Evangelischen dagegen, dass Mission nicht obligatorisch, ja dass die Zeit der Mission mit den Aposteln beendet sei. In Auseinandersetzung mit katholischen Ansichten, wie sie etwa Saravia äußert, dass es noch heute ein Apostolat gebe, weist Johann Gerhard (1582–1637) zu Beginn des 17. Jh. darauf hin, in Bezug auf den Missionsdienst der Apostel

- *hat es keinen Nachfolger der Apostel gegeben, sondern das Apostolat ist*
- *ein von den Zeitumständen abhängiger und außerordentlicher Stand*
- *gewesen, der mit ihnen [sc. den urgemeindlichen Aposteln] selbst in*
- *der Kirche aufhörte und daher bei den Dienern der Kirche in späte-*
- *ren Zeiten nicht fortsetzte. Dies müssen wir anerkennen, infolge des*
- *Mangels an: 1. eigentlicher apostolischer Vollmacht [...] 2. unmittel-*
- *barer Berufung [...] 3. unbedingter Unfehlbarkeit [...] 4. dem Wir-*
- *ken außerordentlicher Wunder [...] 5. einer an keinen festen Ort ge-*
- *bundenen Predigt [...] 6. der Schau des leibhaftigen Christus[...].*
- Johann Gerhard, zit. nach Raupp: Mission. 1990, S. 68f.

Gerhard sieht das Apostolat fortwirken im Predigtamt und in der bischöflichen Aufsicht über Gemeinde und Pfarrer. Aber hinsichtlich der Predigt auf dem „ganzen Erdkreis" hat er Bedenken, dass weder Vollmacht noch unmittelbare Berufung durch Christus vorhanden sind. In der Frage nach der „unbedingten Unfehlbarkeit" geht es darum, dass die Lehre der Apostel nach 2Tim 3,16 „von Gott eingegeben" ist. Dies fehle ebenso wie „Wunder", die „Schau" Jesu im Fleisch und auch die Begrenzung des Pfarrbezirkes. Daher erscheine Weltmission unmöglich. Ebenso antwortet auch die Theologische Fakultät Wittenberg auf die Anfrage, warum niemand von den Lutheranern hinziehe, um zu predigen, wo doch der Glaube aus der Predigt komme und viele täglich sterben, dass allein die Apostel diesen Auftrag gehabt haben. Katholiken wie Lutheraner müssten bei ihrer Kirche bleiben, wo man ordentlich zum Predigen berufen sei.

UNTERM STRICH

Dass die evangelischen Christen ihre Verantwortung für die Weltmission zunächst überhaupt nicht im Blick haben, zeigt den herrschenden Regionalismus der Zeit. Andererseits wird doch auch aus den verstreuten Äußerungen der Reformatoren deutlich, dass sie in der Begegnung mit „Heiden" die christliche Verkündigung für selbstverständlich halten.

In der theologischen Auseinandersetzung mit der römisch-katholischen Kirche gebrauchen die Evangelischen die Vorstellung, das Evangelium sei bereits durch die Apostel in der ganzen Welt verkündet worden. Heute habe man dazu weder Vollmacht noch Berufung, die Voraussetzung zur Verkündigung sei. Diese Sicht zeigt eindrücklich, wie stark das landesherrliche Kirchenprinzip sich verankert hat. Mit der weiteren Geschichte wird diese Selbstbeschränkung fallen.

3.2 Mission zwischen Kolonisation und Erweckung

3.2.1 Weltmission im Rausch der Kolonisation

Mit dem Westfälischen Frieden (1648) setzt sich in Mitteleuropa das kirchliche Regionalprinzip (*cuius regio, eius religio*) endgültig durch: In katholischen Ländern ist man römisch-katholisch, unter lutherischen Herrschern lutherisch, unter reformierten reformiert. Die Kirchen und Theologen grenzen sich voneinander ab und weisen den anderen ihre Fehler nach. Gegenüber der übrigen Welt sind sie nicht interessiert. Die Theologien sind scholastisch ausgerichtet und nicht apostolisch oder missionarisch.

Die protestantischen Völker, die wie Engländer und Holländer Kolonien errichten, gehen früher oder später zur Mission nach römisch-katholischem Vorbild über. Dabei verfährt man allerdings nicht so total und rigoros wie die Spanier, aber man geht doch von der Überlegenheit der eigenen Religion aus. Zunächst steht das Missionsmotiv bei den evangelisch orientierten Kolonialmächten zurück, ihr Interesse dient der Machtausweitung und dem Handel, der nicht durch Missionsversuche gestört werden soll. Viele Kolonialverwaltungen sind daher gegenüber den Missionsbemühungen skeptisch; niederländische und britische Beamte lassen Mission oft gar nicht zu. Mit der evangelischen Mission wird dann auch nicht so sehr ein äußerer Zwang wie in den frühneuzeitlichen Missionsbestrebungen aufgenommen, sondern Menschen werden über die Verkündigung zum Glauben *eingeladen*. So sind die Erfolge der Mission zunächst bescheiden (1.2.5).

In der Regel erlernen die Missionare die Sprache der einheimischen Bevölkerung viel schneller als die Kolonialbeamten, was die Missionare für die Kolonialbeamten wiederum interessant macht und Türen öffnet. Die Missionare erhalten mehr Toleranz oder etwas Unterstützung, die Beamten sehen den Wert der Missionare und der sich bildenden Gemeinden für das Kolonialsystem. Freilich vermischen sich auf diese Weise auch politische und kirchliche Interessen.

In Mitteleuropa stößt der dänische König Frederik IV. Anfang des 18. Jh. eine Missionsunternehmung für seine indischen Untertanen in Südindien an. Da sich in seinem Land keine geeigneten Personen finden, wendet er sich an August Hermann Francke (5.2.3, 6.2.2) in Halle, der Bartholomäus Ziegenbalg und Heinrich Plütschau zur Verfügung stellt. Francke hat die reale Verbesserung in allen Ständen in *und* außerhalb Deutschlands, ja in Europa und allen übrigen Teilen der Welt als Ziel verfolgt. So kommt die Anfrage aus Dänemark gerade recht. Zugleich spielt für Francke die individuelle Bekehrung eine bedeutende Rolle.

Bald entwickelt die Theologie der Erweckung einen Missionsauftrag. In den Niederlanden wie in England spielt die reformierte Theologie eine tragende Rolle. Calvin hat das Werk des Hl. Geistes zum einen in der inneren Erneuerung des Individuums und zum anderen in der äußeren Erneuerung der Welt gesehen. Wenn die Welt und der Einzelne der Herrschaft Christi unterstellt wird (Theokratie, Bekehrung), geschehen Umwandlung und Erneuerung des Lebens. In den Niederlanden werden diese Gedanken von Gisbert **Voetius** (1588–1676) aufgenommen und u. a. in seine protestantische Missionstheologie eingebunden: Bekehrung der Heiden, Pflanzung einer Kirche und Ehre und Offenbarung der Gnade Gottes sind die Ziele. Er gehört zu den Kreisen der niederländischen Erweckung und ist der Überzeugung, Gott selbst sei das Fundament und die Begründung für Mission. Aus Gottes Liebe zu uns Menschen erwachse Mission und zugleich Gemeinschaft der Kirchen; früh kommt ein ökumenischer Zug in den Blick: Nur Kirche kann Kirche pflanzen, Gott wirkt durch die Kirche. Die drei oben genannten Ziele müssen auf Freiwilligkeit aufgebaut sein, denn religiösen Zwang lehnen die Niederländer nach ihren schlechten Erfahrungen durch die spanischen Rekatholisierungsversuche kategorisch ab. Die pflanzende und die gepflanzte Gemeinde stehen auf einer Ebene.

In England bestimmen die Puritaner (2.1.4) Gesellschaft und Theologie, sie stehen mit den Niederlanden in regem Austausch. Auch ihre Missionstheologie stellt die Ehre Gottes ins Zentrum. Den Menschen soll zudem Gottes Liebe und Gnade verkündet und von den Glaubenden erlebt werden. Gottes Souveränität kann allein die Initiative ergreifen, aber weil man ihm dienen will, wird Mission zum Anliegen. Mission geschieht in England wie in den Niederlanden im Rahmen der Kolonisation, das Ziel ist ein theokratisches System.

Immerhin gibt es nun auch in Deutschland Befürworter für die Mission wie Justinian **von Welz** (1621–68), der sich vorstellt, dass Paulus noch einmal in seine ehemaligen Missionsgebiete käme und dort mehr Moslems als Christen vorfindet, allerdings in Europa viele arbeitslose Theologen sind, die noch nicht ins Pfarramt gekommen seien. Für Welz hat der Missionsbefehl noch immer seine Gültigkeit! Trotz intensiver und vielfältiger Bemühungen in verschiedenen Schriften für die Weltmission (1663/64), erhält er wenig Resonanz , ja man zweifelt sogar an seiner Rechtgläubigkeit, denn wer für die Mission eintrete, usurpiere Gottes Werk. Er geht schließlich selbst in die holländische Kolonie Surinam. Immerhin nimmt die Zahl der Befürworter von Mission stetig zu, darunter finden sich etwa der Theologe Georg Calixt (1586–1656), der Theologe und Pädagoge Comenius (1592–1670), der Erbauungsschriftsteller Christian Scriver (1629–93) und der Theologe und Kirchenreformer Philipp Jakob Spener (1635–1705).

Neben der lutherischen Orthodoxie entwickeln sich neue Vorstellungen durch die Vertreter der Erweckung im 17. Jh.: Pietismus in Deutschland, Nadere Reformatie in den Niederlanden, Puritanismus in England. In Deutschland verkündet Spener seine Hoffnung auf bessere Zeiten (2.2.2) und nimmt die erweckliche Verkündigung in den Blick. Die Erweckten verbinden ihre Freude an ihrer persönlichen Heilserfahrung mit dem Verlangen der Mission aller Menschen, an die man die Erfahrung der Liebe Gottes weitergeben möchte.

3.2.2 Die Missionsgebiete

Afrika
Viele Kolonialmächte zeigen in Afrika zunächst an der Mission der einheimischen Bevölkerung wenig Interesse. Nach Südafrika entsendet die

Herrnhuter Brüdergemeine Missionar Georg Schmidt (1709–85), der zu den Khoikhoi zieht und dort evangelisiert. Als er die ersten Schwarzen tauft, gerät er in Konflikt mit dem niederländischen Gouverneur, der den Auftrag der sendenden Brüdergemeine in seiner Kolonie nicht akzeptiert. Die niederländischen Heimatsynoden erklären die Taufen bald darauf für ungültig.

Auch in Westafrika sind Missionare aktiv, viele von ihnen sterben in kurzer Zeit am Gelbfieber. Aus der dänischen Kolonie in Westafrika werden zwei „mulattische Jungen" nach Kopenhagen zur Ausbildung gesandt. Einer ist Christian Jacob Protten Africanus (1715–69). Als er als Missionar nach Afrika gesandt werden soll, fürchtet er die ihm übertragene Verantwortung. Damals hält sich Graf Zinzendorf in Kopenhagen auf und hat Kontakt zu Protten. So bewirbt sich Protten 1735 um die Aufnahme bei der Brüdergemeine und zieht mit Zinzendorf in die Niederlande, von wo er in eine niederländische Kolonie gesandt werden soll.

Asien

Die niederländische Vereinigte Ostindien Companie (V.O.C., 1602 gegründet) errichtet 1622 ein Seminar in Leiden, um Pastoren für die Kolonien in **Indonesien und Ceylon** auszubilden. Wie bereits der katholischen Mission geht es ihnen darum, die seelsorgerliche Betreuung der Niederländer in den Stützpunkten sicherzustellen. Darüber hinaus sollen die Einheimischen (als niederländische Untertanen) jedoch auch missioniert werden, denn wenn sie den Holländern dienten und ihre Schätze überließen, dann sollte man um ihr Seelenheil besorgt sein. So werden entsprechende Männer für die Arbeit gesucht und ausgebildet. Für jede Taufe erhalten die Pastoren eine Prämie, einheimische Christen erhalten Privilegien, die den Übertritt zum Christentum „interessant" machen. So werden auf Java 100.000 Menschen getauft. Es gibt allerdings nur 22 Pfarrer und von diesen können nur fünf die Sprache der indigenen Bevölkerung. Das macht einen oberflächlichen Eindruck. In malaiischer Sprache erscheint andererseits 1688 eine Bibelübersetzung.

Im Juli 1706 kommen die Missionare der Dänisch-Hallischen Mission in **Tranquebar/Südindien** an. Trotz vieler Konflikte mit der dänischen Kolonialverwaltung, dem Gouverneur und den dänischen Pastoren für die dänische Bevölkerung vor Ort geht von den beiden Missionaren eine nachhaltige Wirkung aus. Von Anfang an gehören für Ziegenbalg Kirche und Schule zusammen. Die einheimischen Christen sollen in der Lage sein, selbst die Bibel zu lesen. Die Missionare lernen die Sprache der Einheimischen schnell, um ihnen in ihrer Sprache das Evangelium zu verkünden. Auch übersetzen sie dazu die Bibel ins Tamil. Um die Menschen zu erreichen, beschäftigt sich Ziegenbalg auch mit der religiösen Vorstellungswelt der Tamilen. Schließlich achtet man auf die entschiedene und persönliche Bekehrung der Menschen. Recht bald fragt Ziegenbalg nach dem Auftrag, einheimische Pastoren zu ordinieren, damit eine einheimische Kirche entstehen kann. Das bringt ihn sogar 1708/09 für einige Monate ins Gefängnis. Zu Konflikten kommt es auch wegen des Sklavenhandels, den die Missionare ablehnen. Als Ziegenbalg stirbt, besteht die christliche Gemeinde aus 350 Personen. Genau verfolgt werden die Entwicklungen der Dänisch-Hallischen Missionare von den Engländern, die davon lernen wollen. Francke korrespondiert mit dem Philosophen Gottfried Wilhelm Leibniz (1646–1716), der sich insbesondere für China interessiert und Francke unterstützt.

Die englische Ostindienkompanie möchte, dass die Pfarrer auch die einheimischen Sprachen beherrschen, damit sie das Evangelium den Heiden verkündigen. Da offenbar die britischen Pastoren diesem Wunsch nicht nachkommen, wendet man sich an die deutschen Missionare, die Mission zu übernehmen. Berühmt wird Christian Friedrich Schwartz (1724–98), der fast ein halbes Jahrhundert in Indien arbeitet und großen Einfluss gewinnt. Nicht nur die geläufigen Sprachen beherrscht er, er hat auch beste Verbindungen zur indischen Oberschicht.

Nach der Übernahme Ceylons 1658 versuchen die Niederländer den ihnen verhassten Katholizismus zu unterdrücken. Nachdem sich viele Einheimische zunächst wieder dem Buddhismus und Hinduismus angeschlossen haben – nur wenige werden evangelisch-reformiert –, erlebt die katholische Kirche am Ende des 17. Jh. eine Wiedergeburt, die die evangelische Kirche überflügelt. Anfang des 19. Jh. geht der Einfluss des Katholizismus in Indien zurück, ebenso ergeht es damals der evangelischen Kirche.

Interessant sind die Anfänge des Christentums in **Korea**. Dort kommen einheimische Gelehrte mit christlichen Traktaten der Jesuiten in chinesischer Sprache in Kontakt. Sie senden 1783 einen der ihren mit der jährlichen Tributkommission nach Peking, wo er sich taufen lässt. Im Folgejahr kehrt Seung-Hoon Lee zurück, lehrt und tauft seine Kollegen, die das Christentum nun in Korea verbreiten. Trotz Verfolgung zählt man bald 4.000 Katholiken; erst 50 Jahre später kommen die ersten europäischen Missionare ins Land!

Nordamerika

Anfang des 17. Jh. beginnen Franzosen mit der missionarischen Arbeit in Nordamerika. In Kanada errichtet Frankreich Niederlassungen. Von dort werden die großen Indianerstämme der Huronen, Algonquin und Irokesen missioniert. Durch die ständigen Kriege unter den Indianern ist die Arbeit allerdings schwierig, immer wieder werden auch Missionare umgebracht. So bleiben die dort kolonisierenden Franzosen wie die ihnen folgenden Niederländer und Briten den Indianern das Evangelium oft schuldig.

Der amerikanische Puritaner John Eliot (1604–90) arbeitet unter Irokesen in Massachusetts, 1651 kommt es zu ersten Taufen. Zwar gibt es auch Kolonisten, die die Indianer ausrotten möchten und sogar Gott für Seuchen unter den Stämmen danken, aber bald wird deutlich, dass Gott auch unter den Indianern Menschen zum Glauben prädestiniert hat und daher Bekehrung statt Ausrottung das Ziel sein muss. Die „neue Welt", die die Puritaner in Amerika aufrichten, umfasst auch die indigene Bevölkerung. Um die irokesischen Christen zu fördern, werden „Gebetsstädte" errichtet, in denen sich die christlichen Irokesen sammeln. 1671 ist von 3.600 Indianern die Rede; man beginnt mit der Ausbildung indianischer Prediger. Eliot übersetzt die Bibel auch in einen mohikanischen Dialekt. Die Gebetsstädte sind wie die puritanischen Kolonien Stätten der Herrschaft Christi, sichtbar und erfahrbar für alle. Die Puritaner leben ganz bewusst im Angesicht der souveränen Herrschaft Gottes, der Mission ermöglicht und dem man auch missionarisch dient. Der Mensch ist verantwortlich, auf das Evangelium zu antworten. Für andere bestimmt alles die göttliche Vorsehung: Gott erwählt Menschen oder verwirft sie.

Die Puritaner sind missionarisch sehr aktiv. Sie sehen sich als Arbeiter in Gottes Garten, den sie der Wildnis abringen und so in ein irdisches Paradies transformieren. Die Kirche erscheint ihnen dabei als Versammlung der Glaubenden, die unter dem Kreuz in die Welt ausgesandt ist, um Gottes Reich zu bauen. Die Bekehrung der Heiden und Juden sowie der Fall Roms markieren für sie den Beginn eines neuen Zeitalters, in dem das Evangelium zum Leitprinzip für alle Völker in der ganzen Welt wird. Wenn sich die Herzen bekehrt haben, werden die Glaubenden als Gemeinde unter Jesu Herrschaft gesammelt. Dann werde er den Staat regieren und schließlich alles beherrschen. Die Puritaner erwarten einen kosmischen Wandel in der Zukunft, damit stehen sie Francke nahe, mit dem einzelne korrespondieren. Hier in Amerika entsteht mit der New England Company 1649 die erste evangelische Missionsgesellschaft – noch 15 Jahre, bevor von Welz sich dafür einsetzt.

Gut 100 Jahre nach den puritanischen Anfängen erscheint ihre Kraft in Amerika zu erlahmen. Die Bewegung erstarrt zur Institution, in der Gesetze und Strukturen, Disziplin und Sonntagsheiligung den Alltag bestimmen. In dieser Situation entsteht eine spirituelle Sehnsucht nach einer neuen Erweckung, die sich zwischen 1740 und 1760 in der „Großen Erweckung" (*Great Awakening*) erfüllt. Zentrale Prediger sind Jonathan Edwards (1703–58) und George Whitefield (1714–70; 5.2.4). In dieser Zeit muss man sich mit der niederländischen arminianischen Bewegung (auch als Remonstranten bezeichnet s. 5.2.4) auseinandersetzen, die nicht wie einst die Puritaner die Erwählung durch Gott, sondern die menschliche Entscheidung für den Glauben betonen. Diese neue Sicht motiviert stark zur Mission: Jeder soll die gute Nachricht hören, um sich zu entscheiden. In der Mission spielt fortan die Bekehrung Einzelner die entscheidende Rolle. Man baut nicht mehr in der Wildnis Gottes neue Welt, sondern die Wildnis des menschlichen Herzens wird durch das Evangelium transformiert. Durch die Umkehr des Einzelnen wird die Gesellschaft verändert, ein hohes Maß an sozialer und politischer Verantwortung entwickelt sich, sodass weder in Amerika noch in England eine soziale Revolution wie in Frankreich stattfindet.

Impulse für die Volksmission entstehen auch in der besonderen Situation in **Nordamerika**. Hier wird Jonathan Edwards (1703–58) zum bedeutendsten Evangelisten, der aus reformierter Prägung Gott verherrlichen will. In der Predigt ruft Edwards zur Umkehr, bietet das Evangelium an und lädt zu einem neuen Bund (engl. *covenant*) mit Gott ein. Hier werden Weltmission und Evangelisation zusammen in Angriff genommen: Wenn die Erweckung ausbricht, stellen sich viele Menschen der Weltmission zur Verfügung. Als sich der große Treck der Bevölkerung von Osten nach Westen schiebt, begleiten Evangelisten der Methodisten und Baptisten die Menschen. Die Methodisten arbeiten als berittene Reiseprediger und suchen die oft weit verstreut lebenden Siedler auf. Die Baptisten arbeiten meist als Farmerprediger, die selbst als Farmer arbeiten und als „Zeltmacher" wie Paulus das Evangelium ihren Nachbarn predigen. So werden die traditionellen Kirchen mit ihrem Parochialsystem von diesen flexiblen Freikirchen überrundet. Die Siedler werden dabei für ein praktisches Christentum gewonnen, in dem es um Bekehrung und das Leben in der konkreten Gemeinde vor Ort geht, in der sich vielfältige sozial-diakonische Aufgaben ergeben. Auch wenn viele volkskirchlich geprägte Menschen in die Neue Welt kommen, werden sie durch die Volksmission rasch gewonnen, denn die entwurzelten Menschen finden dort Gemeinschaft und Halt.

Mit der Großen Erweckung in Nordamerika erhält die Mission neuen Auftrieb, für Amerika wird es sozusagen eine „Bekehrung" des Landes (Niebuhr). Durch den großen Erweckungsprediger Edwards werden subjektive Glaubensmotive pietistischer Prägung und objektive Glaubensmotive im Sinne der alten Orthodoxie verbunden: Schrift ohne Erfahrung gilt als leer, Erfahrung ohne die Schrift aber als blind. Für Edwards kommt das 1.000-jährige Reich im Zuge des Fortschritts, denn Aufbruch von Mission und Erweckung sieht er als Zeichen des anbrechenden Reiches. Wohlstand und Reichtum würden die neue Zeit begleiten, die bis zu den Ärmsten der Armen das Leben verändert. Mit der Erweckung verbunden ist eine lebendige Eschatologie. Man meint, die letzten Tage der Erde seien angebrochen, daher beginnt eine tiefe Bußbewegung. Ähnlich dem Pietismus zeigt sich eine intensive Selbstreflexion in Tagebüchern oder Briefen. Zugleich wird der gestaltende Wille zur Weltgestaltung des Puritanismus erneuert. In alle Welt werden bald Missionare ausgesandt und Amerikaner und Engländer stellen die allermeisten Missionare.

Lateinamerika
Bereits im 16. Jh. versuchen indianerfreundliche Missionare, die Indios zu schützen, indem sie die teilweise nomadisch lebenden Indios in *Reduktionen* (eigentlich Rückführungen) ansiedeln. Las Casas hat dies bereits in Mittelamerika getan, die Jesuiten haben im 17./18. Jh. unter den *Guarani* im Grenzgebiet zwischen dem spanischen und dem portugiesischen Amerika Reduktionen gegründet. Alles steht unter der Vision der *conquista espiritual* (dt. spirituelle Unterwerfung). Bis zur Vertreibung der Jesuiten (1767/68) leben 100.000 Menschen in diesen Rückzugsgebieten.

Leben die Indios üblicherweise in kleinen Siedlungen mit wenigen kleinen Häusern, so schaffen die Jesuiten große Ansiedlungen von 7-8.000 Menschen, um sie zu missionieren und zu zivilisieren. Man lehrt sie sich zu kleiden, sie wohnen in ihren traditionellen Hütten. Am Sonntag werden die Indios unterrichtet.

- *Zwei von ihnen fragen: „Gibt es Gott?" Darauf antworten zwei: „Ja, es gibt ihn." Die zwei fahren fort: „Wie viele Götter gibt es?" Und die beiden anderen antworten: „Nur einen einzigen." Alle antworten dasselbe, und so geschieht es auch mit allem anderen [...]. Dies geschieht natürlich alles in ihrer eigenen Sprache [...].*
- Sonntag in den Reduktionen (1771), zit. nach KThGQ VI, S. 257.

Mitten im 18. Jh. brechen die Jesuiten auch nach Kalifornien auf, wo sie zahlreiche Missionsstationen errichten und Städte gründen, die noch heute spanische Namen tragen (San Francisco, San Diego). Ende des 18. Jh. wehren sich die Kreolen immer mehr gegen ihre Benachteiligung gegenüber den in Spanien Geborenen; verschiedentlich kommt es zu ersten Aufständen, die im Zuge der Französischen Revolution zunehmen und in die Unabhängigkeit Lateinamerikas führen.

Europa als Missionsfeld

Kurz nach dem Aufbruch der Evangelischen in die Weltmission beginnt eine neue Phase der Mission in den christlichen Gebieten: die Zeit der Evangelisation in Europa und Nordamerika. In England beginnt man damit, nicht in den Kirchen zu verkünden, sondern unter freiem Himmel: Friedhöfe, Marktplätze, Straßenkreuzungen, Hügel und Wiesen werden zu Versammlungsorten. Daneben predigen andere auch in Gaststätten, Stadthallen, Theatern oder Zirkuszelten. In den Evangelisationen von George Whitefield (1714–70) und John Wesley (1703–91) strömen unvorstellbare Massen von Menschen zusammen, 1734 sollen 20.000 Menschen Whitefield in London gehört haben, später verdoppeln sich diese Zahlen. Ohne nennenswerte Öffentlichkeitsarbeit kommen die Menschen herbei, mitunter dauern die Veranstaltungen 8 bis 14 Tage.

Im deutschen Pietismus spielen Buße, Bekehrung, Wiedergeburt und Heiligung eine große Rolle. Der Glaube wird – in Fortsetzung der Reformation – weiter individualisiert und konkretisiert, er wird persönlich erfahren und gelebt, oft spielt das Gefühl eine wichtige Rolle. So sammelt Spener sein „Kirchlein in der Kirche", Francke beginnt sein Glaubenswerk und um Zinzendorf bildet sich die Brüdergemeine. Neben der Dänisch-Hallischen Mission muss noch die missionarische Aktivität der Brüdergemeine erwähnt werden (2.2.2). Als Zinzendorf hört, dass die Mission in Grönland infrage gestellt sei, sendet er sofort Missionare zu den Inuit aus. Schon als Jugendlicher interessiert sich Zinzendorf für Weltmission, sein Ziel ist nicht die Bekehrung ganzer Völker, sondern Einzelner, die umkehren und glauben. Daher baut er keine Kirche in den Missionsgebieten (Nordamerika, Südafrika, Persien und Indien), sondern sammelt erweckte Kreise. Gemeindegründung ist für Zinzendorf noch kein Anliegen. So wird die Kirche weder Träger noch Ziel seiner Mission. Er setzt auch hier ganz auf die Leitung durch den Hl. Geist und seine erneuernde Kraft. Die Missionare sammeln ihre „Erstlinge" daher nicht in Kirchen, sondern in Privathäusern.

In allen diesen Formen finden sich Aspekte der täuferischen Reformation. Bemerkenswert an den pietistischen Ansätzen ist ihre ökumenische Ausrichtung. Über Konfessionsgrenzen hinweg tauschen sich die lutherischen Erweckten in Deutschland mit Reformierten in den Niederlanden, aber auch mit Anglikanern und Puritanern aus.

Erstaunlich ist die enge Zusammenarbeit der verschiedensten Gemeinden vor Ort. Vor allem in der entkirchlichten und entchristlichten Kirche von England bricht eine Erweckung auf, in der Menschen neu zum Glauben kommen (5.2). Es entstehen *religious societies,* aus denen später die methodistischen Gemeinschaften werden. Im Zentrum steht die geniale Begabung zum Predigen, stark leuchtet das Evangelium auf, nachdem man die Sünde angeprangert hat und zur Gnade einlädt.

Die methodistischen Gemeinschaften bilden neue Formen des Miteinanders aus, in denen die entwurzelten Arbeiter der in Großbritannien früher als auf dem Kontinent einsetzenden Industrialisierung (1.2.2) aufgefangen werden. Nach Herrnhuter Vorbild bilden 12 Personen eine Gruppe, die sich regelmäßig um die Bibel trifft. Die Leiter bilden jeweils zu 3-5 Personen Mitarbeiterkreise, die die Anliegen beraten und unterstützen.

Mit dem Aufkommen des Pietismus entstehen auch in Deutschland Ansätze zu einer Volksmission, so baut Francke in Halle eine Schriftenmission auf. Francke hat als Pfarrer in Glaucha die Verbesserung der Lebenssituation der Menschen betrieben (Waisenhaus, Schule). Die Menschen werden aber nicht nur aufgefangen, sondern umfassend gebildet. Die Liebe Gottes wird verkündet und soll in den Jugendlichen geweckt werden (6.2). So wird sein Unternehmen zur inneren Mission. Von der Herrnhuter Brüdergemeine gehen Missionare in alle Welt, auch werden evangelische Gemeinden in Europa besucht (Diasporaarbeit), um die Erweckten zu betreuen (zur Diasporaarbeit der Brüdergemeine s. 2.2.2).

UNTERM STRICH

Mit der Aufklärung erhält die Mission einen neuen Auftrieb, die ganze Welt wird erkundet und durch Europäer und Amerikaner in Besitz genommen. Zentrale Anliegen sind dabei Machterweiterung und Handel, dabei stören die erwecklichen Missionare, die allzu oft christliche Werte gegen das Vorgehen der Kolonialverwaltungen bezeugen. Manche Kolonialherren sehen die Mission auch als grundsätzlichen Störfaktor an. Erst allmählich kommt es zur Annäherung von Kolonisation und Mission, die meist über die praktischen Fragen des Alltag verläuft, denn die Missionare sprechen die Sprachen der Einheimischen. Die Missionen gehen nun nicht mehr flächendeckend vor, sondern die Missionare rufen Einzelne zur Entscheidung. Vielerorts bilden sich Gemeinden von Einheimischen, die von der Kolonialverwaltung gerne gesehen werden. Neben die Christianisierung tritt als Anliegen die Zivilisierung der Welt, die Hand in Hand gehen. Während erweckte Missionare in der Aufrichtung des Reiches Gottes als Ziel die missionarische Arbeit bestimmt, arbeiten andere Missionen eher an der „Zivilisierung" der Völker (Aufbau von Schulen etc.).

3.3 Mission in der Moderne

3.3.1 Mission und Aufklärung im 19. Jh.

Seit der Aufklärung setzt das Zeitalter der Vernunft ein: In Anlehnung an Descartes denkt und lebt man im Bezugsrahmen von Subjekt und Objekt: Der Mensch erforscht seine Umwelt (die nicht-menschliche Welt), die bald nicht mehr als „Schöpfung" wahrgenommen, sondern als Forschungsobjekt analysiert und ausgebeutet wird (1.2.1, 2.2.1, 7.2.1). Daher erkundet man die Geografie der Erde, entdeckt Meere und Kontinente, unterwirft deren Bewohner und nimmt Kolonien in Besitz. Den fremden Kulturen möchte man die europäische Zivilisation bringen und die Welt so verbessern. Das gibt auch der Mission einen enormen Auftrieb, sodass das 19. Jh. zum **Jahrhundert der Mission** wird. Viele teilen die Überzeugung, die ganze Welt werde bald christlich werden. Andererseits wird die Überzeugungskraft des Christentums auch nicht mehr von allen geteilt, denn das Christentum ist nur ein Angebot unter vielen. Nun wird das europäische Sendungsbewusstsein spürbar, denn man ist überzeugt von der eigenen sittlichen, technischen und kulturellen Überlegenheit.

Mit der Aufklärung ändert sich im 19. Jh. die Art der Mission. Neben die Verkündigung des Evangeliums tritt die Verbreitung der westlichen Zivilisation. In den Missionsgebieten werden Schulen und Universitäten gegründet, in Wissenschaft und Erziehung erhebliche Mittel investiert.

Großbritannien und Frankreich folgen Portugiesen und Spaniern weiter in der Kolonisation nach. Wenn die Bevölkerung „Heiden" sind, wie etwa in Amerika oder Afrika, nimmt man deren Land quasi selbstverständlich in Besitz, macht die Menschen zu Untertanen und missioniert sie, die Landnahme der Israeliten in Kanaan gilt vielen dabei als Vorbild und Rechtfertigung.

Wichtige Antriebe für die Mission kommen im 19. Jh. aus der zweiten Erweckung in den USA und Europa (1787–1825). Anfang des 19. Jh. wird die Mission zunächst zu einem Anliegen der amerikanischen Gemeinden und Kirchen. Wenige Jahre später finden sich auch in Europa erweckte Kreise, die Weltmission betreiben wollen. In den USA wird das alte puritanische Ideal eines geheiligten Lebens belebt: Unzucht, Ungerechtigkeit, Zwietracht und Uneinigkeit würden künftig verblassen, ein paradiesischer Zustand werde kommen, und die USA würden die neue Ordnung in die Welt tragen. Das Reich Gottes werde sich diesseitig etablieren.

Während im Aufbruch zur Weltmission die reformierte Tradition stärker war, nach der Gottes Souveränität Menschen zum Heil erwählt hat, zeigen sich im Gefolge der Aufklärung mehr und mehr menschliche, vernunftorientierte Sichtweisen. Immer stärker rückt der Mensch mit seinen Möglichkeiten und Gaben ins Blickfeld. Die Welt soll vernünftig gestaltet werden, menschliche Bedürfnisse werden ernster genommen. Menschliches Planen scheint das Vertrauen auf Gottes Wirken zu ersetzen. In die Mission kommen so typisch aufklärerische Züge.

Seit der Französischen Revolution werden Staat und Kirche nicht nur in Frankreich, sondern auch in den Niederlanden und in England wie zuvor schon in den USA getrennt. Zwar dehnt etwa England sein Kolonialreich namentlich in Indien und Afrika weiter aus, lässt sich dabei aber nicht von religiösen, sondern merkantilen und machtpolitischen Erwägungen leiten. Daher bleiben die Kolonialregierungen in der ersten Hälfte des 19. Jh. gegenüber Missionaren zunächst eher kritisch eingestellt, zumal eine Reihe von Forderungen aus den Kreisen der Evangelikalen der staatlichen Politik direkt entgegenstehen: Wilberforce fordert die Abschaffung der Sklaverei, Carey spricht sich gegen den Import von Zucker aus, der mit Hilfe von Sklaven hergestellt wurde.

In Nordamerika entwickelt sich aus den puritanischen Anfängen eine besondere amerikanische Vorstellung vom *Reich Gottes in Amerika*, und auch die Mission wird zu einem amerikanischen Unternehmen. Von Neuengland aus wird der amerikanische Kontinent erobert. Man ist der Überzeugung, das Evangelium habe sich von Jerusalem immer nach Westen ausgebreitet, zuerst nach Europa, dann an die Ostküste Amerikas und von dort bis an dessen Westküste in Kalifornien. Die Auswanderer haben die alte Welt verlassen und bauen nun eine neue auf. Amerika wird das Land der unbegrenzten Möglichkeiten – und der Hoffnung für die ganze Welt. Zwischen 1760 und 1860 wächst die weiße Bevölkerung von 4 auf 31 Mio. Einwohner. Angesichts der Katastrophen in Europa (Französische Revolution, napoleonische Kriege) erwartet man den Anbruch der Endzeit: Dass die Revolution in einem katholischen Land ausgebrochen ist, dass der

Papst in Rom ungeheuer an Einfluss verliert, dass die Lage der Juden sich ändert und dass große Erweckungen in der ganzen Welt beginnen – alles das führt einen neuen Milleniarismus herauf, der alle Christen in Amerika bestimmt. Berühmt wird die von William Miller initiierte *Millerbewegung*, die für 1843 bzw. 1844 die Wiederkunft Jesu erwarten, aus der u. a. die *Adventisten* und manche Sondergemeinschaften entstehen.

Der Baptist **William Carey** (1761–1834) wird zum großen Motivator der Mission im 19. Jh. 1792 veröffentlicht er seine *Untersuchung über die Verpflichtung der Christen, Mittel einzusetzen für die Bekehrung der Heiden.* Da der größte Teil der Welt noch nicht das Evangelium kenne, sei es an der Zeit für die Mission. Wenn man für die Heiden bete, solle man ihnen auch predigen. Auch zu Careys Zeit sind viele skeptisch gegenüber der Mission als menschlichem Unternehmen. Aber für Carey ist es der Wille Gottes, der zur Mission verpflichtet und dem man Gehorsam schuldig ist. Aufgrund seiner Initiativen wird 1792 die *Baptist Missionary Society* gegründet. Bald entstehen eine ganze Reihe von weiteren Missionsgesellschaften und Missionsseminaren, die als Modelle zunächst zukunftsweisend sind (z.B. 1795 die *London Missionary Society* der Kongregationalisten, 1799 die *Church Missionary Society* der Anglikaner). Auf dem Kontinent gehören viele Missionsgesellschaften zu keiner Denomination und arbeiten überkonfessionell. Im Laufe des 19. Jh. richten sich viele dann auch hier konfessionell aus. Durch Mission werden Kirchen gepflanzt und nicht mehr nur auf die Bekehrung Einzelner Wert gelegt.

In Deutschland entsteht 1800 in Berlin das erste Missionsseminar, gegründet durch Johann Jänicke (1748–1827). 1815 entsteht die **Basler Mission**, die ein Jahr später ebenfalls ein Missionsseminar gründet. 1824 folgt die Berliner Mission, 1828 die Rheinische Mission usw. Alle genannten Arbeiten kommen aus der Erweckung. Im Zuge der Konfessionalisierung entstehen lutherische Missionswerke, zuerst 1836 die Leipziger Mission, 1848 die Hermannsburger Mission und 1849 die Neuendettelsauer Gesellschaft für Innere und Äußere Mission im Sinne der lutherischen Kirche.

Neben den Missionswerken aus der Erweckung und den konfessionellen Seminaren entsteht als dritter Typ die **Glaubensmission**. Einer ihrer Pioniere ist der Jänicke-Schüler Karl **Gützlaff** (1803–51), der erste deutsche evangelische Chinamissionar, der 1831 ein Missionswerk in China gründet. Typisch für Glaubensmissionen ist das Entstehen ohne Beteiligung und ohne Beziehung zur verfassten Kirche. Ihre Finanzierung erfolgt aus freiwilligen Gaben. Bedeutendes Beispiel ist die **China-Inland-Mission**, die Hudson **Taylor** 1865 gründet. In Mitteleuropa entstehen 1840 die Pilgermission St. Chrischona, die sowohl in Ostafrika als auch in Mitteleuropa arbeitet, 1882 die Neukirchner Mission, 1889 die Allianz-Mission, 1899 die Liebenzeller Mission und 1909 schließlich die Marburger Mission.

Wie stark aber auch die kirchlich orientierten Missionswerke in der Erweckung wurzeln, zeigt sich an der Hermannsburger Mission, die in der Lüneburger Heide durch Pastor Ludwig Harms (1808–65) gegründet wird. Im Rahmen einer Erweckung möchten junge Leute sich für den Missionsdienst ausbilden lassen. Harms versucht seine Kandidaten in den vorhandenen Seminaren anzumelden, überall sagt man ihm ab. Als die zwölf Kandidaten nach der letzten Absage mit ihrem Pfarrer zusammensitzen, kommt es zu einer denkwürdigen Szene.

- *Da sagten sie [die Missionskandidaten]: „Gott weiß, dass wir den sehnlichen Trieb haben, als Missionare zu den Heiden zu gehen. Warum lassen Sie uns nicht unterrichten und senden uns dann aus?" Da ließ es mir Tag und Nacht keine Ruhe, und ich beschloss endlich, mit Gottes Hilfe ein Haus als Missionshaus zu kaufen, oder wenn ich keins kaufen könnte, eins bauen zu lassen, die jungen Leute darin aufzunehmen und durch einen Lehrer ausbilden zu lassen. Gleich bot sich mir Gelegenheit, ein Haus zu kaufen, das 4000 Taler kosten sollte mit dem zugehörigen Lande. Ein Lehrer war auch zu finden [...]. Ich hatte nun freilich kein Geld dazu, das genannte Haus zu kaufen; aber da waren die zwölf jungen Leute, welche sagten: „Warum willst du nicht dafür sorgen, dass wir als Missionare können ausgesandt werden?" Da sprach ich in meinem Herzen: „Ich will das Haus kaufen, Gott mag für das Geld sorgen."*
- zit. nach Raupp: Mission. S. 279.

So entsteht mitten in der Lüneburger Heide ein Missionswerk, weil der Pfarrer einen Glaubensschritt tut. Die Mission, die aus dem Heidedorf ausgeht, ist hochmodern, denn Verkündigung und Pädagogik werden verbunden. Harms will alle drei bis vier Jahre jeweils zwölf Missionare als Teams senden, die sich gemeinsam ansiedeln, um sozusagen als kleine Kolonie das Christentum in der neuen Umgebung heimisch zu machen. Während einige Landwirtschaft betreiben und ihrem Handwerk nachgehen und so für den Unterhalt vor Ort sorgen, gehen andere der Verkündigung nach. Wenn sich dann eine Gemeinde aus „Heidenchristen" gebildet hat, sollen 2-3 zurückbleiben und die übrigen ein paar Kilometer weiterziehen und eine neue Kolonie gründen. Auf diese Weise soll ein Netzwerk von Missionsstationen entstehen. Das Modell erinnert an das in der angelsächsischen Welt praktizierte Modell des *Church Planting*, bei dem aus einer Muttergemeinde eine Tochtergemeinde gegründet wird, indem man eine Kernzelle von Mitarbeitern aussendet. Auch Harms möchte durch sein Modell nicht nur die Völker Afrikas bekehren, sondern ihnen zugleich die europäische Zivilisation bringen, sodass sie nicht mehr Opfer der Europäer werden, sondern sich wehren können. Die Hermannsburger Missionare sehen sich als Diener der Heiden und nicht als Herren, kein Wunder, dass auch sie mit den Kolonialherren vor Ort bald in Konflikte kommen.

Bevor wir uns den Missionsgebieten zuwenden, wollen wir den historischen Überblick weiterführen. Das ganze 19. Jh. gilt heute wie erwähnt als das Jahrhundert der Mission. Vielfach wird Apg 16,19 zur leitenden Vision, der alle Missionare zu folgen scheinen; Paulus berichtet dort von seinem Traum, in dem er einen Mann aus Mazedonien sieht, der ihm zuruft: „Komm herüber und hilf uns!" Die Missionare werden von dem Wunsch erfasst, den nicht-christlichen und nicht-zivilisierten „Wilden" das Evangelium und die damit verbundene europäische Kultur zu bringen. Nicht selten wird das Leben in Afrika in düsteren Farben geschildert, die einheimische Bevölkerung arm und elend, die Menschen sogar als unzuverlässig, unsittlich, selbstsüchtig, faul und ängstlich dargestellt. So bekommt die Mission indirekt einen sozialen Touch, manchmal wird etwas Gönnerhaftes sichtbar – die Völker und ihre Kinder werden zu Empfängern von Wohltaten und Almosen.

Die Bedürftigkeit der Menschen tritt oft in den Vordergrund, dahinter scheint die Mission aus Liebe zu Christus etwas zurückzutreten. Die Missionare bringen Bildung und medizinischen Fortschritt. Dabei werden eigene Werte, Weisheiten und die grundverschiedene Mentalität oft recht pauschal abgewertet. Die Überlegenheit der Amerikaner und Europäer, die sich an deren wissenschaftlichem und technologischem Fortschritt zeigt, gibt dem Abendland einen beispiellosen Vorteil, von dem auch das Christentum profitiert. Viele sehen den Glauben auch als Grund für die Überlegenheit. Aber die massive Übernahme westlicher Kultur in den Missionsländern schafft auch ganz neue Probleme, denn so wird die Abhängigkeit vom Westen – vermutlich ungewollt – abgesichert, denn den Einheimischen Christen dürfte es kaum möglich sein, alle Errungenschaften der Missionare selbst zu unterhalten.

Viele Missionstheologen setzen sich für die Gründung indigener Kirchen in den Missionsgebieten ein. Bereits Mitte des 19. Jh. fordern Missionare in Afrika Selbstverwaltung, Selbstversorgung und Selbstverbreitung in den

Missionsländern. Vielfach versteht man Mission als kulturelle Propaganda, womit man dem Rationalismus und der historischen Kritik begegnen will. Vor diesem Hintergrund soll Mission nicht Verkündigung des christlichen Glaubens sein, sondern Entwicklungshilfe für die „unterentwickelten, armen Heiden". Dahinter steht das Gefühl einer westlichen Überlegenheit. Nicht mehr Bekehrung ist das Ziel, sondern Christianisierung, Zivilisierung und Bildung. Damit wird Mission zu einer rein weltlichen Angelegenheit, einer Sache der Aufklärung. Gottes Reich wird nun zum utopischen irdischen Reich, in dem brüderliche Liebe und Frieden regieren. In Deutschland macht Ernst Troeltsch deutlich, dass das Christentum der Welt spirituelle Werte, Zivilisation, Eintracht und Kultur bringe. Mission wird zu einer Angelegenheit von Kulturtransfer, das Christentum eignet sich, aufgrund der Überlegenheit der westlichen Kultur, als Weltreligion. Neben ihm stehen freilich auch Gustav Warneck und Martin Kähler, für die Gottes Gnade der Grund für Zeugendienst und Mission ist (7.3.2).

Seit der Mitte des 19. Jh. gewinnen in England und den USA bei den Missionaren patriotische Züge an Gewicht. Während die erste Missionarsgeneration noch häufig mit den Kolonialverwaltungen in Konflikt gerät, treten diese Spannungen seit der Mitte des Jahrhunderts zurück. Die Missionare fördern durch ihre Forschungsreisen und Kontakte die koloniale Expansion ihrer Heimatländer, ja Missionare und Kolonialherren arbeiten geradezu Hand in Hand.

Das gilt freilich für die deutschen Missionare zunächst nicht, denn sie repräsentieren anfangs keine Kolonialmacht: In Indien arbeiten die Missionare in dänischem bzw. später in britischem Einflussgebiet, und auch in den späteren Zeiten arbeiten sie häufig in den Missionsgesellschaften anderer Länder. Hier zeigt sich, dass Deutschland damals keinen Nationalstaat hat und daher sehr weltoffen ist. Das ändert sich erst mit der Reichsgründung. Für die deutsche Kolonialbewegung wird dann Friedrich **Fabri** (1824–91), Leiter der Rheinischen Mission, geradezu ein Bahnbrecher, der immer wieder die Notwendigkeit deutscher Kolonien betont. Während Reichskanzler Bismarck keine Kolonien anstrebt, arbeitet Fabri entschlossen für eine neue Politik. Er erwartet davon eine finanzielle und soziale Verbesserung in Deutschland, aber auch eine Förderung der Mission. Für manche lautet die Vision *Kolonisieren heißt Missionieren* (1.3.5). Andererseits zeigen auch die Deutschen einen Nationalstolz. Die Epoche der kolonialen Mission ist in Deutschland sehr kurz, sie beginnt im Grunde erst 1880 und endet mit dem Verlust der Kolonien zu Beginn des 1. Weltkrieges 1914, dauert also nur drei Jahrzehnte.

Mit dem Imperialismus und Nationalismus rekrutieren die Missionsgesellschaften eher nationale Kräfte für ihre Arbeiten, Nation und Mission arbeiten Hand in Hand. Missionare werden zu Treuhändern der Kolonialverwaltungen, sie sprechen die Sprache der Eingeborenen, kennen deren Kultur und können die Völker „erziehen". Daher nehmen die Mächtigen die Mission rasch in den Dienst nationaler Machtpolitik, oft bitten die Missionare auch um den Schutz ihrer Heimatländer. Mission und Kolonialpolitik gehören zusammen, spätestens am Ende des 19. Jh. wird das bestimmend.

In der Zeit des Hochimperialismus (seit 1880) nimmt der Zulauf auch in den Missionsgesellschaften der einzelnen Länder im Jubel der Zeit zu. Da die Amerikaner allerdings keine Kolonien (außer Philippinen) erwerben, gehen ihre Missionare für das Evangelium in die Welt.

Die viktorianische Gesellschaft in Großbritannien zeigt äußerlich hohe christliche Werte, während viele privat anders leben. In den USA dominiert vor dem Bürgerkrieg (1862–65) eine optimistische Grundstimmung, die vom Postmilleniarismus getragen wird. Man erwartet das Tausendjährige Reich Gottes: das Böse trete zurück, Ungerechtigkeit verschwinde, Krieg, Hunger und Sklaverei gingen zu Ende. Die wissenschaftlichen Entdeckungen und die technischen Erfindungen unterstreichen scheinbar diese letzte Zeit, bevor das Reich Gottes beginnt. Das entspricht der europäischen Entwicklung, in der der menschliche Fortschritt immer neue Höhen erreicht und die etwa von Hegel propagiert wird (7.3.3). Diese Botschaft des neuen Zeitalters wird von den Amerikanern und Europäern in die Welt getragen. Weit über diese Gruppen hinaus wird die Erwartung des wiederkommenden Herrn bestimmend, die noch 1900 John Mott in die Vision fasst: *Evangelisierung der Welt in dieser Generation!*

UNTERM STRICH

Starke Impulse kommen zunächst aus der Erweckung des 19. Jh., durch sie entstehen weltweit zahlreiche Missionsgesellschaften, die von erweckten Kreisen in Amerika und Europa unterstützt werden. Darunter sind die Arbeiten der Freikirchen (z.B. Baptisten), der kirchlich orientierten Missionswerke (z.B. Basler Mission) und die Glaubensmissionen, die nicht mehr unter Beteiligung der verfassten Kirchen entstehen, sondern von einzelnen Christen initiiert und getragen werden (z.B. China-Inland-Mission). Aber auch die anderen Werke kommen aus der Erweckung, gehen Schritte des Glaubens und erleben Gottes Wirken. Alle Missionare bringen bewusst auch europäische Kultur, sehen sich auch als Entwicklungshelfer. Erstaunlich ist oft ihre drastische, abschätzig wirkende Schilderung der Menschen in den Missionsländern, deren Bedürftigkeit sie nicht nur religiös, sondern auch materiell begegnen wollen. Europa sieht sich so überlegen und die anderen so unterlegen, dass viele Missionsberichte heute befremdend wirken. Mitunter vermischen sich Evangelisation und Kolonisation in ihren Anliegen, die zunehmend patriotische Züge ins Spiel bringen, die die Mission für die nationale Politik in Dienst nimmt. Kolonisieren und Missionieren bezeichnen nun offenbar ähnliche Vorgänge. Damit entfernen sich die Missionare von ihren Wurzeln, als die evangelischen Missionare bewusst Konflikte mit den Kolonialherren um des Evangeliums willen in Kauf genommen haben. Nun scheint die Mission Teil des globalen europäischen Kulturtransfers, das Christentum scheint den einheimischen Kulturen gegenüber so überlegen wie die europäische Kultur und ihre Waffen.

3.3.2 Die Missionsgebiete

Asien

1793 reist Carey nach **Indien** aus, wo er von der britischen Ostindien-Handelskompanie nicht gerade freundlich empfangen wird. Das Handelsunternehmen fürchtet durch die missionarische Arbeit Unruhen unter der Bevölkerung; Carey wird zunächst Verwalter auf einer Plantage und lernt die bengalische Sprache. Seine erste Bibelübersetzung wird ein voller Misserfolg, da die Bengalen sie nicht verstehen. Der Autodidakt vermag die Sprache zu sprechen, aber nicht angemessen in ihr zu formulieren, so bleibt das Buch unverständlich. Als 1799 zwei weitere Missionare der **Baptist Missionary Society** nach Indien kommen, ziehen die Missionare in die kleine dänische Kolonie *Serampore*, wo die Missionare nicht feindselig behandelt werden und wo die Dänisch-Hallischen Missionserfahrungen weiterwirken. Von hier aus unternehmen die Missionare Predigtreisen. Wo immer sie ungehindert verkündigen können, tun sie es. Die neuen Mitarbeiter gehen systematisch an eine neue Bibelübersetzung, im Laufe der Jahre entstehen sechs vollständige Übersetzungen in die Hauptsprachen und 23 Übersetzungen des Neuen Testaments. Nicht alle sind gelungen. Auch nach der achten Revision ist die Bengaliübersetzung Careys noch nicht glücklich, sodass sie später ersetzt wird. In Serampore entsteht so ein bedeutendes Übersetzungs- und Druckzentrum, 1818 dazu ein College.

Von Anfang an bauen sie freie Gemeinden. Als erster Pastor der Gemeinde von Serampore wird Missionar Ward gewählt – nicht Carey. Wie schon die Dänisch-Hallischen Missionare bemüht sich das Serampore-Trio um die indische Kultur. Carey erarbeitet eine Sanskrit-Grammatik, Ward arbeitet über Sitten und Gebräuche der Hindus. Früh bilden sie indische Mitarbeiter aus und bleiben so in Ziegenbalgs Spuren. Erst nach 1813 betreiben die Briten Mission, indem sie beschließen, dass *Maßnahmen getroffen werden sollten, die zur Verbreitung nützlichen Wissens unter ihnen und zum religiösen und moralischen Fortschritt führen können* (KThGQ VI, S. 43). Entsprechend werden Schulen und Hochschulen gegründet.

Mit Beginn der Erweckung in England strömen weitere Missionare aller Denominationen nach Indien, darunter senden die Engländer seit 1834 auch Absolventen der **Baseler Mission** aus, etwa Samuel Hebich (1803–66), der besonders die britischen Offiziere in Indien seelsorgerlich erreicht. Die Basler Mission hat die Christen früh wirtschaftlich gefördert. Sie beginnt ihre Arbeit in jener Zeit, als die Deindustrialisierung in Indien einsetzt. Die Basler Mission schärft ihren Absolventen die Gleichheit aller Menschen streng ein. Daher ist es anzuerkennen, wenn man die Menschen in ihrer sozialen Not unterstützen will. Allerdings wird die Mission nun auch zum Arbeitgeber: In Indien werden Ziegel und Textilien in ganz Südindien abgesetzt. So entsteht ein Handelskonzern. Und wer will die Motive zum Übertritt zum Christentum hier zweifelsfrei analysieren? 1840 beginnt die Leipziger Mission ihre Arbeit auf dem Subkontinent, die dadurch besonderen Erfolg hat, dass sie das vorhandene Kastensystem respektiert.

In seinem Fazit dieser Jahre stellt Neill fest, dass der Einsatz an Personal und Material im Verhältnis zur Größe des Landes und seiner Bevölkerung eher als lächerlich eingestuft werden muss. 1851 gibt es in ganz Indien nur 339 Missionare von 19 Missionsgesellschaften bei einer geschätzten Bevölkerung von 150 Mio. Menschen. Immerhin werden 91.000 Christen gezählt, von denen aber weniger als 15.000 am Abendmahl teilnehmen.

1858 wird Indien zur britischen Kolonie, die Macht der Ostindienkompanie endet. Königin Viktoria legt Wert darauf, dass ihren indischen Untertanen das Christentum nicht aufgezwungen wird.

- *Wir erklären es als unseren königlichen Willen und Wunsch, dass niemand*
- *bevorzugt, belästigt oder beunruhigt wird, um seines religiösen Glaubens*
- *oder seiner religiösen Praxis willen, sondern dass alle in gleicher Wei-*
- *se den gleichen und unparteiischen Schutz des Gesetzes genießen sollen.*
- zit. nach Neill: Geschichte. 1990, S. 216.

Insgesamt macht Indien nach der Regierungsübernahme eine friedliche Entwicklung durch. Es entsteht ein Eisenbahnnetz und ein Fürsorgesystem bei Hungerkatastrophen. Gegenüber dem Christentum handeln die politisch Verantwortlichen unterschiedlich. Die Christen zeigen bewusst christliche Prinzipien, die hinter ihrem Handeln stehen, andere praktizieren die Neutralität so, dass es teilweise nicht gut ankommt. Seit 1854 werden bereits Privatschulträger unterstützt, wenn sie sich der staatlichen Schulaufsicht unterstellen. Ausdrücklich wird das Recht der Schulleitungen, die Schüler auch religiös zu unterweisen, anerkannt. So nimmt das Schulwesen einen raschen Aufschwung, die Regierung trägt zwei Drittel der Kosten. Auf diese Weise gehören Christen in Indien bald zu den gebildeten und damit wohlhabenden Menschen im Lande. Allerdings gibt es Moslems und Hindus, die von der christlichen Durchdringung der Kultur eine Gefahr für die indische Lebensweise sehen und sich dagegen wehren. Das führt zu einer Erneuerung der Hindu-Kultur, die antiwestlich ausgerichtet ist.

Auch in Indien werden besonders die unteren Schichten angesprochen, insbesondere die Kastenlosen finden hier eine soziale Stellung. Immer wieder erreicht man gerade die unterprivilegierten Schichten. Die Bemühungen, um die höheren Kasten zu erreichen, verlaufen dagegen oft vergeblich. Neill (Geschichte, 1990) berichtet erstaunlicherweise, *wenn unter den Ärmeren Bekehrungsbewegungen aufbrachen, betrachteten die Missionare diese mit Sorge und einem peinlichen Gefühl, weil sie sahen, dass ihre ganze Arbeit durch den Zustrom ungebildeter und verachteter Menschen in Verruf kommen könnte* (S. 340). Immer wieder brechen Erweckungen in Indien auf und es bekehren sich Tausende. Um die Wende zum 20. Jh. wird mit rund 1. Mio. Christen in Indien gerechnet.

Gegen Ende des 19. Jh. beginnen die Religionen Asiens neu zu erwachen. Lange hat man an das Ende der traditionellen Religionen geglaubt, plötzlich erwachen sie zu neuem Leben. Viele Missionare berichten von diesem Wandel. Oft sind die Aufbrüche verbunden mit nationalen Bewegungen, die sich von der westlichen Vorherrschaft befreien wollen. In Indien wird 1885 der Indische Nationalkongress gegründet, der sich seit 1905 zur nationalrevolutionären Bewegung entwickelt. Japans Sieg über das europäische und christliche Russland 1904/05 bringt auch in Indien eine Welle des Enthusiasmus hervor.

- *Überall im Osten findet gegenwärtig eine Renaissance von [asiatischer]*
- *Überlieferung und Literatur statt; und es wird zügig daran gearbeitet, den*

- *Ruhm der orientalischen Religionen dem Vergessen der Vergangenheit zu entreißen. In Indien, Burma, Siam, Annam [= Vietnam], Japan und sogar in China [...] ist das Bedürfnis nach religiöser und moralischer Erziehung stark zu spüren.*
- The Hindu Organ. 1899, zit. nach KThGQ VI, S. 65.

Im Rahmen der nationalen Aufbruchstimmung werden regelmäßig Stimmen laut, die nach einheimischen, unabhängigen Kirchen verlangen. 1886 entsteht in Madras/Indien die National Church of India; die Kirche besteht zwar nur bis 1930, sammelt aber zahlreiche Führungspersönlichkeiten Indiens. Ähnliche Entwicklungen kann man in anderen Ländern Asiens verfolgen.

Der erste evangelische Missionar kommt 1807 nach **China**. Mission ist hier noch verboten, Ausländer werden strikt überwacht. Daher arbeitet Robert Morrison bei der Ostindischen Kompanie als Übersetzer, was ihm eine gewisse Sicherheit gibt und ihm Sprachstudien ermöglicht. 1813 stellt er eine Übersetzung des Neuen Testaments fertig, 1819 folgt das Alte Testament. Seine Sprachstudien werden wegweisend für seine Nachfolger. Offensichtlich erscheint die Zahl der Getauften mit elf Chinesen eher gering. Erst mit dem ersten Opiumkrieg wird eine Öffnung Chinas erreicht: Hongkong wird britische Kolonie, dort dürfen sich Briten mit ihren Familien niederlassen; daneben werden u. a. Kanton und Schanghai zu Handelshäfen. Zwar wird über die Mission in den Verträgen nichts gesagt, aber durch Handel und Wandel ergeben sich neue Möglichkeiten für die Mission. Seit den 1840er-Jahren arbeitet auch Karl Gützlaff (1803–51) in China, der auf eine Evangelisation Chinas durch Chinesen setzt. Leider stellt sich heraus, dass seine chinesischen Mitarbeiter ihren Dienst nicht wie erwartet ausrichten.

Nachdem 1858 der zweite Opiumkrieg siegreich beendet ist, werden weitere Seehäfen für den Handel (insgesamt 16) geöffnet. Die Ausländer dürfen nun auch in das Landesinnere reisen und das Christentum wird geschützt. Im Vertrag von Peking wird 1860 die Rückerstattung christlichen Eigentums zugesagt. In der französischen Fassung wird ausdrücklich die *Mission in allen Teilen Chinas* (KThGQ VI, S. 54) erlaubt. Auch chinesischen Christen wird die Religionsausübung gestattet. Nun werden viele Missionsgesellschaften auf das Land aufmerksam und entsenden Missionare. Bis 1860 werden mehr als 200 Missionare tätig, allerdings dauert ihr Einsatz durchschnittlich nur sieben Jahre und zunächst werden nicht alle Provinzen erreicht. Einen enormen Auftrieb erreicht James **Hudson Tay-**

lor, der mit 21 Jahren in das Reich der Mitte kommt. Er lernt die Sprache, unternimmt viele Reisen und kleidet sich wie ein Chinese. 1865 gründet er die China-Inland-Mission, die interkonfessionell ausgerichtet ist. Der Sitz ihrer Missionsleitung liegt in China, die Missionare kleiden sich chinesisch. Vor allem geht es den Missionaren um die Evangelisation. Nach und nach werden alle Provinzen erreicht, am Ende des Jahrhunderts sind 641 Missionare im Einsatz. Wie ihr Gründer kommen viele aus eher einfachen Verhältnissen, erst später finden sich auch Gebildete ein. Während anfangs die Taufbewerber auch eher einfache Leute sind, erreicht man später auch andere Schichten. Amerikaner eröffnen in Peking eine christliche Universität. Am Ende des 19. Jh. sind rund 5000 Missionare im Einsatz (einschl. Ehefrauen!), sie arbeiten auf 500 Stationen und haben eine halbe Millionen Chinesen erreichen können, von denen aber nur 80.000 am Abendmahl teilnehmen.

Um die Jahrhundertwende kommt es in China zu fremdenfeindlichen Bewegungen, u. a. ist der Boxeraufstand berühmt geworden, dem zahlreiche chinesische Christen zum Opfer fallen. Der Aufstand wird von einer Allianz europäischer Mächte niedergeschlagen, China muss sich beugen und Wiedergutmachung leisten. Hudson Taylor, dessen China-Inland-Mission große Verluste erlitten hat, entscheidet, dass man keine Wiedergutmachungsansprüche stellen will. Ihm folgen nicht alle Missionsleiter. Nach dem Boxeraufstand wird von einer großen Offenheit in China für das Evangelium berichtet. Das mag daran liegen, dass viele Chinesen nach Wegen der Erneuerung für ihr Land suchen. Hier spielen auch christliche Universitäten eine Rolle. Nachdem die Revolution das Kaisertum abgeschafft hat, wird ein Christ Präsident der Republik.

In der ersten Hälfte des 19. Jh. bleiben Japan und Korea noch verschlossen, aber in Thailand, Burma und Indonesien arbeiten Missionare, ebenso in Neuseeland und in der Südsee bis nach Hawaii. Ein US-Kriegsschiff öffnet **Japan** für westliche Einflüsse. Die japanische Gesellschaft wird transformiert. Dafür ist auch der Kaiser Meiji, der das Land von 1867–1912 regiert, verantwortlich. Zwar bleibt das Christentum für Japaner zunächst bei Todesstrafe verboten, aber den Amerikanern im Land räumt man Religionsfreiheit ein. So dürfen Gottesdienste veranstaltet werden, falls sich Japaner aber bekehren, ist ihr Leben in Gefahr. Dennoch kommen seit 1859 amerikanische Missionare ins Land, erlernen die Sprache und übersetzen die Heilige Schrift. Außerdem werden kleinere Schulen gegründet. Um das Land zu modernisieren, ruft man technische Helfer ins Land. So übernimmt z. B. ein Amerikaner 1876 eine Landwirtschaftsschule in Sapporo.

Offenbar vermittelt er nicht nur landwirtschaftliche Fertigkeiten, denn die Studierenden lassen sich nach ihrer Ausbildung alle taufen. Ähnlich zeigen sich Studierende an anderen Ausbildungsstätten. Seit den 1880er-Jahren wächst die Zahl der japanischen Christen an. Neill zählt 1882 145 Missionare und knapp 5000 japanische Christen, 1888 sind es schon 451 Missionare und 25.514 Christen.

1884/85 kommen die ersten amerikanischen Missionare nach Korea, die bald einen erwecklichen Aufbruch erleben. In der Verfassung von 1889 wird Religionsfreiheit festgeschrieben.

Afrika

Mit Napoleons Ägyptenfeldzug 1798 beginnt die Entdeckung des inneren Afrikas. Forscher durchziehen die Regenwälder entlang der großen Ströme des Kontinents. Ihre Berichte werden in Europa und Nordamerika intensiv verfolgt. Zu den bekannten Gestalten der Zeit gehört David Livingstone (1813–73), der seit 1841 Afrika bereist und erforscht. Als Schotte arbeitet er für die *Londoner Missionsgesellschaft*. Auch wenn man in ihm den herausragenden wissenschaftlichen Forscher sieht, so ist er doch selbst als Missionar unterwegs. Sein Buch *„Missionary Travels and Researches in South Africa"* (Missionsreisen und Forschungen in Südafrika) macht Mission weltweit sehr populär. Erwähnenswert sind im 19. Jh. vor allem die missionarischen Aufbrüche im späteren Uganda, wo Katholiken und Protestanten nebeneinander arbeiten. Ende des 19. Jh. tauchen neben den Briten auch Deutsche wie Carl Peters auf, der sich für deutsche Kolonien einsetzt. Uganda bleibt jedoch im britischen Einflussbereich, der Katholizismus wird zurückgedrängt.

Seit 1890 ist die „Rauferei um Afrika" in vollem Gange (1.3.5). Mit einem heute bizarr anmutenden Selbstbewusstsein annektieren die Europäer die afrikanischen Gebiete. Dabei werden sie von den Missionaren unterstützt. Alles dient der Zivilisierung des Kontinents, dem gesellschaftlichen und kulturellen Fortschritt.

Der Direktor der Rheinischen Mission, Friedrich Fabri, setzt sich intensiv für deutsche Kolonien ein. Noch sieht er erhebliche Probleme in Afrika:

- *Seine Bevölkerung muss durch vermehrte Bedürfnisse erst zu deren Anbau gereizt, wo nicht gar erzogen werden [...] Missions-Unternehmungen mit praktisch-pädagogischem Charakter, d.h. auch zur Arbeit erziehend, wären hier vor allem wertvoll; nach und nach mit ihnen Kapital und Leute für Plantagen und größere Handels-Unternehmungen.*

- Fabri: Bedarf Deutschland der Colonien? 1879, zit. nach KThGQ VI,
  S. 163.

Im Herrschaftsbereich des Islam gibt es in der Türkei, Armenien, Ägypten und im Libanon Ansätze für eine Mission. Langsam eröffnen sich Arbeitsfelder in Afrika. Namentlich unter ehemaligen amerikanischen Sklaven in Sierra Leone und Nigeria arbeiten deutsche Missionare der *Church Missionary Society* Englands. Schließlich bildet Südafrika einen Schwerpunkt der Mission, hier gibt es seit dem 17. Jh. eine niederländische Kolonie, in der Missionare arbeiten. Sie arbeiten auch unter den Schwarzen. Viele von ihnen stärken die Rechte der einheimischen Bevölkerung vor den Buren und kommen so mit ihnen in Konflikt. Evangelium und Gerechtigkeit gehören zusammen! Die Missionare gründen Schulen und bilden Schwarze aus.

Aber in vielen Gemeinden werden die Schwarzen auch diskriminiert. Ende des 19. Jh. entsteht die Bewegung des **Äthiopismus** in Süd- und Westafrika. Christlich afrikanische Gemeinschaften trennen sich wegen der erfahrenen Diskriminierung von den europäischen Missionskirchen. Im Blick auf den Kämmerer aus Äthiopien (Apg 8) sucht man eigene Wege und begründet ein afrikanisches Christentum. Einflussreich werden im 20. Jh. charismatische Aufbrüche, die meist von einer prophetischen Gestalt ausgehen, die als prophetischer Heiler auftritt. Im südlichen Afrika wird etwa Isaiah Shembe (1870–1935) bekannt, der eine eigene Baptistenkirche gründet. In Westafrika gehen viele Bewegungen auf William Wade Harris (um 1860–1929) zurück.

Das Christentum breitet sich im südlichen Afrika kontinuierlich aus, dabei ist die Arbeit damals nicht leicht. Zum einen wird die Evangelisierung der Schwarzen durch die Buren immer wieder gehindert, die den schwarzen Christen nicht zu große Entwicklungsmöglichkeiten zugestehen wollen. Hermannsburger Missionare berichten wieder und wieder von Konflikten mit den Farmern vor Ort, denen die Gemeinschaft zwischen Schwarzen und Weißen ein Dorn im Auge ist. Zum anderen gibt es aber auch in der Kultur und Gesellschaft der Schwarzen Probleme, z.B. durch den Status und die Macht der Häuptlinge. Die Missionsarbeit ist in hohem Maße von deren Verhalten abhängig, fördernd oder hemmend.

Amerika

In Mittel- und Südamerika sind die Menschen durch die römisch-katholische Mission seit der Eroberung oberflächlich christlich geworden. Anfang des 19. Jh. erklären sich eine Reihe von Staaten für unabhängig von Spanien bzw. Portugal (Bolivien, Mexiko, Brasilien). Während der hohe Klerus meist dem Mutterland die Treue hält, sind die Priester eher auf Seiten der Aufständischen. Seit der Mitte des 19. Jh. kommen amerikanische Missionsgesellschaften, um in Südamerika zu arbeiten.

Für die neuen Siedlungen in **Nordamerika** spielt die christliche Gemeinde von Anfang an eine bedeutende Rolle, schenkt sie doch Schutz und Geborgenheit in einer neuen Welt. Aber im Reich Gottes bleibt nichts starr. So verwundert es nicht, dass den erwecklichen Aufbrüchen auch in der neuen Welt Abschwünge folgen und eine neue Sehnsucht nach Erweckung aufbricht. Diese Sehnsüchte führen zu regelmäßigen „Evangelisationsfeldzügen", denen periodisch Erweckungen folgen. 1826–32 und 1857/58 finden große Lagerversammlungen (*camp meetings*) statt, zu denen Reiter die zerstreut lebenden Siedler einladen. Diese Reiter leben sehr gefährlich im Wilden Westen: zwischen 1784 und 1844 sterben von 737 Methodistenpredigern mehr als die Hälfte vor dem 30. Lebensjahr, unter ihnen fast 200 in den ersten fünf Dienstjahren.

In den Lagerversammlungen kommen die Menschen mit ihren Planwagen oft aus Entfernungen von über 100 km zusammen, um 8 Tage das Evangelium zu hören und Gemeinschaft zu erleben. Viele bekehren sich, Berichte sprechen von 25-80%.

Nach dem Einschnitt des amerikanischen Bürgerkriegs entsteht am Ende der 1860er-Jahre bei einer Reihe Theologen die Einsicht, die Bekehrten in kirchliche Strukturen einzubinden. Gegen Ende des 19. Jh. gehen die Auswirkungen der zweiten Erweckung in den USA zurück. Eine neue Form von missionarischer Arbeit kommt mit **Charles Finney** (1792–1875) auf, der die Strukturen durch seine Missionsmethode wiederbeleben will. Die neuartigen „revivals" machen den Eindruck einer zunehmenden Routine und zeigen so eine neue Sicht von „Erweckung. Sie ist nicht mehr das Ergebnis eines Rufes Gottes an seine schlafende Kirche, sondern wird durch Techniken bewusst herbeigeführt

Europa

Als 1804 in London die erste Bibelgesellschaft gegründet wird, bewirkt das vielfältige Impulse für den Kontinent (z.B. 1811 Württembergische Bibelanstalt). Planmäßig werden auch Traktate gedruckt. Namentlich die aufkommenden Missionsgesellschaften verbreiten Missionserzählungen, die einerseits für die Weltmission werben, andererseits aber auch volksmissionarisch wirken. Allein die Basler Mission veröffentlicht im 19. Jh. 5-6 Mio. Schriften. 1845 wird der Neukirchener Erziehungsverein gegründet, der seinen erfolgreichen erbaulichen Kalender herausbringt. Durch die verschiedenen missionarischen Bemühungen wird die Erweckung verbreitet. Erfolgreich ist die neue Bewegung vor allem dort, wo es Verbindungen zum Pietismus des 17. und 18. Jh. gibt (Württemberg, Niederrhein, Siegerland, Wittgenstein).

Im 19. Jh. schreitet die Säkularisierung des Denkens immer weiter voran. Seit dem Zeitalter der Aufklärung wird das Christliche immer weniger selbstverständlich. Die Kirche und das Christentum müssen ihr Bestehen begründen und rechtfertigen (1.3.1, 7.3).

Gleichzeitig mit dem enormen Verstädterungsprozess entfernt sich die Institution Kirche immer mehr von den Menschen. Ihre Amtsträger kommen vor allem aus der gebildeten Mittelschicht, die den wachsenden Unterschichten immer entfremdeter wird, ja man spricht selten eine gemeinsame Sprache. In den wachsenden Städten kommt man mit der Einrichtung neuer Gemeinden und dem Bau von Kirchen nicht mehr nach. Parochien mit 100.000 Menschen, die von 4-5 Pfarrern betreut werden, sind keine Seltenheit. Im Zuge dieser unvorstellbaren Vermassung verliert die Kirche ihren traditionellen Kontakt zu den Menschen, zugleich kommt es zu einem wahrhaften Individualisierungsschub: Die Menschen kommen aus überschaubaren Verhältnissen in den Dörfern, in denen das gemeinsame Leben durch Nachbarschaft und Tradition weithin bestimmt ist. Nun fehlen diese Strukturen, der Einzelne muss Entscheidungen treffen, auf die er kaum vorbereitet ist. Er sucht nicht nur nach Arbeit und Unterkunft, sondern auch nach Zugehörigkeit und Gemeinschaft. Die rastlose Betriebsamkeit der Großstädte beschäftigt die Menschen

Im Zuge der Reformen seit Beginn des 19. Jh. werden die Konsistorien als Kirchenbehörden den Kultusministerien zugewiesen. Dort wie in den Kirchen arbeiten viele vom Rationalismus geprägte Pfarrer. Im Zuge der Erweckungsbewegungen werden die neu entstehenden Vereine zu neuen Formen der Gemeinschaft, die mit den Kirchen um Integration konkurrieren. Bald entdecken auch Kirchenvertreter die Vereine als Arbeitsformen.

Die Säkularisierung hat namentlich Wichern dazu geführt, die Menschen neu zu evangelisieren. Wie wenige zu seiner Zeit hat er erkannt, dass die Menschen nicht mehr zur Kirche kommen und dass die Kirche sich neu aufmachen muss zu den Menschen. Nach der Gründung des Rauhen Hauses (1833) gründet Wichern 1839 das Bruderhaus als erste Diakonenanstalt, in deren Ausbildung Theorie und Praxis nebeneinander stehen. Die Absolventen arbeiten als Krankenpfleger wie Stadtmissionare, als Erzieher wie als Herbergsväter für Nichtsesshafte.

Zugleich steht er in der Auseinandersetzung mit der Weltanschauung des Marxismus, der besonders um die Arbeiterschaft kämpft und für viele neue Hoffnung in das Leben bringt. Das Jahr 1848 wird zum Schicksalsjahr auch für die Kirchen. Damals veröffentlichen Marx und Engels ihr *Kommunistisches Manifest*. Darin stellen sie die Schuld der herrschenden Klasse an der Misere der Arbeiterschaft klar und rufen die Proletarier zum Kampf für ihre Rechte auf. Ihre Vision einer klassenlosen Gesellschaft gibt den Armen Hoffnung auf eine bessere diesseitige Welt. Die Arbeiter sollen sich zusammenschließen und sich verbrüdern um eine gerechte Welt zu erkämpfen und zu erbauen.

Wichern sieht nicht in den Initiativen der Landeskirchen die Lösung, sondern er bringt die neuen privaten Vereine ins Spiel. Dafür greift er neu auf das allgemeine Priestertum zurück und die charismatischen Begabungen der Laien.

- *Kommen die Leute nicht in die Kirche, so muss die Kirche zu den Leuten kommen. So hat es auch der Herr Christus gemacht, der zu uns gekommen und nicht gewartet, bis wir zu ihm gekommen. Wir müssen Straßenprediger haben, vornehmlich in den großen Städten. Die Straßenecken müssen Kanzeln werden, und das Evangelium muss wieder zum Volk dringen.*
- zit. nach Beyreuther: Diakonie. S. 112f.

Wichern beschreibt hier die Notwendigkeit einer Stadtmission, die die Gesellschaft neu evangelisieren und die Kirche zur Volkskirche erneuern soll. Die Straßenprediger sollen nach seiner Meinung mit dem Pfarramt zusammenarbeiten, nur wenn diese „christusfeindlich" wären, dürften sie auch ohne Erlaubnis auftreten und trotz Verbots predigen. Da damals viele ausgebildete Pfarrer jahrelang auf ihre erste Pfarrstelle warten müssen, sieht Wichern in deren Kreis die möglichen volksmissionarischen Mitarbeiter. Darüber hinaus ruft er aber auch Laien zur Mitarbeit auf, die die von Vereinen getragene Volksmission vorantreiben sollen. Dabei lässt er sich von der Erkenntnis leiten, dass die entchristlichten und säkularisierten Laien sich eher von Laien ansprechen lassen als von den Ortspfarrern.

Nach der Gründung des *Centralausschusses für Innere Mission* (6.3.1) setzt er sich in Hamburg für die Gründung einer Stadtmission ein, die damit dem britischen Vorbild der *London City Mission* folgt. Mit drei Absolventen des Rauhen Hauses beginnt die Arbeit unter Handwerkern und Arbeitern, die Verteilschriften und Bibeln vertreiben und von Wohnung zu Wohnung ziehen. Ein Jahr später strebt Wichern die Gründung einer Stadtmission in Berlin an, was jedoch mit großen Schwierigkeiten verbunden ist.

Parallel zu Wicherns Plänen gründen über 50 Pastoren in Barmen 1848 die *Evangelische Gesellschaft für Deutschland*; hier sammeln sich Pastoren, die volksmissionarisch wirken wollen (2.3.1). Bald beruft die *Evangelische Gesellschaft* einen „Reisepfarrer", der als Inspektor die Bibelkolporteure der Gesellschaft beaufsichtigt und sich von Kirchengemeinden einladen lässt. 179 Kolporteure sind im Auftrag der *Evangelischen Gesellschaft* tätig, besuchen Ortschaft für Ortschaft; nicht selten ernten sie Spott und Hohn. Aber von ihnen gehen auch Erweckungen aus. Ähnlich wirkt der Siegerländer Verein für Reiseprediger seit 1852. In Holstein wird fünf Jahre später der *Verein für Innere Mission* (1857) gegründet, 1863 dann der *Herborn-Dillenburger Verband*, bis 1857 entsteht der *Altpietistische Gemeinschaftsverband* in Stuttgart.

Die Vereine und Bewegungen aus der Erweckungsbewegung stehen in einem weltweiten Austausch. Besonders aus Nordamerika, das sein *Second Great Awakening* erlebt, kommen nach der Jahrhundertmitte wesentliche Anstöße für die Innere Mission nach Europa. Eine zentrale Gestalt ist dabei Charles G. Finney (1792–1875), der zum einen als bekannter Evangelist wirkt und zugleich eine neue Heiligungslehre verbreitet, die ein zweistufiges Christsein behauptet. Insbesondere durch den Fabrikanten Robert P. Smith (1827–98) kommt diese Lehre nach Europa, als dieser einen Kuraufenthalt in England macht. Dort hält er ab 1874 verschiedene Heiligungskonferenzen ab, zu der auch Pastoren vom Kontinent kommen, die ihn zu Vorträgen nach Deutschland und in die Schweiz einladen.

In den 1880er-Jahren evangelisiert **Elias Schrenk** in verschiedenen deutschen Großstädten wie Bremen, Frankfurt/M. und Kassel. Seine Evangelisationsveranstaltungen ziehen ein großes Publikum an, Menschen bekehren sich und es entsteht neues kirchliches Leben. Er erreicht jährlich 250.000 Menschen, bald treten weitere Evangelisten in seine Arbeit ein. Bereits 1881 wird von **Theodor Christlieb**, Theologieprofessor in Bonn, ein *Evangelisationsverein* gegründet und die *Evangelistenschule Johanneum*.

Obwohl man in der Kirche wohl weiß, was man der Evangelisationsarbeit Schrenks verdankt, heißt es in einem Vortrag auf dem Kasseler Kongress des *Centralausschusses für Innere Mission* (1885), dass es keiner neuen Organisation bedürfe, man müsse nur die hilfsbereiten Kräfte zusammenfassen. Erst nach vielen Konferenzen und Sitzungen erkennt auch der Centralausschuss, dass es einer außerordentlichen Verkündigung des göttlichen Wortes bedürfe, dass Evangelisation also berechtigt sei.

Am Ende des Jahrzehnts treffen sich 1888 Vertreter der Gemeinschaftsbewegung in Gnadau bei Magdeburg zu einer ersten Konferenz, die sich intensiv mit den Themen Evangelisation, Laientätigkeit und Gemeinschaftspflege beschäftigt. Die Einrichtung eines Evangelistenamtes wird ausführlich erörtert, dazu auch das Thema „Laientätigkeit" in der Kirche, was die
Gemüter sehr erregt. Um die durch Evangelisationen erreichten Menschen
zu sammeln, gründet man Gemeinschaften in der Kirche. Dies gibt jener
Konferenz die Themen vor, die in der Folgezeit wiederholt werden. Oft
lässt sich ein typisches Vorgehen erschließen: Laien gehen als Sendboten
von Haus zu Haus und sammeln die ersten Menschen zu erwecklichen Vorträgen. Oft entstehen so Bibelstunden, in denen die Sendboten die Schrift
auslegen und eine Gebetsgemeinschaft leiten. Später gibt man das Wort
in den Bibelstunden zum Gespräch über die Bibel frei, es entstehen Gemeinschaften. Damit ist die erste Phase abgeschlossen und die Sendboten
kommen nur noch, wenn sie gerufen werden. Mit dem Wachstum der Gemeinschaften stellen diese hauptberufliche *Reich-Gottes-Arbeiter* an. Später
entstehen dann übergeordnete Organisationen. Durch die evangelistische
Arbeit werden einige Regionen stark geprägt: Baden und Württemberg,
das Siegerland und Wuppertal, das Oberbergische Land, Hessen-Nassau,
Schlesien, Hamburg und Schleswig-Holstein, Berlin und Brandenburg,
Ost- und Westpreußen. 1897 schließt man sich zum **Gnadauer Verband**
zusammen. Dieser neuen Bewegung stehen die Landeskirchen oft eher kritisch gegenüber.

Berlin entwickelt sich seit der Jahrhundertmitte immer schneller zur
deutschen Metropole. Nach der Reichsgründung wandern Hunderttausende in diese Großstadt, 1892 zählt man über zwei Mio. Einwohner. Auch in
der neuen Reichshauptstadt arbeiten nicht selten drei bis vier Pastoren in
einer Parochie mit 100.000 Menschen. An einem Pfingstsonntag hält ein
Pastor 230 Taufen und 20 bis 30 Trauungen; die Kirchengebäude dieser
Mammutgemeinden fassen nicht mehr als 1.000 Sitzplätze, wöchentlich
halten Pfarrer 20-30 Konfirmandenstunden. Das zeigt die Entchristlichung deutlich. Nach dem Zivilstandgesetz von 1874 entfällt der allgemeine kirchliche Tauf- und Trauzwang. Dies ermöglicht eine Entscheidung
gegen die Kirche: Von 100 standesamtlichen Eheschließungen werden
weniger als 20% kirchlich getraut, von 100 geborenen Kindern werden
nur noch die Hälfte getauft. Ein regelrechter Zivilstandrausch bricht in
Berlin aus, Unkirchlichkeit wird im höheren Bürgertum chic. Nun können
Menschen auch außerhalb der Kirche leben. Im Grunde wird damit das
Ende der Staatskirche eingeläutet, wie es dann in der Weimarer Republik

zur Normalität wird. Noch ist das Denken der kirchlichen Menschen aber anders geprägt.

Schon lange ist diese Entwicklung vorbereitet, es gehört für Gebildete oftmals zum guten Ton, unkirchlich zu sein. In der sozialdemokratischen Arbeiterschaft sieht man seit Langem die enge Verbindung von Thron und Altar mehr als kritisch (7.3.2). Namentlich in Berlin geht man dieser Bewegung voran. In dieser Umbruchszeit gründet der Berliner Superintendent Brückner 1874 die *Berliner Stadtmission*, um gegen die zunehmende Entkirchlichung anzugehen. Bald muss er erkennen, dass er als Vertreter der Kirchenleitung nicht frei agieren kann.

Eher politisch orientiert geht Stoecker vor, der seit 1874 einer der Hofprediger in Berlin ist und zugleich in der *Berliner Stadtmission* arbeitet. Über eine *Christlich Soziale Arbeiterpartei* will er die Interessen der Industriearbeiter aufnehmen und mit den sozialistischen Parteien und Gewerkschaften konkurrieren. Allerdings findet Stoecker weder beim Kaiser noch bei den Arbeitern größeren Anklang. Und Leute wie er sehen durchaus die positiven Möglichkeiten einer freien Volkskirche gegenüber einer staatlichen Zwangskirche. Die von Staat, Gesellschaft und Kirche enttäuschten Unterschichten sind den Pfarrern gegenüber eher kritisch eingestellt, sie stehen im Ruf, die „schwarze Polizei" zu sein. Der Kampf um die fortschreitende Entkirchlichung Berlins ist nicht einfach, nur zögernd werden neue Kirchen gebaut. Zwischen 1870 und 1890 sind es nur zwei neue Kirchen, die einer explosionsmäßig wachsenden Einwohnerzahl entgegenstehen.

1877 übernimmt Stoecker die Berliner Stadtmission und beginnt mit missionarischem Elan seine Arbeit, in der er besonders auch Laien aus den unteren Schichten als Stadtmissionare einsetzt, die eine diakonisch-missionarische Ausbildung erhalten haben. Sie bieten Hausbesuche, Kindergottesdienste und Bibelstunden an. Weiter gibt es die sozial-missionarischen Arbeiten. Zehn Jahre später arbeiten 27 Stadtmissionsvereine in Deutschland, in Berlin arbeiten 1927 sieben Pastoren, 30 Stadtmissionare, fünf Jugendsekretäre, 60 Stadtmissionsschwestern und ein Dutzend andere hauptamtliche Mitarbeiter.

Im Zentrum der Arbeit stehen zunächst Hausbesuche bei den Menschen, was keine einfache Aufgabe ist, da viele Berliner die Stadtmissionare – mehr oder weniger höflich – abweisen. Zwei Pastoren und neun Stadtmissionare arbeiten in der Stadt. Innerhalb von zehn Jahren ändert sich die Stimmung der Stadtmission gegenüber nachweisbar; viele Stadtmissionsgemeinden werden zu Kirchengemeinden. In den Stadtmissionsgemeinden werden Veranstaltungen für Kinder angeboten, wofür geeignete Räume angemie-

tet werden. Außerdem verteilt man Traktate, die u.a. Stoecker wöchentlich verfasst. Darüber hinaus ziehen Kurrendesänger in die Hinterhöfe und
werben für das Evangelium. Darüber hinaus leistet die Stadtmission von
Anfang an auch soziale Arbeit (6.3.1). Dem Berliner Vorbild folgen viele
Städte in Deutschland nach, 1887 zählt man 27 Stadtmissionen. Durch
die Arbeit wird die Reichshauptstadt nicht etwa fromm, aber man gibt die
Stadt auch nicht auf.

3.3.3 Mission im 20. Jh.

Das erste Jahrzehnt des 20. Jh. gehört auch missionstheologisch ganz zum
vorhergehenden Jahrhundert. Noch steht die europäische Kultur auf dem
Höhepunkt ihrer Macht, über 80% der Erde werden von den Europäern
beherrscht. Alle anderen Kulturen und Religionen scheinen der westlichen
Überlegenheit nichts entgegensetzen zu können. Erst mit dem Ende des
1. Weltkrieges setzt ein Prozess des Umdenkens ein, der sich aus vielen
Quellen speist und schließlich nach Zeiten der Krise zu einem neuen Missionsverständnis führt.

Die Weltmissionskonferenz in **Edinburgh** (**1910**) mit 1200 Vertretern
von Missionsgesellschaften aus aller Welt markiert das Ende des westlich-
dominierten Zeitalters. Noch wird Mission als selbstverständlich angesehen: Wenn das Evangelium allen Völkern verkündet sei, dann werden, so
meint man damals weithin, alle übrigen Religionen verschwinden. Daher
fragt man nur nach den Methoden der Mission, denn die Absolutheit des
Christentums steht außer Frage. Mission steht noch unter dem Leitmotiv
der **Welteroberung**, die nichtchristliche Welt soll erobert werden. David
Bosch spricht in diesem Zusammenhang von einem *Apostolischen Imperialismus*, was auch durch die militärische Terminologie auf der Konferenz
deutlich wird. Allerdings versteht man sich selbst damals als geistliche Bewegung, die auf Gottes Willen achtet und die Zeichen für den Anbruch der
letzten Zeit wahrnimmt: Der menschliche Fortschritt auf allen Gebieten
scheint nur zu deutlich auf den Anbruch des Kommenden hinzuweisen.
Deshalb motiviert diese Sicht alle zur Mission, um wirklich die ganze Welt
in dieser Generation mit dem Evangelium zu erreichen, wie John **Mott**
(1865–1955) immer wieder propagiert. Niemand stellt diese Vision in
Edinburgh infrage – das große Ziel ist die (geografische) Ausbreitung des
Reiches Gottes. Die Weltmissionskonferenz von Edinburgh erscheint heute wie der Schlussstein einer Epoche. Hier zeigt sich der Höhepunkt des
westlichen Sendungsbewusstseins, zu dem auch das (westlich verstandene)
Evangelium gehört, das alle Probleme der ganzen Welt vollständig lösen

wird. In der Folgezeit ändert sich allerdings die Einstellung zu den übrigen Religionen.

Nach dem 1. Weltkrieg setzt auch theologisch eine Neubesinnung ein, die die Theologie des 19. Jh. mit ihrem Glauben an ein sich entwickelndes, fortschreitendes, moralisches Heil überwindet (7.3). Namentlich durch die Theologie Karl Barths wird auch die Mission beeinflusst. Seine rigorose Neubestimmung des Verhältnisses von Gott und Mensch hat auch Konsequenzen für die Mission. Denn wenn es vor allem auf Gott ankommt, dann hat der Missionar nicht das Evangelium, sondern er empfängt es als Geschenk. Nur in dieser Demut allein kann dann Mission geschehen. Menschen können es nur weitergeben, wenn der Heilige Geist handelt. Für ihn zählt hinsichtlich der Mission allein der Wille des Herrn der Kirche, die Mission ist sein Werk, Gott will die Erlösung aller Menschen. Neben dieser Auseinandersetzung mit einer erneuerten Theologie muss sich die Missionswissenschaft aber auch mit Kritik von anderer Seite auseinandersetzen. Der Säkularismus zeigt immer weniger Verständnis für missionarisches Vorgehen, ja das Christentum als Religion gerät selber seit dem 19. Jh. in die Kritik (7.3.1). Ähnliche Kritik kommt damals von den modernen Ideologien (z.B. Marxismus, Faschismus). Schließlich lässt sich aber auch ein neues Aufbrechen der großen Weltreligionen beobachten.

Anlässlich der Weltmissionskonferenz in **Jerusalem 1928** beginnt sich dann ein Wandel zu manifestieren. Man übt gegenüber anderen Religionen eine neue Wertschätzung, ja statt Mission scheint sich der Fokus allmählich auf einen **Dialog** zu richten. Hinter dieser Veränderung steht das Erleben einer intensiven theologischen Krise in Europa, die nach dem 1. Weltkrieg einsetzt. Die optimistische Haltung wandelt sich zu Ratlosigkeit, denn der Fortschritt hat die Grenzen menschlicher Entwicklung aufgezeigt und auch die Theologie sucht nach neuer Begründung (7.3.3).

Die spirituelle Armut Europas und Amerikas wird offensichtlich. Viele liberale Theologen möchten die eigenen spirituellen Werte mit anderen teilen, streben den Dialog der Religionen an und möchten eine Weltzivilisation errichten. Diesem Ansinnen widersprechen Theologen wie Karl Heim und Hendrik Kraemer. Die Kreuzestheologie Heims spricht viele in Jerusalem an und bewegt sie. Wurde das **Kreuz** in Edinburgh noch als Zeichen des Sieges gesehen, so wird es nun das **Zeichen des Dienens**, der Verantwortung und des Opfers. Die am Kreuz von Gott erfahrene Liebe will man mit anderen teilen! Deshalb kommt auch die soziale Seite des Evangeliums neu in den Blick, die ein wesentlicher Teil der Offenbarung Jesu ist. Auf diese Weise weitet sich die Mission ganzheitlich: Erziehung, Entwicklung und Gesundheit werden wichtige Aktionsfelder der Missionare.

Im Zentrum der Weltmissionskonferenz **Tambaram**/Indien **1938** steht das Thema „Kirche", und damit auch das Thema *Kirche und Mission*. Damals stehen der Faschismus in Spanien und Italien, der Nationalsozialismus in Deutschland, der Marxismus in Russland und der Staatsshintoismus in Japan in voller Blüte. Dem säkularen Staat scheint damals die Zukunft zu gehören. Nicht nur deshalb, sondern auch für die weltweiten Beziehungen fragt man nach dem christlichen Selbstverständnis in einer pluralistischen Welt. Theologisch gibt die dialektische Theologie nun den Ton an, die der Niederländer Hendrik Kraemer vertritt: Zwischen der Selbstoffenbarung Gottes in Christus und den außerchristlichen Religionen wird daher klar unterschieden. Eine andere Position kommt von William Hocking, dessen Buch *Rethinking Mission* das die Religionen Verbindende betont. Während die Europäer Kraemer zustimmen, kritisieren die Asiaten diesen europäischen Ansatz deutlich und zeigen damit einen Wandel an.

Die Wahl des Tagungsortes in Indien zeigt die gewachsene Bedeutung Asiens in der Gemeinschaft der Kirchen. Erstmals kommt die Mehrheit der Vertreter aus den „Jungen Kirchen", sie bringen neue Perspektiven in die Debatten ein. Indische Vertreter der „Rethinking Christianity in India" sehen Jesus in der Gesellschaft „anderer Religionsstifter oder Menschheitserlöser [...]. Das Christentum hier bewegt sich und wirkt in der Mitte von lebenden, aktiven Religionen" (KThGQ VI, S. 85). Schwarze Afrikaner erhalten hier erstmals die Gelegenheit zum Austausch mit Kirchenvertretern aus anderen Kontinenten.

Nach dem 2. Weltkrieg setzt rasch die Dekolonisierung ein: 1947 wird Indien, 1949 Indonesien, 1957 Ghana unabhängig (1.3.5). Die meisten Kolonien werden in den 1960er-Jahren in die Freiheit entlassen, Simbabwe und Mozambique folgen in den 1970ern, 1991 erhalten die ehemaligen Sowjetrepubliken in der UdSSR ihre Unabhängigkeit und 1994 endet die weiße Vorherrschaft im südlichen Afrika. Auch wenn die Kolonialmächte abgezogen sind, bleiben die einheimischen Kirchen intakt. In Afrika setzt sogar ein explosionsartiges Wachstum ein (von 25 % auf annähernd 50 % seit 1965). Obwohl alle europäischen Zwangsmittel entfernt sind, wachsen die Gemeinden dort unaufhörlich. Wo die Kirchen aus weltanschaulichen Gründen wie etwa in der Volksrepublik China oder Vietnam verfolgt werden, erweisen sie sich überlebensfähig. In Lateinamerika gilt dieser Befund für die römisch-katholische Kirche, in Afrika neben ihr auch für die Evangelischen (Anglikaner, Baptisten, Lutheraner, Methodisten usw.).

Nach dem Ende des 2. Weltkriegs übernehmen die Kommunisten die Macht in China, die Missionare müssen das Land verlassen. Auf der 5. Weltmissionskonferenz in **Willigen**/Deutschland (**1952**) steht man noch ganz unter den Folgen dieser Entwicklung. Wieder einmal denkt man über die Grundlagen der Mission nach. Der deutsche Missionswissenschaftler **Karl Hartenstein** prägt den Begriff der **missio Dei** (Mission Gottes): Nicht menschliche Aktivität, sondern der trinitarische Gott wirkt Mission. Mission wird als Grundfunktion von Kirche verstanden. Daher hat die Mission ihren Ursprung in Gott, der einst Abraham berufen hat (Oscar Cullmann) und schließlich Jesus Christus sendet. Seitdem sind die Apostel erwählt und gesandt: Die Kirche Jesu Christi überschreitet immer neue Grenzen bis an die Enden der Erde.

Neben dieser heilsgeschichtlichen Sicht steht seit den 1950er-Jahren der **verheißungsgeschichtliche Ansatz**, nach dem Gottes Verheißung seit Abraham allen Völkern gilt: Gott macht überall Geschichte, Mission sei daher ein Prädikat Gottes, dadurch mache er sich selbst bekannt. Bonhoeffers Vision einer Kirche für andere wird hier oft als neues Paradigma genannt. Der Eintritt für Gerechtigkeit und Gesellschaftsveränderung wird stark betont. Gott selbst sei der Missionar, der mit und neben den Missionsgesellschaften arbeitet. Im weiteren Verlauf des Jahrhunderts scheint dieser Sicht die Zukunft zu gehören.

Auf der 3. Vollversammlung des **Ökumenischen Rates der Kirchen** (ÖRK) in **Neu Delhi**/Indien integriert man den Internationalen Missionsrat **1961** als *Kommission für Weltmission* in die Arbeit des ÖRK. Damit nimmt man zum einen den Impuls von Willigen 1952 auf, dass Mission eine Grundfunktion von Kirche ist. Zugleich werden in dieser neuen Struktur die nicht kirchlich gebundenen evangelikalen Missionswerke nicht mehr erfasst; die Evangelikalen suchen daher nach eigenen Vertretungen. Im ÖRK wird Christus als Schlüssel der Welt verstanden. Das christliche Zeugnis soll auf ihn als „wahres Licht" hinweisen. Auch aus anderen Religionen rede er, deshalb müsse man den Dialog mit den anderen Religionen suchen. Mehr und mehr bestimmt der verheißungsgeschichtliche Ansatz den Begriff von Mission und die Sicht anderer Weltreligionen in der ökumenischen Bewegung.

- *Mission became an umbrella term for health and welfare services, youth projects, activities of political interest groups, projects for economic and social development, the constructive application of violence, etc.*
- Bosch: Transforming Mission. 1991, S. 383.

In der Weltmissionskonferenz von Mexico City bringt man es 1963 auf die Formel „Mission in sechs Kontinenten". Nicht mehr nur in den Missionsländern, sondern überall ist Mission zu betreiben, braucht eine globalisierte Welt das Evangelium.

Die in den Missionskonferenzen sichtbare Öffnung gegenüber den Weltreligionen und der beginnende Dialog zeigen sich auch in der römisch-katholischen Kirche, die nicht dem ÖRK angehört. Das **2. Vatikanische Konzil (1962–65)** löst in der ganzen katholischen Kirche eine enorme Aufbruchstimmung aus, diese lässt sich auch in den Missionsgemeinden finden. Ausgehend von dem Selbstverständnis, dass die römisch-katholische Kirche die Kirche Christi verwirkliche, stellt sie gleichsam den innersten Ring der christlichen Kirchen dar. Ihr nachgeordnet stehen die anderen Konfessionen und christlichen Gemeinschaften, danach das Judentum, der Islam und schließlich die anderen Weltreligionen. Die nicht-christlichen Religionen werden so neu wahrgenommen. Während den anderen christlichen Konfessionen verschiedene Wahrheitselemente zuerkannt werden, gilt ihnen wie den anderen Religionen der Sendungsauftrag der römischen Kirche. Seit dem 2. Vatikanischen Konzil sieht sich die römische Kirche als *pilgernde* Kirche, als wanderndes *Volk Gottes*, das missionarisch agiert. Gegenüber allen Religionen wird der Friedenswille der Kirche betont. Durch Religion erhalte der Mensch Antworten auf seine existenziellen Fragen. Das Konzil sucht nach verbindenden Elementen, sieht also gleichsam ein gemeinsames Offenbarungserbe (bei Juden und Muslimen) und strebt einen Dialog an zum besseren Verstehen und zum Einsatz für soziale Gerechtigkeit. Das verheißungsgeschichtliche Missionskonzept ist in der Dritten Welt etwa 1968 von der Bischofskonferenz in Medellín/Kolumbien aufgegriffen worden, die ungerechte Strukturen überwinden will.

Nach dem Konzil wird der Aufbruch im Rahmen der allgemeinen Säkularisierungstendenzen verlangsamt, aber für die römische Kirche bleiben Evangelisation und Mission weiter wesentliche Ziele der Kirche (1975 Enzyklika *Evangelii nuntiandi* oder *Redemptor hominis* 1979). Beeindruckend und zeichenhaft ist die Einladung der Vertreter der Religionen zum Friedensgebet nach Assisi 1986 (und 2002) durch Papst Johannes Paul II. Mission und Dialog werden klar unterschieden, ein Synergismus praktisch ausgeschlossen.

Seit den 1960er-Jahren nimmt die Bedeutung Nordamerikas für die evangelikalen Missionen immer mehr zu. In Auseinandersetzung mit dem ÖRK formulieren Evangelikale ihr Missionsverständnis deutlicher. Das neue Interesse für soziale Fragen kommt **1966** gut in der Abschlusserklärung des Missionskongresses in **Wheaton**/USA zum Ausdruck, der von evangelikalen Missionsverbänden der USA veranstaltet wird. Gemeinsam will man die weltweiten Herausforderungen für Kirche und Mission studieren und diskutieren. Die Evangelikalen zeigen hier ihre Zusammengehörigkeit. In der *Wheaton Declaration* bedauert man die Absonderung von der Welt, nun will man die Probleme von Rassismus, Krieg und Armut auf Grundlage der Zeugnisse der Schrift angehen. Während im 18. und 19. Jh. erweckte Christen immer wieder an der Spitze der Sozialreformer gestanden haben, haben sie sich im 20. Jh. zurückgezogen auf die Evangelisation. Die Verkündigung soll zwar weiterhin den Vorrang vor der sozialen Aktion haben, aber das soziale Engagement soll wieder gestärkt werden. Im gleichen Jahr trifft man sich noch einmal in **Berlin** unter Leitung von Billy Graham auf einem *Weltkongress für Evangelisation*, zu dem 1100 Evangelikale aus 100 Ländern anreisen. In Berlin wird der Austausch fortgesetzt und der Weg von Wheaton unterstützt. In seiner Eröffnungsrede betont Billy Graham die Bedeutung der Evangelisation, der dann die soziale Aktion folgen müsse. Zuerst stehe der persönliche Neuanfang, dann folge die Nächstenliebe.

Anlässlich der 4. Vollversammlung des ÖRK in **Uppsala**/Schweden tritt **1968** das soziale Engagement neben den Verkündigungsauftrag, ja dem *Kampf für soziale Gerechtigkeit* wird sogar Vorrang eingeräumt. Künftig ginge es mehr um *Humanisierung* statt um Christianisierung als Missionsziel. Der Dialog mit den Weltreligionen soll verstärkt aufgenommen werden. Trotz heftiger Proteste aus der evangelikalen Richtung setzt der ÖRK und die zu ihm gehörende *Kommission für Weltmission* ihre Arbeit fort und sucht nach Grundlagen des interreligiösen Zusammenlebens (z.B. Konsultation in Chiang Mai/Thailand **1977**). In **Vancouver**/Kanada erkennt man **1983** Gottes schöpferisches Wirken auf der religiösen Suche nach Wahrheit in anderen Religionen. Neben dem christlichen Zeugnis stehe der Dialog, der zeige, wie Gott in der Welt unter anderen Religionen wirke. Insgesamt wendet man sich von der universalen Christusherrschaft mehr und mehr der Königsherrschaft Gottes und der Trinität zu; manche Äußerungen sprechen davon, dass eine christozentrische Ausrichtung der Theologie den Dialog der Religionen verbaue, während eine theozentrische ihn ermögliche.

Gegen diese Ziele erheben sich breite Widerstände besonders auf Seiten der Evangelikalen, die die Bedeutung der Evangelisation betonen. John Stott und Peter Beyerhaus kritisieren den ökumenischen Prozess energisch. **1970** erscheint dann die Frankfurter Erklärung zur *Grundlagenkrise der*

Mission, die diese Kritik in sieben Thesen zusammenfasst. Fortschritt und Heil werden deutlich getrennt, Entwicklungshilfe sei nicht Mission. Man bejahe das Eintreten für soziale Gerechtigkeit und Frieden als Begleitung der Mission. Auf dem *Internationalen Kongress für Weltevangelisation* in **Lausanne**/Schweiz kommen **1974** fast 2.500 Delegierte und 1.300 Beobachter aus 130 Ländern zusammen, mehr als die Hälfte kommt aus der sogenannten Dritten Welt. In der von 80% der Teilnehmer unterzeichneten *Lausanner Verpflichtung* werden Evangelisation und soziale Verantwortung als das zweifache Mandat der Mission verstanden. Auch wenn die Evangelisation im Zentrum steht, betont Artikel 5 doch, dass Evangelisation und soziale wie politische Betätigung gleichermaßen zur Pflicht der Christen gehören. So wird dieses Ergebnis richtungsweisend, insofern sozialethische Verantwortung und Evangelisation beide in den Blick genommen werden. Was das konkret bedeutet und wer Träger entsprechender Veränderungen sein soll, bleibt noch offen.

Da für viele Teilnehmer manche Fragen unbeantwortet bleiben, sammelt sich auf dem Kongress noch eine Gruppe als *Radical Discipleship Group*, deren Erklärung *A Response to Lausanne* immerhin 500 Teilnehmer unterschreiben; als *radikale Evangelikale* ist die Gruppe später bekannt geworden. Evangelisation und soziale Aktion gehören für diese Evangelikalen zusammen, sie möchten den Kampf gegen gesellschaftliche und institutionalisierte Sünde aufnehmen.

Im weiteren Verlauf hat die Lausanner Bewegung die Verantwortung nicht immer in ihr Zentrum gerückt. Der folgende Kongress in **Pattaya/** Thailand **1980** konzentriert sich wieder ganz auf die Evangelisation und klammert schon in der Vorbereitungsphase die soziale Verantwortung aus. So entsteht mitten unter den Teilnehmern ein Votum (*A Statement of Concerns on the Future of the Lausanne Committee for World Evangelization*), das zunächst Afrikaner, Asiaten, Lateinamerikaner und schwarze Nordamerikaner verfassen und zu dem West- und Osteuropäer wie Australier und Angloamerikaner ihre Beiträge leisten. In wenigen Stunden unterzeichnen fast ein Drittel der Anwesenden das Dokument. Deutlich übt man am Lausanner Komitee Kritik, das sich nicht stärker mit sozialen, politischen und wirtschaftlichen Fragen beschäftigt. Künftig sollen aber alle Teile der *Lausanner Verpflichtung* verfolgt werden.

In den folgenden Jahren führen die Evangelikalen intensive Debatten über das Verhältnis von Evangelisation und sozialer Aktion. Für die einen ist soziale Aktion ein Teil bzw. eine Konsequenz der Evangelisation, die aber vor allem Wortverkündigung ist (Arthur P. Johnston, Billy Graham,

John Stott). Für die anderen sind Evangelisation und soziale Aktion zwar zu unterscheiden, aber beide haben die gleiche Bedeutung: Evangelisation sei daher nicht nur Seelengewinnung, sondern geschehe ganzheitlich in Wort und Tat (David Bosch, René Padilla, Ronald J. Sider, Samuel Escobar, Orlando E. Costas). In **Grand Rapids** führt die Evangelische Allianz und das Komitee der Lausanner Bewegung **1982** eine Konsultation durch, um die Verhältnisse zu klären. Mission soll danach aus Evangelisation und sozialer Verantwortung bestehen, man hält also an der Lausanner Verpflichtung fest. Aus der Begegnung mit Gott erwachse der Wunsch, die erfahrene Liebe weiterzugeben in Wort und Tat. Zwar bleiben unterschiedliche Sichtweisen erhalten, aber beide Aspekte werden von allen Seiten anerkannt. Bedeutsam wird noch einmal ein Kongress in **Wheaton 1983**, als auf der dritten Teilkonsultation über *Die Antwort der Kirche auf die menschliche Not* verhandelt wird. Statt dem bis dahin gebrauchten Begriff der *Entwicklung* setzt man nun auf die *Transformation* (Umwandlung) der Verhältnisse.

Transformation bezeichnet ein Konzept, das vom alttestamentlichen Bild vom Frieden (*Schalom*) und der Herrschaft Gottes bis zur Herrschaft über die Kirche des Neuen Testaments und das Reich Gottes ausgeht, wobei der Frieden Gottes zur ganzheitlichen Erneuerung der gefallenen Schöpfung führe. Transformation ist also Teil von Gottes anhaltender Aktion in der Geschichte, um die Schöpfung zu heilen bzw. mit sich zu versöhnen. Sie ist ein Korrektiv gegenüber individueller wie institutionalisierter Sünde. In Anlehnung an Kol 1,20 begründe Transformation das Heilswerk Christi, an dem Menschen mitwirken. Dazu gehören z.B. Freiheit, Gleichheit, Gerechtigkeit, kulturelle Sensibilität, Menschenwürde, Mitbestimmung, ökologische Gesundheit, Hoffnung und geistliche Erneuerung.

Hier versteht man den Heilswillen Gottes universal. Gott habe alle Völker im Blick, daher habe er sich in der Weltgeschichte wie in der Heilsgeschichte offenbart. Der Riss zwischen geistlicher und profaner Geschichte werde zwar erst mit der Wiederkunft Christi geheilt, aber Christi Sieg bestimme schon die ganze Geschichte. Daher dürfe man nicht streng zwischen weltlicher und geistlicher Herrschaft unterscheiden, da so die Gefahr bestehe, dass man sich zu wenig um Verbesserungen kümmere. Schon jetzt setze Gottes Herrschaft an, die sich zukünftig vollendet. Transformation ist nicht Erlösung, aber in das verändernde Handeln Gottes sei die ganze Menschheit hineingenommen.

Der 2. große Weltkongress für Evangelisation in **Manila 1989** steht dann unter dem Thema *Zeugnis in Wort und Tat*; hier hält man an den Ergebnissen der vorigen Konsultationen und Kongresse fest. In der konkreten Umsetzung mag manches unterschiedlich ausgeprägt sein, was in einer internationalen Bewegung kaum anders sein kann. Den radikalen Evangelikalen, die für eine ganzheitliche Evangelisation in Wort und Tat eintreten und die gesellschaftlichen Strukturen umgestalten wollen, stehen die evangelistischen Evangelikalen gegenüber, die vor allem auf die Verkündigung Wert legen. Vermittelnd stehen die Wort- und Tat-Evangelikalen, die Wortverkündigung und soziale Tat nebeneinanderstellen, ohne beides fest vor- oder zuzuordnen.

Am Ende des Jahrtausends stehen sich so schließlich zwei Blöcke gegenüber, die allerdings auch viele Gemeinsamkeiten haben. Sowohl die Christen in der Lausanner Bewegung als auch die Arbeit des ÖRK sieht Mission als *missio Dei*. Die Armen werden in beiden Bewegungen in den Blick genommen und entsprechend wird soziale Gerechtigkeit gefordert. Gemeinsam tritt man für den interreligiösen Dialog ein. Dabei verfolgen beide Gruppen verschiedene Ziele. Während die ökumenische Bewegung Dialog und Zeugnis zusammen sieht, steht das missionarische Zeugnis in Wort und Tat bei den Evangelikalen im Vordergrund.

Asien

Während einige Länder wie etwa Afghanistan und der Raum des Islam insgesamt lange dem Evangelium verschlossen sind, gibt es in anderen Gebieten Aufbrüche. In **Indien** kommt den Christen ihr breites Bildungsangebot zugute, zunehmend werden Inder als Pastoren eingestellt. Zugleich gibt es Bemühungen um eine angemessene Assimilation, etwa durch den ehemaligen Sikh Sadhu Sundar Singh, der sich als indischer Sadhu kleidet und allen Menschen dienen will. Wohl auch durch ihn angeregt entsteht die Aschram-Bewegung, in der Menschen als Gemeinschaft zusammen leben und den Regeln eines einfachen Lebens folgen, das dem Nächsten dienen will. Christliche Werte werden auch von **Mahatma Gandhi** aufgenommen, der als Bürgerrechtler und Hindu die christlichen Werte übernimmt und damit für die Unabhängigkeit des Landes eintritt. Gandhi selbst hat sich intensiv mit dem Christentum auseinandergesetzt, sich jedoch auf die eigenen Traditionen besonnen.

- *Ich dachte einmal ernsthaft daran, den christlichen Glauben anzunehmen.*
- *Die sanfte Person Christi, so geduldig, so gütig, so liebevoll, so verzeihend,*
- *dass er seine Anhänger lehrte, keine Vergeltung zu üben, wenn man misshandelt oder geschlagen wird, sondern die andere Wange hinzuhalten – ich*
- *dachte, dies ist ein schönes Beispiel eines vollendeten Menschen. […] Ich*

- *fühlte mich vom Christentum enorm angezogen, aber schließlich kam ich*
- *zu dem Schluss, dass es tatsächlich in Euren Schriften nichts gibt, was wir*
- *in unseren nicht auch hätten, und dass ein guter Hindu zu sein auch heißt,*
- *ein guter Christ zu sein.*
- Interview Gandhis von 1920, zit. nach KThGQ VI, S. 84.

Gandhi bleibt also ganz bewusst Hindu und den eigenen Wurzel treu. Das entspricht auch der damaligen nationalen Bewegung. Aber Gandhi sieht durchaus auch die Ausprägung des westlichen Christentums kritisch. Nach der Unabhängigkeit wird der Subkontinent geteilt (Pakistan und Indien). Die indische Regierung erteilt Visen für Missionare eher selten, allerdings unterhalten Kirchen weiterhin medizinische und pädagogische Einrichtungen. Ende der 1940er-Jahre kommt es auch in Indien zu Kirchenunionen. Die indische Verfassung von 1950 gewährt den Indern „die Freiheit des Gewissens und das Recht, sich zu ihrer Religion frei zu bekennen, sie frei auszuüben und zu propagieren" (KThGQ VI, S. 89), alle dürfen religiöse und karitative Einrichtungen gründen, Eigentum erwerben. Allerdings darf kein Religionsunterricht erteilt werden, wenn staatliche Mittel die Einrichtungen erhalten.

In **China** erhält das Christentum in der ersten Hälfte des Jahrhunderts Einfluss. Der aus der Revolution von 1911 hervorgegangene Führer Tschiang Kai-schek lässt sich taufen. Aber christliche Führungspersönlichkeiten sind eher selten. Die meisten Christen finden sich in den unteren Schichten. Während der japanischen Besetzung sind auch viele Opfer Christen. Im Hintergrund bauen die Marxisten ihre Strukturen auf. Nach dem Ende des Weltkrieges erobern sie unter Mao Zedong bis 1949 das Land und verdrängen die konservative Regierung Tschiang Kai-scheks nach Taiwan. Mao betrachtet die Mission als *kulturelle Aggression* und lehnt Religionen generell ab. 1950 entsteht aus linksorientierten evangelischen Christen die *Drei-Selbst-Bewegung*, der die Vision einer sich selbst ausbreitenden, selbst verwalteten und selbst finanzierten Kirche am Herzen liegt. Die ausländischen Missionare müssen im Zuge des Koreakrieges 1951 das Land verlassen, die chinesischen Christen sind fortan auf sich gestellt und werden verfolgt. Die Gemeinden verlieren alle diakonischen und pädagogischen Einrichtungen, Gottesdienste können zunächst stattfinden.

Während der Kulturrevolution (1966–76) werden auch die noch vorhandenen kirchlichen Strukturen bekämpft wie der Glaube selbst (als religiöser Aberglauben), allerdings bleiben Untergrundkirchen erhalten, die ein rasantes Wachstum zeigen. Nach der Beendigung der Kulturrevolution und dem Tod Maos 1977 erleben die Christen eine Verbesserung ihrer Situation, auch wenn die Verfolgung nie völlig aufgegeben wird.

In **Japan** entwickelt sich eine kleine eigene Kirche, da die japanische Regierung in der Zeit des Krieges den Einfluss der Ausländer zurückdrängen möchte. Nach dem Krieg strömen viele Missionare vor allem aus den USA in das Land, aber in Japan bekehren sich immer nur Einzelne. Die Gemeinden sind eher kleine Gemeinschaften. Koreanische Christen spielen in der Unabhängigkeitsbewegung gegen die Kolonialmacht Japan (Annexion 1910) eine große Rolle; nachdem 1919 eine Unabhängigkeitserklärung veröffentlicht wird, sind 16 der 33 Unterzeichner koreanische Kirchenführer. Danach wenden sich die Japaner vehement gegen die christlichen Kirchen; dabei kommt es zu grausamsten Verfolgungen. Ähnliche antichristliche Maßnahmen erfolgen in anderen besetzten Gebieten. In Japan werden 1941 die Kirchen zwangsvereinigt zur *Nippon Kirisuto Kyodan* (dt. Vereinigte Kirche Christi in Japan), die die nationalen Ziele der japanischen Regierung loyal mittragen und das Evangelium verbreiten wollen. Nach dem Weltkrieg legen japanische Christen 1946 ein Schuldbekenntnis ab.

Ein enormes Wachstum verzeichnen die Gemeinden in **Südkorea** nach dem Weltkrieg; sind 1950 600.000 Christen gezählt worden, so sind es 1960 schon 1.140.000 und 1970 dann 2.200.000 und 1980 schließlich 7.180.000. 1983 gehören 23% der Koreaner zu christlichen Kirchen und stellen so die größte Religionsgemeinschaft im Land dar. In den 1970er-Jahren entwickelt man hier die eigene Form der Theologie der Befreiung in der Minjung-Theologie (Minjung = das leidende, ausgebeutete Volk). Auch in anderen Gebieten Asiens finden sich Anhänger der Bewegung, die für soziale Gerechtigkeit aus christlicher Tradition eintreten. Viele Glaubenden sind pfingstlerisch orientiert.

Afrika

In Afrika geht die Mission in der ersten Hälfte des 20. Jh. weiter voran. Beeindruckend sind die afrikanischen Aufbrüche auf dem schwarzen Kontinent bereits seit dem Ende des 19. Jh. Oft lassen sie ein *prophetisches Muster* erkennen: Nachdem sich jemand zum Christentum bekehrt hat, sucht er nach einer Integration des neuen Glaubens in seine Kultur. Oft berichten die Betroffenen von einer Vision. Wie ein Prophet tritt der so Berufene auf und durch seine Verkündigung entsteht eine neue, unabhängige Kirche.

Einer von vielen ist etwa William Wadé Harris, der sich als neuer *Elia* bezeichnet und in afrikanischer Kleidung mit weißem Umhang und Turban auftritt. Im Zentrum seiner Mission stehen die Zehn Gebote und insbesondere die Sabbatheiligung. Im Gegensatz zu der europäischen und amerikanischen Mission nimmt er die Kultfiguren und Zauberfetische der Afrikaner ernst – nicht müde wird er dabei, deren spirituelle Kräfte zu bekämpfen, indem er die Gegenstände verbrennt. Ansonsten bleibt Harris augenscheinlich Afrikaner, reist er doch in Begleitung mehrerer Ehefrauen. Harris ist nur einer unter vielen religiösen Führern, der eine einheimische, unabhängige Kirche gründet. So entstehen afrikanische Gemeinden mit afrikanischen Leitern für Afrikaner.

Als Problembereich werden meist die herrschende Polygamie und Zauberei und Fetische beschrieben. Das wird etwa Gegenstand auf der Weltmissionskonferenz in Tambaram (Indien), wo die Afrikaner erfahren, dass die in Afrika praktizierte Polygamie in Asien oder Südamerika kein Thema ist und dass „Monogamie der Wille Gottes für sein Volk" (KThGQ VI, S. 185) ist. Die Schiffsreise zur Weltmissionskonferenz in Indien zeigt den lebendigen Rassismus, ein Teilnehmer berichtet.

- *Der Leiter unserer Delegation war ein holländisch-reformierter Geistlicher. Selbst als unser Schiff Südafrika weit hinter sich gelassen hatte, konnte er sich von den Gewohnheiten der weißen Südafrikaner nicht lösen. Wir reisten aus irgendeinem Grund zweiter Klasse, während die Europäer erster Klasse fuhren. Am ersten Sonntag auf See suchte uns der Delegationsleiter auf und sagte: „Also meine Herren, es könnte sein, dass die weißen Passagiere Ihre Anwesenheit beim Gottesdienst in der ersten Klasse nicht wünschen. Würden Sie bitte Ihre eigenen Anstalten treffen?"*
- *Wir nahmen es hin. [...]*
- Albert John Luthuli: Mein Land, mein Leben. Autobiografie eines großen Afrikaners. 1963, zit. nach KThGQ VI, S. 186.

Luthuli (1898–1967) ist der Vorgänger Nelson Mandelas als Präsident des *African National Congress*. Weiße Europäer laden die schwarzen Afrikaner dann zum sonntäglichen Gottesdienst in die erste Klasse ein – und die Afrikaner nehmen teil. Das Schiff ging nicht unter – berichtet Luthuli. Der Kontakt zu den indischen Christen ist für die Afrikaner eindrücklich, besonders die Ausbildung einer einheimischen Führungsschicht. Die Maßnahmen gegen die Armut und die landwirtschaftlichen Projekte bleiben den Afrikanern in Erinnerung. So werden sie verändert, weil sie ein anderes Christentum erleben können.

Langsam erwachen auch die Afrikaner, werden selbstbewusst und stolz auf ihre Hautfarbe und Kultur. Mühsam ist der Weg, der sich von den

Erfahrungen mit den Europäern abgrenzt. Man übt Kritik an der Ausbeutung durch die Europäer, die die afrikanische Kultur zerstört habe. Immer wieder erlebt der Kontinent Erweckungen, in Ostafrika, Uganda, Kenia und Tanganjika.

Nach dem 2. Weltkrieg werden immer mehr afrikanische Staaten unabhängig, mühen sich um ein Nationalbewusstsein, das es wegen der willkürlich gezogenen Grenzen nicht gibt und das oft bis in unsere Gegenwart zu blutigen Konflikten zwischen den einzelnen Völkern führt. 1963 entsteht die *Organisation für Afrikanische Einheit* (OAU). Im selben Jahr entsteht auch die Gesamtafrikanische Kirchenkonferenz (AACC) mit Sitz in Nairobi, zu der 100 Kirchen aus 40 Staaten gehören. Die Kirchen sehen ihre Verantwortung für die Herausbildung eines Nationalbewusstseins, das sie pädagogisch fördern wollen. Dabei nimmt man sich vor, sich mit den überholten Formen des Stammesbewusstseins und der damit verbundenen Vetternwirtschaft kritisch auseinanderzusetzen.

Verschiedentlich kommt es zu Konflikten mit Muslimen; immer wieder rufen Politiker wie Kirchenvertreter zu Toleranz auf. Der Katholik Léopold Senghor (1906–2001), 20 Jahre Präsident im überwiegend islamischen Senegal, setzt sich für das friedliche Zusammenleben der Religionsgemeinschaften ein; auch bemüht er sich um eine Wertschätzung der afrikanischen Kultur. Doch immer wieder leben Konflikte zwischen Islam und Christentum auf. Blutige Kämpfe gibt es im Sudan, wo der islamische Norden den teilweise christlichen Süden zu islamisieren trachtet. Auch in Nigeria entwickelt sich der religiöse Gegensatz spannungsvoll. Hier wehren sich die Christen gegen die Ausweitung der Scharia am Ende der 1970er-Jahre.

Viele afrikanische Staaten bleiben trotz politischer Unabhängigkeit von den Europäern abhängig. In den Zeiten des Ost-West-Konfliktes machen sich Amerikaner wie Sowjets zu Fürsprechern der Zufriedenen bzw. Unzufriedenen. In Tansania sucht Präsident Julius Nyerere (1922–99) die Kirche für den Einsatz für soziale Gerechtigkeit zu gewinnen, ein afrikanischer Sozialismus soll praktiziert werden.

Spannungsreich bleibt die Geschichte im südlichen Afrika, wo seit 1948 die burische weiße Minderheit regiert und Anfang der 1960er-Jahre das Prinzip der getrennten Entwicklung (Apartheid) propagiert. Schwarzafrikaner (22,7 Mio.), Weiße (4,7 Mio.), Farbige (2,8 Mio.) und Asiaten (0,9 Mio.) sind die Rassen im Land, in dem die Buren sich als erwählte Führungsschicht nicht von ihren traditionellen Menschenbildern lösen wollen. Da sich die „weißen" reformierten Kirchen dieser Sicht anschließen, isolieren sich auch die Kirchen zunehmend. Die Mitgliedskirchen im

Ökumenischen Rat der Kirchen distanzieren sich zunächst vorsichtig vom Rassismus in den südafrikanischen Kirchen.1982 werden Kirchen, die die Apartheid unterstützen, aus dem Reformierten Weltbund ausgeschlossen. Nach der Überwindung der Apartheid legen die Kirchen Südafrikas 1990 ein Schuldbekenntnis ab.

Europa

Seit der Französischen Revolution nimmt die Säkularisation in ganz Europa zu, im 20. Jh. wenden sich viele von den Kirchen und dem Christentum ab. Zunächst hat es den Anschein, als ersetzten die Weltanschauungen wie Marxismus oder Faschismus die Religion. Staat und Kirche werden fast überall in Europa getrennt. Seit der Weimarer Republik ist Deutschland offiziell kein „christlicher" Staat mehr, Kirche und Staat werden getrennt. Intensiv ringen atheistische Freidenker und Sozialdemokraten mit der Kirche, stellen die Lehren infrage, suchen Menschen zum Kirchenaustritt zu gewinnen. Die Innere Mission reagiert früh mit einer apologetischen Arbeit. Die neuverfasste Evangelische Kirche beklagt 1924 die Verweltlichung.

- *Abfall von Gott und seinem Evangelium ist unsere Schuld und unser Verderben. Die Rettung kann nur kommen, wenn unser Volk wieder Verständnis gewinnt für die von Gott gesetzte sittliche Ordnung und in bußfertigen Glauben den Weg zu der erlösenden Liebe Gottes zurückfindet. Jeder Einzelne, der die Gemeinschaft mit dem lebendigen Gott wiedergewinnt, wird zugleich sein Segen für unser Volk. Die Erneuerung des Volkslebens muss bei seiner Urzelle, der Familie beginnen.*
- Der Deutsche Evangelische Kirchentag. D. Wilhelm Frh. von Pechmann, Präsident, zit. nach Krimm: Quellen III, S. 87.

Die Situationsanalyse der Kirchenverantwortlichen ist klar: *Abfall von Gott und seinem Evangelium* geht von Entscheidungen von Menschen gegen Gott aus und sieht die Menschen noch nicht als Opfer eines Prozesses. Ausführlich werden die Probleme von Ehe, Familie, Erziehung, die Krise des Mittelstandes und die großen sozialen Gegensätze beschrieben. Deutlich wird die Verantwortung der Schule für Volk, Staat, Gemeinde und Kirche wahrgenommen; die allgemeine Schulpflicht soll die Rolle der Eltern nicht einschränken, der christliche Charakter der Schule soll gewahrt werden. Angesichts der vielfältigen wirtschaftlichen und sozialen Nöte appelliert der Kirchentag an die christliche Barmherzigkeit, die Pflicht zur Brüderlichkeit und zum opferwilligen Dienen. Die Menschen haben die Verantwortung vor Gott und als oberstes Ziel das Reich Gottes. Gegenüber den marxistischen Parolen *(Eigentum ist Diebstahl)* erinnert man an die Verpflichtung der Eigentümer, ihren Besitz auch für die Nächsten einzusetzen. Die Arbeiter stellen nicht nur eine Ware her, sondern leisten einen Dienst für das ganze Volk. Intensiv werden die Arbeitgeber an ihre Verantwortung für die Schwachen erinnert. Sie sollen bis an die Grenze ihrer Möglichkeiten gehen, um den Arbeitern einen angemessenen Lohn zu zahlen. Angesichts der umfangreichen Krise der frühen 1920er-Jahre ist man erstaunt über diese Stellungnahme der Kirche.

Aussagen über die Zukunft des Christentums in Europa lassen sich schwer treffen, die meisten Christen werden vermutlich künftig auf der Südhalbkugel leben. Das wird nicht nur durch die Bevölkerungsentwicklung deutlich, sondern auch durch den größeren Missionseifer im Süden. Viele der jungen Kirchen Afrikas oder Asiens senden längst Missionare nach Norden. In Großbritannien sind bereits 1.500 Missionare aus 50 Nationen tätig. Und die weißen Christen werden zur Minderheit werden.

Wenn man die Großkirchen in Deutschland ansieht, so entdeckt man einen gewaltigen Rückgang der Mitgliederzahlen: Sind 1950 noch 42 Mio. Menschen in den evangelischen Kirchen, so gehen die Zahlen bis 1970 auf 36 Mio. und bis 1990 auf 28,2 Mio. zurück; um die Jahrtausendwende sind noch 26,6 Mio. Mitglieder der Landeskirchen. Damit fallen die Evangelischen hinter die römischen Katholiken zurück, die nun 26,8 Mio. Mitglieder haben. 1950 waren es nur 23,2 Mio. (1970 27,2 und 1990 28,2).

Aber mit vielen Migranten kommen auch Glaubende nach Europa. Da sind zum einen die Muslime, die als Gastarbeiter nach dem 2. Weltkrieg in den Norden strömen. Immer mehr Menschen aus dem Süden kommen in den Norden.

UNTERM STRICH

Nach dem 1. Weltkrieg wird immer stärker ein Wandel sichtbar, der sich auch in der Unsicherheit über die eigene theologische Position zeigt, die Theologie der Krise beendet die Euphorie des 19. Jh. Gott und Mensch treten auseinander, die Selbstüberschätzung des 19. Jh. wird erkannt und geht unter: Nur Gott ist Herr der Mission, für den Menschen ist sie unverfügbar. Ende der 1920er-Jahre zeigt sich die eigene Krise auch in einer neuartigen Wertschätzung fremder Religionen, die auch den interreligiösen Dialog entdeckt, diese Dialogbereitschaft gründet vielleicht auch in der eigenen spirituellen Armut. Das Zeichen des Kreuzes wandelt sich vom Zeichen des Sieges und der Macht in das Symbol des Dienstes Jesu an der Welt, den man weitergeben möchte, indem man auch Erziehung, Entwicklung und Gesundheit in den Blick nimmt. So wird das Kreuz wieder zum Zeichen des göttlichen Dienstes an der Menschheit.

Nach dem 2. Weltkrieg kommt der Begriff der *missio Dei* auf – nicht der Mensch, sondern Gott betreibt Mission. Unklar erscheint dabei, ob die Völker dabei in die christliche Kirche berufen werden (*heilsgeschichtliche Sicht*) oder ob Gott nicht überall wirke und die Gesellschaft verändere (*verheißungsgeschichtlicher Ansatz*). Diese letzte Perspektive bestimmt die kirchlichen Aktivitäten in der zweiten Hälfte des 20. Jh. weitgehend; vor dem Hintergrund der kapitalistischen und marxistischen Gesellschaftssysteme steht die kirchliche Arbeit unter Rechtfertigungsdruck. Mission wird in der Sicht des Ökumenischen Rates der Kirchen (ÖRK), der 1948 gegründet wird, zur Entwicklungshilfe und der Dialog mit den Weltreligionen wird gepflegt. Hier wird der Einsatz für soziale Gerechtigkeit vorherrschend, Humanisierung tritt an Stelle von Christianisierung.

Während die römisch-katholische Kirche das Anliegen der Humanisierung der Welt seit ihrem 2. Vatikanischen Konzil grundlegend teilt, nimmt sie auch die Evangelisation ganz neu in den Blick. In der evangelischen Welt gehen diese Anliegen der Evangelisation zunächst von den Evangelikalen aus, zu denen erweckte Kreise in der ganzen Welt zählen, die sich seit den 1960er-Jahren zunehmend zusammenfinden. Ihr Anliegen ist vor allem Evangelisation, der aber auch die soziale Aktion folgen müsse. Während man sich so einerseits für soziale Gerechtigkeit einsetzen will, hält man ähnlich wie die Katholiken an der Evangelisation fest. Gestritten wird allerdings lange über das Verhältnis von beiden. In der Lausanner Verpflichtung wird die soziale Verantwortung 1974 von den Evangelikalen aufgenommen. Mit dem Begriff der *Transformation* betritt man seit 1983 Neuland, indem man die Herrschaft Gottes als konkrete Gesellschaftsveränderung auffasst. Das Zeugnis in Wort und Tat wird dann das große Thema der erweckten Kreise. Zwar wird weiter gegen die zu starke Betonung sozialen Engagements gestritten, aber angesichts der christlichen Tradition im Arbeitsfeld der Diakonie erscheint mancher energische Protest völlig unverständlich (siehe etwa das Kapitel 6). Dass Diakonie und Mission zusammenwirken, lässt sich seit den Tagen Jesu nicht mehr übersehen. Hier hat sich mit dem Christentum etwas völlig Neues in der Geschichte gezeigt: Aus der Erfahrung der Liebe Gottes bringen Christen diese Botschaft allen Menschen entgegen, dabei spielen weder Alter noch Geschlecht, we-

der Rasse noch Kulturstufe, weder sozialer Stand noch religiöse Herkunft
eine Rolle!

4 Staat, Gesellschaft und Kirche: Kirche als Dienerin des Staates?

Das Verhältnis von Staat und Kirche ist auch in dieser Epoche nicht frei von Spannungen. Zeigt sich in der Alten Kirche der Staat lange Zeit als Verfolger der Christen, der sich am Ende gleichsam dem christlichen Gott ausliefert und zugleich die Kirche in seinen Dienst stellt, so wird die Kirche im Laufe des Mittelalters immer mehr zur bestimmenden Größe: Die Päpste gelten als alleinige Herren der Christenheit, sind sie doch die Stellvertreter Christi auf Erden. Nacheinander scheinen die Könige und Fürsten ihre geistlichen Machtansprüche aufzugeben. In der frühen Neuzeit schlägt diese Entwicklung dann um. In den evangelischen Territorien übernehmen die Landesherren die Kirchenhoheit in einer vermeintlichen Notsituation, in der die geistlichen Leiter ihrer Verantwortung nicht nachkommen. Die Kirchen erscheinen als Dienerinnen des Staates. Aber immer mehr löst sich die Einheit der Kirchen auf und die Staaten müssen mit den religiösen Abtrünnigen zurecht kommen. In Nordamerika entwickelt sich nach der Unabhängigkeitserklärung erstmals ein Staat, der die Religionsfreiheit seiner Bürger akzeptiert. Nur mühsam können sich die deutschen Kirchen befreien. Äußerlich geschieht das durch das Ende der regierenden Fürstenhäuser und den Beginn der Weimarer Republik 1918, innerlich reifen die Landeskirchen dann in der Auseinandersetzung mit Nationalsozialismus und Sozialismus.

4.1 Reformation und Gegenreformation

4.1.1 Obrigkeitliche Reformation in Deutschland

Nach Luthers Thesenanschlag bricht sich in Mitteleuropa eine antiklerikale und reformatorische Stimmung Bahn, die seit dem Späten Mittelalter immer wieder einmal aufgebrochen ist. Die kritische Vorarbeit der Humanisten führt gerade unter Gelehrten zu einem Hinterfragen der römischen kirchlichen Positionen, die vielen nicht mehr zeitgemäß erscheinen. Neben vielen anderen fordern auch die deutschen Fürsten seit dem Spätmittelalter eine Reform der Kirche. Als der Kaiser und die Führung der Kirche sich gegen Luther stellen, treten andere Fürsten auf Luthers Seite und unterstützen ihn. Manche sehen sich als religiös verantwortlich für das Seelenheil ihrer Untertanen und können und wollen sich daher nicht einfach der kaiserlichen Anordnung unterwerfen. Andere betonen eher spezifisch nationale deutsche Anliegen und fordern eine größere Distanz zum römischen Süden. Auch wirtschaftliche Anliegen spielen eine Rolle, fließen doch namentlich durch den von Luther kritisierten Ablasshandel unvorstellbare Summen nach Rom und schwächen so die eigene Wirtschaft. Schließlich zeigt sich unterschwellig auch die vorhandene Bereitschaft zur Veränderung und zum Aufbruch. Wie viele Fürsten sich aus machtpolitischem Kalkül für die Reformation entschieden haben, lässt sich heute schwer feststellen.

So wird aus einer akademischen theologischen Debatte in der sächsischen Provinz ein politischer Streit, der nicht in Rom von Theologen entschieden wird, sondern wegen der Verflechtung von Staat und Kirche von den Reichsständen auf einem Reichstag verhandelt werden soll. Luther wird unter Zusicherung freien Geleits zum Reichstag nach Worms vorgeladen. Dort setzen sich zunächst die traditionellen Theologen durch, aber Luther beugt sich weder Papst noch Konzilien, sondern beruft sich auf die Heilige Schrift, das vormittelalterliche Glaubensdokument aus der Anfangszeit der Christenheit. Insofern er sich nicht Menschen als Autoritäten beugt, sondern sich allein der Wahrheit verpflichtet weiß, erweist sich Luthers Position als revolutionär und modern. Dies gilt allerdings nicht für die politischen Strukturen, in denen Luther, Zwingli und ihre Anhänger denken. Luther ist wie Zwingli kein politischer Revolutionär. Aufruhr und politisches Chaos hält er für Teufelswerk und lehnt es daher ab. Deshalb wendet er sich bereits in seiner Schrift *An den christlichen Adel* (2.1.1, 7.1.1) an die politisch Verantwortlichen, um sie für die Kirchenreform zu gewinnen.

Die traditionellen Eliten reagieren damals traditionell. Nachdem die meisten Befürworter der Luthersache vom Reichstag abgereist sind, veröffentlichen sie 1521 das **Wormser Edikt**: Luther und seine Anhänger werden verurteilt und in die *Reichsacht* getan, d.h. sie leben nicht mehr im Schutz des Rechtes, sondern werden zu gesuchten Rechtsbrechern (KThGQ III, S. 63f.). Luther wird deshalb während seiner Heimreise auf geheimen Befehl seines Landesherrn auf die Wartburg bei Eisenach in Sicherheit gebracht. Das soll zunächst nur Zeit bringen. Luthers Landesherr stellt sich damit gegen den Beschluss des Reichstags! Für die Zeitgenossen wird die Situation unklar und undurchsichtig. Manche befürchten, dass Luther tot sei, aber seine Anliegen werden weiter vertreten, seine Schriften weiter verbreitet.

Für die mittelalterliche **Kirche** in Rom ist die Sachlage eigentlich klar: Seit Thomas von Aquin sieht sich die Kirche im Besitz eines weltanschaulichen Monopols. Sie verwaltet und verkündet die Wahrheit im Abendland, ihr haben Staat und Gesellschaft zu folgen. Glaube bedeutet dabei die Zustimmung des Willens zur Wahrheit, der mit der Taufe beginnt und zum künftigen Gehorsam gegenüber den Lehren der Kirche führt. Danach gibt es keine Freiheit mehr für den Christen, denn die Wahrheit ist objektiv und unzweifelhaft.

Der **Kaiser** verfolgt in mittelalterlicher Tradition ein universalkirchliches Ziel für alle Christen, das wird allerdings von päpstlicher Seite nicht voll unterstützt, denn Rom lehnt das als Einmischung des Staates ab, die Kirche verteidigt ihre Freiheit. Die deutschen Fürsten wären mit einer nationalen Lösung zufrieden, wie sie auch in Frankreich möglich gewesen ist. Damit ist jedoch der Kaiser nicht einverstanden, weil er als Kaiser universal, d.h. über die deutschen Interessen hinaus denkt. So verbietet der Kaiser ein Nationalkonzil. Karl V. zeigt sich so als letzter mittelalterlicher Kaiser, der noch einmal das enge Miteinander von Staat und Kirche heraufbeschwört. Aber in den Auseinandersetzungen jener Tage nützt ihm alle seine Macht am Ende wenig.

Unmittelbar nach dem Reichstag von 1521 muss der Kaiser Deutschland verlassen. Neun Jahre ist er beschäftigt mit Kriegen gegen Frankreich und die Türken sowie mit der Auseinandersetzung mit dem Papst. So fehlt in Deutschland eine zentrale Macht, die das Wormser Edikt durchsetzen kann. Aus diesem Grund geht die Reformation weiter. Als seit 1524 die Bauern die Freiheit des Evangeliums auch für sich persönlich einfordern und nachdrücklich eine Kirchenreform (Pfarrerwahl, Predigt des Evangeliums) fordern, begegnet Luther ihnen zunächst literarisch und hält sie zum Zurückstecken ihrer Forderungen an, weil man im Reich Gottes keine Rechte einklagen dürfe. Lieber verzichte der wahre Christ auf seine Rechte. Als die Bauern bald darauf dennoch Gewalt anwenden, um ihren Forderungen Nachdruck zu verleihen, fordert Luther die Fürsten zur grausamen Bestrafung der Aufständischen auf. Damals profitieren nur die Herrschenden und Besitzenden von dieser Theologie der zwei Reiche (7.1), während die Bauern mit ihren Hoffnungen auf der Strecke bleiben. Thomas Müntzer bezeichnet Luther deshalb als Fürstenknecht, was er sicher im modernen Sinne nicht gewesen ist. Aber die Wirkung der lutherischen Polemik gegen die Bauern ist verheerend: Die Hoffnungen der Unterschichten lösen sich im furchtbaren Strafgericht der Soldateska auf. Die Reformation verliert ihre Volkstümlichkeit und auch ihre breite gesellschaftliche Basis. Die Bergpredigt mit ihren konkreten Forderungen scheint aus dem Blick geraten zu sein. Religion wird eine jenseitige Angelegenheit für die Hoffnung und dient in den Augen der Unterdrückten scheinbar der Herrschaftssicherung. Eine Kirchenreform *von unten* wird ebenso wie eine Sozialreform *von unten* abgelehnt. Nach dem Bauernkrieg verliert die Reformation ihre Volkstümlichkeit, aber so entstehen die Freiräume, in denen sich seit Mitte der 1520er-Jahre evangelische Landeskirchen bilden, die seit 1526 (Reichtstag von Speyer) eine gewisse Legalität besitzen.

Eine neue Handhabe für eine Kirchenreform durch die Obrigkeiten bietet sich auf dem Reichstag in Speyer 1526. In Abwesenheit des Kaisers wird beschlossen, jeder Reichsstand solle sich im Hinblick auf das Wormser Edikt verhalten, wie er es gegenüber Gott und dem Kaiser verantworten kann (KThGQ III, S. 138f.). Auf dieser Rechtsgrundlage beginnt man daraufhin in Sachsen und Hessen mit **kirchlichen Reformen**. Der sächsische Landesherr lässt die Gemeinden besuchen, okkupiert sozusagen das Visitationsrecht der Bischöfe und ordnet die Kirche neu. Es entstehen einzelne Landeskirchen. Die evangelische Bewegung der frühen 1520er-Jahre (2.1.1) mündet so in eine **Fürstenreformation**. Nachdem sich die Bischöfe als kirchliche Leiter der reformatorischen Bewegung verschließen, stellt sich die Herausforderung, neue Instanzen für die Kirchenleitung zu schaffen. Nach Luthers Ordnungskonzept besitzt die christliche Gemeinde keine Leitungsbefugnis, diese hat neben den Bischöfen nur die weltliche Obrigkeit in äußeren Fragen (7.1.1). Daher bittet Luther den Fürsten, aus christlicher Nächstenliebe die kirchlichen Ordnungsfragen zu regeln, bis die Kirchenleiter umkehren und selbst wieder die Kirche leiten. Die Fürsten gelten für eine Übergangszeit als *Notbischöfe*. Offiziell kümmert sich der Landesherr in einer geistlichen Notlage um die äußeren Angelegenheiten der Kirche. Was aus der Not geboren eine Übergangslösung sein soll, hat in Deutschland bis 1918 Bestand. Da eine universalkirchliche wie eine nationale Lösung nicht möglich ist, gehen die Fürsten und Städte auf territoriale Lösungen zu. Damit löst sich die geistlich-kirchliche Einheit des Reiches auf. Die Reformation wird später in Franken (Nürnberg, Ansbach, Kulmbach), den Reichsstädten in Süddeutschland, Niedersachsen und Ostfriesland eingeführt. Der hier erfolgte Modernisierungsvorgang ist kaum zu überschätzen: Erstmals gibt die Gesellschaft seit der Spätantike ihre religiöse Einheitlichkeit auf und gesteht eine gewisse religiöse Vielfalt bei Beibehaltung regionaler Geschlossenheit zu.

Am Beispiel der Reformation in Hessen zeigt sich, wie durch systematische Aufhebung der Klöster eine staatliche Reform der Armen- und Krankenfürsorge betrieben wird. Schließlich wird so der Aufbau eines Schulwesens finanziert, denn nach der Aufhebung der Klöster muss die Finanzierung der Bildung neu geregelt werden. Luther sieht Städte und Landesherren in der Pflicht. 1527 wird die Universität in Marburg gegründet, dazu vier Hospitäler für Arme und Kranke.

Auf dem Reichstag zu Speyer 1529 beschließen die Altgläubigen unter Vorsitz des Kaisers mit Mehrheit erneut die Durchführung des Wormser Ediktes. Der Kaiser hat seine äußeren Feinde besiegt und möchte die Reformation nun endlich beseitigen. Die evangelische Minderheit protestiert dagegen und trägt daher seitdem den Namen Protestanten.

> *Ein solcher einmütiger Beschluss von Ehrbarkeit, Billigkeit und Rechtmäßigkeit kann und soll daher auch nicht anders abgeändert werden als wiederum durch eine einhellige Zustimmung. Außerdem hat auch sonst jeder in Dingen, die Gottes Ehre, das Heil unserer Seele und die Seligkeit angehen, für sich selbst vor Gott zu stehen und Rechenschaft zu geben; hier kann sich also keiner mit Berufung auf Verhandlung oder Beschluss einer Minderheit oder Mehrheit entschuldigen. Da nun aber diese dritte Anzeige unserer merklichen Beschwerde [...] keine Möglichkeit noch Annahme erfährt, protestieren und bezeugen wir hiermit öffentlich vor Gott [...], dass wir für uns, die Unseren und für alle jeder Verhandlung und vermeintlichen [Reichstags-]Abschied, wie wir vorher gesagt, oder anderen Sachen, die gegen Gott gerichtet, sein heiliges Wort, unser aller Seelenheil und gutes Gewissen [...] vorgenommen, beschlossen und gemacht worden sind, nicht zustimmen noch einwilligen[...].*
> Protestation der evangelischen Reichsstände 20. April 1529, zit. nach KThGQ III,156.

Mutig bekennen sich die evangelischen Fürsten zur Reformation und zu ihrer Verantwortung vor Gott und ihrem Gewissen.

Staat und Religionsfreiheit

In Speyer wird damals aber noch ein anderer Beschluss gefasst, nämlich das **Verfolgungsmandat gegen** die **Täufer** (3.1.3, 7.1.3). Da die Täufer ihre Kindertaufe nicht für eine echte Taufe halten, üben sie die Praxis der Glaubenstaufe an Erwachsenen. Aus Sicht der katholischen und evangelischen Theologen handelt es sich dabei um eine Wiederholung der Taufe, die sie für Ketzerei oder Gotteslästerung halten und daher als *Wiedertaufe* ablehnen. Insofern die Täufer den Eid verweigern, stellen sie sich außerdem gegen die Spielregeln der Gesellschaft.

Das *Wiedertäufermandat* des Reichstags in Speyer legt fest: Wer wiedertauft oder sich noch einmal taufen lässt, ist mit dem Tode zu bestrafen – ohne dass vorher eine Untersuchung vor einem Inquisitionsgericht notwendig ist. Wer sein Bekenntnis zu den Täufern widerruft und bereit zur Sühne ist, kann begnadigt werden. Allerdings soll ihm nicht die Gelegenheit zur Auswanderung gegeben werden; hält sich ein solcher Mensch doch zu den Täufern, wird er mit dem Tode bestraft. Die Führer der Täufer und ihre Verkündiger sind zu bestrafen, ohne dass sie begnadigt werden können. Wer schließlich seine Kinder nicht taufen lässt, ist als Wiedertäufer zu bestrafen (KThGQ III, S. 158).

Durch diesen Beschluss soll die Rechtspraxis auf Reichsebene vereinheitlicht werden. Das Ziel ist, dass *Frieden und Einigkeit im Reich* erhalten bleiben. Täufer gelten als Aufrührer und Ketzer. Wiedertaufe gilt seit der Spätantike als Straftatbestand, wer sie ausübt, wird mit dem Tode bestraft. Die Brisanz des Mandates liegt darin, dass die evangelischen Stände hier zugestimmt haben. Während sie selbst sich einer Mehrheit nicht beugen, billigen sie dieses Recht den Täufern nicht zu. Nicht die landesherrlich gestützten Reformatoren sind für das Reich eine Gefahr, sondern die Täufer, die grenzüberschreitend arbeiten und Aufruhr *von unten* schüren. Die Zustimmung zum *Wiedertäufermandat* sichert den evangelischen Reichsständen eine Legalität auf Kosten der Täuferbewegung. Kirchenreformen durch die Landesherren sind legitim, abweichendes Verhalten aus Glaubens- und Gewissensgründen durch Untertanen dagegen nicht. Die christliche Freiheit gilt somit nicht für jeden Christen, sondern nur für die regierenden Fürsten; der Frühabsolutismus wirft hier seine Schatten voraus!

In der Praxis verhalten sich die Fürsten verschieden. Während die katholischen Fürsten rigoros das Mandat anwenden, hält sich Kursachsen grob an das Mandat, während Hessen es relativ tolerant handhabt. Bis 1618 werden 84% der Hinrichtungen in katholischen Gebieten vorgenommen, 16% in evangelischen. Von den festgestellten 715 und 130 vermuteten Hinrichtungen finden über 400 unter Herrschaft der Habsburger statt, nur 61 in den Reichsstädten; allerdings liegen über den norddeutschen Raum (noch) keine Zahlen vor. Fast die Hälfte der Hinrichtungen finden 1528/29 statt. Während die Täufer selbst die Verfolgung als Zeichen gelebten Christseins betrachten und sich als „Schafe mitten unter den Wölfen" sehen, knüpfen sie damit an neutestamentliche Worte Jesu an. Katholiken wie Mehrheitsprotestanten halten sie dagegen für Aufrührer und Ketzer. Von Luthers Zwei-Regimenter-Lehre (7.1.1) her hätte das Thema auf einem Reichstag gar nicht verhandelt werden dürfen; auch wenn die evangelischen Fürsten dessen Tagesordnung nicht allein bestimmen können, hätten sie das Mandat keinesfalls unterstützen dürfen. Anders wäre es, wenn die Täufer als Aufrührer die öffentliche Sicherheit stören. Lange hat man jedoch die Täufer nicht als politische Aufrührer, sondern als rein religiöse Gruppe sehen wollen.

Die komplexe Quellenlage stützt diese Sicht allerdings nicht. Schon die Schweizer Täufer sind verbunden mit den bäuerlichen Befreiungskämpfern und stellen ähnliche Forderungen, und viele Beteiligte am großen Bauernkrieg finden wir später als Führer der Täufer wieder. Das frühe Täufertum ist insofern religiös und sozialrevolutionär, erst mit den Schleitheimer Artikeln (7.1.3) setzen sie sich davon ab. Dennoch werden sie weiter als (mindestens latent) aufrührerisch gesehen und deshalb verfolgt. Da die Verfolgung an der Tatsache der *Wiedertaufe* festgemacht wird und darüber keine Untersuchung mehr stattfindet, haben die widerständigen Täufer kaum Möglichkeiten, diese offizielle Sicht zu ändern. Aber auch wenn Täufer sozialpolitische Forderungen stellen, die sie aus dem Neuen Testament ableiten und so zu einer Veränderung der gesellschaftlichen Ordnung aufrufen, stellt sich natürlich die Frage nach der Berechtigung der Vorstellungen (7.1.3).

Ihre *Absonderung* von der übrigen Gesellschaft ist beunruhigend und herausfordernd für Theologen und Politiker. Selbst wenn sie *nur* den Eid verweigern, keinen Wehrdienst leisten oder keine öffentlichen Ämter bekleiden, stellen sie sich außerhalb der damaligen Gesellschaft. Die auf mündliche Kommunikation angelegte Gesellschaft kann mit einer Eidverweigerung kaum leben, denn diese löst das notwendige Vertrauen auf. Die Täufer sehen sich allerdings durch ihr Gewissen an die Bergpredigt gebunden, sodass hier ein gleichsam tragischer Konflikt entsteht, der keinen Kompromiss zulässt.

Die Reformatoren gestehen anderen Glaubensüberzeugungen noch keine Gewissensfreiheit zu. 1536 sehen Luther und Melanchthon in einem Gutachten für Landgraf Philipp von Hessen („Dass weltliche Obrigkeit den Wiedertäufern mit leiblicher Strafe drohe" WA 50, 10ff.) die Todesstrafe für Anführer der Täuferbewegung vor, weil sie sich von der lutherischen Kirche getrennt haben, in der doch die reine Lehre vorhanden ist. Sie sei im Besitz der Wahrheit, der sich auch der Staat unterordnen müsse und die man nicht verlassen dürfe.

Die evangelischen Landesfürsten haben für sich und ihre Territorien Geistliches und Weltliches getrennt und daher dem Reichstag keine Berechtigung zur Einmischung zugebilligt. Den Täufern allerdings billigen sie dieses Recht nicht zu, denn die Auffassung der Fürsten gründet in der fürstlichen Souveränität und nicht in der Volkssouveränität und bleibt so ganz in Luthers Bahnen aus seiner Schrift *An den christlichen Adel* (7.1.1). Auch hier wird ein Element des Frühabsolutismus greifbar.

Landeskirchen und Landesherren

Für den Erlass von Kirchenordnungen hat es eine ekklesiologische Begründung nicht gegeben, es ist ein staatlicher Hoheitsakt. Um an die bischöfliche Jurisdiktion anzuknüpfen, werden Konsistorien aus weltlichen Räten und Theologen gebildet, die sich unter landesherrlicher Aufsicht zu Kirchenbehörden entwickeln. Konkret übernehmen Superintendenten im Auftrag der weltlichen Obrigkeit die Kirchenaufsicht (Visitationen). Die Juristen knüpfen an die mittelalterlichen Theorien über das Kirchenpatronat und die Schutzfunktion der Fürsten an. Darüber hinaus beruft man sich auf die Verfügungsrechte der Fürsten über alle Einrichtungen, die in ihrem Territorium liegen. Daher meinen sie auch, über die Kirchen in ihrem Land verfügen zu können. Von der Zwei-Reiche-Lehre Luthers wird die mittelalterliche Fürsorge der Obrigkeit umgeformt. Der Obrigkeit obliegt die Sicherheit der Rechtsordnung und der Schutz des Staates nach außen (Amt des Schwertes). Bestimmend sind dabei die Zehn Gebote. Der Staat sorgt sich aber nicht nur um Recht und Ordnung (sogenannte zweite Tafel der Gebote), sondern auch für die erste Tafel: Gottesverehrung und Abwehr von Irrlehren und Gotteslästerung liegen im staatlichen Interesse.

Durch den Fortfall der geistlichen Gerichtsbarkeit erlangt der Staat die unbeschränkte Gerichtshoheit, durch die enge Verbindung von Staat und Kirche fördert der Staat nun auch kulturelle Aufgaben (Volksschulen, Gelehrtenschulen, Universitäten). Schließlich übernimmt die Kirche für den Staat die Sozialfürsorge und weckt so im Staat die soziale Verantwortung. Diese knappe Aufzählung zeigt, dass der Staat von seinem Einsatz für die Kirche sehr profitiert. In der Praxis nehmen die religiösen Elemente immer zugunsten der herrschaftlichen Autorität ab.

Staatsrechtlich und theologiegeschichtlich entwickeln die Gelehrten zwei Modelle für die staatliche Zuständigkeit für die Kirche. Da ist zum einen der Episkopalismus, der davon ausgeht, dass der Staat sämtliche bischöflichen Rechte übernommen hat. Eine eher naturrechtlich begründete Theorie bezeichnet man zum anderen als Territorialismus, der die Oberhoheit des Fürsten über alle gesellschaftlichen Gruppen eines Territoriums behauptet. Im Zuge des aufkommenden Absolutismus kommen beide Modelle dem Machtzuwachs der Monarchen zugute.

Die Evangelischen rechnen nach ihrer Speyrer Protestation mit kaiserlichen Gewaltmaßnahmen und schließen sich in einem Verteidigungsbund zusammen, jedoch bilden sie in der Lehre keine Einheit. Die süddeutschen Evangelischen möchten sich im Blick auf die Bibel stärker von der Tradition lösen. Luther scheint ihnen noch zu sehr in der mittelalterlichen Lehre verhaftet. So wird in Marburg vom 1. bis 4. Oktober 1529 ein Religionsgespräch geführt, das allerdings die Unterschiede nicht ganz beseitigen kann, sondern die verschiedenen Auffassungen in der Abendmahlsfrage festschreibt (7.1.1).

Auf dem Reichstag in **Augsburg** legen die evangelischen Stände 1530 dann ein Bekenntnis vor, die *Confessio Augustana* (Augsburger Bekenntnis). Es ist von Melanchthon verfasst, da Luther weiter in der Reichsacht ist und die Verhandlungen von der Veste Coburg, der südlichsten Grenzfestung Kursachsens, aus großer Ferne verfolgt und begleitet. Luther bestätigt die Arbeit gegenüber dem sächsischen Kurfürsten.

- *Gnade und Friede in Christo, unsrem Herrn Durchlauchtigster, Hochgeborener Fürst, gnädiger Herr! Ich habe Magister Philipps Apologia durchgelesen, sie gefällt mir recht gut und ich weiß nichts, was daran gebessert oder geändert werden sollte. Das würde sich auch nicht schicken, denn ich kann nicht so sanft und leise treten.*
- Brief Luthers an Johann von Sachsen 15.5.1530, zit. nach KThGQ III,166.

Luther findet den Entwurf der *Confessio*, den er hier „Apologie" (dt. *Verteidigung*) nennt, gelungen; auch bewundert er die zurückhaltende Art seines Wittenberger Kollegen. Die *Confessio Augustana* legt den evangelischen Glauben dar, sucht zunächst die Gemeinsamkeiten herauszustellen und nennt anschließend die strittigen Punkte. So will man zeigen, dass die Evangelischen *katholisch* sind. Mehrmals wird betont, dass neben die Rechtfertigung aus Gnaden auch gute Werke zum evangelischen Bekenntnis gehören (Artikel 4, 6, 16, 20 – aber auch 21, 23, 26 und 27), so zeigen die *evangelischen Stände*, wie wichtig ihnen die Ethik ist. Strikt grenzt man sich von den Täufern ab. Der Kaiser und die altgläubige Mehrheit lehnen das Bekenntnis ab, lassen es theologisch widerlegen und erneuern das Reformationsverbot. Dennoch gilt das *Augsburger Bekenntnis* später als reichsrechtliche Grundlage für den evangelischen Glauben im Deutschen Reich.

1531 gründen die Evangelischen den Schmalkaldischen Bund zur Verteidigung gegen die Altgläubigen; ein Krieg scheint unausweichlich. Doch 1532 wird der Kaiser wieder durch Kriege gegen Türken und Frankreich gezwungen, noch einmal einzulenken. In diesen Jahren werden immer weitere Gebiete evangelisch und bilden neue Landeskirchen aus. Später führt man 1540/41 Religionsgespräche zwischen den Parteien, aber es kommt zu keiner Einigung mehr.

In Deutschland hat sich die normative Kraft des Faktischen durchgesetzt. Viele Landesherren haben sich der Reformation zugewendet. Nicht immer werden sie wie die sächsischen Kurfürsten vom persönlichen Glauben bestimmt. Oft dient der Schritt der Schaffung eines modernen Staatsgebildes. Denn eine evangelische Landeskirche ist nicht Rom unterstellt, die Pfarrer werden nicht vom Papst gelenkt, auch die Finanzen bleiben im Lande und werden dort ausgegeben, was der Wirtschaftskraft des Landes zugute kommt.

Erst im Jahr von Luthers Tod (1545) beginnt in Trient endlich das lange geforderte Konzil, das die Spaltung der abendländischen Christenheit besiegelt bzw. zur Gründungsurkunde der erneuerten katholischen Kirche wird (2.1.5; 7.1.3).

Als der Kaiser für kurze Zeit außenpolitisch Ruhe hat, rüstet er gegen die Evangelischen und beginnt mit ihnen einen kurzen, erfolgreichen Kampf (Schmalkaldischer Krieg 1546-47), in dem die Evangelischen unterliegen und sich dem Kaiser unterwerfen müssen (1548 Augsburger Interim). Die evangelischen Fürsten zeigen große Schwächen. Moritz von Sachsen unterstützt den Kaiser, der ihm als Gegenleistung die sächsische Kurwürde und das Kurfürstentum Sachsen verspricht. Landgraf Philipp von Hessen fürchtet wegen seiner *Doppelehe*[5] um sein Leben und begibt sich freiwillig in kaiserlichen Gewahrsam. Dagegen leistet die Bevölkerung jedoch passiven Widerstand, schließlich wird der Kaiser von evangelischen Fürsten in einem Überraschungscoup besiegt. Ein zweites Mal hat Moritz von Sachsen die Seiten gewechselt; er greift den Kaiser an, der seine Truppen bereits entlassen hat. Nach dieser Niederlage zieht sich Karl V. aus der Politik in Deutschland nach Spanien zurück und überlässt seinem Bruder Ferdinand neue Verhandlungen mit den Evangelischen.

Das Ergebnis stellt der Augsburger Religionsfrieden von 1555 dar: Die Territorien sollen konfessionell geschlossen bleiben, das Reich ist es nicht mehr. Der Grundsatz lautet *cuius regio, eius religio* (dt. *wer regiert, bestimmt die Religion*). Der Landesfürst bestimmt seitdem bis 1918 die Konfession seiner Untertanen; wechselt er die Konfession, dann wechseln auch alle Untertanen ihre Konfession; die Auswanderung bleibt allen Untertanen

---

5 Philipp führt seit Jahren eine „Doppelehe", d.h. er hat ein zweites Mal geheiratet. Dieser Tatbestand macht ihn angreifbar.

freigestellt. Dieses ist ein sehr mittelalterliches Mittel und entspricht dessen Denken. Die geistlichen Stände setzen jedoch den *geistlichen Vorbehalt* durch: Falls ein geistlicher Fürst evangelisch wird, dann verliert er sein Amt, die Untertanen bleiben dann römisch-katholisch. Damit wird die Konfession dieser Gebiete festgeschrieben. Es gilt noch keine Religionsfreiheit; toleriert werden aber zwei Konfessionen: die Altgläubigen (römisch-katholisch) und die Lutheraner. Andere evangelische Bekenntnisse bleiben (noch) verboten.

Das Landesherrliche Kirchenregiment bleibt in Deutschland bis 1918 erhalten: Der Staat erlässt Kirchenordnungen, der Fürst bestimmt die Konfession seiner Untertanen. Die praktische Gemeindearbeit bleibt den Superintendenten überlassen. Die Pfarrer gelangen unter den Einfluss des Staates und setzen sich nun auch für die Staatstreue der Bürger und Christen ein.

UNTERM STRICH

Die evangelischen Fürsten zeigen eine Auffassung vom sakralen Charakter ihres Amtes und ihrer besonderen Verantwortung vor Gott. Das formulieren sie in der Protestation von Speyer eindrücklich, das prägt viele Fürsten. Das Landesherrliche Kirchenregiment wurzelt in uralter germanischer Tradition. Die Fürsten verstehen sich als *Landesväter*, die auch für die richtige Religion ihrer *Landeskinder* zuständig sind, weil sie im Auftrag Gottes regieren und ihm verantwortlich sind. Dabei sind dies für jene Fürsten keine Floskeln, wie sich an den kursächsischen Landesherren wiederholt zeigt, die selbst persönliche Nachteile wie den Verlust ihrer Herrschaft in Kauf nehmen, wenn es um den rechten Glauben geht.

Mit der Reformation kommt weder Glaubens- noch Religionsfreiheit. Allerdings nehmen die Fürsten dies für sich selbst in Anspruch und ermöglichen so eine gewisse Glaubensvielfalt im europäischen Großraum, noch bleiben die einzelnen Regionen konfessionell geschlossen. Exemplarisch zeigt sich die fehlende Religionsfreiheit am Beispiel der Täufer, denen eine religiöse Selbstbestimmung nicht zugestanden wird, wie sie evangelische Fürsten für sich reklamieren. Standesunterschiede sind noch so dominant, dass die Vorstellungen der Täufer geradezu revolutionär erscheinen – wie die der Bauern.

4.1.2 Papst und Kaiser

1522 kommt mit dem niederländischen Papst Hadrian VI. ein frommer Bischof ins Spiel, der einst Karl V. erzogen und daher gute Verbindungen zum Kaiser hat. Er will die abendländischen Fürsten im Kampf gegen die vordringenden Türken einen und die Reform der Kurie beginnen. Dafür findet er in Rom jedoch weder Verständnis noch Unterstützung. Anlässlich des Reichstags von Nürnberg lässt er durch einen Gesandten eine Mitschuld der Kurie an den Streitigkeiten erklären. Gegenüber Luther bleibt er aber hart, denn in Glaubensfragen müsse man die göttliche Autorität annehmen und nicht beweisen.

Die deutschen Fürsten fordern einmal mehr eine Reform der Kurie, die Einlösung der vorgebrachten Beschwerden und die Einberufung eines allgemeinen Konzils. Die geistlichen Fürsten in Deutschland erkennen die Reformaufgaben nicht, so bleibt der Papst auch in Deutschland isoliert.

Zwar möchte Karl V. ihn unterstützen, aber der Krieg mit Franz I. von Frankreich verschärft sich. Als der Papst stirbt, wird im November 1523 Clemens VII. Papst, der die *Luthersache* endlich klären will. Außerdem will er den Frieden zwischen den europäischen Fürsten herstellen, um die Abwehr der Türken zu ermöglichen. Aber auch seine Bemühungen um Reformen kommen nicht in der Kurie voran. Als die deutschen Fürsten wieder ein Nationalkonzil fordern, lehnt er es mit Unterstützung des Kaisers ab.

Nach der Niederlage Frankreichs gegen Spanien und den Kaiser hat der Papst mit Franz I. ein Abkommen geschlossen, das sich gegen den Kaiser richtet, um diesen aus Italien zu verdrängen. Während die Türken auf dem Balkan vordringen und Mittelmeerinseln erobern, geht es dem Papst um die Wahrung und Ausweitung seiner Macht in Italien. Karl V. setzt daraufhin seine Truppen gegen Rom in Marsch und erobert im Mai 1527 die ewige Stadt. Alle Welt schätzt dieses Ereignis als Gericht Gottes ein (*Sacco di Roma*). Den gefangenen Papst bittet Karl V. dann um die Einberufung eines Konzils. Er möchte den Frieden unter den Christen, die Reform der Kirche und die Überwindung der Spaltungen. Nach seiner Freilassung denkt der Papst nicht an eine Reform. Zwar krönt er Karl zum Kaiser, aber bis zu seinem Tod 1534 ruft er das Konzil nicht ein.

Als sich nach 1526 in Deutschland die Landeskirchen bilden, ist der Kaiser am intensivsten damit beschäftigt, den Katholizismus in Deutschland zu retten. Während der Papst das notwendige Konzil hinauszögert, wird die Kircheneinheit im Abendland immer unwahrscheinlicher. Da der Kaiser in Europa als zu mächtig angesehen ist, wird er von allen Seiten bedrängt. Zwar kämpft er weiter um ein Konzil, scheitert daran aber laufend; immerhin finden in Deutschland in den 1540er-Jahren einige Religionsgespräche statt. Schließlich verschafft er sich außenpolitisch Luft und versucht es mit Gewalt. 1546/47 unterwirft er die Protestanten. Mit seinem Sieg entzieht ihm der Papst die zugesagten Subventionen, sodass der Kaiser den Großteil seiner Truppen geradezu übereilt entlassen muss. Dadurch unterstützt der Papst letztlich die Evangelischen.

Zwar ist der Kaiser 1547 auf dem Gipfel seiner Macht, aber die Unterdrückung der Evangelischen erreicht er nicht. Der neue Glaube ist schon zu gefestigt gewesen. Durch einen überraschenden Feldzug Moritz' von Sachsen wird der Kaiser zum Einlenken gezwungen. Die Aushandlung des Augsburger Religionsfriedens überlässt Karl V. seinem Bruder, er selbst zieht sich resigniert nach Spanien zurück.

UNTERM STRICH

Kaiser und Papst bleiben auch in den Auseinandersetzungen der Reformation zwei Institutionen, denen an der Einheit der Kirche gelegen ist. Während Karl V. in mittelalterlicher Tradition seine Autorität für die Kirchenreform einsetzen möchte, bekämpfen die Päpste jede Form kaiserlicher Einmischung in die Kirche. Der kurzzeitige Sieg des Kaisers über die evangelische Bewegung erweist sich schon damals nicht mehr als dauerhaft, während das Konzil von Trient die römisch-katholische Kirche auf eine neue, tragfähige Grundlage stellt.

4.1.3 Exkurs: Reformation in Frankreich, den Niederlanden und England

Seit dem Späten Mittelalter haben die französischen Könige ihre Macht auch über die Kirche in Frankreich ausgebaut. Mit der Thronbesteigung François I. (1515–47) machen sich viele Hoffnungen auf Reformen, da er dem Humanismus sehr aufgeschlossen gegenübersteht. Seit 1516 erlangt er zunehmend Einfluss auf die französische Kirche, die von Rom unabhängig wird (Gallikalismus). Seit den 1520er-Jahren halten Schriften und Gedanken Luthers in Frankreich Einzug, deren Thesen von der Universität Paris (Sorbonne) verurteilt werden. Dennoch wächst die Zahl der *Luthériens*. Der König gewährt zwar dem Humanismus Einfluss (z.B. durch Reform des Jurastudiums), er hält allerdings am Katholizismus fest. Seine Schwester Marguerite von Navarra sympathisiert dagegen offen mit den Reformatoren.

In die Entscheidung zwischen Staatsräson und persönlicher Glaubensentscheidung gestellt, entscheiden sich die Franzosen jedoch mehrheitlich für die Einheit von Staat und Kirche. Der mächtige evangelische Herzog Heinrich von Navarra wird daher vor seiner Krönung katholisch. So sichert er sich die Gefolgschaft der katholischen Kirche und der Mehrheit des Volkes. Die enge Verbindung zwischen Kirche und Staat wird erst in der Französischen Revolution zum Sturz beider Institutionen führen.

Trotz energischen Widerstands unterliegt der französische Protestantismus bis zum Ende des 16. Jh. nach einem blutigen Bürgerkrieg. Neben der Haltung des französischen Königshauses und des Hochadels spielt dabei auch der Hass der Unterschichten auf die Evangelischen eine Rolle. Gleichwohl gibt es Gebiete im Süden und Südwesten, in denen die evangelischen Christen weiter verbreitet sind. Doch auch in Frankreich vermischen sich Staatsräson und Kirchenbindung; so wird der evangelische Widerstand auch als politische Unbotmäßigkeit verfolgt.

Niederlande

Während Karl V. in Deutschland die Reformation nicht unterdrücken kann, gelingt es ihm zunächst in den Niederlanden, wo er als Landesherr regiert und durch Inquisitionsverfahren bis 1555 annähernd 3.000 Protestanten hinrichten lässt. So werden die Evangelischen in den Untergrund abgedrängt oder zur Auswanderung gezwungen. Karls Nachfolger Philipp II. setzt die Unterdrückungspolitik fort. Nach einer kurzen Zeit der Toleranz kehren Glaubensflüchtlinge zurück und es kommt 1567 zu einem Bürgerkrieg, als der Statthalter des spanischen Königs Philipp die Protestanten energisch verfolgt und zugleich die zentrale Macht ausbaut.

So wird ein Glaubenskrieg mit einem Widerstand gegen die Zentralgewalt verbunden. Da die Evangelischen von England, Frankreich und der Kurpfalz unterstützt werden, entsteht bald ein europäischer Krieg. 1581 erklären sich die Nordprovinzen von Philipp II. los, der gegenüber den Protestanten zu keinen Kompromissen bereit ist. So werden Belgien und die Niederlande getrennt, seit 1648 sind sie auch von Deutschland unabhängig.

Britische Inseln

In England entsteht die anglikanische Konfession, in der formal vieles katholisch bleibt (2.1.4). Die englischen Könige haben seit dem Späten Mittelalter der Kirche eine gewisse Unabhängigkeit von Rom gesichert. Bereits 1353 wird die Appellation an den Papst in England verboten, der englische König wird zur höchsten Instanz im Königreich. Heinrich VIII. (1491–1547), der in seiner Scheidungsangelegenheit 1527 nicht ausreichend vom

Papst unterstützt wird, schwingt sich selbst 1534 zum Haupt der Kirche von England auf *(Act of Supremacy)*. Bereits zwei Jahre vorher hat er die Kleriker seiner Gesetzgebung unterworfen. Der König ist nun absoluter Machthaber in seinem Staat. Im Hintergrund steht die Vorstellung, dass die Engländer als Corpus Christianum sowohl geistlich als auch weltlich der Regierung des Königs unterworfen sind. Die Kirche wird so als Teil des Staates verstanden. In der Folgezeit wird die englische Kirche regelrecht ausgeplündert. Die Geistlichen müssen ihr erstes Jahreseinkommen an die Krone geben, ein Zehntel aller Nettoeinkünfte der Kirche gehen ebenfalls an den König.

Unter Leitung des Erzbischofs von Canterbury Thomas Cranmer werden seit 1536 nahezu alle Klöster aufgelöst und zugunsten der Krone veräußert. Die englische Kirche verarmt, die Einkünfte des Königs verdoppeln sich. Seit 1547 folgt allmählich die theologische Umformung im Sinne Calvins (Book of Common Prayer 1549–52, Religionsartikel von 1553).

Unter Königin Maria *(die Katholische,* 1553–58) herrscht eine kurze Verfolgungszeit: 300 Protestanten werden als Ketzer verbrannt. 800 wohlhabende Christen verlassen das Land. Die staatliche Machtausübung in Glaubensangelegenheiten wird fortan in England skeptisch beurteilt. Die Verfolgten entwickeln Vorstellungen von einem Widerstandsrecht in Glaubensangelegenheiten, das bereits bei den französischen Protestanten zu finden ist.

Aber unter Elizabeth I. (1558–1603) kommen die Anglikaner wieder an die Macht, die die Reformation im Lande durchsetzen. Die Königin nennt sich selbst nicht *Haupt,* sondern *Regentin* (governor) der Kirche von England. Sie setzt die Bischöfe ein, diese ernennen wiederum auf Vorschlag der lokalen Patrone Priester. Während die Kirche so äußerlich und kirchenrechtlich am Katholizismus festhält, setzen sich die *39 Artikel* von 1563 vom römischen Glauben ab und wenden sich dem reformierten Glauben zu (2.1.4).

Mit dem Regierungsantritt James I. (1603–25) kommt es zu einem erneuten Konflikt, da auch der neue König von einer presbyterianischen Kirchenverfassung nichts wissen will und an der Leitung durch Bischöfe festhält *(no bishop no king!)*. Die Anglikaner setzen weiter auf eine bischöfliche Verfassung und stützen die englische Monarchie. Die Presbyterianer stehen dagegen zum Parlament des Adels, sie wollen die Gemeinden durch Kirchenvorstände (Presbyter) leiten lassen, die von der Gemeinde gewählt werden. Von dieser Basis sollen dann verschiedene übergeordnete Synoden gewählt werden bis zur Landessynode. Puritanisch orientierte Pfarrer werden verfolgt und aus den Ämtern gedrängt. Auch die Kongregationalisten sind Befürworter des Unterhauses. Ihrer Ansicht nach besteht die Kirche nur aus den konkreten Ortsgemeinden, in denen Gemeindeversammlungen quasi basisdemokratisch die Gemeinden leiten. Alle Ämter sollen hier gewählt werden. Ähnlich wie sie sehen die Baptisten ihre Kirche, beide setzen sich für die Trennung von Kirche und Staat ein. Auf den britischen Inseln zeigt sich, dass die Geburt der modernen Demokratie aus den unterschiedlichen Gemeindeverfassungen erwächst. Der König erkennt diese demokratischen Vorstellungen als bedrohlich für sein Amtsverständnis und bekämpft sie.

Außenpolitisch nähert sich England dem katholischen Frankreich an. Der Thronfolger Charles I. heiratet die Schwester des französischen Königs Louis XIII. Theologisch wird gegen die Puritaner der aus den Niederlanden stammende **Arminianismus** staatlich gefördert (1.6). Jacob Arminius hat gelehrt, dass Gott alle (getauften) Menschen zum Heil berufen hat. Die Prädestinationslehre Calvins wird abgelehnt, da sie mit einem gütigen Gott, der alle Getauften berufen hat, nicht in Einklang gebracht werden kann. Zudem werden sowohl die Sakramente als auch die besondere Stellung der Geistlichen als maßgeblich betrachtet. Da die Arminianer namentlich das Gottesgnadentum der Könige lehren und das Presbyterianische Kirchenmodell als staatsfeindlich ablehnen, arbeiten sie eng mit dem König zusammen. Systematisch setzt der König Arminianer in kirchliche Schlüsselstellungen ein. Die Puritaner vermuten hinter dieser Kirchenpolitik, man wolle den Katholizismus in England wieder einführen. Als das Unterhaus gegen die Arminianer Stellung nimmt, löst der König es 1629 auf und verkündet, zukünftig ohne Parlament regieren zu wollen. Viele Puritaner werden zum Teil drakonisch bestraft. So wächst die Abneigung gegen die arminianischen Bischöfe. Viele Engländer lehnen die Katholiken als Aufrührer ab, die Verfolgung unter Maria, die Hugenottenverfolgung in Frankreich (1572), verschiedene Attentatsversuche gegen Elizabeth I. (1583/84), die versuchte Invasion der Insel durch die Spanier (1588) und die Ermordung (evangelischer) Herrscher durch katholische Extremisten (1584 Wilhelm von Oranien, 1588 Heinrich III. von Frankreich, 1610 Heinrich IV.) scheinen in einer Linie mit der Politik König Charles I. In vielen katholischen Ländern wie Spanien und Frankreich hat es den Anschein, als unterstütze die katholische Kirche die Unterdrückung des Volkes. Das alles hat den Widerstand gegen Arminianismus und König genährt.

So beginnt ein Bürgerkrieg. Nachdem der König im presbyterianischen

Schottland die englische Kirchenverfassung und Liturgie einzuführen versucht, kommt es dort 1638 zu einem Aufstand. Das königliche Heer unterliegt den Schotten im *Bishop's War* 1639. Für den Krieg benötigt der König neue Finanzen, die ihm nur das Parlament geben kann. Die puritanische Unterhausmehrheit verbündet sich jedoch mit den Schotten und ist nach seiner Einberufung dem König nicht zu Willen. Daraufhin setzt der König Truppen gegen das Parlament ein, das wiederum eigene Streitkräfte aufstellt. Unter den Truppenführern tritt der Puritaner Oliver Cromwell (1599–1658) seit 1645 hervor, der König und seine Anhänger werden besiegt, 1649 wird der König wegen Hochverrat und Mord hingerichtet, England wird zur Republik. 1653 übernimmt der Kongregationalist Cromwell als Lord Protector die Alleinherrschaft über das Commonwealth of England und errichtet eine puritanische Theokratie, in der andere Konfessionen Toleranz finden, soweit sie nicht römisch-katholisch sind. Damals entsteht die *Westminister Confession* als Bekenntnisschrift der Presbyterianer. Darin wird der Bund mit Gott (engl. covenant) als Ausdruck von Gottes Gnadenhandeln beschrieben. Von hier aus entwickelt sich in Großbritannien die Vorstellung, es handele sich um einen Vertrag auf Gegenseitigkeit. Der begnadete Mensch wird darin für die Gestaltung seines Umfeldes ermächtigt und verantwortlich gemacht.

Hier wirkt der Bundesgedanke des schottischen Reformators John **Knox** (1505–72) nach, der von einer kollektiven Verantwortung vor Gott und den Menschen gesprochen hat und die Gesellschaft als *godly commonwealth* (dt. gottgefälliges Gemeinwesen) aufgebaut sehen will. Aber auch die Puritaner zeigen eine Tradition des Bundes, die auf Tyndale zurückgeht und von Perkins aufgenommen wurde. Ausgehend vom Bund zwischen Gott und Mensch verstehen auch die Kongregationalisten, Puritaner und Baptisten die Kirche als Gemeinschaften von Bundesgenossen. Davon ausgehend *denken* die Puritaner auch den Aufbau der Gesellschaft als *Bund*. Im Bundesgedanken treffen sich verschiedene britische Gemeindevorstellungen (Presbyterianer, Kongregationalisten, Puritaner), die später durch englische Staatstheoretiker in der Lehre vom Gesellschaftsvertrag säkularisiert und so zum Meilenstein auf dem Weg zur Errichtung der modernen Demokratien (4.2) werden. In der presbyterianischen Kirche von Schottland entwickelt sich der Bundesschluss mündiger Bürger, die sich selbst dem König entgegenstellen, als dieser die anglikanische Kirchenverfassung einführen will (*National Covenant* 1638). Entsprechend fordern die Kongregationalisten eine Trennung vom Staat sowie Glaubens- und Gewissensfreiheit. Damit löst sich die traditionelle Sicht der Gesellschaft als *corpus Christianum* (dt.

christliche Körperschaft/christlicher Körper) auf. Die britischen Protestanten gehen also viel weiter als Lutheraner und Reformierte auf dem Kontinent.

Die puritanische Ethik wird bestimmend für die Gesellschaft: Theater und Gasthäuser werden geschlossen, Tanzveranstaltungen und Pferderennen verboten. Im Kern stützt sich Cromwell auf seine schlagkräftige Armee, die sich aus puritanischen Bauern und Handwerkern zusammensetzt und erstmals so etwas wie eine Volksarmee darstellt, die allen Söldnerheeren überlegen ist. Cromwell selbst zeichnet ein ausgeprägtes Sendungsbewusstsein aus, das er auf sein Land überträgt: England versteht er als neues Volk Gottes, das mit allen Mitteln Gottes Ehre in der Welt durchsetzen soll. Verbunden mit der puritanischen Endzeiterwartung motivieren Cromwells Ideen die Armee, in der die Bibel und das Schwert eine neue Verbindung eingehen.

Da die gesellschaftliche Basis dieser englischen Republik klein ist, setzt sich 1660 der Wunsch nach Stabilität durch: Die bischöflich verfasste Kirche wird wiederhergestellt, allerdings dem Parlament unterstellt. Die anglikanische Kirche ist allerdings nicht mehr *Staatskirche*, die alle anderen Konfessionen ausschließt. In England gibt es nun **Dissenters** (dt. Abweichler; gemeint sind Freikirchen) und Nonkonformisten, zu denen vor allem Presbyterianer und Kongregationalisten gehören. Gegenüber der katholischen Kirche herrscht wegen der oben genannten Gründe weiter eine breite Aversion vor. Als Charles II. (1660–85) wieder eine katholisch anmutende Politik betreibt, werden alle Katholiken aus Staatsämtern verbannt. Als dessen römisch-katholischer Bruder James II. seit 1685 scheinbar die Gegenreformation begünstigt, wird er samt der traditionellen Dynastie abgesetzt und 1688 durch den protestantischen König William von Oranien aus den Niederlanden ersetzt. Diese *Glorreiche Revolution* schafft mit der Bill of Rights 1689 die konstitutionelle Monarchie in England. Im gleichen Jahr wird ein Toleranzgesetz verabschiedet. Der König bleibt Oberhaupt der Anglikanischen Kirche, die rechtlich vom Parlament abhängig ist; zu ihr gehören rund 90% der Bevölkerung. Neben ihr erhalten die Nonkonformisten faktische Freiheiten. So erscheint England als Vorreiter moderner Toleranz in Europa.

4.1.4 Staatslehren der frühen Neuzeit

Nach den stürmischen Jahren der Reformation sucht man nach einer neuen Begründung des Staates. Selbstverständlich stehen die christlichen Vorstellungen aber weiterhin im Hintergrund: Politische Herrschaft muss vor Gott verantwortet werden, muss an Gerechtigkeit und am Gemeinwohl orientiert sein. Die klassische Sicht lehnt sich entweder an Augustin an, der den Staat als Folge der Sündhaftigkeit der Menschen sieht, oder sie folgt Thomas von Aquin (im Anschluss an Aristoteles), für den der Staat zur Natur des Menschen gehört. Konkret entwickeln sich in der Folgezeit drei Grundkonzeptionen.

Die erste Konzeption sieht den **Staat als Gottes Ordnung**. Der Staat ist danach den Geboten verpflichtet. In Anlehnung an Luthers und Calvins Zwei-Regimenter-Lehre (7.1.1 und 7.1.2) soll der Staat die Lebensbedingungen der Menschen erhalten, indem er inneren und äußeren Frieden – notfalls mit Gewalt – durchsetzt. Dahinter steht die Einsicht in die Sündhaftigkeit der Menschen, zu deren Kontrolle der Staat notwendig ist. Die Gewalt reicht dabei jedoch nur auf die *weltlichen* Dinge, nicht auf das Leben der Christen. Andere evangelische Denker gehen eher von Aristoteles aus und sehen im Staat ein Merkmal der menschlichen Geschöpflichkeit, ja eine Schöpfungsordnung. Calvin unterscheidet zwar auch die beiden Regimenter, aber er deutet den Staat ausdrücklich als *Stellvertreterin Gottes* im Hinblick auf die Heilsverwirklichung. Staat und Kirche wirken eng zusammen: Dem Staat hat Gott seine Rechtsgewalt übertragen und dieser sorgt deshalb für Frieden, Ordnung, Wohlfahrt und Schutz von Leben und Eigentum; der Staat ist Gottes Geboten verpflichtet. Die Kirche dagegen ist für die Seele zuständig und daher für die Verkündigung des Evangeliums. Der Staat hat danach eine Erziehungsaufgabe. Über Luther hinausgehend sieht Calvin sogar ein Widerstandsrecht gegen die Obrigkeit. Die römisch-katholische Sicht geht auf Aristoteles zurück, sieht im Staat eine Schöpfungsordnung, die für Frieden und Gemeinwohl zuständig ist und die der Kirche zu dienen hat.

Die zweite Konzeption beschreibt den **Staat als menschliche Rechtsordnung**, in der die Vernunft regiert. Gerechtigkeit und Gemeinwohl, Schutz des Lebens und Rechtssicherheit sind die Leitziele des Staates. Ausgehend vom Naturrecht wird ein allgemeiner Gottesgedanke angenommen, weil Recht und Ordnung auf Gottes Gerechtigkeit und Schöpfung bezogen werden. Einer der ersten Theoretiker ist der Franzose Jean Bodin (1529–96), der erstmals die Idee der Souveränität als Merkmal staatlicher Gewalt postuliert. Bodin selbst wird von Calvin beeinflusst, infolgedessen wird später vermutlich die Volkssouveränität aus der reformierten Bundestheologie (4.1.3) entwickelt. Auf dieser Grundlage hat der Niederländer Hugo Grotius (1583–1645) das Natur- und Völkerrecht begründet (*Das Recht des Krieges und des Friedens*, 1622). Das Recht schützt zum einen das Eigentum und verpflichtet zur Einhaltung gegebener Versprechen. Zur

Natur des Menschen gehöre die Urteilskraft, Gutes und Böses zu unterscheiden und die Folgen des Handelns zu ermessen.

- *Diese hier dargelegten Bestimmungen würden auch Platz greifen, selbst wenn man annähme – was freilich ohne die größte Sünde nicht geschehen könnte – dass es keinen Gott gäbe oder dass er sich um die menschlichen Angelegenheiten nicht bekümmerte. Sowohl die Vernunft wie die ununterbrochene Überlieferung haben uns das Gegenteil eingepflanzt. Viele Beweisgründe und Wunder bestätigen es, welche von allen Jahrhunderten bezeugt werden. Hieraus ergibt sich, dass wir Gott als dem Schöpfer und dem, welchem wir unser Dasein und alles, was wir haben, verdanken, ohne Ausnahme gehorchen müssen: zumal er sich in mannigfacher Weise als der Beste und Mächtigste erwiesen hat.*
  Grotius: Vom Recht des Krieges und des Friedens. 1622, zit. nach KThGQ IV,1, S. 3.

Die Menschheit steht also nach Grotius' Überzeugung unter einem gerechten Gott, der seine Forderungen als Schöpfer an die Menschen richtet. Das Naturrecht kann aber auch klar durch die Vernunft des Menschen erwiesen werden. Daneben stehen die Forderungen Gottes, dem sich der Mensch zu unterwerfen hat, was schon die Vernunft fordere. Insofern gilt das Naturrecht als Basis der Friedensordnung. Der Staat stellt für Grotius die übergreifende Institution dar, weil auf dessen Territorium die Kirche existiert. Die Kirche fördert das Gemeinwohl, indem sie die Bürger zur Frömmigkeit erzieht, wodurch sie die Grundlage des Miteinanders, soziales Engagement und Gehorsam gegenüber der Obrigkeit, legt. Grotius selbst ist ein frommer Mensch, der mitten im 30-jährigen Krieg nach einer neuen Grundlage für Staat und Recht sucht, die über den Konfessionen steht. Der Rückgriff auf das Naturrecht und ein sehr vages Bild von Gott als Schöpfer sollen dafür eine Basis bieten.

Die dritte Konzeption sieht schließlich den **Staat als autonomen Machtstaat**. Diese moderne Sicht geht auf den Italiener Machiavelli zurück, der bereits 1513 mit seiner Schrift *Der Fürst* eine kritische Debatte über willkürliche, egoistische Machtpolitik ausgelöst hat. Diese Staatstheorie wird von Jean Bodins Lehre der Fürstensouveränität bereichert und zur Grundlage des Absolutismus. Daran knüpft Thomas Hobbes (1588–1676) in seiner Schrift *Leviathan* 1642 an; nur durch den über den Gesetzen stehenden Herrscher könne dem Chaos begegnet werden, denn der „Mensch ist dem Menschen ein Wolf".

- *Die Menschen, die von Natur aus Freiheit und Herrschaft über andere*
- *lieben, führten die Selbstbeschränkung, unter der sie, wie wir wissen, in*
- *Staaten leben, letztlich allein mit dem Ziel und der Absicht ein, dadurch*
- *für ihre Selbsterhaltung zu sorgen und ein zufriedeneres Leben zu führen,*
- *d.h. dem elenden Kriegszustand zu entkommen, der […] aus den natürli-*
- *chen Leidenschaften der Menschen notwendig folgt, dann nämlich, wenn*
- *es keine sichtbare Gewalt gibt […]. Denn die natürlichen Gesetze wie Ge-*
- *rechtigkeit, Billigkeit, Bescheidenheit, Dankbarkeit, kurz, das Gesetz, an-*
- *dere so zu behandeln, wie wir selbst behandelt werden wollen, sind an sich*
- *ohne Furcht vor einer Macht, die ihre Befolgung veranlasst, unseren natür-*
- *lichen Leidenschaften entgegengesetzt, die uns zu Parteilichkeit, Hochmut,*
- *Rachsucht u. ä. verleiten.*
- Hobbes: Leviathan. 1651, zit. nach KThGQ IV/1, S. 12f.

Indem alle auf ihre Souveränität verzichten, wird dem Monarchen die Herr-schaft übertragen, um für Frieden und Ordnung zu sorgen. Auch Hobbes schreibt mitten im großen Konfessionskrieg. Er geht aber einen radikaleren Weg als der fromme Grotius, indem er den Staat aus dem Sosein der Men-schen ableitet. Indirekt steht hier kulturell die Sündigkeit des Menschen (Augustin!) im Hintergrund, sie wird aber nicht mehr so benannt. Der Glaube an Gott und seine Ordnung tritt ganz in den Hintergrund: Letzt-lich ist es der Egoismus des Menschen („Ich möchte gut behandelt werden …"), der die Ethik („… deshalb behandele ich andere gut …") und den Staat („… und unterwerfe mich dem Herrscher") hervorbringt. Hobbes entwickelt die Idee vom Gesellschaftsvertrag. Dieser knüpft an den refor-mierten Bundesgedanken an. Nachdem die Menschen einst freiwillig den Vertrag geschlossen haben, werden sie (für immer) zu Untertanen. Hobbes' Konzept wird von seinem Landsmann John Locke weiterentwickelt, der mitten in der englischen Revolution die Freiheitsrechte des Menschen ge-gen den Staat beschreiben will (dazu ausführlich 4.2.3).

Bis heute werden alle drei Konzeptionen erwogen, gesellschaftlich durch-gesetzt hat sich offenbar weithin die dritte Konzeption. Aber auch die an-deren beiden haben bis heute Anhänger im politischen Diskurs. In den beiden letzten wird davon ausgegangen, dass der Herrscher nicht mehr für das Seelenheil seiner Untertanen und für das Befolgen der Gebote Gottes zuständig ist. Damit wird ein Paradigmenwechsel deutlich, der die Auffas-sung vom Herrscher und vom Staat grundlegend verändert. Hauptaufgabe der Fürsten ist der Schutz von Frieden und Ordnung. Nur konsequent ist dann, dass man die konfessionelle Einheit in den Territorien aufgibt und für Toleranz in Religionsangelegenheiten eintritt. Das lässt sich konkret gut an der Entwicklung in Preußen beobachten.

UNTERM STRICH

Wie in der Antike erweist sich der Glaube auch in der frühen Neuzeit als politischer Störfaktor, der Einzelne lebt als Teil einer verpflichtenden Gemeinschaft und kann nicht tun, was er persönlich will. Dem können sich auch die Fürsten nicht entziehen. Sie nutzen die Reformation auch für ihre eigenen machtpolitischen Ambitionen. Dabei sehen sich viele aus Tradition aus ihrer besonderen Stellung vor Gott verantwortlich für den *richtigen* Glauben ihrer Untertanen. Dem Geist der Zeit entsprechend gewähren sie diesen aber kaum eigene Entscheidungsbefugnisse. Auf dem Weg zur modernen Religionsfreiheit ist es noch weit. Auch das Verhältnis von Staat und Kirche zeigt die mittelalterliche Gebundenheit der Epoche. Noch ist Führung durch die von Gott eingesetzte *Obrigkeit* selbstverständlich, deren Entscheidung gilt unangefochten. Nur regierende Fürsten dürfen ihren Glauben selbst wählen, der Individualismus zeigt sich also höchstens bei einer Elite, die eine besondere Stellung vor Gott hat. Andersdenkenden bleibt bestenfalls die Auswanderung. Zugleich bestimmt die Zugehörigkeit zur Gemeinschaft auch das religiöse Leben. Unterschiedliche Glaubenskonzepte in einer Region werden ausgeschlossen. So erweist sich die frühe Neuzeit auch in solchen gesellschaftlichen Fragen als mittelalterlich gebunden. Die theologische Entdeckung der Reformatoren, dass der Glaube aus der Predigt kommt, wird gegenüber der Zugehörigkeit zur Gemeinschaft gleichsam zurückgestellt und damit auch die Autorität der Bibel mindestens unreflektiert der Gemeinschaftsstruktur untergeordnet.

4.2 Das Zeitalter des Absolutismus und der Aufklärung

4.2.1 Neue Staatslehre und Religionsfreiheit

Nach dem 30-jährigen Krieg (1618–48) nimmt das Interesse der Monarchen an kirchlichen Fragen immer mehr ab, die furchtbaren Konfessionskriege des 16. und 17. Jh. mahnen die Politiker und Vordenker der Zeit zur Vorsicht, wenn es um konfessionelle Fragen geht. Wie schnell kann daraus neuer Streit erwachsen!? Deshalb beginnt der Prozess der Aufklärung und Säkularisierung und mit ihm eine neue Zeit (7.2.1).

Zunächst knüpft man an die neuen Begründungen des Staates an, die am Ende des Reformationsjahrhunderts entstanden sind. Selbstverständlich dominieren die christlichen Vorstellungen alle Modelle. Die Entwicklung zeigt jedoch in der Folgezeit die fortschreitende Säkularisierung des Denkens, die im Trauma der Religionskriege des 16. und 17. Jh. wurzelt. Das Denken löst sich deshalb aus der religiösen Tradition und sucht nach einem neuen Fundament jenseits der konfessionellen Streitpunkte. Im Hintergrund steht freilich die nun nicht mehr artikulierte christliche Tradition, die nunmehr *naturrechtlich* begründet wird. In allen Konzeptionen wird der Glaube an Gott nicht geleugnet, er ist diesen Generationen noch ganz selbstverständlich. Zugleich wird für die nachfolgenden Generationen eine neue Tradition aufgebaut, in der sich der Glaube an Gott und die Verantwortung vor ihm nicht mehr *von selbst* verstehen.

Das Trauma der Religionskriege zeigt sich auch in der säkularen Bestimmung der Herrscherpflichten: Er ist nicht mehr für das Seelenheil seiner Untertanen zuständig, ihm obliegt vielmehr die Sorge für Frieden und Ordnung. Diese Wendung zum Diesseits verbindet sich mit der allgemeinen Modernisierung der Staaten, die zunächst meist in den Absolutismus zu münden scheint. Die Herrscher nutzen die Sorge für Ordnung und Frieden in der Argumentation mit den Ständen, die um ihre alten Freiheiten und Rechte ringen. Auf beiden Seiten werden dabei auch religiöse Argumente gebraucht. In England führt dies zu einer bemerkenswerten Mischung von Calvins Theologie und Behauptung der Ständefreiheiten gegen den absolutistischen Anspruch der Könige (4.2.4).

Auf dem Kontinent werden die modernen Konzeptionen weiter entwickelt. Wirkungsvoll ist die Aufstellung von Menschenrechten, die als Grundrechte allen Menschen gemeinsam sind. An dieser Stelle entsteht zugleich die Idee von der Würde des Menschen, die sowohl Gleichheit als auch Freiheit fordert. Man diskutiert Vorstellungen von Religions- und Gewissensfreiheit, vielfach fordert man religiöse Toleranz. Hier treffen sich christliche Vorstellungen der Gottebenbildlichkeit mit der antiken Vorstellung von der natürlichen Gleichheit der Menschen, wie sie etwa die Stoa propagiert hat. Aber die Begründung geschieht gemäß dem Geist der Zeit nicht mehr christlich, sondern vernünftig.

Im Verlauf des 18. Jh. geraten die Staaten immer mehr unter den Einfluss der Aufklärung, die staatliche Lenkung wird zurückgenommen, man überlässt die Wirtschaft der privaten Initiative.

4.2.2 Not, Wiederaufbau, Absolutismus in Deutschland

Nach dem großen Krieg beginnt in Europa ein neues Zeitalter. Zunächst herrscht weiter Krisenzeit: Hunger, Seuchen und wirtschaftlicher Niedergang bestimmen noch lange den Alltag der Menschen. Man hat das 17.

Jh. daher auch das *Zeitalter der Angst* genannt. Aber natürlich gibt es auch Aufbrüche des Neuen. Angesichts der vielfachen Nöte steht der Wiederaufbau im Zentrum allen Planens und Schaffens. Den Fürsten kommt dafür die Schlüsselstellung zu: Nur die Landesherren verfügen über die enormen finanziellen Möglichkeiten, erfolgreich die Aufgaben anzugehen. Zugleich nutzen sie diese Möglichkeiten rigoros aus, um ihre Stellung auszubauen. Die Krise nach dem Krieg ist die Inkubationszeit des Absolutismus und des modernen Staates (1.2.4).

In Deutschland entsteht der Absolutismus vor allem in Bayern, Brandenburg-Preußen und Österreich. Als Säulen des Absolutismus werden üblicherweise ein zentrales Steuersystem, ein Beamtenapparat sowie ein stehendes Heer gesehen. Äußerlich sichtbar wird die staatliche Macht aber auch in der Inszenierung des Hoflebens und den höfischen Prachtbauten. Die absolutistischen Herrscher bauen nach französischem Vorbild prachtvolle Schlösser und moderne Residenzstädte! Dieser Bauboom hat natürlich zwei Seiten. Er dient zum einen der fürstlichen Repräsentation, zugleich fördert er die Wirtschaft und wirkt so als Konjunkturprogramm.

Daneben muss jedoch aber auch die staatliche Macht über die Kirche als Schlüsselelement gesehen werden, denn dadurch erschließen sich zum einen die erheblichen finanziellen Mittel der Institution Kirche. Auch die Kirchengebäude, die damals in den Residenzstädten entstehen, dienen repräsentativen Zwecken und beleben die Wirtschaft der Länder. Zum anderen haben die Kirchen damals einzigartige pädagogische und „propagandistische" Möglichkeiten für den Staat. Die Pfarrer sind in der Menschenführung ausgebildet, haben über kirchlichen Unterricht und Gottesdienst regelmäßig Zugang zu den Menschen. Im 18. Jh. ist die Stellung der Kirchen insofern einzigartig. Im Zentrum der pädagogischen und seelsorgerlichen Arbeit steht damals die Kirchen- und Sittenzucht. Im großen Krieg haben sich Ordnung und Sitte weitgehend aufgelöst, hier haben alle Zeitgenossen Handlungsbedarf gesehen. Viele Fürsten kümmern sich aber auch intensiv um die Bildung ihrer Untertanen, damit übernehmen sie zuvor kirchliche Aufgaben, allerdings behalten die akademisch gebildeten Pfarrer die Schulaufsicht. Seit dem 17. Jh. bauen die Kurfürsten in **Brandenburg-Preußen** ihre Macht im Inneren und nach außen systematisch aus. Seit 1613 ist das Herrscherhaus zum reformierten Glauben übergetreten. Friedrich Wilhelm I. (1640–88) integriert die Kirchenverwaltung konsequent in die des Staates; er geht selbstverständlich vom Territorialprinzip aus. Während die lutherischen Adligen mit ihm um die Ausweitung der staatlichen Macht kämpfen, fördert der Kurfürst systematisch die reformierte Konfession, setzt vorwiegend auf reformierte Beamte, die ihm treu ergeben sind. Zwischen den Konfessionen verbietet er nachdrücklich jeden Streit, denn dieser schade dem Frieden im Staat. 1662 gebietet er Toleranz zwischen den Konfessionen: Die gegenseitige Kanzelpolemik wird verboten und nur noch Kandidaten für das Pfarramt zugelassen, die sich für die Annäherung der Konfessionen einsetzen.

Als die Hugenotten 1685 aus Frankreich vertrieben werden, ruft er sie durch das *Edikt von Potsdam* ins Land, gewährt ihnen Religionsfreiheit und bevölkert mit ihnen die durch den großen Krieg entvölkerten Gebiete. Die Hugenotten werden der staatlichen Aufsicht unterstellt, bereichern das Land sehr, denn durch sie kommen neue Technologien in das rückständige und verarmte Land. Außerdem werden durch diese Glaubensflüchtlinge die reformierten Tendenzen verstärkt. So ist Preußen ein konfessionell nicht einheitliches Land, wobei bis 1740 noch 90% Lutheraner sind, neben denen die 3% Reformierten und 7% Katholiken kaum ins Gewicht fallen.

Die Politik des Ausgleichs und der Annäherung der Konfessionen bestimmt fortan die Politik in Preußen. Unter König Friedrich Wilhelm I. (1713–40) wird der fürstliche Absolutismus preußischer Prägung vollendet: Der Dienst für den Staat wird als oberste Maxime gesehen. Dazu wird ein disziplinierter Beamten- und Militäradel gefördert. Die preußische Armee erscheint im Verhältnis zur Größe dieses Staates und seiner Wirtschaftskraft übergroß, sie verschafft ihm jedoch ein größeres politisches Gewicht. Zugleich erfordert ihr Unterhalt, dass gleichsam alle Ressourcen des Landes darauf ausgerichtet werden. Die preußischen Tugenden werden greifbar: Pflichterfüllung und Arbeit, militärische Disziplin und praktische Frömmigkeit, Nüchternheit und Sparsamkeit gelten als Ziele menschlichen Handelns. Sie werden auch von der Kirche begründet. Rigoros regiert der König auch in die Kirche hinein. Er fördert den Pietismus in Halle (5.2.3). Seine fromme Haltung wird in dem Satz deutlich: „denn wenn ich baue und verbessere das Land und ich mache keine Christen, so hilft mir das alles nit" (zit. nach Hauschild, 2001, S. 611).

Nicht nur in Preußen lehren die Staatsrechtler, dass dem Herrscher nach dem Territorialprinzip die Kirchenaufsicht als genuines Recht zusteht. Die Fürsten sind also nicht mehr *durch Gottes Gnade* und *in seinem Auftrag* in der Herrschaft, sondern ihre Souveränität beinhaltet die Zuständigkeit über das Land und alle Einrichtungen und Menschen darin. Hier zeigt sich die zunehmende Säkularisierung des Denkens. Weder Staatsmacht noch Kirche werden theologisch begründet, sondern aus der Macht des Königs abgeleitet! Vordenker des säkularisierten Staatsverständnisses in Preußen ist der Lutheraner Samuel **Pufendorf** (1632–94), seit 1686 Professor für Naturrecht in Berlin. Er formuliert die Lehre vom Naturrecht, das allein für alle verbindlich ist. Davon zu unterscheiden ist das staatliche bürgerliche Recht und das durch Gott offenbarte Recht. Der Staat kommt durch einen Vertragsschluss zustande (vgl. Hobbes, Locke, 4.2.4) und sichert Frieden und Ordnung. Damit trägt der Staat seinen Zweck in sich selbst. Mit seiner Gewalt beaufsichtigt der Staat alle Tätigkeiten der Untertanen, darunter auch den Zusammenschluss in Kirchen. Dagegen ist der Staat nicht für das Gewissen und die Frömmigkeit zuständig. Der Staat sorgt aber für Toleranz der Konfessionen und schützt die Ausübung der Religion. Der Fürst sorgt unparteiisch für das ganze Volk. Die Staatssouveränität schließt Kirchenaufsicht ein, um deren Funktion für den Staat (Sitte, Moral) zu gewährleisten, sie gründet also nicht in einem göttlichen Auftrag, sondern in der Ordnungsfunktion des Staates.

Pufendorfs Schüler Christian **Thomasius** (1655–1728) führt dessen Gedanken weiter, seine Sittenlehre ist rein human. Leitendes Ziel ist der Wille, der dem Verstand folgt und sich an drei Werten des Naturrechts orientiert: das Ehrenhafte, das Gerechte und das Geziemende. Beim Ehrenhaften geht es um die sittlich gebotenen Taten, beim Gerechten um das Verhindern von Störungen für den Frieden und beim Geziemenden um die Förderung der Mitmenschen durch Rücksichtnahme. Die beiden ersten Werte (das Ehrenhafte und das Gerechte) werden vom Staat gefördert, um so Ruhe und Glück zu ermöglichen, für das Geziemende muss der Freiraum eröffnet werden, der dem Einzelnen die Entfaltung ermöglicht. Für Religion oder Moral sorgt die Obrigkeit dagegen nicht. Thomasius trennt so erstmals Recht und Moral!

- *Denn der Fürst hat kein Recht in Religionssachen, die unterschiedlichen Meinungen durch einen Rechtsspruch, der mit Gewalt zur Ausführung könnte gebracht werden, zu entscheiden, weder als ein Mensch oder Christ (weil diese Qualitäten ihm kein Zwangsrecht geben) noch als Fürst, weil unterschiedliche Meinungen und Gebräuche in Religionssachen den gemeinen Frieden nicht hindern. […]*
- *Ein christlicher Fürst hat bei seiner und seiner Untertanen Religion zu beobachten, dass alles ordentlich zugeht. Denn ohne Ordnung kann der gemeine Friede nicht erhalten werden.*
- Thomasius: Vom Recht eines christlichen Fürsten in Religionssachen.
- 1723. zit. nach KThGQ IV/1, S. 80f.

Indem er zwischen dem inneren und dem äußeren Kultus unterscheidet, begrenzt er das Recht des Staates: Der Staat führt die äußere Aufsicht, in Glaubensfragen herrscht dagegen Toleranz, solange Gott verehrt wird („Ein jeder Mensch ist schuldig, selbst und nicht durch andere Gott zu dienen" KThGQ IV/1, S. 78). Der Glaube des Einzelnen ist seine Privatsache, die öffentliche Religionsausübung unterliegt dagegen der staatlichen Aufsicht.

Mit Christian **Wolff** (1679–1754) nimmt die Wertschätzung der Vernunft eine neue Dimension an: Nur sie bestimmt, was Recht ist. Oberstes Prinzip des Naturrechts ist die Vervollkommnung des Menschen, der als Person mit unveräußerlichen Menschenrechten geboren wird. Dazu zählen Gleichheit (weil alle Menschen Gottes Geschöpfe und mit Vernunft begabt sind) sowie Freiheit, der Anspruch auf Gerechtigkeit und der Schutz des Lebens. Immanuel **Kant** (1724–1804) untersucht die Leistungsfähigkeit der Vernunft (*Kritik der reinen Vernunft, Kritik der praktischen Vernunft, Kritik der Urteilskraft*, 7.2.1). Seiner Meinung nach besteht die Menschenwürde in der sittlichen Autonomie des Menschen. Anders als in England (4.2.4) haben die Überlegungen der Philosophen in Preußen (bzw. Deutschland) keine Entsprechung in der praktischen Politik: Die Monarchen sitzen fest im Sattel, eine politische Mitwirkung ist weder vorgesehen noch möglich.

Auf dieser Grundlage regiert **Friedrich II**. (1740–86), der den Beinamen *der Große* trägt: Anhänger der Aufklärung, bemerkenswerter Schriftsteller und erfolgreicher militärischer Stratege. Ähnlich seinem Vater ist die Staatsräson seine leitende Vision: Er versteht sich als *Erster Diener* des Staates. Energisch geht er gegen allen kirchlichen Dogmatismus vor, denn dadurch werde die Einheit des Staatsvolkes gefährdet. Gegenüber den Katholiken ist er vorsichtig, weil sie an eine ausländische Macht, den Papst gebunden sind. Offenbar hat er auch Vorbehalte gegen den katholischen Glauben, den er für *abergläubisch* hält. Katholiken erhalten im preußischen Staat Friedrichs wie im zeitgenössischen Großbritannien keinen Einfluss, was der Leitvision des aufgeklärten Königs eigentlich widerspricht.

Als Freidenker hat er wenig Beziehung zum Glauben und zur Kirche, die Kirche ist aber ein nützlicher Erziehungsfaktor des Volkes. Obwohl er im Anschluss an Locke den Staat im Blick auf die unterschiedlichen Konfessionen für grundsätzlich neutral hält, hält er konsequent am Landesherrlichen Kirchenregiment fest. Er macht den Lutheranern hinsichtlich der Amtstrachten gewisse Zugeständnisse, die Glaubenslehre der Konfessionen hat für ihn keine Bedeutung. Die Hauptaufgabe der Kirchen sieht er in der Vermittlung von Moral und der Erziehung des Volkes. Den Pfarrern trägt er auf, in den Predigten Moral zu vermitteln und den

Aberglauben zu bekämpfen. Der Gottesdienst wird zur Volkshochschule. Darüber hinaus lässt er staatliche Verlautbarungen von den Kanzeln abkündigen. Das zeigt: Die Pfarrer sind Staatsbeamte, unterstützen die Öffentlichkeitsarbeit des Königs – und führen die standesamtlichen Register über Geburten, Eheschließungen und Todesfälle; dafür haben sie auch Statistiken anzufertigen.

Seine eigene Distanz zur Religion will er aber nicht allgemein verbreiten, er gesteht das nur einer intellektuellen Elite zu. Friedrich selbst neigt zum Deismus: Gott ist der Weltbaumeister, die Seele ist unsterblich, der menschliche Wille frei. Kern aller Religion ist die Ethik, er selbst orientiert sich an der Stoa (Cicero, Marc Aurel): „Mein höchster Gott ist meine Pflicht!" (Hauschild, 2001, S. 625).

Unter Friedrichs Nachfolgern wenden sich die Könige wieder stärker dem Christentum zu. Ausdruck dafür ist auch der Kampf gegen die Aufklärung, da diese den kirchlichen Glauben zerstöre. Kirche und Staat werden in Preußen insofern getrennt, als Religion Privatsache des Einzelnen ist.

Staat und römisch-katholische Kirche
Im 17./18. Jh. setzen die Päpste ihre Herrschaft in der römischen Kirche durch. Sie folgen dabei scheinbar ganz dem herrschenden Absolutismus, die Stellung des Papstes wird auf allen Gebieten ausgebaut. Gleichzeitig setzt ein Ringen zwischen den katholischen Staaten und der Kirche um den Einfluss Roms ein. Darin verwickelt ist meist auch der nationale Episkopat. Frankreich setzt die Dekrete des Konzils von Trient nicht in Kraft, da es eigene Positionen vertritt. Die französischen Könige vertreten einen absolutistischen Anspruch in Staat und Kirche. 1682 lässt Ludwig XIV. die gallikanischen Artikel verfassen; in ihnen ist festgelegt, dass die französische Kirche unabhängig vom Papst und dem König unterworfen ist. Ähnlich versuchen auch in anderen Ländern die Fürsten den römischen Einfluss zurückzudrängen.

UNTERM STRICH
Die Epoche erweist sich als eigentliche Inkubationsphase der Moderne, intensiv beschäftigen sich Philosophen und Theologen mit den Fragen von Gesellschaft, Staatsordnung und Kirche. Im Rahmen des Absolutismus wird die mittelalterliche Welt mit ihrer personalisierten Herrschaft endgültig beseitigt. An die Stelle der Beziehungen zwischen Herrscher und Beherrschten tritt zunehmend der abstrakte Staat, in dessen Auftrag ein

Beamter Unterwerfung aller Untertanen unter den Monarchen fordert und durchsetzt.

Brandenburg-Preußen zeigt beispielhaft das zähe Ringen um Wiederaufbau, Absicherung und Erweiterung der staatlichen Macht, die nur durch Ausbildung eines einschlägigen Tugendsystems (Pflichterfüllung, Sparsamkeit, Fleiß) ermöglicht wird, das wiederum an die erweckliche Frömmigkeit der Zeit erinnert. Früh treten der Hallische Pietismus und der aufstrebende preußische Staat in eine enge Beziehung. Denn für das vergleichsweise arme Land scheinen die pietistischen Tugenden wie geschaffen. Besonders die Militärpfarrer werden künftig eine Ausbildung im pietistischen Halle gemacht haben.

Zugleich formulieren die Philosophen der Zeit eine human begründete Sittenlehre, in der religiöse Momente zurückgehen. Der Staat beaufsichtigt die öffentliche Religionsausübung, aber nicht mehr die private.

4.2.3 Großbritannien und seine nordamerikanischen Kolonien

Nach den Wirren um die Einführung der Reformation und nach der *glorreichen Revolution* verbindet sich auf der Insel die Tradition der Ständefreiheiten mit der des Bundesdenkens der reformierten Konfession. Nachdem die Könige zunächst zur Wiedereinführung des Katholizismus neigen, erhebt sich dagegen die Revolution der Puritaner, die den neuen Glauben für alle verbindlich machen. Die englische Lösung wird dann durch das Parlament entwickelt und von den Vordenkern ausformuliert.

Grundlegend wird dabei die Lehre vom **Gesellschaftsvertrag**, die zunächst Hobbes in seinem *Leviathan* beschrieben hat und die dann John **Locke** (1632–1704) weiter ausführt. Locke geht von der ursprünglichen Freiheit und Gleichheit aller Menschen aus. Sie haben sich zusammengeschlossen und dem Staat die Souveränitätsrechte übertragen, damit ein Miteinander gelingen kann.

- *Warum soll er seine Selbständigkeit aufgeben und sich der Herrschaft und dem Zwang einer anderen Gewalt unterwerfen? Die Antwort darauf liegt auf der Hand: Obwohl er nämlich im Naturzustand ein solches Recht hat, so ist doch die Freude an diesem Recht eher ungewiss, da er fortwährend den Übergriffen anderer ausgesetzt ist. Denn da jeder in gleichem Maße König ist wie er, da alle Menschen gleich sind und der größere Teil von ihnen nicht genau die Billigkeit und Gerechtigkeit beachtet, so ist die Freude an seinem Eigentum, das er in diesem Zustand besitzt, sehr ungewiss und sehr unsicher. Das lässt ihn bereitwillig einen Zustand aufgeben, der bei*

- *aller Freiheit voll von Furcht und ständiger Gefahr ist. Und nicht grundlos*
- *trachtet er danach und ist dazu bereit, sich mit anderen zu einer Gesell-*
- *schaft zu verbinden [...] zum gegenseitigen Schutz ihres Lebens, ihrer Frei-*
- *heiten und ihres Vermögens, was ich unter der allgemeinen Bezeichnung*
- *Eigentum zusammenfasse.*
- Locke: Zwei Abhandlungen über die Regierung. 1690, zit. nach Ho-
- erster 2006, S. 43.

Auf Locke geht so die Forderung einer konstitutionellen Monarchie zurück, die von der fiktiven Vorstellung vom Staatsvertrag ausgeht. Der Staat
gründet nach Locke also weder in einer göttlichen Ordnung noch in der
Souveränität des Herrschers, sondern vielmehr beruht die Macht des Staates auf dem Zusammenschluss der Bürger; die Souveränität ist demnach
Volkssouveränität. So wird er zu einem Wegbereiter der modernen Demokratie. Dabei wird Locke vom kirchlichen Bundesgedanken beeinflusst.
Die Macht des Staates wird von verschiedenen Gewalten wahrgenommen,
von der Gesetzgebung und deren Kontrolle und Durchsetzung. Charles-
Louis Montesquieu nimmt diese Impulse in seiner Schrift *Vom Geist der
Gesetze* (1748) auf.

Für Locke ist der Schutz von Eigentum, Freiheit und Leben Gegenstand
des Gesellschaftsvertrags. Daher muss den Bürgern der Freiheitsraum gesichert werden und bleiben, um die genannten Werte zu genießen. Daraus leitet er dann die unveräußerlichen Menschenrechte ab, die nicht vom
Staat erlassen werden, sondern die von Natur aus gelten und allen staatlichen Gesetzen vorausgehen.

Während so der Staat für das irdische Wohl seiner Bürger zuständig ist,
hat die Kirche die ewige Seligkeit der Menschen im Blick. Die Kirche sei
nicht gestiftet, eine geistliche Herrschaft aufzurichten, sondern sie regelt
das Leben im Einklang mit den Gesetzen der Tugend und der Frömmigkeit. Der Christ hat vor allem mit seinen eigenen Begierden Krieg zu führen, in der Gemeinde geht es um den Glauben und die Liebe.

- *Die Duldung derer, die von anderen in Religionssachen abweichen, ist*
- *mit dem Evangelium Jesu Christi und der unverfälschten menschlichen*
- *Vernunft so sehr in Übereinstimmung, dass es ungeheuerlich erscheint,*
- *wenn Menschen so blind sind, ihre Notwendigkeit und Vorzüglichkeit bei*
- *so hellem Licht nicht zu erkennen. [...] Es ist die Pflicht der staatlichen*
- *Obrigkeit, durch ihre unparteiische Ausführung von Gesetzen, die für alle*
- *gleich sind, allgemein dem ganzen Volke und jedem ihrer Untertanen im*

besonderen den gerechten Besitz dieser Dinge, die zu seinem Leben gehö-
ren [zuvor zählt er dazu „Leben, Freiheit, Gesundheit, Schmerzlosigkeit
des Körpers und den Besitz äußerer Dinge wie Geld, Ländereien, Häuser,
Einrichtungsgegenstände"], zu sichern. [...] die Sorge für die Seelen [... ist
erstens] nicht der staatlichen Obrigkeit übertragen [...], weil kein Mensch
die Sorge für sein Heil so weit aufgeben kann, dass er blindlings die Wahl
eines anderen, sei es Fürst oder Untertan, überließe, ihm vorzuschreiben,
welchen Glauben oder Gottesdienst er annehmen sollte. [...]
An zweiter Stelle kann die Sorge für die Seelen deswegen nicht der staatli-
chen Obrigkeit obliegen, weil deren Macht nur im äußeren Zwange liegt;
aber die wahre und heilbringende Religion liegt in der inneren Gewissheit
des Urteils; ohne die nichts für Gott annehmbar sein kann.

Locke: Brief über die Toleranz. 1689, zit. nach KThGQ IV/1, S. 56f.

Vehement wehrt sich Locke gegen eine Bevormundung durch den Staat in Religionsangelegenheiten, weil sie nicht zur eigentlichen Aufgabe des Staates (Schutz von Leben, Freiheit, Gesundheit, Schmerzlosigkeit des Körpers und Besitz) gehört, sondern auch dem Wesen der Religion widerspricht. Glauben kann nicht befohlen werden, denn er funktioniert nicht, wenn man das Geglaubte nicht für wahr hält. Äußerer Zwang kann aber keine Entscheidung für den Glauben herbeiführen. Daher solle jeder sein eigenes Recht auf Religionsausübung haben. Selbst Heiden, Moslems oder Juden könne man es nicht verbieten, solange diese nicht etwas gegen die öffentliche Sicherheit unternehmen. Ausdrücklich weist Locke dabei auch darauf hin, dass das Evangelium nirgendwo einen Zwang gebiete.

Abseits von Europa vollzieht sich der Umbruch zur Moderne: In den englischen **Kolonien in Nordamerika** siedeln seit dem 17. Jh. Kolonisten, die insgesamt aus ganz unterschiedlichen Konfessionen kommen: Kongregationalisten, Baptisten, Presbyterianer und Puritaner finden hier eine neue Heimat. Die Siedlungsgebiete sind zunächst konfessionell geschlossen. Gegenüber dem Mutterland sind die Kolonien relativ unabhängig. Die Vorstellungen des kongregationalistischen Bundesbegriffes übertragen sie auf ihre politische Gemeinde (z.B. *Mayflower Compact* von 1620). Oft kommen in den Verträgen der Siedler partizipatorische Elemente vor.

Die anglikanische Kirche hat nur im Süden eine dominante Stellung (Virginia, South- und North Carolina, Georgia), in vielen anderen Gebieten siedeln zudem Glaubensflüchtlinge aus Europa, die Toleranz leben und fordern. Um Boston haben sich vor allem *Puritaner* niedergelassen, die die Church of England reformieren wollen. In Massachusetts geben die

Kongregationalisten den Ton an. In Neuengland leben die *Pilgerväter* ihren radikalen an Calvin orientierten Glauben. Gegenüber anderen Konfessionen sind die drei Gruppierungen intolerant. Immer wieder werden Andersgläubende vertrieben und neue Siedlungen gegründet. Auf Rhode Island errichtet Roger Williams 1636 die Siedlung *Providence*, nachdem er zuvor nur knapp der puritanischen Verfolgung entkommen kann. Als Reaktion auf seine Erfahrung mit religiöser Intoleranz entsteht hier ein Ort religiöser Freiheit: Religion soll kein Gegenstand staatlicher Gesetze sein. Ähnliche Bestimmungen prägen das katholische Maryland und Pennsylvania, das vom Quäker William Penn gegründet wird. Das zieht Glaubensflüchtlinge aus ganz Europa (z.B. Quäker und Täufer) an. In Neu Amsterdam (später New York) siedeln reformierte Niederländer, die Religionsfreiheit fordern und leben. Viele Siedler haben Europa nicht nur aus religiösen Gründen verlassen, nicht wenige haben auch den staatlichen Verhältnissen den Rücken gekehrt. Sie sind für die Ideen des Gesellschaftsvertrages, der Volkssouveränität und Gewaltenteilung ebenso aufgeschlossen wie für die Toleranz. Im Hintergrund werden dabei die Naturrechtstheorien Pufendorfs und Lockes rezipiert, die sich mit dem puritanischen Bundesgedanken verbinden. Rationalismus und Frömmigkeit gehen hier Hand in Hand. Mit der großen Erweckung Mitte des 18. Jh. nimmt die Intoleranz generell ab.

Hier in den neubesiedelten Gebieten finden wir jeweils einen Zustand, der den fiktiven Theorien vom Gesellschaftsvertrag entspricht! Die *Pilgerväter* schließen 1620 mit dem *Mayflower Compact* einen Staatsvertrag. Daneben stehen weniger radikale *Puritaner*, die in ihrer Kolonie um Boston auch das neue Volk Gottes schaffen wollen (*Holy Commonwealth*). So entstehen Gesellschaften bzw. Staatswesen, in denen die Einzelnen einen Bund schließen und sich zu einer Lebensführung nach den Geboten verpflichten. Entsprechend fordern sie Zustimmung von allen Siedlern zu einem Bund und bauen ein neues Staatskirchentum auf. Durch die zunehmende Zahl von Siedlern, die so entschieden ihren Glauben nicht leben wollen, wird die Bundeskonzeption nach 1660 gelockert. Aufgrund der verschiedenen konfessionellen Überzeugungen entwickelt sich in Amerika erstmals keine Staatskirche. Dabei spielt auch das Selbstverständnis der *Pilgerväter* eine Rolle, die mit dem kirchlichen Bundesgedanken ein Modell politischer und kirchlicher Selbstverwaltung praktizieren. In den *Town Meetings* entscheiden gewählte Vertreter über die lokalen Angelegenheiten. Entsprechend wird die erste Verfassung der USA vom Subsidiaritätsprinzip bestimmt, der Bundesregierung werden eher wenige Kompetenzen zugestanden. Der einzelne Bürger soll vor staatlicher Willkür geschützt werden, die Macht des Staates wird begrenzt.

- *Congress shall make no law respecting an establishment of religion or pro-*
- *hibiting the free exercise thereof; or abridging the freedom of speech, or of*
- *the press; or the right of the people peaceably to assemble, and to petition the*
- *Government for an address of grievances.*
- zit. nach Weißenborn: Religionsfreiheit. S. 121.

Im ersten Zusatz zur amerikanischen Verfassung werden neben der Religionsfreiheit auch Meinungs-, Presse- und Versammlungsfreiheit geschützt. Der Kongress darf keine Gesetze erlassen, die die Einrichtung einer Religion betreffen oder eine Religionsausübung verbieten. Eine Staatsreligion darf es also ebenso wenig geben wie eine Bevorzugung einer Religion gegenüber einer anderen. Im Gegensatz zu den europäischen Staaten darf der Staat hier weder eine Religion fördern noch hindern. Viele haben auch aus politischen Gründen die Heimat verlassen, haben die Ideen der Aufklärung (Gewaltenteilung, Volkssouveränität) über den Atlantik gebracht und möchten mit ihnen eine neue Welt gestalten.

Der Staat darf keine religiösen Vorschriften erlassen, weil das sein Aufgabenfeld überschreitet, die Kirche hat dagegen keinen Einfluss auf die bürgerliche Ordnung. Die Veränderungen wirken auch nach Großbritannien zurück. Kirche und Staat sollen sich auch in England trennen, auch hier soll mehr Demokratie gewagt werden. Die Erweckten wirken so in die Gesellschaft hinein. Die Methodisten setzen sich seit den Tagen Wesleys (5.2.3) für soziale Gerechtigkeit ein. Am Ende dieser Epoche sprechen sich Methodisten (seit 1774) für Sklavenbefreiung aus und auch die sozialen Folgen der Industrialisierung, die in Großbritannien früher als auf dem Kontinent einsetzt, hat man im Blick. Viele Laienprediger schärfen das soziale Gewissen, viele von ihnen werden führende Gestalten der Gewerkschaftsbewegung. Aus den Reihen anglikanischer Gemeinden kommt u. a. William Wilberforce (1759–1833), der im Parlament gegen die Sklaverei zu Felde zieht.

UNTERM STRICH

In Großbritannien entwickelt sich aus den puritanischen Vorstellungen vom Bundesgedanken die Lehre vom Gesellschaftsvertrag und der Volkssouveränität bei John Locke, der gewissermaßen zum Vater der konstitutionellen Regierungsform wird und mit der Volkssouveränität die moderne Demokratie vorbereitet. Eine staatliche Bevormundung in Religionsangelegenheiten lehnt Locke ab. In den britischen Kolonien in Nordamerika werden unterschiedliche Vorstellungen über das Verhältnis von Kirche und Staat gelebt und durchgesetzt. In diesen neu besiedelten Gebieten wird die Vorstellung eines Gesellschaftsvertrages real, gleichzeitig entwickeln sich Vorstellungen von Religionsfreiheit, die dann in die Verfassung der USA Eingang finden. Der amerikanische Staat erklärt sich hier also in religiösen Fragen für nicht kompetent. Was hier in den USA am Ende des 18. Jh. möglich wird, dauert in Europa noch sehr lange – in den evangelischen Ländern kommt Religionsfreiheit mit der Revolution von 1848, in katholischen Ländern mit dem 2. Vatikanischen Konzil (4.3.6, 7.3.2).

4.3 Staat und Kirche im Zeitalter der Moderne

4.3.1 Geburt der Moderne aus den Revolutionen in Nordamerika und Frankreich

Die neue Demokratie in **Amerika** hat die Menschenrechte (Gleichheit, Freiheit, Selbstverwirklichung) zur Grundlage: Der Staat hat nicht über die Menschen zu herrschen, sondern ihnen zu dienen, indem er für das Gemeinwohl sorgt! Mit der Unabhängigkeitserklärung von 1776 werden Volkssouveränität, Gewaltenteilung, sowie etwas später Religionsfreiheit und Trennung von Kirche und Staat in der amerikanischen Verfassung fixiert. Während der Erweckung beteiligen sich die amerikanischen Christen an einer Ausgestaltung ihrer jungen Demokratie. Von Anfang an entlehnt man demokratische Elemente aus den reformierten Gemeindevorstellungen, denn möglichst viele Menschen sollen an Entscheidungsprozessen beteiligt werden.

Die Revolution in **Frankreich** erwächst aus einer aktuellen Finanzkrise und aus der Aufklärung. Der Freidenker *Voltaire* (eigentlich Francois-Marie Arouet, 1694–1778) wirkt als Schriftsteller in breiten Kreisen. Er ist der Vernunftreligion verbunden und lehnt Pantheismus wie Atheismus ab. Dem Christentum steht er mehr als kritisch gegenüber, wie seine sarkastische Bibelkritik belegt. Vor der Freiheit der Menschen steht seiner Ansicht nach der Kampf gegen die Kirche und das Christentum.

Von grundlegender Bedeutung werden die Schriften des Schweizers Jean-Jacques **Rousseau** (1712–78), der mit seiner Lehre vom Gesellschaftsvertrag Lockes Entdeckung populär macht und eigene Akzente setzt. Der Mensch hat seiner Überzeugung nach zwar seine Freiheitsrechte an die Gesellschaft abgetreten, er hat dafür aber Bürgerrechte erhalten. Der Gesellschaftsvertrag i. S. Rousseaus bewahrt die Freiheitsrechte, die Teil der Staatlichkeit sind: Als Ausdruck des allgemeinen Willens aller Bürger entspricht er dem Einzelwillen, die Gesetze werden von allen frei und gleichberechtigt beschlossen, ihm schwebt also eine direkte, plebiszitäre Demokratie nach Schweizer Vorbild vor.

Wesentlicher Antrieb für die Französische Revolution wird das liebe Geld. Der französische Staat ist bankrott und sucht nach neuen Geldquellen (1.3.4). Die einberufenen Generalstände beschließen jedoch keine neuen Steuern, sondern sie erklären sich zur Nationalversammlung und erarbeiten eine Verfassung. Den Staatsbankrott wenden sie ab, indem sie die Kirche enteignen. Das kirchliche Vermögen wird verkauft, die Einnahmen fließen (theoretisch) in die Staatskasse. Mit einem Male ist die französische Kirche bettelarm. 1790 beschließt man die Zivilkonstitution des Klerus: Alle Kleriker werden zu Staatsbeamten erklärt, um ihre Bezahlung zu gewährleisten, ein Gesetz verpflichtet sie zum Eid auf die Verfassung. Da die Kirche nun über keine eigenen Mittel mehr verfügt, werden alle Kleriker vom Staat bezahlt. Als Beamte werden sie auf die Verfassung verpflichtet. Manche Geistliche akzeptieren das nicht, weil sie sich nur der Kirchenleitung und dem Papst gegenüber verpflichtet wissen; sie erleiden staatliche Verfolgung. Weite Kreise des Klerus wehren sich dagegen, der Papst verurteilt die Maßnahmen. So entbrennt ein bitterer Kirchenkampf. Die eidverweigernden Priester verbünden sich mit den konservativen Kräften und werden entsprechend von der Revolution bekämpft (1.3.4). Die französischen Republikaner sehen Kirche und Religion als Staatsangelegenheit, daher schafft die Nationalversammlung 1789 den Zehnten ab und regelt die Stellung der Kleriker neu.

In der Französischen Revolution wird die Ständegesellschaft beendet und die Menschen- und Bürgerrechte propagiert. Die Bürger dürfen auch religiöse Meinungen frei äußern. Mit zunehmender Radikalisierung der Revolution kommt es schließlich zu einem regelrechten Religionskrieg: Kleriker werden verfolgt, die Kirchen geschlossen und staatliche Zivilstandsregister sollen kirchliche Amtshandlungen (Taufe, Trauung, Beerdigung) verdrängen. Während es in manchen Provinzen zu Aufständen der kirchlich orientierten Bauern kommt, findet in den Metropolen eine Abkehr vom Christentum statt: Der Kult der Vernunft (Kult des höchsten Wesens) soll das Christentum ersetzen. Dazu wird die christliche Zeitrechnung aufgegeben und neue religiöse Verehrungsformen erdacht. 1797 besetzen französische Truppen den Kirchenstaat. Unter Napoleon wird die Verfolgung romtreuer Kleriker schließlich beendet, der Staat ist konfessionell neutral. Religion gilt als Privatsache, Staat und Kirche werden getrennt.

Die Verfolgung der Kirche im Rahmen der Revolution weckt bei den deutschen Kirchenvertretern Angst vor Revolution und Demokratie. Folgerichtig finden wir die Kirchenvertreter in der Folgezeit immer im konservativen, staatstreuen Lager. Volkssouveränität passt ohnehin nicht in das Konzept der evangelischen Staatslehre, die sich an Röm 13 orientiert: Jede Obrigkeit ist von Gott eingesetzt und nicht von Menschen gewählt. Aber auch die römische Kirche erlebt die Zeit der Französischen Revolution als Bedrohung ihrer Existenz.

UNTERM STRICH

Mit ihrer Lösung vom Mutterland und der Errichtung der ersten modernen Demokratie in Nordamerika beginnt gewissermaßen die moderne Phase unserer Geschichte. Volkssouveränität, Gewaltenteilung, Menschenrechte und Religionsfreiheit werden zur Leitvision moderner Staaten. Heute verstehen wir nicht, wieso die *unveräußerlichen Menschenrechte* nicht damals schon für Afrikaner und Indianer gelten. Ganz selbstverständlich ist diesen Weißen damals ihre eigene Sonderstellung und Überlegenheit, die Farbigen scheinen als Menschen niederer Rasse ganz offenbar anders beurteilt worden zu sein. Dennoch sehen wir hier einen ganz wichtigen Schritt zur Moderne. Dabei darf die christliche Herkunft der modernen Demokratie nicht übersehen werden, denn die Anleihen dafür werden in den verschiedenen reformierten Gemeinden gemacht. Wie kompatibel diese Gedanken zu anderen Weltreligionen sind, wird sich zeigen.

4.3.2 Kirche im 19. Jh. in Europa

Paritätischer Staat in Deutschland

Nach der Französischen Revolution kommt es in Deutschland zu einer Revolution von oben (z.B. Preußische Reformen mit Bauernbefreiung, Gewerbefreiheit, allgemeine Wehrpflicht): Die veralteten Strukturen des Staates sollen erneuert werden. Aber auch das Reich selbst wird umgestaltet. Nachdem Frankreich die deutschen Gebiete an seiner Ostgrenze annektiert hat, fordern die betroffenen deutschen Staaten, zu denen diese Gebiete gehört haben, eine Kompensation. Die Lasten sollen die katholische Kirche und die kleinen Herrschaftsgebiete tragen: 1803 findet dazu der **Reichsdeputationshauptschluss** statt. Die Grundlagen des *Alten Reiches* werden nach 800 Jahren beseitigt. Ein einschneidendes Ereignis für die römische

Kirche ist die *Säkularisierung* der sogenannten *geistlichen Territorien*, d.h. die deutschen Landschaften, die bisher von katholischen Bischöfen regiert worden sind, werden unter den deutschen *Bundesstaaten* (z.B. Preußen, Bayern, Baden usw.) aufgeteilt (1.3.4).

Hat das Alte Reich noch aus über 300 Territorien bestanden, so werden im **Deutschen Bund** nur noch 38 Bundesstaaten gezählt. Mit der Niederlegung der Kaiserkrone 1806 endet das Heilige Römische Reich Deutscher Nation, damit verlieren auch die evangelischen Staaten ihren Zusammenhalt, den sie als *Corpus Evangelicorum* seit 1653 als Vertretung der evangelischen Stände auf den Reichstagen gehabt haben.

In den deutschen Bundesstaaten haben die Länder nach Artikel 14 und 16 der Bundesakte die *Aufsicht in Kirchen- und Schulsachen* (vgl. KThGQ IV/1 , S. 178), die Kirchen sind weiter **Staatskirchen**. Dennoch werden Kirche und Staat infolge der konfessionellen Veränderungen gesondert, die Kirchen bleiben dem Staat unterworfen. Auch wenn die deutschen Staaten sich zunehmend als säkular verstehen und sich gegenüber den Kirchen auf ihrem Staatsgebiet neutral verhalten, lassen sie die Kirchen noch volkspädagogisch gegen soziale und politische Veränderungsbemühungen in Dienst. Die Kirchenleitung geschieht durch die Konsistorien als staatliche Behörden.

Alle gesellschaftsverändernden politischen Neuerungen werden unterbunden, Forderungen nach Verfassung oder Parlamenten werden unterdrückt. Politisch Andersgesinnte (z.B. Studenten, Burschenschaftler) oder Neuerer werden verfolgt. Selbst die erweckten Kreise werden beobachtet, mancher wird zu einer Geldstrafe verurteilt, nur weil er eine Gebetsstunde abgehalten hat. Die erweckten Kreise sind Staat wie Kirche suspekt. Gegen revolutionäre Gefahren schließen Russland, Preußen und Österreich eine *Heilige Allianz*. In diesen Staaten arbeiten Staat und Kirche eng zusammen, man spricht von der *Einheit von Thron und Altar*.

Die Staaten sind nun zu Toleranz und Parität angehalten, Zulassung zu Ämtern oder Niederlassung in konfessionell anders orientierten Gebieten werden möglich. Seit der Reformation ist die evangelische Kirche eng mit den jeweiligen deutschen Ländern verflochten: Der Landesherr leitet als Notbischof die Kirche auf seinem Territorium. Man spricht vom Landesherrlichen Kirchenregiment. Der Staat schützt seine Landeskirche und ihre Lehre und lässt bis 1803 *religiöse Konkurrenz* durch andere Konfessionen oder gar *Freikirchen* nicht zu.

Der Aufbau neuer Verwaltungszentren bringt etwa evangelische Beamte in das katholische Rheinland, wo evangelische Kirchen errichtet werden. In anderen Ländern werden katholische Kirchen in evangelischen Städten gebaut. Wie es im Zuge der Befreiungskriege Hoffnung auf einen deutschen Staat gegeben hat, so setzen sich viele für eine deutsche Nationalkirche ein (Schleiermacher, Arndt). Mit der Restauration ebbt dann sowohl der nationale wie der nationalkirchliche Enthusiasmus ab.

Die Bedeutung der Kirchen in der Gesellschaft geht nach 1803 weiter zurück. Das Kirchenregiment wird nun als innerkirchliches Recht der Kirchenleitung aufgefasst, das in den evangelischen Ländern der Landesherr als *Summepiskopus* innehat. Daneben gibt es die Kirchenhoheit als staatliches Recht, das die Aufsicht über alle Religionsgesellschaften auf seinem Staatsgebiet umfasst und durch das Kultusministerium wahrgenommen wird.

Im Zuge der Preußischen Reformen zu Beginn des 19. Jh. werden die evangelischen Kirchen im Rahmen der Staatsverwaltung neu gegliedert. Die Kirchenleitung liegt bei den *Landesherrlichen Konsistorien*, die vom Kultusministerium beaufsichtigt werden. In den acht preußischen Provinzen unterstehen die Gemeinden dem *Konsistorium*, die von den Oberpräsidenten geleitet werden. Zum Konsistorium gehören theologische und juristische Räte sowie die *Generalsuperintendenten* als leitende geistliche Beamte. Praktisch sind die reformierten und lutherischen Gemeinden so seit 1815/17 in einer Verwaltungsunion der reformierten und lutherischen Kirchen. Während die Staaten zu Beginn des 19. Jh. gegenüber allen demokratischen Formen sehr distanziert sind, gewährt der König von Preußen 1835 in seinen westlichen Provinzen eine Kirchenverfassung, die sogar Synoden vorsieht. Das entspricht den Traditionen im Rheinland und in Westfalen; die Gemeinden akzeptieren im Gegenzug die umstrittene neue Gottesdienstordnung.

Während die römisch-katholische Kirche eine gewisse Unabhängigkeit hat, bleibt die evangelische Kirche fest in der Hand des Landesherrn. Gegenüber dem politischen Katholizismus haben die evangelischen Kirchen zunächst nichts aufzuweisen. Allerdings versucht man die evangelische Diaspora durch die Gründung des Gustav-Adolf-Vereins (1842) zu unterstützen, zugleich wird das evangelische Gesamtbewusstsein durch diese Arbeit gestärkt. Darüber hinaus erheben sich nun Stimmen, die den kirchlichen Partikularismus beenden möchten.

Bei den Landesherren finden diese Bestrebungen keinen Rückhalt. Immerhin kommt es auf Betreiben von Württemberg und Preußen 1846 zu einer Deutschen Evangelischen Kirchenkonferenz in Berlin, an der Delegierte aus 26 deutschen Kirchenleitungen teilnehmen. Man berät über

Gottesdienst und Gesangbuch. Fragen der Kirchenverfassung und des Bekenntnisses sollen nicht Gegenstand gemeinsamer Beratungen sein. An eine Nationalkirche ist nicht zu denken, durch eine lockere Beratung der Landeskirchen sollen Gesangbuch und Liturgie vereinheitlicht werden.

Staat und Kirche in Großbritannien

Auch in England und Schottland werden die Kirchen weitgehend von der Aufklärung bestimmt, sie leben wie in Deutschland einen Kulturprotestantismus, der die Kirche modernisieren will. Üblicherweise befürworten sie das Patronatssystem der **Church of Scotland**, das die Besetzung mit aufgeklärten Geistlichen (dort *Moderates* – die Moderaten genannt) zu garantieren scheint. Allerdings haben viele Aufklärungstheologen die Unterschicht nicht im Blick, sondern wenden sich in ihrer Verkündigung an die gebildete Mittel- und Oberschicht, was zum Nachlassen des Gottesdienstbesuchs führt. Für viele wird die Gemeindearbeit so zur Zwei-Tages-Beschäftigung, nach der man seinen eigenen Vorlieben nachgehen kann. Daneben gibt es noch die *Evangelicals*, die sich gerade um die Unterschicht kümmern und einen Fulltime-Job leben. Gerade in den aufstrebenden Industriegebieten setzen sie sich für den Bau von Kirchen ein, um die dort zugezogene Bevölkerung zu erreichen.

Zum Konflikt kommt es zwischen der schottischen Kirche und dem Staat um die Rolle der Kirchenpatrone. Ursprünglich sind die Patrone diejenigen, die den größten Beitrag zur Errichtung und Erhaltung einer Kirche geleistet haben. Dadurch räumt man ihnen das Recht ein, die Pfarrstellen zu vergeben und damit Bekannte oder Verwandte zu versorgen. Allerdings ist im 18. Jh. den männlichen Familienoberhäuptern ein Vetorecht zuerkannt worden, das jedoch seit Mitte des 18. Jh. nicht mehr praktiziert wurde. Zu Beginn der 1830er-Jahre kommt es zum Konflikt zwischen *Evangelicals* und Patronen. 1834 beschließt die schottische Generalsynode, dass die Gemeinde nach einer Probepredigt der Berufung des Kandidaten zustimmen muss. Eigentlich entspricht dieses Gesetz der traditionellen Regelung: Patrone und Gemeinde wirken zusammen. Gegen dieses Gesetz klagen jedoch abgelehnte Kandidaten vor einem Zivilgericht – und erhalten Recht, wenn sie die formell nötigen Voraussetzungen erfüllen. Als auch das britische Oberhaus diese Einmischung des Staates in die Besetzung der kirchlichen Stellen gutheißt, kommt es zum Bruch: Fast die Hälfte der schottischen Pfarrer gründen 1843 die *Free Church of Scotland*, eine vom Staat unabhängige Freikirche mit volkskirchlichen Zügen.

Früh stellt man in England auch die soziale Frage. Viele Gemeinden unterhalten Schulen, durch die den Arbeitern mehr Bildung angeboten wird, wodurch ein sozialer Aufstieg ermöglicht werden soll. Erweckte wie Thomas Chalmers pflegen intensive Kontakte zu Politikern und nehmen Stellung zu politischen Initiativen (z.B. Sklavenbefreiung). Darüber hinaus fordern sie früh verstärkte Bildungsinitiativen für die unteren Schichten.

Revolution von 1848 und die Kirchen

In der Mitte des 19. Jh. kommt es zur Revolution von 1848/49 in Frankreich und Deutschland. Einerseits steht dahinter die Forderung des Bürgertums nach einer Verfassung und politischer Beteiligung (Parlamente). Manche erstreben einen deutschen Nationalstaat. Der Verfassungsentwurf von 1848 sieht die individuelle Glaubens- und Gewissensfreiheit vor, dazu Gleichberechtigung der Konfessionen und die Trennung von Kirche und Staat.

Das offensichtlich anstehende Ende des Landesherrlichen Kirchenregiments stellt die Kirchen vor die Herausforderung, sich selbst zu leiten. Darauf ist man nicht vorbereitet. Zugleich erhebt sich mit dem Bestreben der Liberalen, einen deutschen Nationalstaat zu errichten, der Wunsch nach einer deutschen Nationalkirche. Wie ein deutsches Parlament soll es auch eine Nationalsynode aller Bekenntnisse geben (einschließlich aller freien Gemeinden). Schließlich konkretisieren sich die Pläne in der Einberufung eines *Kirchentages* (analog nach *Bundestag* gebildet, wie die Delegiertenversammlung des Deutschen Bundes heißt). Ein Kirchenbund soll entstehen. Im September 1848 kommen 500 Teilnehmer nach Wittenberg, allerdings nehmen weder die konfessionellen Lutheraner noch die Liberalen teil. Rasch stellt sich heraus, dass man an eine Konföderation von Kirchen denkt, in denen Verfassung, Bekenntnis und Kultus in den Kirchen selbstständig geregelt werden. Da die Beschlüsse nicht bindend sind, müssen die Kirchenleitungen die Anregungen nicht aufnehmen. Nach dem raschen Abklingen der revolutionären Unruhen und weil Kirche und Staat nicht getrennt werden, verfolgen die Landeskirchen eine allgemeine deutsche Kirchenvertretung nicht mehr. Dennoch finden bis 1872 noch 16 weitere Kirchentage statt, auf denen theologische Themen behandelt werden.

Für die Stärkung des evangelischen Bewusstseins geht von Wittenberg darüber hinaus große Wirkung durch die Anfänge der Inneren Mission aus, wird doch auf Betreiben Wicherns der *Central-Ausschuss für Innere Mission* gegründet, der Kongresse für Innere Mission der Deutschen Evangelischen Kirche durchführt (6.3); diese wirken neben den 16 Kirchentagen positiv auf die Herausbildung eines evangelischen Bewusstseins. Daneben treffen sich seit 1850 Vertreter der Kirchenregierungen zu vertraulichen Gesprächen, um künftig zu kooperieren. Seit 1852 trifft man sich alle zwei Jahre in der Woche nach Pfingsten als *Deutsche Evangelische Kirchenkonferenz* in Eisenach (daher oft *Eisenacher Konferenz*). Die Kirchen entsenden freiwillig Vertreter, um gemeinsam zu beraten und Empfehlungen auszusprechen. Fragen der Kirchenverfassung werden wegen möglicher Widerstände der Landesherren nicht behandelt.

Nach dem *Deutschen Krieg* (1866) und der deutschen Reichsgründung (1870/71) kommt auch die Frage nach der kirchlichen Einheit neu auf die Tagesordnung. Im Oktober 1871 findet in Berlin eine Versammlung von 1300 Teilnehmern statt, zu der u.a. Wichern eingeladen hat, um eine kirchliche Neuordnung zu verhandeln. Allerdings gibt es angesichts der preußischen Dominanz im Reich auch erhebliche Widerstände. Als man auf dem Kirchentag die Frage aufgreifen will, kommen nur Anhänger einiger unierter Kirchen, während Lutheraner und Liberale fernbleiben. Die Mehrheit des Kirchentages bittet die Landesherrn, eine Versammlung aus allen Teilen der evangelischen Kirchen einzuberufen. Eine solche Einigung von unten passt jedoch nicht in jene Zeit, in der die deutsche Einheit durch die deutschen Fürsten erreicht wurde. Zunächst einmal beendet dieser Vorstoß die Ära der Kirchentage im 19. Jh. Neben dem Kirchentag bemüht sich auch der preußische Oberkirchenrat um eine Einigung über die *Eisenacher Konferenz*, dagegen haben einige Landeskirchen erhebliche Bedenken und ziehen sich aus der Kirchenkonferenz zurück.

Erst in Konkurrenz durch das Vorhandensein der katholischen Deutschen Bischofskonferenz (seit 1867) werden angesichts des Kulturkampfes neue Kräfte wach. Während die *Eisenacher Konferenz* nur intern wirken kann, treten evangelische Kirchen nicht insgesamt in Erscheinung. Seit 1897 kommen aus den Landeskirchen neue Bestrebungen nach einem föderalen Bund, dessen Ergebnis schließlich der Deutsche Evangelische Kirchenausschuss ist, der die Evangelische Kirchenkonferenz ergänzen soll. Er soll landeskirchliche Interessen nach außen vertreten und die evangelischen Diasporagemeinden begleiten.

Kirche und soziale Frage

Im Zuge der Revolution von 1848 kommt es infolge einer europaweiten Hungersnot (1845–47) zu Aufständen der Unterschichten. Bald sind die Monarchen zu Zugeständnissen bereit. Meist werden liberale Staatsregierungen berufen; in vielen Ländern entstehen Verfassungen, auch wird die Wahl zu einer Deutschen Nationalversammlung zugelassen, die in Frankfurt tagt, um eine Reichsverfassung zu erarbeiten. Die Evangelischen Kirchen lehnen eine Auflehnung der Untertanen gegen die Obrigkeit (Röm 13!) grundsätzlich ab. Republikanisch-demokratische Modelle sind den deutschen Theologen fremd. Daher unterstützen kaum Theologen die bürgerlichen Forderungen.

Karl Marx und Friedrich Engels veröffentlichen im Revolutionsjahr ihr *Kommunistisches Manifest*, in dem sie die Arbeiter zur Vereinigung gegen die Kapitalisten aufrufen (7.3.1, 7.3.2). Die Menschen sind verunsichert. Nach den traumatischen Erfahrungen der Kirchen mit der Französischen Revolution fürchten Kirchenleute den revolutionären Umsturz. Angesichts der kommunistischen Propaganda fordert **Wichern** auf dem Wittenberger Kirchentag von 1848 das Erwachen der Kirchen. Man dürfe die Augen vor den sozialen Missständen der Zeit nicht verschließen. Er spricht von einem *christlichen Sozialismus*, den er dem *französischen* gegenüberstellt. Ausgehend vom Recht der freien Vereinigung sollen diakonische Einrichtungen gegründet werden,

- *Festungen der rettenden, bewahrenden Liebe unter klein und groß, unter hoch und niedrig, unter Nahen und Fernen, in Städten und auf dem Lande, mit kirchlichen und staatlichen Kräften, vor allem aber mit den Kräften freier und mächtiger christlicher Vereinigungen.*
- Krimmer: Quellenbuch II. S. 407.

Nicht müde werden Männer wie Wichern, die Gefahr des Kommunismus zu beschwören und zu bekämpfen, der aus dem „Grimm der Armut" erwachse. Eine Revolution lehnt er selbst kategorisch ab, sie ende seiner Einschätzung nach wie die französische: Das Bestehende wird umgestürzt, viele arme und reiche Menschen sterben, die soziale Ungleichheit wird nicht wirklich gelöst, daher würden nur neue Revolutionen erwachsen. Aber ein Aufstand von unten nach oben würde auch ganz grundsätzlich Gottes Ordnungen widersprechen, Staat, Kirche, Familie und Ehe sowie die gesellschaftlichen Verhältnisse zerstören. Den Wunsch nach einer Revolution sieht er bei den Unterschichten bereits weit verbreitet, es bedürfe nur noch des berühmten Funkens, um die Explosion auszulösen.

- *Der unleugbare Mangel politischer Bildung, die so schrecklich gestrafte Hemmung der nationalen Entwicklung des öffentlichen Lebens, die Zerrissenheit des Vaterlandes, die durchgebildete Opposition von Beamten und Volk, sowie die zugleich heraufsteigende Not der sog. arbeitenden Klassen, kurz, die verkümmerten politischen und sozialen Verhältnisse im Bunde mit jenen überwiegenden sittlichen Notständen haben vollends ihr Teil dazu beigetragen, diese Menschen des Verderbens urplötzlich herauf zu beschwören und offenbar zu machen, wie bar aller Gottesfurcht, alles Glaubens an einen Heiland die bei weitem allergrößte Masse der europäischen Menschheit ist, die sich vielleicht die längste Zeit den Namen der Christenheit hat gefallen lassen. [...] Der kommunistische Proletarier der untersten Stufe zerstört durch physische und moralische Gewalttat die Werkstatt und die Fabrik des Brotherrn, vernichtet Schlösser und Kasernen seines Landesherrn; der subtilere Kommunismus des Proletariers ist gereift in dem Ingrimm des Geizes nach Ehre, Herrschsucht, Volksgunst.*

Krimmer: Quellenbuch II. S. 413f.

Wichern sieht also im Mangel an politischer Bildung, in der Zerrissenheit Deutschlands und der verbreiteten Armut den Grund für aufkommenden Kommunismus und dadurch die große Gefahr für das Christentum. Während die einen sich gegen ihre Unterdrücker auflehnen, streben andere selbst einen Machtwechsel an, was für Wichern außerhalb seiner Vorstellungskräfte gewesen ist. Den Gefahren komme die Politik durch das Wahlrecht nach, ohne die erforderlichen Sozialreformen vorzunehmen. Entscheidend aber sei Wicherns Ansicht nach eine Stärkung des Sittlichen, das aus dem religiösen Leben erwachse. Hier sieht er die Aufgabe für die Kirche in der Inneren Mission (3.3).

Die soziale Lage spitzt sich mit der zunehmenden Industriellen Revolution in Deutschland zu. Die Unterschichten sind bereits seit den Befreiungskriegen verarmt, die Industrialisierung verschlimmert die Lage der Arbeiter zunehmend. Aus der Not heraus entstehen Gewerkschaften und politische Parteiungen, aus denen sich schließlich die Sozialdemokratische Partei entwickelt. Einer sozialen Revolution durch die Unterschichten stehen alle bürgerlichen Kreise, ob konservativ oder liberal, kritisch gegenüber, auch die Kirchen lehnen sie ab. Aber viele Christen sehen die sozialreformerischen Vorschläge auch als berechtigt an. Das gilt für Bodelschwingh, Stoecker, Naumann und Werner.

So stehen die Kirchen im Abseits, als Forderungen nach notwendigen Veränderungsprozessen erhoben werden. Und auch nach der Reichsgründung von 1870/71 stehen die Kirchen insgesamt den demokratischen Verfahrensweisen eher distanziert gegenüber. Die Sozialdemokraten (Atheisten!) sehen sie als Feinde und lehnen sie ab; ein Gespräch wird nicht geführt. Eine politische Vertretung im Parlament fehlt den Evangelischen

nahezu. Meist wählen sie nationalkonservativ und unterstützen damit eine
streng konservative bis reaktionäre Politik. (Hier unterscheidet sich die katholische Kirche entscheidend: Sie verfügt mit der Zentrumspartei über
eine politische Kraft, die in den Parlamenten vertreten ist. Die Mehrzahl
der Katholiken wählt diese Partei, die von Kirchenleuten geleitet wird.)

Bodelschwingh möchte den Nöten der Arbeiter mit der Entwicklung von
Eigentum begegnen, jeder Fabrikarbeiter soll in der Lage sein, dass jeder

- *vor seiner eigenen Hütte und seinem eigenen Apfelbaum, umgeben von*
- *seiner Familie sein Abendbrot essen kann, so ist die Sozialdemokratie tot,*
- *und der Thron der Hohenzollern ist auf Jahrhunderte gesichert.*
- Brief Bodelschwinghs an den Kronprinzen, 1885, zit. nach Krimmer:
- Quellen II. S. 450.

Unter den wenigen anderen Stimmen sind Adolf Stoecker und Friedrich
Naumann hervorzuheben. Stoecker setzt sich bewusst mit Arbeitern auseinander, besucht ihre Versammlungen, liest ihre Schriften. Energisch
setzt er sich für sie ein, allerdings macht er aus seiner Distanz zu den Sozialdemokraten keinen Hehl: Sie arbeiten auf einen Systemwechsel, einen
gewaltsamen Umsturz hin, den Stoecker wie schon Wichern ablehnt. Allerdings ist er auch für Sozialreformen, Eigentum bejaht er grundsätzlich,
da dies eine positive Wirkung für den Einzelnen wie für die Gesellschaft
habe. Die evangelische Kirche müsse sich engagieren, der Sozialdemokratie
müsse eine Sozialmonarchie entgegenstehen, die durch Sozialgesetze die
Lage der Arbeiter verbessert. Von den staatlichen Maßnahmen gegen die
Sozialdemokratie im Rahmen der *Sozialistengesetze* hält Stoecker nichts,
denn wenn sie ihre Meinung veröffentlichen, wisse man, was sie vorhaben.
Mit seinen Schriften und Reden erregt Stoecker Aufsehen. Als Hofprediger
wird er wiederholt zur Rücksicht auf sein Amt gemahnt. Schließlich muss
er dieses Amt aufgeben.

- *Stöcker hat geendigt, wie ich es vor Jahren vorausgesagt habe: Politische*
- *Pastoren sind ein Unding. […] Die Herren Pastoren sollen sich um die See-*
- *len ihrer Gemeinden kümmern, die Nächstenliebe pflegen, aber die Politik*
- *aus dem Spiele lassen, dieweil sie das gar nichts angeht.*
- Telegramm Kaiser Wilhelm II. an Geheimrat Hinze, 1896, zit. nach
- Krimmer: Quellen. S. 471.

Natürlich gibt es auch Stellungnahmen der Landeskirchen. So werden die Geistlichen in Preußen 1890 davor gewarnt, Einseitigkeit und Zersplitterung zu unterstützen. Die Kirche sei nicht berufen, die soziale Frage zu lösen. Sie sei nur für die religiös-sittlichen Voraussetzungen zuständig, wodurch die vorhandenen Verirrungen beseitigt werden könnten.

> *Das sozialdemokratische Zukunftsbild des öffentlichen Gemeinwesens hat keinen Raum für eine Kirche. Das Lebensglück sucht man in möglichst vielen materiellen Gütern und Genüssen. Verbesserung der äußeren Lage, nicht des inneren Lebens ist's, was man erstrebt. An den Fundamenten des christlichen Familienlebens wird gerüttelt. Das Verhältnis zwischen Arbeitgebern und Arbeitnehmern wird vergiftet.*
>
> Erlass des evangelischen Oberkirchenrats an die Geistlichen, Berlin 1890, zit. nach Krimmer: Quellen II. S. 457.

Es ist heute erstaunlich, wie die Kirchen mit der sozialen Frage umgegangen sind: Die Kirche sei nicht für die äußeren Verhältnisse, sondern nur für die Inneren zuständig. Das muss für die Arbeiter wie ein Hohn klingen. Die Pfarrer sollen Wort und Sakrament gebrauchen, aber sich von den politischen Streitigkeiten abwenden. Frauenvereine, Kindergottesdienste, kirchliche Armen- und Krankenpflege, Krippen, Schulen, Jünglingsvereine, Strick- und Nähschulen sollen die Not ändern. 1895 wird den Geistlichen geboten, sich von sozialpolitischen Versammlungen fernzuhalten, denn dies berge nur die Gefahr einer unbesonnenen Parteinahme für eine Gruppe, was sich die Kirche nicht leisten könne.

So ist es schließlich Reichskanzler Bismarck, der 1881 Sozialreformen ankündigt und durchführt, um die gröbsten Missstände zu beseitigen und den Staat zu erhalten. Ausdrücklich zielt er dabei auch darauf, den Arbeitern zu zeigen, dass der Staat eine *wohltätige Einrichtung* ist. Dabei bekennt sich Bismarck auch zum Glauben.

> *Ich, der Minister dieses Staates, bin Christ und entschlossen, als solcher zu handeln, wie ich glaube, es vor Gott rechtfertigen zu können.*
>
> Rede Bismarcks vom 9.1.1882, zit. nach Krimmer: Quellen II. S. 471.

Bismarck bekennt sich also auch zum Glauben, der für ihn eine wichtige Grundlage darstellt.

Kirchen und Weltkrieg

Die deutschen Theologieprofessoren begrüßen den 1. Weltkrieg wie ihre Kollegen aus anderen Fakultäten. Die Pfarrer verkünden den Kriegsdienst als Gottesdienst und fordern den Menschen größte Opfer ab. In ihren Predigten wird immer wieder Joh 15,13 zitiert: „Niemand hat größere Liebe als die, dass er sein Leben lässt für seine Freunde." Hier ist der Glaube an Gott zur vaterländischen Gesinnung geworden. Fast vergeblich sucht man nach einem Korrektiv. Nahezu einhellig sieht man die gerechte Sache Deutschlands. Theologiestudenten und Pfarrer ziehen freiwillig in den Krieg.

Als Russland im Osten schnell Erfolge hat, rufen die Pfarrer Gottes Beistand herbei und als bei Tannenberg dann die russische Armee vernichtend geschlagen wird, spricht ganz Deutschland vom *Wunder von Tannenberg*. Die Glocken läuten, wenn ein Sieg errungen ist. Die Gottesdienste sind voll, überall gibt es Gebetsstunden und Kriegsandachten. Mit der Wendung des Krieges ebbt die religiöse Begeisterung zunehmend ab.

UNTERM STRICH

Immer mehr verselbstständigen sich Staat und Kirche, während die Kirche zunehmend ihren Einfluss auf Gesellschaft und Staat verliert, wird sie vom Staat immer abhängiger. Nachdem die Staaten auf Kosten der katholischen Kirche ihre Staatsgebiete 1803 stark vergrößert haben, tritt das konfessionelle Einheitsmoment zurück, die Bevölkerungen der Staaten gehören nicht mehr nur einer Konfession an. Demzufolge müssen sich die Staaten zur Neutralität verpflichten, damit verlieren die Kirchen gleichsam offiziell Einflussmöglichkeiten aufgrund der neuen Sachzwänge. Wie selbstverständlich haben die Staaten ein Aufsichtsrecht über die Kirchen. Natürlich haben die Kirchen auch noch einen großen Einfluss auf die Gesellschaft, aber die Entwicklung zeigt doch auch, dass die Staaten die Kirchen dominieren.

Bei den Kirchen hat es darüber hinaus den Anschein, als folgten sie dem Strom. In den Freiheitskriegen erhoffen viele Menschen ein neues, einheitliches Deutschland, und auch die Christen erwarten die Errichtung einer einheitlichen Kirche. Als sich im Zuge der Revolution von 1848 politische Forderungen nach einer Trennung von Staat und Kirche erheben, setzen sich die Kirchen damit auseinander, fragen nach Möglichkeiten einer eigenen, staatsunabhängigen Kirchenleitung und nach einem möglichen Zusammengehen der Kirchen. Als die Verfassungen diese Trennungen nicht mehr fordern, lassen die Kirchen diese Möglichkeiten wieder wie selbstverständlich fallen.

Mit der eingeräumten Religions- und Versammlungsfreiheit muss die Staatskirche erleben, dass die Menschen nun die Kirche verlassen und *freie Gemeinden* gründen dürfen. Die staatlichen Organe verhalten sich neutral, die kirchlichen Vertreter erscheinen von der neuen Lage überrumpelt. Man kann diese Beobachtungen leicht ergänzen – die Kirchen scheinen jedenfalls zum Spielball der Staaten zu werden und selbst kaum Anstalten zu unternehmen, selber ihre Unabhängigkeit vom Staat zu erlangen.

4.3.3 Exkurs: Kulturkampf

Erneuerung der katholischen Kirche

Was die römisch-katholische Kirche in Deutschland angeht, so erlebt sie einen enormen Traditionsbruch, denn sie verliert ihre politischen Herrschaftsgebiete, in denen Bischöfe oder Äbte seit dem Hochmittelalter landesherrliche Aufgaben übernommen haben. Die katholischen Christen finden in der neuen Ausrichtung Halt gegen alle Formen des Modernismus in Staat, Gesellschaft und Wissenschaft.

Die katholische Kirche verliert 1803 politisch enorm an Macht und Einfluss, dazu werden viele Privilegien gestrichen. Bald wird die Herausforderung für einen Neuanfang angenommen, zeigt sich doch ein zunehmendes Erstarken des Katholizismus in Deutschland wie in Europa insgesamt. Die deutsche Kirche richtet sich nach Rom aus und unterstützt den römischen Zentralismus, um gegenüber den deutschen Staatsgewalten Rückhalt zu bekommen. Dafür werden Konkordate zwischen dem Heiligen Stuhl und den Staaten abgeschlossen.

Gegenüber den modernen Strömungen von Liberalismus, säkularem Staat und Gesellschaft beginnt die römisch-katholische Kirche eine intensive Auseinandersetzung, die ihre Erneuerung begleitet. Zunächst werden Gewissens-, Meinungs- und Religionsfreiheit wie die Trennung von Staat und Kirche in päpstlichen Enzykliken verdammt. Man wehrt sich gegen die Modernisierung, aber erst in der zweiten Hälfte des Jahrhunderts begründet Papst Leo XIII. den Antimodernismus erstmals dogmatisch (7.3.2). Doch schon zu seiner Zeit zeigt sich, dass immer mehr Staaten durch Verfassungen Freiheitsrechte gewähren und Religionsfreiheit üblich wird.

Seit 1830 entsteht ein umfangreiches katholisches Presse- und Vereinswesen, womit die katholische Bevölkerung aktiviert wird. Das zunehmende Selbstbewusstsein wird in Auseinandersetzungen mit den (evangelischen)

Staaten eindrücklich demonstriert, wie es der Kölner Mischehenstreit am Ende der 1830er-Jahre und der Kulturkampf (4.3.3) zeigen. Der Beginn liegt in Köln, das nach den Befreiungskriegen zu Preußen gehört. Die Katholiken bilden in den neuen Provinzen Rheinland und Westfalen die Mehrheit, nun ziehen evangelische Beamte und Militärs dorthin. Die Konfessionen beginnen sich zu vermischen; das kommt nicht zuletzt in den sogenannten Mischehen zwischen Evangelischen und Katholiken zum Ausdruck. Nach preußischem Recht sollten die Kinder aus solchen Ehen evangelisch sein, das führt jedoch zu Protesten der Katholiken und des Erzbischofs von Köln, den die katholische Presse lebhaft unterstützt. Der König hat festgelegt, dass die Kinder die Konfession des Vaters annehmen sollen, während die katholische Kirche an die Kinder stets ihre Konfession weitergeben will. Darauf setzt der König den Erzbischof ab und lässt ihn 1837 in Sicherheitsverwahrung nehmen. Nun bricht ein Sturm der Entrüstung von Papst, Bischöfen und Katholiken los, bis der neue König den Katholiken entgegenkommt. Damit wird der politische Katholizismus künftig preußenkritisch. Schließlich gibt sich der Staat geschlagen und räumt der katholischen Kirche weitreichende Selbstbestimmungsrechte ein, die diese gegenüber Evangelischen begünstigt und daher auf evangelischer Seite zu einer Aggression gegenüber Katholiken führt. Die katholische Bevölkerung solidarisiert sich gegenüber der evangelischen Mehrheit in Deutschland. Bald entsteht das *Zentrum* als politische Partei des Katholizismus. 1848 gewähren immer mehr Verfassungen ihren Bürgern Freiheitsrechte wie Religionsfreiheit.

Während sich Kirche und Staat auseinanderentwickeln, kommt es am Ende des 19. Jh. zu einer bemerkenswerten Auseinandersetzung zwischen dem modernen Staat und der katholischen Kirche. Überall in Europa dominiert in den Staaten der politische Liberalismus, der die Staaten seit der Französischen Revolution modernisieren möchte. Ein Gegner in diesem Prozess stellt der politische Katholizismus dar, der seine traditionellen Privilegien verteidigen möchte.

Im neuen Deutschland nach der Reichsgründung gilt die katholische Zentrumspartei als Gegner der Reichseinheit, die römischen Katholiken sind eine bedeutende Minderheit. Im Hintergrund steht dabei auch das Ziel der Liberalen, Kirche und Staat zu trennen. Nach der Reichsgründung arbeiten die verschiedenen Kräfte am Aufbau des Reiches. Da die Parlamente zunehmend an Einfluss gewinnen, muss auch der Reichskanzler Bismarck nach Verbündeten im Reichstag suchen. Er setzt auf die Nationalliberale Partei, der an einer zentralistischen Modernisierung gelegen ist. Als Gegner kristallisiert sich dagegen die Deutsche Zentrumspartei heraus, die von den Katholiken getragen wird. Da die Bevölkerung im annektierten Elsass-Lothringen ebenso wie im preußischen Westpreußen katholisch ist, scheint hier ein Reichsfeind zu stehen. Bismarcks liberale Verbündete sind nicht nur antikatholisch, sie streben überdies auch eine Trennung von Kirche und Staat an, sodass der Kulturkampf eigentlich nicht nur gegen den Katholizismus gerichtet ist. Bismarck möchte den politischen Katholizismus zurückdrängen und Staat und Kirche entflechten. Unterstützt wird er nicht zuletzt durch Bayern, das im Reichsrat ein Gesetz gegen politische Aktivitäten der Geistlichen durchsetzt, den sogenannten Kanzelparagrafen. Bald wird der Einfluss der Kirchen auf die Schulen beendet, haben doch die Geistlichen traditionell die Schulaufsicht wahrgenommen. Seit 1872 werden sie durch staatliche Beamte ersetzt. Offiziell möchte man so den Einfluss katholischer Geistlicher auf die Erziehung beenden, aber zugleich trifft dies auch die evangelischen Kirchen.

Im gleichen Jahr wird der Jesuitenorden verboten und Ordensleuten die Unterrichtstätigkeit an öffentlichen Schulen grundsätzlich untersagt. Ein Jahr später wird die Ausbildung der Geistlichen geregelt. Das deutsche Abitur und ein Theologiestudium an einer deutschen Universität von mindestens sechs Semestern wird verpflichtend; das gilt auch für den Protestantismus, wo dies aber damals bereits üblich ist. Zusätzlich werden die Bischöfe aufgefordert, die Stellenbesetzungen künftig den Oberpräsidenten anzuzeigen; der Staat behält sich ein Einspruchsrecht vor. Da die Bischöfe diese neuen Gesetze nicht anerkennen, bleiben viele Pfarrstellen unbesetzt, da die Bischöfe zwar neue Pfarrer entsenden, diese jedoch durch die Polizei vertrieben werden. Ein Expatriierungsgesetz ermöglicht die Ausweisung von oppositionellen Geistlichen. Der Sturm der Entrüstung durch die Bevölkerung und die Geistlichkeit ist unglaublich groß. Der Papst erklärt die Gesetze für nichtig und stärkt so der Opposition den Rücken. Schließlich stellt der Staat die Zuschüsse an die Kirchen ein, zu denen er durch den Reichsdeputationshauptschluss gesetzlich verpflichtet ist. Auf dem Höhepunkt des Konflikts werden 1875 schließlich auch die Zivilstandsgesetze erlassen, nach denen der Staat künftig Geburten und Trauungen selbst registriert und die Pflicht zur Taufe und kirchlichen Trauung entfällt.

Auf die Dauer kann die Benachteiligung der Katholiken in den Regionen mit überwiegend katholischer Bevölkerung (Rheinland, Westfalen, Schlesien und Westpreußen) nicht aufrechterhalten werden. Die Auseinandersetzung hat genau zum Gegenteil geführt: Die Katholiken sehen sich im Konflikt mit dem protestantischen Reich und sie erleben durch die Kampfmaßnahmen eine neue Gemeinschaft und Solidarität; die Zentrumspartei wird zur ersten Volkspartei, die sich aus allen Schichten der Bevölkerung rekrutiert. Seit 1878 kommt es zur Annäherung mit dem Papst und den Katholiken. Die Diskriminierung der katholischen Bevölkerung wird aufgehoben, aber entscheidende Gesetze bleiben auch in Kraft: Kanzelparagraf, Kirchenaustritt, Schulaufsicht, Standesregister und Zivilehe. Damit sind Kirche und Staat getrennt. Der katholischen Kirche hilft die von Leo XIII. veröffentlichte Klärung, man bleibt offen für Toleranz, wenn sich das Ideal der römisch-katholischen Staatskirche nicht durchsetzen kann.

Für die evangelischen Kirchen bestärkt der Konflikt das evangelische Bewusstsein. Äußerlich sichtbar wird dies mit der Gründung des Evangelischen Bundes (1886/87), der als Gegengewicht zu katholischen Organisationen gedacht ist.

―――

UNTERM STRICH

Im neuen Deutschen Reich erscheint die römisch-katholische Kirche als Fremdkörper, scheint sie doch sowohl mit den *feindlichen* Franzosen als auch mit den fremden Polen verbunden. Im Rheinland kommt es zu Konflikten der neuen evangelisch-preußischen Regierung und der katholischen Kirche (Kölner Mischehenstreit), die sich nicht vereinnahmen lassen will. Nachdem sich Reichskanzler Bismarck mit den nationalliberalen Kräften im Reichstag verbündet, kommt es zum Konflikt mit der Zentrumspartei, der in den Kulturkampf mündet. Im Zuge dessen werden etwa die Kirchen bei der Schulaufsicht ausgeschaltet und für die Ausbildung katholischer Geistlicher akademische Anforderungen aufgestellt. In den Auseinandersetzungen mit dem deutschen Staat empfinden sich die Katholiken immer mehr als Einheit.

Durch den Konflikt mit dem Staat modernisiert sich die römisch-katholische Kirche zusehends. Sie findet in der Auseinandersetzung zu einer eigenen Identität, bildet ein umfassendes Pressewesen heraus, das sie in den künftigen Auseinandersetzungen mit dem Modernismus einsetzen kann. Mit der Zentrumspartei übt sie früh die Ausübung politischer Partizipationsmöglichkeiten, als die evangelischen Kirchen überhaupt nicht an solche Schritte denken.

4.3.4 Weimarer Republik

Mit dem Ende des Weltkrieges nimmt die Zahl der Demokratien europaweit zu: Deutschland, Russland und Österreich sowie die Länder, die zuvor zu ihnen gehörten (Ungarn, Tschechoslowakei, Jugoslawien, Finnland, Polen usw.), werden zu Republiken. Mit dem Kommunismus in der Sowjetunion wird erstmals ein atheistischer Staat begründet, der den Kirchen ihr Existenzrecht bestreitet. In Italien übernehmen in den 1920er-Jahren die Faschisten die Macht, sodass dort wie in der UdSSR totalitäre Staaten entstehen, Deutschland und Spanien folgen in den 1930er-Jahren.

Mit der Abdankung des Kaisers (und der anderen Fürsten in Deutschland!) verlieren auch die evangelischen Kirchen in Deutschland ihre Oberhäupter. Das seit der Reformation herrschende **Landesherrliche Kirchenregiment** wird abrupt **beendet**. Kirchenvertreter können mit dieser neuen Freiheit zunächst wenig anfangen, viele geraten in eine regelrechte Identitätskrise. Wenn die Landesherren nicht mehr an der Spitze stehen, wer dann? Ein demokratisch gewählter Repräsentant kann doch nicht *von Gottes Gnaden* auch über die Kirche regieren.

Die kirchlich-orientierte Bevölkerung trauert dem christlichen Obrigkeitsstaat lange nach, das Verhältnis zur Demokratie bleibt distanziert. Die Vertreter der Kirchen sehen sich zunächst zu einer Kirchenreform gezwungen. In Württemberg äußert ein leitender kirchlicher Amtsträger, dass die oberste Spitze der Kirche anders geordnet werden müsse, weil die Reichsverfassung jedem irgendwie staatskirchlichen Charakter der Kirche entgegenstehe. Diese und ähnliche Aussagen zeigen, dass sich die Kirchenleute in einer Zwangslage sehen. Die Einheit von Thron und Altar hätten viele gerne beibehalten; die politische Geschichte drängt die Kirche voran. Zwar gibt es auch andere Stimmen, die für eine größere Selbstständigkeit der Kirchen vom Staat eintreten, aber diese Kräfte bleiben doch anfangs eher in der Minderheit. Kirchen und Christen sind daher verunsichert. Mit einer Republik können die evangelischen Kirchen wenig anfangen.

Mitten in der revolutionären Situation reichen sich Sozialdemokraten, Bürokraten und Militärs die Hand. Kirchenvertreter und konservative Bürger fürchten eine kommunistische Revolution nach sowjetischem Vorbild.

- *Wir haben den Weltkrieg verloren. Unerhört grausamste Waffenstillstandsbedingungen der übermütigen Feinde haben wir annehmen müssen. Kaiser und Reich, wie es in einer Geschichte ohnegleichen uns teuer und wert geworden war, ist dahin. Es ist uns nichts von Bitterkeit und Demütigung*

- *erspart worden. Unsere Herzen sind wie erstarrt und zerrissen in namen-*
- *loser Trauer, in bängsten Sorgen.*
- Evangelischer Oberkirchenrat in Berlin im November 1918, zit. nach
- KThGQ IV/2, S. 67f.

Die Sozialdemokraten sind damals noch sozialistisch ausgerichtet und damit eher kirchenfeindlich, ja atheistisch eingestellt. Im Erfurter Programm der SPD heißt es etwa: „Erklärung der Religion zur Privatsache. Abschaffung aller Aufwendungen aus öffentlichen Mitteln zu kirchlichen und religiösen Zwecken. Die kirchlichen und religiösen Gemeinschaften sind als private Vereinigungen zu betrachten, welche ihre Angelegenheiten selbständig ordnen." (KThGQ IV/2, S. 31)

Aus den Reihen der KPD rufen viele zum Kirchenaustritt auf, antichristliche Freidenkerverbände haben Anfang der 1930er-Jahre fast 1 Mio. Mitglieder. Die Kirche hat zuvor intensiv mit dem Staat zusammengearbeitet, das politische Leitbild der Kirche ist die Monarchie gewesen. Da wundert es nicht, wenn die SPD, die auf eine demokratische Veränderung hinarbeitet, ein distanziertes Verhältnis zur Kirche hat. Daher zielt ihre Politik sofort auf eine klare Trennung von Kirche und Staat ab. In Preußen versucht man in der Übergangszeit 1918/19 den christlichen Charakter der Schulen zu beseitigen, hebt daher auch den Religionsunterricht auf, beendet die finanziellen Zuschüsse an die Kirchen und bringt so die Kirchen in eine ernste Situation. Zwar beträgt der staatliche Zuschuss für die Kirchen weniger als 1 Prozent des Staatshaushalts, dieser Zuschuss macht für die Kirche jedoch mehr als die Hälfte ihres Haushalts aus. Das Land Preußen zahlt den Landeskirchen auf seinem Territorium 28 Mio. Mark, das entspricht 0,22 % seines Haushalts, für die Kirchen sind das jedoch mehr als die Hälfte der vorhandenen Mittel. So wirkt auch diese politische Situation verunsichernd auf die Kirche.

Gegen diese neue Kirchenpolitik der Linken setzen sich konservative kirchliche Gruppen energisch zur Wehr. Sie treten als *Volkskirchenbewegung* öffentlich auf, um die Neuordnung der kirchlichen Verhältnisse mitzugestalten. Mit dem Begriff *Volkskirche* möchten die einen dem Gedanken vom allgemeinen Priestertum Rechnung tragen und die Neuordnung auf demokratischer Grundlage schaffen. Für die anderen verbindet sich mit dem Begriff die Kritik an der Trennung von Kirche und Staat, nach der der Staat religiös neutral sein und die Kirche aus dem öffentlichen Leben zurückgedrängt werden soll. Als Vertretung des letztgenannten Anliegens entsteht 1918 der *Volkskirchendienst*, der sich besonders für die Beibehaltung des Religionsunterrichts als ordentliches Lehrfach einsetzt. Daneben entsteht in Göttingen 1918 der *Volkskirchenbund*, der eine stärkere Beteiligung der Laien im kirchlichen Leben fordert, aber vor allem für die angemessene Repräsentanz der Kirche in der Gesellschaft eintritt.

Mit der Volkskirchenbewegung möchten die Kirchen sich als bedeutender Faktor der Gesellschaft zur Sprache bringen. Bald versucht der Deutsche Evangelische Kirchenausschuss (DEKA) sich an die Spitze der Bewegung zu stellen, indem man den Wunsch aufnimmt, einen Kirchentag einzuberufen, der von einer Vorkonferenz in Kassel mit etwa 150 Vertretern aus den Landeskirchen vorbereitet werden soll. Aufgrund der schwierigen Verkehrsverhältnisse nehmen 104 Personen teil, darunter 51 Vertreter der Kirchenleitungen und Synoden und 6 Vertrauensleute des Kirchenausschusses. Die übrigen 47 Teilnehmer kommen aus freien Werken und der Volkskirchenbewegung. Gleich zu Beginn macht man im ersten Vortrag deutlich, dass man an der Kontinuität der Autonomie der Landeskirchen festhalten will. Eine Reichskirche ist schon aus Bekenntnisgründen undenkbar. So verändert sich mitten in den revolutionären Veränderungen der Gesellschaft in den Kirchen wenig. Wenige Liberale setzen sich für eine demokratische Neuordnung ein. Die konservative Mehrheit möchte dem Zeitgeist keine Konzessionen machen. In den weiteren Verhandlungen zeichnet sich ab, dass es eine föderative Lösung geben wird: Der Kirchenbund soll drei Organe haben, den Kirchentag, die Kirchenkonferenz und den Kirchenausschuss.

Im Zuge der öffentlichen Auseinandersetzung tritt man für Intensivierung des kirchlichen Lebens und Volksmission ein, Unterschriftenaktionen werden durchgeführt usw. Vor den Wahlen zur Nationalversammlung tragen die Parteien diesem Begehren Rechnung. In Preußen nimmt man die Konfrontationspolitik zurück und tritt in ein Gespräch mit der Kirche ein. Dennoch ist die Position der Evangelischen politisch schwach und zersplittert, die wenigsten sind politisch interessiert und daher fehlt ihnen eine eindeutige politische Vertretung. Die evangelische Christenheit in Deutschland scheint fixiert auf den christlichen Obrigkeitsstaat. Daher stehen sie der neuen demokratischen Staatsform skeptisch gegenüber. Die meisten Protestanten sind national und konservativ eingestellt. Die SPD erscheint vielen nicht wählbar. Sie unterstützen daher die *Deutsch-Nationale Volkspartei* (DNVP). Die wenigen liberalen Protestanten sehen in der *Deutschen Demokratischen Partei* (DDP) ihr Sprachrohr. Mit der Eröffnungsansprache durch den letzten kaiserlichen Oberhofprediger von Dryander, damals im 80. Lebensjahr, zeigt sich das Unverständnis für die neue Zeit eindrücklich. Man strebt sowohl nach Rückkehr zur nationalen Größe als auch nach einer volkskirchlich-christlich geprägten Gesellschaft und der Verlust der Monarchie wird überdeutlich bedauert.

Die Landeskirchen erscheinen ganz als *Brückenköpfe* der Monarchie. Gegenüber der Demokratie gibt es erhebliche Vorbehalte, wie sich in der Frage nach dem Wahlsystem für die Synoden zeigt. Nur wenige sprechen sich für demokratische Urwahlen aus. Die Mehrheit hält am bisherigen *Siebsystem* fest, bei dem die Gemeinderäte von den Gemeinden gewählt werden und jeweils Vertreter in höhere Synoden entsenden. Daran ändern auch die Württemberger Erfahrungen mit dem Urwahlensystem nichts, wo die Befürchtungen einer unkirchlichen Entfremdung überhaupt nicht eingetreten sind. Die Argumentation erscheint sehr problematisch: Einerseits hält man an der Volkskirche fest, andererseits fürchtet man, dass bei Urwahlen kirchlich Desinteressierte in Schlüsselpositionen gelangen könnten. Man möchte *die Kirche nicht der Masse ausliefern.*

Auf dem Kirchentag 1919 in Dresden zeigt sich die konservative Rückwärtsgewandtheit der Kirchenvertreter weiter deutlich. Allein die Zusammensetzung ist ganz traditionell ausgerichtet. Vertreter der Sozialdemokraten bzw. aus der Arbeiterschaft spielen kaum eine Rolle, die Teilnehmer sind zur Hälfte Repräsentanten der Kirchenleitungen, die Laien gehören ganz überwiegend dem Mittelstand an.

Die **Katholiken** bilden in Deutschland damals eine starke Minderheit (ca. ein Drittel der Bevölkerung), die jedoch weiterhin geschlossen vom Zentrum vertreten wird. Nach den Wahlen zur Nationalversammlung übernimmt diese Partei neben der SPD eine wichtige Rolle. Die SPD und das Zentrum werden zu staatstragenden Parteien! Den Vertretern der Zentrumspartei gelingt es, ein sehr günstiges Ergebnis für die Kirchen zu erreichen.

- *Art. 137. Es besteht keine Staatskirche.*
- *Die Freiheit der Vereinigung der Religionsgesellschaften wird gewährleistet.*
- *Der Zusammenschluss von Religionsgesellschaften innerhalb des Reichsgebietes unterliegt keinen Beschränkungen.*
- *Jede Religionsgesellschaft ordnet und verwaltet ihre Angelegenheiten selbständig innerhalb der Schranken der geltenden Gesetze. Sie verleiht ihre Ämter ohne Mitwirkung des Staates oder der bürgerlichen Gemeinde.*
- Weimarer Verfassung (1919), zit. nach KThGQ IV/2, S. 77.

Zwar wird die Staatskirche aufgehoben, aber die Großkirchen erhalten eine privilegierte Position als „Körperschaften des öffentlichen Rechtes". Sie dürfen „Steuern" erheben, der Sonntag bleibt geschützt, der Religionsunterricht bleibt ordentliches Lehrfach an den Schulen und auch die theologischen Fakultäten an den Universitäten bleiben erhalten. So trägt die Verfassung der traditionellen Stellung in Staat und Gesellschaft Rechnung (WRV Artikel 135-141).

Evangelische Kirchen und ihre Kirchentage

Der Stuttgarter Kirchentag von 1921 setzt sich noch einmal intensiv mit der Demokratie auseinander. Einer der Hauptredner ist der 73-jährige Berliner Systematiker Julius Kaftan, der ganz in der Theologie des Kaiserreiches verwurzelt ist. Im Rückblick auf den November 1918 sieht er bedrohliche Kräfte am Werk, die den christlichen Charakter des Volkes angreifen. Der neue Staat sei religionsfeindlich bzw. religionslos und ohne sittliche Substanz (4.3.3). Da der demokratische Staat keine Autorität über sich erkenne, könne der Staat nicht zu wirklichen Werten kommen, ja dieser Staat verneine auch seine eigene Autorität. Aus dieser Sicht der Weimarer Republik habe die Kirche die Aufgabe, selbst für die christliche Kultur zu sorgen und mit dem religionslosen Staat zu kämpfen, solange dieser existiere. Namentlich setzt man sich in der Schulpolitik für die evangelischen Bekenntnisschulen ein. Da im Laufe der Republik kein Reichsschulgesetz eine Mehrheit gewinnt, nutzen die Länder den entstehenden Spielraum.

Mit dem Königsberger Kirchentag von 1927 kommt es zu einer gewissen Annäherung an die Republik. Ermöglicht wird dies vielleicht auch durch die Wahl Hindenburgs zum Reichspräsidenten, was die Loyalität zum neuen Staat für viele erleichtert haben dürfte. In der neuen Zeit kommt man freilich noch nicht an; die große Mehrheit bleibt konservativ. Dennoch spürt man die intensive Auseinandersetzung. Der 80-jährige Prof. Wilhelm Kahl, Mitglied des Deutschen Evangelischen Kirchenausschusses, hält einen Vortrag zum Thema *Kirche und Vaterland*, in dem er sich einmal mehr kritisch mit der Entstehung der Republik auseinandersetzt; allerdings hält er fest, dass dieser Staat nun rechtmäßig sei und dass daher sein gesetztes Recht auch für die Kirchen verpflichtend sei, sei doch wirklich *alle* Obrigkeit von Gott. Das Vaterland ist seiner Ansicht nach noch über dem Staat angesiedelt und gehört wie dieser zur Schöpfungsordnung. Den Sturz der Fürstenhäuser 1918 sieht er im Rahmen göttlichen Geschichtswirkens.

- *Legitimität ist kein Ewigkeitsbegriff, sondern ein Rechtsverhältnis mensch-*
- *licher Prägung und geschichtlicher Entwicklung. Es bleibt nur die Wahl:*
- *entweder es gibt keinen Gott, der alles in seiner Hand hat, Kleines und*
- *Großes, – oder es sind auch Usurpationen und Revolutionen Werke und*
- *Zulassungen des allmächtigen Gottes.*
- Verhandlungen des zweiten Deutschen Evangelischen Kirchentages
- 1927, S. 249, zit. nach Bormuth: Kirchentage. S. 234.

Dass die Republik somit letztlich als Folge göttlichen Welthandelns zu deuten sei und nicht als Produkt der „Mächte der Finsternis" (Otto Dibelius),
ist eine steile Aussage, die von der Mehrheit der Protestanten damals sicher
noch nicht geteilt wird. Für Kahl führt diese Einsicht jedenfalls trotz aller
positiven Haltung gegenüber der Monarchie zum Bejahen des neuen Staates.

Auf demselben Kirchentag spricht auch der junge Erlanger Systematiker Paul Althaus (1888–1966) und zwar zum Thema *Kirche und Volkstum*.
Damit will man auf die Herausforderung der wachsenden völkischen Bewegung antworten. Auch Althaus ist mit seinem Denken im Kaiserreich
geprägt, der Kriegsausbruch 1914 bestimmt seine Gedanken über das Volk
stark. Unter Volkstum versteht Althaus etwas Neues, das in den einzelnen
„Volksgenossen" als etwas Gemeinsames erscheint, das der eigenen Existenz vorgegeben ist. Bestimmend ist allerdings nicht das Blut, sondern der
Geist. In der Weimarer Republik sieht Althaus rationale Organisation statt
eines gewachsenen Organismus, statt Glied des Volkes zu sein, bemerkt
er eine „Zersetzung der Masse", „Entwurzelung und Entheimatung". Das
Volk sei an „volklose Geldmächte" preisgegeben, worunter er ausdrücklich
das Judentum als Träger einer „ganz bestimmten zersetzten und zersetzen-
den großstädtischen Geistigkeit" nennt (zit. nach Bormuth: Kirchentage.
S. 237). Freilich gäbe es auch Probleme im Inneren, er wolle nicht einem
„blinden Antisemitismus" das Wort reden. In seinen positiven Ausführungen stellt er eine Verbindung von Volkstum und evangelischem Glauben
heraus, wobei das Volkstum nicht verabsolutiert werden dürfe. Eugenik
und Rassenhygiene könnten die Zersetzung des Volkstums nicht aufhalten, nur das Wort Gottes könne das Volkstum wahrhaft reinigen und auf
das Reich Gottes hin entwickeln. Die Wiederentdeckung des Volkstums
versteht Althaus als „Vorstufe" zu neuer Gotteserfahrung. Diese Erfahrung
führe zur Reifung für die Verkündigung des lebendigen Gottes.

- *Gott will nicht nur die einzelnen neu heiligen, sondern um die Familien*
- *und Völker als Ganzheiten ringen. Die Völker als ganze haben ihren Beruf*
- *in der Gottesgeschichte. Völker sündigen. Völker richtet Gott. So ist den*
- *deutschen Kirchen das ganze Volk anvertraut [...].*
- Verhandlungen des zweiten Deutschen Evangelischen Kirchentages
- 1927, S. 215, zit. nach Bormuth: Kirchentage. S. 238.

Vom Staat wird den Kirchen Autonomie zugesichert, Sonn- und Feiertage werden geschützt, die Kirchen unterhalten Seelsorge in Reichswehr, Krankenhäusern und Gefängnissen und werden insofern anderen Religionsgesellschaften gegenüber bevorzugt. Die Kirchensteuern finanzieren sie großzügig. Die theologischen Fakultäten bleiben ebenso erhalten wie der Religionsunterricht in den Schulen. Für die Schulen ist die Situation schwieriger. Viele Schulen sind in kirchlicher Trägerschaft. Nicht nur die SPD möchte den Einfluss der Kirchen in den Schulen zurückdrängen. Andererseits will das Zentrum die (katholischen) Schulen bewahren. Schließlich findet man einen Kompromiss. Verfassungsziel ist die (überkonfessionelle) Gemeinschaftsschule, aber (christliche) Bekenntnisschulen bleiben erhalten. Erst die Nationalsozialisten werden die christlichen Schulen auflösen! Das Ziel der Bekenntnisschulen ist der „fromme und sittliche Mensch im Geist des Evangeliums", wie es in den Leitsätzen über Erziehung und Schule heißt.

Die Ratlosigkeit und Empörung über den verlorenen Krieg bestimmt als Thema noch einige Kirchentage in den 1920er-Jahren, namentlich die damit verbundene Kriegsschuldfrage und die Einschränkungen für das Reich. 1924 setzt man die soziale Frage auf die Agenda des Kirchentages. Die von ihm veröffentlichte *Kundgebung* wird allerdings von anderen gesellschaftlichen Kräften (Gewerkschaften, Sozialdemokratie) kaum zur Kenntnis genommen.

Auch die katholische Bevölkerung trauert dem Kaiserreich nach. Zwar hat es immer wieder Konflikte der katholischen Kirche mit dem Kaiserreich gegeben, aber die politischen und wirtschaftlichen Probleme der Nachkriegszeit werden auf das neue politische System zurückgeführt. Eine autoritäre Regierung – so meinen viele Bischöfe – könnte Abhilfe schaffen. Es gibt jedoch im Katholizismus auch eine ausgeprägte politische Gruppierung, die in der Zentrumspartei seit Jahrzehnten aktiv Politik macht. Einer von ihnen ist der Oberbürgermeister von Köln, Konrad Adenauer (1876–1967), der auch Präsident des Katholikentages ist.

UNTERM STRICH

Mit der Weimarer Republik kommt es zur Trennung von Kirche und Staat und damit zum größten Einschnitt in der Beziehung zwischen Staat und Kirche in der Neuzeit. Lange trauert die kirchlich orientierte evangelische Bevölkerung um ihre einstigen Landesherren, ihr Verhältnis zur Demokratie entwickelt sich kaum.

Die Kirchen erscheinen noch lange Zeit als Brückenköpfe der ewig Gestrigen, der Anhänger von Monarchie und als Sammelbecken der Gegner der Demokratie. Protestanten wählen nationale und konservative Parteien, eine evangelische Minderheit wählt liberal. Fatalerweise öffnen sich die Kirchenleute auch nationalen Gedanken, die Volkstum und evangelischen Glauben verbinden wollen und so letztlich an der kommenden nationalen Revolution der Nationalsozialisten mitwirken. Auf den Kirchentagen wird die „Zersetzung der Masse" kritisiert, die „Macht volkloser Geldmächte" angeprangert, dabei verweist man ausdrücklich auf die Juden. So zeigt sich eine erschreckende Nähe zur nationalsozialistischen Revolution, auch wenn die Kirche Hilfe nicht von Rassenhygiene, sondern vom Wort Gottes erwarten.

4.3.5 Die Kirchen und der Nationalsozialismus

Die Kirchen im Nationalsozialismus

Die Auseinandersetzung mit dem Nationalsozialismus ist nicht nur eine staatsbürgerliche Pflicht, sie stellt auch für Christen aller Konfessionen eine ernste Herausforderung dar. Wer hat Hitler an die Macht gebracht? Warum hat es keinen Widerstand gegen den rassischen Antisemitismus gegeben? Wie kann die Diktatur entstehen, immer mehr Menschen unterdrücken, einsperren, ermorden? Wer ist für Krieg und Terror mitverantwortlich?

Die Haltung der Kirchen gegenüber dem Nationalsozialismus ist unterschiedlich, wir finden mutige Bekenner wie Bonhoeffer und Delp, aber auch Schuld und Versagen. Auch wenn manche Fragen nur schwer zu beantworten sind, müssen wir uns ihnen stellen, um künftige Herausforderungen möglicherweise besser bestehen zu können.

Den Nationalsozialismus nehmen die Kirchen erst 1930 zur Kenntnis, als die Partei erstmals 18,3 % der Wähler für sich gewinnt und damit 107 Sitze im Reichstag erhält. Die katholischen Bischöfe warnen die Katholiken vor der NSDAP und äußern sich kritisch über das NS-Programm, insbesondere dessen Bezug auf „Irrlehren" im Programm, den „glaubensfeindlichen Charakter" der Kundgebungen und Publikationen (KThGQ IV/2, S. 112). Zu dieser Zeit wählen die großen katholischen Territorien kaum die Nazis.

1930 beginnt Hitler einen Vertrauensfeldzug in Richtung der Kirchen. Nur mit Unterstützung der kirchlich-konservativen Wähler kann er die Macht erringen. Die Mehrzahl der Beamten sind traditionell landeskirchlich gebunden, daher gibt sich die NSDAP als kirchenfreundliche Partei. SA-Abteilungen besuchen in Uniform Gottesdienste, Pfarrer werden zu Fahnenweihen und Gottesdiensten eingeladen. Immer wieder spricht man vom Punkt 24 des Parteiprogramms der NSDAP von 1920.

> *Wir fordern die Freiheit aller religiösen Bekenntnisse im Staat, soweit sie*
> *nicht dessen Bestand gefährden oder gegen das Sittlichkeits- und Moralge-*
> *fühl der germanischen Rasse verstoßen.*
> *Die Partei als solche vertritt den Standpunkt eines positiven Christentums,*
> *ohne sich konfessionell an ein bestimmtes Bekenntnis zu binden. Sie be-*
> *kämpft den jüdisch-materialistischen Geist in und außer uns und ist über-*
> *zeugt, dass eine Genesung unseres Volkes nur erfolgen kann von innen auf*
> *der Grundlage Gemeinnutz vor Eigennutz [Hervorhebung im Original].*
> Parteiprogramm der NSDAP, Punkt 24, zit. nach Scholder: Kirchen.
> S. 107.

Diese Taktik zeigt bei den Protestanten mehr und mehr Wirkung. Die evangelischen Territorien entwickeln sich zu Hochburgen der NSDAP. Nur wenige Stimmen sind der damaligen katholischen Kritik vergleichbar (etwa Bonhoeffer). Es gibt sogar engagierte Kirchenmitglieder, die sich für Hitler und sein Programm einsetzen. Daneben gibt es die Glaubensbewegung *Deutsche Christen*, zu der viele ehemalige „Frontkämpfer" des 1. Weltkriegs gehören und die völkische Gedanken mit dem Christentum verbinden wollen. Diese Gruppe kandidiert bei den Kirchenwahlen der preußischen Landeskirche 1932 und erzielt beachtliche Ergebnisse. Ein Drittel der Sitze fallen den *Deutschen Christen* zu.

> *Diese Richtlinien wollen allen gläubigen deutschen Menschen Wege und*
> *Ziele zeigen, wie sie zur Neuordnung der Kirche kommen. [...] Wir kämp-*
> *fen für einen Zusammenschluss der [...] Kirchen zu einer evangelischen*
> *Reichskirche [...]. Wir stehen auf dem Boden des positiven Christentums.*
> *Wir bekennen uns zu einem bejahenden artgemäßen Christusglauben, wie*
> *er dem deutschen Luthergeist und heldischer Frömmigkeit entspricht. Wir*

wollen das wiedererwachte deutsche Lebensgefühl in unserer Kirche zur Geltung bringen [...]. Wir sehen in Rasse, Volkstum und Nation uns von Gott geschenkte und anvertraute Lebensordnungen, für deren Erhaltung zu sorgen, uns Gottes Gesetz ist.

Richtlinien der Glaubensbewegung Deutsche Christen von 1932, zit. nach KThGQ IV/2, S. 118.

Diese Gruppe schließt sich mehr oder weniger eng den nationalsozialistischen Vorstellungen vom *Volkstum* an und fordert die Kirchen heraus, ihre Vorstellung von Volkskirche zu bestimmen. Die NSDAP gehört selbst zur großen völkischen Bewegung, in der sich nicht zuletzt die republikfeindlichen Kräfte seit der Niederlage des Weltkrieges sammeln. Überhaupt gelingt es der Bewegung, desintegrierte Randgruppen zu sammeln und sich mit einflussreichen Großindustriellen zu verbünden. Im Zentrum steht eine sozial-darwinistische Weltanschauung, die Züge einer Ersatzreligion (mit Symbolen, Weihefeiern, Heroenkult etc.) trägt und zum Erreichen ihres Zieles einen starken Staat benötigt. Um dessen innere Geschlossenheit zu erreichen, werden die Kräfte gleichgeschaltet und von der Propaganda geschult. Die Verbindung von nationalen und kirchlichen Anliegen erscheint heute extrem. Vielen Menschen damals wird die Grenzüberschreitung vom kirchlichen zu einem nationalen Christentum nicht klar, weil das evangelische Deutschland über Jahrhunderte hinweg ein zu positives Bild vom Staat gepflegt hat. So sind viele auf den nationalsozialistisch-atheistischen Staat überhaupt nicht vorbereitet.

Nach der Machtübertragung auf Hitler (1.3.4) verstärkt dieser seine kirchenfreundlichen Bemühungen noch einmal und wirbt in einem effektiven Vertrauensfeldzug um die Kirchen. Immer wieder benutzt er religiöse Wendungen, mit denen er sich ganz deutlich von anderen Politikern der Weimarer Republik abhebt. In seiner Regierungserklärung vom 23. März 1933 macht Hitler den Kirchen große Zugeständnisse, um ihre Anhänger für seine Ziele einzuspannen.

Indem die Regierung entschlossen ist, die politische und moralische Entgiftung unseres öffentlichen Lebens durchzuführen, schafft und sichert sie die Voraussetzungen für eine wirklich tiefe, innere Religiosität. [...] Die nationale Regierung sieht in den beiden christlichen Konfessionen die wichtigsten Faktoren der Erhaltung unseres Volkstums. Sie wird die mit den Ländern abgeschlossenen Verträge respektieren; ihre Rechte sollen nicht angetastet werden.

- Regierungserklärung Hitlers, März 1933, zit. nach KThGQ IV/2,
- S. 114.

Namentlich in Schule und Erziehung sollte den Kirchen Einfluss sicher-
gestellt werden. Die Beziehung zum Papst verspricht Hitler „weiter zu
pflegen und zu vertiefen". Mit der letzten Formulierung sichert Hitler
den Katholiken den Abschluss eines Konkordates zu, d.h. eines Vertrages
zwischen Deutschland und dem Vatikan, in dem der katholischen Kirche
bestimmte Rechte eingeräumt werden (Freiheit des Bekenntnisses, öffentliche Ausübung der Religion, Fortbestand der konfessionellen Schulen, Religionsunterricht in den Schulen, staatliche Unterstützung der Kirche u. Ä.).
Intensiv haben sich seit den Anfängen der Republik Vatikan, deutsche Bischofskonferenz und das Zentrum um einen solchen Vertrag gemüht. Nun
scheint er in greifbarer Nähe. Die katholischen Bischöfe geben daher ihren
Gegenkurs auf, ja man nimmt die Warnungen vor den Nazis sogar zurück.

- *Es ist nunmehr anzuerkennen, dass von dem höchsten Vertreter der Reichs-*
- *regierung, der zugleich autoritärer Führer jener Bewegung ist, öffentlich*
- *und feierlich Erklärungen gegeben sind, durch die der Unverletzlichkeit*
- *der katholischen Glaubenslehre und den unveränderlichen Aufgaben und*
- *Rechten der Kirchen Rechnung getragen […] wird.*
- Deutsche Bischofskonferenz, März 1933, zit. nach KThGQ IV/2, S. 115.

Zwar bleiben Vorbehalte gegen die völkische Bewegung, aber man hält nun
nicht mehr an den Verboten und Warnungen fest. Erzbischof Gröber von
Freiburg bringt es auf den Nenner: „Wir müssen uns umschalten." Daraufhin wenden sich viele Katholiken der Partei zu und sind zur Zusammenarbeit bereit. Das *Zentrum* stimmt für das Ermächtigungsgesetz. Die Demokratie wird so vom Reichstag – wenn auch zunächst nur auf vier Jahre –
abgeschafft. Die Reichsregierung schließt das versprochene Konkordat ab.
Das *Zentrum* stimmt dem Ermächtigungsgesetz zu und löst sich bald auf.

In einer heute unbegreiflichen nationalen Euphorie legen evangelische
wie katholische Kirchenvertreter wiederholt ein Bekenntnis zum neuen
Staat ab. Immer wieder danken Vertreter von Landes- wie Freikirchen für
die große Wende im deutschen Volk (2.3.2).

Gegen den Boykott jüdischer Geschäfte am 1. April 1933 erhebt sich
kein kirchlicher Protest. Die Errichtung von Schutzhaftlagern nimmt man
hin, die Beseitigung von Regimegegnern übersieht man, zur Auflösung der
Parteien sagen Kirchenvertreter nichts. Nur ganz wenige einzelne, katholi-

sche und evangelische Pfarrer, setzen sich in dieser Zeit zur Wehr. Scheinbar kämpft man mit der neuen Regierung gemeinsam gegen den *gottlosen Bolschewismus* und die *weit verbreitete Unsittlichkeit.* In Hitler sieht man einen modernen Ersatzkaiser, der der deutschen *Kultur des Parierens* entgegenkommt.

Mitten im nationalen Aufbruch rücken auch die Kirchen zusammen. Die *Deutschen Christen* fordern, dass die Kirche „Kirche für das deutsche Volk sein soll", dazu soll sie sich mit „modernen Irrlehren, des Mammonismus, Bolschewismus und des unchristlichen Pazifismus" (KThGQ IV, S. 119f.) auseinandersetzen. Man will sich für Heidenmission, innere Mission im Sinne Wicherns, Diakonie und für christliche Schulen und Erziehung einsetzen. Im Juli 1933 entsteht die Reichskirche, die sich auf das Evangelium beruft.

> *Artikel 1*
> *Die unantastbare Grundlage der Deutschen Evangelischen Kirche ist das Evangelium von Jesus Christus, wie es uns in der Heiligen Schrift bezeugt und in den Bekenntnissen der Reformation neu ans Licht getreten ist.*
> Verfassung der Deutschen Evangelischen Kirche vom 11.7.1933, zit. nach KThGQ IV/2, S. 125.

Die Landeskirchen bleiben mit ihren unterschiedlichen Bekenntnissen selbstständig; eine Vereinheitlichung soll in *Rechtspflege und Verwaltung* erreicht werden. An der Spitze steht ein Reichsbischof.

Auch **Freikirchen und Gemeinschaftskreise** begrüßen die neue Regierung. Die Baptisten freuen sich, dass die neue Reichsregierung für moralische Standpunkte eintrete und für ein „positives Christentum". Sogar die Gleichschaltung wird öffentlich von Freikirchen gutgeheißen, man gibt sich national und kritisiert die Demokratie, obwohl *Baptisten* wie *Freie evangelische Gemeinden* von ihren Anfängen im 19. Jh. an demokratische Traditionen gepflegt haben. Angesichts der laufenden Gleichschaltung werden unter Freikirchen und Gemeinschaftsleuten auch Sorgen geäußert, ob die eigenen Organisationsstrukturen künftig erhalten bleiben können. Viele sorgen sich um die Auflösung der Freikirchen und anderer Verbände. Manche Verbände wie der *Hensoltshöher Gemeinschaftsverband* und der *Jugendbund für Entschiedenes Christentum* schließen sich in der zweiten Jahreshälfte 1933 den *Deutschen Christen* an.

Die *Baptisten* nehmen das Führerprinzip (für wenige Jahre) in die eigene Organisationsstruktur auf. Auch im Gnadauer Vorstand fordern manche die Einführung des *Führerprinzips* in der Gemeinschaftsbewegung, der Vorsitzende soll *Reichsgemeinschaftsführer* werden. Das lehnt jedoch der Gnadauer Vorsitzende Walter **Michaelis** (1866–1953) ebenso ab wie das Ansinnen, die Gemeinschaftsbewegung solle sich den *Deutschen Christen* anschließen.

Ähnlich unpolitisch wie die anderen Freikirchen zeigt sich auch die *Brüderbewegung*, deren Vertreter wie viele ihrer erweckten Geschwister in Landes- und Freikirchen bewusst unpolitisch sein wollen und von denen viele auch nicht wählen gehen. Namentlich unter den jüngeren *Brüdern* kann man sich jedoch der Propaganda nicht entziehen. Gegenüber dem angeblichen kommunistischen Umsturzversuch im Zusammenhang mit dem Reichstagsbrand werden die ergriffenen Maßnahmen in Schriften der Brüderbewegung ausdrücklich begrüßt als „vaterländische Erhebung". Das dokumentiert, wie Hitlers Vertrauensfeldzug gegenüber den Christen aufgegangen ist. In der damals aktuellen tagespolitischen Debatte verhält man sich vorsichtig, aber wie das genannte Beispiel zeigt, auch nicht völlig zurückhaltend. Das ist umso erstaunlicher, als man in der *Tenne* (einer Zeitschrift der Brüderbewegung) vor 1933 durchaus deutlich distanzierte Worte gegenüber der nationalsozialistischen Hasspropaganda gefunden hat. Kritisch hat man damals auch das Parteiprogramm der NSDAP gesehen, die freie Religionsausübung müsse sich am „Sittlichkeits- und Moralgefühl der germanischen Rasse" orientieren, denn das könnte die freie Wortverkündigung einschränken. Nun, als es darauf ankommt, ruft man zu Neutralität auf, begrüßt den Kampf gegen den *Bolschewismus* und den Versailler Vertrag. Die üblichen Strukturen lehnt man weiter ab, das Führerprinzip könne in der Brüderbewegung keine Geltung haben, da dort der Heilige Geist allein Führer sei.

Besonders schwer trifft es die *Christlichen Versammlungen* als der Staat verbindliche Strukturen vorschreibt, denn seit den Anfangstagen der Bewegung lehnt man eine eigene konfessionelle Struktur ab, was im totalitären System jedoch nicht erlaubt wird. 1934 organisieren sich die *Offenen Brüdergemeinden* als *Kirchenfreie christliche Gemeinden*. Die *Exklusiven Versammlungen* lehnen diesen Schritt zunächst ab, werden deshalb 1937 verboten und begründen aus der Not heraus den *Bund freikirchlicher Christen*. Sie folgen damit auch dem Rat ausländischer Brüder und sichern der Bewegung so ihr Überleben. Fast 10 % gehen diesen Weg allerdings nicht mit und erleben so Verfolgung und Bewahrung. Ende 1937 findet man mit den *Offenen Brüdern* zusammen und schließt sich 1941/42 mit den *Baptisten* zum *Bund Evangelisch-freikirchlicher Gemeinden* (BEFG) zusammen.

Langsam regen sich allerdings neue Kräfte in den Kirchen. Dazu sind vor allem zwei Ereignisse zu erwähnen. So warnt etwa der Bonner Theologieprofessor **Karl Barth** vor der NSDAP und rät zur neuen Besinnung auf das Wesen und den Auftrag der Kirche (7.3.2). Als die preußische Landeskirche den *Arierparagrafen* für Pfarrer und andere kirchliche Mitarbeiter einführen und damit alle nicht-arischen Angestellten entlassen will, ruft Pfarrer **Martin Niemöller** den Pfarrernotbund ins Leben. Er sieht mit der Einführung des Arierparagrafen in der Kirche eine „Verletzung des Bekenntnisstandes" (vgl. KThGQ IV/2, S. 129) gegeben. Innerhalb eines halben Jahres treten mehr als ein Drittel der evangelischen Pfarrer dem Notbund bei.

Schließlich öffnet im November 1933 ein Redner auf einer Großversammlung der *Deutschen Christen* im Berliner Sportpalast den Christen in Deutschland die Augen. Er spricht über „Die völkische Sendung Martin Luthers"; er fordert die Abschaffung des Alten Testaments mit seiner „jüdischen Lohnmoral und seinen Viehhändler- und Zuhältergeschichten", er strebt nach einem „artgemäßen Christentum" und Entfernung aller „judenblütigen Menschen" aus der Kirche. Die jüdische Theologie des Paulus („Sündenbock- und Minderwertigkeitstheologie") sei zu liquidieren; man solle sich zu einer „heldischen Jesusgestalt" hinwenden, deren Lehre mit den Forderungen des Nationalsozialismus übereinstimme (2.3.2).

Während bis dahin viele die (angeblichen) Verbindungen der Kirchen mit dem Nationalsozialismus betont haben, bemerkt man nun endlich das Trennende. Der Nationalsozialismus präsentiert sich als neue Form von Religion, der mit den Grundlagen des christlichen Glaubens unvereinbar ist. Da die Kirchenleitungen weitgehend in der Hand der *Deutschen Christen* sind, schließen sich Christen unterschiedlicher Konfessionen auf der *Reichssynode der Bekenntnisgemeinschaft der Deutschen Evangelischen Kirche* in Barmen im Mai 1934 zur *Bekennenden Kirche* zusammen und veröffentlichen die **Barmer theologische Erklärung**, an der u. a. Karl Barth federführend mitgewirkt hat.

- *Jesus Christus, wie er uns in der Heiligen Schrift bezeugt wird, ist das*
- *eine Wort Gottes, das wir zu hören, dem wir im Leben und im Sterben*
- *zu vertrauen und zu gehorchen haben. Wir verwerfen die falsche Lehre,*
- *als könne und müsse die Kirche als Quelle ihrer Verkündigung außer und*
- *neben diesem einen Worte Gottes auch noch andere Ereignisse und Mächte,*
- *Gestalten und Wahrheiten als Gottes Offenbarung anerkennen.*
- Barmer Theologische Erklärung, Mai 1934, zit. nach KThGQ IV/2,
- S. 130f.

Damit distanziert man sich sowohl von einem Führer Adolf Hitler als auch von seinem Programm. Die *Bekennende Kirche* wird vom Staat nie anerkannt, ihre Vertreter verfolgt, diskriminiert und z. T. eingesperrt. Karl Barth muss 1935 seinen Lehrstuhl aufgeben und sich in seine Schweizer Heimat zurückziehen, Martin Niemöller wird in *Schutzhaft* genommen.

Noch rascher reagiert die Gemeinschaftsbewegung auf die Sportpalastrede, schon im Dezember trifft sich der Gnadauer Vorstand in Bad Salzuflen, wo Miachaelis ein Grundsatzreferat über die Grundlagen der Arbeit hält. Der Vorstand stimmt Michaelis zu und bestätigt ihn in seinem Amt. Eine Erklärung wird veröffentlicht, in der sich Gnadau von den *Deutschen Christen* distanziert und allen Verbänden diesen Weg empfiehlt. Zugleich wählt man einen eigenen Weg ohne Rückbindung an die Reichskirche und entscheidet sich ein halbes Jahr vor der *Bekennenden Kirche* gegen den Nationalsozialismus. Die Gnadauer Pfingstkonferenz von 1934 (einmalig als *Synode*, d.h. als *geschlossene Versammlung* einberufen) unterstützt den eingeschlagenen Weg. Seit November 1934 schließt sich der Gnadauer Verband der *Arbeitsgemeinschaft der missionarischen und diakonischen Werke* an und fordert seine Mitgliedsverbände auf, sich nun von den *Deutschen Christen* zu trennen.

Der EC äußert sich dagegen weiter positiv zur deutsch-christlichen Bewegung, sein Leiter Schürmann sucht dadurch nicht zuletzt die Unabhängigkeit des Verbandes zu retten. Im Dezember 1933 wird der EC jedoch wie die übrige kirchliche Jugendarbeit durch Reichsbischof Müller der Hitlerjugend eingegliedert. Als der EC die Gnadauer Linie nicht unterstützt, legt Michaelis seine Ehrenmitgliedschaft nieder. Viele Jugendbünde und ganze Landesverbände (Ostpreußen, Schlesien) lösen sich auf, um der Zwangsmitgliedschaft in der Hitlerjugend zu entgehen; auf lokaler Ebene bleiben Jugendbünde aber auch als *Gemeinschaftsjugend* erhalten.

Von den 38 Gnadauer Landes- und Provinzialverbänden scheiden nur vier aus, neben Waldeck, Pommern und Thüringen auch der *Deutsche Gemeinschafts-Diakonieverband* (DGD) unter Leitung von Pfarrer Theophil Krawielitzki. Dieses Werk beschreitet seinen Sonderweg, weil ihm die *Rettung der Seelen* besonders wichtig ist und man daher den kirchenpolitischen Kampf als störend empfindet. Im Zuge des erlebten Aufbruchs der Nation sehen die Verantwortlichen des DGD große volksmissionarische Chancen, die sie in jedem Falle nutzen möchten. Darüber hinaus steht man aber auch dem Nationalsozialismus innerlich nahe, wenn es in einer Broschüre heißt:

[…] unsere Aufgabe geht künftig noch weiter, indem wir, vaterländisch gesehen, unsere Glieder im Geist des Nationalsozialismus erziehen. Das ist die logische Folge der Volksverbundenheit. Dies dient dem Wohl des Volkes in geistiger und geistlicher Beziehung. […] Wir wollen uns nicht in den Schmollwinkel zurückziehen oder kleine Sonderaktionen beginnen, sondern mit ganzer Hingabe an der Aufrichtung des Dritten Reiches mitarbeiten, auch in der SA, SS. HJ, BDM, NSV voranstürmen, in der evang. Kirche selbstlos mitarbeiten, nicht die Gemeinschaft als Selbstzweck bauend, sondern die Landeskirche als Missionsanstalt oder Baugerüst, worin der Herr seine Gemeinde zubereitet.

Martin Krawielitzki: Unser Dienst im Dritten Reich. Marburg 1934, S. 13.16, zit. nach Rüppel: Gemeinschaftsbewegung. S. 209.

Obwohl der Diakonieverband sich bis dahin eigentlich eher unpolitisch verstanden hat und damit der Brüderbewegung und anderen konservativen Christen ähnelt, wird das missionarisch besonders aktive Werk hier erstaunlich politisch offensiv. Scheinbar will man unter dem Eindruck des geistigen und geistlichen Aufbruchs des Jahres 1933 die Gunst der Stunde für einen missionarischen Vorstoß in eine politische Bewegung wagen, der offenbar die Zukunft gehört und deren Aufschwung für die Volksmission nutzen. Auch der Leiter des DGD und sein Sohn Martin haben sich dem Vertrauensfeldzug Hitlers gegenüber den Christen nicht zu entziehen vermocht. Mit dieser Haltung nehmen die Spannungen zwischen dem DGD und dem Gnadauer Verband im Laufe des Jahres 1934 immer mehr zu, sodass sich Krawielitzki nach einem Briefwechsel mit Michaelis für eine Zusammenarbeit mit der Reichskirche und gegen Gnadau entscheidet. Begründet hat er diesen Schritt mit der Vorstellung, neutral bleiben zu können, um den volksmissionarischen Auftrag weiterzuverfolgen. Wegen dieser Neutralität gehört sein Verband weder den *Deutschen Christen* an noch unterstützt er den Kurs Gnadaus, die sich im Rahmen der *Arbeitsgemeinschaft der missionarischen und diakonischen Werke und Verbände in der DEK* engagieren.

Die Werke der *Arbeitsgemeinschaft*, zu der u. a. der *Kaiserswerther Verband*, die *Deutsche Diakonenschaft* und der *Deutsche Evangelische Missionsrat* gehören, suchen ihre innere Freiheit gegenüber der Reichskirche zu wahren, als sie sich im Oktober 1934 zusammenfinden. Damit entsteht neben der *Bekennenden Kirche* ein zweiter Sonderweg der Werke, die sich einerseits nicht kirchlicher Leitung unterstellen, andererseits aber ihre innerkirchliche Arbeit weiterführen wollen, ohne sich auf die *Deutschen Christen* einzulassen. Die *Arbeitsgemeinschaft* versteht ihre Haltung jedoch keinesfalls neutral, immer wieder schließt sie sich Protesten der *Bekennenden Kirche* an. Oft arbeiten *Gemeinschaften* und *Bekennende Kirche* auch vor Ort gut zusammen, etwa im Rheinland oder in Ostpreußen.

Im Oktober 1934 ruft die 2. Reichsbekenntnissynode in Berlin-Dahlem das *kirchliche Notrecht* aus, weil der erste Artikel der Kirchenverfassung außer Kraft gesetzt worden sei, nachdem man die kurhessische, württembergische und bayerische Kirchenleitung mit Polizeigewalt beseitigt habe.

- *Dieser Artikel ist durch Lehren, Gesetze und Maßnahmen der Reichskirchenregierung tatsächlich beseitigt. Damit ist die christliche Grundlage der Deutschen Evangelischen Kirche aufgehoben. 2. Die unter Parole: „ein Staat – ein Volk – eine Kirche" vom Reichsbischof erstrebte Nationalkirche bedeutet, dass das Evangelium für die Deutsche Evangelische Kirche außer Kraft gesetzt und die Botschaft der Kirche an die Mächte dieser Welt ausgeliefert wird.*
  Botschaft der Bekenntnissynode der Deutschen Evangelischen Kirche 1934, zit. nach KThGQ IV/2, S. 132f.

Ab 1934 wird der Totalanspruch der Nazis immer stärker, mehr und mehr drängen die Nazis den Einfluss der Kirchen in der Gesellschaft zurück. Für die freien Werke und Gemeinschaften wird ihre Unabhängigkeit schon durch das *Sammlungsgesetz* von 1934 zum Problem, das alle öffentlichen Sammlungen außerhalb von Kirchen verbietet. Dadurch wird den Gemeinschaften das Einsammeln von Kollekten verboten, immer wieder werden Prediger und Gemeinschaftsleiter wegen Verstößen angeklagt. Aber auch durch staatliche Maßnahmen gegen die *Bekennende Kirche* werden Gemeinschaften getroffen. So verbietet der *Göring-Erlass* seit November 1934 kirchlich-konfessionelle Versammlungen außerhalb von Kirchen, so werden Bibelstunden und Evangelisationen in gemieteten Räumen verboten. Aber auch auf eigene Versammlungsräume von Gemeinschaften greift der Staat zu, wenn dort im Herbst 1938 z.B. Getreide eingelagert wird. Die kirchliche Presse wird immer stärker zensiert, Kindergärten in kirchlicher Trägerschaft werden der *Nationalsozialistischen Volkswohlfahrt* unterstellt, die konfessionellen Schulen werden beseitigt, der Religionsunterricht teilweise durch Weltanschauungsunterricht ersetzt und Kreuze aus Schulen entfernt. 1939 gibt es praktisch keine Bekenntnisschulen mehr. Diese Maßnahmen trifft alle Teile der Kirche, auch die Verbände, die sich weder in der *Bekennenden Kirche* noch in der *Arbeitsgemeinschaft* verbunden haben, müssen Arbeitsfelder aufgeben.

Durch die nationalsozialistische Schulpolitik soll die Jugend für die NS-Weltanschauung gewonnen werden. Körperliche Ertüchtigung, Rassenlehre und die Vermittlung nationalsozialistischer Werte stehen im Zentrum. Mit der *Hitler-Jugend* (HJ) gründen die Nationalsozialisten eine Jugendorganisation, durch die der Einfluss von Familie und Schule ersetzt werden soll. Hier stehen körperliche Ertüchtigung (Sport) und weltanschauliche Schulung im Mittelpunkt, dazu kommt aber auch eine militärische Grundausbildung. Attraktive Angebote (Zeltlager, Fahrten, Feierstunden, besondere Sportarten wie Segelfliegen) sorgen für einen hohen Grad an Zustimmung. Andere Veranstaltungen (christliche Jugendgruppen wie EC) werden immer stärker aufgesogen, seit 1936 ist die EC-Arbeit nur noch mit Menschen über 18 Jahren möglich, auch muss die Bewegung ihren Namen ändern in *Bund für entschiedenes Christentum*. Während der Gottesdienstzeiten finden Treffen der Jugendgruppen statt usw.

Aber allzu viele Christen verlieren ihr positives Bild von Hitler nicht, sie lassen sich von der nationalsozialistischen Propaganda einer *Machtergreifung* blenden, begrüßen weiter *Erfolge* des Führers, wie etwa den *Anschluss Österreichs* 1938. Angesichts der Sudentenkrise rufen Blätter zum anhaltenden Gebet für den Führer auf, damit der Frieden erhalten bleibe. Selbstverständlich ist man dabei der Überzeugung, dass Hitler selbst nur einen friedlichen Weg gehen will. Manche Wissenschaftler äußern die Vermutung, dass freie Wahlen in 1938 zu einer absoluten Mehrheit geführt hätten. Immerhin vertreten *Arbeitsgemeinschaft* und *Bekennende Kirche* auch kritische Positionen.

Manche Christen wehren sich, so gut sie können. Sie kämpfen um die Unabhängigkeit der Kirche und der freien Werke, man setzt sich für den Schutz der Kirchenmitglieder ein. Nur selten gehen sie darüber hinaus. Im Mai 1936 richtet die *Bekennende Kirche* eine Denkschrift an Hitler, worin sie die Wertschätzung von Blut, Rasse und Volkstum verurteilt, weil dies der Verehrung Gottes (1. Gebot) zuwiderhandle.

- *Wenn der arische Mensch verherrlicht wird, so bezeugt Gottes Wort die Sündhaftigkeit aller Menschen. Wenn den Christen im Rahmen der nationalsozialistischen Weltanschauung ein Antisemitismus aufgedrängt wird, der zum Judenhass verpflichtet, so steht für ihn dagegen das christliche Gebot der Nächstenliebe.*
- Denkschrift der 2. Vorläufigen Leitung an Adolf Hitler am 28.5.1936, zit. nach KThGQ IV/2, S. 144.

Immerhin ein sehr deutlicher Protest. Einer der Verfasser bezahlt seinen Mut mit dem Leben. Papst Pius XI. veröffentlicht 1937 die Enzyklika *Mit brennender Sorge*. Darin verurteilt auch er die NS-Weltanschauung mit ihrer Verherrlichung von Rasse und Volk (KThGQ IV/2, S. 147ff.).

- *Mit brennender Sorge und steigendem Befremden beobachten Wir seit geraumer Zeit den Leidensweg der Kirche, die wachsende Bedrängnis der ihr in Gesinnung und Tat treubleibenden Bekenner und Bekennerinnen inmitten des Landes und Volkes, dem St. Bonifatius einst die Licht- und Frohbotschaft von Christus und dem Reiche Gottes gebracht hat.*
- Enzyklika *Mit brennender Sorge* Papst Pius XI. (1937), zit. nach KThGQ IV/2, S. 147.

Die Auseinandersetzung zwischen *Bekennender Kirche* und Nationalsozialismus geht weiter, viel erreicht haben die Kirchen nicht. Der Krieg führt schließlich zu einer Atempause, da Hitler die Kampfkraft des Volkes nicht schädigen will. Dennoch führen radikale Kreise der NSDAP den Kirchenkampf weiter. Im *Warthegau*, dem eroberten Westen Polens, gelten von Anfang an neue Bestimmungen für das Verhältnis von Staat und Kirche. Kirche und Staat werden nicht nur getrennt, sondern die Kirchen erhalten hier lediglich den Status von Vereinen, denen man erst als Volljähriger beitreten kann. Alle Jugendgruppen werden verboten, Deutsche und Polen dürfen nicht in einer Kirche sein, außer dem *Kultraum* dürfen die Vereine kein Eigentum haben. Die Wohlfahrt ist allein der NS-Volkswohlfahrt vorbehalten (KThGQ IV/2, S. 151).

Den Kriegsausbruch nehmen Christen beider Konfessionen hin, evangelische wie katholische Bischöfe mahnen die Soldaten zur treuen Pflichterfüllung und beten für „Gottes Kraft und Christi Trost". Immer wieder freut man sich in konfessionellen Zeitschriften über den großen Feldherrn Adolf Hitler. Nur wenige Menschen wie Dietrich Bonhoeffer sehen sich aus Glaubens- und Gewissensgründen zum aktiven Widerstand genötigt. Er hat schon 1933 geäußert, dass es der Kirche nicht nur darum gehen könnte, die Unter-dem-Rad-Verwundeten zu verbinden, vielmehr müsse man auch dem Rad in die Speichen fallen.

Kirche und Widerstand

Nur wenige Stimmen erheben sich öffentlich gegen die antisemitischen Verbrechen wie die sogenannten *Nürnberger Gesetze* von 1935, die z.B. die Heirat zwischen Deutschen und Juden verbieten. Als die Nazis 1938 in der sogenannten *Reichskristallnacht* Synagogen plündern und brandschatzen, prangern nur einzelne Pfarrer das an.

Beide Kirchen sind zu Beginn der Regierung Hitlers rasch zur Kooperation übergegangen, schon bald aber müssen sie die Erfahrung machen, dass „unter den Gegebenheiten eines totalitären Staates bereits der Wille zur kirchlichen Selbstbehauptung als solcher politischer Widerstand ist" (K. D. Erdmann). Als die Alliierten Spruchkammern nach dem Krieg die *Bekennende Kirche* als *Widerstandsbewegung* anerkennen, zeigen sich die Mitglieder der *Bekennenden Kirche* einigermaßen erstaunt. So haben sie ihren Weg im Dritten Reich eigentlich nicht verstanden.

Viele evangelische Christen setzen sich weniger mit dem Staat auseinander, der Kirchenkampf ist vielmehr eine Auseinandersetzung unter *Deutschen Christen* und den Mitgliedern der *Bekennenden Kirche*.

Beide Kirchen sehen sich nicht zum politischen Widerstand gegen Hitler ermächtigt, weil man sich etwa auf Röm 13 beruft, wo Paulus die römischen Christen zur Unterordnung unter den Staat auffordert. Die furchtbare Erfahrung der Kirchen mit der NS-Diktatur zwingt Theologie und Kirchenleitung zum Umdenken. Mehr und mehr haben Kirche und Theologie erst nach 1945 zu einer staatskritischen Grundhaltung gefunden.

Dennoch finden einzelne Christen auch in den Widerstand. Herausragender Vertreter ist zum einen Dietrich Bonhoeffer, der 1943 verhaftet und 1945 im KZ Flossenbürg ermordet wird. Er arbeitet mit den Mitgliedern des militärischen Widerstandes zusammen. Neben Bonhoeffer verdient der Jesuit Alfred Delp Erwähnung, der im Zusammenhang mit der Verschwörung vom 20. Juli 1944 verhaftet und hingerichtet wird.

Die römisch-katholischen Bischöfe sind vor der Regierungsübernahme viel kritischer als die Protestanten. Im Zuge der Verhandlungen über das Konkordat halten sich die Katholiken zurück. Aber die auf das Konkordat folgende Politik sieht doch ganz anders aus: Kirchliche Vereine, Presse und Jugendorganisationen werden eingeschränkt. Bischöfe und Priester wehren sich in Predigten gegen die nationalsozialistischen Unrechtsmaßnahmen (z.B. gegen die Euthanasieaktionen, 6.3), 261 deutsche Priester werden in Konzentrationslager verschleppt.

Obwohl sich die Nationalsozialisten intensiv um die innere Gleichschaltung kümmern, bleiben kirchlich orientierte Menschen doch distanziert gegenüber der Weltanschauung und der Regierung. Interessant ist der Bericht der Sicherheitspolizei über die Glaubensüberzeugungen der Verschwörer vom 20. Juli 1944. Darin heißt es:

> *In den Untersuchungen zum 20. Juli 1944 stellt sich immer wieder heraus, dass konfessionelle Bindungen und kirchliche Beziehungen in der Verschwörerclique eine große Rolle gespielt haben. 1. Ein Teil der Personen, die in die Untersuchung einbezogen werden mussten, gibt an, gläubige Christen der evangelischen oder katholischen Konfession zu sein. 2. Ein weiterer Teil hält an den traditionellen Bindungen christlich-kirchlicher Art fest.*
> Bericht der Sicherheitspolizei der Verschwörer vom 20. Juli 1944, zit. nach Gutschera, Maier, Thierfelder: Geschichte. S. 331.

Nach dem Krieg veröffentlichen beide Kirchen Schulderklärungen. Die Evangelische Kirche bekennt 1945 in der Stuttgarter Erklärung ihre Schuld, über die Ermordung der Juden schweigt man.

> *Wohl haben wir lange Jahre hindurch im Namen Jesu Christi gegen den Geist gekämpft, der im nationalsozialistischen Gewaltregiment seinen furchtbaren Ausdruck gefunden hat; aber wir klagen uns an, dass wir nicht mutiger bekannt, nicht treuer gebetet, nicht fröhlicher geglaubt und nicht brennender geliebt haben. Nun soll in unseren Kirchen ein neuer Anfang gemacht werden.*
> Stuttgarter Erklärung, zit. nach KThGQ IV/2, S. 163.

Auch die verschiedenen Christen suchen nach den Erfahrungen und Verstrickungen mit dem Totalitarismus ihre Wege neu zueinander zu ordnen. Früh nimmt der neue Leiter des DGD, Pfarrer Arno Haun, mit dem Gnadauer Vorsitzenden Michaelis Kontakt auf, um in die Gnadauer Bewegung zurückzukehren. Michaelis ist für diesen Schritt offen.

Die missionarische Gesinnung um jeden Preis, die den DGD zum Austritt aus Gnadau geführt hat, wird als Fehler bekannt und die Gemeinschaft mit den Geschwistern bekannt.

> *1. Wir gestehen ein, dass wir mit dem Austritt aus dem Gnadauer Verband gefehlt haben und bitten die Brüder um Verzeihung.*
> *2. Wir bitten um Verzeihung wegen des Ärgernisses, das wir der Gemeinde Gottes durch unsere politische und kirchenpolitische Haltung gegeben haben. [...]*
> *3. Der leitende Gesichtspunkt in Fragen der verschiedenen Reichsgottesarbeiten ist nicht Seelenrettung um jeden Preis, sondern der Wille Gottes um jeden Preis. In Zweifelsfällen entscheidet ein brüderli-*

- *ches Schiedsgericht, dessen Spruch sich beide Parteien unterwerfen.*
- Schuldbekenntnis des DGD, zit. nach Rüppel: Gemeinschaftsbe-
- wegung. S. 208.

Folgen für die Kirchen

Als die totalitären Regierungen immer mehr ihre Machtbefugnisse auf Kosten der Kirchen ausdehnen und mit den kirchlichen Lehren in Konkurrenz treten, nimmt auch die römisch-katholische Kirche die Herausforderung der Moderne neu auf. Papst Pius XII. (Papst seit 1939) öffnet die Kirche für die Demokratie, wenn er etwa in einer Rundfunkansprache 1944 feststellt, dass die Völker sich den Diktaturen widersetzen.

- *Durch bittere Erfahrung belehrt, widersetzen sie sich mit größerem Nach-*
- *druck den ausschließlichen Befugnissen einer diktatorischen, unkontrollier-*
- *baren und unantastbaren Macht und fordern ein Regierungssystem, das*
- *mehr im Einklang steht mit der Würde und Freiheit der Bürger.*
- zit. nach Weißenborn: Religionsfreiheit. S. 90.

Mit diesem Bekenntnis zur Demokratie schlägt der Papst gleichsam ein neues Kapitel auf, erscheint doch der Staat nun von unten aufgebaut, er erscheint als Organismus, der den Einzelnen dient und sie nicht mehr beherrscht. Zwar bleibt die Kirche noch in der Tradition Leos XIII., wenn es um die Stellung der Kirche geht, langsam wird allerdings ein Erkenntnisprozess sichtbar, der die Nachteile der Intoleranz für die Kirche erkennt. Denn durch den staatlichen Schutz sind viele Christen gar nicht konfliktfähig. Nun sehen Kirchenvertreter selbst die Nachteile staatlicher Sanktionen und leiten einen Erneuerungsprozess der Kirche ein.

Nach dem Krieg äußert sich Konrad Adenauer aufschlussreich über das Thema Kirche und Staat. Er ist einst Oberbürgermeister von Köln gewesen, während der Gewaltherrschaft ist er im einstweiligen Ruhestand und züchtet Rosen, später wird er erster Kanzler der Bundesrepublik und schreibt 1964 folgenden aufschlussreichen Brief:

- *Nach meiner Meinung trägt das deutsche Volk und tragen auch die Bischö-*
- *fe und der Klerus eine große Schuld an den Vorgängen in den Konzentra-*
- *tionslagern. Richtig ist, dass nachher vielleicht nicht viel mehr zu machen*
- *war. Die Schuld liegt früher. Das deutsche Volk, auch Bischöfe und Klerus*
- *zum großen Teil, sind auf die nationalsozialistische Agitation eingegangen.*
- *Es hat sich fast widerstandslos, ja zum Teil mit Begeisterung [...[gleich-*

schalten lassen. Darin liegt seine Schuld. Im übrigen hat man aber auch gewusst – wenn man auch die Vorgänge in den Lagern nicht in ihrem ganzen Ausmaße gekannt hat – dass die persönliche Freiheit, alle Rechtsgrundsätze, mit Füßen getreten wurden, dass in den Konzentrationslagern große Grausamkeiten verübt wurden, dass die Gestapo, unsere SS und zum Teil auch unsere Truppen in Polen und Russland mit beispiellosen Grausamkeiten gegen die Zivilbevölkerung vorgingen. Die Judenpogrome 1933 und 1938 geschahen in aller Öffentlichkeit. Die Geiselmorde in Frankreich wurden von uns offiziell bekannt gegeben. Man kann also wirklich nicht behaupten, dass die Öffentlichkeit nicht gewusst habe, dass die nationalsozialistische Regierung und die Heeresleitung ständig aus Grundsatz gegen das Naturrecht, gegen die Haager Konvention und gegen die einfachsten Gebote der Menschlichkeit verstießen. Ich glaube, dass, wenn die Bischöfe alle miteinander an einem bestimmten Tage öffentlich von den Kanzeln aus dagegen Stellung genommen hätten, sie vieles hätten verhüten können. Das ist nicht geschehen und dafür gibt es keine Entschuldigung. Wenn die Bischöfe dadurch ins Gefängnis oder in Konzentrationslager gekommen wären, so wäre das kein Schade, im Gegenteil. Alles das ist nicht geschehen und darum schweigt man am besten.

zit. nach Gutschera/Maier/Thierfelder: Ökumenische Kirchengeschichte. 2003, S. 333.

UNTERM STRICH

Eindrücklich lässt sich zeigen, dass die Nationalsozialisten gerade in den evangelischen Verbreitungsgebieten besonders hohe Wahlergebnisse erzielen konnte, während in den überwiegend katholischen Gebieten ihre Anhängerschaft gering war. Die nationale Propaganda, die religiös anmutenden Phrasen („positives Christentum"), die Kirchgänge nationalsozialistischer SA-Gruppen und die vielen Hitler-freundlichen Vermutungen werben für die völkische Bewegung auch unter der kirchlich eingestellten Bevölkerung.

Bei den Kirchenwahlen erhält die Glaubensbewegung *Deutsche Christen* immer mehr Stimmen, obwohl ihre Richtlinien ganz und gar nicht harmonisierbar mit christlichen Grundüberzeugungen sind, denn wie sollen auch „artgemäßer Christusglauben" begründet werden, wie können *Rasse, Volkstum und Nation* als göttliche Lebensordnungen in den Kirchen zur Geltung gebracht werden? Seit Anfang der Kirche ist die Einheit der Christen aus allen möglichen Völkern, Rassen und Schichten selbstverständlich.

Auf die Frage, in welchem Verhältnis Staat und Kirche stehen sollen, finden wir keine verbindliche Antwort. Viele Christen meinen damals wohl, dass es sich um Angelegenheiten des Staates handele, die die Kirchen nichts angehen. Diese Position ist nach den Staatsverbrechen im totalen Staat unmöglich geworden. Insofern ist das Wächteramt, das die Kirchen seitdem einnehmen, eine notwendige Konsequenz.

Schon 1933 bezieht Dietrich Bonhoeffer entschieden gegen den Antisemitismus Stellung. Er fordert die Kirchen auf, den Staat für sein Handeln verantwortlich zu machen, den „Opfern des Staatshandelns" beizustehen und schließlich „dem Rad selbst in die Speichen zu fallen" (KThGQ IV/2, S. 116). Wenige sehen so klar wie Bonhoeffer oder Barth. Trotz Informationen über das Ausrottungsprogramm gegen die Juden im Krieg *(Endlösung der Judenfrage)* kommt es kaum zu Protesten dagegen. Weder nutzt der Papst seine besondere Position noch tun es evangelische oder katholische Bischöfe.

Bei aller Wertschätzung der kirchlichen Widerständigkeit und des tatsächlichen Widerstands muss insgesamt doch eingeräumt werden, dass große Teile der Bevölkerung die nationalsozialistische Machtausübung hingenommen haben. Dass alle sich später darauf berufen haben, *nur auf Befehl* gehandelt zu haben, wird man aus heutiger Sicht doch infrage stellen müssen. Dass das System bis zum Schluss funktioniert hat, dass noch wenige Tage vor dem Ende Menschen wie Canaris oder Bonhoeffer ermordet werden konnten, dass die übergroße Mehrzahl der Menschen für den Endsieg aktiv blieb, muss nachdenklich wirken. Umso einschneidender hat man dann die bedingungslose Kapitulation des Landes erlebt, für viele wird es so etwas wie eine Stunde Null.

4.3.6 Kirche nach dem Krieg

Nach dem 2. Weltkrieg setzt bald weltweit die Entkolonisierung ein. Damit werden auch viele Kirchen selbstständig. Allerdings hat wirtschaftliche Abhängigkeit oftmals die politische abgelöst. In vielen Regionen ist die Verbindung zwischen Kirche und Politik traditionell sehr intensiv; wie selbstverständlich bleibt der römisch-katholischen Kirche in Lateinamerika eine Sonderstellung. Oft liegt der Bildungsbereich in ihrem Einflussbereich, ebenso die Militärseelsorge u. Ä. Aber auch in anderen Regionen auf der Südhalbkugel kennt man die europäisch-nordamerikanische Trennung von Staat und Kirche, Religion und Politik nicht. Mit der Zunahme der Christen auf der Südhalbkugel nimmt dort auch die Bedeutung christlicher Werte erheblich zu. Während des sogenannten Kalten Krieges zwischen den USA und der UdSSR setzen sich auch viele Christen für Demokratie und soziale Gerechtigkeit ein; die marxistische Ideologie fordert die *freie Welt* zum Handeln heraus.

Auf dem Höhepunkt des Kalten Krieges zu Beginn der 1960er-Jahre setzen sich auch die Kirchen für den Frieden ein. Die bürgerlichen Freiheitsrechte werden dem Zwang der sozialistischen Staaten hinter dem eisernen Vorhang gegenübergestellt. Das fordert auch die römisch-katholische Kirche heraus. Papst Johannes XXXIII. veröffentlicht 1963 seine Enzyklika *Pacem in Terris*, in der er einen Weg zum Frieden weisen will, nicht nur für Katholiken, sondern für „alle Menschen guten Willens". Dabei weist er besonders auf die Bedeutung des Gewissens hin, in das der Schöpfer seine Ordnung eingeprägt habe. Jeder Mensch sei Person, mit Vernunft und Willensfreiheit ausgestattet, mit unveräußerlichen Rechten und Pflichten versehen.

- *Zu den Menschenrechten gehört auch das Recht, Gott der rechten Norm des Gewissens entsprechend zu verehren und seine Religion privat und öffentlich zu bekennen.*
- Pacem in Terris, zit. nach Weißenborn: Religionsfreiheit. S. 164.

Manche Interpreten sehen hier den Weg zur Religionsfreiheit gewiesen, den dann das 2. Vatikanische Konzil gegen großen Widerstand beschreitet (7.3.2). Bis dahin versteht sich die römische Kirche als die allein wahre Kirche, die im Besitz der Wahrheit sei, die zu verteidigen sei und die bewahrt werden müsse. In Staaten mit deutlicher katholischer Mehrheit dürfe anderen Wahrheitsansprüchen keine Freiräume eröffnet werden, dabei habe sie der Staat zu unterstützen. Nach den Erfahrungen mit dem Totalitarismus rückt die Kirche von diesen Positionen ab und spricht sich 1965 für die Religionsfreiheit aus. Obwohl sich früh eine große Zustimmung abzeichnet, müht man sich intensiv um Einheit. Schließlich stimmen 2308 der 2386 anwesenden Väter des Vatikanischen Konzils zu, nur 70 verweigern die Zustimmung (bei 7 ungültigen Stimmen). Da man schon vorher eine Zweidrittelmehrheit gezählt hat, ist dieses Bemühen um Einheit vorbildlich.

Nach dem Zusammenbruch der Sowjetunion und ihres Einflussbereiches füllen weltweit religiöse Kräfte das ideologische Vakuum auf. Neben dem Fundamentalismus im Raum des Islam kann man leicht auf der Südhalbkugel einen christlichen Fundamentalismus finden. Auch christliche Konservative setzen sich mit den modernen Vorstellungen der aufgeklärten Europäer auseinander: Frauenrechte, Gentechnik, Homosexualität, soziale Ungleichgewichte zwischen Arm und Reich werden bei Christen wie Muslimen im Süden mitunter ganz anders gesehen. So sieht sich der säkulare Norden schnell vor religiösen Auseinandersetzungen, die er selbst weder führt noch versteht.

Lateinamerika

Namentlich über den *Ökumenischen Rat der Kirche* wird nicht nur die Dekolonisierung, sondern auch die Gesellschaftsveränderung in vielen Ländern durch Kirchen unterstützt. Im Zuge der Auseinandersetzung mit dem Marxismus nehmen Kirchenvertreter weltweit die Forderungen nach sozialer Gerechtigkeit auf. In Lateinamerika entstehen in der römisch-katholischen Kirche *Basisgemeinden*, die man zu Keimzellen einer neuen Kirche und einer neuen Gesellschaft machen will. Bis zum Ende der 1980er-Jahre soll es allein in Brasilien 80.000 dieser Gemeinden geben. Viele Priester kämpfen auf Seiten verschiedener Befreiungsbewegungen.

In Nicaragua übernehmen Ende der 1970er-Jahre die *Sandinisten* die Regierung. In ihren Reihen sind eine ganze Reihe von Priestern, die von der Theologie der Befreiung geprägt sind. Mit der Wahl von Johannes Paul II. übernimmt 1978 ein konservativer Papst die Leitung der römisch-katholischen Kirche, die den Einfluss der radikalen Theologen zurückdrängt. Die seitdem ernannten römischen Bischöfe sind durchweg konservativ und unterstützen wieder die nationalen Regierungen. Die Entwicklung der Basisgemeinden geht seitdem zurück. Allerdings sind in Lateinamerika noch immer die kirchlichen Vertreter die Fürsprecher für Demokratie und Gerechtigkeit. Gleichsam wie eine Antwort auf diese Entwicklung erscheint die erhebliche Zunahme der evangelischen Gemeinden in Lateinamerika, die die konfessionelle Geschlossenheit des Kontinents aufbricht. Namentlich die Armen finden in den charismatisch-pfingstlerischen Gemeinden ihre geistliche Heimat.

Mit Zunahme der charismatisch-pfingstlerischen Gemeinden warnen römische Bischöfe immer wieder vor diesen *Sekten*, selbst Papst Johannes Paul II. warnt die lateinamerikanische Bischofskonferenz vor den *reißenden Wölfen*, womit er offenbar die Evangelikalen meint, die sich immer weiter ausbreiten. Die sozialreformerischen Katholiken kritisieren an den Pfingstlern, dass sie durch ihre Predigt die Flamme der Revolution zum Erlöschen bringen, da für die *evangélicos* die Bekehrung im Zentrum steht und daher die Menschen zu politischer Ruhe angehalten werden. Manche Militärregierung, die gegen nationale Befreiungsbewegungen geradezu brutal vorgegangen ist, unterstützt die Ausbreitung der Pfingstkirchen, weil diese als unpolitisch angesehen werden. Inwiefern hier auch Einflüsse der

US-Regierung vorliegen, die in den 1980er-Jahren von konservativ-evangelikalen Gruppen unterstützt wird, müsste eigens geprüft werden. Damit soll freilich nicht das soziale Engagement der Pfingstgemeinden übersehen werden, die etwa in Chile oder Brasilien sehr eindrücklich das soziale Umfeld verändern.

Afrika

Auch in Afrika sind Politik und Kirche eng verbunden; die Befreiungsbewegungen sind auch christlich geprägt. Viele der neuen Staatsmänner nach der Unabhängigkeit haben christliche Wurzeln, haben Missionsschulen besucht oder waren dort sogar als Lehrer tätig. Ausgehend von der Botschaft der Propheten des Alten Testaments nehmen auch Kirchenvertreter und Theologen in Afrika die Theologie der Befreiung auf. Im südlichen Afrika stehen viele Kirchenleiter wie der anglikanische Erzbischof Tutu an der Spitze der Gegner der Apartheid; nach der Wende 1994 spielt er in der Versöhnung der *Wahrheitskommissionen* eine wichtige Rolle.

Aber bereits in den 1960er-Jahren setzen sich Kirchenvertreter gegen die Diktaturen in den unabhängigen Ländern ein. Das kostet viele von ihnen das Leben. Manche Bischöfe führen nationale Bewegungen gegen die Diktaturen an oder begleiten den Übergang zur Demokratie in den 1980er-Jahren (etwa in Benin, Kongo-Brazzaville, Malawi, Togo).

Natürlich hat die Bedeutung der Christen oft auch eine andere Seite, etwa wenn an der Elfenbeinküste (Côte d'Ivoire) die Kirchen erhebliche staatliche Zuwendungen erhalten, auch wenn das Land mehrheitlich von Muslimen bewohnt wird. Für die südlichen Länder gehören Staat und Religion, Kirche und Gesellschaft traditionell zusammen. Auch spielen Christen in den Stammesfehden manch unrühmliche Rolle. Als 1994 in Ruanda die Hutu-Mehrheit gegen die Tutsi-Minderheit vorgeht, werden auch christliche Geistliche als Täter schuldig, auch wenn andere sich für die Minderheit unter Einsatz ihres Lebens einsetzen und dabei umkommen. Angeblich kommt es dabei auch unter den kirchlichen Mitarbeitern zur *Säuberungsaktion* von Hutus an Tutsis.

Asien

Im Kampf gegen die Diktatur Marcos' 1986 und gegen die Bestechlichkeit Präsident Estradas im Jahr 2000 auf den Philippinen sind es Kirchenvertreter, die besonders nachdrücklich auftreten. In Korea spielen die Gemeinden für die Demokratisierung des Landes eine erhebliche Rolle. Schon gegen die japanische Besatzung in der ersten Hälfte des 20. Jh. protestieren vor allem Christen gegen die Besatzungsmacht. Christen treten zudem für die eigene nationale Identität ein. Das führt zu starken Verfolgungen – und zu einem beeindruckenden Wachstum der Gemeinden. In den 1970ern sind es wieder Kirchenvertreter, die das südkoreanische Militärregime zu Reformen auffordern. Mit ihrer Minjung-Theologie entwickeln koreanische Theologen ihre eigene Theologie der Befreiung. Die römisch-katholische Kirche ist eine der bedeutendsten Organisationen auf dem Weg zu den freien Wahlen, zu denen es 1992 endlich kommt.

Bundesrepublik und…

Nach 1945 werden Staat und Kirche weiter strikt getrennt, allerdings sind Kirchen weiter öffentlich-rechtlich gesichert. Nach den Erfahrungen mit dem Nationalsozialismus legen die Kirchen stärkeres Gewicht auf ihre Eigenständigkeit und ihr Wächteramt in der Gesellschaft. Namentlich in den Fragen der Wiederbewaffnung Deutschlands (1949–55) und der möglichen Atomrüstung (1957–59) gehen die Evangelischen um Martin Niemöller auf kritischen Gegenkurs, was ihr Verhältnis zu den lutherischen Kirchen belastet.

Im Zuge der zunehmenden Säkularisierung entsteht das Konzept der Evangelischen Akademien, in denen kirchlich entfremdete Menschen zum Gespräch eingeladen werden sollen. Zugleich werden diese Stätten von den Besatzungsmächten gefördert, die auch so die Erziehung zur Demokratie unterstützen möchten. Für die Stellung der Kirchen in der Öffentlichkeit wird der *Deutsche Evangelische Kirchentag* ins Leben gerufen. Anstelle der Notabelnversammlungen im 19. Jh. sind die neuen Kirchentage Foren der kirchlichen Laien, auf denen – ausgehend von der Bibel – Referate und Diskussionen die Evangelischen für die Auseinandersetzung mit der Zeit schulen sollen. Seit dem ersten Kirchentag in Hannover (1949) zeigen die stark wachsenden Zahlen den Erfolg eines Konzeptes, in dem sich Kirche in der Öffentlichkeit artikuliert.

In den Jahren nach der Stunde Null arbeiten auch die Kirchen am Wiederaufbau und der Integration der Vertriebenen. Viele Stellungnahmen drehen sich um die Teilung Deutschlands und die Christen in der DDR. 1965 löst eine Ostdenkschrift erhebliche Kontroversen aus, die erst im Zuge der neuen Ostpolitik abflauen.

… Kirchen in der DDR

Anders als in der Bundesrepublik stehen die Kirchen in der DDR von Anfang an in der Auseinandersetzung mit einem atheistischen Regime. Zwar werden den Kirchen in der Verfassung der DDR weitreichende Rechte eingeräumt (einschließlich Besteuerungsrecht, Religionsunterricht, Seelsorge in staatlichen Einrichtungen). Allerdings bleiben die Auswirkungen des Verfassungsrechtes in der DDR hinter den Formulierungen zurück. Bereits 1952 wird der planmäßige Aufbau des Sozialismus verkündet und der Klassenkampf auch in Bezug auf die Kirchen verstärkt: Religionsunterricht in Schulräumen wird verboten, christliche Jugendliche werden benachteiligt, zum Teil von der Schule verwiesen. 1954 beginnt die Auseinandersetzung um Konfirmation und Jugendweihe. Die Jugendlichen werden zunächst zur Teilnahme auf freiwilliger Basis aufgerufen, um sich der Sache des Sozialismus zu verpflichten. Die Kirchen erklären die Unvereinbarkeit von Konfirmation und Jugendweihe – und erleben eine zunehmende Niederlage. Gehen 1956 noch rund 90% der Getauften zur Konfirmation, so sinkt die Zahl innerhalb von wenigen Jahren auf ein Drittel. In dieser Zeit wird die staatliche Unterstützung bei der Einziehung der Kirchensteuern eingestellt. 1957 entsteht das Staatssekretariat für Kirchenfragen, das kirchliche Einmischung in die Erziehung unterbinden soll. In den Gesprächen zwischen Staat und Kirche wird der Totalitätsanspruch des Arbeiter- und Bauernstaates immer wieder bekräftigt.

Nach dem Bau der Mauer (1961) werden die Kontakte zwischen den Kirchen der EKD schwierig, die Synoden tagen getrennt. Bis 1967 bekennen sich die Bischöfe in der DDR zur Einheit, aber seitdem mehren sich Stimmen, die die Staatsgrenzen der DDR ernster nehmen. Als sich die DDR Ende der 1960er-Jahre eine neue Verfassung geben will, schreiben die Bischöfe an Ulbricht: „Als Staatsbürger eines sozialistischen Staates sehen wir uns vor die Aufgabe gestellt, den Sozialismus als eine Gestalt gerechteren Zusammenlebens zu verwirklichen" (zit. nach Wallmann: Kirchengeschichte, S. 303). 1969 trennen sich die Kirchen in der DDR von der EKD und gründen den *Bund der Evangelischen Kirchen in der DDR*. Aber auf die Dauer kommt es zu keinem Bündnis zwischen SED-Staat und Kirche. Die Kirche öffnet ihre Räume für all die Gruppen und Kreise, die mit den gesellschaftlichen und politischen Verhältnissen der DDR nicht einverstanden sind. Von einer Kirche gehen die berühmten Montagsdemonstrationen aus, nachdem dort gebetet wird. So erweist sich die Gemeinde Jesu noch immer stärker, als die Mächtigen wahrhaben wollen. Als Erich Honecker öffentlich erklärt: *Den Sozialismus in seinem Lauf, halten weder Ochs noch Esel auf,* lehrt ihn die Realität bald, dass der kleine Jesus aus der Weihnachtsgeschichte mit den traditionellen Attributen Ochs und Esel sein Wort in diese Welt spricht; und dieses Wort verändert. Und wie die Gemeinde Jesu mit den mächtigen Gegnern umgeht, zeigt sich in der Aufnahme des gestürzten DDR-Machthabers im Hause der Familie eines ehemals benachteiligten Pfarrers.

Verfolgung

Im 20. Jh. rechnet man mit den grausamsten und schlimmsten Verfolgungen der Geschichte. Jedermann hat von den schlimmen antichristlichen Maßnahmen in der russischen Oktoberrevolution und in China gehört. In der Nachkriegszeit wird Verfolgung oft nur sehr begrenzt wahrgenommen. Als sich Nigerias östlicher Landesteil Biafra zwischen 1967 und 1970 abzuspalten versucht, wird meist nur über den politischen Konflikt berichtet. Dass sich die christlichen Bewohner Biafras gegen die muslimische Mehrheit im Norden Nigerias zu wehren versuchen, wird kaum wahrgenommen. Auch wenn viele Militärangehörige des Landes Christen sind, so ist die Not der Christen in Biafra doch schlimm. Nach diesem Bürgerkrieg verschlimmert sich die Lage der christlichen Minderheit weiter. Seit den 1990er-Jahren versucht man das islamische Recht im ganzen Land aufzurichten.

Einigermaßen öffentlich wird die Verfolgung der Christen im südlichen Sudan während der 1980er und 1990er-Jahre wahrgenommen, obwohl die Presse hier schon sehr abenteuerlich verfährt. Während über die Besetzung Tibets oder die Verhältnisse in Burma immer wieder berichtet wird, werden die Massaker an Christen im Sudan oft totgeschwiegen, obwohl der Bürgerkrieg bereits in den 1960er-Jahren tobt und bis heute andauert, erst 2011 kommt es zu einem Votum, das die Unabhängigkeit des Südsudan einleitet. Wie diese Geschichte ausgeht, bleibt abzuwarten. Ähnlich wenig berichtet die Presse über andere Verfolgungen, so bleiben die Grausamkeiten in Indonesien und Nigeria im Dunkeln. Die Zahl der koptischen Christen im benachbarten Ägypten geht nicht ohne Grund nach 2000 Jahren immer mehr zurück. Natürlich ist es in einem muslimischen Land wie Indonesien schwer, die Zahl der Christen überhaupt zu bestimmen. Volkszählungen wie in Europa sind dort weitgehend unbekannt oder manche Fragen werden nicht gestellt. Minderheiten werden klein gerechnet. Aufgrund der großen Bedeutung muslimischer Länder für die Ölversorgung der Welt ist die Solidarität des christlichen Nordens mit den verfolgten Geschwistern im Süden oft ein Problem.

Christen wie Moslems sind erfolgreich missionarisch tätig. Auf der Südhalbkugel gehören viele muslimische bzw. christliche Staaten zu denen mit dem stärksten Bevölkerungswachstum. Wie werden sie miteinander auskommen? Selbst in einem offiziell säkularen Staat wie der Türkei hat es seit den Zeiten der Atatürks immer wieder antichristliche Maßnahmen gegeben. Zählt man 1923 in Istanbul 400.000 Christen, so ist ihre Zahl heute auf 4.000 zurückgegangen. Die Auseinadersetzungen im jugoslawischen Raum zeigen auch die Christen in einem schlimmen Licht: Die mörderischen Massaker an den muslimischen Bosniern durch christliche Serben in Srebrenica 1995 sind ein schlimmes Zeichen für die Lebendigkeit religiöser Konflikte – auch in Europa.

Mit der großen Zahl von Einwanderern hat sich in Europa eine große muslimische Minderheit etabliert, besonders in Deutschland hat sie einen festen Platz in der Gesellschaft. Zur Nagelprobe des Miteinanders können Situationen werden, wenn etwa die iranische Regierung 1989 zum Mord am Schriftsteller Salman Rushdie auffordert und muslimische Demonstranten in vielen Staaten Europas wegen dessen Gotteslästerung demonstrieren.

Die religiösen Konflikte nehmen weltweit zu, das gilt in Russland, wo man sich in Tschetschenien mit Muslimen auseinandersetzt, aber auch in Pakistan oder Indien, wo man Probleme mit der christlichen Minderheit hat.

5 Spiritualität

Spiritualität ist das vom Heiligen Geist (lat. spiritus sanctus) gewirkte Leben in Beziehung zu Gott. Im Mittelalter spielt das Gemeinschaftsleben eine überragende Rolle, daher kommt auch geistlichen Gemeinschaften eine große Bedeutung zu. Erneuerungsbewegungen im Mittelalter haben meist zur Gründung von Klöstern geführt – anfangs in der Einsamkeit der Wälder (z. B. Benediktiner), später dann mitten in den aufblühenden Städten (z. B. Franziskaner). Viele Klöster widmen sich dem Dienst an Kranken oder der Evangelisation und Seelsorge (z.B. Dominikaner, die auch *Predigerorden* genannt werden). In einem jener Klöster ringt Martin Luther um einen gnädigen Gott und beschreitet den Weg zur Reformation von Kirche und geistlichem Leben.

Zugleich eröffnet die Reformation eine neue Bildungsoffensive, die dem Einzelnen etwa die Bibel erfahrbar macht. Viele Evangelische lernen Lesen, um die Heiligen Schriften studieren zu können. Es entsteht eine spirituelle Literatur.

5.1 Die Zeit der Reformation

Die Menschen werden seit dem Späten Mittelalter vor allem als Sünder gesehen, denen Gottes strenges Gericht droht. Viele haben daher panische Angst vor der Hölle und ihren Schrecken. Sie kaufen Ablassbriefe, um der drohenden Fegefeuerstrafe zu entgehen. Viele sehen im Verlassen der Welt durch den Eintritt in einen Orden eine geistliche Sicherheit.

Im Kloster folgt man drei zusätzlichen evangelischen Räten: Keuschheit, Armut und Gehorsam. Die Gemeinschaft hilft dem Einzelnen, diese Forderungen zu leben. Der Verzicht auf Sexualität, Güter und Selbstbestimmung fordert Mönche und Nonnen heraus und führt zu geistlichem Wachstum. Zugleich sind sie aber Orte des Rückzugs aus der Welt, der Meditation, des Verzichts und des Gebets. Wer sein Leben in enger Beziehung zu Gott führen will, der geht im Mittelalter in eines der Klöster oder an eine der großen Kathedralen, wo die Geistlichen oft auch Formen gemeinsamen Lebens praktizieren.

Die Lebensgeschichte Martin Luthers ist hier noch ganz mittelalterlich. Seine Religiosität führt ihn ins Kloster, wo er Buße tun und Gott nahe sein will. Dabei treibt ihn nicht die Liebe, sondern die Angst vor Gottes Gericht. Das prägt auch die Volksfrömmigkeit an der Schwelle zur frühen Neuzeit. Wer kann, kauft Reliquien, deren Anschauen oder Anfassen dauerhaft Ablass bietet.

Der Kurfürst von Sachsen soll eine Sammlung von 19.000 Objekten besessen haben, deren Besuch einen Nachlass von zwei Millionen Jahren im Fegefeuer versprochen hat. Eine erstaunliche Einstellung und eine erstaunliche Zahl. Da der Besuch des Reliquienschatzes auch eine wirtschaftliche Bedeutung für das Kurfürstentum hat, verbietet der Kurfürst den Verkauf des Ablasses zum Bau der Peterskirche in seinem Herrschaftsgebiet, um das Geld seiner Landeskinder im Inland zur Verfügung zu haben. Daraufhin gehen die Sachsen über die Grenzen, um Ablassbriefe zu erwerben. Damit unterlaufen sie nicht nur Interessen und Verbot des Kurfürsten, sondern auch die Seelsorgerautorität der Pfarrer. So stellt Luther, der auch als Seelsorger an der Stadtkirche in Wittenberg tätig ist, ganz grundsätzliche Fragen zum Ablass und zu den *guten Werken* (2.1, 7.1) und löst so die Reformation aus.

5.1.1 Spiritualität der Reformatoren

Im Übergang vom Späten Mittelalter zur Frühen Neuzeit wird der spirituelle Rahmen für viele Menschen eng: Verzweifelt mühen sich Menschen wie Luther um ein tragfähiges Verhältnis zu Gott. Sie fürchten die Strafen des göttlichen Richters, suchen Wege aus dem Gericht, suchen einen gnädigen Gott. Auch Martin Luther ist also einer, der um sein Heil gefürchtet hat und dem Gericht entgehen will. Immer wieder durchforscht er sein Leben, beichtet bei seinem Seelsorger, legt wiederholt Lebensbeichten ab – ohne innerlich Ruhe zu finden.

Schließlich wird Luther in seinem Ringen eine neue Sichtweise der biblischen Überlieferung geschenkt: Luther findet eine Antwort im Neuen Testament.

- *Da erbarmte sich Gott meiner. Unablässig sann ich Tag und Nacht, bis*
- *ich auf den Zusammenhang der Worte merkte, nämlich: Die Gerechtigkeit*
- *Gottes wird im Evangelium offenbar, wie geschrieben steht: Der Gerechte*
- *lebt seines Glaubens [Röm 1,17]. Da fing ich an, die Gerechtigkeit Got-*
- *tes als solche Gerechtigkeit zu begreifen, durch die der Gerechte als durch*
- *Gottes Geschenk lebt, d.h. also aus Glauben, und merkte, dass dies so zu*
- *verstehen sei: durch das Evangelium wird die Gerechtigkeit Gottes offenbar,*
- *nämlich die so genannte passive, d.h. die, durch die uns Gott aus Gnaden*

und Barmherzigkeit rechtfertigt durch den Glauben, wie geschrieben steht: Der Gerechte lebt aus Glauben. Nun fühlte ich mich ganz und gar neu geboren und durch offene Pforten in das Paradies selbst eintreten. Da zeigte sich mir sogleich die ganze Schrift von einer anderen Seite. Von daher durchlief ich die Schrift, wie ich sie im Gedächtnis hatte, und las auch in anderen Ausdrücken die gleiche Struktur, wie „das Werk Gottes", d.h. was Gott in uns wirkt.

Luthers Rückblick auf seine reformatorische Entdeckung, zit. nach KThGQ III, S. 209f.

Luther erkennt Gott als den gnädigen und barmherzigen Vater, der seine Liebe grundlos seinen Menschenkindern anbietet und keine menschlichen Werke fordert, um sie *in den Himmel zu lassen.* Die tiefe Gottessehnsucht Luthers und seine Erfüllung durch die Entdeckung des gnädigen und barmherzigen Gottes leitet *den* Paradigmenwechsel zur neuzeitlichen Spiritualität ein: Nicht mehr die Angst, sondern die Liebe wird für Luther zum Grundgefühl der Gottesbeziehung. Man kann seine Entdeckung einen Paradigmenwechsel nennen. Sie führt ihn in einen nicht umkehrbaren Prozess, durch den er selbst und die Welt, in der er lebt, verändert wird. Die Menschen können und müssen sich nicht selbst durch gute Werke vor Gott rechtfertigen, sie dürfen sich als Kinder Gottes seiner Barmherzigkeit anvertrauen und sich das Heil schenken lassen. Gott rechtfertigt den Glaubenden aus Gnaden. Jesus hat am Kreuz die Sünde auf sich genommen und der Glaubende legt die fremde Gerechtigkeit Jesu an. Dieser Wechsel verändert alles. Auch die Frömmigkeit. Aus erfahrener Barmherzigkeit tut der Glaubende dann gute Werke. Als Luther seine reformatorische Entdeckung veröffentlicht, befreit er sich und eine ganze Generation von schrecklicher Angst (2.1.1). Das Verhältnis zu Gott wird neu entdeckt: Gott ist nicht mehr Gott an sich, sondern Gott für mich. Die persönliche Beziehung zu Gott verdrängt die religiöse Weisheit über Gott! Statt der Angst wird die Liebe zum Grundgefühl der Gottesbeziehung.

Während zuvor ein besonderer geistlicher Stand die besondere Nähe zu Gott garantiert und das Leben im Kloster oder als Priester vor Gott höher gewertet worden ist als das Leben im normalen Alltag von Beruf und Familie, betonen die Reformatoren nun den gemeinsamen Stand aller Glaubenden vor Gott, der in der Taufe wurzelt und sie alle zu Priestern macht, die direkt im Gebet mit Gott kommunizieren. Der Wahrhaft-Glaubende muss nun nicht mehr die Welt verlassen und in ein Kloster eintreten, um vor Gott zu bestehen. Vielmehr kann der Christ in seinem Alltag seinem Gott dienen: Die Arbeit der Magd, die die Küche fegt, und die des Bauern oder Handwerkers sind nicht weniger vor Gott angenehm als die eines Pfarrers. Sie alle dienen dem Nächsten durch ihre unterschiedlichen Gaben und ehren damit ihren Schöpfer, der seine Geschöpfe herzlich liebt. Jeder Beruf wird so zum Bewährungsfeld des Christen, wie alle Reformatoren betonen. Die Welt selbst wird zum spirituellen Übungsfeld. Das hat ganz praktische Auswirkungen für Beruf und Wirtschaftsordnung. Klöster gelten fortan als Orte der Werkgerechtigkeit und damit als überholt. Tausende verlassen die Klöster, ergreifen einen bürgerlichen Beruf und heiraten.

Der mittelalterlichen Wertschätzung der Ehelosigkeit wird künftig das Bild der christlichen Ehe entgegengesetzt, die als *Stand* eine biblische Grundlage und Verheißung hat. Auch den Familien kommt bald eine geistliche Aufgabe zu. Im Kreise der Familie wird nicht nur zu den Mahlzeiten gebetet, sondern oft auch morgens und abends eine Andacht vom *Hausvater* gehalten. Im evangelischen Bereich sind Pfarrer künftig verheiratet. Ihre Familie wird zum Modell, an der sich die Familien ihrer Gemeinden ausrichten sollen.

Mit dem Leben in der spirituellen Gemeinschaft der Klöster gibt man zugleich die evangelischen Räte auf. Aus der *Keuschheit* wird die eheliche Treue, der Gehorsam gegenüber dem Abt und den Brüdern wandelt sich zur Frage nach dem Willen Gottes und die Armut wird vernachlässigt. Luther ermutigt zum Eigentum, damit man den Bedürftigen etwas abgeben kann. Sparsamkeit und Fleiß sind fromme Tugenden, die als ein Teil evangelischer Spiritualität betrachtet werden.

Klöster werden aufgelöst. Sie gelten als Orte der Werkgerechtigkeit und sozusagen Vorposten der *Papstkirche*. Es wird lange dauern, bis im evangelischen Bereich ein unverkrampftes Verhältnis zum gemeinsamen Leben neu entstehen kann. Wer sein Leben ganz Gott widmen will, dem steht nun der Weg ins Pfarramt offen.

Mit den Klöstern verliert man zugleich diakonische und spirituelle Zentren, ihre Aufgaben sollen von den Gemeinden übernommen werden. Entsprechend kommt dem evangelischen Gottesdienst ganz neue Bedeutung zu. Allerdings muss das Volk erst einmal erreicht werden, daher ist die Evangelisation wichtig. Von dort ist ein weiter Weg zum Wachsen im Glauben zurückzulegen (2.1.1).

Früh beginnt Luther mit der **Übersetzung der Bibel**, damit jeder im Hören (und Lesen) dem lebendigen Gott begegnen *kann*, der durch sein Wort Glauben wirkt und zum Glaubenden spricht. Durch die Erfahrung des lebendigen Gottes wird der Christ zum Gebet, zum vertraulichen Gespräch mit Gott geführt, das daher die zentrale Rolle im Leben des Christen spielen soll.

- *Darum ist's gut, dass man frühmorgens das Gebet das erste und des Abends*
- *das letzte Werk sein lasse, und sich mit Fleiß vor diesen falschen, betrügeri-*
- *schen Gedanken hüte, die da sagen: Warte ein wenig, in einer Stunde will*
- *ich beten, ich muss dies oder das zuvor fertig machen.*
- Luther: Eine einfältige Weise zu beten. 1535, Luther Deutsch VI, S. 205.

Das Vaterunser nimmt für ihn eine zentrale Stelle ein, ausdrücklich empfiehlt er dieses Gebet immer wieder, legt verschiedene Meditationshilfen vor, die ungeübte Beter in das Gebet einführen sollen. In seinen Katechismen spielt das Vaterunser neben den Geboten die zentrale Rolle. Namentlich in der Auseinandersetzung mit dem Teufel hilft Luthers Überzeugung nach jede einzelne Bitte des Vaterunsers als Schutz und Waffe.

Überhaupt hat der Katechismus für Luther als Erbauungsbuch eine große Bedeutung. Täglich bedenkt er Abschnitte daraus und bleibt so selbst ein Studierender. Die Christen sollen den Katechismus auswendig lernen. Für die Beziehung zu Gott spielt der Glaube für Luther die entscheidende Rolle. Er wird von Gott durch den Heiligen Geist geschenkt und verändert den Menschen, ja er wirkt eine Wiedergeburt und tötet den alten Adam, macht uns zu ganz anderen Menschen an Herz, Gemüt, Sinn und allen Kräften und bringt mit sich den Heiligen Geist, wie Luther in seiner berühmten Vorrede zum Römerbrief schreibt. Dieser Wandel wirkt sich weiter so aus, dass der Glaubende fröhlich wird, „er gewinnet Lust zu Gottes Geboten, womit er Gott seine Ehre gibt und ihm bezahlet, was er ihm schuldig ist" (Luther Deutsch V, S. 50). Das hebt die Rechtfertigung aus Gnaden nicht auf, sondern folgt ihr, sodass der Glaubende Früchte und Werke des Glaubens, als da sind Friede, Freude, Liebe gegen Gott und jedermann (ebd. 54) bringt. Der Glaubende bleibt zwar Sünder, aber die Sünde führt wegen des Glaubens nicht mehr zur Verdammnis, doch wir haben damit zu tun,

- *unsern Leib zähmen, seine Lüste töten und seine Gliedmaßen zwingen,*
- *dass sie dem Geist gehorsam seien und nicht den Lüsten, damit wir dem*
- *Tod und Auferstehen Christi gleich sein und das in unserer Taufe Angefan-*
- *gene vollenden möchten, die auch den Tod der Sünden und ein neues Leben*
- *der Gnade bedeutet, bis dass wir ganz reich von Sünden auch leiblich mit*
- *Christus auferstehen und ewiglich leben.*
- Luther: Vorrede zum Römerbrief, zit. nach Luther Deutsch V, S. 56.

Der Streit zwischen Fleisch und Geist tobt das ganze Leben lang. Der Mensch ist beides, Geist und Fleisch, aber durch den Heiligen Geist wird das Fleisch gedämpft und der Geist gestärkt und der Glaubende bleibt trotz aller Sünden Gottes Kind. Dabei helfen Kreuz und Leiden besonders, da dann Gott durch seinen Geist besonders nahe erfahren werden kann. Immer wieder macht Luther deutlich, dass der Glaubende zwar ohne eigene Werke vor Gott gerechtfertigt ist, dass aber aus dem Glauben und der zugesagten Gerechtigkeit die guten Werke für Gott und den Nächsten notwendig folgen. Durch die große Bedeutung des Katechismus in der Unterweisung der Gemeinden entsteht ein ausgeprägtes Katechismuschristentum.

Die evangelische Frömmigkeit der Reformationszeit entdeckt das Kirchenlied, das als neuer Teil des Gottesdienstes auch die Frömmigkeit der Menschen prägt. Sicher spielen die Lieder für die evangelische Verkündigung wie für die Vermittlung dessen, was typisch evangelisch ist, eine herausragende Rolle für die nichtlesekundigen Menschen. Luther selbst dichtet eine ganze Reihe von Liedern, die er oft den Melodien der Volkslieder seiner Zeit auflegt. Bereits 1524 erscheinen erste Gesangbücher; musikalisch aktiv wird der sächsische Hofkapellmeister Johann Walter (1496–1570), der ein Liederbuch für Chöre herausgibt, 1529 wird unter Luthers Namen ein Wittenberger Gesangbuch veröffentlicht.

Diesem frühen Ringen um evangelische Lieder bleibt man auch im Zeitalter der Orthodoxie verpflichtet. Am Ende des reformatorischen Zeitalters und im Übergang zur nächsten Epoche steht ganz sicher **Paul Gerhard** (1607–76), der die biblischen Aussagen mit seinem religiösen Erleben verbindet. Angesichts der Nöte des großen Krieges kommt in vielen seiner Lieder ein in Gott gegründeter Trost zum Ausdruck, der bis heute in den evangelischen Gesangbüchern fortlebt. Unbeirrt hält Gerhard an Gottes Schöpfermacht und Herrlichkeit fest, verkündigt den gekreuzigten Christus, aber auch Gottes wunderbare Schöpfung.

Zu den großen spirituellen Reformatoren zählt neben Martin Luther auch Johannes **Calvin**. Beide zahlen einen Preis. Luther bleibt bis an sein Lebensende im Bann (die katholische Kirche hebt die Exkommunikation nicht auf), Calvin muss seine geliebte französische Heimat verlassen und bleibt bis wenige Jahre vor seinem Tod ein Pilger. Erst dann bietet man ihm in Genf das Bürgerrecht an. Das bindet die Reformatoren besonders an Gott, seine Größe und Macht. Für Luther wie Calvin spielt daher das Gebet eine wichtige Rolle für seine Frömmigkeit, das ihn durch den Tag begleitet – je mehr Arbeit anfällt, desto mehr betet er.

Für Calvin gehören Erkenntnis Gottes und Selbsterkenntnis zusammen:

Im Blick auf Gott erkennt der Mensch, dass er alle Gaben nicht aus sich selbst, sondern von Gott hat. Im Blick auf Gottes Reichtum erkennt er auch seine Armut und seine Gefallenheit. Daher kann der Mensch nur in dem Herrn das wahre Licht der Weisheit, wirkliche Kraft und Tugend, unermesslichen Reichtum an allem Gut und reine Gerechtigkeit finden. Während Luther vor allem die Rechtfertigung des Sünders durch Gottes Gnade betont, liegt Calvin die Heiligung am Herzen, es soll ein Gleichklang zwischen Gottes Gerechtigkeit und dem Gehorsam des Menschen geben. Auch Calvin sieht die Initiative zur Rettung der Menschen allein bei Gott, er erwählt von Ewigkeit zum Heil (7.1.2).

Durch die Wiedergeburt kommt die Liebe zur Gerechtigkeit neu in das Herz der Christen, die heilig sein sollen, weil Gott heilig ist (Lev 19,2; 1Petr 1,15f.). Dabei geht es ihm nicht um eine neue Werkgerechtigkeit, mit der sich der Glaubende vor Gott selbst rechtfertigt, sondern um die Ehre Gottes, der uns geschaffen und erlöst hat. Sehr wohl weiß Calvin um die kleine Kraft des Menschen, die auf Gottes Hilfe beständig angewiesen bleibt. Der Mensch lebt, um Gott zu dienen, nicht mit Ritualen, sondern mit seinem ganzen Leben.

Wegen seiner Bedürftigkeit soll der Mensch sich im Gebet an Gott wenden und auf Jesus schauen, in dem alle Hoffung beschlossen ist. Im Gebet tritt der Mensch vor Gott, erinnert ihn an seine Verheißungen und darf seine Hilfe erwarten. Das erfährt er schon während des Betens durch den Beistand des Heiligen Geistes (Röm 8,26; 1Kor 14,15). So werden wir durch den Heiligen Geist zu Gliedern am Leib Christi. Im Gebet soll man sich konzentrieren und seine Gedanken nicht flattern lassen, die innere Haltung sei von der Empfindung des eigenen Mangels geprägt und man soll nicht auf seine eigene Leistung schauen. Daher bitte man zunächst um Vergebung und bekenne seine Schuld, zugleich darf man dies in der Hoffnung auf Erhörung durch Gott tun.

Über die Verbreitung evangelischer Frömmigkeit sollte man sich keine Illusionen machen. Anfang der 1520er-Jahre reden alle vom Evangelium und von Kirchenreform (2.1), aber mit dem Bauernkrieg geht die Popularität stark zurück. Überall scheinen seit der frühen Neuzeit die Menschen an Nachrichten interessiert zu sein, man will verändern, Defizite nicht mehr hinnehmen. Aber als die neue Frömmigkeit sich auch sozialpolitisch fortsetzt und etwa traditionelle Herrschaftsformen infrage stellt und z. B. Bauern eine soziale Verbesserung fordern, scheiden sich die Geister.

Am Ende des 16. Jh. kommt es zu einer Frömmigkeitskrise, die sich im 17. Jh. fortsetzt. In der dritten Generation nach der Reformation ebbt das

Interesse an den reformatorischen Anliegen weiter ab, vieles wird selbstverständlich. Die Konfessionen grenzen sich erfolgreich voneinander ab, das eigene Verständnis der **Orthodoxie** (dt. rechte Lehre) wird bewahrt und verteidigt. Gleichzeitig mit dieser lehrmäßigen Fixierung (3.2, 7.2) fallen Theologie und Frömmigkeit auseinander, denn die Theologen haben die Funktion von Frömmigkeit nur ungenügend erkannt.

Die in der Reformation errungene Freiheit wird betont, die Menschen erscheinen sehr optimistisch. In seiner *Anleitung zum christlichen Leben* (1595) beschreibt z. B. Stephan Praetorius seine Theologie, in der er eine lebensdurchdringende Frömmigkeit anstrebt. In sieben Stücken lehrt er das christliche Leben. Am Anfang steht die Rechtfertigung „durch den bloßen Glauben", dann folgt die Heiligung, wenn der gläubige und gerechte Mensch den Heiligen Geist empfängt und „Gottes Lust und Freude" ist. In der Betrachtung wird sich der Mensch seiner neuen schönen Gestalt und himmlischen Güter bewusst, Aneignung, Andacht, Genügsamkeit, Wohltätigkeit folgen.

Typisch für die Spiritualität der Täufer (2.1.3) sind deren Orientierung an der Heiligen Schrift und der Ruf der Menschen zur Entscheidung. Deshalb legt man auf die Glaubenstaufe der Erwachsenen großen Wert und lehnt die Kindertaufe ab. Der Getaufte soll dann ein Leben in Heiligung führen.

Unterm Strich

Gewissermaßen selbstverständlich ist für die Reformatoren, dass aus dem neuen Glauben die christlichen Werke wie die guten Früchte eines guten Baumes folgen. Nicht mehr in der Weltflucht, sondern in der tätigen Berufsarbeit und in der Familie lebt der Christ seinen Glauben. Auf diese Weise erhält der Glaube eine weitere individuelle Note: Jeder kann seine je eigenen Begabungen für Gott und die Nächsten einsetzen. So wird der weltliche Beruf zur christlichen Betätigung, zur möglichen Quelle spiritueller Erfahrung, so wird der Beruf zur Berufung und erhält sozusagen den göttlichen Segen oder eine religiöse Weihe.

Statt Keuschheit lebt man nun die eheliche Treue, statt Leben in der Spannung von Arbeit und Gebet im Kloster steht nun die Arbeit mitten in der Welt und die Hausandacht durch den *Hausvater*. Fleiß und Sparsamkeit setzen sich an die Stelle der Armut und des Verzichts. Spätere Forscher wie Max Weber sehen in dieser neuen evangelischen Berufssicht die Voraussetzungen für den wirtschaftlichen Erfolg der Moderne, denn hier wurzeln Fleiß und Pflicht, Strebsamkeit und Verlässlichkeit in der Verantwortung des Menschen vor Gott. Hier liegen aber auch Möglichkeiten in der Arbeitswelt aufzugehen und damit zur Verweltlichung, wenn die Berufung zum Job wird.

Nun wird das Christsein aber auch komplizierter, denn nun ist jeder zum Glauben gefordert und in die Auseinandersetzungen in die Welt gestellt. Kein Ausweg in einen geistlichen Stand erleichtert das Leben, sondern jeder muss mit seinen täglichen Versuchungen vor Gott in der Welt stehen. Niemand tritt für ihn ein. Und in dieser Welt gibt es keine frommen Rückzugsorte mehr, die aus dem Getriebe der Welt absondern. Die Welt wird nun in der Welt überwunden!

Die Schrift wirkt als Gesetz und Evangelium: Das Gesetz wird als *Zuchtmeister* beschrieben, der nach allem Scheitern immer neu zum Evangelium der Gnade treibt. In allem menschlichen Scheitern als Sünder bietet das Evangelium der Gnade immer die Möglichkeit zum Neuanfang, denn in Luthers Sicht ist der Mensch Sünder und Gerechter zugleich. Damit steht die Gnade in der späteren Sicht Bonhoeffers in der Gefahr, billige Gnade zu werden, die nichts kostet und der der moralische Sinn aus den Augen kommt (5.3.).

5.1.2 Spiritualität auf den britischen Inseln

Nachdem Heinrich VIII. sich zum Oberhaupt der Kirche von England gemacht hat, entwickelt sich hier eine besondere Form der Spiritualität. Dabei kommt dem **Book of Common Prayer** (1549) von Thomas Cranmer zentrale Bedeutung zu. Zweimal täglich sollen die Pfarrer ihre Gemeinde in die Kirche einladen, damit sie das Wort Gottes hört und mit dem Pfarrer betet. Im Gegensatz zu den sieben klösterlichen Gebetszeiten werden zwei für den Alltag der Menschen ausgewählt, das Morgengebet und das Abendgebet, die nicht mehr *für* das Volk, sondern *vom* Volk verrichtet werden; selbstverständlich wird auch der Gebrauch der Volkssprache. Da die Gebete für das Volk gedacht sind, stehen dessen Anliegen wie Ernte, Frieden, Schutz für Seefahrende im Mittelpunkt.

Seit der Mitte des 16. Jh. entsteht die Bewegung der **Puritaner**, ihr Name leitet sich von *purify* (reinigen) ab. Sie stehen in der Tradition Calvins und wollen Gesellschaft und Kirche reinigen, kämpfen besonders gegen die Verweltlichung des Feiertags und den Alkoholmissbrauch. Dagegen setzen sie die Heiligung des Lebens, sie wollen Gott ehren und ihm allein dienen. Die Gesellschaft soll nach der Bibel gestaltet werden. Eine herausragende Gestalt der Bewegung ist John **Bunyan** (1628–88), der mit seinem Buch

Pilgrim's Progress (Die Pilgerreise) ein bis heute wirkendes Erbauungsbuch geschrieben hat.

Die Puritaner fordern auch eine neue Kirchenverfassung. Da alle Reformbemühungen letztlich an der Weigerung der Monarchen scheitern, entwickeln sie sich nach innen: Predigt und Erbauungsliteratur sind ihre Werkzeuge zur Erneuerung der Gesellschaft. Wichtigste Aspekte ihres Glaubens werden die Vorstellungen von der *Prädestination* (*election*) und vom *Bund* (*covenant*). Bei der Prädestination lehrt etwa William **Perkins** (1558–1602) im Anschluss an Calvin, dass Gott den Menschen bereits vor dem Sündenfall zum Heil oder zum Unheil bestimmt habe (supralapsarische Prädestinationslehre). Gott habe also nicht vorhergesehen, ob ein Mensch zum Glauben kommt oder nicht, vielmehr erwählt Gott aus eigener Souveränität und endgültig. Der andere Schwerpunkt seines Denkens liegt im Gedanken des *Bundes*. Dabei geht es im *Bund* der Werke um die Einhaltung der Gebote: Der Mensch erkennt dadurch seine Schuld, wird zur Reue getrieben und für Wiedergeborene ist der Dekalog Richtschnur für das Leben. Im Bund der Gnade verspricht Gott dem Menschen, ihm die Gerechtigkeit Jesu anzurechnen. Dazu braucht es nur den Glauben des Menschen, der jedoch streng genommen auch Geschenk Gottes ist. Aus Dankbarkeit hält der Glaubende die Gebote. Für den Heilsweg des Menschen spielen die Begriffe *total depravity of human nature* (dt. totale Verworfenheit der menschlichen Natur), *conversion* (dt. Bekehrung) und *sanctification* (dt. Heiligung) die wesentliche Rolle. Perkins beschreibt den Heilsprozess in vier Stufen: Durch einen wirksamen Ruf Gottes (*effectual calling*) kommt der Mensch zur Umkehr und in Verbindung mit Christus; für diesen Ruf ist vor allem die Verkündigung wesentlich. Der Glaube ist dann klein wie ein Senfkorn. Als zweite Stufe folgt die Rechtfertigung (*justification*), durch die die Sünden vergeben und die Verdienste Christi zugerechnet werden. In der dritten Stufe geschieht die Heiligung (*sanctification*), durch die die Eigenliebe abgetötet und der menschliche Geist erneuert (*vivification*) wird. Als vierte Stufe folgt die Glorifizierung (*glorification*), in der der Mensch in das Ebenbild Christi verwandelt wird; sie beginnt erst nach dem Tod.

Das gesamte Leben des Christen besteht für Perkins als Kampf (*Christian warfare*) gegen Zweifel am Ruf Gottes, an der Erwählung, gegen die Sünde, gegen Verzweiflung. Während die Puritaner dogmatisch an der Tradition Calvins festhalten, bringen sie im Bereich von Seelsorge und Ethik Neues hervor. Durch die Analyse des menschlichen Herzens erweitern sie den Horizont menschlichen Nachdenkens auf ganz neue Gebiete. Durch die zahlreichen Lebensregeln entwickeln sie den Glauben zur Gewissensreligion. Neben den Aufgaben des Berufs wollen die Puritaner ihr *ganzes Leben heiligen*, daher zeigen Erbauungsbücher und Predigten, wie man den Tag mit Bibellektüre, Meditation und Gebet verbringt. In Tagebüchern und Briefen berichten sie von Gebetserhörungen, Gottesgerichten und vom Handeln Gottes in ihrem Leben. Die englischen Erbauungsbücher werden auch auf dem Kontinent weit verbreitet.

Die puritanische Berufsethik hält Menschen zur Einhaltung der Berufspflichten an. Faulheit, Feigheit oder Nachlässigkeit werden abgelehnt. Bettler sind ebenso verpönt wie Reiche, die von den Zinsen ihres Vermögens leben. Die Menschen sollen einem Beruf nachgehen; bei der Auswahl sollen die Eltern auf Neigungen und Begabungen achten. Ein Berufswechsel wird meist abgelehnt, schwere berufliche Niederlagen müssen treu durchgehalten werden.

Die Sonntagsheiligung nimmt einen bedeutenden Platz im Weltbild der Puritaner ein. Der Sonntag soll nicht der Ruhepause dienen, sondern der Erbauung und geistlichen Auseinandersetzung. Das Sabbatgebot wird als moralisches Gebot für die ganze Menschheit aufgefasst, das vom Staat durchgesetzt werden soll. Deshalb kommt es zum Konflikt mit den traditionellen Sportangeboten der Engländer, als König Jakob I. 1617 in der *Declaration of Sports* ausdrücklich den Sport, Tanzveranstaltungen und gesellschaftliche Vergnügungen mit Alkohol genehmigt.

In der Auseinandersetzung mit den Arminianern, die die Prädestinationslehre Calvins abgelehnt und das Gottesgnadentum der Könige gelehrt haben, studieren puritanische Gelehrte intensiv die Offenbarung. Der englische König lehnt die presbyterianischen Vorstellungen der Puritaner kategorisch ab. Er löst deshalb sogar das Parlament auf, als das Unterhaus sich gegen die Arminianer wenden will. Eine intensive Verfolgung der Puritaner beginnt. Diese entdecken die Offenbarung neu als *Trostbuch*, indem sie das Tausendjährige Reich (Offb 20) auf ihre Gegenwart beziehen. Die meisten Autoren erwarten dessen Beginn in der 2. Hälfte des 17. Jh., das entspricht auch Vorstellungen deutscher Theologen wie Johann Heinrich Alsted (Theologieprofessor in Herborn) oder Philipp Jakob Spener (Pfarrer in Frankfurt). Als Zeichen des Beginns rechnet man sowohl mit Bekehrung von Heiden und Juden als auch mit einem Niedergang des Papsttums.

Im Zuge der staatlichen Zwangsmaßnahmen gegen die Puritaner entstehen separatistisch orientierte Kreise, aus denen 1620 auch die **Pilgerväter** hervorgehen, die nach Nordamerika auswandern. Die Masse der englischen Gesellschaft steht den Überlegungen eher distanziert gegenüber.

Deshalb erwartet man weniger eine Erweckung der Massen als vielmehr eine Sammlung der Frommen. So entstehen vielerorts kleine Gemeinschaften, die einen Bund schließen und sich zum Gehorsam gegenüber der Bibel und zu gegenseitiger Unterstützung verpflichten. Andere gehen Anfang des 17. Jh. in die Niederlande, wo sie seit Langem *geistliche* Verwandte finden.

In Nordamerika bauen die Puritaner unter ihrem Gouverneur John Winthrop (1588–1649) ihr *Holy Commonwealth* auf, in dem die Kolonisten einen Bund in Massachusetts schließen. Andere setzen sich strikt von der anglikanischen Kirche ab und gründen in Rhode Island eine neue Kolonie, die ein Sammelbecken für alle *Dissenters* wird, da man auf religiöse Freiheit setzt. Ihr geistlicher Leiter Roger Williams (1603–83) legt größten Wert auf Gewissenserforschung, Gebet und Fasten.

5.1.3 Römisch-katholische Besinnung

In der römisch-katholischen Kirche gibt es ganz verschiedene Kräfte, die sich für eine spirituelle Reform einsetzen. Oft gehen sie von der Frömmigkeit des Einzelnen aus und möchten die kirchliche Praxis verändern. Unter diesen Kreisen stechen zunächst die Humanisten hervor, die wie Erasmus von Rotterdam die Grundlagen reinigen und damit die Kirche erneuern wollen. Daneben stehen die Gruppen, die heute unter dem Leitbegriff *Evangelismus* zusammengefasst werden. Sie wollen durch Ausrichtung auf das Evangelium die Menschen verändern und die Kirche erneuern. Manche von ihnen stehen der Mystik nahe.

Nach dem tridentinischen Konzil (7.1.4) werden Leben und Lehre der katholischen Kirche vereinheitlicht und neu ausgerichtet, das wirkt auch in der Volksfrömmigkeit. Insbesondere solche Merkmale, die sich vom Protestantismus unterscheiden, erfahren Aufmerksamkeit. So werden Wallfahrten und Prozessionen gepflegt, an denen sich Menschen beteiligen können und wo sie Gemeinschaft erfahren. Die Heiligen- und Reliquienverehrung wird gefördert, weil so der Alltag sakral werden kann. Entsprechend wird der Barock als Ausdruck römisch-katholischer Frömmigkeit genutzt: Farbenfrohe Bilder zeigen die Heilsgeschichte, Glanz und Pracht machen die Herrlichkeit Gottes anschaubar. Die bunten Deckengemälde in den barocken Kirchen zeigen die Verbindung vom irdischen Gottesdienst und der himmlischen Welt Christi, Marias und der Engel. Der inneren Vereinheitlichung dient auch die Beichtpraxis, zu der regelmäßig aufgerufen wird. Im römisch-katholischen Ordensleben der Männer stehen die Jesuiten an erster Stelle, bei den Frauen dürften die Ursulinen die bedeutendste Gründung sein, durch die die Kirche erfolgreich erneuert wird.

Gesellschaft Jesu

Die Gesellschaft Jesu (*Societas Jesu*) wird 1534 von Ignatius von Loyola (1491–1556) als neuartiger Mönchsorden gegründet. Ignatius ist zunächst Soldat und nach einer schweren Verwundung vertreibt er sich die Zeit durch das Lesen von Heiligenbiografien. Dadurch entsteht in ihm der Wunsch, sein Leben dem Dienst Jesu zu widmen. Nach einer Marien-Wallfahrt nach Montserrat lebt er ein Jahr als Bettler in einer Kleinstadt, wo er als Armer spirituelle Erfahrungen sammelt. Im Mittelpunkt seiner geistlichen Übungen steht die Betrachtung von zentralen Geschichten der Evangelien: Er stellt sich die Szenen lebendig vor und versetzt sich selbst mitten in das Geschehen. Diese Exerzitien prägen sowohl die Frömmigkeit im Alltag als auch Einkehrtage.

Die Mitglieder des neuen Ordens werden hervorragend für ganz unterschiedliche Aufgaben ausgebildet. Sie arbeiten als Prediger und Seelsorger, Missionare und Lehrer. Regelmäßig ziehen sie sich zur geistlichen Erneuerung zu geistlichen Übungen zurück, intensiv werden die einzelnen Brüder von Mentoren begleitet. Der Orden ist hierarchisch aufgebaut und wird von einem *General* geführt, der sich dem Papst zur Verfügung stellt und daher seine Zentrale in Rom hat. Der Gehorsam der Jesuiten wird sprichwörtlich, ihr Sendungsbewusstsein eindrücklich.

Für die Ordensbrüder beschreibt Ignatius detailliert das Wochenprogramm der *geistlichen Übungen*. In der ersten Woche dreht sich alles um den Sinn des Lebens, Gottes Ruf und die Schwere der Sünde. In der folgenden Woche steht der Ruf Christi, ihm als König zu dienen, im Mittelpunkt; dabei folgt der Bruder dem Leben Jesu bis zur Passion. In der dritten Woche betrachtet er das Leiden Jesu und seine Kreuzigung. In der vierten Woche geht es sodann um die Auferstehung. In den Exerzitien stehen das Gebet und die Betrachtung der Schrift im Mittelpunkt; sie vermitteln aber auch die Fähigkeit, Entscheidungen zu treffen, indem sie dabei helfen, die Eingebungen Gottes von denen des Teufels zu unterscheiden. Dahinter stehen Loyolas eigene Erfahrungen während seiner Genesungszeit, als er bemerkt, dass seine Gedanken an die Erfolge als Soldat am Ende eine Leere hinterlassen haben. Er zieht daraus den Schluss, dass weltliche Vergnügen sich als oberflächlich erweisen, weil sich alles letztlich um den Menschen dreht. Dagegen läge in Handlungen für die Verherrlichung Gottes bleibende Freude. Gottes Geist selbst rege uns für solche Taten an. Der Mensch erfährt daraus eine Steigerung von Glaube, Liebe und Hoffnung.

Spanische Mystik

Für die Reform der Frömmigkeit spielt die Mystik eine große Rolle, die von Teresa von Avila (1515–82) und Johannes vom Kreuz (1542–91) geprägt wird. Teresa gibt dem Orden der Karmelitinnen eine neue Richtung, der die Praxis des inneren Gebetes pflegt. Ihre Schriften stellen die Stufen spiritueller Reife dar. Besonders eindrucksvoll ist *Die Seelenburg* (1577). Darin vergleicht sie den Menschen mit einer Burg, um die ein Wassergraben verläuft, zu der viele Wohnungen gehören, die in konzentrischen Kreisen von außen nach innen gelegen sind. Das Bauwerk ist aus Kristall (oder Diamant) gefertigt, das Licht Gottes, der im Zentrum wohnt, würde die ganze Burg erleuchten, würde die Sünde nicht zu Dunkelheit führen. Die spirituelle Reise geht von außen nach innen, bis sie im Raum Gottes ihr Ziel findet.

Wer sich zu Christus bekehrt und mit dem Gebet beginnt, betritt die ersten Wohnungen im äußersten Kreis. Nach einer Zeit des Mühens um Nachfolge und Vermeiden von Sünde gelangt man in die zweiten Wohnungen, wo man Anfechtung erlebt und seinen Mut verlieren kann. Vielen gelingt dann der Eintritt in die dritten Wohnungen, wo man eine intensivere Hingabe lebt und im Stadium des durchschnittlichen Kirchgängers bleibt; noch wurzelt das Christsein in eigenen Anstrengungen. Wer sich dann der Führung durch Gott anvertraut und ihm sein Leben ganz überlässt, betritt die vierten Wohnungen, in denen Kontemplation und Liebe bestimmen. In der nächsten Stufe nimmt die Nähe zu Gott noch einmal zu. Das wird auch äußerlich in einer sichtbaren Nächstenliebe gezeigt. Nun beginnt die Einsicht, dass zur Nachfolge auch das Leiden gehört. In den sechsten Wohnungen werden Schmerz und Trostlosigkeit neben unerwarteter Freude erlebt. Endlich gelangt man in die siebten Wohnungen, wo sich Mensch und Gott einen und die Seele Frieden findet. Nun führt die Seele ein Leben der anbetenden Maria und der tätigen Martha. Im Zentrum der Frömmigkeit Teresas steht die Liebe zu Gott und der Wunsch, ihm allein zu dienen und sich von ihm führen zu lassen.

Unterm Strich

In den Stürmen der Reformation kommt auch die römische Kirche zur Neubesinnung, namentlich im südlichen Europa entstehen neue geistliche Bewegungen wie die *spanische Mystik* oder die *Gesellschaft Jesu*. Diese neue Bruderschaft modernisiert die katholische Kirche aus ihren reichen Traditionen. Die Jesuiten leben nicht mehr dauerhaft in der Abgeschiedenheit des Klosters, sondern mitten in der Welt versehen sie ihren missionarischen Auftrag. Ihre Ordensmitglieder sind hervorragend wissenschaftlich und geistlich ausgebildet. Regelmäßig ziehen sie sich zu geistlichen Übungen zurück, richten sich neu aus für Jesu Auftrag. Dabei spielt die Meditation der Schrift die entscheidende Rolle. In katholischer Tradition dienen sie ganz dem Papst als dem Stellvertreter Christi auf Erden.

5.1.4 Weitere einflussreiche Spiritualisten

Als Zeitgenosse Luthers muss zunächst Kaspar **Schwenckfeld** von Ossig (1489–1561) erwähnt werden, der Ende 1525 Kontakt zu Luther hat, als dieser an der Vorrede zur Deutschen Messe arbeitet und darin die *dritte Weise* einarbeitet. Mit dem Abendmahlsstreit trennen sich seine Wege von Luther. Seine Gedanken drehen sich immer wieder um die *Vereinigung mit Christus*. Der Glaube sei die Einwohnung Christi in uns. Das Leben sei insofern Nachfolge und die Heiligung wird bei ihm besonders wichtig. Von der Welt und der kirchlichen Heilsvermittlung wendet sich Schwenckfeld ab. Die Bibel ist ihm Anleitung zum Leben. Christus wirke im Einzelnen, daher findet man bei ihm wenig Interesse an Gemeinde oder Gruppen. Er wirkt wie seine Anhänger durch Briefe und erbauliche Schriften. Während Luther auch den Christus in uns lehrt, weil für ihn doch der Christus für uns im Vordergrund steht, der sich in Wort und Sakrament offenbart, verfolgt Schwenckfeld eher eine spiritualistische Linie. Für die Folgezeit wird seine Kritik an der mangelhaften Umsetzung im Leben der Evangelischen bedeutsam, und man kann ihn zu den Vorvätern des Pietismus zählen. Eine direkte Linie dorthin lässt sich jedoch nicht nachvollziehen, zumal er nur wenige Anhänger hat; aus Schlesien wandern 1734 einige nach Pennsylvanien aus.

Zu den einflussreichen Gestalten der Reformationszeit zählt auch der Arzt, Naturforscher und Laientheologe Theophrast Bombast von Hohenheim (1493–1541), der sich selbst **Paracelsus** nennt. Auch er lehnt die „Mauerkirche" ab und kritisiert die mangelnde Ausprägung des Christlichen bei katholischen wie evangelischen Christen. Für ihn sind Natur *und* Bibel Offenbarungsquellen. Unter der Taufe werde der neue Mensch mit Christus verbunden, durch das Abendmahl werde er genährt. Als Arzt setzt er sich für Naturforschung statt Literaturstudium ein.

Zu den wirkungsvollen Persönlichkeiten gehört der sächsische Pfarrer Valentin **Weigel** (1533–88), der zunächst nur in handschriftlich verbreiteten Schriften die forensische Rechtfertigungslehre heftig angreift und sich dadurch viele Gegner macht, als seine Gedanken seit 1609 gedruckt werden. Sein Anliegen ist eine persönlich erfahrbare Frömmigkeit, die aus der Begegnung mit Gott in seinem Wort geboren wird. Adam müsse real in uns sterben, Christus in uns geboren werden. Der „Mauerkirche" setzt er die „Geistkirche" entgegen. Weigel studiert die mittelalterlichen Erbauungsschriften der Mystik und verbindet sie mit der lutherischen Bußlehre. Wenn Christus im Menschen wohnt, dann entstehe der wahre Glaube, der das Wesen des Christen verändere. Nicht das äußere, sondern das innere Wort stehe im Zentrum! Es gehe also nicht nur um eine Anrechnung der Gerechtigkeit, sondern um das neue Leben der Christen.

Der Görlitzer Schuhmachermeister Jakob **Böhme** (1574–1624) hat wohl bis heute eine größere geschichtliche Bedeutung. Seine esoterischen Schriften werden jedoch erst nach seinem Tode verbreitet und wirken auf fromme Pietisten sowie Dichter und Denker. In großer Originalität geht Böhme daran, das neue heliozentrische Weltbild für das Christentum philosophisch zu durchdenken. Nach einer Lichterscheinung in seiner Werkstatt sieht er sich als Prophet berufen und möchte mitten im Chaos der Zeit Gottes- und Welterkenntnis neu zusammenbringen. Die Erkenntnis steigt seiner Ansicht nach mit Hilfe des göttlichen Lichtes über die Betrachtung der Natur in die Welt des Urlichtes auf. Gott versteht er als Ureinheit, der durch seinen Willen aus sich heraustritt und die Welt schafft. Aus der Erkenntnis Gottes folgt für ihn das Tun des Guten.

Schließlich ist in der Reihe der Mystiker und Spiritualisten auch Johann **Scheffler** (1624–77) zu nennen, der sich nach seinem Übertritt zum Katholizismus Angelus Silesius nennt. Auch in England und Schottland wenden sich fromme Menschen der Mystik zu. Dazu gehört auch George **Fox** (1624–91), der die Gemeinschaft der Quäker (Selbstbezeichnung *Gesellschaft der Freunde*) gründet. Fox sammelt eher schlichte Menschen, die sich auch Kinder des Lichts nennen (vgl. Joh 1,9): Jeder Mensch kann vom Licht ekstatisch erleuchtet werden und so mit Gott in Verbindung kommen, dazu ist Schweigen der beste Weg. In der Frühzeit der Bewegung stehen Wunderheilungen, Exorzismen und ekstatische Erfahrungen (daher der Spottname *Quaker*, dt. Zitterer). Da sie in Großbritannien seit 1661 verfolgt werden, wandern viele nach Amerika aus. An die Seite von Fox tritt William Penn, der die Kolonie *Pennsylvania* gründet.

Johann Arndt

Als sich die Fronten zwischen den Konfessionen verhärten und immer mehr Predigten die reformatorische Botschaft nur wiederholen, ohne auf die drängenden Fragen der Zeit zu antworten, wird das die Stunde von

Johann Arndt (1555–1621), den viele heute an den Beginn des Pietismus stellen. Arndt hat nicht nur Theologie, sondern auch Medizin studiert. Zuerst arbeitet er als Lehrer, dann als Diakon, dann als Pfarrer (seit 1584); schließlich ist er als Generalsuperintendent im Fürstentum Braunschweig-Lüneburg tätig und lebt in Celle. Zwischen 1605 und 1610 veröffentlicht er seine *Vier Bücher vom Wahren Christentum*, wodurch er unzählige Leser bis heute geprägt hat. Dabei tritt er selbst hinter seinem Werk nahezu vollständig zurück, nie spricht er von sich.

Arndt beklagt den Zustand der Kirche wie der Christen seiner Zeit: Christus hat viele Diener, aber wenig Nachfolger. Als viele seiner Kollegen ihre theologische Arbeit auf konfessionelle Polemik beschränken, durchsucht er die überlieferten Schriften nach Inspiration für seine Zeit. Theologie ist für ihn Erfahrung und Übung. Dabei wendet er sich auch der (römisch-katholischen) Mystik zu, gibt die *Theologia deutsch* heraus, arbeitet mit Tauler und der *Imitatio Christi*, aber auch mit der Mystik der Franziskaner.

Seine Bücher folgen in ihrer Präsentation dem Dreischritt der Stufenmystik: Reinigung (*purgatio*) – Erleuchtung (*illuminatio*) – Vereinigung der Seele mit Gott (*unio mystica*). Doch seine Mystik führt nicht zum Heil wie in den römisch-katholischen Vorbildern, vielmehr ist sie auf Heiligung ausgerichtet.

Theologisch steht er ganz auf den Grundlagen der lutherischen Bekenntnisschriften. Von diesem Fundament bearbeitet er auch seine mystischen Quellen, grenzt sich deutlich gegen jeden Synergismus ab. Er möchte Christen zur wahren Gottseligkeit (*pietas*) führen. Durch seine Beschäftigung mit der Mystik legt er für den Pietismus eine Spur in Richtung auf Verinnerlichung und Selbstbeobachtung.

Streng geht Arndt mit den theologischen Kontroversen seiner Zeit ins Gericht, sein Anliegen sind Nachfolge und Heiligung. Der Mensch soll sich mit Gott vereinigen. Das klingt mystisch, Arndt zielt aber auf die ethische Konsequenz. Mystik ist ihm nicht Selbstzweck, sondern sie soll die Beziehung zu Christus intensivieren.

Sein schriftliches Monumentalwerk – eine moderne Ausgabe hat rd. 1100 Seiten – ist ein Reader der verschiedensten christlichen Frömmigkeitsinteressen: Neben anderen Kirchenvätern finden sich Auszüge aus Augustin, der spätmittelalterlichen Mystik, Thomas von Kempen, Paracelsus, Valentin Weigel und Martin Luther. Die Umsetzung des evangelischen Glaubens ins Leben ist sein Anliegen. So gut es geht, hat Arndt die Texte durch Umschreibungen und Auslassungen in den evangelischen Kontext eingebunden. Viele Kapitel gehen wohl auf Predigten zurück, alles ist insgesamt ziemlich locker zusammengestellt.

Allein bis zu Speners Tagen (Ende 17. Jh.) werden 49 Auflagen gedruckt. Natürlich gibt es neben lobenden Stimmen auch Gegner, die Arndt insbesondere eine Nähe zu Schwärmern und Spiritualisten vorwerfen. Das tut dem Erfolg freilich keinen Abbruch: Übersetzungen ins Niederländische, Englische, Französische und die skandinavischen Sprachen sorgen für weiteste Verbreitung.

5.2 Das Zeitalter von Absolutismus, Aufklärung und Erweckung

5.2.1 Mystik, Spiritualismus, Erbauung

Seit dem Ende des 16. Jh. haben sich die Fronten zwischen den Konfessionen (Katholiken, Lutheraner, Reformierte) verhärtet. Die Theologen machen sich an die systematische Darstellung ihrer Positionen und die Bestreitung der ihrer Gegner. Es entstehen großartige Gedankengebäude, die sich immer mehr von der Gemeindewirklichkeit entfernen. Theologie und Frömmigkeit treten weit auseinander. Während sich die Theologen zum Beispiel immer neu um die Darstellung der Rechtfertigung aus Gnaden mühen, sind die religiösen Fragen der Menschen andere geworden. Niemand leidet mehr an seiner Gottesferne wie einst Luthers Generation, die den gnädigen Gott suchte. Jedes evangelische Kind hat seitdem Gott als den gnädigen Gott kennengelernt, kein Erwachsener weiß aber, wie die verkündigte Wahrheit im Leben gelebt werden kann.

Im 17. Jh. führen verschiedene Nöte (Krieg, Hunger, Seuchen, wirtschaftlicher Niedergang, Klimaverschlechterung seit Ende des 16. Jh.) zu einer großen Krise. Träger der Erneuerung sind zunächst Einzelne, die eine neue Innerlichkeit pflegen. Die Frömmigkeit wird so individualisiert und privatisiert. Deshalb spielen zunehmend **Erbauungsbücher** eine größere Rolle, in diesem Zuge wird auch die Bibel als Erbauungsbuch entdeckt. Da das Christliche in der Öffentlichkeit zurückgeht und die Kirche den Kirchenbesuchern wieder und wieder Lehrpredigten bietet, wenden sich Menschen sozusagen *privat* spirituellen Fragen zu, die sie wirklich bewegen, und beschäftigen sich mit ihrer inneren Gottesbeziehung. Immer wieder entdecken wir heute gerade im Erleben von Natur die Frömmigkeit der Menschen, etwa in Barthold Heinrich Brockes' (1680–1747) *Irdisches Vergnügen in Gott* (1721/48), in der die zweckmäßige Einrichtung der Natur durch den Schöpfer zur Anbetung führt. Viele Menschen begeben sich auf einen Weg nach innen. So wenden sich auch Evangelische weiter der **Mystik** zu. Der Mystiker sucht Gemeinschaft mit Gott, seine Frömmigkeit trägt so notwendig individuelle Züge und ist zunächst nicht gemeinschaftsstiftend. Dem Mystiker reicht die Begegnung mit Gott, seine Seele sucht Begegnung mit Jesus. Der Mystiker erregt aber durch seine Spiritualität auch kein öffentliches Aufsehen. Sie begeben sich in die Stille, suchen eine persönliche Begegnung mit Gott und geben nicht zuletzt dem religiösen Gefühl Raum.

Ihre Erfahrungen halten sie schriftlich fest, tauschen sie mit Gleichgesinnten aus. Da eine solche schriftliche Tradition in den Kirchen der Reformation weitgehend fehlt, suchen sie wie schon einst Luther, der die mystische Schrift *Theologia deutsch* herausgegeben hat, bei mittelalterlichen Autoren.

Das Interesse gilt dabei etwa der Meditation und dem Gebet – sowohl auf römisch-katholischer als auch evangelischer Seite. Damit entsteht einerseits eine Privatisierung des Glaubens, in dem persönliche Andacht und Besinnung wichtig werden. Zugleich schließen sich Gleichgesinnte zusammen und tauschen sich über die Erbauungsbücher aus. Wie in den literarischen Zirkeln der Zeit kommen Menschen zusammen, um gemeinsam erbauliche Bücher zu lesen. Auch in Speners Frankfurter *Collegia Pietatis* werden ursprünglich Erbauungsschriften gelesen. Es handelt sich also um einen Lektürezirkel im Pfarrhaus, wie es sie auch sonst weit verbreitet in der Gesellschaft gibt. Erst nach einigen Jahren geht man zum Studium der Bibel über, die nun selbst zum Erbauungsbuch wird (2.2.2)

Wie in der Reformation kommt dem evangelischen **Kirchenlied** eine große Bedeutung auch für die Frömmigkeit zu, es prägt sowohl die Spiritualität der Einzelnen als auch die der Gemeinde. Für die Lieder der Orthodoxie steht vor allem die Vermittlung und Vergewisserung von Lehre im Zentrum der Dichtung, aber auch die seelsorgerliche Begleitung für Trost und Wegweisung kommen nicht zu kurz. Unter den zahlreichen Musikern der neuen Epoche stehen Heinrich Schütz (1585–1672) neben Dietrich Buxtehude (1637–1707) und Johann Sebastian Bach (1685–1750). Der tiefgläubige Bach steht für die orthodoxe lutherische Frömmigkeit wie für die neue Glaubensbewegung des Pietismus. Alle seine musikalischen Werke sollen der Ehre Gottes dienen und ihn allein verherrlichen. Nach ihm wirken Georg Philipp Telemann (1681–1767) und Georg Friedrich Händel (1685–1759), die stärker der Aufklärung gegenüber offen sind, aber religiöse Themen in der europäischen Kultur lebendig halten.

5.2.2 Erweckung als Aufbruch der Frömmigkeit

Im 17. Jh. entsteht weltweit eine Erneuerungsbewegung, die man als *Erweckung* bezeichnet, in Deutschland spricht man speziell vom *Pietismus*. Die Bewegung kommt im 18. Jh. zu ihrer Blütezeit, in der die Theologie in vielen Teilen Europas und Nordamerikas, die gottesdienstlichen Formen und die Gestaltung der individuellen Frömmigkeit geprägt werden. Das Christentum soll erneuert, die Reformation weitergeführt werden. Im englischen Sprachraum nimmt man heute oft die historische Selbstbezeichnung *Evangelicals* auf, die zwar damals auch als Synonym für die Evangelischen gebraucht wird, aber insbesondere die Erweckten bezeichnet. Vielfältig wirken die Erweckten auch in die damalige Gesellschaft hinein, auch die übrige geistige Entwicklung der Zeit wird von ihnen beeinflusst.

Die Erweckten haben ein neues Verhältnis zur Welt und zeigen eine optimistische Erwartung an die Zukunft. Dahinter steht die neue postmillenaristische Eschatologie, nach der das Tausendjährige Reich bereits angebrochen sei und Gott kräftig Erneuerung wirke. Die Erweckten sehen sich als Gottes Mitarbeiter (7.2.4).

Wie das Wort *Pietismus* (von lat. *pius* – fromm) zeigt, geht es zunächst um Frömmigkeit, das fromme Leben. Hat Luther das Wort fromm noch im Sinne von *tüchtig, rechtschaffen, ausgezeichnet* gebraucht (z. B. Matth. 25,21 „frommer und getreuer Knecht" – heute liest man in Luther 1984 „tüchtiger und getreuer Knecht" für *doule agathe kai piste*), so gewinnt der Begriff durch die Verwendung in der Lutherbibel allmählich eine religiöse Färbung. Langsam gerät die ethische Seite aus dem Blick und die religiöse bestimmt allein die Bedeutung. Wie der Begriff gleichsam *entweltlicht* wird und nur noch „gottesfürchtig" bedeutet, so wird Frömmigkeit zur Aussage über das religiöse Verhalten. Vollends erhält der Begriff diese Bedeutung durch die Prägung, die ihm der Pietismus gibt. Im Pietismus werden die entschiedenen Christen als die *Frommen* von den eher äußerlich teilnehmenden Christen unterschieden. Die *Frommen* bekennen damit ihre intensivere Gottesbeziehung – oft innerlich fern der Gesellschaft und abgeschieden als die *Stillen im Lande* (wie etwa Gerhard Tersteegen).

Ist es Luther und den Reformatoren um die richtige Lehre gegangen, so ringen die Pietisten um das richtige Leben. Während die meisten Theologen aller Konfessionen im 17. Jh. um die Bewahrung der Rechtgläubigkeit erbittert und polemisch streiten und andere theologische Ansätze bekämpfen, suchen Pietisten nach einem **Ausdruck des Glaubens im Alltag**. Ihnen geht es um das Leben in der Nachfolge. Zugleich hält man an den reformatorischen Grundlagen (Autorität der Bibel, Heilsbedeutung Jesu

Christi) wie selbstverständlich fest. Man sucht die innere Aneignung der Rechtfertigungslehre, immer mehr wird das Bedürfnis nach *frommen Erfahrungen* wach. Die *praxis pietatis* wird zum schillernden Schlagwort für die neue Bewegung. Nahezu zeitgleich finden wir sowohl in reformierten wie in lutherischen Landeskirchen Pietisten, ja unter ihnen herrscht ein reger Austausch, der auch Impulse aus England und den Niederlanden empfängt und dorthin sendet. Namentlich der reformierte Pietismus steht im intensiven Austausch mit der *Nadere Reformatie*, die in den Niederlanden seit Beginn des 17. Jh. zu beobachten ist: Gisbert Voetius (1586–1676) beeinflusst reformierte Theologen in Deutschland, die Niederländer stehen wiederum mit dem englischen Puritanismus in Verbindung.

Der Puritaner William Perkins ist Lehrer von Wilhelm Amesius, der für die Erweckung in den Niederlanden eine große Bedeutung hat; der Middelburger Pfarrer **Willem Teelinck** (1579–1629) ist in England von Puritanern beeinflusst worden, sodass er sich auf eine Pfarrerlaufbahn einlässt. Wie Voetius und die Puritaner lehnt er den Arminianismus ab und setzt sich für die Prädestinationslehre ein. In seinen Schriften bewegt er immer neu die **christliche Lebensführung** (Sonntagsheiligung, Sittenzucht, gegen Luxus und Verschwendung, für einfaches Leben), eine mystische Spiritualität und eine theokratische Gesellschaftsordnung (Sorge für Arme). Immer wieder beklagt er den traurigen Zustand der Kirche in seinem Land, die keine Anziehungskraft mehr habe. Dennoch hegt er Hoffnung auf bessere Zeiten, in der eine neue Reformation aufbrechen werde.

Anders als im lutherischen Pietismus sind die reformierten Christen durch Calvins Lehre vom dritten Brauch des Gesetzes (7.1.1) eher vorbereitet, ja man hat davon geredet, dass Pietismus und reformierter Glaube wesensverwandt seien (Wilhelm Goeters).

Dazu werden neue Formen **persönlicher Frömmigkeit** einerseits und gemeinschaftlichen Lebens anderseits entwickelt. Die Pietisten tauschen wie bei den Puritanern in England ihre Erfahrungen in Briefen aus und halten diese auch in Tagebüchern fest. Manche Briefwechsel und Tagebücher werden zur Erbauung anderer veröffentlicht. Aus dieser Beschäftigung mit inneren Glaubensprozessen (Bekehrung, Buße, Zweifel etc.) wird das Interesse an Psychologie geweckt. Damals spricht man von „Erfahrungsseelenkunde". Nun findet man erstmals Begriffe für innere Vorgänge in der Seele. Auch die deutsche Dichtung wird von den Pietisten angeregt: vgl. Briefromane wie Goethes *Werther*, autobiografische Romane wie Moritz' *Anton Reiser* oder Jung-Stillings *Lebensbeschreibung*.

Neben der individuellen Entwicklung möchten andere das gemeinsame

Leben der Gemeinde verändern. Zu Beginn arbeitet Theodor **Undereyck** (1635–93) zunächst in Mühlheim/Ruhr, anschließend kurz in Kassel und schließlich bis zu seinem Tod in Bremen. Intensiv betreibt er Katechismusunterricht und bietet Hausversammlungen an. Philipp Jakob Spener (1635–1705) startet ein regelrecht gemeindepädagogisches Programm im lutherischen Bereich in Frankfurt, indem er Bibelstunden anbietet. Neben diesem gruppenpädagogischen Aspekt verändert sich auch die Vorstellung vom *Glauben*, der nicht mehr als etwas Objektives begriffen wird, sondern als etwas, was Frucht im Leben bringt. Während Luther und die Reformatoren um die Rechtfertigung aus Gnaden gerungen haben, entdecken die Erweckten den biblischen Begriff der **Wiedergeburt** neu.

Auch Spener geht es nicht um eine Reformation der Lehre; diese Frage sieht er mit Luthers Reformation als beantwortet. Wahrheit lässt sich nicht verbessern! Aber die Umsetzung im Leben der Menschen steht noch aus. Ihm geht es um eine Reform in Richtung auf ein *gottseliges, sittliches Leben*, wodurch er das Glaubenswissen ohne Wirkung überwinden will. Rechtfertigung und Heiligung gehören für ihn untrennbar zusammen und müssen sich im praktischen Leben auswirken. Diese Verantwortung entwickelt Spener in seiner Wiedergeburtslehre.

- *Im Was der Lehre ist sich Spener ganz einig mit der Tradition. Ihn bestimmt vielmehr das Wie der Lehre, ihr Lebendigwerden im Einzelnen. [… im Unterschied zur lutherischen Tradition lehrt Spener] den lebendigen Glauben nicht nur als von außen, von Gott kommendes Wirken. Sondern in der Wiedergeburt begreift er ihn als Wirkung im Subjekt, als ein den Menschen in seinem Inneren umwandelndes, erneuerndes und zum Tun des Guten befähigendes Geschehen.*
- Gremels, 2002, S. 242.

Lässt sich ein Mensch auf Gott ein, kehrt er um, kommt er zum Glauben und wird neu geboren – durch Gottes Wirken in seinem Wort. Daher stellt Spener die Wiedergeburt ins Zentrum seiner Ethik: Sie ist für ihn etwas Wirkliches, das Menschen verändert und wirklich vorhanden ist und bleibt. Das der Wiedergeburt folgende Leben sucht die Ehre Gottes, dient dem Nächsten und sucht dessen Heil. Das Gute tut er aus innerem Antrieb. Der wiedergeborene Glaube verwandelt und erneuert die verdorbene Natur des Menschen durch die Kraft des Heiligen Geistes. So kann der Mensch Gutes tun.

Damit folgt die Heiligung notwendig auf die Rechtfertigung. Spener ist sich dabei durchaus bewusst, dass die Wiedergeburt noch nicht vollendet, aber der menschliche Geist werde doch aus seiner Fixierung auf das Irdische gelöst und auf die neue Heimat im Himmel gewiesen, die er freilich nicht selbst erreichen kann, sondern er sehnt sich danach. Die Wiedergeburt ermöglicht eine ordentliche *Weltliebe*, die nicht auf sich selbst bezogen und damit Zeichen der Trennung von Gott ist. Durch die Gabe des Heiligen Geistes könne der Mensch zu einer guten Bedürfnisbefriedigung zurückfinden und Weltgestaltung aus der von Gott geschenkten Liebe wagen. In dieser Welt tut der Christ als Erneuerter seine Pflicht und setzt sich für Gerechtigkeit ein, z.B. für gerechte Entlohnung, korrekte Maße und Gewichte, angemessene Zinsen, berechtigte Preise.

Neben dem reformierten und lutherischen Pietismus muss noch der pietistische Separatismus erwähnt werden. Dieser kommt 1670 mit Jean de **Labadie** (1610–74) aus den Niederlanden ins deutsche Herford, wo die mit Labadie ausgewanderte Gemeinde ein Pfingsterlebnis (mit diversen Erfahrungen) hat. Schon ein Jahr später muss die Gemeinde Herford verlassen und geht ins dänische Altona bei Hamburg.

Ein bedeutender spiritueller Reformer ist schließlich August Hermann **Francke** (1663–1727); er legt auf Bekehrung großen Wert, Francke beschreibt einen regelrechten Prozess der Bekehrung (Bußkampf, Gnadendurchbruch, Bekehrung). Obwohl er bereits am Ende des Theologiestudiums steht und eigene Seminare veranstaltet hat, spürt er, dass er noch keinen echten Glauben hat. In Lüneburg will er seine Bibelauslegung im Kontakt mit dem frommen Superintendenten Sandhagen praktisch vertiefen; als er um eine Predigt gebeten wird, sagt er zu und in der Vorbereitung gerät er in eine intensive Glaubenskrise, in der ihm nichts mehr gewiss erscheint. So fällt er schließlich auf seine Knie und ruft in seiner Not den Gott an, an den er nicht glaubt.

Da erhörte mich der Herr, der lebendige Gott, von seinem heiligen Throne, als ich noch auf meinen Knien lag. So groß war seine Vaterliebe, […] so erhörte er mich plötzlich. Denn wie man eine Hand umwendet, so war all mein Zweifel hinweg, ich war versichert in meinem Herzen der Gnade Gottes in Christo Jesu, ich konnte Gott nicht allein Gott, sondern meinen Vater nennen, alle Traurigkeit und Unruhe meines Herzens war auf einmal weggenommen, hingegen ward ich wie mit einem Strom der Freude plötzlich überschüttet […].

Anfang und Fortgang der Bekehrung A.H. Franckes, zit. nach Schmidt/Jannasch, 1988, S. 77f.

Francke schaut zurück auf sein Leben. Rücksichtslos legt er seine Scheinfrömmigkeit offen, beschreibt sein äußeres Leben knapp und seine inneren Erlebnisse eindrücklich. Niemand hat von seinen inneren Kämpfen gewusst, in allem hofft er auf Gottes Eingreifen. Zwar hat er immer wieder einmal einen Neuanfang mit Gott gemacht, aber die eigenen Anstrengungen haben nie lange angehalten. Nach dem Erleben in Lüneburg wird er ein anderer. Sicher erinnert seine Niederschrift an Augustins Bekenntnisse, auch an Descartes' Ringen mit dem Zweifel. Aber Francke kommt nicht selbst zu einem neuen Fundament, er erlebt eine Begegnung mit dem lebendigen Gott, die sein Leben verändert. Die Wiedergeburtserfahrung Franckes ist für die neue pietistisch-erweckte Frömmigkeit eine ganz wichtige, zentrale Erfahrung. Sie verbindet die Glaubenden und macht den Einzelnen zugleich zum Einzelteil der weltweiten Gemeinde, die konfessionelle Unterschiede relativiert. So wie Franckes Bekehrung gibt es viele Berichte aus dieser Zeit: Menschen ringen um ihr Verhältnis zu Gott, reflektieren in Briefen und Tagebüchern über ihre Gottesbeziehung. Man spricht von einem Zeitalter der Innerlichkeit, so vielfältig sind die Zeugnisse in den autobiografischen Schriften der Zeit, die auch über den pietistischen Kreis Leser ansprechen und Autoren wie Goethe, Moritz und Jung-Stilling anregen.

Diesem Neubeginn folgt die **Heiligung**, die innere Entwicklung des Glaubenden. Auf ihre Anknüpfung an das Erbe der Reformation legen die Pietisten großen Wert. Doch hier bleibt Francke nicht stehen, vielmehr begründet er in Halle ein umfangreiches **Diakoniewerk** mit Waisenhaus, Schulen, Lehrerausbildung, Verlag, Handwerksbetrieben, Apotheke und sogar ein **Missionswerk** (6.2.2).

Unter den Stillen im Lande sticht die Gestalt des reformierten Gerhard **Tersteegen** (1697–1769) hervor, der nach Kaufmannslehre den Beruf des Leinwebers und später des Seidenbandwirkers wählt und später als freier Schriftsteller lebt. Intensiv widmet er sich mystischen Schriften, wendet sich von der bestehenden Kirche ab, geht nicht mehr zum Abendmahl oder zum Gottesdienst und pflegt eine mystisch-quietistische Spiritualität. Er lebt fünf Jahre zurückgezogen von Familie und Gesellschaft, bis er Gründonnerstag 1724 eine mystisch-fromme Erfahrung macht, an deren Anschluss er sich mit seinem eigenen Blut Jesus überschreibt. Nach diesem von ihm selbst als zweite Bekehrung genannten Erlebnis gibt er die Einsamkeit auf, bleibt jedoch weiter ehelos. Seit 1727 hält er regelmäßig Erbauungsversammlungen und arbeitet als Seelsorger. Auf verschiedenen Reisen besucht er das Rheinland und das Bergische Land, aber auch die

Wetterau und die Niederlande. Bekannt wird er durch seine vielfältige literarische Tätigkeit, in der er besonders für eine innere Herzensfrömmigkeit
wirbt. Während er viele spirituelle Schriften übersetzt und herausgibt, wird
er vor allem durch sein *Geistliches Blumengärtlein inniger Seelen* bekannt,
einer Sammlung geistlicher Lieder. Sein berühmtestes Lied steht nahezu in
allen Gesangbüchern.

- *1. Gott ist gegenwärtig.*
- *Lasset uns anbeten*
- *und in Ehrfurcht vor ihn treten.*
- *Gott ist in der Mitte.*
- *Alles in uns schweige*
- *und sich innigst vor ihm beuge.*
- *Wer ihn kennt, wer ihn nennt,*
- *schlag die Augen nieder;*
- *kommt, ergebt euch wieder.*
-
- *6. Du durchdringest alles;*
- *lass dein schönstes Lichte,*
- *Herr, berühren mein Gesichte.*
- *Wie die zarten Blumen*
- *willig sich entfalten*
- *und der Sonne stille halten,*
- *lass mich so still und froh*
- *deine Strahlen fassen*
- *und dich wirken lassen.*
-
- *7. Mache mich einfältig,*
- *innig, abgeschieden,*
- *sanft und still in deinem Frieden;*
- *mach mich reines Herzens,*
- *dass ich deine Klarheit*
- *schauen mag in Geist und Wahrheit;*
- *lass mein Herz überwärts*
- *wie ein' Adler schweben*
- *und in dir nur leben.*
-
- *8. Herr, komm in mir wohnen,*
- *lass mein' Geist auf Erden*

- *dir ein Heiligtum noch werden;*
- *komm, du nahes Wesen,*
- *dich in mir verkläre,*
- *dass ich dich stets lieb und ehre.*
- *Wo ich geh, sitz und steh,*
- *lass mich dich erblicken*
- *und vor dir mich bücken.*
- Evangelisches Gesangbuch 165

Die Hingabe an Gott, die Erwartung seines Wirkens in der Seele wird hier immer neu in unterschiedlichen Bildern ausgedrückt. Der Glaubende richtet sich ganz auf Gott aus, wie die Blumen sich auf die Sonne ausrichten.

Schließlich entsteht unter Leitung von Graf **Zinzendorf** (1700–60) in Herrnhut eine neue Form von Gemeinde (Brüdergemeine, Brüder-Unität), die auch konfessionelle und soziale Gegensätze bewusst überwinden will. Hier erhält die Gemeinde ein reiches gottesdienstliches Leben, in dem das Gefühl eine große Rolle spielt (Herzensfrömmigkeit). Aber auch die Impulse für das tägliche Leben des Einzelnen sind im Blick, werden doch hier die **Losungen** erfunden, die jeden Tag unter ein biblisches Motto stellen. Für Francke und Zinzendorf wird die Weltmission zum Herzensanliegen. Darüber hinaus ist die weltweite Ökumene ein besonderes Anliegen Herrnhuts. Beziehungen zu erweckten Kreisen in England und seinen nordamerikanischen Kolonien, zu den Niederlanden, Dänemark und nach Frankreich werden selbstverständlich (5.2.3), zeigen sich doch parallele Entwicklungen. Geradezu revolutionär ist der Verzicht auf ausgeprägte Standesunterschiede unter den Geschwistern der Gemeine. Der Graf hat insofern sicher eine Sonderstellung, aber für die anzugehenden leitenden Aufgaben werden Handwerker wie Bürgerliche herangezogen.

Der Pietismus in Württemberg integriert sich in die Landeskirche und prägt daher ein ganzes Land stark. Unter den Vätern in Württemberg ragt Albrecht **Bengel** hervor, der große Bibeltheologe und Endzeit-Forscher. Daneben gibt es auch die radikalen Pietisten, die aus den kirchlichen Verhältnissen herausstreben; dazu zählen Gottfried Arnold (1666–1714), Johann Wilhelm Petersen (1649–1726) und Eleonora Petersen (1644–1724).

UNTERM STRICH

Seit dem Ende des 16. Jh. haben sich die konfessionellen Positionen verhärtet, Theologie und Spiritualität treten mehr und mehr auseinander. Die

Lehre vom gnädigen Gott ist als Siegeszug bei den Evangelischen erfolgreich gewesen, nun tauchen vermehrt Fragen nach einem *evangelischen Leben* auf. Es entsteht dazu eine einschlägige spirituelle Literatur, die sich teilweise aus den Quellen der mittelalterlichen Mystik speist und Arndts Anliegen weiterführt; aber auch die Bibel selbst wird zum Erbauungsbuch, das der Einzelne zur persönlichen Lektüre oder in Gemeinschaft mit anderen studiert.

Entsprechend findet man vielfältige Anhaltspunkte für die beginnende neue Zeit, die Gottes Wirken erweist (7.2.1). Zugleich sammeln sich die Frommen in besonderen Kreisen, pflegen gemeinsam eine eigene, intensivere Frömmigkeit und suchen die persönliche Begegnung mit Gott und untereinander. Was Luther noch aus Furcht vor *Trennungen* gescheut hat, lässt sich jetzt überall greifen: Menschen schließen sich zu Konventikeln zusammen. Die neuen Formen korrespondieren dabei mit aufklärerischen Treffen, in denen man sich über die verschiedensten Fragen austauscht. Die Erweckten grenzen sich aber auch von den Ereignissen der *Welt* ab. In gewisser Weise übernehmen sie so Einstellungen der Täufer, auch wenn sie sich nicht räumlich separieren und in die Fremde ausweichen. Aber durch die Sammlung der Frommen (collegia pietatis, Brüdergemeine) werden doch neue Formen des Miteinanders erprobt und gelebt, die die *Frommen* von den *Nichtfrommen* trennen.

Wie selbstverständlich wird das Gefühl eine bedeutende Erfahrung für Frömmigkeit, die die trockene Vernunft begleiten soll. Unter den Erweckten beginnt weltweit eine neue, intensive Kommunikation, man schreibt Briefe, tauscht Tagebücher aus, übersetzt Erbauungsbücher aus anderen Ländern. Vielfach öffnet man innerste Empfindungen und Gefühle den anderen, lernt geistliche Regungen zur Sprache zu bringen, für die frühere Generationen vermutlich keine Worte gefunden hätten.

Mit dem Blick nach innen lösen die Erweckten überall ein neues Interesse an inneren Vorgängen aus, eine neue Wissenschaft der Erfahrungsseelenkunde entsteht, zahlreiche Dichtungen nehmen die populäre Form eines Briefromans oder einer autobiografischen Erzählung an. Der Glaubende zeigt seine Umkehr und Wiedergeburt (vgl. Spener und Francke), das Ringen mit Gott, die persönliche Gottesbegegnung und den inneren Kampf mit den Versuchungen der Welt – all das wird zum Topos der Literatur und des persönlichen Austauschs. Immer bestimmender wird nun die persönliche Heiligung. Der Glaubende verantwortet sein frommes Leben, lebt als Erneuerter vorbildlich und setzt sich für Gerechtigkeit und Frieden ein.

5.2.3 Methodismus und Great Awakening

Zwischen 1726 und 1760 (engl. *First Great Awakening*) und zwischen 1787 und 1825 (engl. *Second Great Awakening*) kommt es auch in England und Nordamerika zu einer ganzen Reihe von Erweckungen. Begonnen hat die Erweckung in New Jersey unter niederländischen Erweckten, die von der *Nadere Reformantie* beeinflusst worden sind, von dort gelangt sie zu den Engländern, wo Jonathan Edwards (1703–58) zu großer Bedeutung kommt. Über die niederländische Vermittlung kommt dem reformierten Glauben im Anschluss an Calvin in der Neuen Welt große Bedeutung zu. Die reformierten Christen bewegt damals die Frage, wie sie ihrer Erwählung durch Gott gewiss werden können. Im Anschluss an Segensvorstellungen im Alten Testament glauben manche von ihnen im beruflichen Erfolg ein Kennzeichen gefunden zu haben. Edwards legt namentlich auf die Dringlichkeit der Umkehr größten Wert, die Predigthörer werden zur sofortigen Entscheidung aufgerufen. Durch ein öffentliches Bekenntnis sollen sich die Bekehrten zum neuen Bund mit Gott bekennen (zum Bundesgedanken 4.2.3). So kommt eine neue Dynamik in die amerikanischen Gemeinden. Dort gelingt es, religiöse Erfahrung und objektive Lehre zu verbinden. Typisch ist auch das eschatologische Motiv – man meint mit den letzten Tagen der Welt rechnen zu müssen und setzt sich daher auch intensiv für Mission der ganzen Welt ein. In Amerika werde das Tausendjährige Reich beginnen und von hier aus die ganze Erde erreichen.

Schon Jonathan Edwards zeichnet dabei ein großes Interesse an sozialen Fragen aus, intensiv strebt er nach Gerechtigkeit im Rahmen des aufzurichtenden Reiches Gottes. Die Gesellschaft soll durch die Kraft des Evangeliums umgestaltet werden.

- *Könnte Gottes Volk in diesem Land dahin gebracht werden, dass es in solchen Taten der Liebe überfließt, wie auch im Beten, Hören, Singen und in religiösen Zusammenkünften und Konferenzen, so würde das ein segensreiches Omen sein. Nichts würde Gottes Liebe stärker vom Himmel auf die Erde bringen; es würde in den Augen unseres liebenden Erlösers so liebenswert erscheinen, dass er dadurch von seinem himmlischen Thron herabgeholt würde, um unter den Menschen auf Erden sein Heiligtum zu errichten und darin zu wohnen.*
- zit. nach Lovelace: Theologie der Erweckung. 1984, S. 350.

Evangelisation und soziales Engagement gehören für den großen Erweckungsprediger eng zusammen.

Während der ersten großen Erweckung kommen die Gebrüder Wesley nach Georgia, wo sie die neue reformierte Erweckungsfrömmigkeit kennenlernen. Auf der Reise dorthin werden sie von Herrnhutern angesprochen, was zur Vertiefung des Glaubens von John **Wesley** (1703–91) führt: Sie sprechen von der Erfahrung persönlicher Sündenvergebung und von einem Bekehrungserlebnis. Nach seiner Rückkehr nach England erlebt John in einer Versammlung von Herrnhutern in London seine Bekehrung, als Luthers Vorrede zum Römerbrief vorgelesen wird. Bekehrung ist für Wesley also weniger ein Erlebnis der Rechtfertigung vor Gott wie bei Luther, sondern im Grunde ein Heiligungserlebnis. John Wesley besucht später selbst Herrnhut, von dessen Frömmigkeit er wertvolle Impulse empfängt, etwa die große Bedeutung des Singens in den Versammlungen. Zwischen den Erweckten entsteht ein Netzwerk von Europa bis nach Nordamerika.

Danach begründet er in England den **Methodismus**, der bewusst innerkirchlich bleiben will und sich nur in der Frömmigkeitspraxis von der offiziellen Kirche unterscheidet. Dabei nimmt er die Aufklärung insofern auf, dass Glaube auch methodisch planbar und beschreibbar ist: Die Erfahrung von Sünde, Schuld und Gnade führt zu einer plötzlichen Bekehrung, die sich in einem neuen Lebensstil zeigt. Die Erwählungsgewissheit zeigt sich in der gelebten Frömmigkeit. Die Methodisten gehen dabei davon aus, dass Christus nicht nur von der Sündenschuld, sondern auch von deren Macht befreit. Deshalb ist die Heiligung auch ihr zentrales Thema! Gegenüber der Theologie Luthers liegt hier also eine andere Auffassung von Sünde vor. Für Luther bleibt der Mensch auch als gerechtfertigter Christ Sünder, der der Rechtfertigung immer neu bedarf. Für Wesley steht die Sünde durchaus in der Beherrschbarkeit seitens des Willens des Menschen.

Wesley unterscheidet künftig **zwei Stufen** des Christseins: In der ersten Stufe bekehrt sich der Christ zu Gott, man erlebt Rechtfertigung und Wiedergeburt – es beginnt die Heiligung. Als zweite Stufe beschreibt er dann die völlige Heiligung, in der das Herz ganz mit der Liebe erfüllt ist, sodass die Sünde keinen Platz mehr hat. Unter Rechtfertigung versteht er also die Vergebung der Schuld im Bekehrungserlebnis, als Heiligung bezeichnet er die Reinigung von Schuld des Bekehrten. Zwar lehrt er keine sündlose Vollkommenheit, aber eine christliche Vollkommenheit, nach der der Christ keine vorsätzlichen Sünden tut und von der christlichen Liebe zu allen Menschen erfüllt ist. Das führt bei den Methodisten zur Unterscheidung von Glaubenden, die gerettet werden, und Nichtglaubenden, die in der Welt leben und die missionarisch erreicht werden sollen!

Die Erweckten werden von Wesley in neue Gemeinschaften geführt, sodass die entwurzelten Arbeiter der einsetzenden Industrialisierung neue Kreise der Geborgenheit erfahren. Nach dem Vorbild der Herrnhuter Brüdergemeine werden verschiedene Gruppen von jeweils zwölf Personen zusammengeführt, deren Leiter dann neue Kreise von 3-5 Personen bilden, die als Mitarbeiter die Erweckung weitertragen. In diesen Gruppen werden Laien geschult, die als Laienprediger arbeiten. Später kommen nicht wenige Gewerkschaftsführer Englands aus dieser Laienbewegung.

Nach dem Abklingen der ersten großen Erweckung erlahmen die Kräfte rasch. Als der Unabhängigkeitskrieg 1776 beginnt, sind nur wenige Amerikaner Mitglied in einer Kirche. Wenige Jahre später setzt dann die zweite große Erweckung ein, die bis ins 19. Jh. reicht (5.3.1).

Wie sich bei Wesley zeigt, haben die Erweckten weltweit Kontakt. Buße, Bekehrung und Wiedergeburt machen das Wesen der erweckten Frömmigkeit aus.

5.2.4 Jansenismus

Zwischen 1640 und 1750 entsteht in Frankreich die Bewegung des Jansenismus, die sich in der Gnadenlehre eng an Augustin angeschlossen hat. Der niederländische Professor Cornelius **Jansen** (oder latinisiert Jansenius, 1585–1638), der in Löwen lehrt und in Ypern als Bischof wirkt, hat einerseits die Verlorenheit des Menschen und andererseits die Alleinwirksamkeit der Gnade gelehrt. Damit wird er, wie seine Anhänger vom französischen König, vom Papst als Protestant verdächtigt. Ihr geistiges Zentrum haben die Jansenisten im Kloster Port-Royal bei Paris, das durch seine Arbeit in Pädagogik und Seelsorge mit den Jesuiten konkurriert.

Den Jansenisten geht es vor allem um den Kern ihrer erfahrungsorientierten Spiritualität. Die normalkatholische Betonung von Moral und Sakramentgebrauch ist ihnen dagegen ein Dorn im Auge. Hauptvertreter sind der Priester Antoine **Arnauld** (1611–91) und später der Philosoph Blaise Pascal. Als Papst Innocenz X. unter Betreiben des französischen Kardinals Richelieu einige Sätze Jansens als häretisch verurteilt, weist Arnauld nach, dass die verurteilten Sätze gar nicht von Jansen gebraucht wurden. Damit wird die Frage nach der Unfehlbarkeit des Papstes aufgeworfen, was Arnauld gar nicht beabsichtigt hat. Infolge der intensiven Bedrängung durch Kirche und Staat in Frankreich bleiben die Jansenisten eine Minorität. Nachdem unter Ludwig XIV. die Hugenotten faktisch ausgeschaltet worden sind, wird auch der Widerstand des Klosters Port-Royal nicht mehr hingenommen.

5.2.5 Aufklärung als Frömmigkeitsbewegung

Vielfach wird die Aufklärung als Gegenbewegung zum Pietismus und überhaupt zur Kirche aufgefasst. Damit tut man vielen Aufklärern Unrecht, denn wenn sich die frühen Aufklärer der Welt hingeben, so verstehen sie diese selbstverständlich als Gottes Schöpfung. Kosmologie und Frömmigkeit treten keinesfalls auseinander, vielmehr scheint das zunehmende Wissen um die Schöpfung direkt in die Anbetung Gottes zu münden (7.2.1). Zugleich entwickelt sich aus den neuen Erkenntnissen der Naturbeobachtung ein enormer Optimismus als leitendes Lebensgefühl. Deshalb dürfte die Verwendung der Lichtmetaphorik im Rahmen der Aufklärung meist das göttliche Licht der Vernunft meinen, mit dessen Hilfe der so von Gott begabte Mensch die Schöpfung erforscht und in Besitz nimmt.

Andererseits zeigen die zeitgenössischen Texte auch, dass das Bewusstsein von Sündhaftigkeit des Menschen und der daraus folgenden Erlösungsbedürftigkeit immer stärker zurückgeht. Mit Hilfe der Vernunft wird die traditionelle Moral befragt und eine neue Ethik begründet. Angesichts der vollkommenen Ordnung im Kosmos, die auf den rational planenden Schöpfer hinweist, soll auch die Frömmigkeit entsprechend vernünftig eingerichtet sein. Die Bibel gilt ihnen als vernunftgemäße Anleitung zur Tugend, der der Mensch mittels der Vernunft folgen kann. Jesus wird von ihnen vor allem als Tugendlehrer wahrgenommen. Seine Bedeutung als Erlöser und Sohn Gottes tritt dem gegenüber zurück. Namentlich die frommen englischen Aufklärer wie der Earl of **Shaftesbury** (1671–1713) werden auf dem Kontinent intensiv aufgenommen. Zu den deutschen *religiösen* Aufklärern zählt auch Barthold Heinrich Brockes (1680–1747), der die britische Aufklärung auf den Kontinent vermittelt. Andere wichtige Impulse kommen vom Niederländer Bernhard **Nieuwentyt** (1654–1718), der als Physikotheologe Mathematik, Theologie und Medizin betreibt sowie als Bürgermeister wirkt.

- *Die vorliegenden Betrachtungen sind in der Absicht geschrieben, die Athe-*
- *isten von der Macht, Weisheit und Güte GOTTES, des anbetungswürdi-*
- *gen Schöpfers und Regierers aller Dinge, und die Ungläubigen, die zwar*
- *einen Gott, aber nicht die Autorität der Heiligen Schrift anerkennen, von*
- *dem übermenschlichen Ursprung dieser Schrift zu überführen und beiden*
- *den rechten Gebrauch der Welt-Betrachtung zu zeigen.*
- Nieuwentyt: Het Regt Gebruk der Werelt Beschouwung ter overtu-
- iginge van Ongodist en Ongelovingen. 1715, zit. nach Philipp: Zeit-
- alter. S. 69.

Seine Schriften werden weit verbreitet, auch Rousseau erwähnt ihn als wichtigen Autor für seine Naturanschauung und Kulturkritik.

Aber auch Lessing (1729–81) popularisiert dieses Denken durch seinen *Nathan* (1779) und die *Ringparabel*. Aufgabe der Religion sei nicht der Streit um Wahrheitsansprüche, sondern das Leben nach den Anforderungen der Nächstenliebe und der Toleranz. Durch Gottes weise Führung werde der Mensch nach Lessings Überzeugung von Gott zu humaner Vollendung geführt, wenn der Mensch das Gute um des Guten tun werde.

UNTERM STRICH

Für die normalen kirchlichen Menschen wird die Moral zur neuen Form der Gottesbegegnung. Die Aufklärer sehen sich im Anbruch einer neuen Zeit, in der die Dunkelheit durch das Licht aufklart und die Lichtmetapher bewusst den christlichen Überlieferungen entstammt. Der Mensch wird weniger als Sünder wahrgenommen, sondern als Geschöpf eines weisen Weltbaumeisters, der alles mit Vernunft eingerichtet hat und der den Menschen nun die Möglichkeit zur Zivilisation eröffnet. Die Bibel gilt als Anleitung zu einem tugendhaften Leben, der der Mensch durch die Vernunft folgen kann. Das moralisch einwandfreie, vorbildliche Leben wird zum Sinnbild religiösen Lebens, das im Vergleich mit der anderen Religion oder Konfession die eigene Wertigkeit zeigt und die Menschen zur Liebe und Toleranz verpflichtet.

5.3 Das 19. und 20. Jh.

5.3.1 Romantik, Idealismus, Erweckung

Nach dem Zeitalter des Rationalismus der Aufklärung kommt es zu Beginn des 19. Jh. zur Gegenbewegung der Romantik. Der dänische Philosoph und Schriftsteller Sören Kierkegaard (1813–55) glaubt nicht an eine objektive Wahrheit, sondern nur an eine subjektive. Ständig bestehe eine Spannung zwischen Gott und Mensch, Zeit und Ewigkeit (KThGQ IV/1, S. 221). Allein durch einen *Sprung* des Glaubens, den der Mensch geradezu ohne seine Vernunft tue, könne der Mensch Gott begegnen. Berühmt ist dieselbe Auseinandersetzung, die Johann Wolfgang von Goethe (1749–1832) in seinem Faust führt. Der Held sucht das Höchste, sucht in der Tat den Anfang der Dinge. Auch ein Bund mit dem Teufel scheint möglich, denn aus eigener Kraft vermag der Mensch das Böse zu besiegen. „Wer immer strebend sich bemüht, den können wir erlösen!", schreibt Goethe.

Erweckung des Glaubens

Nach der Erfahrung von Aufklärung und Französischer Revolution treten kirchenfeindliche Züge in Europa zunehmend an die Öffentlichkeit. Viele Menschen haben sich in Westeuropa vom Christentum abgewendet. Unter den Erweckten entsteht die prämillenaristische Eschatologie (7.2): Man rechnet mit Christi Wiederkunft erst vor dem Beginn des Tausendjährigen Reiches und erkennt in der Gegenwart nur Verfall und Niedergang. Die Erweckten sammeln daher die Verlorenen aus der verfallenden Welt in ihre Kreise.

Als am Ende des 18. Jh. die zweite große Erweckung in Nordamerika einsetzt, werden viele Kirchenmitglieder neu zum Glauben gerufen. Schnell erreicht die Bewegung einen Höhepunkt –, hält die ersten Jahrzehnte des 19. Jh. an und zeigt sich in einer neuen Missionsbewegung (3.3.1). Auch in Europa kommt der große Aufbruch in der ersten Hälfte des 19. Jh. zum Zuge. Viele Spuren in Mitteleuropa führen zur Deutschen Christentumsgesellschaft, die 1780 in Basel gegründet worden ist. Von hier gehen viele Impulse zu den mitteleuropäischen Erweckten, auch durch Schriften und Traktate. Neben ihr leistet die Diasporaarbeit der Brüdergemeine Entscheidendes für die Betreuung der Erweckten.

Oft sieht man sich in der Tradition des alten Pietismus und der Erweckung des 17./18. Jh. Menschen kehren um zu Jesus, lassen die *gottlose Welt* hinter sich und kommen zu einem lebendigen Glauben. Viele Christen schließen sich zu Kreisen Erweckter zusammen und streben nach Heiligung des Lebens. Dabei ermöglicht das aufkommende Vereinswesen neue Formen verbindlicher Gemeinschaft. Die Vereine dienen einerseits der Gemeinschaft untereinander und nehmen andererseits Verantwortung für die Nächsten wahr (Diakonie, Mission, Bibelverbreitung, Traktatgesellschaften). Unter den Erweckten kann man auch ein egalitäres Verhalten sehen, insofern hier jeder alle Aufgaben übernimmt und Angehörige ganz verschiedener Schichten zusammenkommen.

Die Erweckten sehen die Zeitereignisse als Vorboten der Endzeit. Die Französische Revolution und die Zeit Napoleons regt zur erneuten Beschäftigung mit den Endzeitreden Jesu an. Viele erwarten nun ein neues Handeln Gottes, der Chiliasmus (Beschäftigung mit dem Tausendjährigen Reich) erfährt große Aufmerksamkeit. Man erwartet den Anbruch dieses Tausendjährigen Reiches und die Wiederkunft Jesu. Zwei Lager lassen sich unterscheiden: Die Prämillenaristen erwarten die Wiederkunft Jesu vor dem Anbrechen, die Postmillenaristen nach dem Millenium (Tausendjähriges Reich). Die Letzteren werden zur Weltmission und zum sozialen Handeln ermutigt, wollen sie doch bei der Wiederkunft Jesu als treue Knechte erkannt werden. Selbstverständlich ist allen, dass Gott in der Geschichte handelt und dass man die Zeichen der Zeit erkennen kann.

Die Erweckungsbewegung ist in den deutschen Landeskirchen unterschiedlich verbreitet, besondere Zentren werden Berlin (Jänicke: Missionsschule, Goßner: Mission, viele Adlige wie Baron von Kottwitz), Bremen (Menken), Franken, Hamburg (einflussreiche Bürger gegen liberale Pfarrer, Diakonie), die Hannoversche Landeskirche (Spitta in Hameln, Petri: Neuluthertum, Ludwig Harms in Hermannsburg: Weltmission), das Minden-Ravensberger Land (Volkening, erweckte Pfarrer), das Siegerland (Siebel, Laienprediger!), Wuppertal (Elberfeld und Barmen: Krummacher, Collenbusch), Württemberg (Hofacker, Blumhardt) und Österreich (Johann Tobias Kießling).

Mitte des 19. Jh. kommt es an vielen Orten im Zuge der Revolution von 1848 zu einem Neuaufbruch der Erweckung: Nahezu überall entstehen Missionsvereine. Wichern ruft auf dem Wittenberger Kirchentag zur Inneren Mission auf. Neben der Evangelisation der entkirchlichten Massen wird von Wichern auch diakonisches Engagement betont, wodurch der Dienst für den Nächsten eine spirituelle Dimension erlangt. Hier setzt auch die Mutterhausdiakonie in Kaiserswerth an (6.3.1): Die erweckten, unverheirateten Frauen erhalten eine diakonische Aufgabe außerhalb der Familie. Zugleich wird die Familie als Rahmen freilich auf die neue Lebensform übertragen: Der leitende Pfarrer ist der Hausvater, seine Ehefrau wirkt als Hausmutter für die Mutterhausfamilie.

Nachdem die Vereine der Inneren Mission immer professioneller werden, tritt die von Wichern betonte evangelistische Aufgabe immer mehr zurück. Hier setzt am Ende des Jahrhunderts die Mutterhausdiakonie der Gemeinschaftsbewegung wieder neue Akzente.

Soziale Forderungen der Erweckung

Mitten in der großen sozialen Not durch Revolution, Kriege und Industrialisierung entdecken viele Erweckte ihre soziale Verantwortung. Insbesondere im Bereich der Armenfürsorge fällt das große weltweite Engagement der Erweckten auf. Während Staat und Kirche weithin die Herausforderungen der Zeit nicht wahrnehmen, setzen sich die Erweckten wie ihre Vorläufer ein, denn persönliche Heiligung und soziales Handeln gehören für sie zusammen. Während sich der Staat für nicht zuständig sieht, bauen die Kirchen oberhalb der Gemeindeebene keine sozialfürsorgerischen Institutionen auf. So gibt es ein strukturelles Vakuum für Sozialfürsorge angesichts der zunehmenden Armut breiter Massen. Hier setzen nun private Initiativen der erweckten Kreise ein. Ihre Losung lautet: *Gerettetsein gibt Rettersinn.* Kindergärten, Jugendbetreuung (Rettungshäuser vgl. Wichern) und Krankenpflege werden so aufgebaut. Diakonissen-Mutterhäuser und Diakone (Theodor Fliedner in Kaiserswerth: Krankenpflege, Kindergarten, Volksschule) entstehen als neue Berufsfelder (besonders für Frauen) (6.3). Oft werden auch Sonntagsschulen gegründet.

In Großbritannien setzen sich Erweckte für Sklavenbefreiung und die sozial Benachteiligten der Industrialisierung ein. Viele Erweckte gehören zu den Arbeiterführern, ja in Wales überschneiden sich Gewerkschafts- und Erweckungsbewegung. Sie sind auch für die Gleichstellung der römischen Katholiken, die im Lande noch manche Diskriminierung erleben. Andere haben die trostlosen Verhältnisse in den Gefängnissen im Blick, die Quäkerin Elizabeth Fry wirkt in England, Fliedner und Wichern in Deutschland.

Typisch für die vielfältige Bewegung ist ihr Zusammengehörigkeitsgefühl mit den Kontakten zu den weltweiten Aufbrüchen bis nach Nordamerika und Russland. Konfessionelle Unterschiede treten scheinbar ganz zurück. Im Anschluss an den Pietismus spielt eine subjektive und gefühlsorientierte Frömmigkeit eine große Rolle. Die Heilstatsachen werden gegen Bibelkritik und kritischen Rationalismus verteidigt. Typisch wird eine lebendige Eschatologie, die sehr aktiv ist. Sehr groß ist das Interesse der Erweckten an der Wiederkunft Christi. In Nordamerika und Europa errechnen Fromme ein nahes Datum. Das Motto vieler lautet: *Reich Gottes in Deutschland bauen.*

Afro-amerikanische Spiritualität

Angestoßen vom tiefen Leiden der als Sklaven in die neue Welt verschleppten Schwarzen, spielen Befreiung, Freiheit, Sicherheit und Menschenwürde aller eine zentrale Rolle. Trotz der schmerzhaften Erfahrungen mit ihren Ausbeutern übernehmen die Sklaven den Glauben ihrer Unterdrücker. Zunächst beschränken die weißen Herren sich in der Verkündigung darauf, die Sklaven zu treuem Dienst anzuleiten. Meist halten sie von Bildungsmöglichkeiten der Schwarzen wenig, oft wird regelrecht verhindert, den Schwarzen Lesen und Schreiben beizubringen. Auf die Dauer können alle Repressalien dies dennoch nicht verhindern, so studieren Schwarze die ganze Bibel und entdecken ihre ureigenen Themen. In aller Heimlichkeit finden nun Gottesdienste statt, in denen die Befreiung Israels durch Gott verkündigt wird. Ihre Lieder zeigen eine leidenschaftliche Freude an Gott. Mit den Spirituals, in denen afrikanische Rhythmen und christliche Inhalte verbunden werden, schaffen sie ihre eigene musikalische Form.

- *When Israel was in Egypt's land,*
- *Let my people go;*
- *Oppressed so hard they could not stand,*
- *Let my people go;*
- *Go down Moses, 'way down in Egypt's land;*
- *Tell ole Pharaoh,*
- *Let my people go.*
- zit. nach Mursell: Geschichte der Spiritualität. S. 291.

Während die Puritaner für sich propagieren, Gottes neues Israel zu sein, beziehen die Sklaven diese Verheißungen auf sich selbst. Sie warten auf Gottes Befreiung durch einen neuen Mose. Selbstverständlich empfindet ihre Frömmigkeit stark mit den Armen, Unterdrückten und Leidenden. Den leidenden Gottesknecht (Jes 53) sehen sie als Symbol ihrer eigenen Erfahrung: Jesus wird zum Gefährten, Freund, Leidensgenossen und Bruder. Mit Jesu Auferstehung sehen sie, dass das Leiden erlösende Kraft besitzt: Christus ist im Schwachen stark, aus dem Verlust des Lebens folgt neues Leben, im Leiden reift die Erlösung. In ihrer Not vertrauen sie auf Gott, der den Unterdrückten und Leidenden beisteht.

Nach dem Erscheinen von Harriet Beecher Stowes *Onkel Toms Hütte* (1852) verschärfen sich Fronten von Gegnern und Befürwortern der Sklaverei. Beecher hat eine Sklavenplantage in Kenntucky besucht und daraufhin ihr Buch geschrieben. In ihr trägt Onkel Tom Züge Jesu. Es gibt wohl nur wenige Bücher, die eine so politische und verändernde Wirkung haben wie dieses.

5.3.2 Heiligungs-, Gemeinschafts- und Pfingstbewegung

Aus den Impulsen des (von Calvin beeinflussten) Methodismus entwickelt sich Mitte des 19. Jh. eine (dritte) Erweckung in den USA und England, in der das Thema *Heiligung* einen neuen Ton angibt. Wie der Methodismus (5.2.3) folgt man einer Zwei-Stufen-Ethik, wonach im Anschluss an die Rechtfertigung die Heiligung sichtbar im Leben des Christen zum Ausdruck kommen müsse. Die Heiligung im Alltag zeige sich in der zuverlässigen und rastlosen Arbeit im bürgerlichen Beruf, wo der Bekehrte sich von Gott als Werkzeug gebrauchen lasse und so spüre, dass er zum Heil erwählt sei. Im Methodismus werden sich die Bekehrten ihrer Erwählung gewiss, die Menschen sind überzeugt davon, dass Jesus ihnen im Alltag die Kraft gibt, die Macht der Sünde zu überwinden und so heilig zu leben.

Gegenüber den kirchlichen Angeboten und Institutionen ist man meist – in reformierter Tradition – zurückhaltend. Man fordert und fördert persönliche Bekehrung und sammelt die so Bekehrten in besonderen Kreisen bzw. Gemeinden, die sich von den *Unbekehrten* fernhalten. Oft geht man daher auch nicht zu kirchlichen Abendmahlsfeiern, weil dort auch Unbekehrte teilnehmen. Hier ähnelt die Theologie den Anfängen der *Freien evangelischen Gemeinden* im Wuppertal (2.3.3). Unter den führenden Gestalten findet man in den USA Dwight L. **Moody** (1837–99), der als Evangelist große Kampagnen durchführt. Für ihn spielt die prämillenaristische Geschichtsauffassung eine entscheidende Rolle.

- *Nirgendwo sagt uns das Wort, ich solle nach dem Tausendjährigen Reich Ausschau halten und darauf warten, statt nach dem Kommen des Herrn. Ich finde keine Stelle, wo Gott sagt, dass die Welt immer besser wird und dass es zu einer tausendjährigen geistlichen Herrschaft Christi auf Erden kommen wird. Ich stelle fest, dass es auf Erden immer schlimmer wird und dass es schließlich zu einer Trennung (der Geretteten von den Nichtgeretteten) kommen wird.*
- zit. nachLovelace: Theologie der Erweckung. 1984, S. 361.

Mit der Durchsetzung dieser Sicht unter den Erweckten wendet man sich stärker der geistlichen Erneuerung des Menschen zu und von der Veränderung der Welt ab. Wichtiger erscheint es, die Seelen von Menschen zu retten als in dieser Welt etwas zu verändern oder sie zu erhalten. In Amerika passen sich zugleich die Evangelikalen an den amerikanischen Traum an: Der Kapitalismus mit seinem freien Spiel der Kräfte scheint gottgewollt und wird als selbstverständlich hingenommen.

Dabei hat namentlich der Amerikaner Charles **Finney** (1792–1875) die Heiligungsbewegung geprägt. Nach einer dramatischen Bekehrung berichtet er von einer Taufe mit dem Heiligen Geist, die er für alle Bekehrten zur Regel machen möchte. Im Gegensatz zu den Reformatoren lehrt er, dass der Mensch einen *freien Willen* hat: Wer will, kann Gottes Willen erkennen und umkehren. Seit den 1820er-Jahren führt er immer wieder *Evangelisationsfeldzüge* durch, in denen er auch neue Methoden einführt. So sollen sich die Bußwilligen auf besondere Plätze setzen, in den Versammlungen wird namentlich für Einzelne gebetet. Ähnlich Wesley lehrt auch Finney ein zweistufiges Christsein, in dem ein sündloses Leben möglich ist. Heiligung bezeichnet danach eine neue Stufe des Christseins, die dem Glaubenden als neue Natur zugeeignet wird. Das menschlich Sündhafte tritt zugunsten der

Leitung durch den Heiligen Geist zurück. Mit dieser Lehre der christlichen Vollkommenheit erntet er heftige Kritik.

> *Die christliche Vollkommenheit ist vollkommener Gehorsam gegenüber dem Gesetz Gottes. Das Gesetz Gottes erfordert vollkommenes, selbstloses, unparteiisches Wohlwollen – Liebe zu Gott und Liebe zu unseren Nächsten. Es verlangt, dass man vom selben Gefühl wie Gott motiviert ist und nach den selben Grundsätzen wie Gott handelt. Es erfordert, dass man sich selbst so durchgehend aus dem Spiel lässt, wie er das tut, und so sehr von der Selbstsucht getrennt ist wie er – mit einem Wort: dass wir unserem Maß entsprechend so vollkommen wie Gott sind.*
> Finney: Lectures to Professing Christians. London 1837, zit. nach Mursell: Spiritualität, S. 287.

Finney bezeichnet die Heiligung immer wieder als „The Higher Life", das jeder Christ anstreben müsse. Er könne ein Leben ohne Sünde und böse Neigungen erleben. Nach Europa vermittelt werden die Lehren durch den Fabrikanten Robert **Pearsall-Smith** (1827–98), der 1873 eine Kur in England macht. Nach gesundheitlicher Besserung hält er verschiedene *Meetings* ab, die Aufmerksamkeit erregen. Heiligung versteht Pearsall-Smith als anhaltendes Beziehungsgeschehen. Der Mensch bleibt Sünder, erlebt aber von Moment zu Moment eine bewusste Beziehung zu Jesus. Für den Glaubenden hält diese bewusste Nähe zu Christus an, die seine Treue fordert und als sieghaftes Leben im Mittelpunkt der Selbstreflexion steht. Dazu müsse die Persönlichkeit des Glaubenden zerbrochen werden, damit Christus sich durchsetzen kann.

1874 findet in Oxford eine Heiligungskonferenz mit 1500 Teilnehmern statt, zu der auch mitteleuropäische Theologen anreisen. Zu den Teilnehmern gehört auch Carl Heinrich **Rappard** (1837–1909), Leiter der Pilgermission St. Chrischona, der Pearsell-Smith nach Süddeutschland und in die Schweiz zu Vorträgen einlädt. Diese Vorträge werden ein großer Erfolg. Zur zweiten Heiligungskonferenz 1875 in Brighton kommen bereits 8.000 Personen, darunter 200 Deutsche. Die Oxford-Bewegung bringt die Anliegen der Heiligungsbewegung in die deutschen Landeskirchen, wo sich *Landeskirchliche Gemeinschaften* gründen (2.3.1).

Dabei können grob zwei verschiedene Ausprägungen der Heiligungslehre unterschieden werden: Im Anschluss an Wesley und Finney verstehen einige Heiligung gleichsam als *neue Natur*, in die der Glaubende durch den Heiligen Geist verwandelt wird. In Deutschland wird Jonathan **Paul**

(1853–1931) aus der ostdeutschen Gemeinschaftsbewegung deren führender Vertreter. Immer wieder lehrt er in Vorträgen und Schriften die Möglichkeit eines *sündlosen Lebens*.

- *Gibt es eine völlige Erlösung? Gibt es, dass man ununterbrochen – darum*
- *handelt es sich – durch Jesus bewahrt gehalten, wandern kann, und dass*
- *es nicht mehr dem Feinde gelingen darf, uns da und dorthin zu reißen.*
- *Da stehen die Worte: Bleibet in Mir! [...] Da ist das Geheimnis: Bleibet*
- *in Mir und Ich in euch! Ich möchte euch bitten, lasst euch diese Wahrheit*
- *nicht verdunkeln, ich habe sie aufleuchten sehen schon früher, aber ich*
- *hatte sie nicht im Glauben erfasst. Aber ich habe mir gesagt: „Das muss*
- *es geben! Die Erlösung muss völlig sein." [...] Ich sollte, indem ich Jesum*
- *anschaute, Ihm das Vertrauen schenken, dass Er mein zweiter Adam sein*
- *werde, dass ich den alten nicht wieder zu sehen bekäme. Ich tat das im*
- *Glauben, und das Ergebnis war: Ich habe ihn seitdem nicht wiedergesehen.*
- zit. nach Ohlemacher: Gemeinschaftschristentum. S. 429f.

Namentlich im Osten Deutschlands sind Pauls Lehren weit verbreitet, die Möglichkeit eines sündlosen Lebens scheint viele angesprochen zu haben. Diese besondere Sicht von Erlösung steht freilich nicht mehr auf dem Boden der biblischen und reformatorischen Erlösungsvorstellung. Im Osten erwartet man aber intensiv eine neue Ausgießung des Heiligen Geistes.

Pearsall-Smith versteht unter Heiligung dagegen ein *relationales Geschehen*, in dem der Mensch als Sünder gleichsam Schritt für Schritt die Beziehung zu Jesus lebt und so seine Entscheidungen nach ihm ausrichtet. In Deutschland folgen Rappard, Jellinghaus, Stockmayer und mit ihm auch Krawielitzki dieser Sicht. In der Praxis zeigen die verschiedenen Zeugnisse der Zeit, dass beide Sichtweisen immer wieder vermischt und nicht wirklich auseinandergehalten werden. Der moderne Mensch möchte eine erfahrbare Veränderung des Glaubens erleben und über dieses Erleben seiner Erwählung und Nähe zu Gott gewiss werden. Damit entspricht die Heiligungsvorstellung der angloamerikanischen Bewegung nicht der kirchlich-lutherischen Soteriologie, die durch das Betonen von Gesetz und Evangelium den Menschen bleibend als Sünder und Gerechten begreift und am Ende immer in der Rechtfertigung aus Gnaden landet. Dabei wird das *Schon jetzt* der Heiligung stärker als das *Noch nicht* der Erlösung betont.

Die Heiligungsbewegung ist enorm missionarisch, jeder Christ soll Missionar sein. Viele deutsche Auswanderer lernen die methodistische Fröm-

migkeit in Amerika neu kennen und schätzen. Manche kehren als methodistische Prediger zurück nach Deutschland und gründen methodistische
Gemeinden. Die Anziehungskraft dieser Frömmigkeit ist aber auch in
den Landeskirchen groß, wo sich seit den 1850er-Jahren Gemeinschaften
gründen, die sich seit den 1880er-Jahren im Gnadauer Verband zu landeskirchlichen Gemeinschaften zusammenschließen. Im Mittelpunkt der
neuen Bewegung steht das Thema Heiligung immer wieder auf der Tagesordnung, nicht nur auf der ersten Gnadauer Pfingstkonferenz 1888. Im
Leben der Gemeinschaften geht es um ein konsequentes Christsein im Alltag. Nicht zuletzt durch die Prediger der Pilgermission wie der neu entstehenden Schwesternschaft des Deutschen Gemeinschafts-Diakonieverbandes werden die Anliegen der Heiligungsbewegung weitergegeben. Wie das
Beispiel der unterschiedlichen Auffassungen von Heiligung zeigt, bleiben
die theologischen Vorstellungen in der neuen Bewegung unterschiedlich.
Zunächst erlebt man diese Offenheit als bereichernd, erwartet man doch
die Wiederkunft des Herrn; schließlich kommt es im Zusammenhang mit
der Pfingstbewegung dann zu einem schweren Konflikt.

Gemeinschafts- und Pfingstbewegung

Anfang des 20. Jh. findet eine vierte Welle der Erweckung statt (1905/06 in
Wales), die stark von den Anliegen der Heiligungsbewegung getragen wird.
Viele Frauen treten in den Evangelisationen als Rednerinnen auf, intensiv
ringt man um Heiligung als Befreiung von der Sünde. Namentlich spielt
auch der Kampf gegen Dämonen eine große Rolle. Neu ist die Leitung von
Versammlungen durch den Heiligen Geist. Viele Erweckte aus ganz Europa ziehen nach Wales, um etwas vom Geist der Erweckung mitzubekom-
men. In vielen Zeitschriften wird von der Erweckung berichtet, Sehnsüchte
sind greifbar und werden so bedient. Intensiv betet man um eine neue Ausgießung des Heiligen Geistes; schließlich kommt es in Mülheim/Ruhr zu
einer Erweckung nach Walisischem Vorbild, wo Landes- und Freikirchler
zusammenarbeiten, als Jonathan Paul evangelisiert. Bald werden auch in
anderen Orten ähnliche Aufbrüche erlebt, erste Erfahrungen mit den vom
Geist geleiteten Veranstaltungen werden gemacht.

Fast zeitgleich entsteht an der Wende vom 19. Jh. zum 20. Jh. in den
USA die Pfingstbewegung, die sich rasch über die ganze Welt und nach Europa verbreitet. Ihre Wurzeln liegen in der Erweckungs- und Heiligungsbewegung und dem methodistischen Stufendenken: Die Taufe durch den
Heiligen Geist halten die Anhänger des neuen Pfingsten für die zweite Stufe echten Christseins, die sich in der Gabe der Zungenrede auch äußerlich

zeige. Deutlich kann man dahinter die Sehnsucht nach Glaubensgewissheit und Erneuerung entdecken. Die überkommenen nüchternen Frömmigkeitsformen reichen den Menschen nicht mehr aus, man sucht nach neuen Erfahrungen.

1901 kommt es in einer Bibelschule in *Topeka* (Kansas/USA) und 1906 in der *Azusa Street Revival Mission* (Los Angeles/USA) zu ersten Erfahrungen einer Ausgießung Heiligen Geistes. Rasch entstehen neue Gemeinden, Bibelschulen, theologische Seminare. Besonders die unteren sozialen Schichten werden erreicht, selbst Schranken von Rasse und Kultur werden von Anfang an überwunden. Namentlich in einer Zeit, in der man in der Öffentlichkeit Gefühle eher selten zeigt, kommt mit den enthusiastischen Erscheinungen eine neue Erfahrung auf. Die Glaubenden suchen eine intensive Begegnung mit dem auferstandenen Christus und wollen die Gegenwart des Heiligen Geistes in außerordentlichen Gaben erleben. Insbesondere die Taufe mit dem Heiligen Geist und die Gabe der Zungenrede, die oft mit körperlichen Erscheinungen verbunden ist, geben der Bewegung ihr emotionales Profil.

Bald verbreitet sich eine Bewegung über die ganze Welt und auch nach Europa, die in Deutschland in den *Landeskirchlichen Gemeinschaften* eine große Resonanz erzielt. Man teilt den Glauben an die Erlösung, die Heiligung, die Erwartung der Wiederkunft Jesu und die Wertschätzung der Bibel für die persönliche Erbauung; man erwartet eine (neue) Taufe mit dem Heiligen Geist, um den man im Gebet immer wieder ringt. Nur die Erweckten in Württemberg und im Siegerland bleiben distanziert.

Zwei führende Gestalten der noch jungen Gemeinschaftsbewegung verbreiten die aus den USA über Skandinavien sich ausbreitende Pfingstbewegung in Deutschland. Jonathan **Paul** fährt nach Norwegen und berichtet auf der Brieger Woche 1907 von den Gaben. Viele erweckliche Zeitschriften nehmen seinen Bericht auf. Heinrich **Dallmeyer** evangelisiert in der Hamburger Strandmission, deren Leiter Emil Meyer zwei Norwegerinnen eingeladen hat, die in Zungen reden. Gemeinsam mit ihnen evangelisiert Dallmeyer im Juli 1907 vier Wochen in Kassel. Zuhörer spüren Dallmeyers besondere Vollmacht, sehen sich in die Gegenwart Gottes gestellt. Anschließend geben die Norwegerinnen ein Zeugnis, wovon die Hörer ebenso beeindruckt sind. Eine der Norwegerinnen redet *plötzlich* in Zungen, sie wird übersetzt, es handelt sich um Worte aus der Schrift. Nach der Versammlung geht man still auseinander, um mit Gott ins Gespräch zu gehen. Viele sprechen von einer Atmosphäre der Erweckung. In einer der folgenden Bibelstunden spricht wieder Dallmeyer, der zu einer Nachversammlung einlädt, zu der 80 bis 100 Personen bleiben, um ihr Leben ganz Gott zu übergeben und *die Taufe mit dem Heiligen Geist zu empfangen.* Teilnehmer berichten, dass man in besonderer Weise Gottes Gegenwart gespürt habe, man will dem Heiligen Geist die Leitung der Versammlung überlassen, stimmt ein Lied an, Brüder beten, jemand sagt ein Schriftwort.

- *Und obgleich niemand als Leiter in Erscheinung trat, war der Verlauf so,*
- *dass man über die klare Ordnung im höchsten Grad erstaunt sein muss-*
- *te. Der beste Organisator hätte kein schöneres Programm zusammenstellen*
- *können, wie es sich hier, von unsichtbarer Macht gefügt, aneinanderreihte.*
- *Dann kniete die ganze Versammlung nieder und betete. Die Gebete waren*
- *kurz, innig und zielbewusst um die Gabe des Heiligen Geistes. Plötzlich*
- *sprang ein führender Bruder der Gemeinschaftsbewegung von seinen Knien*
- *auf, machte Luftsprünge, schlug dabei seine Arme weit zurück und schrie*
- *so laut er konnte, ein über das andere Mal: Halleluja, Halleluja.*
- zit. nach von Sauberzweig: Meister. S. 193.

Als die geordnete Versammlung um den Heiligen Geist betet, ereignet sich etwas, was die einen zum Jubel, die anderen zur Flucht reizt. Die hysterisch anmutenden Äußerungen erwecken umgehend die Aufmerksamkeit der Bevölkerung und der erweckten Kreise. Eine Reihe von führenden Gnadauer Personen wie Schrenk, Haarbeck, Dammann und Modersohn besuchen Kassel, um sich ein eigenes Urteil zu bilden; die meisten sind tief beeindruckt. Haarbeck, Leiter der Evangelistenschule Johanneum, will seine Schüler nach Kassel schicken. Elias Schrenk erklärt, die Bewegung sei von Gott. Die emotionalen Aufbrüche verunsichern jedoch viele. Am Ende muss die Polizei die Versammlungen schließen, weil die Versammlungen viele Schaulustige anziehen und man der Ansicht ist, die öffentliche Ordnung werde gestört. Dallmeyer scheint mit der Situation überfordert zu sein, im Spätsommer 1907 distanziert er sich öffentlich und sagt, er sei von einem *Irrgeist* besessen gewesen.

Über die körperlichen Erscheinungen kommt es zum Streit, der die evangelikale Bewegung zu zerreißen droht. Auch das Auftreten von Frauen in Versammlungen wird zum Streitpunkt. In Hessen geht die Bewegung nun in Großalmerode (bei Kassel) und im Waldeck'schen weiter, sonst nehmen viele eine eher distanzierte Haltung ein. In den erweckten Kreisen des Ostens treten jedoch führende Gestalten zur Pfingstbewegung über, darunter auch Jonathan Paul, der sich über das Reden und Singen in Zungen freut, aber auch über die Botschaften von Gott und die Weissagungen. Nachdem in Großalmerode der Zulauf zu den Versammlungen zu Tumulten führt und die Versammlungen durch die Polizei aufgelöst werden, kommt es zur Trennung. Ende 1907 laden Haarbeck und Schrenk zu einer Konferenz nach Barmen ein, wo man zunächst eine Stillhalteerklärung beschließt und abwartet. Währenddessen breitet sich die Pfingstbewegung im Osten weiter aus. In Hamburg formiert sie sich, eine Zeitschrift *Pfingstgrüße* erscheint ab Februar 1909, in Mühlheim/Ruhr finden zwei Konferenzen statt, weshalb der Gnadauer Vorsitzende Michaelis und von Viebahn 1909 nach Berlin einladen. Dort treffen sich 60 führende Vertreter des Pietismus und von Freikirchen und unterzeichnen die **Berliner Erklärung**.

1. Wir sind nach ernster gemeinsamer Prüfung eines umfangreichen und zuverlässigen Materials vor dem Herrn zu folgendem Ergebnis gekommen: [...]

b) Die sogen. Pfingstbewegung ist nicht von oben, sondern von unten; sie hat viele Erscheinungen mit dem Spiritismus gemein. Es wirken in ihr Dämonen, welche, vom Satan mit List geleitet, Lüge und Wahrheit vermengen, um die Kinder Gottes zu verführen. In vielen Fällen haben sich die sogenannten „Geistbegabten" nachträglich als besessen erwiesen.

c) An der Überzeugung, dass diese Bewegung von unten her ist, kann die persönliche Treue und Hingebung einzelner führender Geschwister nicht irre machen, auch nicht die Heilungen, Zungen, Weissagungen usw., von denen die Bewegung begleitet ist. [...]

d) Der Geist in dieser Bewegung bringt geistige und körperliche Machtwirkungen hervor; dennoch ist es ein falscher Geist. Er hat sich als ein solcher entlarvt. Die hässlichen Erscheinungen, wie Hinstürzen, Gesichtszuckungen, Zittern, Schreien, widerliches, lautes Lachen usw. treten auch diesmal in Versammlungen auf. Wir lassen dahingestellt, wie viel davon dämonisch, wie viel hysterisch oder seelisch ist, gottgewirkt sind solche Erscheinungen nicht.

e) Der Geist dieser Bewegung führt sich durch das Wort Gottes ein, drängt es aber in den Hintergrund durch sogen. „Weissagungen". [...] In der Art ihrer Übermittlung gleichen die letzteren den Botschaften spiritistischer Medien. Die Übermittler sind meist Frauen. Das hat an verschiedenen Punkten der Bewegung dahin geführt, dass gegen die klaren Weisungen der Schrift Frauen, sogar junge Mädchen, leitend im Mittelpunkt stehen.

2. Eine derartige Bewegung als von Gott geschenkt anzuerkennen, ist uns unmöglich. Es ist natürlich nicht ausgeschlossen, dass in den Versammlungen die Verkündigung des Wortes Gottes durch die demselben innewohnende Kraft Früchte bringt. Unerfahrene Geschwister lassen sich durch solche

- *Segnungen des Wortes Gottes täuschen. Diese ändern aber an dem Lügen-*
- *charakter der ganzen Bewegung nichts.*
- Berliner Erklärung 1909, zit. nach Weißenborn: Geheimnis der Hoff-
- nung. S 286f.

Mit mehr als klaren Worten grenzt sich die Berliner Erklärung von der Pfingstbewegung ab, weil dort ein falscher Geist aktiv sei, wobei man offen lässt, wie viel davon „dämonisch, wie viel hysterisch oder seelisch" sei. Argwohn erregen zum einen die körperlichen Phänomene, auf die man im wilhelminischen Deutschland unvorbereitet ist. Aber auch der große Anteil aktiver Frauen wird kritisiert, weil diese Versammlungen leiten und die Bibel auslegen; deren Mitarbeit wird in Zusammenhang mit der „Art […] spiritistischer Medien" gestellt und damit gleichsam dämonisiert. Beide Argumente zeigen das Setting der Unterzeichner in der Kultur des 19. Jh.

Alle Geschwister werden aufgefordert, sich von der Bewegung fernzuhalten. Mit großer Mehrheit trennen sich daraufhin viele Gemeinschaftsverbände von den Pfingstlern. Die *Chrischonagemeinschaften*, der *Reichsbrüderbund*, die *Altpietisten* und viele Gemeinschaften im Westen Deutschlands beziehen früh und klar Stellung, ebenso das *Blaue Kreuz* und der *Jugendbund für entschiedenes Christentum*. Schwankend oder neutral verhalten sich einige Verbände im Osten, wo Jonathan Paul viele Anhänger hat. Die *Gemeinschaftsverbände in Pommern, Westpreußen und Posen* und die *Süddeutsche Vereinigung* halten sich wie das *Vandsburger Mutterhaus* und die *Zeltmission* zurück. Im Bereich der Vandsburger Arbeit spielt die missionarische Arbeit von Frauen selbst eine zunehmende Rolle, auch sind die persönlichen Kontakte zu führenden Persönlichkeiten aus der Pfingstbewegung eng.

Die Trennung der Bewegung erweist sich für beide Seiten als schmerzlich. Theologisch problematisch erscheint der Hinweis unter dem zweiten Punkt, dass man die Bewegung nicht als von Gott geschenkt anerkennen könne, aber „dass in den Versammlungen die Verkündigung des Wortes Gottes durch die demselben innewohnende Kraft Früchte bringt". Können die Wirkung von Gottes Wort und die Herkunft von ihm wirklich getrennt werden?

Die Vertreter der Pfingstbewegung veröffentlichen im selben Jahr die *Mühlheimer Erklärung*, die im Ton sachlicher als die Berliner Erklärung erscheint und auch selbstkritisch Fehler einräumt.

- *Was ist der Grundzug und die treibende Kraft in dieser Bewegung? Es*
- *ist die Liebe zu Jesus und der Wunsch, dass Er voll und ganz zu Seinem*
- *Rechte in, an und durch uns komme. Wir wollen nichts anderes, als dass*

Er verherrlicht werde. Der Zweck dieser Bewegung ist, dass das Blut Jesu durch völlige Erlösung Seine Kraft beweise und das der Heilige Geist Raum und Herrschaft gewinne, um uns zuzubereiten für das Kommen des Herrn.
Mühlheimer Erklärung 1909, zit. nach Weißenborn: Geheimnis der Hoffnung. S 288f.

Während man in Berlin die körperlichen Phänomene in den Mittelpunkt stellt, argumentiert man in Mühlheim gleichsam theologisch, indem man die Bindung an Jesus als treibende Kraft der Bewegung betont. Ausführlich weist man darauf hin, dass die Bibel sehr wohl körperliche Phänomene beschreibt. Ausdrücklich räumt man eigene Fehler ein, auch vorhandene falsche Weissagungen. Man argumentiert allerdings, die Erfahrungen des Paulus auf seiner in der Apostelgeschichte beschriebenen Reise in Jerusalem zeigten, dass er ganz unterschiedliche prophetische Botschaften erhalten habe. Man müsse daher genau unterscheiden,

zwischen dem, was Gott je und je durch Seinen Geist einem Propheten gibt, und dem, was dieser selbst aus seinen eigenen Gedanken hervorbringen und event. hinzutun kann. Hierauf weist uns auch, was Paulus 1. Kor.14,32 sagt. Wer ist nach diesem Wort der Weissagende? Offenbar der Geist des Propheten. Gott lässt also nicht in der Weise weissagen, dass er einen Propheten zur bloßen Maschine macht, sondern Er benutzt den Geist des Propheten. Was unter diesem Geist des Propheten zu verstehen ist, geht aus V. 14 hervor. Dort unterscheidet Paulus, nach Luthers Übersetzung, den Sinn und den Geist eines Menschen. Unter dem Sinn versteht er das bewusste, und unter Geist das unbewusste Geistesleben des Menschen. In dieses unbewusste Geistesleben (modern auch „Unterbewusstsein" genannt), legt Gott die Gabe des Zungenredens oder der Weissagung nieder. Diese Gaben sind göttliche, anvertraute Schätze. Bei richtigem Gebrauch sollten sie niemals anders angewandt werden, als wenn der Heilige Geist von oben dazu Leitung und Auftrag gibt. Nun aber besteht zwischen unserem bewussten und unbewussten Geistesleben durch unsere Persönlichkeit ein natürlicher Zusammenhang. Was wir im bewussten Geistesleben denken oder wollen, schlägt sich, ohne dass wir es merken, in dem unbewussten Geistesleben nieder. Daher kommt es, dass der Prophet selbst auf seinen „Geist" einen Einfluss ausüben kann. Das eben meint Paulus, wenn er sagt, dass die Geister der Propheten den Propheten untertan sind.
Mühlheimer Erklärung 1909, zit. nach Weißenborn: Geheimnis der Hoffnung. S 289f.

Ganz offenbar differenziert man in der Mühlheimer Erklärung das Wirken des Geistes und zeigt, dass neben dem Wirken Gottes auch menschliche Einflussnahme am Werk ist. Der Mensch ist also kein Medium, durch das Gott oder Teufel redet, sondern ein eigenständiges Wesen, dem Gott einen „Schatz im Unterbewusstsein" offenbart, den es mitzuteilen gilt. Die Mühlheimer Erklärung zeigt den Unterschied zwischen Prophetie und Wahrsagerei, der Prophet offenbart ein Wort Gottes in menschlicher Weise. Viele Anhänger der Pfingstbewegung müssen damals ihre Gemeinschaften verlassen und sammeln sich neu in den Gemeinschaften des Mühlheimer Verbandes. Die Pfingstbewegung in Deutschland trennt sich von den übrigen Evangelikalen, unternimmt jedoch immer wieder Verständigungsversuche, die aber im 20. Jh. keinen Erfolg mehr haben. Weltweit breitet sich die Pfingstbewegung geradezu stürmisch aus und gilt heute als am stärksten wachsende christliche Denomination. Überall auf der Welt gibt es bei allen Konflikten im Einzelnen auch Zusammenarbeit und Kontakte. Deutschland geht in dieser Beziehung lange Zeit einen Sonderweg, bis es 1996 zur *Kasseler Erklärung* kommt, in der sich Pfingstgemeinden und Evangelische Allianz zur Zusammenarbeit zusammenfinden. Auf beiden Seiten grenzen sich Teile allerdings von der ermöglichten Einheit ab.

5.3.3 Frömmigkeit im 20. Jh.

Erster Weltkrieg

Als im Sommer 1914 der 1. Weltkrieg ausbricht, jubeln die europäischen Völker in einer heute erschreckenden Weise. In allen Kirchen wird für den Sieg der eigenen Truppen gebetet, in Deutschland ist es nicht anders. Viele deutsche Christen erwarten mit großer Selbstverständlichkeit den Sieg, dabei spielt auch das Vertrauen in die offenbar fromme Regierung eine große Rolle; man versteht Deutschland mit seinem Landesherrlichen Kirchenregiment als christliches Land. Für viele Menschen trägt auch der Nationalismus in Europa wie Nordamerika Züge einer Ersatzreligion und wirkt sich bis in das Gemeindeleben (nicht nur der Volkskirchen) aus.

In die große Kriegseuphorie stimmen die Gemeindeblätter nicht ein. Zwar erwarten auch die Glaubenden (von der Landeskirche über die Gemeinschaftsbewegung und die Freikirchen bis zu den Christlichen Versammlungen) den Sieg, sehen diesen auch als eine gerechte Sache an, aber wichtiger erscheint den Schriftleitern der Sieg Gottes in den Herzen der Menschen. Man sieht das deutsche Volk nicht als Volk Gottes, hält es auch für nicht besser als andere Völker. Daher ist der besiegte Feind nach den Geboten der Nächstenliebe zu behandeln. In den Umbrüchen der Weimarer Republik kommt es zu verschiedenen geistlichen Aufbrüchen, die sich besonders in der Theologie zeigen: Das Reich Gottes wird nun nicht mehr als innerweltliche Größe (wie im 19. Jh.) verstanden, sondern als eine Botschaft der Eschatologie, die allem Bestehenden ein Neues entgegensetzt (7.3).

Den Übergang vom verlorenen Krieg zur Weimarer Republik in Deutschland nehmen viele mit Erschütterung auf. Die Abdankung der regierenden Fürsten stellt die Landeskirchen vor die Herausforderung einer eigenen Leitungsverantwortung. In der Auseinandersetzung um ein neues Verhältnis zum Staat entsteht die **Volkskirchenbewegung**, die die Lebendigkeit des Christentums auch den Politikern zeigt und so den Landeskirchen Einfluss in der Gesellschaft sichert (4.3). Weiter kämpfen aber auch linke Gruppen um ein Zurückdrängen der Kirchen, intensiv wird unter Arbeitern für einen Kirchenaustritt geworben.

Namentlich in der Auseinandersetzung mit dem Nationalsozialismus (und der völkischen Religiosität, die sich u.a. in den *Deutschen Christen* zeigt) wird die Trennschärfe zwischen Nation und Kirche größer. Im *Kirchenkampf* formiert sich die *Bekennende Kirche*, die sich nicht an den Weltanschauungen, sondern den christlichen Bekenntnisgrundlagen orientiert. Im Rahmen dieses Kirchenkampfes spielt Dietrich **Bonhoeffer** (1906–1945) für Theologie und Spiritualität weltweit im 20. Jh. eine erhebliche Rolle.

Während seiner Arbeit für die Bekennende Kirche kristallisiert sich eine neue und tiefe Spiritualität heraus. In seinem Buch *Nachfolge* (1937) kämpft er vehement gegen die billige Gnade und ruft zur Besinnung auf die teure Gnade auf.

- *Teuer ist sie, weil sie in die Nachfolge ruft, Gnade ist sie, weil sie in die Nachfolge Jesu Christi ruft; teuer ist sie, weil sie den Menschen das Leben kostet, Gnade ist sie, weil sie ihm so das Leben erst schenkt; teuer ist sie, weil sie die Sünde verdammt, Gnade ist sie, weil sie den Sünder rechtfertigt.*
- Bonhoeffer: Nachfolge. 1937, zit. nach KThGQ IV/2, S. 157.

Bonhoeffer entlarvt die Engführung der Gnade, die nur die Liebe Gottes sieht und seine Forderung vernachlässigt, wie es besonders im Luthertum üblich ist. Hier zeigt einer unter den Angriffen einer säkularen und kriminellen Weltanschauung, dass Gnade und Nachfolge tatsächlich etwas kosten, dass sie insofern *teuer* sind. In seiner (unvollendeten) Ethik geht er immer wieder von Jesus Christus aus. Die Liebe Gottes zur Kreatur, das Gericht Gottes über das Fleisch und Gottes Wille zu einer neuen Welt sind gleichsam die drei Aspekte, wie Ethik zu betreiben sei. Das stärkt die Verantwortung für den anderen.

Namentlich seine eher bruchstückhaft überlieferten Schriften aus seiner Zeit im Gefängnis (*Widerstand und Ergebung*) haben dabei eine weltweite Wirkung. Ringt er vorher mit der Kirche, so öffnet er sich mit seiner Zuwendung zum Widerstand neu der Welt. Fortan beschäftigt er sich mit der „Mündigkeit" des modernen Menschen, der Gott in Christus in der Weltwirklichkeit sucht. Er sieht alles auf eine religionslose Zeit zulaufen, man müsse künftig „weltlich" oder „religionslos" von Gott reden. Christus sei nicht mehr Gegenstand der Religion, sondern „Herr der Welt".

Durch die Bibel wird der Mensch an das Leiden Gottes gewiesen, und nur dieser kann uns helfen, weil er durch seine Ohnmacht in der Welt Macht und Raum gewinnt. So entdeckt Bonhoeffer mitten im säkularen Zeitalter, mitten unter dem scheinbaren Triumph des totalitären Staates den gekreuzigten Christus, der in seiner Ohnmacht stark ist. Ihm vertraut Bonhoeffer bis in den eigenen Tod, der ihn zum Märtyrer werden lässt.

Zu den großen spirituellen Theologen des 20. Jh. zählt auch **Karl Heim** (1874–1958), lange Jahre Reisesekretär in der Studentenarbeit. Angesichts der zunehmenden Aufwertung des Pastorenamtes wirbt er eindrücklich für das allgemeine Priestertum der Glaubenden: Vielen scheinen Seelsorge und Beichte durch einen Priester anziehend, denn dann müssen sie die Verantwortung für ihr Leben nicht selbst tragen. Aber wie Paulus den Korinthern geschrieben hat, dass sie teuer erkauft sind, so dürfen wir kein neues Priestertum errichten. Mit Christus ist das Ende der Priester gekommen, mit ihm gibt es keinen Pontifex (Brückenbauer) zwischen Gott und uns. Wir stehen als Erlöste vor unserem Gott, der uns in Christus alles vergeben hat und neues Leben schenkt.

Nach dem zweiten Weltkrieg kommt es zu einer Erweckung vieler Kirchen und Gemeinschaften, die zunächst ganz in den klassischen Frömmigkeitsformen bleibt. So werden die Jugendbewegungen (CVJM, EC) erneuert. Auffallend sind die neuen geistlichen Gemeinschaften, die eine neue Zeit einläuten, die bereits während der Weltkriege begonnen hat. So entsteht etwa im Bereich der römisch-katholischen Kirche 1943 die **Fokolar-Bewegung** in Italien, die sich in die ganze Welt verbreitet und fast 200.000 Mitglieder zählt. Die Bewegung möchte die Liebe zu Gott und zum Nächsten leben und betreibt ein intensives gesellschaftliches Engagement; sie setzt sich besonders für die Einheit der Christen ein. Bekannt ist auch die Kommunität von Taizé (1949 in Frankreich entstanden).

Unter den zahlreichen **Kommunitäten** im evangelischen Raum entstehen etwa die Evangelische Marienschwesternschaft in Darmstadt (1947), die Christusbruderschaft in Selbitz (1948), die Communität Casteller Ring (1950), die Jesusbruderschaft in Gnadenthal (1961), das Lebenszentrum Adelshofen (1962), die Christusträger Bruderschaft im Kloster Triefenstein (1963), die Offensive Junger Christen (1968) oder die Communität Koinonia (1976). Neben Besinnung und Einkehr steht auch der geistliche Dienst in Kirche und Mission im Zentrum der Gründungen.

Insbesondere für die Vertiefung in der **Bibel** entstehen eine ganze Reihe von Methoden und Bewegungen. Neben der Hauskreisbewegung, die in kleinen Gruppen im eher privaten Raum gemeinsames Bibelstudium ermöglichen will, verbreiten sich andere Methoden wie *Bibel-Teilen* (aus Südafrika), Bibliodrama (eine kreativ-darstellende Zugangsmethode zur Bibel) oder Bibliolog (eine eher interaktive Auslegungsmethode). Weltweite spirituelle Bewegungen werden in der evangelikalen wie der charismatischen Bewegung sichtbar.

Charismatische Bewegung

Seit den 1960er-Jahren entsteht die charismatische Bewegung, die nicht eine eigene Kirchengründung anstrebt, sondern innerhalb der verschiedenen Kirchen arbeiten will. Im Zentrum stehen die Geistesgaben (Charismen vgl. 1Kor 12-14, Röm 12,3-8), die der Bewegung ihren Namen geben. Neben der Wertschätzung der Laien dürfte auch die Betonung der Erfahrbarkeit von Spiritualität die Bewegung für viele Gesellschaftsschichten anziehend machen, wobei die Mittelschicht und akademisch gebildete Kreise besonders erreicht werden. Typisch sind viele überkonfessionelle Initiativen, wie etwa die *Geschäftsleute des vollen Evangeliums* oder *Jugend mit einer Mission*. Letztere hat ein attraktives Liedgut hervorgebracht, das heute in vielen Gemeinden die Gottesdienste geradezu bestimmt. Überhaupt zeigt die Wertschätzung eines *Lobpreisteiles* in der Liturgie die weite Verbreitung charismatischer Impulse in fast allen Gemeinden. So nähern sich Charismatiker und eine größere Gruppe Evangelikaler weitgehend an, vielfach hat das gemeinsame Liedgut einen charismatischen Ursprung.

Im letzten Viertel des 20. Jh. kommt es zur sogenannten **dritten Welle**, die unter dem Schlagwort *Power Evangelism* durch Heilungen und verschiedene körperliche Phänomene von sich reden macht (John Wimber, Peter Wagner, Reinhard Bonnke).

In der Gegenwart breitet sich die pfingstlerische und charismatische Bewegung weltweit am stärksten aus. In Afrika, Asien und Lateinamerika kann keine klassische Kirche mit ihrem Wachstum auch nur annähernd mithalten. Namentlich die Sichtbarkeit religiöser Erfahrungen wirkt für viele attraktiv, zunehmend auch in eher klassischen christlichen Kreisen. Die eher triste Erfahrungswelt des westlichen Alltags, die Folgen der Säkularisierung und die mangelnde Attraktivität christlicher Spiritualität in traditionellen Gemeinden bilden den Nährboden für charismatische Aufbrüche. Menschen reicht ihr Leben in der von Berechnung und Leistung bestimmten Gesellschaft nicht mehr. Die neue Frömmigkeit entspricht damit der Sehnsucht nach Vergewisserung der Menschen, die sich in einem undurchschaubaren Pluralismus vorfinden. Die mögliche Erfahrung geistlicher Kraft, das Berührtwerden vom Heiligen Geist (Sprachengebet, Heilungen, Visionen) zieht insbesondere emotionale Menschen an, schenkt ihnen Gemeinschaft mit anderen, die sie trägt und stützt. Daher nehmen Wunder in dieser Frömmigkeit einen zentralen Platz ein. Die pfingstlerisch-charismatische Spiritualität wird so zur modernen Trendreligion. Zugleich sehen sich ihre Vertreter durch den Erfolg der Bewegung bestätigt, den besonderen Segen Gottes zu erleben. Mit dem Liedgut der Bewegung verbreiten sich die Frömmigkeitselemente auch in den evangelikalen Gemeinden (2.3.3).

Die Evangelikalen

Nach dem 2. Weltkrieg nimmt die Bedeutung der Evangelikalen deutlich zu. 1966 wird in den USA zum Jahr der Evangelikalen (Gallup Poll, 26.9.1966, 1-7). Auffällig wendet man sich gesellschaftlichem Engagement zu. Eine ganze Reihe von Hilfswerken entstehen (6.3.2). Billy Graham (1918) wird zunächst in Nordamerika und bald weltweit zu einer zentralen Figur, die in den 1960er und 1970er-Jahren die Bewegung mit formt. Seit den 1950er-Jahren führt er *Evangelisationsfeldzüge* durch (*crusades*), in denen er modernste Technik einsetzt (bis zu Satellitenübertragungen in den 1980er-Jahren). Selbst als konservativer baptistischer Evangelikaler geprägt, wirkt er einflussreich als Evangelist. Darüber hinaus gehen politische Wirkungen von ihm aus, unterstützt er doch das amerikanische Selbstverständnis, eine christliche Nation zu sein, prangert den Kommunismus im Kalten Krieg an. Eine ganze Reihe von Präsidenten der USA hat er als Seelsorger begleitet. Später zeigt er eine gewisse Offenheit, um auch im Ostblock Evangelisationen durchführen zu können. An seiner antikommunistischen Grundhaltung ändert sich nichts.

Seit den 1950er-Jahren führt Billy Graham in den USA Evangelisationen durch, in denen die Rassentrennung nicht praktiziert wird. Er bemüht sich aktiv um Versöhnung von Schwarzen und Weißen.

6 Diakonie – Vom Hilfsdienst zur Gesellschafts-Transformation

Einführung

Wie Jesu Verkündigung in Wort und Tat ein Leben für andere aufzeigt und als Lebensvision vorstellt, so spielt die Diakonie zu allen Zeiten eine wesentliche Rolle, wenn es um gelebtes Christsein geht. Durch die Reformation wird auch die Diakonie stark verändert: Die Aufhebung der Klöster im evangelischen Raum ist für die Diakonie zunächst eine Katastrophe, die nicht gleich wirksam gemeistert werden kann. Während man sich in den reformierten Gemeinden der Diakonie annimmt, wird diese Aufgabe in den Städten und lutherischen Territorien oft vom Staat übernommen, der dafür auch die eingezogenen Klostergüter verwendet. Mit dem Pietismus entstehen diakonische Werke, im 19. Jh. werden Bruder- und Schwesternschaften gegründet, deren Mitglieder ihr Leben der Diakonie verschreiben. Damals werden die Eigeninitiativen zu einem breiten Strom, der im Rahmen einer solchen Darstellung nur exemplarisch vorgestellt werden kann.

6.1 Diakonie zur Zeit der Reformation

Nach dem Kampf gegen die Werkgerechtigkeit und für die Rechtfertigung aus Gnaden müssen die guten Werke neu begründet werden; die Reformatoren leiten sie aus dem Christsein selbst ab. Früh betont Luther, dass die Christen sich für die Armen und Bedürftigen mit Werken der Liebe einsetzen. Zeit seines Lebens hält er auch daran fest, dass die Werke dem Glauben notwendig folgen. Schon zu Beginn seiner öffentlichen Wirksamkeit setzt sich Luther für die Werke der Barmherzigkeit ein. Daher zieht er die „Werke der Liebe" dem Erwerb von Ablassbriefen vor.

- *42. Man soll die Christen lehren, dass die Meinung des Papstes nicht ist, dass der Erwerb von Ablass den Werken der Barmherzigkeit irgendwie vergleichbar sei.*
- *43. Man soll die Christen lehren, dass es besser sei, den Armen etwas zu schenken und den Bedürftigen zu leihen, als Ablass zu kaufen.*
- *44. Denn durch ein Werk der Liebe wächst die Liebe im Menschen, und*

> *er wird besser; aber durch den Ablass wird er nicht besser, sondern nur von*
> *der Strafe freier.*
> *45. Man soll die Christen lehren: wer einen Bedürftigen sieht und ihm*
> *nicht hilft, und statt dessen sein Geld für Ablass gibt, der hat sich nicht des*
> *Papstes Ablass, sondern den Zorn Gottes erworben.*
> Luthers 95 Thesen 1517, zit. nach Luther Deutsch 2. S. 58.

Die Werke der Barmherzigkeit, die Unterstützung der Armen, die Nächstenliebe sollen das fromme Leben der Christen bestimmen. Wenn die genannten Zitate noch ganz der Auseinandersetzung mit dem Ablasshandel entspringen, so bleiben die *Werke der Barmherzigkeit* und die Nächstenliebe auch im weiteren Verlauf der Reformation für Luther und andere Reformatoren wichtig. Sie haben allerdings keine Bedeutung für das Verlangen nach dem Heil, also die Annahme durch Gott.

Mit der Reformation werden die Werke für den Nächsten aus dem Christsein selbst begründet (7.1.1), sie werden als Frucht des Glaubens betrachtet und nicht mehr als gute Werke, um vor Gott zu bestehen. Da man mit den Klöstern die traditionellen Träger der Diakonie abschafft, gibt es verschiedene Versuche der Reformatoren, neue Formen einer kirchlichen Diakonie zu etablieren; diese scheitern aber oft am Widerstand der Obrigkeiten, die die Fürsorge an sich zieht. Andererseits werben alle Reformatoren für den diakonischen Auftrag aller Christen – und für die Verantwortung der Obrigkeit.

> *Nicht aber hat er unsere Werke angenommen und uns so erlöst. Das Wort*
> *Gottes ist das allererste; dem folgt der Glaube, dem Glauben die Liebe. Die*
> *Liebe endlich tut jedes gute Werk, denn „sie tut nichts Böses, ja sie ist des*
> *Gesetzes Erfüllung" (Röm 13,10). Aber der Mensch kann auf keine andere*
> *Weise mit Gott übereinkommen oder handeln als durch den Glauben. Das*
> *bedeutet, dass nicht der Mensch durch irgendwelche seiner Werke, sondern*
> *Gott durch seine Verheißung das Heil schafft.*
> Luther: Von der babylonischen Gefangenschaft der Kirche. zit. nach
> Luther Deutsch 2. S. 187.

Gott schenkt dem Glaubenden aus Gnaden das Heil, wie es das Evangelium verkündet. Aus dem Glauben folgen aber notwendig die guten Werke für die Nächsten, denn die uns anvertrauten Güter sollen genau diesem Zweck dienen. Im Gegensatz zum Brauch in der Kirche seiner Zeit sieht Luther die Aufgabe des Diakons nicht im Gottesdienst in der Verlesung des

Evangeliums, sondern im ursprünglichen Sinne als Dienst an den Armen und Schwachen.

> *Denn die Kirche entsteht aus dem Wort der Verheißung durch den Glauben und wird eben mit demselben Wort gespeist und erhalten [...]. Darum sind wir alle Priester, so viele wir Christen sind. Die wir aber Priester nennen, sind aus uns erwählte Priester, die alles in unserem Namen tun sollen. [...] Des Priesters Amt ist es zu predigen. [...] Das Diakonat aber ist nicht ein Dienst, das Evangelium oder die Epistel zu lesen, wie es heutzutage Brauch ist, sondern die Kirchengüter den Armen auszuteilen, damit alle Priester, von der Last der zeitlichen Dinge entledigt, sich desto mehr dem Gebet und dem Wort widmen können.*
> Luther: Von der babylonischen Gefangenschaft der Kirche: Von der Priesterweihe. zit. nach Luther Deutsch 2. S. 228-230.

In seiner Schrift *An den christlichen Adel deutscher Nation* macht Luther eine ganze Reihe von Reformvorschlägen. Darunter findet sich auch sein Vorschlag, die Bettelei abzuschaffen, indem jede Stadt ihre Ordnung schafft, mit der sie für die Armen sorgt. Luther sieht also den Staat (bzw. die Kommunen) für die Organisation der Sozialfürsorge verantwortlich und nicht die Kirche.

Zunächst bewirkt die Reformation allerdings eine existenzielle Krise, denn erst brechen die Klöster zusammen, die ihnen angeschlossenen diakonischen Aufgaben (Sorge für Arme und Kranke, Schulen, Bibliotheken) verlieren ihren Rückhalt und es entstehen prekäre Notsituationen. Da das Motiv der Werkgerechtigkeit nicht mehr trägt, brechen auch die Geldmittel weg. Selbstlose Spenden aus christlicher Liebe müssen erst neu entdeckt werden. Christlichen Gemeinden gelingt es oft noch, sich der Armen in den Gemeinden anzunehmen.

Hinsichtlich der Diakonie hat Ulrich Zwingli (1484–1531) einen hervorragenden Standpunkt eingenommen, sieht er doch die Armen als Herausforderung an, die im Sinne von Matth 25 (Werke der Barmherzigkeit) ernst genommen werden müssen. Immer wieder setzt er sich stark für den Einsatz des Eigentums für die Armen ein. Dabei sieht er es praktisch als Aufgabe der „Obrigkeit", den karitativen Dienst zu ordnen, weil diese über die Macht und Mittel gebieten kann. Klöster sollen eingezogen und die Gebäude zur Unterbringung von Armen und Kranken genutzt werden.

Calvin geht von vier Ämtern in der Gemeinde aus: Pastor, Lehrer, Ältester und Diakone. Wie schon vor ihm Martin Bucer knüpft Calvin an die biblischen Berichte an (z.B. Röm 12,6-8; 1Kor 12,28 und Eph 4,11), aus denen er die genannten vier Dienste herausliest. Das Diakonenamt wird so als besonderes Amt eingerichtet, die Diakone sollen durch Handauflegung nach dem Vorbild von Apg 6,6 eingesetzt werden.

Für Calvin weist die kirchliche Diakonie drei Kennzeichen auf: Sie ist karitativ orientiert, wird in den Gottesdienst eingebunden und arbeitet mit „ordinierten" Diakonen. Das besondere Amt des Diakons ist für jede wahre Gemeinde unentbehrlich! Dabei unterscheidet er einerseits die Verantwortlichen für die Kirchengüter und andererseits die karitativ arbeitenden Diakone (Institutio IV. 3,9). Offenbar hat er unter ihnen die Verwalter von den Pflegern unterschieden.

Calvin möchte die sozialen Aufgaben erfüllen, aber der Amtsführung eine kirchliche Einbindung geben, sie also bewusst als Werk der christlichen Nächstenliebe ausführen. Anhand der altkirchlichen Berichte von den Abendmahlsfeiern und den Liebesmahlen sieht auch Calvin die Aufgaben der Diakone hier zusammenkommen. Die Gemeinde sammelt ihre Opfergaben für die Bedürftigen im Gottesdienst ein, konkret tun dies die Diakone, die die Gaben für die Armen bereithalten. Gemeinsam empfangen alle das Abendmahl, so gehören Geben und Empfangen zusammen. Im Zusammenhang der Diakonie überlegt Calvin auch, ein Amt für Frauen in der Gemeinde wieder einzuführen, die als Diakoninnen arbeiten. Über den Einfluss der Theologie Calvins in England (Puritaner) und Schottland (Presbyterianer) kommen Vorstellungen seiner Bundestheologie auch dorthin (4.1.3). Die Menschen haben einen Bund mit Gott und ihren Mitmenschen geschlossen, der den Nächsten besonders im Blick hat. Von diesen Anregungen aus entwickeln später Hobbes und Locke ihre Lehre vom Gesellschaftsvertrag (4.1.3, 4.2.3).

Diese Gedanken nehmen die Christen in Amerika auf, die als Siedler in einer fremden Umgebung noch enger aufeinander angewiesen sind. Darüber hinaus schließen sich die ersten Kolonisten in Neuengland bewusst zusammen. Der Gouverneur John Winthrop (1588–1649) entwickelt noch auf dem Schiff die Vorstellung des puritanischen Bundesgedankens. Gott habe die Menschen arm oder reich gemacht, „weil er zum einen seine Gaben durch Menschen austeilen will. Damit jedermann den anderen nötig hat und darum alle enger verbunden sind durch das Band brüderlicher Liebe" (zit. nach KThGQ IV/1, S. 4). Für die neue Kolonie sei es daher wichtig, nicht nur auf sein eigenes Vermögen zu schauen, sondern auch die Bedürftigkeit des anderen zu sehen und dessen Interessen zu folgen. Dies liege in der christlichen Liebe begründet, die sich in der neuen Welt bewähren müsse.

6.2 Diakonie zwischen Krieg und Revolution im 17. und 18. Jh.

6.2.1 Diakonie zwischen Orthodoxie und Erweckung

Nach dem 30-jährigen Krieg ist die soziale Lage in Mitteleuropa angespannt, der Krieg hat sich verheerend ausgewirkt. So denken die Theologen über die neuen Herausforderungen für die Kirche nach. Johann Gerhard beschäftigt sich in seinen *Loci theologici* (1610/25) mit dem Amt der **Diakonisse**, die sich nach dem Zeugnis des Paulus in Röm 16,1 für Kranke, Arme und Fremde eingesetzt hat. Im Gefolge des Pietismus kommt es zu einem gewaltigen Neuaufbruch der Diakonie:

Neue Impulse für einen Glauben der Tat bereichern Christentum und Kirche. Philipp Jakob **Spener** (1635–1705) arbeitet als Theologe einerseits ganz in den Spuren der lutherischen Orthodoxie. Allerdings hat Johannes Wallmann (1986) gezeigt, dass er mit der „Hoffnung auf bessere Zeiten", wie Spener sie in den *Pia desideria* (1675) niederlegt, eine neue Sicht hinsichtlich der Eschatologie entwickelt, die dann Auswirkung auf die Weltgestaltung und damit auch auf die **Diakonie** hat. Von der Hoffnung auf bessere Zeiten erwartet Spener, dass sie Kräfte der Erneuerung auch bei den Christen freisetzt. Während Spener durch Gottes Eingreifen eine Erneuerung der (lutherischen) Kirche erwartet, sieht er auch die Verantwortung der Menschen stärker im Sinne einer neuen aktiven Weltgestaltung.

Spener ordnet als Senior der Pfarrer 1666 die Armenpflege in Frankfurt neu (2.2.2, 5.2.2). 1693 erstellt er ein Gutachten für die Armen in Berlin, wo die soziale Not in der stark wachsenden Metropole erheblich ist. Dabei hat er besonders die Kinder der Armen im Blick, „die aus noth zum betteln sich gewehnen, oder von den eltern dazu gewehnet werden" (Krimm: Quellenbuch 1962. S. 98). So würden sie ins Verderben stürzen und am Ende dem Scharfrichter in die Hände fallen. Im Zentrum seiner Überlegungen stehen zum einen die Arbeitsbeschaffung und zum anderen die Versorgung der Kranken, Invaliden und Waisen durch eine Hauptarmenkasse (1695); außerdem wird ein Hospital errichtet, aus dem später die Charité hervorgeht. Für die Arbeit der Armen soll ein Haus für die Armen beschafft werden, in dem sie unter Aufsicht an die Arbeit herangeführt werden. Die Kaufleute der Stadt sollen dafür geeignete Arbeiten in ihren Verlag nehmen. So habe man in Frankfurt die „woll-arbeit" gewählt, weil diese für Alte und Junge, Männer und Frauen geeignet ist und eine entsprechende Nachfrage nach Produkten besteht. Der Hinweis auf das Textilgewerbe zeigt die große Aktualität der Reformen, knüpfen sie doch an die damals innovativsten und erfolgreichsten Gewerbe an (1.2.2).

Die lutherische Orthodoxie ist im Unterschied zu Luther ganz auf das menschliche Scheitern und sein Sündersein fixiert, sodass sie sich in die Rechtfertigung *allein aus Gnaden* flüchtet und im gegenwärtigen Leben nur die beständige Buße kennt und sich so Gottes Gnade vergewissert. Das hat die fatale Folge, dass man von den *guten Werken* geradezu absieht, weil man eben immer auch Sünder ist. Zentrales Anliegen Speners und des Pietismus wird es, die Gnade im Menschen wirklich werden zu lassen. Daher stellt er die Wiedergeburt ins Zentrum der Ethik (5.2.2). Der wiedergeborene Glaube verwandelt und erneuert die verdorbene Natur des Menschen durch die Kraft des Heiligen Geistes. So kann der Mensch Gutes tun. Damit folgt die Heiligung notwendig auf die Rechtfertigung. Spener ist sich dabei durchaus bewusst, dass die Wiedergeburt uns hier noch nicht vollendet, aber der menschliche Geist doch aus seiner Fixierung auf das Irdische gelöst und auf die neue Heimat im Himmel gewiesen werde, die er freilich nicht selbst erreichen kann, sondern nach der er sich sehnt. Die Wiedergeburt ermöglicht eine ordentliche „Weltliebe", die nicht auf sich selbst bezogen und damit Zeichen der Trennung von Gott ist. Durch die Gabe des Heiligen Geistes kann der Mensch zu einer guten Bedürfnisbefriedigung zurückfinden und Weltgestaltung aus der von Gott geschenkten Liebe wagen. In dieser Welt tut der Christ als Erneuerter seine Pflicht, ist der Gerechtigkeit verpflichtet, z.B. setzt er sich ein für gerechte Entlohnung, korrekte Maße und Gewichte, angemessene Zinsen, berechtigte Preise (vgl. die Belege aus Speners *Evangelischen Lebenspflichten* von 1688 bei Gremels 2002, S. 207ff.).

Da Spener weiß, dass lebendiger Glaube nicht erzwungen werden kann, konzentriert er sich auf die Sammlung der Frommen und beginnt mit seinen *Collegia Pietatis,* wobei er sich bewusst auf Luthers dritte Weise des Gottesdienstes beruft und so seine Orthodoxie betont. Da der Mensch nicht mehr von der durch die Sünde bewirkten Trennung von Gott bestimmt ist, sondern von der Erneuerung durch Gott („Neuschöpfung"), kann der Mensch ein gottseliges Leben führen. In seiner erneuerten Natur wirkt nun der Geist der Liebe. Der Glaubende kann im Vertrauen auf Gottes vollendendes Wirken in der Welt positiv wirken. Das wirklich Neue an Speners Ethik ist, dass er dem Wiedergeborenen etwas zutraut und ihn herausfordert, dem Wirken des Heiligen Geistes in seiner Seele zu glauben und mit dem Tun des Guten zu beginnen.

6.2.2 Francke als Gründer des Hallischen Glaubenswerkes

Dieses zentrale Anliegen hat Francke von Spener übernommen und seinerseits umgesetzt. Francke hat von einer akademischen Karriere geträumt, als junger Wissenschaftler hat er an der Universität Leipzig erste Erfolge mit seinem *Collegium philobiblicum* – aber er muss Leipzig verlassen und kommt nach Glaucha bei Halle. Als Francke seine Pfarrstelle antritt, ist Halle im wirtschaftlichen Niedergang begriffen und das hat auch Auswirkungen auf die Gemeinde Franckes: Durch die Pest von 1682 ist die Bevölkerung von rd. 1200 auf 744 Einwohner gesunken; zwei Brände verwüsten die angeschlagene Stadt in den Jahren danach. Von den 200 Häusern sind 37 Wirtshäuser, die besonders am Sonntag viele Menschen anziehen. Eine Schule gibt es nicht, das kirchliche Leben weist zahlreiche Missstände auf. Franckes Vorgänger hat wegen eines Ehebruchdeliktes seine Stelle aufgeben müssen. Wie beginnt man in so einer schwierigen Lage als Pfarrer?

Als die Armen sich wöchentlich eine Spende beim Pfarrer abholen, führt er mit ihnen ein katechetisches Gespräch und entdeckt dabei die völlige Unwissenheit dieser Menschen, namentlich der Kinder. Mit ihrem Unwissen können sie ihre Lage kaum selbst verbessern, vielleicht hätten sie durch eine Grundbildung eine Chance, aber wie sollen sie ohne Geld eine Schule besuchen? So beginnt er Anfang 1695 in seinem Bekanntenkreis, Geld zu sammeln, stellt eine Spendenbüchse auf und wartet auf Gottes Signal. Nach ein paar Monaten erhält er 4 Taler und 16 Groschen – mit diesem Kapital eröffnet er eine Armenschule, stellt einen mittellosen Studenten als Lehrer an und kauft Schulbücher. Zunächst klappt nicht alles sofort: Manche Kinder bleiben weg oder verkaufen durch die Armut bedingt ihre Bücher. Francke macht weiter und die Bücher bleiben künftig in der Schule.

Aber dann passiert es. Bürger möchten ihre Kinder gegen Schulgeld unterrichten lassen. Bereits im Sommer 1695 besuchen über 50 Kinder die Schule, für die Räume in der Nachbarschaft angemietet werden müssen. Da die Kinder der Armen in eher verwahrlosten Verhältnissen leben, entwickelt Francke die Idee eines Internates. Bald kommen 12 Waisenkinder zu ihm, zugleich erhält er größere Geldbeträge, sodass im Oktober ein Haus gekauft werden kann. Ab Pfingsten 1695 beginnt man auch mit der Ausbildung junger Adliger, für die eine eigene Internatsschule eingerichtet wird (seit 1702 wird die Einrichtung *Pädagogium Regium* genannt).

Nun benötigt er Mitarbeiter. Bereits seit 1693 bemüht er sich um einen Mitarbeiter in der Gemeinde, Ende 1695 wird die Anstellung von Johann Anastasius Freylinghausen (1670–1739) in Berlin genehmigt. Ein Jahr danach ruft Francke Georg Heinrich Neubauer (1666–1726) als *Aufseher* ins

Waisenhaus, der das Haus leitet und auch den Ausbau voranbringt. 1797 wird mit Heinrich Julius Elers (1667–1728) ein begnadeter Leiter der neu eingerichteten Verlagsbuchhandlung berufen. Das ist ein Wagnis, denn Elers verfügt über keine Kenntnis des Geschäfts, er ist mit Francke aber seit Lüneburg bekannt und hat selbst Konventikel geleitet. Elers gehört zu radikalen Pietisten in Franckes Umgebung und bleibt aus Glaubensgründen unverheiratet. 1798 wird Justinus Töllner (1656–1718) als Schulleiter berufen. So entsteht in diesen Jahren ein Team enger Vertrauter, die die Ideen Franckes und ihre eigenen Begabungen einbringen und umsetzen. Die Teamleiter treffen sich regelmäßig zu Konferenzen untereinander und auch mit ihren Mitarbeitern, um ihre Anliegen zu besprechen.

Weitere Mitarbeiter erhält das Waisenhaus über die Freitische für arme Theologiestudenten, die im Waisenhaus angeboten und aus Spenden finanziert werden. Die Studenten arbeiten als Lehrer in der Armenschule, wodurch Francke günstig Lehrer erhält und die Studenten praktische Erfahrungen sammeln können (1696 spricht Francke vom Seminar für Erzieher bzw. Lehrer). 1697 wird eine Gelehrtenschule eingerichtet, die auf das Studium an der Universität vorbereiten soll; auch begabte Waisenkinder können sie besuchen. 1707 wird ein Lehrerseminar eröffnet, das aus einer zweijährigen Ausbildung besteht und zu einer Unterrichtstätigkeit von drei Jahren verpflichtet. Erstmals wird der Beruf des Lehrers hier professionalisiert!

Franckes diakonisches Wirken sprengt die gewöhnliche Tätigkeit eines Pfarrers. Mutig geht er über das Vorbild Speners hinaus und betritt eigene, geradezu umwälzende Wege. Dabei folgt er zunächst keinem großen Masterplan, vielmehr entwickelt er Schritt für Schritt das Glaubenswerk.

Das enorme Wachstum führt immer wieder zu räumlichen Erweiterungen, dazu wird Neubauer 1697 in die Niederlanden gesandt, um dort die modernen Einrichtungen kennenzulernen und zugleich Spenden zu sammeln. Im Sommer 1698 wird der Grundstein für den Bau eines Waisenhauses gelegt, obwohl die Finanzierung noch nicht vollständig gesichert ist. Auf Betreiben von Berliner Freunden wird das Haus in Stein und nicht kostengünstiger in Holz ausgeführt, der König stellt Steine und Ziegel zur Verfügung, die Fenster aus haltbarem Eichenholz werden gespendet. 1701 ist der Bau fertiggestellt.

In dieser Zeit entwirft Francke seine Gesamtkonzeption, 1701 veröffentlicht er das „Projekt [… zur] Anlegung eines Pflanzgartens, von welchem man eine reale Verbesserung in allen Ständen in und außerhalb Deutschlands, ja in Europa und allen Teilen der Welt erwarten kann" (Brecht 1991,

S. 480). Wie der Titel zeigt – ein sehr umfassendes Projekt! In seiner Analyse der herrschenden Missstände sieht er deren Ursachen vor allem im Bereich der Bildung: Die Lehrer sind schlecht ausgebildet, die Jugend werde schlecht erzogen. Eine nachhaltige Verbesserung der Zustände kann es daher nur durch eine Reform der Universitäten und Schulen geben. Daneben kritisiert er die unzureichende Sozialfürsorge, die zur Verwahrlosung führe.

Seine Kritik und Analyse ist nicht in allen Teilen originell, allerdings lässt er es nicht bei der Kritik, vielmehr setzt er in Halle Reformansätze nach Kräften um. Dabei kommt auch dem erwecklichen Glauben in der Ausbildung und bei den Mitarbeitern große Bedeutung zu. Francke erwartet wiedergeborene, bekehrte Studenten und Mitarbeiter. Die vorbildliche Theologenausbildung an der Universität in Halle bringt Multiplikatoren in die Gesellschaft, die die religiöse und sittliche Verbesserung „aller Stände" betreiben können. In der Folgezeit gehen von Halle tatsächlich vielfältige Wirkungen aus.

Sehr bewusst sieht Francke dabei, dass er nur unzureichend auf die Regierenden einwirken kann, immerhin hat er zeitweise gute Kontakte nach Berlin und zum Adel und durch die Arbeit am *Pädagogium Regium* erhofft er langfristig auch positive politische und wirtschaftliche Folgen für das Werk. Francke steckt voller Pläne, die er in der Folgezeit nicht alle ausführen kann.

Immer wieder bemüht sich Francke um staatliche Unterstützung, in höchsten Regierungskreisen finden sich Gönner, die ihn protegieren. Neben Spener ist hier vor allem Carl Hildebrand Freiherr von **Canstein** (1667–1719) zu nennen, der wichtige Beziehungen zum Adel und zur Regierung in Berlin vermittelt, aber auch regelmäßig Projektvorschläge macht. Häufiger verfasst Francke Denkschriften zur Verbesserung des Schulwesens oder macht den Vorschlag, der König solle das Besetzungsrecht der Pfarrstellen an sich ziehen. Francke erhofft davon die Anstellung Hallischer Theologen, er unterstützt damit aber auch die Umbildung des Staates zum Absolutismus.

Ständig geht es um **Finanzen**, die dauernd Aufmerksamkeit erfordern, aber auch um staatliche Genehmigungen für seine Vorhaben. Als er 1698 ein Privileg für seine Einrichtungen erhalten möchte, um eine Bäckerei, Brauerei, Druckerei, Buchbinderei, Buchhandlung, Tuchmacherei und Apotheke zu errichten, stimmt man in Berlin zu. Von Abgaben und Steuern ist das Waisenhaus fast vollkommen befreit, später kommen finanzielle Rechte hinzu (z.B. jährliche Kollekten in Brandenburg-Preußen, Unterstützung durch die Kirchengemeinden im Territorium Magdeburg und

Halberstadt u.a.m.). Viele Mitglieder des kurfürstlichen Hofes in Berlin und auch der König selbst spenden großzügig für Franckes Werk. Dennoch bleibt Halle ein *Glaubenswerk* und die Gelder kommen allzu oft erst in letzter Minute. Eine ordentliche Finanzierung durch die Einkünfte kommt lange nicht zustande. Daher müht sich Francke intensiv um weitere Hilfen. Franckes *Großer Aufsatz* stellt das zentrale Dokument der erwecklichen Gesellschaftsreform durch Erziehung dar. Zunächst legt er die Gedanken handschriftlich um 1704 nieder, Franckes Biograf Gustav Kramer gibt diesen Überlegungen dann 1882 den Titel *Großer Aufsatz*. Die Schrift wird gezielt an mögliche Förderer weitergegeben, um für die Anliegen zu werben. Francke legt nicht nur das gesellschaftsverändernde Programm dar, sondern bittet auch intensiv um finanzielle Unterstützung:

> *Wer dann eine Liebe zu Gott hat und dessen Ehre samt dem zeitlichen und ewigen Nutzen des Nächsten gern befördern will, der finde da alle gewünschte Gelegenheit […] in seinem Testament zum geist- und leiblichen Nutzen der Nächsten etwas zu stiften, […] den zehnten Teil seines Vermögens Gott [zu heiligen …].*
> Francke: Großer Aufsatz. zit. nach KThGQ IV/1, S. 70.

Neben Gebet, Mitarbeit, Weisheit und Rat braucht man für das Werk auch Geld. Sehr offenherzig legt Francke den Wohlhabenden ans Herz, Schmuck und kostbares Besteck zu verkaufen und den Erlös nach Halle zu geben, um dort „viele arme Glieder Christi zu speisen, zu tränken und zu bekleiden" (ebd.) oder zu erziehen. Darüber hinaus könne man auch für die Verbreitung von Bibeln, Stipendien für Studenten oder den Unterhalt der Schulen Kapital bereitstellen.

Francke wird auch wirtschaftlich aktiv, indem mit dem Verlag und der Apotheke gewinnbringende Einrichtungen entstehen. In Glaucha entwickeln sich seine Projekte rasch zu einem beeindruckenden Großunternehmen, allein schon die Versorgung der zahlreichen *Insassen* erfordert ein entsprechendes Management: Lebensmitteleinkauf und -zubereitung, Aufwendungen für Personal sind beträchtlich. Dazu kommen die Baukosten für die immer neuen Einrichtungen. Im Geiste der Zeit erhofft man sich durch den Betrieb von Manufakturen Gewinne für den Unterhalt der Anstalten. In einer eigens gegründeten Strumpfmanufaktur werden Waisenkinder als Arbeitskräfte eingesetzt, der Betrieb wirft aber keinen Gewinn ab und wird daher aufgegeben. Besser gelingt der Einstieg ins Buchgeschäft. 1697 gründet Francke eine Verlagsbuchhandlung, bereits im Folgejahr werden auf der Leipziger Buchmesse 55 Schriften Franckes angeboten, später werden auch Schriften von Petersen, Arnold und Spener verlegt. Zum Geschäft gehören ein Buchladen, eine Druckerei und eine Buchbinderei. Der Verlag setzt 1700 auf der Leipziger Messe 4582 Taler um, in anderen Städten (z.B. Frankfurt, Leipzig, Berlin) werden Filialen eingerichtet. Durch den Verlag wird das erweckliche Hallische Gedankengut in ganz Deutschland verbreitet. Ab 1717 werden jährlich 2.500 Taler an das Waisenhaus abgeführt.

Zusätzlich zu diesem Verlagsgeschäft liegt Francke seit Langem an der Bibelverbreitung, dafür wird schließlich durch großzügige Unterstützung des Freiherrn von Canstein, des langjährigen Vertrauten und Förderers, eine Bibelanstalt gegründet. 1708 wird das erste Neue Testament herausgebracht. Angestrebt wird der Druck mit stehendem Satz, sodass die Lettern in den Druckstöcken verbleiben und die Satzkosten entfallen, dafür wird die Kapitalbindung durch die Anschaffung zusätzlichen Druckmaterials größer. Inspektor der Bibelanstalt wird der Theologe Johann Heinrich Grischow (1678–1754), der Druck mit stehendem Satz scheitert zunächst am fehlenden Kapital, dennoch ist das Neue Testament von 1712 zum Preis von 2 Groschen (das entspricht heute der Kaufkraft von einem Pfund Fleisch oder einem Kilogramm Brot) ein Riesenerfolg. Innerhalb von drei Jahren werden 38.000 Exemplare verkauft, zwischen 1720 und 1735 erscheinen 39 Auflagen des Neuen Testaments. 1713 erscheint die Hausbibel, die mit 23 Auflagen ebenfalls erfolgreich wird. Zusammen mit dem Freiherrn von Canstein gründet Francke 1710 die erste deutsche Bibelanstalt (**Cansteinsche Bibelanstalt**, seit 1721) als eigenen Betrieb, der durch seine kostensparenden und modernen Herstellungsverfahren und den Verzicht auf unternehmerische Gewinne die Preise der Bibeln niedrigst hält.

Ein bedeutendes Wirtschaftsunternehmen stellt schließlich noch die **Apotheke** des Waisenhauses dar, für die Christian Friedrich Richter (1676–1711), Theologe und Mediziner, als Arzt zuständig ist. Immer wieder werden den Anstalten Rezepte und pharmazeutische Schriften überreicht. Aus diesem Fundus gelingt es schließlich, das Mittel *Essentia dulcis* herzustellen, das gegen verschiedene Krankheiten verabreicht wird ist und besonders bei Entzündungen hilfreich sein soll. Neben diesem Bestseller werden weitere Präparate hergestellt und durch Richter werbewirksam über die Buchhandlung des Waisenhauses vertrieben. Die Apotheke erwirtschaftet einen erheblichen Beitrag zum Unterhalt des Großunternehmens. 1710 werden mehr Einnahmen erwirtschaftet als durch Spenden eingehen.

Aus kleinsten Anfängen wächst ein riesiger Anstaltskomplex mit vielen Ausbildungseinrichtungen (Volksschule für Bauern und Handwerker, Lateinschule für Begabte aller Schichten, Schulen für künftige Offiziere und Beamte, Lehrerseminar) und einigen Wirtschaftsunternehmungen. Als Francke 1727 stirbt, arbeiten 8 Lehrerinnen und 98 Lehrer in den deutschen Schulen, wo sie 1725 Schülerinnen und Schüler unterrichten. In der Lateinschule sind 3 Inspektoren und 32 Lehrer tätig, die 400 Schüler(innen) unterrichten. Am Pädagogium Regium sind 82 Studierende, die von einem Inspektor und 27 Lehrern betreut werden. Im Waisenhaus werden 34 Mädchen und 100 Jungen aufgenommen, die von 10 Erziehern begleitet werden.

Schließlich sei noch der Beitrag zur Weltmission wenigstens angedeutet. Zusammen mit dem dänischen König beginnt die äußere Mission, 1706 werden die in Halle ausgebildeten Missionare Ziegenbalg und Plütschau in die dänische Kolonie Trankebar in Indien ausgesandt (Dänisch-Hallesche Mission). Damit beginnt im Protestantismus die äußere Mission (3.2.)!

UNTERM STRICH

Francke errichtet im Vertrauen auf Gottes Wirken seine *Anstalten*, in der die Pädagogik (Waisenhaus, Schulen, Lehrerausbildung) eine zentrale Rolle spielt, die aber auch die Bibelverbreitung wie die Weltmission im Blick hat. Das Werk lebt von den Spenden der Frommen, hier entsteht die neue Einrichtung des Glaubenswerkes, das sein Bestehen auf einen göttlichen Auftrag an den Gründer zurückführt und das wegen der finanziellen Unterstützung auf Gottes Hilfe vertraut. Gleichzeitig stellt Francke die eigenen Arbeiten einer breiten Öffentlichkeit vor, spricht Wohlhabende sogar zielgerichtet an. Hartnäckig nimmt Francke aber auch Staat und Kirche in die Pflicht, indem er für Unterstützung wirbt und Spenden für sein Glaubenswerk sammelt. Er wird auch unternehmerisch tätig (Apotheke, Verlag).

6.2.3 Herrnhuts Beitrag zur Diakonie der Gemeinde

Ebenso aus dem Geist des Pietismus kommen die Impulse für Diakonie von **Zinzendorf** (1700–60) und Herrnhut, durch den ein neuer Sinn für Gemeinschaft in das christliche Denken einzieht: Menschen sind füreinander da und tragen einander auch in den alltäglichen Angelegenheiten. Äußerlich wird dies durch die Freiwilligkeitsgemeinde sichtbar, die das Landeskirchentum erstmals durchbricht, formal geschützt durch die Erneuerung der Mährischen Brüderunität. Diese erste Freikirche entwickelt ein intensives Gemeindeleben, zu der Krankenpflege, Alters- und Invalidenversorgung und sogar gemeinsame Wirtschaftsbetriebe gehören. Das Wohl der Gemeinschaft wird zur Aufgabe aller Glieder. In allen Niederlassungen sammelt man für die Bedürftigen, die auch außerhalb der Herrnhuter Gemeine wahrgenommen und unterstützt werden. Deshalb verbinden Herrnhuter Missionare Verkündigung und sozial-diakonische Aktivitäten von Anfang an. Für Mission und Diakonie setzen sich die Herrnhuter intensiv ein. Sie gehen auch dorthin, wo sonst keine Missionare hinziehen.

Im Unterschied zu Francke gehen die Impulse hier von der Brüdergemeine aus und nicht von einer diakonischen Institution. Gesammelt werden Menschen, die gerettet werden wollen und sich der Gemeinschaft anschließen. Innerhalb der Gemeinde in Herrnhut ist die Unterstützung der Bedürftigen selbstverständlich. Allerdings sollen die Armen zunächst einmal selbst arbeiten und für ihren Unterhalt sorgen. Namentlich für Witwen und Waisen gibt es in der Gemeinde eine feste Handlungsroutine, sodass diese nicht in eine Notsituation geraten. Dazu gehört auch der Schutz vor Gläubigern in den ersten Wochen nach dem Tod des Ehemanns und Vaters. Über die „Krankenwärter" wird aus Herrnhut berichtet:

- *Zu den Krankenwärtern sind solche genommen, die herzhaftig, frisch und*
- *fröhlichen Gemüts sind und die Natur und Arznei verstehen. – Der Kran-*
- *kenwärter ihr Amt ist, alle Tage die Kranken zu besuchen, um ihre Lager-*
- *statt sich bekümmern, Arznei verschaffen und sie zum rechten Gebrauch*
- *derselben anzuhalten, ihnen Handreichung tun und bei ihnen, wenn's*
- *auch nötig, wachen, besonders aber mit ihnen von ihrem Seelenzustand*
- *reden, mit ihnen beten oder ihnen was vorlesen und sich ihres Zustandes*
- *recht erkundigen.*
- Christian David's Beschreibung und zuverlässige Nachricht von Herrn-
- hut. 1729, zit. nach Krimmer: Quellenbuch II. 1962, S. 121.

Diese Beschreibung klingt doch sehr modern. Die Krankenpfleger besuchen täglich die Kranken, schauen nach dem Krankenbett, besorgen und verabreichen Medizin, wachen notfalls bei ihnen und nehmen sich auch Zeit zum Gespräch, erkundigen sich, beten mit den Kranken oder lesen ihnen etwas vor; das klingt schon sehr ganzheitlich.

Als Beispiel für eine diakonisch handelnde Gemeinde kann das Lager Bethlehem in Pennsylvania/USA gelten. Ein Drittel der Erwachsenen sind dort ständig zu Diensten bei deutschen Kolonisten und Indianern unterwegs. Die übrigen haben für den Unterhalt der Gemeinschaft zu sorgen.

- *Unser Ehevolk wohnte noch so, als wenn's auf der Reise wäre, die Männer*
- *für sich, die Frauen für sich, die Kinder für sich, nicht, als wenn wir das*
- *am liebsten hätten, sondern unsere Armut ist's, dass wir's nicht dahin brin-*
- *gen können, so viel zu bauen, dass ein jedes Ehepaar ein Stöckchen kriegte.*
- zit. nach Beyreuther: Diakonie. S. 46.

Offenbar leben die Herrnhuter noch nicht in Familien, vielmehr bilden sie eine große Gemeinschaft, die gemeinsam kocht und gemeinsam ihre Mahlzeiten einnimmt. In der Umgebung fällt diese Gemeinschaft auf, das hat Auswirkungen. Dazu ist die Brüdergemeine dort auch musikalisch sehr aktiv, in allem spürt man den tragenden Grund der Dankbarkeit für das von Gott Empfangene. Über ihren internationalen Austausch wirkt Herrnhut auch auf die englische und amerikanische Erweckung (z.B. Wesley).

Aber auch manche Freikirchen sind sozial-diakonisch aktiv, etwa die Quäker, die man geradezu als diakonische Gemeinschaft bezeichnen kann. Sehr früh setzen sie sich gegen die Sklaverei ein, aber auch für Frieden und gegen Alkoholmissbrauch.

UNTERM STRICH

In Herrnhut liegt die Diakonie in den Händen der *Gemeinde*, die sich selbstverständlich um die Bedürftigen kümmert. Sogar eine häusliche Krankenpflege, aber auch soziale Unterstützungssysteme für Witwen werden eingerichtet. Dabei endet der diakonische Dienst keineswegs an den Gemeindegrenzen, sondern führt weit darüber hinaus, wie sich etwa in den amerikanischen Niederlassungen der Brüdergemeine zeigt, wo auch die diakonische Arbeit unter Indianern selbstverständlich ist.

6.2.4 Aufgeklärte Hilfe

In der zweiten Hälfte des 18. Jh. wird das Thema *Armenpflege* ein Thema für die Wochenschriften, die das aufklärerische Gedankengut verbreiten. Infolge von Missernten, Hungerkatastrophen und Seuchen sind viele Menschen verarmt. Überall beschwert man sich über das „Bettlerunwesen". Die Zahl der Almosenempfänger ist in den einzelnen Landstrichen sehr unterschiedlich. In München ist jeder Elfte arm, in Köln jede Vierte. Neben den wenigen kirchlichen Zentren bilden sich patriotische Gesellschaften und organisieren die kommunale Armenhilfe, hier wirken kirchliche und aufklärerische Kräfte gemeinsam. Ein Beispiel dafür ist Johann Friedrich **Oberlin** (1740–1826), er wirkt im Elsass, wo er einen Hort für vernachlässigte Kinder und eine Schule (Anschauungsunterricht, erster *Kindergarten)* gründet. Darüber hinaus belebt er das Amt der Diakonisse neu. In seiner Lebensgeschichte gibt er Aufschluss über seine Unterstützung der Armen durch seinen Zehnten, davon gibt er ein Drittel für die Armen. In seiner Gemeinde führt er eine *Armenliste*, die offiziell versorgt werden. Will man in dieser Liste verzeichnet sein, so muss man eine Reihe von Kriterien erfüllen, dazu gehört auch die Teilnahme am Gottesdienst und die religiöse Unterweisung der Kinder und deren regelmäßiger Schulbesuch. Oberlin wirkt auch für Arbeitsbeschaffung, sorgt für Bau von Brücken und Straßen und ist umfassend aktiv.

6.3 Das 19. und 20. Jh. und die Innere Mission

6.3.1 Auseinandersetzung mit der Sozialen Frage im 19. Jh.
Nach den Freiheitskriegen ist die wirtschaftliche Not in Mitteleuropa weit verbreitet. Nach der Auflösung der Zünfte, der Bauernbefreiung und den Folgen der Kriege entsteht eine bis dahin unbekannte Armut der Massen, die man als Pauperismus bezeichnet. Durch das wachsende Maß an Verstädterung wird die vorhandene kommunale Armenfürsorge überfordert. So werden erweckte Einzelpersönlichkeiten zu diakonischen Werken herausgefordert.

Einzelinitiativen der Erweckungszeit
Durch die nun ermöglichten Vereine finden sich viele zusammen, die die Not bekämpfen wollen. In den Landeskirchen entwickeln sich viele Vereine zu *Ersatzgemeinden*. Zunächst geschieht Hilfe vorwiegend punktuell. Für die infolge der Kriege angeschwollene Zahl der Waisen gründet z.B. Johannes **Falk** (1768–1826) eine *Gesellschaft der Freunde in der Not*, die die vom Krieg geschädigten Menschen unterstützt. 1813 sterben vier Kinder Falks, das schreckliche Ereignis bewirkt in ihm die Bereitschaft, sich für Waisenkinder einzusetzen. Nach den verheerenden Folgen der napoleonischen Kriege ist die Lage der Bevölkerung angespannt, denn die Soldaten der Sieger nehmen sich jeweils, was sie finden. So entsteht große Not. Zunächst bringt Falk 200 Kinder bei Handwerkern und Bauern unter, sonntags ruft er sie zu sich. 1823 eröffnet er den **Lutherhof**, in dem die Kinder leben können. Den Lutherhof renoviert er gemeinsam mit den Jugendlichen. Dort werden die Kinder aufgezogen und erhalten eine handwerkliche Berufsausbildung. Wie selbstverständlich lebt das Werk in pietistischer

Tradition; es wird Vorbild für Wicherns Rauhes Haus in Hamburg. Falk ist der Überzeugung, dass im Lutherhof Freude und Fröhlichkeit herrschen sollen. Das Haus wird offen geführt, Schläge als Erziehungsmittel gibt es nicht.

Andere bedeutende Gestalten sind etwa Heinrich Zeller (1779–1860) in Beuggen (1820) und Graf Adalbert von der Recke-Volmarstein (1791–1878) im Rheinland. Schließlich hat Friedrich Fröbel (1782–1852) sich für die Frühpädagogik eingesetzt. Die Rettungshäuser holen verwahrloste Kinder von der Straße, geben ihnen eine Ausbildung und ermöglichen ihnen so eine Zukunft.

In Berlin kümmert sich Baron Hans Ernst von **Kottwitz** (1757–1843) um verelendete Kinder, aber auch um Arbeitslose und Kranke. Während der napoleonischen Kriege ist das Elend auch in Preußen groß, viele Menschen werden arbeitslos. Besonders die Weber in Schlesien trifft es hart. Kottwitz errichtet Wohnhäuser und Fabriken auf seinen Gütern, um die arbeitslosen Weber zu beschäftigen. Dabei sucht er auch nach innovativen neuen Herstellungstechniken, um hochwertige Textilerzeugnisse zu produzieren. Durch höhere Qualität will er der ausländischen Konkurrenz begegnen und die Arbeiter sollen durch die Ergebnisse ihrer Arbeit ihren Unterhalt finden. Zwar ist das Ergebnis beachtlich, aber man kann die Produkte nicht angemessen vermarkten. So verliert der Baron 100.000 Taler und muss seine Güter verkaufen. Die Unterstützung der Bedürftigen bleibt allerdings sein Anliegen. Intensiv setzt er sich für die Arbeiter ein, die als Menschen und nicht als Sachen behandelt werden sollen. In den späteren Jahren gründet er weitere Fabriken, in denen vier bis fünftausend Menschen beschäftigt sind.

Nach der Niederlage von 1806 gegen Frankreich zieht von Kottwitz nach Berlin, wo die Zahl der Arbeitslosen groß ist. Ihrer Zukunft widmet sich der Baron und setzt dafür sein ganzes Vermögen ein. Während sich Berliner Bürger wie ihre Pfarrer der Erweckungsbewegung gegenüber eher indifferent verhalten, sammelt sich um von Kottwitz ein Kreis Erweckter. Als der Baron den berühmten Philosophen Fichte trifft, sagt dieser im dozierenden Ton „das Kind betet, der Mann will". Kottwitz antwortet:

- *Ich habe sechshundert arme Leute zu versorgen und weiß oft nicht, woher*
- *ich das Brot für sie nehmen soll. Da weiß ich mir dann nicht anders zu*
- *helfen, als indem ich bete.*
- zit. nach F. W. Kantzenbach: Baron H. E. v. Kottwitz. In: Gestalten
- der Kirchengeschichte 9/1, hrsg. v. M. Greschat, Stuttgart 1985, S. 77.

Mit seiner Freiwilligen Beschäftigungsanstalt (1808 in einer ehemaligen Kaserne begonnen) eröffnet er den Armen einen Weg zur Selbsthilfe. Dafür nimmt er immer neue Kredite auf, bis der König die Schulden 1810 übernimmt und Kottwitz' Werk fördert. Einzige Bedingung des Königs: Es sollen wenigstens 400 Bedürftige unterstützt werden, oft sind es allerdings bis 700 Personen, die so Hilfe erfahren. 1823 wird die Einrichtung schließlich vom Magistrat übernommen. Bis zu 700 Menschen leben in der *Anstalt*, haben Arbeit und Auskommen. Täglich gehört eine gemeinsame *Andacht* zum Konzept. Ein- bis zweimal wöchentlich werden abends noch Erbauungsstunden gehalten.

In Hamburg wird 1829 ein Besuchsverein gegründet, der sich um die Armen und deren Kinder kümmern soll. Als die Weltmission gerade populär zu werden beginnt, wirbt man in Hamburg damit, Missionare für das heidnische Elend in den eigenen Mauern zu werden.

> *Was hindert uns, hineinzugehen in die Hütten des Unheils, an welche wir hier gedenken, den Jammer mit eigenen Augen zu sehen und die armen Leute zu bitten und zu ermahnen, dass sie sich selbst, dass sie mindestens doch ihre unglücklichen Kinder retten lassen aus den Stricken des Todes?*
> Johann Wilhelm Rautenberg: 5. Bericht über die hamburgische Sonntagsschule vom Jahre 1829, zit. nach Krimm: Quellenbuch II. 1962, S. 152.

Die Mitglieder des Besuchsvereins gehen zu den Menschen in ihrer Not und sorgen sich um deren Nöte. Sie bringen Kleidung und Nahrung, laden die Kinder zu einer Sonntagsschule ein und vermitteln ihnen damit eine Elementarbildung. Aus deren Mitte entsteht schließlich das Rauhe Haus Wicherns.

1816 bei einem Besuch der Herrnhuter Gemeine in Gnadau bei Magdeburg erhält Amalie **Sieveking** (1794–1859) intensive Impulse. Als sie von den katholischen barmherzigen Schwestern hört, strebt sie auch in der evangelischen Kirche eine solche Einrichtung an. Ausdrücklich wendet sie sich im *Bergedorfer Boten* an Frauen, die das Bedürfnis haben, „etwas zu wirken in seinem Reich, zu seiner Ehre". Eindrücklich malt die Verfasserin die Welt mit ihren Problemen vor Augen, die der Veränderung durch Missionare und Missionarinnen bedarf.

> *Wenige mögen berufen sein zu dem Zeugnisse durch das Wort; das höhere Zeugnis eines gottseligen, liebetätigen Wandels ist eine heilige Verpflichtung für alle Christen insgemein. [...] Wo der Herr großes Elend schickt, da*

- *liegt eben darin ein Aufruf an die Seinen, ihren Glauben zu erweisen in*
- *selbstverleugnender, aufopfernder Liebe.*
- Amalie Sieveking: Aufruf. 1831, zit. nach Krimm: Quellenbuch II.
- 1962, S. 154f.

Sieveking wirbt intensiv für ein diakonisches Leben, sieht darin nicht nur eine Verpflichtung für alle Christen, sondern angesichts des Elends, das über die Menschen hereingebrochen ist, sogar einen klaren Auftrag Gottes. Bewusst erinnert sie an die vorbildliche Haltung der Christen von Alexandrien, die während einer schlimmen Seuche für die Kranken und Toten gesorgt haben. Diese alte Kraft jener Christen könne auch Menschen ihrer Zeit zur Verfügung stehen, um gegen das Elend vorzugehen. Angesichts der in Hamburg grassierenden Choleraepidemie sucht sie nach Frauen, die sie in der Krankenpflege unterstützen und nicht allein wegen des Lohns arbeiten, sondern aus christlicher Überzeugung

- *in freier Liebe und wahrhaftig um des Herrn willen dem Dienste ihrer ar-*
- *men Brüder und Schwestern sich widmete, dann dächte ich, müsste es uns*
- *wohl gelingen, ein Beispiel christlicher Krankenpflege aufzustellen, davon*
- *die ungläubigen selber gestehen müssten, dass es darum etwas anderes und*
- *viel Schöneres sei, als alle ihre nur auf dem Grunde einer weltförmigen*
- *Moral erbauten Institutionen.*
- Amalie Sieveking: Aufruf. 1831, zit. nach Krimm: Quellenbuch II.
- 1962, S. 157.

Sehr deutlich bekennt sie sich nicht nur zum Dienst für den auferstandenen Herrn an den Armen und Kranken, sondern auch zu dem missionarischen Zeugnis, das damit verbunden ist. Aber die Reaktion ist enttäuschend, niemand meldet sich auf den Aufruf hin, so stellt sie sich allein als freiwillige Krankenpflegerin zur Verfügung, nicht ohne dafür einigen Spott zu ernten. Dafür entsteht nun der Plan, einen *Verein für Armen- und Krankenpflege* zu gründen, der 1832 umgesetzt werden kann. Damit steht Sieveking in einem Aufbruch ähnlicher diakonischer Werke und entsprechender Anregungen. Ein Jahr später gründet Wichern das Rauhe Haus, 1836 Fliedner das erste Diakonissenhaus in Kaiserswerth. Ein Jahr zuvor hat der preußische Kronprinz Friedrich Wilhelm die Einrichtung des Diakonissenamtes ausdrücklich begrüßt.

Wichern und die männliche Diakonie

Besondere Bedeutung kommt Johann Hinrich **Wichern** (1808–81) zu, der 1833 in Hamburg das Rauhe Haus als Rettungshaus für Jungen einrichtet. Im Zentrum steht bei Wichern das Familienprinzip.

- *Die Familie ist der natürliche sittliche Kreis, in welchem das Gute in das*
- *menschliche Gemüt hineingelegt, in welchem es gepflegt und geschützt wer-*
- *den soll.*
- zit. nach Krimm: Quellenbuch II. 1962, S. 167.

Zunächst ähnelt Wicherns Ansatz den bereits beschriebenen Einzelinitiativen der Erweckungszeit. Neu ist bei ihm die Gründung der **Diakonengemeinschaft**, die z.B. als Erzieher mit den Kindern und Jugendlichen arbeiten und bei ihnen leben. Von Anfang an sind bei ihm Evangelisation (Volksmission) und soziales Engagement verbunden.

Wichern steht vor dem Problem, geeignete Mitarbeiter für das Rauhe Haus zu finden. Einerseits sollten sie eine handwerkliche Grundausbildung besitzen, die sie an die Kinder weitergeben können, ohne mit den Zünften in Konflikt zu kommen. Andererseits sollen die Mitarbeiter die Kinder auch unterrichten und erziehen, wofür eher Lehrer geeignet wären, die allerdings keine handwerklichen Fähigkeiten besitzen. Aus diesem Grunde scheint ihm eine neuartige Ausbildungsstätte geeignet, um junge Männer auf die Tätigkeit vorzubereiten, die eine christliche Gesinnung, eine technische Befähigung und eine pädagogische Begabung mitbringen. Diese Mitarbeiter erhalten Unterkunft und Verpflegung und ihre Ausbildung. Dabei steht die Erziehung der Kinder im Mittelpunkt, an der die Brüder von Anfang an beteiligt werden. So gründet Wichern eine Diakonenschaft, es beginnt die männliche Diakonie!

Die Ausbildungsinhalte ändern sich je nach Bedarf der Auszubildenden und den Notwendigkeiten im Haus. Dabei lernen sie auch voneinander die Grundfertigkeiten der jeweils anderen Handwerke, die ihre Mitbrüder beherrschen. So mutet diese Ausbildung sehr modern an. Wichern arbeitet nach einem **dualen System**, in dem Ausbildung und Arbeit immer den Alltag der Auszubildenden bestimmen. Ihnen wird dabei nicht nur Wissen vom Lehrer vermittelt, sondern sie sind gegenüber ihren Kollegen selbst in der Lehrerrolle und geben ihr Wissen weiter. Gegenüber den Kindern treten sie wie deren Brüder auf und nicht als deren Lehrer, auch wenn sie diese in den Elementarfächern Rechnen, Lesen, Schreiben und Singen unterrichten. Darüber hinaus sind sie auch für die seelsorgerliche Begleitung der Kinder zuständig.

Aus dem Rettungshaus entsteht rasch ein *Rettungsdorf*, bis 1883 sind es 30 Häuser. Neben dieser Arbeit in Hamburg wirbt Wichern durch die *Fliegenden Blätter* für den Gedanken einer groß angelegten Inneren Mission in Deutschland, es geht ihm um Evangelisation und Diakonie.

Großbritannien und die USA

Auch die britische und amerikanische Erweckung hinterlässt vielfältige Spuren im diakonischen und sozialen Bereich. Neben der klassischen Verkündigung stehen die Bildungsarbeit der Sonntagsschulen und die sozialen Betätigungen durch Vereine. Darüber hinaus werben viele für moralische und soziale Reformen. Dazu gehören auch Bemühungen um die Wiederansiedlung ehemaliger Sklaven in Afrika. Berühmt wird William **Wilberforce** (1759–1833), der aufgrund seines Glaubens die Gesellschaft durch seine Mitarbeit im britischen Unterhaus (seit 1780) verändern will. Im Zentrum seiner Arbeit steht zunächst der Kampf gegen die Sklaverei; in Großbritannien wird auch aufgrund seines Wirkens 1807 der Sklavenhandel und 1833 die Sklaverei im Empire verboten.

Wilberforce geht von der Gleichheit aller Menschen aus, daher setzt er sich in Großbritannien auch für die Gleichberechtigung der Katholiken ein. Kritisch setzt er sich mit dem Christentum seiner Zeit auseinander, veröffentlicht entsprechende Bücher, die Sozialreformer anspricht. Bedeutend wird dabei **Thomas Chalmers**, der 1819 Pfarrer in Glasgow wird. Damals leidet die Bevölkerung auch in der schottischen Metropole unter den Folgen einer Wirtschaftskrise nach den napoleonischen Kriegen. Viele Menschen in Chalmers Gemeinde sind arm, so entwickelt er das **St. John's Experiment.** Er will zeigen, wie eine Gesellschaftsreform von der Kirchengemeinde her gestaltet werden kann. Zunächst erfasst er die statistischen Daten der Parochie, zu ihr gehören 10.513 Menschen, die in 2.237 Haushalten leben. Über die Hälfte der Bevölkerung arbeitet im Textilgewerbe, das zu jener Zeit wirtschaftliche Probleme hat. Bewusst geht Chalmers von den Möglichkeiten der christlichen Gemeinde aus. Nach der Erhebung wird ein Besuchsdienst der Pfarrer, Lehrer, Presbyter und Sonntagsschulmitarbeiter eingerichtet, um die Menschen in ihrem Umfeld kennenzulernen und sich künftig über sie und ihre Sorgen auf dem Laufenden zu halten. Eigentlich soll der Kirchenbezirk verkleinert werden, was jedoch nicht gelingt. Künftig sollen die Nachbarschaften gefördert werden, um Selbsthilfepotenziale auszuschöpfen.

Angesichts des großen Bevölkerungsanstiegs in Glasgow und insbesondere der großen Zahl irischer Migranten sucht Chalmers nach Wegen, der

Isolation der Einzelnen zu begegnen; hier sollen die Parochialgemeinden der Rahmen zur Integration aller Menschen sein, die in ihren Grenzen wohnen. Für ihn ist die Zugehörigkeit der Katholiken zu den Angeboten der St. John's Gemeinde selbstverständlich, denn Kirche ist für alle da. Auf diese Weise sucht er an die vorindustriellen Strukturen der überschaubaren und gewachsenen Landgemeinden anzuknüpfen. Allerdings konkurriert bereits damals das Parochialprinzip mit Personalgemeindestrukturen. Einflussreiche und gefragte Prediger wie Chalmers ziehen aus allen umliegenden Gemeinden Menschen in die örtlichen Gottesdienste.

Neben dem Besuchsdienst werden Gemeindeschulen aufgebaut, die nur Kinder aus dem Stadtteil aufnehmen sollen. Verbunden mit dem Besuchsdienst sollen Kontakte und Beziehungen zu den Menschen gefestigt werden. So sollen solidarische Gemeinschaften entstehen, die füreinander eintreten. Auf diese Weise entsteht hier eine soziale Arbeit im Gemeinwesen vor Ort, niemand wird ausgegrenzt oder übersehen. Die Mitarbeiter sind vor allem Ehrenamtliche – Männer und Frauen –, die sich zur Mitarbeit berufen wissen. Zugleich entstehen überall Vereine, die missionarisch-diakonische Ziele verfolgen. So arbeiten in der Gemeinde als Hauptamtliche nur die beiden Pfarrer sowie vier Lehrer, aber 25 Presbyter, 25 Diakone und 50 Sonntagsschulmitarbeiter. Regelmäßig trifft man sich in Arbeitsgruppen, regelmäßig lädt Chalmers seine Mitarbeiter zu sich nach Hause ein.

Im Zentrum der Arbeit stehen die Armen, wobei er zwischen Armut und Pauperismus unterscheidet. Unter die Kategorie Armut fallen diejenigen, die aufgrund eines besonderen Problems ihre Familien nicht mehr versorgen können. Pauperismus umfasst diejenigen, die eine regelmäßige Unterstützung aus einem Armenhilfsfond erhalten. Da diese Menschen dauerhaft abhängig und stigmatisiert sind, bekämpft er besonders diese Form von Abhängigkeit. Diakonie soll dabei den Armen Hilfen bieten, um einen eigenen Selbstwert zu entwickeln und die Lebensbedingungen zu verbessern. Dazu sollen Arme durch persönliche Betreuung ermutigt und durch Beratung und Schulung befähigt werden. Den Schulen kommt auch deshalb eine zentrale Bedeutung zu.

Durch die Verbindung zur Nachbarschaft werden nicht nur Individuen, sondern Gemeinschaften auf den Weg gebracht. Chalmers setzt auch bewusst auf die positive Wirkung der Gruppe *(Herdentrieb)*. Die Diakone helfen den Armen, sich von der Armenfürsorge zu befreien. Dazu arbeiten sie in festgelegten Gebieten, deren Bewohner sie gut kennen und begleiten. Nur wenn andere Hilfe nicht möglich ist (durch Familie oder Verwandtschaft oder Nachbarschaft), unterstützt die Gemeinde die Bedürftigen.

Dies geschieht jedoch erst nach sorgsamer Prüfung durch die Diakonengemeinschaft, die gemeinsam Fälle berät und Maßnahmen beschließt. Trinker werden grundsätzlich nicht unterstützt, allerdings erhalten ihre Familien Unterstützung.

1837 – nach annährend zwei Jahrzehnten sozialer Arbeit – nehmen die Schulden der Gemeinde so zu, dass man sich an die städtische Armenfürsorge wenden muss. Die Spenden sind infolge der Wirtschaftskrise zurückgegangen und die Aufgaben werden größer. Neben der finanziellen Hilfe steht weiterhin die Begleitung der Menschen bei der Arbeitssuche und der Bildung im Vordergrund.

Neben der Arbeit vor Ort entwickelt Chalmers eine Theologie der Gesellschaftstransformation, die er selbst als **Sozialtheologie** bezeichnet. Er möchte ein „gottgefälliges Gemeinwesen" errichten (7.3.2). Mit der Hilfe des Staates will er die Gesellschaft insgesamt humaner machen. Ein wichtiger Ansatzpunkt ist dabei immer wieder die Möglichkeit zur Selbstbestimmung, wozu ein Mindestmaß an finanziellen Mitteln erforderlich ist, um nicht auf Almosen angewiesen zu sein, was die eigene Handlungsfähigkeit unmöglich macht. Deshalb ist die eigene Arbeit wichtig, die ein angemessenes Einkommen ermöglicht, aus dem man auch Rücklagen bilden kann. Dafür setzt er sich für Lohnverhandlungen zwischen Arbeitnehmern und Arbeitgebern ein, um einen gerechten Interessenausgleich zwischen beiden Parteien zu erreichen, denn vom Wirtschaftswachstum sollen beide Parteien profitieren. Zur Selbstbestimmung gehört außerdem eine gute Grundbildung, deshalb sollen die Kirchengemeinden ein Bildungsangebot machen. Für die äußersten Notlagen sieht Chalmers den Staat in der Pflicht, das geschieht auch, berücksichtigt jedoch nicht immer die Abhängigkeiten. Aber die staatlichen Hilfen reichen in den großen Hungerkatastrophen auch nicht aus. Während der Hungersnot in Irland und Schottland sterben 1845/46 Hunderttausende.

Chalmers Ideen wirken auch auf den Kontinent. Otto **von Gerlach** (1801–49) veröffentlicht 1847 verschiedene Texte von Chalmers unter dem Titel *Die kirchliche Armenpflege. Nach dem Englischen des Dr. Thomas Chalmers bearbeitet.* Im Wuppertal werden diese Impulse von Pfarrern aufgenommen, die in Elberfeld ein ähnliches System wie in der St.-John's-Gemeinde einführen: Man studiert die Lebensbedingungen, sucht Möglichkeiten zur Selbsthilfe, versucht Nachbarschaft und Verwandtschaft zu aktivieren. Bei der Arbeitssuche setzt man an, berät und hilft auch in großen Notlagen finanziell. Nach kurzer Zeit muss man die finanzielle Hilfe aber wieder an die Stadt abgeben. 1853 entwickelt man ein anderes System auf

Chalmers Grundlagen, das als Elberfelder System bekannt wird. Kirchengemeinde und Stadt arbeiten dabei eng zusammen, die Kirchen schlagen Ehrenamtliche vor, die von der Stadt beauftragt werden; 150 Armenpfleger sind in 15 Bezirken tätig.

Durch das Buch von Gerlachs kommt auch Wichern mit Chalmers Gedanken in Berührung, das Buch findet sich in seinem Nachlass und zeigt Spuren intensiver Bearbeitung. **Wicherns Denkschrift** von 1849 *Die Innere Mission der deutschen evangelischen Kirche* zeigt eine Reihe von Bezügen, insbesondere beim Aufbau persönlicher Beziehungen zwischen Bedürftigen und Mitarbeitern, der Bedeutung der kirchlichen Armenpflege überhaupt. Natürlich gibt es in Wicherns Werk schon vorher ähnliche Ansätze, aber in verschiedenen Schriften verweist er nach 1847 auf Chalmers. Neu bei Wichern wird der Gedanke, die ehrenamtlichen Mitarbeiter durch professionelle Diakone begleiten zu lassen, die deren Arbeit supervidieren sollen.

Fliedner und die Mutterhausdiakonie

Theodor **Fliedner** (1800–64) wirkt als Pfarrer in Kaiserswerth, einer eher kleinen evangelischen Gemeinde, deren Gemeindeglieder in der Mehrzahl arm sind. Um Spenden für seine Gemeinde zu sammeln, zieht er ins wohlhabende Wuppertal, nach Holland und nach England, wo er neue Formen und Ämter sozialer Fürsorge kennenlernt. Von Kaiserswerth aus besucht er das Gefängnis in Düsseldorf, wenig später gründet er die *Rheinisch-Westfälische Gefängnisgesellschaft*, die sich um die Wiedereingliederung der Strafentlassenen kümmern soll. Diese Impulse hat er aus England mitgebracht, wo sich Elizabeth Fry eindrucksvoll für Gefangene einsteht. 1836 gründet er eine Armenschule, die sich um die Kinder berufstätiger Arbeiter kümmert, bereits im ersten Jahr sind 66 Kinder angemeldet.

Seine wirkungsgeschichtlich besondere Bedeutung erhält Fliedner, als er den *Rheinisch-Westfälischen Diakonissenverein* gründet, der Krankenpflegerinnen und Erzieherinnen ausbilden soll. Damit verbunden ist die Gründung des ersten **Diakonissen-Mutterhauses**, dem später viele folgen. Im Zentrum der Mutterhausvision steht der Dienst aufopfernder Liebe: Demut, Zucht und Mäßigung. Bei Fliedner verbindet sich das mit den preußischen Sekundärtugenden wie Opferbereitschaft, Fleiß, Gehorsam, Pünktlichkeit und Treue. So entsteht die *weibliche Diakonie*. Allerdings zeigen nicht alle Frauen die tatsächliche Begabung für den Diakonissenberuf, nur wenig mehr als die Hälfte bleiben auf Dauer. Fliedner gibt der Mutterhausdiakonie auf mehr als ein Jahrhundert seine Struktur vor: An der Spitze steht ein *Vorsteher* (oder *Hausvater*), dem eine *Vorsteherin* (*Hausmutter*) an der Seite steht, in Kaiserswerth übernimmt Fliedners Frau Friederike diesen Dienst. Insofern die Schwestern auf ihren verschiedenen Stationen leben, hat die Schwesternschaft selbst kein Eigenleben. Eine Generation später gründet Wilhelm Löhe 1854 ein Mutterhaus mit spezifisch lutherischer Prägung.

Zum 50. Jubiläum zählt man 1886 bereits 57 Mutterhäuser mit 6366 Schwestern in 600 Krankenhäusern und 700 Gemeindepflegestationen. Diese eindrücklichen Zahlen belegen ein enormes Wachstum, das zum einen aus den gestellten Aufgaben und zum anderen auf die große Nachfrage von unverheirateten Frauen zurückzuführen ist. Erstmals steht Frauen eine qualifizierte Berufsausbildung und Berufsausübung offen. Das zieht sehr viele junge Frauen an. Um den Status auch äußerlich deutlich zu machen, tragen die Diakonissen die Tracht verheirateter Frauen.

Zwar nimmt die Zahl der Anfragen nach Diakonissen stetig zu, die Diakonissen haben es aber nicht leicht. Entchristlichung und Entkirchlichung sind stark verbreitet, nicht überall sind Gebete am Krankenbett willkommen. Im Gefolge des großen Andrangs von Diakonissen nimmt die Zahl der Mutterhäuser stetig weiter zu, sie sind verbunden im *Kaiserswerther Verband*. Für die damals entstehenden Krankenhäuser sind die Diakonissen unentbehrlich. Daneben interessieren sich auch andere Frauen für eine Tätigkeit in der Krankenpflege, ohne den Weg als Diakonisse gehen zu wollen. Im Gegensatz zu seiner Frau Friederike lehnt Fliedner den Beginn einer parallelen Ausbildung freier Kräfte in Kaiserswerth ab. Nachdem die Nachfrage nach Schwestern weiter zunimmt, ohne dass genügend Schwestern in die Häuser eintreten, entsteht in Elberfeld das erste Diakonieseminar, das Krankenschwestern ausbildet. Es bilden sich schließlich eigene Schwesternschaften, die sich *später* im *Zehlendorfer Verband* zusammenschließen.

Eine besondere Form der Diakonissenhäuser entsteht *später* im Rahmen der Gemeinschaftsbewegung, in der man an die Kaiserswerther Geschichte anknüpft, allerdings die Frage der Berufung und die Aufgabe zum missionarischen Zeugendienst stärker betont. Die Vision lautet: *Aus der Erweckung geboren, will das Werk der Erweckung dienen.* Aus dem allgemeinen Priestertum aller Glaubenden wird von Theophil **Krawielitzki** (1866–1942) der Verkündigungsauftrag der Frau hergeleitet, was mitunter zu erheblichen Konflikten führt. Stärker als Fliedner betont Krawielitzki den evangelistischen Auftrag der Diakonissen. Neben dem Deutschen Gemeinschafts-Diakonieverband entstehen schließlich auch die Häuser im *Bund deutscher Diakonissenmutterhäuser* (z. B. Schwesternschaft der Liebenzeller Mission 1899, Sächsisches Gemeinschafts-Diakonissenhaus Zion 1919, Diakonissen-Mutterhaus St. Chrischona 1924, Diakoniegemeinschaft Puschendorf 1926, Diakonissenmutterhauses Aidlingen 1927).

Soziale Frage

Angesichts der beginnenden Industrialisierung (1.3.3) nimmt die Not in unbekanntem Ausmaß zu (1.3.4). Immer wieder kommt es zu Aufständen, in Manchester wie in Schlesien werden die Aufständischen vom Militär niedergeschossen. Thomas **Carlyle** (1795–1881) wird zum sozialen Gewissen der Briten.

- *Eine Million hungriger Arbeiter, sagt Blusterowsky, erhoben sich, kamen heraus auf die Straßen und – standen da. Was sonst sollten sie tun? Ihre Unbilden und Beschwerden waren bitter, unerträglich, ihre Wut dagegen war gerecht: aber wer sind sie, die diese Unbilden verursacht haben und die sich redlich bemühen wollen, ihnen zu helfen? Wer oder was unsere Feinde, wer unsere Freunde sind, wir wissen es nicht. Wie sollen wir also irgend jemand angreifen? Auf wen sollen wir schießen? [...folgt der Bericht über den Militäreinsatz] An dreizehn wehrlose Männer und Frauen sind zusammengehauen worden – die Zahl der Toten und Verwundeten lässt sich berechnen: aber die angesammelte Wut, die seitdem offen oder versteckt in aller Herzen brennt, deren sonstiges Trachten und Streben sie seitdem mehr oder weniger verdirbt, ist von unberechenbarer Ausdehnung.*
- Thomas Carlyle. Die Unruhen in Manchester. zit. nach Philipp: Protestantismus. S. 198f.

Früher als auf dem Kontinent kommt es auf den britischen Inseln auch zu sozialen Reformen, die schlimme Missstände abstellen. In Mitteleuropa führt offenbar kein Weg an Aufständen vorbei.

Auf dem Wittenberger Kirchentag kann Wichern 1848 eine Rede aus dem Stegreif halten. Intensiv wirbt er für die Diakonie, die die Kirchen noch längst nicht als ihre Aufgabe erkannt haben.

- *Es tut not, dass die evangelische Kirche in ihrer Gesamtheit erkenne: Die Arbeit der Inneren Mission ist mein! dass sie ein großes Siegel auf die Summe dieser Arbeit setze: die Liebe gehört mir wie der Glaube. Die rettende Liebe muss ihr das große Werkzeug, womit sie die Tatsache des Glaubens erweist, werden.*
- zit. nach Beyreuther: Diakonie. S. 107.

Durch seine Rede beim Wittenberger Kirchentag 1848 (Zeit der Revolution!) erreicht er die Einrichtung des *Central-Ausschusses für Innere Mission* (CA), aus der das *Diakonische Werk* hervorgeht. 1849 veröffentlicht er seine Denkschrift über die Innere Mission, in der er die Diakonie aus der Menschwerdung und Auferstehung Jesu begründet. Aus der Verkündigung des Evangeliums sieht Wichern in aller Säkularisierung und aller Not neue Aufbrüche von Regungen und Gestaltungen der Liebe. Er sieht

- *eine große Zahl freier christlicher Verbrüderungen, alle eins im Grunde und im Ziele, im Grunde nämlich des Glaubens, dass Christus der Retter des Verlorenen sei, im Ziele: die aus der Sünde und ihren Folgen hervorgehenden einzelnen Notstände des Volkes durch das Wort Christi und die Handreichung brüderlicher Liebe zu heben.*
- zit. nach KThGQ IV/1, S. 237.

Wichern beschreibt so die Innere Mission, die die Christenheit erneuern und die Sünde bekämpfen will. Er beklagt die zunehmende Säkularisierung, sieht ein neues Heidentum im Entstehen. Daher will er den Armen das Evangelium predigen. Er erhofft so eine Erneuerung des persönlichen, häuslichen, gesellschaftlichen und politischen Lebens. Alles dreht sich seiner Meinung nach um Familie, Staat und Kirche, die als göttliche Stiftungen einander ergänzen und die in den Umbrüchen des Jahrhunderts angegriffen werden durch (industrielle und politische) Revolution und den Atheismus bzw. Marxismus. Gegenüber dem Staat ordnet er sich im Blick auf Röm 13 unter, er erwartet von ihm lediglich das Recht zur freien Vereinigung. Die strukturellen Herausforderungen durch die Industrielle Revolution und deren zerstörerische Auswirkung auf die Familien nimmt er nicht wahr. Sein Anliegen ist die neue Missionierung Deutschlands, er hofft so auf eine echte Volkskirche, die alle Bereiche des Lebens durchdringt.

Wichern wird zum Vorsitzenden des Central-Ausschusses, der aus 12 hochgestellten Personen aus Staat und Kirche besteht. Zunächst geht es darum, Landes- bzw. in Preußen Provinzialvereine in den Landeskirchen zu gründen, das erweist sich namentlich in lutherischen Landeskirchen als schwierig; Claus Harms greift das Vorhaben offen an, denn er befürchtet, die freien Vereine bedeuteten eine Konkurrenz für Predigt und Bekenntnis.

Wie der Name Innere Mission zeigt, ist die Diakonie kein Selbstzweck, sie ist vielmehr eingebunden in die Evangelisation der Getauften. Das Evangelium soll den Armen gepredigt werden. Dazu soll man die Proletarier aufsuchen, da sie nicht mehr in die Kirche kommen. Als neues Berufsbild regt Wichern die Berufung von Straßenpredigern an, möchte Armenwohnungen als Kirchen nutzen. Prediger sollen aus Proletarierkreisen kommen und so Sprache und Vorstellungswelt der Unterschichten teilen. Er will die Kirche verändern in eine gelebte „brüderliche Gemeinschaft". Innere Mission zielt seiner Meinung nach auf Erneuerung der Kirche, und die Diakonie ist eine Frucht dieser Veränderung. Aber die Kirche muss auch die Not im Volk wahrnehmen und sich davon zur „rettenden Liebe" bewegen lassen. Schließlich möchte er die überall emporgeschossenen Eigeninitiativen zur Inneren Mission zusammenschließen.

Nach Wicherns Tod erhalten die Theologen mehr Gewicht im Central-Ausschuss, die Vision wird etwas unklarer. Statt der Rettung des evangelischen Volkes aus seiner geistlichen und leiblichen Not will man künftig das *Reich Gottes bauen* helfen. Nun kommt während der Auseinandersetzung mit der Sozialdemokratie die soziale Frage in den Blick. Nachdem Bismarck 1878 nach dem zweiten Attentat auf den Kaiser die Sozialistengesetze im Reichstag durchsetzen kann, wird der Kampf gegen die Sozialisten auch in den Fliegenden Blättern ausgetragen, die das offizielle Organ des Central-Ausschusses geworden sind. Noch denkt man in patriarchalischen Arbeitsverhältnissen nach dem Vorbild der klassischen Grundherrschaft, nach der der Grundherr sich um seine Grundhörigen ganzheitlich kümmert. Dass dies in den modernen Arbeitsverhältnissen nicht mehr durchträgt, erkennt man lange nicht.

Inhaltlich setzt sich die Innere Mission für die Wanderarbeiter und den Sonntagsschutz ein, die Sonntagsarbeit wird 1891 endlich verboten. Die im Zuge der *Gnadauer Gemeinschaftsbewegung* neu aufkommende Evangelisationsbewegung (3.3.1, 5.3.3) sieht man eher kritisch, das zeigt, wie sehr man sich allmählich von Wicherns Spuren löst. Die Innere Mission versteht sich eher als caritativ-diakonische Einrichtung, während die Gemeinschaftsbewegung stärker Evangelisation und Heiligung betont.

Durch die Landesverbände, die so entstehen, werden erste Verbindungen zwischen den verschiedenen evangelischen Landeskirchen geknüpft. Von hier aus begründen sich allmählich Möglichkeiten des Einwirkens bei der staatlichen Sozialgesetzgebung, denn die Kompetenz der Kirchen liegt auf der Hand. Der deutsche Wohlfahrtsstaat gewinnt so durch die kirchlichen Wohlfahrtsverbände wesentliche Impulse.

Angesichts der erheblichen sozialen Not erhalten die genannten Personen eine Berufung, die sie zum sozialen Engagement führt. Am Beispiel von Wichern lässt sich gut begreifen, dass für sie Mission (Evangelisation) und

Diakonie zusammengehören. Durch den Einsatz dieser erweckten Persönlichkeiten und ihrer Mitarbeiter(innen) werden die sozialen Verhältnisse verändert; das bezeichnet man heute als Gesellschaftstransformation.

Eine ganz eigene Sache dürften noch die Versuche darstellen, eine christliche Industrie aufzubauen. Bedeutendes Beispiel dafür könnte Pfarrer Gustav Werner (1809–87) sein, der in Reutlingen und Umgebung Fabriken auf genossenschaftlicher Grundlage aufbaut. Aus dem Reingewinn werden Kinder in Not unterstützt. Zur Eröffnung seiner Papierfabrik dichtet er:

- *Rolle, rüstige Turbine, hauch dem Werke Leben ein,*
- *dass sich rege die Maschine und die Räder groß und klein!*
- *Schaff dem Armen seine Speise und dem Nackenden sein Kleid,*
- *herrschen mög' in unserem Kreise Liebe und Gerechtigkeit.*
- Zit. nach Beyreuther: Diakonie. S. 53.

Daneben ist auch die Arbeit von Carl **Mez** (1808–77) in Baden erwähnenswert, der seine Nähseidenfabrik 1850 für eine Eigentumsbeteiligung der Arbeiter öffnet.

Abschließend noch ein kurzer Blick auf die römisch-katholische Kirche. Dort gehen von Bischof Wilhelm Emmanuel von *Ketteler* (1811–77) bedeutende Impulse aus, der als Bischof von Mainz Antworten auf die soziale Frage sucht. Neben ihm wirkt Adolf Kolping (1813–65), der sich insbesondere für die Handwerker einsetzt.

Friedrich von **Bodelschwingh** (1831–1910) wird mit 40 Jahren Hausvater des Diakonissenmutterhauses Sarepta in Bielefeld, zu dem eine Pflegeeinrichtung für epileptische Jungen gehört. Hier erwächst in den kommenden Jahren Bethel, die *Stadt der Barmherzigkeit*. Bodelschwingh zeigt gegenüber den Epileptikern eine neue Einstellung, erkennt ihre besondere Art und schenkt ihnen Heimat, Arbeit und damit Ehre. Hier entsteht eine Arbeitstherapie, denn in Bethel arbeiten alle nach ihren Möglichkeiten mit. Noch viele Einrichtungen blühen hier auf, 1905 wird die Missionsgesellschaft für Deutsch-Ostafrika als Bethel-Mission übernommen, die Begleitung von Theologiestudenten wird ermöglicht, 1904 gründet Bodelschwingh eine eigene Theologische Schule. Im Zentrum des Werkes steht die Zionskirche, an der alle mitgebaut haben, die Vision wird vom 126. Psalm getragen: *Wenn der Herr die Gefangenen Zions erlösen wird, so werden wir sein wie die Träumenden.* Wie selbstverständlich sieht der engagierte Bodelschwingh auch die Not der Arbeiter, der er durch Eigenheime entgegentreten will: Den Arbeitern soll Gelegenheit gegeben werden, in 30-40

Jahren eigene Häuser zu errichten mit einem eigenen Garten. Für Arbeitslose wird 1882 die Arbeiterkolonie Wilhelmsdorf errichtet, 1885 beginnt der *Verein Arbeiterheim* seine bescheidene Arbeit.

Mit der ersten Wirtschaftskrise im Deutschen Reich kommt es zu einer enormen Arbeitslosigkeit. Viele sind auf der Suche nach Arbeit und Brot. Bodelschwingh setzt sich umgehend für Wanderarme ein, setzt auf die Gründung von Arbeiterkolonien, wo Arbeitslose z.B. für kolonisatorische Arbeiten eingesetzt werden. 1884 wird ein Centralverein deutscher Arbeiterkolonien in Berlin gegründet, in dem evangelische und katholische Vereine zusammenarbeiten. Wenig später geht Bodelschwingh den Weg in die Politik: 1903 wird er Kandidat der christlich-konservativen Partei und ist von 1904–09 Mitglied im preußischen Landtag; damit ist er einer der ersten konservativen Evangelischen, der die Bedeutung der Demokratie für die Zukunft erkannt hat. Unermüdlich kämpft er für die Anliegen der Armen, insbesondere setzt er sich für eine Verbesserung der Wohnverhältnisse für Arbeiter ein und dafür, dass diese Eigenheime erwerben können.

In der Gründerzeit bis zum 1. Weltkrieg entstehen eine ganze Reihe neuer diakonischer Werke, so die Brüderhäuser in *Moritzburg*/Sachsen (1872), die *Karlshöhe*/Württemberg (1876), das Brüderhaus *Nazareth* in Bethel (1882), *Rummelsberg*/Bayern (1890), *Neuendettelsau*/Bayern (1904), *Hephatha*/Hessen (1901), Brüderhaus *Tabor*/Marburg (1909), *Paulinum*/Berlin (1932). Die Diakone wirken als Pfleger, Verwalter, Jugendsekretäre, Gemeindehelfer und Prediger. Für ihr Arbeitsfeld gehören die Verkündigung des Evangeliums in Wort und Tat zusammen.

Zu den neuen Werken zählt auch das 1883 entstandene *Blaue Kreuz*, das sich um Alkoholabhängige sorgt und missioniert. Außerdem entsteht die *Vereinigung Evangelischer Buchhändler* (VEB, 1906), in dem sich Buchhändler und Verleger zur Verbreitung evangelischer Literatur zusammenschließen. Entsprechend der sich wandelnden Stellung der Frau entsteht bereits 1899 die *Evangelische Frauenhilfe*.

Eher politisch orientiert geht Adolf **Stoecker** (1835–1909) vor, der in der *Berliner Stadtmission* beheimatet ist und über die *Christlich Soziale Arbeiterpartei* die Interessen der Industriearbeiter aufnehmen und mit den sozialistischen Parteien und Gewerkschaften konkurrieren will. Allerdings findet Stoecker weder beim Kaiser noch bei den Arbeitern größeren Anklang. Seit 1874 ist Stoecker einer der Hofprediger in Berlin. In jenem Jahr wird im Reichstag das Zivilstandsgesetz beschlossen, danach entfällt der Tauf- und Trauzwang in Deutschland, die Standesämter werden den Kirchen vorgeordnet. Nun können Menschen auch außerhalb der Kirche leben. 1897 ist er Mitbegründer der *Freien Kirchlich-Sozialen Konferenz*, die sich vom 1880 von Stoecker initiierten *Evangelisch-Sozialen Kongress* getrennt hat, da diese unter Vorsitz von Harnacks eher akademisch debattiert. Die neue Konferenz arbeitet mit der Gemeinschaftsbewegung und einigen namhaften Theologen wie Cremer, Lütgert und Schlatter zusammen.

In der Zeit vor dem ersten Weltkrieg werden eine ganze Reihe von neuen Arbeitsgebieten in der Inneren Mission eröffnet, etwa die Bahnhofsmission, die Flussschiffermission, die Kellnermission, die Seemannsmission. Inhaltlich kommt die Apologetik als neue Arbeit hinzu, setzt man sich doch intensiv mit den atheistischen Freidenkern auseinander.

Mit dem 1. Weltkrieg werden viele Einrichtungen der Inneren Mission in Lazarette umgewandelt, was den laufenden Betrieb auch wegen der vielen einberufenen Männer einschränkt. 7.000 Diakonissen arbeiten in den Lazaretten, fast alle Mutterhäuser stellen Schwestern für die Krankenpflege zur Verfügung.

UNTERM STRICH

Angesichts der sozialen Frage im 19. Jh. lassen sich viele Erweckte und andere Menschenfreunde zu diakonischen Initiativen herausfordern: Sogenannte Rettungshäuser, Wohnhäuser und Beschäftigungsanstalten für Arme, Besuchsvereine, Sonntagsschulen und häusliche Krankenpflege haben hier ihren Ursprung. Insbesondere der Dienst von Frauen außerhalb der eigenen Familie eröffnet ihnen in der Diakonie neue Wirkungsmöglichkeiten, die für die Arbeit von Frauen eine Leitrolle übernimmt. Krankenpflege und Erziehung sind klassische Arbeiten von Frauen, die sie nun auch außerhalb des familiären Umfeldes ausüben können. So wenig spektakulär dies aus heutiger Sicht erscheint, so umwälzend wirkt es damals auf die Zeitgenossen. Für das erwachende Selbstbewusstsein von Frauen handelt es sich gewiss um einen Meilenstein. Im Grunde geht es um einen Transformationsprozess, insofern die Frauen ähnlich geartete Tätigkeiten, die sie zuvor im häuslichen Bereich ausgeübt haben, nun im geschützten Raum der christlichen Diakonie betreiben. Aber auch Männer entdecken die Diakonie neu auch als Gemeinschaft und lassen sich als Diakone ausbilden.

Mit der Mutterhausdiakonie entsteht 1836 eine neue Wirkungsmöglichkeit für Frauen, die als Krankenpflegerinnen und Erzieherinnen ausgebildet werden. Die Vision aufopfernder Liebe verbindet sich in Kaiserswerth mit elementaren preußischen Tugenden wie Opferbereitschaft und Fleiß,

Gehorsam und Pünktlichkeit. Noch brauchen Frauen die Diakonissentracht nach Art der typischen Kleidung verheirateter Frauen, um so mit eigener Würde zu arbeiten. Ein *Vorsteher* steht der Mutterhausgemeinschaft vor und hat gewissermaßen die Rolle des bürgerlichen Familienvorstandes inne, denn damals sind Frauen nur bedingt rechtsfähig, lange dürfen sie etwa keine Vereinsmitglieder werden. Was sich heute befremdlich anhört, ist damals in gewisser Weise revolutionär, denn es eröffnet Frauen einen ganz neuen Horizont, der nicht in Ehe und Familie aufgeht, sondern ein berufliches Feld eröffnet. Zugleich bietet es geistlich die Möglichkeit, Mitarbeiterin in der Gemeinde zu werden. Im Rahmen der bürgerlichen Frauenbewegung sind die Diakonissen damals sehr fortschrittlich

Seit dem Ende des 19. Jh. kommt es auch im Rahmen der Gemeinschaftsbewegung zu Mutterhausgründungen, wo die Diakonissen neben der diakonischen Arbeit vor allem in der evangelistischen Arbeit tätig sind. Zur beruflichen Tätigkeit der Frauen kommt also der Verkündigungsdienst, der im Rahmen der erwecklichen Prägungen sehr modern ist, haben doch sonst meistens nur Männer die Möglichkeit als Laien mitzuarbeiten. Entsprechend werden diese neuen Arbeitsbereiche nicht vorbehaltlos akzeptiert.

6.3.2 Diakonie im 20. Jh.

Unter den Evangelikalen in den USA geschieht in den 1920er-Jahren die große Wende (*great reversal*), in der sich die Evangelikalen vom sozialen Engagement abwenden udn sich künftig auf die Wortverkündigung konzentrieren. Im Hintergrund scheint der Ausgang des Scopes-Prozesses in Dayton um die Evolution zu stehen (7.3.3). Vielleicht wird hier aber auch die Auseinandersetzung um die Prohibition sichtbar.

In der **Weimarer Republik** muss sich auch die Diakonie mit dem neuen Staat (4.3.3) auseinandersetzen, in dem nun Staat und Kirche verfassungsrechtlich getrennt sind. Religion wird zur Privatsache. Während der Staat die Kirche nicht mehr aus öffentlichen Mitteln unterstützt, aber Kirchensteuern für die Landeskirchen einzieht, findet die Kirche nur zögerlich in ihre neue Freiheit (2.3.3). Die Weimarer Republik versteht sich als Wohlfahrtsstaat, erstmals wird ein Wohlfahrtsministerium gegründet. Die gesamte Sozialarbeit zu verstaatlichen wird allerdings bald nicht mehr verfolgt, denn zum einen sind die Voraussetzungen dafür nur schwer zu schaffen; darüber hinaus dürfte auch die *Zentrumspartei* solche Ziele keineswegs geteilt haben. So bleiben die freien Wohlfahrtseinrichtungen weiter tätig und erhalten dafür staatliche Zuschüsse. Bald schließen sich die verschiedenen großen christlichen Träger (*Innere Mission*, *Caritas*) mit anderen Trägern wie dem *Deutschen Roten Kreuz*, der *Zentralwohlfahrtsstelle der deutschen Juden* und der *Christlichen Arbeiterhilfe* zur *Deutschen Liga der freien Wohlfahrtspflege* zusammen, um angesichts der großen Not nach dem Krieg und in der Wirtschaftskrise (Inflation, Arbeitslosigkeit) zu helfen und gemeinsam handeln zu können. Neben den staatlichen Wohlfahrtsämtern entstehen auch kirchliche in den große Städten, die sich um die *Fürsorgebedürftigen* kümmern.

Nach der Neuorganisation der Landeskirchen und der Errichtung des Kirchenbundes (2.3.2) arbeiten die Kirchen eng mit der Inneren Mission zusammen. Fünf Kongresse werden durch den Central-Ausschuss seit 1919 veranstaltet (1919 in Bielefeld, 1920 in Breslau, 1922 in München, 1925 in Dresden, 1928 in Königsberg), in denen auch das evangelistische Anliegen der Inneren Mission betont wird (3.3.3). Die Kirche hat die Notwendigkeit sozialer Aktivität erkannt, ermutigt Pfarrer, sich sozial schulen zu lassen und stellt Hauptamtliche für die soziale Arbeit an. Angesichts der wirtschaftlichen Schwierigkeiten setzt man sich zunächst für die christliche Familie ein und sieht die Probleme durch Wohnungsnot, Armut und die schlechten Arbeitsverhältnisse als Gefährdung der Familie. Namentlich in der Auseinandersetzung zwischen Arbeitern und Arbeitgebern findet man zu einem mutigen Wort. Die Nöte der Arbeiter werden wahrgenommen, man erinnert sie an ihre Verantwortung für das Ganze, die Arbeitgeber werden auf ihre größere soziale Verantwortung hingewiesen, man plädiert für gerechte Entlohnung, Beschränkung der Arbeitszeit und gegen Massenentlassungen. Mit beiden Gruppen will man reden, aber nur die Arbeitgeber nehmen das Wort scheinbar zur Kenntnis und kritisieren deren Parteinahme gegen sich. Mitte 1925 beginnt eine *Konferenz kirchlicher Sozialarbeiter*, die bis 1933 jährlich einberufen wird. Auch auf einem Kirchentag in *Bethel* wird 1924 die soziale Frage verhandelt.

In vielen Gemeinden werden Diakonissen als Gemeindeschwestern stationiert, die oftmals Pflegemaßnahmen in den Familien einleiten und gegebenenfalls Ärzte hinzuziehen. Später kommen Gemeindediakone hinzu, die allerdings vorwiegend für die Gemeindearbeit eingesetzt werden und den Pfarrer unterstützen (Verwaltung, Arbeit mit Kindern und Jugendlichen).

Die Aufgaben der Inneren Mission dehnen sich weiter aus. Zum einen erhalten Apologetik und Evangelisation neue Impulse (3.3). Mitte der 1920er-Jahre möchte man sich auch der Wohnungsnot annehmen und gründet eine entsprechende Bausparkasse, die jedoch bald Konkurs geht und die Innere Mission in Misskredit bringt, weil viele Sparer ihre Spareinlagen verlieren. Hier treten die Kirchen für die Innere Mission ein und demonstrieren ihre enge Verbundenheit mit diesem Werk.

Auseinandersetzung mit dem Nationalsozialismus

Nach der nationalsozialistischen Machtübernahme kommt es rasch zu Konflikten mit den Einrichtungen der Diakonie, denn die Gleichschaltungspolitik möchte alle Lebensbereiche unter die neue Weltanschauung zwingen. Zunächst zieht man das *Winterhilfswerk* auf, das die Aufgaben der Winterhilfe der freien Wohlfahrt übernimmt. Typisch für den Geist der Zeit tut man so, als ob es Hilfen für Bedürftige vorher gar nicht gegeben hätte. Ein neues *Sammlungsgesetz* führt 1934 die Genehmigungspflicht für öffentliche Sammlungen ein, innerhalb weniger Jahre wird die *Innere Mission* aus dem *öffentlichen Sammlungsmarkt* herausgedrängt. Allerdings können die nötigen Mittel über die Kollekten in den Gottesdiensten aufgefangen werden.

Die Schwesternschaften werden im Juni 1933 in eine *Reichsfachschaft deutscher Schwestern und Pflegerinnen* eingegliedert. Dies erweist sich bei den Diakonissen als schwierig, sie dienen ihrem Herrn und lassen sich nicht gleichschalten. Der Versuch, die Diakonissen aus der Pflege durch Einsatz von NS-Schwestern zu verdrängen, scheitert an deren geringer Zahl; 8.000 NS-Schwestern stehen 70.000 evangelischen Schwestern entgegen. Diese Zahlen sprechen für sich.

Während Hitler den Kampf gegen die Kirche stoppen lässt, befiehlt er zwei furchtbare Verbrechen. Das eine betrifft die Ermordung der Behinderten, die „Vernichtung lebensunwerten Lebens" durch die Euthanasieaktionen: etwa 70.000 Menschen fallen ihr zum Opfer. Da viele Heime von den Kirchen betrieben werden, bleiben die Maßnahmen nicht verborgen. Mutige und engagierte Christen setzen sich für die Behinderten ein. Der sogenannte Euthanasiebefehlt geht direkt auf Hitler zurück.

Seit dem Herbst gibt es Berichte von Verlegungen von Kranken in andere Krankenhäuser, wo sie innerhalb weniger Wochen plötzlich an scheinbar natürlichen Ursachen sterben. Gegen die Maßnahmen gegen die Behinderten sucht man sich unterschiedlich zur Wehr zu setzen. Friedrich von Bodelschwingh, Leiter von Bethel, sieht sich zum entschlossenen Widerstand gerufen und sucht das Gespräch mit Verantwortlichen, man fordert die Beamten zum Eintreten für die Kranken auf. Außerdem sucht man die verantwortlichen Minister auf, spricht mit Ministerialräten des Innenministeriums und protestiert energisch gegen die vermuteten Maßnahmen. Bodelschwingh setzt sich mit den NS-Führern intensiv auseinander. Schließlich gelingt ihm der Abbruch der eingeleiteten Maßnahmen. Der federführende Mediziner, Hitlers Leibarzt Brandt, sagt in seinem Schlusswort bei den Nürnberger Prozessen aus, dass Pastor von Bodelschwingh der einzige Mann gewesen wäre, der ihm in den Weg getreten ist. Bodelschwingh selber sagte nach seinem Treffen mit Brandt: „Das war der schwerste Kampf meines Lebens." Man wünscht sich, es hätte mehr Bodelschwinghs gegeben.

1940 wird dann eine Denkschrift direkt an Hitler übergeben. Darin prangert man die *Maßnahmen* deutlich an, dass aus angeblich planwirtschaftlichen Maßnahmen Kranke mehrfach verlegt werden.

- *Die Gleichartigkeit der Maßnahmen und ebenso die Gleichartigkeit der Begleitumstände schaltet jeden Zweifel darüber aus, dass es sich hierbei um eine großzügig angelegte Maßnahme handelt, die Tausende von „lebensunwerten" Menschen aus der Welt schafft. […] Die Unverletzlichkeit des Menschenlebens ist einer der Grundpfeiler jeder staatlichen Ordnung. Wenn Tötung angeordnet werden soll, dann müssen geltende Gesetze die Grundlage solcher Maßnahmen sein.*
  Pastor P. Braunes Denkschrift. Betrifft: Planmäßige Verlegung der Insassen von Heil- und Pflegeanstalten. zit. nach Krimm: Quellen III. S. 167.

Ähnlich wie Pastor Braune in der Denkschrift erfassen auch andere das Geschehen schnell. Der Württemberger Landesbischof Theophil Wurm schreibt im Juli 1940 an den Reichsinnenminister. Er beschreibt zunächst die Verlegungen und die später eintreffenden Todesnachrichten, zeigt die öffentliche Wirkung deutlich auf und kritisiert das Geschehen mit klaren, auch grundsätzlichen Worten. Mit den Protesten aus menschlicher und religiöser Sicht will man nicht die Politik der Reichsregierung grundsätzlich infrage stellen, es geht aber um den Schutz des Lebens,

- *weil damit in Gottes Willen eingegriffen und die Menschenwürde verletzt wird. Die Entscheidung darüber, wann dem Leben eines leidenden Menschen ein Ende gesetzt wird, steht dem allmächtigen Gott zu, nach dessen unerforschlichem Ratschluss das eine Mal ein völlig gesunder und wertvoller Mensch vor der Zeit hinweggerafft wird und das andere Mal ein lebensuntüchtiger jahrzehntelang dahinsiecht.*
  Brief Landesbischof Wurms an den Reichsinnenminister, zit. nach Krimm: Quellen III. S. 176f.

Deutlich vertritt Wurm die christlichen Anliegen, verwehrt sich dagegen, dass man aus wirtschaftlichen Gründen den Kranken die Unterstützung versagt. Gottes Gebot lässt solches Handeln nicht zu! Wenn sich die NS-DAP ausdrücklich zu einem „positiven Christentum" bekenne, müsse sie die ethische Haltung der Christen, besonders die Nächstenliebe akzeptieren. Nachdem Wurm keine Nachricht erhält, schreibt er noch einmal im September an den Minister und stellt die Frage: „Weiß der Führer von dieser Sache? Hat er sie gebilligt?" (zit. nach Krimm: Quellen III. S. 180.)

Herausragenden Mut zeigt neben Landesbischof Wurm der katholische Bischof von Münster, Graf von Galen. Auch er protestiert gegen den Mord an Menschen mit Behinderungen (KThGQ IV/2, S. 152ff.).

Nach mutigen Protesten von Kirchenvertretern lässt Hitler im August 1941 die Aktion abbrechen.

Das andere Verbrechen richtet sich gegen die Juden. Dies erfordert eine eigene Betrachtung. Hier gehört Dietrich Bonhoeffer zu den ersten Gegnern. Aber auch andere setzen sich für die verfolgten Juden ein. Da ist zum einen der Einsatz für Christen, die nach der nationalsozialistischen Sicht „Nichtarier" sind. Hier eröffnet Pfarrer **Heinrich Grüber** (1891–1975) in Berlin ein Büro unter seinem Namen *(Büro Grüber),* um diesen Menschen Stellen oder Unterstützung zu vermitteln, sie rechtlich zu beraten oder eine Auswanderung zu ermöglichen. International arbeitet man mit dem Bischof von Chichester George Bell zusammen. Vor allem kümmern sich die Quäker intensiv um Verfolgte aller Art. Ein Hinweis auf eine kirchliche Organisation ist nicht möglich gewesen; selbstverständlich ist das Unternehmen nicht genehmigt, sondern geduldet.

Durch den Luftkrieg werden auch die Einrichtungen der Inneren Mission stark getroffen, der totale Krieg spart auch die Krankenhäuser und Behindertenheime nicht aus. Aus den aufgegebenen Ostgebieten müssen 22 Mutterhäuser und einige Brüderhäuser flüchten. Viele Schwestern und Brüder kommen auf der Flucht um oder müssen an fremden Orten neu beginnen. Darunter auch das Gründungsmutterhaus der *Vandsburger Schwestern* (heute *Deutscher Gemeinschafts-Diakonieverband*), die aus dem polnischen Vandsburg nach Lemförde ziehen, oder die *Bahnauer Bruderschaft*, die aus Preußisch Bahnau im Württembergischen Unterweissach neu beginnen.

Nach dem 2. Weltkrieg setzen die diakonischen Einrichtungen ihre Arbeit fort. 1947 gründen Evangelikale in den USA World Vision, etwas später entsteht Brot für die Welt. Seit den 1960er-Jahren werden weltweit Evangelikale aktiver (siehe Impulse von Carl F.H. Henry, 7.3.2).

In Deutschland wird das *Hilfswerk der Evangelischen Kirche in Deutschland* gegründet, das nach dem Krieg Hilfen aus dem Ausland vermittelt und ökumenische Kontakte wiederherstellt, um die Hungersnot in Deutschland zu bekämpfen und Vertriebene und Flüchtlinge anzusiedeln. 1957 schließen sich die *Innere Mission* und das *Hilfswerk* zusammen. 1975 werden sie im **Diakonischen Werk** der EKD vereint, 1991 treten die Diakonischen Werke der Kirchen des *Bundes der Evangelischen Kirchen in der DDR* bei. Heute gibt es Bestrebungen, die Arbeit zu regionalisieren und den andersartigen Aufgaben in den neuen Bundesländern damit Rechnung zu tragen.

In der Nachkriegszeit kommt es auch in Heimen des Diakonisches Werkes zu schweren Kindesmisshandlungen (Schwarze Pädagogik), die in den Jahren 2009 und 2010 Gegenstand des vom Deutschen Bundestag eingerichteten Runden Tisches Heimerziehung werden.

Das Diakonische Werk der Evangelischen Kirche in Deutschland (DW) arbeitet als eingetragener Verein mit den anderen Spitzenverbänden der Freien Wohlfahrtspflege zusammen.

7 Glaube und Denken

7.1 Reformation

7.1.1 Reformation und katholische Reform: Zu den Quellen!

Glaube und Vernunft ringen immer neu um Wahrheit. Die Griechen haben das *Wort vom Kreuz* für eine Torheit gehalten und die Juden für einen *Skandal*. Die Germanen haben den *wehrlos gemarterten Gott* als Zumutung empfunden und daher im Frühen Mittelalter Jesus als Sieger dargestellt. Erst im Hochmittelalter entdeckt man den leidenden Christus, dem man als Herrn dienen möchte, um seinen Forderungen zu genügen. Die Reformatoren entdecken die Barmherzigkeit Gottes neu. Im Mittelalter hat die Kirche durch die Theologie Glauben und Vernunft zu einem Ausgleich (unter Herrschaft des Glaubens) gebracht. Die Reformation hat den Glauben wieder an die Heilige Schrift gebunden.

Das Zeitalter des neuzeitlichen Denkens beginnt mit der Epoche des Humanismus. In der zweiten Hälfte des 15. Jh. wenden sich Gelehrte den Schriften der Antike zu. Sie lernen die alten Sprachen und möchten die Werke der Antike im Original lesen. Daher lautet ihre Losung **ad fontes** (dt. *zu den Quellen!*). So werden die Bibliotheken nach erhaltenen lateinischen, griechischen oder hebräischen Werken durchsucht und diese Schriften neu herausgegeben. Man bemüht sich um korrekte Grammatik und lehnt das mittelalterliche Latein als verfälscht ab. In Köln greifen Humanisten die Dominikaner an, indem sie in ihrem Namen Schriften veröffentlichen (die sogenannten *Dunkelmännerbriefe*), die bewusst in einem sehr schlechten Latein abgefasst sind, um diese als ungebildet bloßzustellen. Die Dominikaner stehen für die überholte mittelalterliche Theologie und die von ihr ausgeübte Gewissenskontrolle durch die Inquisition, die fest in der Hand der Dominikaner ist.

Die Theologen wenden sich unter der Losung *ad fontes* neu der Bibel und den Schriften der antiken Kirchenväter zu. Zu den bedeutendsten Gestalten zählt vor allem **Erasmus** von Rotterdam (1466–1547), der 1516 erstmals das Neue Testament in Griechisch herausgibt. Noch stehen nur sehr wenige Textvorlagen zur Verfügung, manches muss Erasmus sogar aus der lateinischen Bibel ins Griechische zurückübersetzen, um sein griechisches NT herausbringen zu können. Luther wird es für seine Bibelübersetzung heranziehen, mit der er die Glaubensurkunde für die Lesekundigen zur Verfügung stellen will. Hier setzt erstmals eine Aufklärungsbewegung ein, die sich für transparente Weltvorstellungen einsetzt und einem Geheimwissen studierter Elite entgegentritt.

7.1.2 Theologie mit Luther im Aufbruch

Die Reformatoren beginnen ihre Arbeit in einer Zeit großer Unzufriedenheit mit der verfassten Kirche und ihrer Theologie. Sie setzen sich mit einer 1000-jährigen Tradition auseinander und suchen nach neuen Antworten für die Herausforderungen ihrer Zeit. Dabei kämpfen sie um eine Reform der Kirche, indem sie die Lehre neu auf der Heiligen Schrift gründen und allen einsichtig machen wollen. Als erstes grundsätzliches Thema der Theologie entwickelt Luther die *Rechtfertigung aus Gnaden durch den Glauben* (Röm 1,16f.), die durch die Slogans *sola fide* (allein der Glaube) und *sola gratia* (allein die Gnade) ihren Ausdruck finden (2.1.1, 5.1.1). Das ist die Antwort auf Luthers Frage nach dem „gnädigen Gott", wodurch er der Werkgerechtigkeit und allen menschlichen Leistungen für Gott eine Absage erteilt. Gott erscheint als liebender Vater, Gottes Gerechtigkeit ist sein Geschenk an die Menschen. Luther bekennt daher noch auf seinem *letzten Zettel*: „*Wir sind Bettler, das ist wahr!*" Gott ist nicht abstrakt, sondern er ist Gott für uns.

Schritt für Schritt entwickelt er sein reformatorisches Programm (2.1.1) meist in Auseinandersetzung mit Gegnern oder Anfragen seiner Zeitgenossen. Luther geht also nicht von einem vollständigen Kirchenreformprogramm aus, sondern geht Schritt für Schritt seinen Weg, studiert die Schrift und erträgt Anfeindungen und Anfechtungen. Im Folgenden sollen die Hauptmerkmale seiner Theologie vor dem Hintergrund der vorhandenen theologischen Tradition charakterisiert werden.

Heute meint man oft, dass die Kirche des Mittelalters die Werkgerechtigkeit gelehrt habe und man sich damit sein Heil habe verdienen müssen. Das trifft die Sachlage nur sehr grob vereinfacht: Tatsächlich ist auch die mittelalterliche Kirche von der Gnade überzeugt, aber sie sieht doch auch einen Raum für menschliches Mitwirken, das namentlich im Zusammenhang mit dem Ablasswesen zu Irritationen geführt hat, das gute Handeln bringe einen Menschen direkt in den Himmel. Die mittelalterliche Theologie hat also nicht gelehrt, dass der Mensch sich sein Heil verdienen kann, aber sie war doch überzeugt davon, dass nach Gottes Geschenk der Gnade der Mensch mitzuwirken hat. Zwei Richtungen lassen sich heute unterscheiden. Die Theologen im Anschluss an Thomas von Aquin (*via antiqua*, dt. alter Weg) haben gelehrt, dass Gott sich wegen Christi Verdienst dem Sünder zuwendet und ihn sozusagen erneuert, indem Gott ihm eine Begabung durch die Taufe schenkt, die ihn in die Lage versetzt, das Gesetz Gottes zu erfüllen und sein ewiges Heil zu verdienen. Gott kann ihn dann im Gericht als Gerechtgewordenen gerecht sprechen. Allerdings muss der so Begnadete nun auch gute Werke tun, denn jede Sünde schwächt die Gnadenbegabung, jede Todsünde tilgt sie sogar und wird nur durch Beichte und priesterliche Absolution wieder zurückgewonnen. Wer mit einer nicht vergebenen Todsünde stirbt, ist ewig verloren. Gnade (die Gott als Gnadenbegabung verleiht) und Werke (die der Mensch tun muss) wirken so zusammen, während die Gnade die guten Werke erst ermöglicht, sind die konkreten Werke für das Heil unerlässlich.

Davon abweichend gehen Theologen in der Nachfolge von William von Occam (*via moderna*, dt. neuer Weg) davon aus, dass der Mensch tun kann, was er ernstlich will. Auch nach dem Sündenfall kann er die Gebote Gottes erfüllen, er tut es aber nicht. Weil nun aber Gott selbst frei in seinem Willen ist, muss er den Menschen nicht aufgrund guter Werke rechtfertigen. Vielmehr hat Gott beschlossen, den Menschen aus Gnaden zu erneuern. Wer sich immer bemüht, das Gebot Gottes zu erfüllen, der wird Gottes Erneuerung erfahren. Noch stärker als die *via antiqua* legt die *via moderna* also Wert auf das Tun des Menschen, dem Gott gnädig begegnet. Christus hat den Menschen die Gnadenbegabung verdient, die Kirche verwaltet und vermittelt den Christen diesen Gnadenschatz Gottes. Für die Menschen bleibt dann unsicher, ob ihr Bemühen ausreichend ist. Die Anhänger des *alten Weges* fragen sich, ob sie die mit der Taufe verliehene Gnadenbegabung bewahrt haben bzw. ob ihre Bemühungen um gute Werke ausreichen. Die Anhänger des *neuen Weges* fragen sich, ob sie sich nach Kräften bemüht haben, um Gottes Gnadenbegabung zu erhalten. Auch Luther hat sich diese Fragen immer wieder gestellt: *Wie kriege ich einen gnädigen Gott?* Das hat ihn ins Kloster getrieben, was ihm aber nicht geholfen hat, denn noch als Mönch fragt er sich: „Wann willst du endlich fromm werden und Gott genug tun?"

Luther hat in seiner theologischen Ausbildung in Erfurt die Theologie der via moderna aufgenommen. Er meint also, dass er eigentlich die guten Werke tun könnte, dass er eigentlich die Werke der Nächsten- und Gottesliebe tun und dass er eigentlich Gott um seiner selbst lieben müsste. Aber er findet innerlich keine Ruhe. Der tief angefochtene Mönch Luther sucht einen „gnädigen Gott", endlich entdeckt er im Studium von Römer 1,17 das Evangelium von Gottes Gerechtigkeit neu, als er auf den Kontext achtet: *„der aus Glauben Gerechte wird leben"*. Gottes Gerechtigkeit erkennt der angefochtene Mönch so als bedingungsloses Geschenk. Gott rechtfertigt den

Sünder, spricht ihn gerecht, erneuert ihn von Grund auf, sodass Gott nun auch Gerechtigkeit in ihm wirkt. Hier schafft Martin Luthers Lehre von der Rechtfertigung aus Gnaden also Sicherheit, dass das eigene Bemühen unwichtig, ja sogar schädlich für die Stellung vor Gott sei. Seine Theologie betont immer neu die Gnade Gottes, beruft sich allein auf die Bibel und streitet von dieser Einsicht aus gegen die außerbiblischen Überlieferungen (ausführlich zur reformatorischen Entdeckung 5.1.1).

In der Aneignung der Gerechtigkeit spielt **Gottes Wort** die entscheidende Rolle, es will gehört und geglaubt sein. Das Wort spricht ihm das Heil zu und beansprucht das Leben des Menschen. Der Glaubende tritt so in einen neuen Stand vor Gott, der ihm im Wort begegnet. Der Glaube selbst ist nun aber auch kein Werk des Menschen, sondern wird durch den Heiligen Geist bewirkt. So ist also die Annahme durch Gott und der Glaube des Menschen reines Geschenk und Gnadenwirken Gottes. Gott und Mensch sind persönlich verbunden. Der Glaubende wird nun nicht untätig, sondern wirkt gute Werke aus Verantwortung vor Gott. Wie ein guter Baum gute Früchte trägt, so bringt auch der Glaubende Werke der Nächstenliebe hervor.

Deutlich macht Luther dies in seiner Erklärung zum 3. Glaubensartikel:

- *Ich glaube, dass ich nicht aus eigener Vernunft noch Kraft an Jesus Christus, meinen Herrn, glauben oder zu ihm kommen kann; sondern der Heilige Geist hat mich durch das Evangelium berufen, mit seinen Gaben erleuchtet, im rechten Glauben geheiligt und erhalten; gleichwie er die ganze Christenheit auf Erden beruft, sammelt, erleuchtet, heiliget, und bei Jesus Christus erhält im rechten, einigen Glauben; in welcher Christenheit er mir und allen Gläubigen täglich alle Sünden reichlich vergibt und am Jüngsten Tag mich und alle Toten auferwecken wird und mir samt allen Gläubigen in Christus ein ewiges Leben geben wird.*
- Kleiner Katechismus, BSLK 504.

Durch Gottes Geist werden wir durch das Wort des Evangeliums zum Glauben berufen und nur durch ihn kommen wir zu diesem Glauben. Aber täglich sind wir neu auf Vergebung angewiesen. Luther sieht den Menschen sowohl als Sünder als auch als Gerechten. Die Menschen bleiben Sünder, aber durch Gott wird die Sünde allmählich kleiner. Je mehr der Mensch Christus annimmt, desto mehr wirkt sich Christus in ihm aus. Dennoch bleibt der Mensch auch Sünder bis zum Tode und auf Gottes Beistand und Gnade angewiesen.

Durch die Predigt des Gesetzes deckt Gottes Wort einerseits die Sünde auf und klagt den Sünder an, andererseits spricht das Wort den verzweifelten Sünder durch das Evangelium frei. Das Gesetz verklagt den Menschen, das Evangelium spricht frei, beides gehört zusammen. Am Kreuz offenbart sich Gott als der Leidende, der sich selbst für die Menschen aus Liebe dahingibt. Gott erweist sich als glühender Backofen voller Liebe. Zugleich ist Gott aber auch der Allmächtige und Majestätische.

In der Auseinandersetzung mit Erasmus von Rotterdam *(Vom freien Willen)* geht es 1525 um die Frage, ob der Mensch einen freien Willen hat. Das bejaht der Humanist Erasmus, und er steht damit auch der *via moderna* nahe. Luther setzt sich mit dem Humanisten leidenschaftlich auseinander, indem er seine Schrift **Vom unfreien Willen** (wörtlich: *Vom versklavten Willen*) veröffentlicht. Er zeigt darin klar, dass es einen freien Willen nicht gibt.

- *Wie der Mensch, bevor er zum Menschen geschaffen wird, nichts tut oder versucht, wodurch er ein Geschöpf wird, und wie er, wenn er dann gemacht oder geschaffen ist, nichts tut oder versucht, wodurch er als Kreatur fortbesteht, sondern beides allein durch den Willen der allmächtigen Kraft und Güte Gottes geschieht, der uns ohne uns schafft und erhält, aber nicht in uns ohne uns wirkt, die er uns gerade dazu geschaffen hat und erhalten hat, dass er in uns wirkte, und wir mit ihm zusammenwirken [...] so sagen wir des weiteren: Der Mensch, bevor er zu einem neuen Geschöpf des Reiches des Geistes erneuert wird, tut nichts, versucht nichts, wodurch er in diesem Reich bleibe. Sondern beides tut allein der Geist in uns, der uns ohne uns von neuem schafft und die Neugeschaffenen bewahrt [...]. Aber er wirkt nicht ohne uns, die er ja gerade dazu neugeschaffen hat und erhält, dass er in uns wirke und wir mit ihm zusammen wirken. So predigt er durch uns, erbarmt sich der Armen durch uns, tröstet die Betrübten durch uns.*
- Luther: Vom unfreien Willen. Luther Deutsch 3. S. 298f.

Luther legt dar, dass Gott aus Gnade allein sein Heil schenkt. Der Mensch hat daran keinen Anteil, der Heilige Geist wirkt unseren Glauben und nimmt uns an. Wo Menschen also nicht glauben, da will Gott diesen Glauben nicht wirken! Luther lehrt so die doppelte Prädestination: Gott hat in Ewigkeit beschlossen und bestimmt, welche Sünder er erretten will und welche er dem Unheil überlässt.

> *Wenn es irgendwie geschehen könnte, möchte ich nicht, dass mir ein frei-*
> *er Wille gegeben werde, oder dass etwas in meiner Hand gelassen würde,*
> *womit ich nach dem Heil streben könnte [...], weil ich [...] gezwungen*
> *wäre, fortwährend im Ungewissen zu arbeiten und Lufthiebe zu machen.*
> *Denn mein Gewissen würde, wenn es auch ewig lebte und wirkte, niemals*
> *gewiss und sicher, wie viel es tun müsste, damit es Gott genug tue. Denn*
> *welches Werk auch immer vollbracht wäre, immer bliebe der beunruhigen-*
> *de Zweifel zurück, ob es Gott gefalle oder ob er irgendetwas darüber hinaus*
> *fordere [...].*
> Luther: Vom unfreien Willen. Luther Deutsch 3, S. 326f.

Das Anliegen hinter Luthers steilen Sätzen ist das Ziel, das Heil des Menschen allein in Gottes Hand zu legen und nicht den wechselnden menschlichen Entscheidungen zu überlassen. Auch hier zeigt sich Luthers Wer-
degang als angefochtener Sünder. Dankbar weiß sich Luther bei Gott gut
aufgehoben, der ihm barmherzig und gnädig ist. Für Luther ist dieser
Gedanke nötig, um alle menschliche Mitwirkung am Heil vollkommen
auszuschließen und unabhängig von eigenem Versagen der Gnade Gottes
gewiss zu sein.

Die andere Seite ist aber die Unsicherheit gegenüber dieser scheinbar
dunklen Seite Gottes, der die einen rettet und die anderen verwirft. In
allem betont der Reformator, dass der Mensch als Sünder geboren ist und
sein Heil nicht verdient hat. Gott aber erbarmt sich des Sünders und rechtfertigt ihn. Gott erscheint hier ganz unbegreiflich und unzugänglich für
die menschliche Vernunft, ebenso wie seine Gerechtigkeit unbegreiflich ist
(Röm 11,33). Luther spricht vom „verborgenen Gott" (lat. *deus abscondi-
tus*). Dem unsicheren Menschen rät er, sich an den „offenbaren Gott" (lat.
deus revelatus) zu wenden, der sich in Christus uns zuwendet und der alle
Menschen retten will (1 Tim 2,4; Joh 3,16).[6]

Zu den zentralen theologischen Themen entwickelt sich auch die Frage
nach der richtigen Norm für Glaubensfragen. Die traditionelle Sicht hat
neben der Schrift auch den Konzilien und dem Papst (*Tradition* und *Amt*)
die Autorität zugestanden, verbindliche Glaubenssätze zu formulieren. Allein das kirchliche Lehramt hat zuvor über die korrekte Auslegung befin-

---

6 Diese Nähe zu Calvins Lehre von der doppelten Prädestination wird heute meist
verschwiegen und nicht beachtet. Auch Luther hat diese Sicht aufgrund seines Schrift-
studiums geteilt. Seine Nachfolger folgen ihm hier allerdings nicht. Die Konkordienformel
kennt nur noch die Erwählung zum Heil, sie lehnt einen „geheimen Ratschluss" wie die
Verwerfung von Menschen ab, vielmehr wolle Gott, dass alle Menschen gerettet werden
(BSLK 1001ff.).

den können. Angeregt durch den Humanismus (*Zurück zu den Quellen!*) beschäftigen sich die Theologen intensiv mit der Bibel und den Schriften der Kirchenväter. Als Luther erkennt, dass sich die kirchlichen Autoritäten (Papst, Bischöfe) dem Evangelium nicht öffnen, tritt er für die **Bibel** als einzige Quelle der Theologie ein, die Losung lautet **sola scriptura** (dt. *allein die Schrift*). An der Bibel werden die geltenden Glaubenssätze und Traditionen gemessen. Was sich nicht an ihr belegen lässt, wird ausgesondert. Luther ist auch überzeugt, dass die Schrift klar redet und sich selbst auslegt und daher von jedem Christen verstanden werden kann. Da Luther seine reformatorische Entdeckung im Römer- und Galaterbrief macht, schätzt er den Inhalt dieser paulinischen Briefe besonders, während er etwa den Jakobusbrief als „stroherne Epistel" bezeichnet, die der Botschaft des Paulus entgegenstehe.[7] Mit diesem Paradigma ist die Mühe um einen verlässlichen Text verbunden. Man vergleicht die Vulgata (lateinische Bibelübersetzung) mit vorhandenen griechischen Texten und sucht nach einem korrekten Text. Luther übersetzt außerdem die Bibel ins Deutsche, so kann sie mit der Predigt wirken. Seine sprachschöpferische Leistung wird so wirksam, dass seine Sprachfassung der Entstehung der deutschen Einheitssprache entscheidende Impulse gibt und Formulierungen der Lutherbibel zu Redensarten der deutschen Sprache werden.

Aus der Predigt des Wortes erwächst die **Kirche**, sie ist ein *Geschöpf des Wortes* (lat. *creatura verbi*). Wenn Menschen durch die Predigt von Gesetz und Evangelium zum Glauben kommen, dann entsteht die Kirche als Gemeinschaft der Glaubenden. Oft betont Luther, dass er Kirche nicht so sehr als Institution sieht wie im Mittelalter, sondern als Gemeinde, Gemeinschaft der Glaubenden, als Volk Gottes. Hier rufen Menschen einander zur Umkehr, indem sie das Gesetz predigen, hier sprechen sie einander das Evangelium zu, hier treten sie füreinander vor Gott ein. Alle leben als begnadigte Sünder. Kirche ist für Luther daher nie an eine bestimmte Form oder Gemeinschaft gebunden, sondern immer etwas, was durch das Wort gewirkt wird. Die Kirche ist allerdings unsichtbar, nur Gott kennt die Glaubenden. Am Wort und an den Sakramenten kann man sie erkennen, denn hier wird zum Glauben gerufen und eingeladen. Zugleich ändert sich so auch die Liturgie und der Kirchenraum: Die Kanzel tritt ins Zentrum der Kirche, der Altar wird zur Ablage der Bibel und zum Abendmahlstisch.

Luther setzt sich von Anfang an auch für das *Priestertum aller Glaubenden* ein, jeder hat Zugang zu Gott und bedarf keiner priesterlichen Vermitt-

---

7 Luther setzt im Grunde einige Bücher der Schrift über andere und zeigt so Ansätze einer *Bibelkritik*, die im 19. und 20. Jh. ihre besonderen Blüten hervorbringen wird.

lung. Nur um der Ordnung willen überträgt die Gemeinde das kirchliche Amt an bestimmte geeignete Personen. Jeder kann die Schrift verstehen, sie legt sich selbst aus. Ein gelehrtes Wissen erscheint dafür nicht nötig. Allerdings wird ihm Bildung zunehmend wichtig, weshalb er 1529 seine Katechismen veröffentlicht, außerdem setzt er sich damals für die Errichtung von Schulen ein (2.1.1, 7.1.6).

Die zentrale Stellung von Gottes Wort in der Vermittlung und Aneignung des Heils hat bei Luther auch Auswirkung auf seine Sicht der **Sakramente**. In der mittelalterlichen Kirche vermittelt der Priester die übernatürliche Qualität (Gnadenbegabung) an den Menschen. Schon der Vollzug gilt als gutes Werk. Anstelle des Handelns ist für Luther das Wort entscheidend. Grundlegend für ein Sakrament sind ein Wort Jesu mit einer Verheißung und ein sichtbares Zeichen. Diese Kriterien sieht er nur für Taufe und Abendmahl erfüllt. Christus gibt sich in seinem Wort und im Sakrament, aber im Sakrament gibt er sich konkret, bindet sich leiblich an ein Element, sodass er fühlbar bzw. erfahrbar wird. Im Sakrament begegnet der Glaubende Christus, erlebt Gemeinschaft mit ihm und mit den anderen Glaubenden.

Hinsichtlich der Theologie der Sakramente kommt es nicht nur zur Scheidung von der mittelalterlichen Kirche, sondern auch zur Trennung unter den Evangelischen. Luther hält an der traditionellen Realpräsenz Christi im Abendmahl fest. Karlstadt, Zwingli und einige süddeutsche Theologen neigen dagegen zu einer spiritualistischen Deutung, sie deuten die Einsetzungsworte Jesu für das Abendmahl symbolisch (*„Das bedeutet mein Leib."*). Das Abendmahl zielt ihrer Meinung nach auf das Gedächtnis und Bekenntnis Christi. Dem widerspricht Luther energisch, denn er will unbedingt an der wörtlichen Auslegung festhalten („Das ist mein Leib."): Christus lässt sich herab und gibt sich unter Brot und Wein greifbar hin, er ist bedingungslos, vorbehaltlos in, mit und unter Brot und Wein anwesend. Zwingli lehnt diese Sicht mit Blick auf Joh 6,63 (*das Fleisch ist nichts nütze*) ab. Darüber wird eine energische Streitschriftenkontroverse geführt, die auch direkte Verhandlungen bei einem Religionsgespräch in Marburg (1529) nicht beenden können. Für Luther ist das „Sakrament des Altars" dagegen „der wahre Leib und Blut unsers Herrn Jesus Christus, unter dem Brot und Wein uns Christen zu essen und zu trinken von Christus selbst eingesetzt" (BSLK 518), es führt zur Vergebung der Sünden, zu Leben und Seligkeit, weil Gott es durch sein Wort verheißen hat. Die Reformatoren können sich darüber nicht einigen. Die Abendmahlslehre trennt die Kirchen bis ins 20. Jh., denn Luther hält an der Realpräsenz im Abendmahl fest, es ist für Lutheraner mehr als ein symbolisches Gedächtnismahl. Der angefochtene Luther will „sehen und schmecken", wie Gott sich uns mitteilt. So bleibt er scheinbar nahe bei der alten Vorstellung der mittelalterlichen Kirche, die für die Anwesenheit Jesu in Brot und Wein die Transsubstantiationslehre hat, nach der sich die Elemente Brot und Wein in Leib und Blut Christi verwandeln. Luther ist Gottes Wirken in Abendmahl (und Taufe) wichtig und er schreckt daher auch vor gewagten theologischen Gedanken nicht zurück.

Die mittelalterliche Theologie hat gelehrt, dass in der Taufe die übernatürliche Gnadenbegabung in den Menschen hineingelegt und die Erbsünde so getilgt wird. Der Mensch bleibt versuchlich, durch eine Todsünde kann er die Gnade sogar verlieren. Luther betont die grundlegende Bedeutung der Taufe für das Christsein, die Taufe ist Gottes Gebot und von ihm selbst eingesetzt. In der Taufe sagt sich Gott dem Menschen zu, tritt in eine neue Gemeinschaft und schenkt ihm das neue Leben.

- *Was gibt oder nützt die Taufe? Antwort. Sie wirkt Vergebung der Sünden,*
- *erlöst vom Tode und Teufel und gibt die ewige Seligkeit allen, die es glau-*
- *ben, wie die Worte und Verheißung Gottes lauten [Mark 16,16]. Wasser*
- *tut's freilich nicht, sondern das Wort Gottes, das mit und bei dem Wasser ist,*
- *und der Glaube, der solchem Worte Gottes im Wasser traut.*
- Kleiner Katechismus, BSLK 515-516.

Er sieht sie entgegen der scholastischen Theologie nicht als Qualitätsumwandlung, die etwa durch ein menschliches Tun (Todsünde) verloren werden kann. Die Taufe setzt den Christen vielmehr in einen neuen Stand vor Gott, indem sie „selig" macht, d.h. dass die Getauften „von Sünde, Tod, Teufel erlöst in Christi Reich kommen und mit ihm leben" (BSLK 813). Die Taufe stellt den Sünder unter die Vergebung und damit unter Macht und Willen Gottes, sodass die vergebene Sünde auch überwunden wird und die zugesprochene Gerechtigkeit sich verwirklicht. Insofern Gott seine Gemeinschaft in der Taufe zusagt, fordert sie Glauben,

- *d.h. woran er sich hält und worauf er steht und fußt. So hängt der Glaube*
- *am Wasser und glaubt, dass die Taufe etwas sei, worin lauter Seligkeit und*
- *Leben ist; nicht um des Wassers willen, [...] sondern deswegen, weil es*
- *mit Gottes Wort und Ordnung verleibt (vereinigt) ist und weil sein Name*
- *darinnen klebt.*
- BSLK 814 .

Glauben und Taufe gehören für Luther zusammen. Dabei kommt es nicht auf das menschliche Werk des Glaubenden an, dass sich jemand taufen lässt, sondern dass Gott etwas in der Taufe tut und wirkt. Auch wenn man danach in Sünde fällt, darf und soll man sich seiner Taufe erinnern und daran „stärken und trösten".

Bei der Taufe hält Luther an der Kindertaufe fest, weil Jesus den Getauften durch die Geschichte hindurch den Heiligen Geist gegeben hat, sodass sie die Gabe der Schriftauslegung gehabt haben. Daher sei sie Gott wohlgefällig. Sie hat eine lange Tradition in allen Kirchen. Das ist für Luther insofern ein Argument, da Gott sie seiner Ansicht nach sonst nicht hätte bestehen lassen. Die Theologie der Täufer lehnt er als schwärmerisch ab, da es auf eigenes Fühlen und die Selbsterfahrung nicht ankomme. Ob der Getaufte als Kleinkind schon glauben könne, ist für Luther nicht entscheidend, denn nicht der Glaube, sondern Gottes Wort und Befehl mache die Taufe gültig. „Denn mein Glaube macht nicht die Taufe, sondern empfängt die Taufe" (BSLK 822). Der Getaufte könne sich als Erwachsener an die Zusage Gottes halten.

Bei aller Neuerung durch die Reformation ist doch das maßgebliche Weltbild durchaus „mittelalterlich" geblieben. In diesem Weltbild steht Gott nicht nur an der Spitze des Denkens, er gibt allem seine Ordnung: Durch ihn sind die Könige Herren im oberen Teil der Pyramide und die Bauern und Arbeiter Knechte an der Basis der Gesellschaft. Die Könige regieren „von Gottes Gnaden" und sorgen für die äußere Ordnung (Gesetze, Polizei, Armee), die Bischöfe sorgen für das Seelenheil und sind für die innere Ordnung der Gesellschaft (Heil, Verkündigung, Caritas) zuständig. Die Welt ist Gottes wunderbare Schöpfung, in der Bibel offenbart er seinen Willen, den die Kirche kennt und den Menschen vermittelt. Luther und die Reformatoren werten die getauften Laien durch das allgemeine Priestertum gegenüber den Geistlichen auf. Die Kirche verliert im Abendland ihre Einheit – aber das Weltbild bleibt sonst intakt.

Mit Hilfe der **Zwei-Regimenter-Lehre** trennt Luther den Bereich, in dem Gott durch den Heiligen Geist mit dem Evangelium unmittelbar über die wahren Christen herrscht und durch sein Wort regiert, von dem Bereich, in dem Gott durch die Obrigkeit mit Schwert und Geboten über die Bösen wacht. Unter den echten Christen sind Gesetz und Schwert nicht mehr nötig, denn alle halten das Gesetz ein, stehlen anderen nichts und fügen niemandem ein Leid zu, weil Gottes Wort und die Sakramente das bewirken. Die Glaubenden leben durch Wort und Sakrament in Gemeinschaft mit Christus und miteinander. Sie leiden lieber Unrecht, als dass sie etwa Rechte einfordern würden.

Da die Christen aber in der Welt mit lauter „Nichtchristen" leben und auch selbst noch Sünder sind, sind staatliche Zwangsmittel weiter nötig. Gott will Frieden und Ordnung haben durch die Gewalt der Obrigkeit, allerdings kann diese weder Sündenerkenntnis noch Glauben erreichen. Denn im weltlichen Regiment regieren Zwang und Gewalt, im geistlichen Regiment das Wort Gottes und der Glaube; beide geschehen in Gottes Auftrag. Christen können auch im Auftrag des Friedens und der öffentlichen Ordnung als Fürsten, Soldaten oder Polizisten tätig sein, solange sie keine eigensüchtigen Ziele verfolgen, sondern nur das Wohl des Nächsten im Blick haben. So legitimiert Luther den Staat und seine Macht als Einrichtung Gottes und motiviert Christen in den Dienst des Staates zu gehen. Die Macht der Obrigkeit findet dort ihre Grenze, wo er etwa seine Untertanen auffordert, Bibeln abzugeben. Der Staat hat über den Glauben und das Gewissen der Untertanen keine Macht – theoretisch. Die Altgläubigen kann Luther für Ketzer halten, weil sie die Schrift falsch auslegen.

In den Auseinandersetzungen mit den Täufern wird diese Frage jedoch spannend. Einerseits unterwerfen sich die Evangelischen in Glaubenssachen nicht (siehe Protestation von Speyer 1529), andererseits beschließen auch die evangelischen Fürsten das *Wiedertäufermandat* (4.1.1) mit. Luther wirft den Täufern Gotteslästerung vor, weil sie den Dienst des Wortes verachten. Zudem bindet er die Schriftauslegung an das altkirchliche Bekenntnis. Grundsätzlich spricht er sich gegen Gewalt in Glaubensangelegenheiten aus; die Kirche soll „retten" und nicht „töten". Dennoch ist Luther für die Einheit von Thron und Altar; Gottes Zorn komme über die Irrlehrer, auch gebe es die Gefahr, dass der Einzelne durch falsche Lehre verführt werde; gottesfürchtiges Verhalten sei insofern notwendig intolerant. Gegenüber den Täufern erweist sich der Reformator also als intolerant, soweit es sich um die Öffentlichkeit der Gottesdienste handelt; im privaten Bereich sollen weder die Täufer noch die altgläubigen Pfarrer kontrolliert werden. Er toleriert sozusagen private Religionsausübung, aber nicht in der Öffentlichkeit. Das unterscheidet ihn übrigens von Melanchthon, der 1531 die Todesstrafe für Täufer für zulässig erachtet, da sie nach dem Codex Justinians als Donatisten ein todeswürdiges Verbrechen begehen.

Als die Bauern die neue Theologie ernst nehmen und mit dem Hinweis auf biblische Belege Freiheitsrechte einfordern bzw. die Entrichtung von Abgaben an die Grundherren verweigern, zeigt sich, dass Luther diese Auslegung für falsch hält. Die Forderungen der Bauern nach einer Verbesserung oder Wiederherstellung des Rechtes anerkennt er zwar als berechtigt („Die Fürsten tun Unrecht"), aber er gesteht ihnen nicht das Recht zu, für ihre Interessen gewaltsam einzutreten. Luther stellt sich gegen die sozialen und politischen Forderungen der Bauern, weil sie sich seiner Ansicht nach nicht auf das Evangelium berufen können. Sie vermengen Luthers Überzeugung nach die christliche Freiheit mit ihren persönlichen Anliegen. Wahre Christen müssten dagegen leiden und sich in ihr Schicksal fügen, das eigene Recht selber mit Gewalt durchzusetzen, hält er dagegen für Teufelszeug. Gegen die aufständischen Bauern schreibt er eine erschreckende Flugschrift (*Wider die stürmenden Bauern*), in der er die Ritter und Fürsten zur Vergeltung auffordert. Für Luther ist der Aufstand der Bauern das Werk des Teufels, weil sie Gottes Ordnung stören und letztlich eigensüchtige Interessen verfolgen. Auch ein Fürst, der Unrecht tut, bleibt von Gott beauftragt. Sein Unrecht hebt sein Mandat nicht auf. Wer sich selbst anmaßt, diese Ordnung anzugreifen, stellt die Rechtsordnung selbst infrage, eine chaotische Auflösung aller Ordnung wäre die Folge. Luther zeigt hier keinen Sinn für demokratische Rechte. Allerdings ist er auch kein *Fürstenknecht*, denn sehr wohl setzt er der Gewalt der Obrigkeit Grenzen. Befehle, die gegen Gottes Gebot stehen, darf der Christ nicht befolgen. Die Prediger sollen den Fürsten ihre Verantwortung vor Gott einschärfen und predigen. Dennoch sind die Folgen seiner Stellungnahme gegen soziale Forderungen der Bauern ein Fanal. Die Reformation verliert ihre volkstümliche Basis, die Bauern ihre Hoffnung auf ein besseres Leben. Der Staat gewinnt in der evangelischen Kirche eine verlässliche Dienerin, die Kirche kümmert sich stärker um das Seelenheil und den dafür notwendigen richtigen Glauben, der christliche Werke kaum fordert.

Nach Einschätzung anderer Reformatoren wie Müntzer wird Luther so zum Fürstenknecht und Feind der Bauern. Insofern Luther sich bei der Frage nach der praktischen Durchführung der Kirchenreform an die weltliche Obrigkeit hält, führt er das Luthertum in jene konservative Grundhaltung hinein, die es bis ins 20. Jh. bestimmt. Zugleich löst sich der Reformator so von den frühen Vorstellungen von einer Kirche von unten, in der die Gemeinde ihre Pfarrer beruft und beaufsichtigt und die er aus der Schrift dargelegt hat. Immer mehr wendet sich sein Schriftprinzip in jene Gnadenbotschaft, in der eine Gesellschaftsreform im Sinne der biblischen Vorstellungen von Gerechtigkeit keinen Raum mehr haben. Die stärkere Betonung der dritten Weise des Gesetzes führt im reformierten Bereich zu einer viel stärkeren sozialen und politischen Aktivität. Das liegt nicht nur am Prädestinationsgedanken, sondern vor allem in der anderen Haltung zur Welt.

In Luthers Denken spielt auch die **Ethik** eine zentrale Rolle, zwar lehnt er die Werkgerechtigkeit ab, aber immer wieder betont er doch auch, dass ein Christ gute Werke tue, ja dass der Christ Gott gehorsam sein müsse. Deshalb legt er immer wieder die Zehn Gebote aus und veröffentlicht dazu diverse Schriften (z.B. *Von den guten Werken* 1520, die beiden *Katechismen* 1529). Die Gebote zeigen dem Christen, wie er sein soll, sie sind aber auch zur Gestaltung des gesellschaftlichen Lebens notwendig. Daher nehmen die Gebote in den Katechismen einen zentralen und großen Platz ein. Neben der *negativen* Auslegung steht jeweils eine *positive*.

- *Du sollst nicht töten.*
- *Was ist das? Antwort.*
- *Wir sollen Gott fürchten und lieben, dass wir unserem Nächsten an sei-*
- *nem Leibe keinen Schaden noch Leid tun [= negative Auslegung – was*
- *nicht geschehen darf, KM], sondern ihm helfen und fördern in allen Lei-*
- *besnöten [= positive Auslegung – was zu geschehen hat].*
- Luther: Das 5. Gebot im Katechismus, zit. nach BSLK 494, vgl. EG
- 806,1.

Für die evangelischen Christen spielen also die *guten Werke* eine große Rolle. Neben den beiden oben genannten Bräuchen des Gesetzes gibt es bei Luther auch einen dritten Brauch für die Glaubenden, der ihnen zeigt, wie sie als Christen zu leben haben. Spätere lutherische Theologen haben den Gebrauch dieser Verwendung bei Luther vehement abgestritten, allerdings haben sich die Lutheraner in der Konkordienformel 1563 geeinigt. Das Gesetz sorge für die Zucht bei den Ungehorsamen, führe die Menschen zur Erkenntnis ihrer Sünden und diene den Wiedergeborenen als Hilfe für ihre Lebensgestaltung (BSLK 944). Da nach Luthers Sicht auch die Wiedergeborenen Sünder und Gerechte sind, benötigen sie immer wieder das Gesetz. Die Glaubenden werden durch den Heiligen Geist auch geleitet, gute Werke zu tun, er wirkt so Früchte des Geistes. Insofern der Geist das Gesetz benutzt, bleibt das Geschehen gleichsam objektiv. Allerdings tritt die Geistesleitung so auch etwas zurück. Ausdrücklich verwirft die Konkordienformel, dass das Gesetz nur für Ungläubige zuständig sei (BSLK 951).

In einem weiteren Stück des Katechismus, in der *Haustafel* (BSLK 531-543), zeigt Luther die Aufgaben der verschiedenen Stände und Berufsgruppen anhand neutestamentlicher Schriftstellen. So finden sich Worte für Bischöfe und Pfarrer, Ehemänner und Ehefrauen, Eltern und Kinder, Knechte und Mägde u.Ä.

UNTERM STRICH

Die Lehre vom gnädigen Gott hat sich der evangelischen Christenheit besonders in Deutschland tief eingeprägt, die Zeitgenossen haben die Befreiung durch das Evangelium intensiv erlebt. Luthers Nachfolger haben sein Erbe unverfälscht erhalten wollen, darüber haben sie manche Grabenkriege ausgefochten, die uns sehr an mittelalterliche Spiegelfechtereien erinnern (7.1.6). Während für die Reformatoren selbst die Werke der Liebe noch ganz selbstverständlich sind, verlieren spätere Generationen sie mehr und mehr aus den Augen. Immer mehr glauben, dass Gnade die Gottesbeziehung allein bestimme, obwohl dies in der gesellschaftlichen Wirklichkeit keine Entsprechung gehabt hat. Auch das Leben unter den Menschen wird nicht nur von der Gnade bestimmt, schnell kann daraus die ethische Gleichgültigkeit folgen.

Die Theologen in Luthers Nachfolge grenzen sich auch gegen kleinste Veränderungen der Lehre ab, sodass es zwischen Lutheranern und Calvinisten zu geradezu erbitterten Streitereien kommt. Immer wieder hat man in Calvins Lehre von der doppelten Prädestination den entscheidenden Unterschied der beiden Reformatoren gesehen, allerdings finden wir auch bei Luther in seiner Auseinandersetzung mit dem Humanisten Erasmus diesen Gedanken zentral ausgeführt. Die späteren lutherischen Bekenntnisschriften distanzieren sich hier von Luther, während die reformierte Kirche diese Erkenntnis intensiv durchdenkt und für den gelebten Glauben fruchtbar macht.

Das Bild vom mutigen Luther, der seinen klaren Glauben einer Welt entgegenstellt, hat Jahrhunderte sehr stark geprägt. Schon die Zeitgenossen haben ihn zum Nationalhelden verklärt. Moderne Beobachter sehen in ihm aber auch den schwermütigen, sensiblen Menschen, der zutiefst unsicher gewesen ist und so wenig von einem Helden hat. Seine zentrale Entdeckung der Rechtfertigung aus Gnaden hat das abendländische Denken über Gott verändert und bestimmt die deutsche theologische Forschung bis heute. Seine Bibelübersetzung folgt noch nach fast 500 Jahren bis in Formulierungen seinen sprachschöpferischen Leistungen. Bald erklären seine Nachfolger seine Hinterlassenschaft für verbindlich, man erschließt sein Werk systematisch – bügelt Differenzen aus, lässt neue Positionen nicht mehr zu.

Die Zeit war reif für Veränderung und Luthers theologischer Beitrag hat einen geradezu revolutionären Transformationsprozess ausgelöst, der die europäische Kultur geläutert hat. Sie hat auch die romtreue Kirche nicht so gelassen, wie wir sie im Mittelalter finden. So erscheint Luther tatsächlich als eine moderne Persönlichkeit, durch die Gott eine Welt verändert hat.

7.1.3 Calvin und die reformierte Theologie

Nach dem Aufbruch der Reformatoren unter Luthers Führung kommt mit Calvin die zweite Generation zum Zuge, die nun stärker systematisch-theologisch arbeitet. Damals hat sich bereits herausgestellt, dass die Reformation nicht die ganze Kirche erfasst, dass die begonnene Reform aber auch nicht einfach rückgängig zu machen ist. Daher fragt man nach einem umfassenden Lehr- und Lebenssystem. So kommt die Stunde für **Johannes Calvin** (1509–1564), er wird der Vater der reformierte Kirche, die weltweit noch mehr verbreitet sein wird als die lutherische Kirche. Anders als Luther stellt Calvin seine Lehre systematisch in seiner **Institutio Christianae Religionis** (*Unterricht in der christlichen Religion*) zusammen. Ausgangspunkt seines Denkens ist Gott als Schöpfer und Erlöser, dem der Mensch dienen soll. Die Gnade steht hier nicht so im Zentrum wie bei Luther, sondern Gottes Gottheit wird von ihm entdeckt und propagiert. Bereits die Erstauflage von 1536 hat den Reformator berühmt gemacht, im Laufe seines Schaffens entsteht bis 1559 ein umfassendes Werk mit 80 Kapiteln in vier Büchern. Das erste Buch befasst sich mit der *„Erkenntnis Gottes als des Schöpfers"*, das zweite Buch handelt von der *„Erkenntnis Gottes als Erlöser"*, im dritten Buch geht es um *„Empfang der Gnade Jesus Christi und ihre Wirkungen"* und im vierten Buch schließlich stehen *„Äußere Mittel, durch die Gott in die Gemeinschaft mit Jesus Christus einlädt und in ihr bewahrt"* im Zentrum.

Im Mittelpunkt seiner Theologie steht die Erkenntnis und Verherrlichung Gottes durch den Menschen, dessen Wesen grundlegend auf Gott bezogen ist. Erkenntnis Gottes und Selbsterkenntnis gehören zusammen.

- *Fast die ganze Summe unserer Weisheit […] besteht aus zwei Teilen, aus Erkenntnis Gottes und Erkenntnis unserer selbst. Übrigens ist, da beide durch viele Bande miteinander verschlungen sind, nicht leicht zu klären, welcher Teil dem anderen vorangeht und ihn aus sich gebiert. […] Umgekehrt steht fest, dass der Mensch zu einer reinen Kenntnis seiner selbst niemals gelangt, wenn er nicht zuvor Gottes Angesicht betrachtet hat und aus der Anschauung dessen zur Untersuchung seiner selbst herabsteigt. Denn – das ist der uns allen angeborene Übermut – wir erscheinen uns immer gerecht, unantastbar, weise und heilig, wenn wir nicht mit durchschlagenden Gründen unserer Ungerechtigkeit, Abscheulichkeit, Narrheit und Unreinheit über-*

- *führt werden. Aber wir werden nicht deren überführt, wenn wir lediglich*
- *auf uns selbst blicken und nicht auch auf den Herrn, der die einzige Richt-*
- *schnur ist, nach der jenes Urteil gefällt werden muss.*
- Calvin: Institutio I,1.

Der Mensch erkennt sich und seine Verlorenheit also zugleich, indem er Gott erkennt. Diese Selbsterkenntnis führt zunächst zu Angst und Schrecken, wie es auch in vielen biblischen Berichten bezeugt wird, wo Menschen Gott begegnen. So wird sich der Mensch seiner Erlösungsbedürftigkeit gewiss. Im Zentrum allen Denkens steht Gott, der souveräne Herr, der dem Menschen fordernd und schenkend gegenübertritt. Glauben und Leben sind von Gehorsam und Vertrauen beherrscht. Alle Geschichte zielt zuletzt darauf, dass Gottes Ehre bei seinen Geschöpfen zum Ausdruck kommt. Gott selbst steht im Hintergrund, hat Israel erwählt und einen Bund geschlossen, hat sich im Gesetz und durch die Propheten offenbart. In Jesus Christus vollendet er den Bund durch die Berufung der Heiden. Während Martin Luther von Gottes Gnade ausgeht und seine Theologie bestimmt, geht Johannes Calvin von der Majestät Gottes aus.

Wenn ein Mensch Christ wird, unterscheidet Calvin verschiedene Phasen. Adams Sünde gründet in seiner Untreue gegenüber Gott, dadurch sei die Vernunft verdorben worden, der Blick auf Gottes Willen sei so getrübt; immerhin bleiben die Menschen zum Leben befähigt (Institutio II, 2,22).

Folgerichtig untersucht Calvin im zweiten Teil zunächst die Ursünde (II,1,5) und lehrt (wie Luther) die Unfreiheit des Willens, denn die Sünde nimmt dem Menschen die Freiheit. Die Ursünde besteht in der Aufgabe der Beziehung zu Gott, nun bestimmen Unglaube und Ungehorsam den Menschen. Er kann weder das Gute wollen noch auch nur danach streben. So ist die ursprüngliche Gottebenbildlichkeit weitgehend zerstört, seine Erkenntnis eingeschränkt. Durch Jesus wird die verlorene Existenz des Menschen offenbar, zuvor wirkt das Gesetz als Erzieher auf Christus hin (Gal 3,24).

Die **Heilige Schrift** ist auch für Calvin allein Quelle der Wahrheit und aller Erkenntnis. Gott selbst ist ihr Verfasser – ihre Autorität erhält sie durch das innere Zeugnis des Heiligen Geistes, das das Herz des Lesers überzeugt. Gottes Wort redet den Menschen an als Evangelium und Gnadenzuspruch. Die Bibel wird daher nicht durch Vernunftgründe glaubwürdig, sie trägt vielmehr die „Beglaubigung in sich selbst" durch das Zeugnis des Geistes.

- *Dass die Schrift von Gott kommt, das glauben wir, weil die Kraft des Geistes uns erleuchtet, nicht aber auf Grund des eigenen Urteils oder desjenigen anderer Leute.*
- Calvin: Institutio I,7,5.

Dem Willen Gottes sollen Kirche, Gesellschaft, Kultus und Kirchenzucht Rechnung tragen. Während Gott im AT die Wohltaten eher bildhaft offenbart, zeigt er im NT die Gnade nun heller und reiner. Das Geschenk Gottes geht weit über die irdischen Güter hinaus. Als zweiten Unterschied nennt Calvin, dass das AT eher Bild und Schatten, das NT dagegen echte Körper zeige. Der geschlossene Bund Gottes werde in Christus erfüllt. Als dritten Unterschied sieht er die Ausgießung des Geistes, wodurch der Wille Gottes nicht äußerlich, sondern innerlich angeeignet werden kann. Schließlich stehen die Testamente im Verhältnis von Knechtschaft und Freiheit, das NT befreit zur Gotteskindschaft (Institutio II,11). In revolutionär anmutender Weise verwirft Calvin alle christlichen Traditionen, die sich nicht aus der Heiligen Schrift ableiten lassen. Ihm ist es nicht genug, wenn sie der Schrift nicht widersprechen. Luther setzt dagegen nur die Traditionen außer Kraft, die der Bibel ausdrücklich entgegenstehen.

Mehr als Luther fragt Calvin danach, wie man den **Willen Gottes** erkennen kann. Dies geschieht namentlich durch Gottes Gebote, die auch Calvin ausführlich behandelt. Auch hier zeigt sich der Mangel der Unfreiheit durch die Sünde. Nicht einmal eigenständig erkennen kann der Mensch. Daher haben schon David oder auch Paulus um Weisheit gebeten, die nur Gott schenken kann (Psalm 119,34; Phil 1,4; Kol 1,9); so werden Menschen mit Gotteserkenntnis und geistlicher Klugheit erfüllt. Christus ist daher nicht nur der Erlöser, sondern auch der, der die Erkenntnis Gottes gibt.

Dabei zeigt das Gesetz Gottes einen dreifachen Brauch. Es überführt den Sünder, zeigt den Willen Gottes und will die Heiligen lehren, wie sie zu leben haben. Damit knüpft er etwa an die Bergpredigt an, die die Gebote so auslegt, dass nicht erst der vollzogene Ehebruch, sondern schon der begehrliche Blick aus dem falschen Herzen kommt (Calvin: Institutio II,8,56).

Bei Calvin gehören in der Heilsaneignung Rechtfertigung und Heiligung (III,11-18) eng zusammen. Nur durch den Glauben können die Sünder das Heil wieder erlangen. „Christus ist uns durch Gottes Freundlichkeit gegeben; im Glauben erfassen und besitzen wir ihn" (III,11,1). Rechtfertigung fasst Calvin als „die Annahme, mit der uns Gott in Gnaden annimmt und als gerecht gelten lässt" (III,11,2). Glaube erscheint auch bei Calvin als Werk des Heiligen Geistes, der zur Gemeinschaft zwischen Glaubenden und Christus führt.

Nach der Versöhnung mit Gott durch die Rechtfertigung aus Gnaden wohnt er durch seinen heiligen Geist im Menschen. Dadurch wird die Begehrlichkeit des Fleisches täglich mehr getötet und der Mensch geheiligt. Das Herz wird so gestaltet, dass es dem Gesetz Gehorsam leistet. Der Wille will Gottes Willen dienen und seinen Ruhm fördern (III,14,9). Dabei bleibt der Mensch jedoch unvollkommen und ist auch als Gerechtfertigter nicht in der Lage, seine Gerechtigkeit aus Werken zu erreichen. Der Mensch bleibt gehemmt und gebrechlich, „das sterbliche Leben [ist] niemals von Sünden rein und frei" (III,14,10). Aber Calvin sieht doch auch einen Fortschritt im Glaubenden. Der Mensch ändere sich. Hinsichtlich der christlichen Freiheit kommt es zunächst immer darauf an, dass wir vor Gott nur auf seine Rechtfertigung aufgrund seiner Barmherzigkeit vertrauen und nur auf Christus schauen, die Werke und das Gesetz lassen wir ganz beiseite. Allerdings ist das Gesetz auch nicht überflüssig, denn es lehrt, ermahnt und reizt zum Guten: „Das ganze Leben der Christen soll gewissermaßen ein Trachten nach Frömmigkeit sein; denn der Christ ist ja zur Heiligkeit berufen (Eph 1,4; 1 Thess 4,3)" (III,19,2). Wenn wir bei den Werken nach dem Maß des Gesetzes messen, bleiben wir in Angst und Unsicherheit, wie Tagelöhner, die es kaum wagen, ihr unvollständiges Tagewerk ihrem strengen Herrn zu zeigen.

Wenn wir uns aber als von Gott Gerechtfertigte sehen, dann können wir fröhlich und frei leben und arbeiten, denn wir gleichen Kindern, die ihrem gütigen Vater ihre angefangenen und halbfertigen Werke anbieten, „weil sie darauf vertrauen, dass ihr Gehorsam und die Bereitschaft ihres Herzens das Wohlgefallen der Väter finden werden" (III,19,5). Bei den „Mitteldingen" wie Feiertage, Speise, Kleidung, Schmuck und Zeremonien könne es schnell zu einem engen Gewissen kommen, wenn man sie zu ernst nähme. So komme der, der meint, feine Speise sei nicht erlaubt, schnell auf den Gedanken, dass selbst Brot nicht in Frieden vor Gott genossen werden könne, weil er seinen Leib auch mit geringerer Speise erhalten könne. In alledem komme es auf den Glauben an (Röm 14,22f.) und auf die Dankbarkeit gegenüber Gott als Geber guter Gaben. Dabei soll Mäßigung gewahrt werden, denn Gier, Eitelkeit und Anmaßung dienen leicht als Deckmäntelchen einer falsch verstandenen Freiheit.

Hinsichtlich der Heilsgewissheit begründet er diese wie Luther im freien Willen Gottes, wodurch der Glaubende des Heils durch die Erwählung Gottes gewiss wird. Die anderen sind von Gott nicht erwählt (**doppelte Prädestination**).

> *Unter Vorbestimmung verstehen wir Gottes ewige Anordnung, vermöge*
> *deren er bei sich beschloss, was nach seinem Willen aus jedem einzelnen*
> *Menschen werden sollte! Denn die Menschen werden nicht alle mit der*
> *gleichen Bestimmung erschaffen, sondern den einen wird das ewige Leben,*
> *den anderen die ewige Verdammnis vorher zugeordnet.*
> Calvin: Institutio III,21,5.

Beachtenswert sei der schmale Grad, auf dem sich unsere Gedanken bewegen: Nicht Gott ist „schuld" an der Verdammnis, sondern der Mensch als Sünder. Gott rechnet diese Schuld nach Calvins Auslegung der Schrift nicht allen Menschen zu, indem er Menschen zum Heil erwählt. In der Institutio spielt die Erwählungslehre im Grunde keine große Rolle (III,21-24). Das mag überraschen, da sie in der Rezeption Calvins sehr betont wird. Hier haben seine Nachfolger einen Schwerpunkt gesetzt, den es aber bei Calvin nicht gibt (5.1.2).

Die Kirche ist für Calvin sowohl unsichtbar (als Gemeinschaft der Heiligen und Auserwählten) als auch sichtbar (als Gemeinschaft derer, die sich zum Christentum bekennen). Auch wenn er die Begrenztheit menschlichen Urteils über die Nächsten und ihren Glauben sieht,

> *sollen wir die Menschen als Glieder der Kirche erkennen, die durch das*
> *Bekenntnis des Glaubens durch das Beispiel ihres Lebens und durch die*
> *Teilnahme an den Sakramenten mit uns den gleichen Gott und Christus*
> *bekennen.*
> Calvin: Institutio IV,1,8.

Die Kirche selbst ist noch eine Heiligkeit im Werden, sie schreitet weiter und ist noch nicht vollkommen. Ähnlich wie im Augsburger Bekenntnis von 1530 (Artikel VII, BSLK 13) nennt auch Calvin die Predigt des Wortes und den Gebrauch der Sakramente nach Christi Einsetzung als Kennzeichen der Kirche (Institutio IV,1,9). Die Kirche steht für Calvin zwischen dem erhöhten Herrn und der Welt. Christus ist ein aktiver Christus, der diese Welt prozesshaft vollendet. Dabei geht Calvin in der Frage des Abendmahls eigene Wege, indem er in ihm mehr als ein Gedächtnismahl (gegen Zwingli) sieht: Christus teilt sich durch den Heiligen Geist dem Menschen mit, er ist also geistig gegenwärtig, nicht leiblich (wie Luther das durch die Konstruktion von Konsubstantiation und Ubiquität in Abgrenzung zur römisch-katholischen Transsubstantiationslehre lehrt).

Die Taufe ist für Calvin ein Zeichen der Aufnahme in die Gemeinschaft der Kirche, sie dient dem Glauben vor Gott und dem Bekenntnis vor der Welt. Sie leistet einen dreifachen Dienst: Zunächst sieht er in ihr wie Luther ein Merkzeichen und einen Beweis der Reinigung, alle Sünden sind der Vergebung gewiss.

> *Daher unterliegt es keinem Zweifel, dass alle Frommen sich im ganzen Lauf ihres Lebens, sooft sie vom Bewusstsein ihrer Sünde gequält werden, ihre Taufe wieder ins Gedächtnis zu rufen wagen, um sich dadurch in der Zuversicht auf jene einige, dauernde Abwaschung zu stärken, die wir im Blute Christi haben.*
> Calvin: Institutio IV,15,4.

Als zweite Frucht bringt die Taufe zum einen die „Abtötung in Christus" und zum anderen das „neue Leben" (Röm 6,3ff.), und als drittes empfängt der Glaube die Gewissheit, „mit Christus geeint zu sein". Weil die Sünde im Leben des Menschen bis zu seinem Tode nie erlischt, vergewissert die Taufe den Christen seiner Errettung, sodass er tapfer gegen die Sünde ankämpfen kann. Auch wenn die Taufe noch in altgläubiger Weise geschehen ist, bleibt sie doch gültig, weil sie ihre Verheißung im Wort Gottes hat. Auch die Kindertaufe ist daher seiner Ansicht nach gültig, denn es komme allein auf Gottes Verheißung und nicht auf die Zeremonien an. Ähnlich wie Zwingli hält Calvin die Kindertaufe für eine Entsprechung der jüdischen Praxis der Beschneidung, Jesus habe durch die Umarmung der Kinder sich für deren Taufe ausgesprochen, denn mit seinem Hinweis, „solcher ist das Himmelreich" (Matth 19,14) habe er sie gesegnet und daher solle man sie auch taufen, denn durch die Taufe erfahren sie die Gemeinschaft mit Christus. Während Luther die Kindertaufe letztlich auf die Tradition der Kirche gründet, bleibt Calvin eng am Wort.

Auch Calvin lebt in den Vorstellungen der **Zwei-Regimenter-Lehre** wie Luther, allerdings spielt der Schutz der Gemeinde und die Förderung des Christentums eine größere Rolle, denn die Regierung soll für beide Tafeln des Gesetzes sorgen (Calvin: Institutio IV,20,9f.).

> *Das bürgerliche Regiment aber hat die Aufgabe, solange wir unter den Menschen leben, die äußere Verehrung Gottes zu fördern und zu schützen, die gesunde Lehre der Frömmigkeit und den (guten) Stand der Kirche zu verteidigen, unser Leben auf die Gemeinschaft der Menschen hin zu gestalten, unsere Sitten zur bürgerlichen Gerechtigkeit heranzubilden, uns*

- *miteinander zusammenzubringen und den gemeinsamen Frieden wie die*
- *öffentliche Ruhe zu erhalten.*
- Calvin: Institutio IV, 20,2.

Strikt verteidigt Calvin diese bürgerliche Ordnung vor den Schwärmern, denn daraus entstehe nur allgemeines Chaos und die Religion würde geschädigt. Die Obrigkeit ist zum Schutz von Gesetz und Ordnung notwendig, dazu hat sie einen Auftrag durch Gott (u. a. Röm 13) und soll auch von den Christen respektiert und anerkannt werden. Ihre beste Gestalt sieht er in der Aristokratie, da die Könige sich selten selbst beschränken und daher die Herrschaft mehrerer besser sei, die sich gegenseitig unterstützen, belehren und ermahnen. Die Obrigkeit soll ihr Amt als Dienst verstehen und ausüben.

Die Vertreter der Obrigkeit dürfen Gesetzesbrecher verfolgen und bestrafen, auch Kriege führen, um ihre Länder zu schützen und ihre Untertanen zu verteidigen. Deutlich warnt Calvin die Obrigkeiten davor, „ihren Begierden zu gehorchen", indem sie etwa aus Hass handeln.

Schließlich untersucht auch Calvin die Bedeutung der Obrigkeit für die Christen, da manche meinen, sie sei nicht nötig. Dem widerspricht das Wort Gottes, das sie als Gottes Dienerin bezeichnet, die auch die Christen schützt, wenn sie etwa die Gerichte zur Klärung von Streitfällen anruft. Schließlich habe auch Paulus auf sein Recht als römischer Bürger hingewiesen und an das Gericht des Kaisers appelliert. Unabhängig davon müssen die Christen bereit sein, Schmähungen und Beleidigungen zu ertragen, denn so tragen sie ihr Kreuz. Dabei müssen sich die Christen, die prozessieren, davor hüten, sich von der Gier leiten zu lassen. Alle Untertanen sollen ihrer Obrigkeit gehorchen, sie anerkennen und unterstützen und die geforderten Abgaben entrichten.

Ein Widerstandsrecht kennt auch Calvin noch nicht, eine ungerechte Obrigkeit sei auch von Gott eingesetzt und zeige Gottes Gericht über die Menschen. In Notfällen habe Gott immer Erretter erweckt und berufen, das könne aber nur durch Gott selbst geschehen. Nur wenn die Obrigkeit etwas verlangt, was Gottes Willen widerspricht, dann dürfe man den Gehorsam mit gutem Gewissen verweigern. Hier geht Calvin im Hinblick auf ein Widerstandsrecht weiter als Luther. Erst seine Nachfolger entwickeln in den Erfahrungen der Verfolgung ein Widerstandsrecht, namentlich Theodor Beza (1519–1605) erlaubt nicht nur einen Widerstand von Behörden (wie Calvin), sondern auch einen durch Beamte. Alle Amtsträger dürfen notfalls mit Waffengewalt gegen Tyrannen vorgehen, wenn die Fürsten ihre Herrschaft missbrauchen.

Viel rigoroser und konsequenter löst sich Calvin von der mittelalterlichen Theologie, als Humanist nimmt er die Bibel als Quelle und Grundlage des Glaubens viel stärker wahr. Während die Bibel Luther nur bei der Bereinigung grober Fehlentwicklungen hilft, soll bei Calvin alles von der Schrift aus bestimmt sein. Daher stehen bei ihm Altes und Neues Testament auf einer Ebene, während für Luther alles von Christus aus betrachtet wird. Auch als Bibelausleger zeigt sich der Genfer Reformator als Humanist, der sein Handwerk gelernt hat und die Bibel *aus*legt. Zwar ist auch Luther Professor für Bibelauslegung, aber immer wieder hat man den Eindruck, dass er von seinen grundlegenden Erkenntnissen über Gott und den Menschen ausgeht und von diesen dogmatischen Vorentscheidungen die Bibel betrachtet. Insofern Calvin auch Jurist ist, weiß er auch um notwendige und praktikable Regelungen, die sein Werk auszeichnen. Er hat auch detailliertere und modernere Vorstellungen über die Regierungsform als Luther.

7.1.4 Theologie der Täufer

Als dritte evangelische Gruppe entwickeln die **Täufer** ihre Theologie, die noch radikaler als Calvin mit den Überlieferungen bricht und auf die Autorität der Bibel und das Bekenntnis des Einzelnen setzt. In geografischer Nähe zur Schweizer Reformation Zwinglis (2.1.2) und in Mitteldeutschland entsteht seit Anfang der 1520er-Jahre die Täuferbewegung. Die Täufer erstreben eine bewusste Nachfolge und eine konsequente Heiligung in enger Anlehnung an die Bibel. Dabei schrecken sie nicht vor einer provokativen Absonderung von der Welt zurück. Bewusst wollen sie an die Zeit des Neuen Testaments und der *Urgemeinde* anknüpfen. Sie sammeln die Glaubenden in freien Gemeinden, die durch Absonderung in Distanz zur herrschenden Kirche und zur Obrigkeit stehen, die ihnen als „Welt" gilt. Sie beachten die Bergpredigt, indem sie sowohl die Feindesliebe üben wollen und sich daher sowohl vom Staat distanzieren als auch den Eid grundsätzlich verwerfen. So werden sie von Luther, Zwingli und später auch von Calvin als Aufrührer und Schwärmer angesehen und abgelehnt, denn sie stellen die Grundlagen der Gesellschaft infrage. Dahinter steht auch die traditionell enge Verbindung von Kirche und Gesellschaft. Die Täuferbewegung wird so als de-integrierend wahrgenommen und verfolgt. In ihr leben jedoch eine ganze Reihe Elemente weiter, die durch Luther wie

Zwingli anfangs (bis zur Mitte der 1520er-Jahre) öffentlich gelehrt werden.

Ihre Bezeichnung weist auf das charakteristische Unterscheidungsmerkmal der **Glaubenstaufe** hin. Anders als die üblich gewordene Kindertaufe stellen die Täufer die Entscheidung des Einzelnen heraus und lehnen die Kindertaufe ab, da sie diese nicht als gültige Taufe ansehen. Sie taufen erwachsene Glaubende, die traditionellen Kirchen sehen darin eine Wiederholung der Taufe (daher „Wiedertaufe") und gehen gegen die Bewegung vor. Die Täufer argumentieren aber dagegen, dass sie die Kindertaufe für keine richtige Taufe halten und daher der Vorwurf der Wiedertaufe verkehrt ist.

1527 entwickeln die südwestdeutschen Gruppen ihr Programm in den **Schleitheimer Artikeln**, die rasch zum *Grundsatzprogramm* vieler Anhänger werden. Sie sind redaktionell bearbeitet vom ehemaligen Benediktinerprior Michael Sattler (1490–1527), der im Mai in Rottenburg hingerichtet wurde. In Schleitheim bei Schaffhausen halten sie eine Synode ab.

- *In dem allen haben wir gespürt, dass die Einigkeit des Vaters und des uns*
- *alle verbindenden Christus samt ihrem Geist mit uns gewesen ist. Denn*
- *der Herr ist der Herr des Friedens und nicht des Zankes, wie Paulus [1Kor*
- *14,33] sagt. […] Die Punkte, die wir behandelt haben und in denen wir*
- *eins geworden sind, das sind diese: Taufe, Bann, Brechung des Brotes, Ab-*
- *sonderung von Greueln, Hirten in der Gemeinde, Schwert, Eid.*
- *Zum ersten merkt euch über die Taufe: Die Taufe soll all denen gegeben*
- *werden, die über die Buße und Änderung des Lebens belehrt worden sind*
- *und wahrhaftig glauben, dass ihre Sünden durch Christus hinweg genom-*
- *men sind, und all denen, die wandeln wollen in der Auferstehung Jesu*
- *Christi und mit ihm in den Tod begraben sein wollen […].*
- Schleitheimer Artikel (Februar 1527), zit. nach KThGQ 3, S. 140f.

In den *Artikeln* ist auch von der Abwehr von falschen Lehren die Rede und der Absonderung von der „Welt". Das zeigt ihre Auseinandersetzung mit den Reformatoren wie mit anderen religiösen Gruppen und vermutlich auch den Bauern, deren Aufstand 1525 blutig niedergeschlagen wurde. Auch die Bauern haben die Wahl der Pfarrer gefordert und haben diese vom Zehnten unterhalten wollen, die Täufer berufen selbstverständlich einen der ihren zum „Hirten" und sind bereit, ihn mit freiwilligen Gaben zu unterstützen, wenn es nötig sein sollte. Sie wollen nicht mehr die ganze Gesellschaft reformieren, wie einst die Bauern und wie es die klassischen

Reformatoren tun. Sie bauen kleine Gemeinden in der Stille, abgesondert von der Welt und daher auf Leiden eingestellt.

Neben der Begründung der Glaubenstaufe steht an zweiter Stelle die Gemeindezucht (*Bann*) nach Matth 18,15ff. Das Abendmahl (*Brotbrechen*) verstehen sie wie Zwingli als Gedächtnismahl. Von der Welt wollen sie sich abwenden. Der Staat wird zwar als nötig angesehen, aber er gehört zum Fleisch, während die „Christen nach dem Geist" leben. Daher akzeptieren sie den Staat, sind aber nicht zur Übernahme staatlicher Ämter bereit.

In alledem zeigt sich das Bemühen der Täufer, ihr Leben im Gehorsam gegenüber Gott und auf Heiligung auszurichten. Sie üben eine intensive Nächstenliebe und wehren sich nicht gegen Ungerechtigkeiten. Viele sehen in ihnen heute Vorläufer moderner Friedensbewegungen, da sie den Wehrdienst mit Verweis auf die Bergpredigt ablehnen und bereit sind, das Kreuz in der Nachfolge Christi zu tragen. Als Folge bleibt nur der Rückzug aus der Welt, die Täufer werden in den Untergrund abgedrängt, viele wandern nach Amerika und Russland aus.

7.1.5 Katholische Reform

Mit der Etablierung der Kirchen der Reformation beginnt die papsttreue Kirche einen theologischen Reformprozess, an dessen Anfang das Konzil von Trient steht (1545–63). Hier findet die Ausgestaltung der römischen Konfession statt. Vor seinem Zustandekommen ringen Papst und Kaiser um das Ziel. Während es dem Kaiser um eine Reform der Kirche *an Haupt und Gliedern* geht, wollen die Päpste zunächst ein Konzil verhindern; seit den 1530er-Jahren geht es ihnen um die Abgrenzung von den protestantischen Häretikern.

Das Konzil wird von Anfang an von den Päpsten gelenkt, die wie selbstverständlich auch die Themen bestimmen und die Geltung der Beschlüsse in Kraft setzen. Für die Zukunft ist es das zentrale Anliegen, die Einheit der Kirche nach der Kirchenspaltung neu zu sichern. Dabei kommt dem kirchlichen Amt eine große Bedeutung zu: Während Priester und Bischöfe einen Auftrag zum Lehren haben und damit auch zur Bibelauslegung befugt sind, dürfen Laien das nicht. Laien haben keinen kirchlichen Auftrag – ganz unabhängig davon, ob sie etwa Theologie studiert haben oder nicht. Hier trennen sich die abendländischen Kirchen.

Alle Lehrentscheidungen grenzen die römischen Dogmen von den evangelischen Entscheidungen ab. Statt des evangelischen *sola scriptura* (dt. *allein die Schrift*) sollen Schrift und Tradition Quelle der Wahrheit sein. Das Konzil sieht in der Überlieferung der Apostel die alleinige Quelle der

Wahrheit; sie ist einerseits in der Bibel und andererseits mündlich überliefert. Die Apostel haben nämlich nicht nur das Evangelium im NT überliefert, sondern auch Nachfolger eingesetzt und damit für verbindliches Lehren autorisiert. Dadurch stehen die überlieferte Schrift und die apostolische Sukzession nebeneinander. Die Normenfrage wird also im Hinblick auf die Apostel und ihre Nachfolger, aber nicht durch die geschriebene Überlieferung entschieden. Die Schriftauslegung müsse die Deutung beachten, die die Kirche immer vertreten hat, die korrekte (*authentische*) Schriftauslegung liegt so letztlich bei den Bischöfen. Daher werden Konzile für den Klärungsprozess einberufen, um größtmögliche Klarheit und Einmütigkeit zu erreichen. Der verbindliche Text für Lehre und Predigt ist die *Vulgata*.

Hinsichtlich der *Ursünde* (lat. *peccatum originale*) bleibt man bei der klassischen kirchlichen Lehre, dass die Sünde Adams die menschliche Natur so beeinträchtigt, dass sie die ursprüngliche Gerechtigkeit verloren hat. Die Ursünde wird jedoch durch die Sündenvergebung im Taufsakrament so weit getilgt, dass sie nur noch als Anreiz zum Sündigen (lat. *concu-piscentia*, dt. Begierde) und nicht als wirkliche Sündigkeit bleibt. In der Rechtfertigungslehre wird gegen Luthers *sola fide* (dt. *allein der Glaube*) die Verbindung von Glaube und Werken gelehrt. Durch Christi Versöhnung wird das Fundament gelegt, sein Geist gibt die Kraft zur Erneuerung des Menschen. Durch das Dekret über die Ursünde wird festgelegt, dass die menschliche Natur verderbt ist, allerdings der freie Wille fortbesteht. Der sündige Mensch wird also durch Gottes Gnade wesensmäßig verändert, nämlich erneuert und deswegen gerechtfertigt. Nach Rechtfertigung des Sünders durch Bekehrung und Taufe folgen die guten Werke, wodurch die Gerechtfertigten an ihrem Heil mitwirken. Die vorreformatorische Betonung der Verdienstlichkeit guter Werke wird also zurückgedrängt, indem Gottes Gnadenhandeln betont wird. Zugleich bleibt der Mensch gefordert, was in der Folgezeit zu theologischen Auseinandersetzungen führt. So streiten Dominikaner mit Jesuiten um die Frage von Gnadenwirken und Handlungsfreiheit. Die Ersteren betonen die Gnade Gottes und werden daher des Protestantismus verdächtigt, die anderen werden dagegen als Pelagianer angegriffen.

Anstelle der zwei evangelischen Sakramente (Taufe und Abendmahl) setzt die römische Kirche sieben Sakramente, die objektiv – unabhängig vom Glauben des Empfangenden – wirken, d.h. sie teilen *ex opere operato* (dt. *mit Vollzug des sakramentalen Zeichens bzw. Handelns*) die Gnade mit: Taufe, Eucharistie (Abendmahl) als Messopfer (Vergegenwärtigung des Opfers Christi), Buße (mit Beibehaltung des Ablasses), Krankensalbung, Ehe,

Priesterweihe. Diese dogmatische Vereinheitlichung wird zur Grundlage der Reform. Flankierend treiben die Päpste die Zentralisierung der Kirche voran. Dieses Streben nach Einheitlichkeit in Liturgie und Kirchenrecht, Seelsorge und Verkündigung, aber auch durch Kontrolle des theologischen Schrifttums lässt die neue Geschlossenheit der römisch-katholischen Konfession entstehen. Offizielle Sprache für Bibel, Liturgie, Recht und Theologie wird ausschließlich Latein, das unterstreicht die konfessionelle Prägung und fördert die Kontrolle durch die Zentrale in Rom.

Theologisch löst man sich von den eher lebensfremden Fragen des Spätmittelalters und wendet sich neu der Bibelauslegung, den Kirchenvätern und den Fragen der Gegenwart zu. Besonders die Kontroverstheologie wird ausgebaut, ähnlich wie in den protestantischen Kirchen. Thomas von Aquin wird 1567 zum normativen Kirchenlehrer erhoben, die aktuellen Theologen stammen meist aus dem Süden Europas, vor allem aus Spanien. Neben den Dominikanern treten künftig vor allem die Jesuiten (5.1.3) als Orden hervor, der sich intensiv mit der Theologie beschäftigt.

7.1.6 Denken im Übergang

Neue Scholastik
Auf die Zeit der evangelischen und katholischen Reformation mit ihren Aufbrüchen und Umbrüchen folgt eine Zeit der Konsolidierung, in der die unterschiedlichen Lehrgebäude ausgearbeitet werden. Man spricht daher vom Zeitalter der **Orthodoxie** (dt. rechte Lehre). Immer wieder versucht man, das von den Reformatoren Übernommene zu sichern und zu schützen. Selbst Luthers Bibelübersetzung gilt als unveränderlich. Als sein Wittenberger Verleger es wagt, letzte Verbesserungen Luthers, die dieser zwischen der letzten Bibelauflage und seinem Tod zusammengetragen hat, in der neuen Bibelausgabe einzuarbeiten, werden sie der Fälschung bezichtigt. Selbst die Frage, ob man Zwischenüberschriften in den Bibeltext einfügen darf, wird heftig in Streitschriftenkontroversen diskutiert.

Eine neue **Scholastik** (dt. Schulwissenschaft) bestimmt das Feld, die das Erreichte bewahren und das Denken der Gegenwart kontrollieren will. Die Anfänge fallen in die Zeit Melanchthons, der als Humanist den Ausgleich sucht und sich für die wissenschaftliche Methodik des Aristoteles einsetzt. Philipp **Melanchthon** (1497–1560) wird zum Vater der evangelischen Dogmatik (1521 *Loci communes*, 1530 *Confessio Augustana*) und des Schulwesens. Wie Calvin steht auch Luthers jüngerer Mitarbeiter dem Humanismus nahe. Hier entlehnt er seine wissenschaftliche Methodik, in der besonders die Sprachstudien zentral werden. Allerdings verfolgt er mit der Sprachorientierung kein Bildungsziel an sich, vielmehr soll dadurch das Studium der Bibel unterstützt werden. Gleichsam nebenbei spielen die Rhetorik für den Sprachstil und das Latein als die legitime wissenschaftliche Sprache die zentrale Rolle für den evangelischen Wissenschaftsbetrieb. Auf Kenntnis der Sprachen bereiten die Lateinschulen in Gestalt von *humanistischen Gymnasien* vor. Für die Universitäten und Lateinschulen wird Melanchthon die treibende Kraft, auch veröffentlicht er wichtige Lehrbücher (Grammatik, Rhetorik, Dogmatik, Geschichte und sogar Physik).

Dies setzt sich dann während der Religionskriege (1570–1648) fort, die Ausgestaltung in der Zeit danach. Innerhalb des Luthertums kommt die Lehrentwicklung mit dem Konkordienbuch 1580 zum Abschluss. Es gilt den Lutheranern als Richtschnur theologischer Lehre. Um die richtige Lehre methodisch überzeugend darzustellen, bedienen sich auch die evangelischen Theologen beider Konfessionen des **Aristotelismus** – dem Luther wie Calvin eher skeptisch gegenüber eingestellt waren. Damit spielt die Vernunft eine wichtige Rolle bei der Erforschung, Darstellung und Verteidigung der Theologie, die als rationales System ausgearbeitet wird: Das Denken gründet sich auf anerkannte *Axiome* (dt. *unmittelbar einleuchtende Prinzipien*), von denen *Deduktionen* (dt. *Ableitungen*) geschlossen werden. Im Gefolge dieser Grundentscheidung für eine philosophische Denkmethode wird die Theologie akademisch und verwissenschaftlicht. Sie entfernt sich von einer an der Heiligen Schrift orientierten Theologie. Das Interesse der Theologen gilt daher nicht mehr dem geschichtlichen Heilsereignis, sondern eher allgemeinen Prinzipien, denen man sich durch metaphysische und spekulative Fragen nähern möchte. Die Theologie verliert damit ihre Dynamik und wird statisch. Heftig setzen sich die einzelnen Konfessionen mit den Lehrsystemen der anderen auseinander, oft benötigt ein Dogmatiker mehr Raum zur Widerlegung seiner Gegner als zur Darstellung seiner Gedanken.

Deutlich sichtbar wird dies an den theologischen Systemen, die die führenden Theologen der Zeit veröffentlichen und die an das große Werk des Thomas von Aquin erinnern. Bedeutende systematische Theologen sind Theodor Beza (1519–1605) für die reformierte Tradition und Johann Gerhard (1582–1637) für die lutherische. Diese gewissermaßen inneren Gründe für die theologische Entwicklung müssen jedoch ergänzt werden durch Herausforderungen der damaligen Weltvorstellung.

In diesem Prozess spielen die Amtsträger auch im theologischen Bereich zunehmend die zentrale Rolle in den evangelischen Kirchen. Hier gründet ihre Autorität nicht auf der Amtsübertragung, sondern auf der Ausbildung. Die Pfarrer tragen daher mit dem Talar die Kleidung der Professoren und zeigen bis heute den Stellenwert der theologischen Wissenschaft.

In Abgrenzung zur römisch-katholischen Lehre zur Normenfrage entwickelt man die Lehre von der **Inspiration** der Schrift. Während die römisch-katholische Kirche damals davon ausgeht, dass nur geweihte Bischöfe die Schrift verbindlich auslegen können, stellt die evangelische Theologie die Lehre dagegen, dass die Schrift sich selbst auslegt, dass ihre Aussagen nicht erst durch ein Lehramt autorisiert werden müssen. Durch die Lehre von der *Verbalinspiration* legt man dafür dar, dass jedes *Wort* (lat. *verbum*) durch Gott autorisiert sei. Gott ist so Autor der Schrift, die Verfasser dagegen nur die Schreiber, die Gottes Diktat niederschreiben. So wird die Bibel zum überirdischen Zeugnis, sie gilt daher als irrtumslos und widerspruchsfrei.

Weltbild

In die Epoche des Übergangs gehört auch die Auseinandersetzung mit dem neuen heliozentrischen Weltbild. Eigentlich hat es der polnische Forscher Nikołaj **Kopernik** (Nikolaus Kopernikus 1473–1543) bereits veröffentlicht. Seine neue Theorie wird jedoch nicht ernst genommen, scheint doch der gesunde Menschenverstand dagegenzusprechen, dass die Erde sich bewegt, wo man doch z.B. keinen Fahrtwind spürt. Was zunächst als Hirngespinst abgetan wird und in den theologischen Umbrüchen der Reformation sozusagen untergeht, wird von Giordano **Bruno** (1548–1600) aufgenommen und erheblich erweitert, insofern er nicht nur die Erde um die Sonne kreisen lässt, sondern darüber hinaus die Vorstellung von der Einzigartigkeit der Sonne beendet: Die Sonne ist ein Fixstern unter vielen in einer unendlichen Welt. Bruno wird 1600 von der Inquisition verurteilt und verbrannt. Auch Galileo **Galilei** (1564–1642) kommt mit der päpstlichen Inquisition in Konflikt und muss sich von seinen Lehren distanzieren. Revolutionärer und zunächst verborgener sind seine neuen wissenschaftlichen Methoden. Galilei entwickelt einen neuen Zugang zum Erkennen der Welt durch Beobachtung und Experiment. Im Zusammenhang mit den Fallgesetzen erkennt er mathematisch formulierbare Gesetzmäßigkeiten, die für die Zukunft der Naturwissenschaften bahnbrechend wirken. Wahrheit leitet sich seitdem nicht mehr aus traditionellen Überlieferungen ab, sondern muss der Überprüfung durch Beobachtung und Experiment standhalten.

Das energische Vorgehen der katholischen Kirche gegen die neuen Weltvorstellungen zeigt, wie sehr die Theologie herausgefordert wird. Das klassische dreistöckige Weltgebäude, das seit der Antike gegolten hat, verliert aufgrund naturwissenschaftlicher Forschung seine Plausibilität und stellt die Theologen vor ernste Herausforderungen: Lässt sich diese Weltsicht mit dem Weltbild der Bibel halten? Alle Versuche können freilich die Ausbreitung der neuen Gedanken nicht aufhalten. Gedacht ist gedacht, gesagt ist gesagt, gelesen ist gelesen, überzeugt ist überzeugt.

Die Menschen sind nun zunächst einmal geschockt, gerät doch ihre Welt aus dem Zentrum des Weltalls. Wie selbstverständlich folgern Naturforscher bald, dass die übrigen Planeten wohl auch bevölkert sind (7.2.1). Vielleicht sind die entstehenden theologischen Systeme auch Versuche, wieder ein festes, bergendes System zu errichten, in dem man sich bewegen kann. Ähnlich hat man die Baukunst des Barock als den Versuch gedeutet, die Kuppeln der Barockkirchen ersetzten die verlorene „Weltkuppel", die mit Kopernikus und Bruno zerstört worden sei: Hier können sich die Menschen hinflüchten in ihrer kosmischen Unbehaustheit.

Das Lebensgefühl des Barock ist pessimistisch, Angst und Verzweiflung bemächtigt sich der Menschen: Alles wird vom Tod bedroht, von Kriegen, Seuchen und Hunger. Vor dem Hintergrund eines zerborstenen Weltbildes mag auch die Sehnsucht nach Geborgenheit mitschwingen, denn in einem unendlichen Weltall ist der Einzelne ein Nichts und Gott scheint in unendliche Ferne zu rücken. Der Horizont scheint sich aufzulösen, alles scheint zu schweben, unfassbar, bewegt.

Barock

Mit Gegenreformation und Absolutismus entsteht zunächst im katholischen Süden die Barockkultur (1.2). Philosophisch werden der von Descartes (1596–1650) systematisierte Rationalismus und der von Bacon (1561–1626) begründete Empirismus zu den zwei grundlegenden Erkenntnisvorstellungen (7.1.6). Dagegen kann sich die Monadenlehre Gottfried Wilhelm Leibniz' (1646–1716) nicht durchsetzen: Gott habe die Welt als aufeinander abgestimmtes System von dynamischen Krafteinheiten (Monaden) auf sich hin geschaffen, der sittliche freie Mensch solle die innere Ordnung der Welt erforschen. Dennoch gilt der Universalgelehrte als Vater der deutschen Aufklärung, auch wenn er seine Schriften in Latein und Französisch veröffentlicht.

Auf der Suche nach einem Ausgangspunkt für das Erkennen, der keinen Zweifel zulässt, stellt René **Descartes** (1596–1650) alles infrage. Selbst seine eigenen Beobachtungen hinterfragt er: Könnte er sie nicht geträumt haben? Worin unterscheiden sich Traum und Wirklichkeit? Kann er nicht

Opfer eigener oder fremder Täuschung sein? Könnte nicht ein „Lügengeist"
ihn täuschen? Nach vielen derartigen Überlegungen formuliert Descartes
seinen berühmten Satz *„cogito, ergo sum"* – zu Deutsch „ich denke, also bin
ich". Selbst im Traum bleibt die Existenz den Träumenden gewiss, selbst als
Getäuschter ist der Getäuschte da, denkt seine (geträumten oder getäusch-
ten) Gedanken. Auch wenn alles Wissen (z.B. in den Büchern) und alles
Erkennen (z.B. durch eigene Beobachtungen) bezweifelt werden kann, so
bleibt doch die Tatsache unzweifelhaft, dass der Mensch selbst denkt und
damit existiert. Das ist nun der Ausgangspunkt, von dem aus Descartes
und nach ihm die modernen Wissenschaftler die Welt neu entdecken.

Der denkende Mensch steht so als Subjekt seiner Umwelt gegenüber;
Tiere und Pflanzen werden als Objekte wissenschaftlich erforscht, die Welt
entdeckt (*Subjekt-Objekt-Schema*). Die *res cogitans* (der Mensch und seine
menschliche Vernunft) untersucht die *res extensa* (die nicht-menschliche
Welt). Die Natur ist nicht mehr Schöpfung, zu der der Mensch selbst gehört, sondern Objekt menschlicher Analyse. Die Einheit der Schöpfung
weicht ihrer Aufteilung.

Bald wird auch der Mensch selbst Objekt seiner Analyse durch verschiedene Wissenschaften: z. B. Philosophie (denkendes Wesen), Soziologie (gesellschaftliches Wesen), Religionswissenschaft (religiöses Wesen), Biologie,
Physiologie und Anatomie (biologisch-physikalisches Wesen), Ethnologie
(kulturelles Wesen). Mensch und Natur werden auf diese Weise intensiv
erforscht.

Die Zeit weckt auch neue Kräfte. Die Menschen des Barock (ab etwa
1600) zeigen auch ein hohes Maß an Vitalität und Dynamik. Sie suchen
Abenteuer, geben sich an Zufall und Augenblick hin. Die Maler zeigen
ihre Portraitierten in einer unwirklichen Massigkeit, oft beim Essen oder
Trinken, Kämpfen oder Sterben. Es scheint, als ob die Künstler einen Menschen zeigen, der sich seines Lebens immer neu vergewissern muss. Hier
finden wir auch in der Theologie eine Entsprechung in der aufkommenden
Streittheologie der Orthodoxie, die ihre Standpunkte verteidigt und ihre
Gegner attackiert. Ebenso wie die Theologen ihre Systeme errichten, denken Staatstheoretiker wie John Locke über das Zusammenleben der Menschen nach, die sich gegenseitig bedrohen und nur durch die Errichtung
des Staates überlebensfähig werden (4.1.5).

Herbert von **Cherbury** (1583–1648) stellt 1624 fünf Wahrheiten auf:
Existenz Gottes, Pflicht zu seiner Verehrung, Tugend, Sühne, Vergeltung
durch Lohn und Strafe in einem jenseitigen Leben; die nachfolgenden
Denker reduzieren das auf die Dreiheit *Gott, Tugend, Unsterblichkeit*. Der

Arminianer Hugo **Grotius** (1583–1645) legt die Grundlagen des Völkerrechts, indem er das Recht dem religiösen Einfluss entzieht. Die menschliche Vernunft erweise, was Recht ist, auch wenn es keinen Gott gäbe.

Beinahe gleichzeitig mit Descartes entwickeln Francis **Bacon** (1561–1626) und Thomas **Hobbes** (1588–1679) Ansätze zum **Empirismus**. Bacon will sich bewusst mit dem herrschenden Aristotelismus auseinandersetzen und fordert daher eine empirische Naturbetrachtung, hier ist er Galilei verwandt und nahe. Hobbes begründet eine natürliche Religion, die die Offenbarungsreligion überbieten soll (s. u.).

In Großbritannien wird eine neue Geschichtssicht erkennbar: Hat man zunächst mit dem Ende der Welt gerechnet, so kommt nun das Tausendjährige Reich in den Blick: Thomas Brightman (1562–1607) setzt seinen Beginn mit dem Jahr 1300 an. Allmählich würden sich nun die Zustände verbessern: Der Papst verlöre Macht und die Juden bekehrten sich. Andere folgen ihm wie Joseph Mede (1586–1638) nach, der einen Fortschritt in der Geschichte durch Gottes Handeln erwartet. In Mitteleuropa verbreitet Johann Valentin Andreae (1586–1654) diese Gedanken, z.B. in seiner Schrift *Christianopolis*, in der er eine Gesellschaft beschreibt, die auf eschatologischer Hoffnung gründet. Hier knüpfen später Spener und Francke an. Dann nennt man diese Bewegung *Postmilleniarismus*, die Jesu Wiederkunft nach dem Tausendjährigen Friedensreich (lat. Millennium, davon abgeleitet der Milleniarismus oder Chiliasmus nach grch. *Chilia 1000)* erwartet. Man sieht optimistisch in die Zukunft, da Gott doch am Werk sei.

Unterm Strich

Am **Ende der Epoche** stellen die Konfessionen ihre theologischen *Systeme* zusammen und grenzen sich polemisch voneinander ab. Die theologische Frage verlagert sich von der Soteriologie (Lehre vom Heil) auf die Kosmologie (Lehre von der Schöpfung). Sowohl die lutherische als auch die reformierte Kirche geht wieder auf die wissenschaftliche Methodik des Artistoteles ein, so wie sich zuvor die katholische Theologie auf Thomas von Aquin festgelegt hat. Umfassende orthodoxe Lehrsysteme legen die konfessionellen Standpunkte dar und setzen sich polemisch mit den anderen Konfessionen auseinander.

In der Philosophie proklamiert Descartes in der Selbstgewissheit des Subjekts den Ausgangspunkt des rationalen Erkennens, das sich die Welt erschließt und erobert. Galilei, Bacon und Hobbes entwickeln den Empirismus, der von der Welt zum Subjekt denkt, indem das Erkennen auf

Erfahrung (Beobachtung, Experiment) gründet, die auch mathematische Gesetzmäßigkeiten in der Natur findet.

In England stellen die frühen Aufklärer Gott, Tugend und Unsterblichkeit als Grundwahrheiten des Denkens heraus, dort entsteht auch die neue optimistische Weltsicht, das Tausendjährige Reich habe um 1300 begonnen. Das weckt neue Hoffnungen, die auch Erweckte wie Spener und Francke antreiben und eine Reform des Denkens und des Handelns einleiten.

7.2 Das Denken im Zeitalter von Absolutismus, Aufklärung und Erweckung

7.2.1 Epoche der Aufklärung

Seit dem späten 16. Jh. kündigt sich ein Paradigmenwechsel an, der ein neues Denken und damit eine neue Zeit einleitet und von der Mitte des 17. Jh. bis zum Ende des 18. Jh. bestimmend wird (1.2.1; 7.1.6). Es beginnt das Zeitalter der autonomen Vernunft und der wissenschaftlichen Erforschung der Welt. Die Anfänge für die neue Art von Wertschätzung der Vernunft liegt an der zunehmenden Bedeutung des Aristoteles seit der Mitte des 16. Jh. (7.1.4) und den Bemühungen von Descartes.

Die frühe Aufklärung beginnt in England, findet sich dann in Frankreich und schließlich wird sie auch in Deutschland aufgenommen. Typische Begriffe sind Licht, Klarheit oder eben *Aufklärung*. Im Ursprung steht in England das biblische *claritas*, das dort als *glory* und in Deutschland als *Herrlichkeit* wiedergegeben wird und das alttestamentliche *kabod* (2Mose 33,20ff.) bzw. das neutestamentliche *doxa* (Joh 1,14) bezeichnet. Bald gerät dieser biblische Hintergrund in Vergessenheit, die Sache wird säkularisiert und geht in der weltlichen Lichtmetaphorik auf. Es hat den Anschein, dass der kopernikanische Schock überwunden ist und die Menschen sich in das neue Weltbild einfinden (7.1.6).

Insgesamt verbreitet sich die optimistische Weltsicht, die sich zu Beginn des 17. Jh. gezeigt hat, weiter. Die Erweckten erwarten die Verbesserung durch Gottes Geschichtswirken im Rahmen des Tausendjährigen Reiches, ihre Zeitgenossen vertrauen auf das menschliche Handeln. Die postmilleniaristische Sicht bestimmt schließlich bis zum Ende des 18. bzw. Anfang des 19. Jh. Man erwartet die Wiederkunft Christi nach dem Millennium, das bereits angebrochen sei. Gott wirke an der Verbesserung der Welt, am Ende komme das Reich Gottes zur Vollendung. Die Erweckten sehen sich als Gottes Mitarbeiter in diesem Prozess.

Theologische Aufbrüche in der Orthodoxie

Innerhalb der evangelischen Kirchen beobachten wir eine Reihe von kleineren Aufbrüchen. Theologen möchten ihre Studien sorgfältig betreiben. Nach dem großen Krieg streben eine Reihe von Theologen eine Reform an. Vielen geht es darum, die Rechtfertigung durch Heiligung sichtbar zu machen. Dazu möchten sie nicht zuletzt die Kirchlichkeit durch Disziplinierung (Kirchenzucht), Verbesserung der Theologenausbildung und Verbreitung von Erbauungsschriften (z. B. Johann Arndt, 5.1.6) heben. Das Rezept erinnert an den Pietismus: Persönliche Frömmigkeit und christliches Gemeinschaftsleben sollen Kirche und Gesellschaft integrieren (Volkskirche). Im Rahmen der Reformschriften tauchen auch ganz ähnliche Begriffe auf: allgemeines Priestertum ernst nehmen, Beschäftigung mit der Bibel und religiöser Literatur, stärkeres Engagement der Pfarrer in Seelsorge und Unterweisung, effektive Sittenkontrolle (Sonntagsheiligung).

Zentren solcher Forderungen sind etwa Universitäten wie Rostock, wo Professor Großgebauer (1627–61) den Pfarrer nicht nur als Prediger und Lehrer, sondern auch als Hirten und Seelsorger seiner Gemeinde sieht und für Konfirmandenunterricht und Kirchenzucht eintritt. Ein anderes Zentrum ist Straßburg, wo sich z.B. Professor Dannhauer (1603–66) für die Verbesserung der Frömmigkeit, Moral und Kirchlichkeit starkmacht. Er wirft den Landesherren vor, dass sie sich nur an der Kirche bereichern und nicht genug für die Kirchenzucht tun. Er kritisiert auch die Anstellung ungeeigneter Pfarrer. Bei allen Reformvorschlägen erwartet er jedoch – wie bereits Luther – das nahe Ende der Welt. Neben diesen orthodoxen Reformversuchen breitet sich auch in Deutschland die Aufklärung aus, der Rationalismus bestimmt die theologischen Fakultäten und Kirchen.

Physikotheologie

Die frühe englische Aufklärung bleibt stark an die heilige Schrift und ihr Weltbild gebunden, die Genfer Reformation dringt hier vor und beeinflusst die Konfessionen (Anglikaner, Puritaner, Presbyterianer, Baptisten). Ausgehend von dieser geistig-religiösen Atmosphäre entsteht zunächst die Physikotheologie, in der theologische Naturforscher bzw. naturforschende Theologen die Wunder der Natur erforschen, beschreiben und von diesen Erfahrungen her auf den Schöpfer schließen.

> *Und wenn jeder Fixstern Mittelpunkt eines dem unsrigen ähnlichen Sys-*
> *tems ist, so muss das Ganze, da es nach einheitlicher Absicht konstruiert*
> *erscheint, das Reich ein und desselben Herrschers bilden. Es folgt daraus,*
> *dass Gott ein lebendiger, einsichtiger und allmächtiger Gott ist, dass er über*
> *das Weltganze erhaben und durchaus vollkommen ist.*
> Newton: Mathematische Prinzipien der Naturphilosophie (1686), zit.
> nach Zeitalter der Aufklärung, S. LX.

In Großbritannien versteht John Locke (1632–1704) den Menschen als „weißes Blatt Papier", das erst beschrieben werden müsse. Menschen hätten Empfindungen, die durch den Verstand geordnet und zusammengesetzt werden, dabei wirke ein *sensus communis*, der die natürliche Orientierung leitet. Dieser Empirismus fordert den kontinentaleuropäischen Rationalismus heraus. Locke hat durch seine Lehre von der Gewaltenteilung und vom Gesellschaftsvertrag sowie der Forderung nach Trennung von Kirche und Staat nicht nur die Staatstheorie beeinflusst. Auch im Hinblick auf die Pädagogik ist er ein bedeutender Vordenker geworden, auch wenn er zunächst nur die Erziehung der Führungsschichten im Blick hat. Wichtiger als die Belehrung durch Unterricht sind für ihn Umgang und Gewöhnung sowie die Orientierung an Vorbildern. Die Pädagogik zielt zunächst auf Tugend und Weisheit (im Sinne einer reflektierten Einschätzung von Lage und eigenen Möglichkeiten), dann auf Bildung im klassischen Sinne (innere Unabhängigkeit, kultivierte Lebensart) und schließlich auf Wissen. Methodisch interessant sind seine hohe Wertschätzung des Spieles und der Erholung, da dies dem besonderen Entwicklungsabschnitt des Kindes angemessen ist. Hier hebt er sich von der Pädagogik Franckes ab, der stärker auf Kontrolle achtet und im Spiele Möglichkeiten der Verführung sieht.

Newtons *Grundsätze* (1687) und Lockes *Überlegungen zum menschlichen Verstehen* (1680) geben den Ton an: Nicht angeborene Ideen, sondern als leeres Blatt sei der menschliche Geist angelegt! Arbeitet das 17. Jh. noch deduktiv, so kommt nun ein induktives Denken zum Vorschein, das nicht mehr von vorgegebenen allgemeinen Prinzipien ausgeht, sondern von der Erfahrung aus Erkenntnisse formuliert.

Bei der Erforschung des Weltalls werden die neuen Theorien und Erkenntnisse also ganz traditionell auf den Schöpfer bezogen und Schlüsse abgeleitet, die auf die Größe des Schöpfers hinzielen. Die Naturforscher verfolgen teleologische Schlüsse, der Impuls kommt aus dem Glauben der Forscher. Nach der Zertrümmerung des alten Weltbaus und der kopernikanischen Wende entdeckt man ein neues, transzendentes Licht der Herrlichkeit Gottes in der Natur. Nach englischem Vorbild dichtet der Lutheraner Brockes in Deutschland:

- *Ein Glanz, der mehr als irdisch ist,/ Dringt mir durchs Auge nach der Seelen:/*
- *Wodurch sie ihrer selbst vergisst:/ Sie kann es fühlen, nicht erzählen./*
- *Ach HERR! Eröffne mir die Augen,/ Dass durch sie Herz und Seele tau-*
- *gen,/ Dich hier im Schmuck der Welt zu sehen./ Bis dass dereinsten dort ich*
- *ganz/ Dich ganz, Du ewig-heller Glanz,/ Kann sehn und Deinen Ruhm*
- *erhöhn.*
- Brockes: Irdisches Vergnügen in Gott, zit. nach Philipp: Zeitalter der
- Aufklärung, S. 56.

Das Licht illustriert die Herrlichkeit Gottes in der Natur. Calvin hat noch darauf hingewiesen (Institutio I,5,14), dass „die brennenden Fackeln im *Gebäu der Welt*, bestellt zur Verherrlichung des Schöpfers" uns vergeblich leuchten, denn sie führen uns nicht zu Gott, wie das Wort der Schrift es tut. Nun streben die frühen Aufklärer auf diesem Weg voran, sie sind vollkommen im traditionellen Weltbild eingebunden; erste naturkundliche Sammlungen entstehen, in denen z.B. Muscheln ausgestellt werden, die als Hinweise auf den Schöpfer in Dienst genommen und oft Keimzellen naturwissenschaftlicher Sammlungen werden. Lange vor Rousseau, der übrigens nach eigenem Zeugnis physikotheologische Schriften studiert hat, wenden sich die Physikotheologen der Natur zu. Neu ruft man nach Christus, ersehnt den „Morgenglanz der Ewigkeit" (EG 450), wie Christian Knorr von Rosenroth Mitte des Jahrhunderts dichtet. Ähnlich zeichnet Rembrandt etwa in seinen Radierungen Christus mit einem neuartigen Heiligenschein, der ihn eher als Sonne darstellt und die *Herrlichkeit* anschaubar macht.

Neben der Erforschung der Natur steht das Herbeisehnen des wiederkommenden Christus. Typisch wird ein neuer Blick für die Zukunft: Man erwartet immer sicherer das Tausendjährige Reich und möchte die Welt verbessern. Viele beginnen, Wege zur Veränderung von Gesellschaft und Kultur zu gehen. In diesem Zusammenhang ändert sich in Großbritannien auch die Politik gegenüber den Juden, denen seit 1290 das Betreten der Insel bei Todesstrafe verboten ist. Nun werden sie mit dem Argument wieder hineingelassen, dass Christus nach 5Mose 28,64 und Dan 12,7b erst dann seine Herrschaft antritt, wenn Israel über alle Völker (also auch unter die Engländer) zerstreut wird. Parallel dazu gibt es auf den britischen Inseln Menschen, die die verlorenen zehn Stämme

Israels, die 722 v.Chr. deportiert worden sind, mit den Briten identifizieren. Da sie die Kreuzigung Jesu nicht mit verschuldet hätten, wären sie zur Weltherrschaft berufen.

In Frankreich entwickelt sich der Absolutismus, er verfolgt und verdrängt die Evangelischen. Dabei gründet man diese neue Staatsräson auf Bodins Staatstheorie (4.2.1). In den Niederlanden und Großbritannien entstehen dagegen demokratische Traditionen, in denen sich Calvins Gedanken wiederfinden. Durch die Verfolgung werden wohl auch die Gedanken eines möglichen Widerstandsrechtes artikuliert. In der Auseinandersetzung um die Konfessionen entwickelt Hobbes den Gedanken, dass nicht die Wahrheit, sondern die Autorität des Herrschers das Gesetz begründet. In seinem *Leviathan* nimmt er die reformierte Bundesvorstellung auf, indem er von einem Bund der Menschen schreibt.

Neologie, Deismus und Empirismus

Eine neue Richtung in der Aufklärung stellt schließlich die **Neologie** (dt. *neue Lehre*) dar, die eine neue Auseinandersetzung mit der Heiligen Schrift einleitet, indem sie diese geschichtlich betrachtet. Der biblische Text wird mit den wissenschaftlichen Methoden bearbeitet, mit denen man auch andere historische Quellen untersucht. Das Schöpfungswerk und die Wunder werden nun fragwürdig. Jesus habe sich dem Volksglauben seiner Zeit *akkommodiert* (dt. angepasst). Zu ihren Wegbereitern gehören Thomas *Burnet* (1635–1715) in England und Johann Salomo *Semler* (1725–91) in Deutschland. Später werden ihre Anliegen von Reimarus und Lessing aufgenommen (s. u.).

Schließlich wird hier der **Rationalismus** (von lat. ratio *Vernunft*) greifbar, man will die Wirklichkeit mit Hilfe der Vernunft durchdringen. In England nennen sich die Anhänger dieser Richtung **Deisten** (dt. *Gottgläubige*). Diese Aufklärer sind der Überzeugung, dass die vernunftgemäßen christlichen Lehren auch direkt aus der Vernunft abgeleitet werden können, ohne dass man eine Offenbarung Gottes annehmen müsse. Hier sind etwa John Toland (1670–1722) mit seinem Buch *Christianity Not Mysterious* (1696) und William Tindal (1657–1733) mit *Christianity as Old as the Creation* (1730) zu nennen. Bei ihnen wird das Christentum zur natürlichen Religion. Viele von ihnen sehen Gott als Uhrmacher, der die Welt mit ihren Gesetzmäßigkeiten geschaffen hat, aber nun in ihren Ablauf nicht eingreift, ja nicht eingreifen könne.

- *Deist wird von uns genannt, der zugibt, dass Gott existiert, aber dennoch*
- *verneint, dass er sich um menschliche Angelegenheiten kümmert – bzw.*
- *der, der die göttliche Vorsehung verneint.*
- Christian Wolff, zit. nach Philipp: Zeitalter der Aufklärung, S. LXXXIII.

An die Stelle der überlieferten objektiven Wahrheit, die in der Heiligen Schrift niedergelegt ist, tritt die subjektive Wahrheit, die durch menschliche Vernunft erforscht wird. Wissenschaft (Philosophie, Naturwissenschaft) und Kultur (Kunst, Literatur) verselbstständigen sich, indem sie sich von der Vorherrschaft der Theologie befreien. An die Stelle der Theologie tritt die Philosophie als neue Leitwissenschaft. Der Glaube büßt seine Selbstverständlichkeit ein, er wird immer mehr zur privaten Überzeugung. Der christliche Glaube wird bald mit anderen Religionen verglichen, ja er wird selbst zu einer Religion unter vielen (vgl. Lessing: Nathan der Weise, 1779).

Den Aufklärern scheint selbstverständlich, dass das neue Wissen objektiv, wertfrei und neutral ist: Die Wissenschaft stellt Tatsachen oder Fakten fest. Doch den Tatsachen stehen Werte gegenüber, die weniger auf Wissenschaft als auf Meinung oder Glauben gründen. Während Tatsachen nicht angezweifelt werden können, kann man über Werte und den Glauben diskutieren. Hier beginnt der private Bereich der subjektiven Meinungen, zu dem auch die Religion gehört.

Nach der Reformation kommt mit der Aufklärung also der zweite grundlegende Umbruch für die Neuzeit. Der Mensch erforscht, zu welchen Erkenntnissen die menschliche Vernunft kommen kann. Alles, was den Anspruch auf Glaubwürdigkeit und Wahrheit erhebt, muss vernünftig zu begründen sein, zugleich wertfrei und neutral (Grundsatz der Rationalität und Evidenz). Die Wissenschaft stellt die *Tatsachen* bzw. *Fakten* fest, die Zahl der neuen Erkenntnisse ist beträchtlich. Die Wissenschaftler streben bald danach, sich aus der Bevormundung des Denkens durch die Kirche (und den Staat) zu lösen und hinterfragen alles kritisch (Grundsatz der Emanzipation). Die Rolle von Kirche und Theologie tritt in Staat und Gesellschaft zurück (Grundsatz der Säkularisierung).

Spielt im antiken und mittelalterlichen Weltbild die Teleologie (Ziel- und Zweckbestimmtheit der Dinge) eine entscheidende Rolle, so verliert sie in der Aufklärung immer mehr ihre Bedeutung zugunsten der **Kausalität** (Beziehung von Ursache und Wirkung). Die Gelehrten der Antike und des Mittelalters wollen die Frage nach dem *Woher* und *Wozu* beantworten, dem Ziel oder Zweck. Für die frühen Aufklärer ist Gott die erste Ursache von allem – und das höchste Ziel. Gott hat alles vernünftig eingerichtet und die beste aller möglichen Welten geschaffen. Mit der Zurückdrängung der Religion spielt auch die Frage nach Gott immer weniger eine Rolle.

Die aufgeklärte Wissenschaft vermag mit ihrer Methode aber weder zu erklären, woher das Universum kommt (also die Frage nach dem Schöpfer) noch zu welchem Zweck es da ist oder welches Ziel es hat. Alles, was die aufgeklärte Wissenschaft kann und will, ist die Analyse von der Ursache und ihrer Wirkung. Dazu werden Gesetzmäßigkeiten erforscht, nach denen Abläufe vorhersagbar werden. Der menschliche Verstand beginnt zu planen und zu kontrollieren, die Welt verliert Zufall und Geheimnis aus den Augen. Allerdings bleibt die Frage nach dem Woher und Wohin ausdrücklich unbeantwortet. Wir haben uns heute an diese Prämissen gewöhnt, allerdings passen sie nicht wirklich zu unseren alltäglichen Erfahrungen, wo wir die Fragen nach dem Woher und Wohin bzw. Wozu ständig beantworten (müssen).

In Frankreich dominieren radikale Positionen, dort schließen sich Philosophen wie Voltaire (1694–1778) den radikalen englischen Deisten an, kritisieren die Bibel und christlichen Grundlehren polemisch. Manche Denker wenden sich von der Theologie ab und haben nur noch Spott für das Christentum übrig. In Deutschland scheint das Verhältnis von Aufklärern und Christentum zunächst gemäßigt und positiv.

Die bekannteste Definition für Aufklärung hat Immanuel **Kant** (1724–1804) am Ende der Epoche in seiner Schrift *Was ist Aufklärung?* (1784) gegeben.

- *Aufklärung ist der Ausgang des Menschen aus seiner selbstverschuldeten Unmündigkeit. Unmündigkeit ist das Unvermögen, sich seines Verstandes ohne Leitung eines anderen zu bedienen. Selbstverschuldet ist diese Unmündigkeit, wenn die Ursache derselben nicht am Mangel des Verstandes, sondern der Entschließung und es Mutes liegt, sich seiner ohne Leitung eines andern zu bedienen. Habe Mut, dich deines eigenen Verstandes zu bedienen! ist also der Wahlspruch der Aufklärung.*
- *Faulheit und Feigheit sind die Ursachen, warum ein so großer Teil der Menschen, nachdem sie die Natur längst von fremder Leitung freigesprochen, dennoch gerne zeitlebens unmündig bleiben; und warum es anderen so leicht wird, sich zu deren Vorrednern aufzuwerfen. Es ist so bequem, unmündig zu sein [...]. Wir leben noch nicht in einem aufgeklärten Zeitalter, wohl aber in einem Zeitalter der Aufklärung.*
- zit. nach KThGQ IV/1, S. 146.

Kant ist also der Auffassung, Aufklärung ist nicht allein eine Sache des Verstandes, sondern auch der Entschlossenheit und des Willens. Sie ist Sache jedes Einzelnen. Zur Aufklärung braucht es Freiheit zum Denken und Handeln, eine Bevormundung durch andere soll es nicht geben. Ohne dass es ausgesprochen ist, wird die Rolle der Pfarrer infrage gestellt, die den Menschen bis dahin verkündeten, was gilt und was man tun soll (7.3.2). Die Menschen sollen und wollen Neues denken!

Vernunftkritik

Weder Autoritäten der Kirche noch solche des Staates werden von der Kritik der Aufklärung ausgenommen. Damit knüpft Kant an die Arbeit der französischen Enzyklopädisten an, von denen Pierre *Bayle* 1695/97 sein historisch-kritisches Lexikon herausgebracht hat, in dem er alle geschichtliche Überlieferung der Kritik unterzieht. **Kant** untersucht weiter, *was die menschliche Vernunft leistet* und was wir zweifelsfrei wissen können. Dabei erkennt er, dass das Wissen über die Welt nicht nur durch passives Beobachten entsteht, sondern dass der Wissenschaftler selbst eine Rolle spielt, insofern er als Mensch an Raum und Zeit gebunden ist und nur räumliche und zeitliche Begriffe denken kann. Da wir über metaphysische Zusammenhänge keine Sinneswahrnehmungen machen können, kommen Menschen zu unterschiedlichen Annahmen. Gott könne man daher weder beweisen noch widerlegen. Gott und sein Handeln sind Kants Ansicht nach in der Geschichte wie in der Natur nicht erkennbar.

In seiner **Kritik der praktischen Vernunft** (1788) legt er das Sittengesetz als von der Vernunft vorgegeben dar, das den Einzelnen mit dem kategorischen Imperativ in die Pflicht nimmt und für alle Menschen gilt. Die Pflicht ergibt sich aus der Vernunft selbst.

- *Der kategorische Imperativ ist also nur ein einziger, und zwar dieser: handle nur nach derjenigen Maxime, durch die du zugleich wollen kannst, dass sie ein allgemeines Gesetz werde. [...] Handle so, dass du die Menschheit, sowohl in deiner Person als in der Person eines jeden andern, jederzeit zugleich als Zweck, niemals bloß als Mittel brauchest.*
- Kant: Der kategorische Imperativ (nach der Grundlegung zur Metaphysik der Sitten. 1785), zit. nach KThGQ IV/1, S. 144.

Jeder täte also aus Vernunft dasselbe. Solches Handeln setzt Freiheit des Willens, Unsterblichkeit der Seele und Gottes Existenz voraus: Gott sorge für den Lohn sittlichen Handelns, so formuliert Kant einen moralisch vernünftigen Glauben. Die Unsterblichkeit sei zu postulieren, weil nicht alle bereits auf Erden ihr Ziel erreichen. Gott müsse daher später einen gerechten Ausgleich schaffen. Diese „Postulate" könnten zwar nicht durch die reine Vernunft bewiesen werden, aber sie ergäben sich zwingend aus der praktischen Vernunft. Da nicht alle in diesem Leben entsprechend ihrem Lebenswandel belohnt oder bestraft würden, müsse es einen Richter geben, der nach diesem Leben einen gerechten Ausgleich schafft. Insofern fordert die Vernunft, dass es Gott (als ausgleichenden Richter) und Unsterblichkeit (als Zeit für den Ausgleich) geben muss. Am Ende wird er gleichsam religiös.

- *Zwei Dinge erfüllen das Gemüt mit immer neuer und zunehmender Bewunderung und Ehrfurcht, je öfter und anhaltender sich das Nachdenken damit beschäftigt: Der bestirnte Himmel über mir und das moralische Gesetz in mir. Beide darf ich nicht als Dunkelheiten verhüllt, oder im Überschwenglichen, außer meinem Gesichtskreise, suchen und bloß vermuten; ich sehe sie vor mir und verknüpfe sie unmittelbar mit dem Bewusstsein meiner Existenz.*
- Kant: Kritik der praktischen Vernunft. zit. nach Frey: Ethik. S. 119.

Für Kant stellen also die natürliche Ordnung der Schöpfung (der „gestirnte Himmel über mir") wie das Sittengesetz (das „moralische Gesetz in mir") zwei vorausgesetzte Ordnungen dar. Er legt die Wurzeln protestantischer Gesinnungsethik, indem er die Gründe des Handelns untersucht. Das Bürgertum sucht das Eigentliche im Inneren des Menschen und vernachlässigt die äußere Wirklichkeit eher. Im Menschen regiert die Pflicht, die Gott in ihn hineingelegt hat.

Kants Vorstellung vom Glauben erscheint rein rational, alles dient einem moralischen Zweck und führt zu einem Leben der Tugend. Gebet, Gottesdienstbesuch, Taufe und Konfirmation lehnt er dagegen als „Religionswahn" ab. Inkarnation und Auferstehung Christi scheinen für ihn unannehmbar, denn sein stellvertretender Sühnetod passt nicht in sein Weltbild, widerspricht auch dies seiner Vorstellung von Vernunft und Freiheit. Christus sieht er ausschließlich als sittliches Vorbild, nicht als Erlöser. Jesus hat also nicht die Beziehung zu Gott neu ermöglicht, sondern das Verhältnis zu Gott steht durch die gegebene Pflicht in einem neuen Licht. Der Mensch kann moralische Vollkommenheit erreichen, weil er es als Geschöpf soll.

Allein der moralische Gehalt der Bibel zählt. Für Kant spielt die Tugend die entscheidende Rolle, die durch die Gnade als übernatürliche Hilfe unterstützt werde: Da wir einen freien Willen haben, müssen wir uns Hilfe verdienen können. Das Reich Gottes kommt gleichsam in uns, der moralische Gottesdienst ersetzt kirchliche Riten und Gebräuche. Dahinter steht Kants Verständnis der Freiheit des Menschen: Wenn Wunder den Glauben stärkten, dann würde so die Freiheit eingeschränkt. Eine Gottesvorstellung, nach der Gott Gnade walten lasse, die unverdient sei, lehnt er ab, da sie die Freiheit nicht beachte. Viele Gebildete folgen diesem von Kant gewiesenen Weg eines moralischen Christentums, das sich auf ein ewiges Friedensreich zu entwickele. Die tatsächliche Geschichte zeigt dann ganz andere Ausprägungen, zu der Menschen durch Betonung von Gesinnung und Pflicht gelangen. Die Abgründigkeit des Menschen, die die Reformatoren noch gekannt haben, weicht im Idealismus einem optimistischen Fortschrittsglauben.

Das *Licht der Vernunft* soll die Dunkelheit der Tradition vertreiben, Aufklärung wird zur neuen Vision. Dazu kommen ein Aufbruch der Pädagogik und ein geradezu revolutionärer Reformeifer. Der Glaube an den Fortschritt und ein ganz neuer Optimismus wird fortan bestimmen: Jedes Problem erscheint mit der Vernunft lösbar, alles kann man erkennen und dann verbessern. Am Ende will man gleichsam das Paradies auf Erden schaffen. Im Weltbild der Aufklärung steht der Mensch im Zentrum, Gott spielt nur noch im privaten Bereich der Überzeugungen und Meinungen eine Rolle. Der bereits angesprochene Paradigmenwechsel führt auch zu einem neuen Denken in der Theologie. Wissenschaft und Theologie treten sozusagen auseinander, insofern die Theologie sich mit Werten und Glauben beschäftigt. So werden Glauben und Theologie einer anderen Welt zugeordnet, es geht um geistige und innerliche Vorgänge, die man sich nur privat leistet und mit denen man tolerant umzugehen hat.

Anders als Kant entwickelt Adam **Smith** (1723–90) den Utilitarismus, in dessen Folge sich die moderne Wirtschaftsordnung durchsetzt. In seiner *Theory of Moral Sentiments* geht Smith davon aus, dass der Mensch die Bedürfnisse seines Mitmenschen erkennen müsse. Ein Bäcker backt gutes Brot, wenn er es für sich bzw. für den Erfolg seines Geschäftes backt. Sein Streben als Einzelner mündet in eine große Harmonie ein, wenn der Markt die unterschiedlichen Interessen ausgleicht. Dem zentralistischen Staats- und Gesellschaftsentwürfen auf dem Kontinent (*Merkantilismus*) stellt er so den Markt mit seiner ausgleichenden Funktion gegenüber. Statt wie Kant auf Gesinnung und Pflicht zu schauen, geht Smith von den Bedürfnissen des realen Menschen aus, der sein Glück sucht, indem er seine Bedürfnisse analysiert, in eine Dringlichkeit bringt und verfolgt.

Während Philosophen die Aufklärung denkerisch vorantreiben, wirken Schriftsteller durch ihre Dichtungen in die Breite. Die Nähe von Pietismus und Aufklärung zeigt sich immer wieder in Personen wie Christian Fürchtegott **Gellert** (1715–69), der Theologie studiert und als Dichter wirkt. Lieder wie „Wenn ich, o Schöpfer, deine Macht" (EG 506) finden den Weg in die Gesangbücher, mit seinen Dichtungen wirkt er aufklärerisch. Sein Familienroman *Das Leben der schwedischen Gräfin von G…* (1747/48) erzählt von einer religiös erzogenen Gräfin, die durch Intrige eines Prinzen von ihrem Mann getrennt wird und mit dessen bürgerlichem Freund in die Niederlanden flieht. Da sie vom Tode des Gatten hört, heiratet sie den Bürgerlichen, der sofort die Ehe aufgibt, als unerwartet der totgeglaubte Graf zurückkommt. Die Standesunterschiede zwischen dem bürgerlichen Herrn R. und seinem Freund Graf G. spielen keine Rolle, alles ist vernünftig eingerichtet.

Als Dichter wirkt auch Lessing (1729–81), wie Gellert Pfarrerssohn, der ebenfalls Theologie studiert und später als Bibliothekar arbeitet. Durch seine literaturdidaktischen Schriften und seine Dramen betreibt er Aufklärung, schreibt bewusst Stücke wie *Minna von Barnhelm* (1767), in dem Liebe und Ehre konkurrieren oder *Nathan der Weise* (1779), in dem er für religiöse Toleranz eintritt.

Bedeutenden Einfluss auf die Kultur erhält Johann Joachim **Winckelmann** (1717–68), der eine neue Antike-Rezeption einleitet, an die später Goethe anknüpft. Seine Schau der Griechen schafft eine *Religion des Schönen*, in deren Zentrum die bürgerliche *Humanität* steht. Von hier aus wird der Neuhumanismus im 19. Jh. stark beeinflusst.

Mit den Dichtungen der Empfindsamkeit und des Sturm und Drang nimmt das Gefühl stärker Einfluss und die Dichter wollen bewusst rühren. Nach englischen Vorbildern (Miltons *Paradise Lost*) verbindet etwa Friedrich Klopstock (1724–1803) Frömmigkeit und Aufklärung in seinem *Messias* (1748/73), der den jungen Goethe und seinen Kollegen Schiller beeindruckt.

Pädagogik

Die Aufklärung ist auch das Zeitalter der Pädagogik. Viele Gelehrte äußern sich zu pädagogischen Fragen, versuchen die Menschen durch Belehrung zu bessern. Zahlreiche Bücher und Zeitschriften erscheinen zu pädagogischen Fragen und finden ihr Lesepublikum, wobei allerdings nur 50 % der Menschen lesen können. In literarischen Salons sammeln sich Bürger und Adlige (1.2.3), es entstehen Literaturzirkel und -gesellschaften. Namentlich die *Moralischen Wochenschriften* verbreiten sich aus England auf den Kontinent, wo die Leser über Moral und Erziehung belehrt werden.

Äußerst wirksam werden die Schriften des Schweizers Jean-Jaques **Rousseau** (1712–78), der die Gedanken von Locke aufnimmt und verbreitet. Er geht von einem von ihm als ideal verstandenen Naturzustand aus und wird der große Kulturkritiker der Moderne. Je mehr sich der Mensch vom Naturzustand entferne, desto schlechter werde alles. Im Geiste des aufklärerisch-optimistischen Weltbildes geht er davon aus, dass der Mensch ursprünglich gut ist und durch die Kultur verführt werde, in der Geschichte sieht er also keinen Fortschritt, sondern nur Verfall: Habsucht, Eigenliebe, Herrschsucht, Neid, Eitelkeit. Daher will er *zurück zur Natur*, dazu soll zum einen der Staat reformiert werden (Gewaltenteilung, Gesellschaftsvertrag) und die Erziehung auf naturverbundene Weise erfolgen. Für das Kind gehe es um das Ursprüngliche, Einfache, Ungekünstelte, Lebensunmittelbare. In seinem Erziehungsroman *Emile* zeigt er ausführlich, wie er sich die Erziehung eines Kindes durch einen Erzieher vorstellt. Die Entdeckung der Kindheit verdankt sich diesem Schweizer Literaten, der in der Lebenspraxis nicht sonderlich wirksam geworden ist. Auffallend ist bei aller Wertschätzung der Natur jedoch, das er die Familie völlig außer Acht lässt, ganz offenbar geht er doch von einer Lebenssituation der Adligen oder Großbürger aus, in der nicht die Eltern, sondern Angestellte das Geschäft der Erziehung übernehmen. Wirksam wird auch seine Wertschätzung des Gefühls, das Herz wird gegen Vernunft und Konvention ausgespielt.

Die sogenannten *Menschenfreunde* (**Philanthropen**) haben Rousseaus Gedanken ausführlich aufgenommen und verbreitet, wobei es ihnen allerdings sehr stark um die berufliche Tüchtigkeit des Menschen geht und die Erziehung insofern auf Nützlichkeit zielt. Unter ihnen gehören Johann Bernhard *Basedow* (1724–90) und Christian Gotthilf *Salzmann* (1744–1811) zu den führenden Gestalten. Basedow setzt sich besonders für religiöse Toleranz in der Schule ein und fordert eine staatliche Schulaufsicht. Salzmann wirkt durch seine umfangreiche literarische Produktion in fast allen Schichten, zumal er seine pädagogischen Gedanken auch in Romanen weitergibt. Im Gegensatz zu Rousseau spielt bei ihm die Familie eine zentrale Rolle in der Pädagogik. Auch begründet er gleichsam die Fachliteratur für Erzieher. Neben ihnen wird vor allem Joachim Heinrich *Campe* (1746–1818) zum Schriftsteller der Menschenfreunde, bearbeitet er doch etwa Defoes *Robinson* für Jugendliche und macht es so zum ersten großen Jugendbuch.

Parallel zu diesen literarischen Werken nehmen auch die Regierungen immer stärker die Schulbildung des Volkes in den Blick, in Preußen entsteht 1763 das General-Landschulreglement als Volksschulverfassung, in der die allgemeine Schulpflicht erstmals niedergelegt ist; sie zeigt deutlich die Spuren der Franckeschen Pädagogik in Halle (6.2).

UNTERM STRICH

Die Aufklärung wird als Epoche der Vernunft und der wissenschaftlichen Erforschung der Welt gefeiert. Die Vernunft wird für alle Lebensbereiche bestimmend. Dabei muss man sich hüten zu denken, zuvor habe die Vernunft keine Rolle gespielt. Das ist natürlich niemals der Fall gewesen. Die Philosophen und Theologen der Antike haben komplexeste Fragen mit der Vernunft erörtert und hervorgebracht, die auch heute noch gelesen werden (z.B. Platon, Aristoteles, Origenes, Augustin). Die mathematischen Beweise eines Thales von Milet oder des Pythagoras lernen wir noch heute in der Schule. Auch diese Menschen haben ihre Vernunft eingesetzt. Und auch im Mittelalter ist es nicht viel anders gewesen, was wüssten wir von der Antike, wenn man es im Mittelalter nicht überliefert hätte? Und welche Werke über Glauben und Denken haben Anselm von Canterbury oder Thomas von Aquin hinterlassen, die nicht nur in der römisch-katholischen Kirche bis heute studiert werden? Wenn wir das 17. und 18. Jh. als Zeitalter der Vernunft bezeichnen, so heben wir einen spezifischen Vernunftgebrauch hervor. Die empirisch vorgehende Vernunft studiert die Welt genau, übernimmt keine Erkenntnisse ungeprüft, sondern möchte das Wissen nachvollziehen und überprüfen. Dabei hilft ihr, dass allmählich das pessimistische Weltbild des Barock von der optimistischen Weltsicht der Aufklärung abgelöst wird, die vermutlich auch in der neuen Vorstellung vom begonnenen Tausendjährigen Reich wurzelt.

Die Entdeckungen beweisen zunächst die Größe des Schöpfers (Physikotheologie, frühe Aufklärung), naturkundliche Sammlungen scheinen als *Buch der Natur* an die Seite der Bibel zu treten. Mit der Neologie und dem Deismus setzt dann eine neue Sicht ein, die zunächst unmerklich auf Distanz zur christlichen Überlieferung geht und immer mehr auf Philosophie statt Theologie setzt (Rationalismus). Die Aufklärer des 18. Jh. halten zwar am Schöpfer fest, der wie ein Uhrmacher diese komplizierte Welt erschaffen habe, nun funktioniere sie aber ohne sein Eingreifen wie eine Maschine nach den in sie hineingelegten Gesetzmäßigkeiten. Wunder haben nun keinen Platz mehr, denn die Naturgesetze gelten absolut immer und überall. Eine solche Sichtweise muss selbstverständlich die Frömmigkeit verändern:

Gebete um Gottes Eingreifen bei schwerer Krankheit oder in anderen Notsituationen werden sinnlos, die Bedeutung Gottes für den Alltag wird so
verändert. Wenn man selber Wunder nicht mehr hervorbringen kann und
nicht erlebt, nimmt man das irgendwann zum Anlass, um an der Überlieferung der Bibel zu zweifeln: Wenn wir das heute nicht erleben oder
experimentell überprüfen können, dann sind Zweifel angebracht, ob es damals anders gewesen sein kann! Damit wenden sich die Theologen letztlich
gegen ihre eigenen Grundlagen, die sie in der Reformation intensiv gegen
die Kirche des Mittelalters ins Feld geführt haben.

Zugleich werden die Naturforscher zu *Priestern* des neuen Zeitalters, denn
sie erforschen das *Buch der Natur* und verkünden mit ihren Erkenntnissen gleichsam zuverlässiger als die Theologen die Größe des Schöpfers und
die Möglichkeiten des Menschen, aus diesem Wissen eine neue Welt aufzubauen. In der weiteren Wissenschaftsgeschichte stellt man Theorien auf,
die den Ursprung der Welt nur noch bedingt erklären. Mit zunehmender
Distanz zum Glauben ziehen neue mythologische Bilder ein, die die alten
Schöpfungserzählungen ablösen (7.2.2). Vielen Forschern reicht es künftig
aus, die Kausalität zu durchschauen.

Mit der Vernunft erforscht man alles, objektiv, wertfrei und neutral.
Die Welt der Fakten soll über jeden Zweifel erhaben sein, über Fragen
des Geschmacks und der Werte kann man dagegen unterschiedliche Meinungen haben, denn hier lässt sich keine Objektivität gewinnen. Insofern
die Religion im Bereich der subjektiven Werte und Überzeugungen ihre
Platzerweisung erhält, erklärt man zum einen das Vorhandensein unterschiedlicher (konfessioneller) Wahrheitsansprüche, versucht zugleich
methodologisch zu zeigen, dass es objektive Wahrheit in diesem Falle
kaum geben kann (7.2). Religionsfragen werden so Fragen der persönlichen Überzeugung, Glauben heißt nicht *Wissen*, sondern *Meinen*! Religion und Kirche werden so unwichtiger. Die Verweltlichung der Kultur
schreitet so weiter voran.

Heute sehen wir die naive Selbstüberschätzung der menschlichen Vernunft mit einer Mischung von Entsetzen und Sentimentalität. Erst seit
Mitte des 20. Jh. begreifen wir, dass die Kausalität gar keine absolute Größe
ist. Immer mehr rechnen wir mit einer Durchlässigkeit zwischen Diesseits
und Jenseits, aber darauf kommen wir später noch einmal zurück. Gleichwohl gibt es auch unter den Aufklärern die Vorstellung von einer zielge-
richteten Entwicklung der Welt, kaum jemand sieht die Weltgeschichte als
Produkt des Zufalls. Mindestens eine geheime Kraft sehen sie alle, ohne
dass sie diese mit einem persönlichen Gott in Verbindung bringen. Aber

jener Schöpfer, den man vernünftigerweise annehmen kann, führt alles zu einem guten Ziel und Ende.

7.2.2 Streit um die Bibel

In Bezug auf das Christentum und seinen Glauben verfahren die Aufklärer durchaus unterschiedlich. Da sind zum einen die Aufklärer, für die Vernunft und Glaube vereinbar sind. Die christlichen Glaubensüberzeugungen stimmen dieser Ansicht nach mit der Vernunft überein (vgl. John Locke: *Vernünftiges Christentum*. 1695). Die naturwissenschaftlichen Entdeckungen zeigen die großartige Schöpfung Gottes (vgl. Robert Boyle 1627–91), ja durch die Kenntnisse der modernen Physik könne Gott bewiesen werden, diese Welt ist die beste aller möglichen Welten (vgl. Isaac Newton 1643–1727, Gottfried Wilhelm Leibniz 1646–1716).

Schließlich wollen andere Aufklärer mit Hilfe der Vernunft die Offenbarung untersuchen. Will man Theologie als Wissenschaft betreiben, so setzt das voraus, dass man sich derselben Methode wie vergleichbare Wissenschaften bedient. Was aber ist vergleichbar? Betrachtet man Theologie mit philosophischen Methoden, so stellt sich die Frage nach der Evidenz, wie oben bereits angedeutet. Betrachtet man sie anhand historischer Methodik, dann stellt sich die Frage nach der Plausibilität der Überlieferung und der Quellen. Im 18. Jh. entflammt eine intensive Diskussion um die Wunderberichte in der Bibel, die zunächst z.B. von Hermann Samuel **Reimarus** (1694–1768) nur versteckt untersucht werden. Im neuen rationalen Weltbild, in dem alles nach dem Gesetz von Ursache und Wirkung geht und nach naturwissenschaftlichen Gesetzen verläuft, haben Wunder keinen Raum mehr. David **Hume** kommt in seiner Schrift *Essay on Miracles* (1748) daher zu dem Schluss, Wunder seien unmöglich, denn es gebe in seiner Zeit keine Analogien dazu.

Bibelkritik

Gegenüber den traditionellen Lehren des Christentums leiten Lessing und Reimarus auch in Deutschland eine grundlegende Wende ein und verändern das Wahrheitsverständnis bis heute. Lessing (1729–81) markiert den „garstigen Graben" zwischen der Zeit Jesu und den von ihm berichteten Wundern und der eigenen Zeit, die nur noch Berichte von Wundern hat, dass „Nachrichten von Wundern nicht Wunder sind".

- *Wenn keine historische Wahrheit demonstriert werden kann: so kann auch*
- *nichts durch historische Wahrheiten demonstriert werden.*

- *Das ist: zufällige Geschichtswahrheiten können der Beweis von notwendi-*
- *gen Vernunftwahrheiten nie werden.*
- *Ich leugne also gar nicht, dass in Christo Weissagungen erfüllet worden;*
- *ich leugne gar nicht, dass Christus Wunder getan: sondern ich leugne, dass*
- *diese Wunder, seitdem ihre Wahrheit völlig aufgehöret hat, durch noch*
- *gegenwärtig gangbare Wunder erwiesen zu werden, seitdem sie nichts als*
- *Nachrichten von Wundern sind, (...) mich zu dem geringsten Glauben an*
- *Christi anderweitige Lehren verbinden können und dürfen. [...] Das, das*
- *ist der garstige breite Graben, über den ich nicht kommen kann, so oft und*
- *ernstlich ich auch den Sprung versucht habe. Kann mir jemand hinüber*
- *helfen, der tu' es; ich bitte ihn, ich beschwöre ihn. Er verdient einen Got-*
- *teslohn an mir.*
- Lessing, Der Beweis des Geistes und der Kraft. 1777, zit. nach KTh-
- GQ IV/1, S. 119ff.

Lessing löst so den Zusammenhang zwischen Geschichte und Gegenwart, zwischen den Inhalten der Offenbarung und den notwendigen Vernunftwahrheiten der Humanität. Welche Glaubwürdigkeit kommt den neutestamentlichen Zeugen heute zu? Dabei kommt bei Lessing die Anfrage an den Wert der Geschichte als Erkenntnisquelle hinzu, Lessing beschreibt die Kluft zwischen Geschichts- und Vernunftwahrheit. Selbst wenn Tatsachen bewiesen werden könnten, steht noch die Frage im Raum, wie diese interpretiert werden müssen. Die „zufällige Geschichtswahrheit" der Auferstehung sage noch nichts über die daraus folgende „notwendige Vernunftwahrheit" aus. Vielmehr handele es sich um zwei verschiedene Kategorien, die miteinander kaum in Einklang zu bringen seien. Schließlich stellt Lessing die Frage nach der Bedeutung der Botschaft Jesu für heute.

1776 veröffentlicht er schließlich seine bibelkritischen *Fragmente eines Unbekannten*, in denen der biblische Offenbarungsglaube frontal angegriffen wird.

- *Die vornehmste und erste Frage, worauf das ganze neue System der Apo-*
- *stel ankommt, ist demnach diese: ob Jesus, nachdem er getötet worden,*
- *wahrhaftig auferstanden sei? [...] Das erste also, was wir bei der Zusam-*
- *menhaltung der vier Evangelien bemerken ist, dass ihre Erzählung fast in*
- *allen und jeden Punkten der Begebenheit so sehr voneinander abgeht und*
- *immer bei dem einen anders lautet wie bei dem andern. Ob nun gleich*
- *dieses unmittelbar keinen Widerspruch anzeigt, so ist es doch auch gewiss*

- *keine einstimmige Erzählung, zumal da sich die Verschiedenheit in den wichtigsten Stücken der Begebenheit äußert.*
- Reimarus: Die neutestamentlichen Berichte über Jesu Auferstehung.
- zit. nach KThGQ IV/1, S. 113f.

Durch den Vergleich der Evangelien listet Reimarus alle Abweichungen auf, dazu fragt er, warum sich Jesus nicht nach seiner Auferstehung öffentlich gezeigt habe. Schließlich kommt er zu dem Schluss, die Jünger hätten den Leichnam Jesu gestohlen. Die historisch-kritische Betrachtung des Christentums hat begonnen. Die Bibel wird nun als Buch, das von mehreren Autoren geschrieben worden ist, betrachtet und mit den modernen Untersuchungsmethoden untersucht. Dabei werden insbesondere *Widersprüche* gesucht. Im Hintergrund wird die Frage gestellt, wer denn Jesus eigentlich ist. Den biblischen Texten begegnen die Forscher fortan kritisch, d.h. man stellt den historischen Wahrheitsgehalt der Überlieferung ganz grundsätzlich infrage. Forscher wie Bengel fragen nach dem korrekten Text, indem sie verschiedene Überlieferungen vergleichen und daraus eine Textfassung erstellen. Lessing stellt damals die These auf, es habe ein aramäisches Urevangelium gegeben, auf dem die späteren Evangelien beruhen, deren Verfasser also nicht Augenzeugen, sondern Geschichtsschreiber gewesen seien. So beginnt der Zweifel an der Glaubwürdigkeit der Evangelien seinen Lauf durch die Geschichte, zugleich schränkt man auch die Berichte der Kirchenväter über die Entstehung der Evangelien ein. Johann Gottfried **Herder** (1744–1803) bereichert die Entstehungshypothesen am Ende des 18. Jh. schließlich mit der Hypothese eines mündlichen Urevangeliums. Dabei wird nirgendwo ersichtlich, warum den Kirchenvätern weniger Plausibilität zugestanden wird als den Hypothesen der damaligen Forschung.

Auch die traditionelle christliche Vorstellung von der Verdorbenheit der menschlichen Natur (*Erbsündenlehre*) passt nicht mehr in das neue Paradigma. Rousseau propagiert, dass der Mensch von Natur aus gut sei. Die Erbsündenlehre hemme den Fortschritt und unterdrücke die Menschheit und müsse daher abgelehnt werden. Damit verbunden sind die Fragen nach dem Kreuz Jesu und die Sühnevorstellung der Christen. Im Zuge der neuen Untersuchungen wird Jesus nicht mehr als Erlöser der Menschheit, sondern vielmehr als vernünftiger Lehrer erkannt, der durchaus menschliche Züge trägt und keine göttlichen. Sein Tod wird nicht als Sühne betrachtet, weil weder die Vorstellung der Erbsünde noch die einer Stellvertretung am Kreuz annehmbar erscheint. Jesu Tod am Kreuz wird von den Aufklärern vielmehr als extreme Selbsthingabe gesehen, die an Sokrates erinnert. Jesu Auferstehung wird bestritten, seine moralische Lehre scheint annehmbar! Wie groß auch immer die tatsächliche Zahl der Anhänger dieser Sichtweisen im 18. Jh. gewesen sind, so bestimmen die Fragen die weitere theologische Forschung bis heute.

Die Aufklärung durch Vernunft und Verstand bestimmt das Denken des Bürgertums im 18. Jh. Der Glaube tritt hinter die Vernunft zurück. Gott scheint keine Rolle mehr zu spielen. Weil die Berichte der Bibel der eigenen Wahrnehmung nicht entsprechen, gelten sie als unglaubwürdig. Das Ziel der Gelehrten ist es nun, die wahre Wirklichkeit zu beschreiben, aufzuklären.

Unterm Strich

Glaube und Denken treten zunehmend auseinander, ja werden zu Gegensätzen: Schon bald erscheinen auch die christlichen Zeugnisse widersprüchlich und falsch, man meint Anzeichen von verfälschender Wiedergabe zu finden und stellt bald die **Glaubwürdigkeit der Bibel** überhaupt infrage. Erzählungen von einem Eingreifen Gottes in dieser Welt passen scheinbar nicht mehr in das vernünftige Zeitalter, klassische Zeichen der Macht Gottes wie etwa Blitz und Donner lassen sich *natürlich* erklären. Für Wunder scheint es im kausalen Denken keinen Raum zu geben, widersprechen sie doch der menschlichen Erfahrung und den Naturgesetzen, die immer mehr erforscht werden. Biblische Wunderberichte werden angezweifelt.

Allmählich verliert die Bibel so ihre Überzeugungskraft und Autorität (Bibelkritik). Lessing markiert den „garstigen Graben" zwischen der Zeit des Neuen Testaments und seiner Gegenwart. Welche Bedeutung sollen geschichtliche Ereignisse für unsere Zeit haben? Die Bibel wird als Buch menschlicher Autoren kritisch untersucht, die Auferstehung infrage gestellt, die Glaubwürdigkeit der Zeugen angezweifelt. Reimarus hält die Auferstehungsberichte für eine Fälschung oder einen Betrug der Jünger, eine Auferstehung kann es im neuen Weltbild nicht geben, daher fällt ihm auf, dass die verschiedenen Berichte mehr oder weniger stark voneinander abweichen. Die Glaubwürdigkeit der Evangelien wird von ihm ganz grundsätzlich infrage gestellt. Woher kommt dieser Zweifel eigentlich? Handelt es sich um eine neue Auseinandersetzung mit der Kirche und ihren Traditionen? Was die Reformatoren noch als Autorität des Glaubens gewürdigt haben, wird nun selber kritisch untersucht. Mit einem negativen Vorverständnis geht man an die Untersuchung, denn eine Auferstehung kann es nicht geben. Noch ist diese Folgerung zu unerhört, daher veröffentlicht Reimarus seine Gedanken nicht, und auch Lessing gibt dessen Identität nicht preis. Aber mit dieser neuen Sicht von Jesus fällt die christliche Grundüberzeugung, der stellvertretende Sühnetod Jesu, das Leiden Gottes am und für den Menschen, die Bedeutung von Kreuz und Auferstehung verlieren ihre Plausibilität.

Anstelle der Teleologie (alles hat ein Ziel) wird die Kausalität (alles hat einen Grund) bestimmend. Wer allerdings nicht mehr nach dem Woher und Wozu fragt, klammert die Rolle des Schöpfers und Vollenders systematisch aus.

7.2.3 Kirche als Volkshochschule?

Neben diesen Fragen um Macht, Bildung und Freiheit des Denkens gerät leicht der eigentliche Paradigmenwechsel aus dem Blick. Während die Menschen bis in die Reformationszeit sich in einer Welt vorgefunden haben, in der Gott gegenwärtig ist, wird Gott nun in ein Jenseits abgedrängt. Kant hat das klassisch in seiner *Kritik der reinen Vernunft* herausgestellt. Der Mensch kann nur über die Welt der Fakten etwas sagen, über das Diesseits, wo er mit seinen Sinnen etwas untersuchen und begreifen kann. Er ist an Raum und Zeit gebunden. Über das Jenseits oder die Ewigkeit kann er nichts sagen, denn das würde seinen Horizont überschreiten. Gottes Existenz kann so weder schlüssig bewiesen noch widerlegt werden, denn er lebt in einer anderen Dimension als der Mensch, der auf Raum und Zeit beschränkt ist. Während die einen vielleicht glücklich darüber sind, dass man Gott nicht widerlegen kann, muss andere damals das blanke Entsetzen gepackt haben, denn Gott ist dieser Definition nach nicht hier anwesend. Gott ist nicht gegenwärtig. Die Philosophen tun so, *etsi Deus non daretur* (dt. als ob es Gott nicht gäbe).

Weder Lessing noch Kant stellen die Kirche grundsätzlich infrage. Sie soll als einmalige Volksbildungsanstalt erhalten werden. Viele Aufklärer (Pfarrer, Lehrer, Professoren) nehmen das Anliegen der Aufklärung auf, den Menschen so zu erziehen, dass er selbstständig denken kann. Andere versuchen, den Bildungsgrad ganz allgemein zu verbessern. Viele Pfarrer sehen sich als Erzieher ihrer Gemeinden und wollen mit ihren Predigten *Volksbildung* betreiben. Sie gehen von biblischen Texten aus und betreiben *Volksaufklärung*. Sie predigen z.B. an Ostern „Über die Gefahr des Lebendigbegrabenwerdens" oder „Über das Frühaufstehen" oder „Vernünftige Regeln für Christen, wie sie ihre Leichen begraben sollen". Damit sprechen sie sich auch für zweckmäßige Veränderungen im Alltag aus. Wieder andere legen besonders auf die moralische Erziehung größten Wert, die Menschen sollen lernen, wie man richtig handelt. Alle scheinbar unvernünftigen Inhalte in Liedern oder im Glaubensbekenntnis werden *bereinigt*. Das Anliegen des Evangeliums tritt dabei oft sehr zurück. Es scheint nur noch auf Moral und Erziehung von freien Menschen anzukommen.

Die Aufklärung ist also eine Bewegung, der es um Wertschätzung der menschlichen Vernunft (selbstständiges Denken) geht, die einen blinden Glauben an Mysteriöses und Wunderhaftes ablehnt (daher auch Bibelkritik), die Volksbildung betreibt und die moralische Erziehung voranbringen will. Die Kirchen werden als Schulen betrachtet.

7.2.4 Pietismus und Erweckung

Zeitgleich mit der Aufklärung und der Orthodoxie entsteht der Pietismus, der sich mit den Herausforderungen der Zeit auseinandersetzt und nicht als Gegenbewegung zur Aufklärung verstanden werden sollte. Das zeigen die Ausführungen über die frühen Aufklärer besonders eindrücklich. Aufklärer und Erweckte leben vielmehr in der gleichen Epoche, werden von den gleichen Fragen und Herausforderungen bedrängt.

Geradezu paradigmatisch ist dabei Speners Programm der *Pia desideria* (dt. *Fromme Wünsche*, 1675). Der Paradigmenwechsel besteht zum einen in Speners Verkündigung der *Hoffnung auf bessere Zeiten*. Nicht mehr das nahe Ende der Welt mit der Wiederkunft Christi wird erwartet, sondern ein neues Eingreifen Gottes und eine neue Blüte der Kirche. Das ähnelt entsprechenden Auffassungen in Großbritannien. Zugleich korrespondiert diese positive Geschichtssicht mit dem aufklärerischen Fortschrittsdenken. In seiner Zeitanalyse sieht Spener die Verfolgung der Evangelischen durch die Katholiken mit großer Sorge, dazu die Gefahr durch die Türken und die im Irrtum gefangenen Reformierten. Soweit bleibt er ganz orthodox lutherisch.

Dann fordert er aber die Vollendung der Reformation und das Ende des unglaubwürdigen Verhaltens der Evangelischen. Gott hat „noch einen besseren Zustand seiner Kirche hier auf Erden versprochen". Daher erwartet er sowohl die Bekehrung der Juden (nach Röm 11,25f.) als auch den Niedergang Roms (nach Offb 18 und 19). Beide Ereignisse erwartet er von Gott, aber er sieht zugleich den Auftrag zum eigenen Handeln. Wie die erste Gemeinde selbst ohne Unterstützung durch den Staat eine Kirchenzucht und gegenseitige Liebe geübt hat, so soll es heute auch sein, dann werde auch der Heilige Geist wie einst helfen.

Genau hier setzt also der Paradigmenwechsel an: Nicht nur die Reformation der Lehre und das Warten auf das Ende der Welt bestimmen die Haltung der Evangelischen, sondern er erwartet ein Eingreifen Gottes und die menschliche Antwort im Leben der Gemeinde. Dazu macht Spener auch seine Reformvorschläge, unter denen die Reformation der Kirche vollendet werden soll: 1. Beschäftigung mit dem Wort Gottes, 2. Übung des geistlichen Priestertums, 3. Praxis der Liebe, 4. Gebet und gutes Beispiel für Andersglaubende, um sie zu gewinnen, 5. Reform der Pfarrerausbildung, 6. erweckliche Predigten. Auch in dieser Hinsicht lebt Spener in der Aufklärung, will er doch die Welt verbessern. Hier setzt er auf die Verantwortung der Einzelnen (allgemeines Priestertum), Bildung (durch erbauliche Predigt und Bibelstudium) und Ausbildung (hier der Pfarrer).

Spener bringt so ganz neu eine Wertschätzung menschlichen Handelns ein. Zwar erwartet er weiter von Gottes Eingreifen die entscheidende Verbesserung der Verhältnisse, aber zugleich sollen die Christen handeln und dadurch den Segen Gottes erlangen. In seinem Reformprogramm spielt das Wort Gottes eine Schlüsselrolle, da dadurch Gott reden kann. Die Bibel soll nicht nur im Gottesdienst gelesen, sondern auch in Bibelstunden behandelt werden, wie er sie in Frankfurt mit seinen *Collegia pietatis* seit 1670 erprobt. Zugleich stärkt er die Kompetenz der Laien durch das allgemeine Priestertum, das Luther einst betont hat. Während Luther die Landesherren und deren geistliche Kompetenz im Blick hat, sieht Spener die Laien als Mitarbeiter, die er sammeln will und die zum Leben in gegenseitiger Liebe ermahnt werden.

Die Argumentationskette geht so über Gottes Wort als Quelle des Erkennens zum allgemeinen Priestertum als Verantwortung aller Christen für die Verkündigung des Evangeliums, dem das Leben der Christen in Liebe entsprechen soll. In der Pfarrerausbildung fordert er sowohl ein authentisches christliches Leben der theologischen Lehrer als auch ein gottseliges Leben der Studenten. Insofern sollen die Professoren das Leben der Studenten ebenso wie das Studium im Blick haben. Denn in der Ausbildung gehe es nicht nur um Wissensvermittlung, sondern um umfassende Bildung und Erziehung. Entsprechend sollen auch erbauliche Schriften (Arndt, Thomas von Kempen, Tauler) gelesen werden. Wie in den Gemeinden sollen auch die Studenten in Collegia pietatis sich mit Erbauung beschäftigen. Die Predigten sollen erwecklich sein, also auf Veränderung und Erneuerung zielen. Bei Spener wie auch bei Francke lassen sich so zahlreiche Bezüge zur Aufklärung finden, auch die Betonung der menschlichen Entscheidungen (z.B. bei der Bekehrung) wirken modern.

Namentlich durch Zinzendorf und die Brüdergemeine kommt es zu einem intensiven gegenseitigen Austausch zwischen der Erweckung in Deutschland und der in England und dessen nordamerikanischen Kolonien. Erwecklich-pietistische Gedanken verbinden sich mit reformierten Überzeugungen. Im Methodismus wird die Frömmigkeit stärker betont als die Konfession, sodass man sich erst spät von der anglikanischen Kirche löst und auch danach viel enger zusammenarbeitet, als dies in Mitteleuropa denkbar bleibt. Hier liegt der Ansatz zu einer Zwei-Stufen-Lehre, aus dem reformierten Glauben die unmittelbare Beziehung zu Gott betont. Die erlebbare Gemeinschaft mit Gott wird betont.

7.3 Das 19. und 20. Jh.

7.3.1 Theologie zwischen Atheismus und Erweckung

Das 19. Jh. zeigt uns sehr unterschiedliche Gesichter. Während einerseits der moderne Atheismus entsteht und große Kräfte bindet, die sich mit ihm auseinandersetzen, brechen zugleich entgegengesetzte Strömungen auf, die neu zu Gott führen. Nach den Erfahrungen mit der Französischen Revolution und den napoleonischen Kriegen lässt sich zu Beginn des 19. Jh. eine neue Geschichtssicht beobachten, hinter der nun eine prämilleniaristische Eschatologie steht. Man rechnet nun nicht mehr mit der Wiederkunft Christi vor dem Millennium, sondern man geht immer mehr von einer allgemeinen Verschlechterung der Welt aus und hofft auf die Erneuerung durch Gottes Eingreifen. Diese pessimistische Weltsicht setzt sich allerdings nur allmählich bis zur Mitte des 19. Jh. unter den Erweckten durch. Typisch wird sie dann etwa bei Dwight L. Moody (1837–99), der die Menschen mit Schiffbrüchigen vergleicht, die er als Evangelist mit einem Rettungsboot aus ihrer Not befreit.

Nachdem die Kirche als Vermittlerin von Bildung und Wissen von der Aufklärung ganz grundsätzlich infrage gestellt worden ist, stellt sich die menschliche Seinsordnung neu dar. Noch immer steht Gott an der Spitze des Systems, danach folgen der König und der Adel sowie das Volk. Im Laufe des 19. Jh. wird Gott immer mehr zum Problem der Wissenschaft. Kant hat seine Stellung in seiner *Kritik der reinen Vernunft* noch durch seine Evakuierung in die Transzendenz gesichert, aber Gott und die Menschen sind nun in verschiedenen Wirklichkeiten verortet. Die Kirche muss ihre Stellung behaupten, indem sie ihre gesellschaftliche Bedeutung als Vermittlerin von Moral beweist. Mit den Fragen und Herausforderungen der neuen Epoche kommt die Kirche kaum zurecht, sie bleibt in ihren Fragen eigentümlich traditionsbewusst und findet zunächst kaum Antworten. Mit dem Zeugnis für den lebendigen Gott hat das immer weniger zu tun (2.3.1).

Gott scheint für die Menschen der Moderne zum Problem geworden zu sein, das sich durch die wissenschaftliche Forschung bald von selbst erledigt, denn mittels der Vernunft lässt er sich nicht als Objekt untersuchen. Am Ende des 18. Jh. hat die Aufklärung in ihrer rationalistischen Form ihren Zenit überschritten, auf sie antworten neue Impulse und Bewegungen, es kommt zu skeptischen Äußerungen über den Rationalismus. Dennoch bleiben Sittlichkeit und Religiosität beherrschende Themen in Philosophie und Theologie.

Atheismus und Religion

Haben einzelne radikale Aufklärer im 18. Jh. die Bedeutung der Religion für die Menschen infrage gestellt, so kommen im 19. Jh. auf breiter Front auch antireligiöse Daseinsdeutungen auf und die Relevanz von Religion wird grundsätzlich bestritten. Sind solche Bekenntnisse zum Atheismus im 18. Jh. noch gefährlich, so kommen sie im 19. Jh. gewissermaßen in Mode. Mit der Naturwissenschaft braucht man scheinbar die *Hypothese Gott* nicht mehr. Namentlich in Frankreich erscheinen früh atheistische Lehren, mit denen sich Theologen verschiedentlich auseinandersetzen müssen. Herausfordernd wirkt dabei etwa Auguste **Comte** (1798–1857), der Begründer des Positivismus. Drei Stufen zeigen sich seiner Ansicht nach in der Geschichte der Menschheit. Da ist zunächst die theologische oder fiktive Phase, in der die Menschen Naturereignisse als Willen höherer Mächte begreifen (Fetischismus) und über den Polytheismus zum Monotheismus fortschreiten. In der zweiten Phase folge die metaphysische bzw. abstrakte Stufe, in der Kräfte die Mächte der vorigen Stufe ablösen. Dann beginne die wissenschaftliche bzw. positive Phase, in der die Menschen nicht mehr nach dem Ursprung und den verborgenen Ursachen des Universums suchen, sondern nach den Naturgesetzen. In Europa habe der Monotheismus ausgedient, der Positivismus werde nun zur neuen Religion Europas, der die vorherigen unvollkommenen Systeme ersetze.

Epochemachend werden etwa der Arzt Ludwig **Büchner** (1824–99), der die Welt nicht mehr als Schöpfung, sondern als Produkt natürlicher Vorgänge begreift, und der Theologe David Friedrich **Strauß** (1808–74). Nachdem er 1835/36 in seinem *Leben Jesu* den Wahrheitsgehalt der Heilsereignisse des Neuen Testaments bestritten hat und sich Jesus als Erneuerer, der die Menschheit verbessern will, vorstellt, schreibt er 1840 in seiner *Christlichen Glaubenslehre*, dass sich die Welt durch eine schöpferische Kraft in ihr selbst entwickle. Hier werden Gedanken formuliert, die dann durch Charles Darwins Theorie der Evolution 1859 (*Entstehung der Arten*) und 1871 über die *Abstammung des Menschen* veröffentlicht werden. In diesem Zusammenhang ist noch Ernst **Haeckel** (1834–1919) zu erwähnen, der Erkenntnisse der Naturwissenschaft (Energieerhaltung, Materieerhaltung) zum Gesetz der Substanzerhaltung zusammenfasst. Anstelle der dualistischen Annahmen (z.B. Gott-Welt, Geist-Materie) vertritt er eine monistische Weltanschauung, nach der eine schöpferische Kraft allenfalls im Kosmos wirke.

- *Die Tatsache, dass die Substanz überall einer ewigen Bewegung und Umbildung unterworfen ist, stempelt es zugleich zum universalen Entwicklungsgesetz. In dieses höchsten Naturgesetz festgestellt und alle anderen ihm untergeordnet worden, gelangten wir zu der Überzeugung von der universalen Einheit der Natur und der ewigen Geltung der Naturgesetze. [...] Damit vernichtet [der Forscher] aber zugleich die drei großen Zentraldogmen der bisherigen dualistischen Philosophie, den persönlichen Gott, die Unsterblichkeit der Seele und die Freiheit des Willens.*
- Haeckel: Welträtsel. 1899, zit. nach KThGQ IV/2, S. 38f.

Ludwig **Feuerbach** (1804–72) begründet gewissermaßen den modernen Atheismus: Gott erscheint als Projektion der defizitären menschlichen Wirklichkeit. Hat die christliche Theologie gelehrt, dass der Mensch seine Existenz Gott verdankt, so wird nun verkündet, Gott verdanke seine Existenz dem Menschen. Theologie wird zur Anthropologie.

- *Wie der Mensch denkt, wie er gesinnt ist, so ist sein Gott: so viel Wert der Mensch hat, so viel Wert und nicht mehr hat sein Gott. Das Bewusstsein Gottes ist das Selbstbewusstsein des Menschen, die Erkenntnis Gottes die Selbsterkenntnis des Menschen. Aus seinem Gott erkennst du den Menschen und wiederum aus dem Menschen seinen Gott; beides ist eins. Was dem Menschen Gott ist, das ist sein Geist, seine Seele [...].*
- Feuerbach: Das Wesen des Christentums. 1841, zit. nach KThGQ IV/1, S. 208.

Auf seiner Grundlage argumentieren später Karl Marx (1818–83) und andere Sozialisten. Tiefen Eindruck macht er auch auf Dichter wie den Schweizer Gottfried Keller (1819–90), der sich auf das Diesseits konzentriert und die Säkularisierung des Denkens gleichsam in seinem Erziehungs- und Bildungsroman *Der grüne Heinrich* eindrucksvoll gestaltet.

In Skandinavien setzt Nathan **Söderblom** (1866–1931) der Religionskritik seiner Zeit die Erfahrbarkeit der Religion entgegen. Wo sich wahre Religion finde, da finde eine Selbstoffenbarung Gottes statt, auch wenn dies manchmal unvollkommen sei. Für ihn ist jede Religion echte Religion. Später fragt Anders Nygren (1890–1978) nach *Sinn und Methode* der wissenschaftlichen Religionsphilosophie, entscheidend sieht er dafür die Motivforschung an. Im Christentum findet er dabei das Agape-Motiv der selbstlosen Liebe, das sich von den religiösen Motiven anderer Religionen unterscheidet. Diese Nähe zum Kulturprotestantismus wird uns noch beschäftigen.

Klassik, Romantik und Idealismus

Namentlich in künstlerischen und literarischen Kreisen in Berlin kommen in der Bewegung von *Sturm und Drang* und *Empfindsamkeit* seit dem Ende des 18. Jh. neue Richtungen auf, die im 19. Jh. in die deutsche *Klassik* und *Romantik* münden. Hier wird auf die Vorherrschaft der Vernunft reagiert.

Während das Bürgertum weiter aufsteigt, entwickelt sich zwischen 1770 und 1830 die Zeit der deutschen **Klassik** in Dichtung und Philosophie. Zunächst sind jugendliche Dichter wie Goethe oder Schiller die Träger des *Sturm und Drang*, sie protestieren gegen die trockene Vernunftherrschaft durch das Gefühl im Namen des Lebens, setzen das Urwüchsige gegen Moralisieren und Dozieren. Die Kraftnaturen wie Goethes *Götz von Berlichingen* oder Schillers Karl Moor (*Die Räuber*) werden zu Vorbildern des Irrationalen gegen das Rationale. Zugleich entdeckt man wie einst in der Renaissance die Individualität als kraftvolle Persönlichkeit neu, fordert Genie und Originalität. Im englischen Shakespeare sieht man einen Geistesverwandten und übersetzt dessen Dramen.

Die Kunst wird neu definiert, nicht mehr Regeln und Gesetzmäßigkeiten, sondern das echte, kraftvolle, natürliche Leben soll elementar wachsen. Daher interessiert man sich auch für Volkslied und Volkspoesie, schätzt neu Mythos und Märchen. Zugleich überschreitet man den Zug zum Individuellen durch das Gemeinschaftliche, wie es sich in der kollektiven Überlieferung ausdrückt. Ein neues Interesse an Geschichte wird wach, nicht umsonst ist Schiller Geschichtswissenschaftler, wie seine Stoffe reichlich illustrieren. Großer Anreger wird vor allem Johann Gottfried **Herder** (1744–1803) für die geschichtliche Betrachtung der Sprache, der Völker, der Literatur, des Rechts usw. Dies hat für ihn durchaus eine pädagogische

Bedeutung, denn die Geschichte zeigt auf den oben genannten Gebieten ihre Formung, die Kultur sei nämlich die Erziehung des Menschen zum Menschen. Darüber hinaus geschehe Bildung seiner Ansicht nach durch Begegnung der Menschen mit den anderen, die Geschichte der Menschheit zeige so das Menschsein in seinen vielfältigen Facetten. Aber auch die Natur wird neu entdeckt, in Goethes *Werther* wird sie gleichsam zur Mitspielerin, spiegelt sie doch in Werthers Briefen dessen Stimmung. Im Zentrum der Bewegung steht schließlich die Forderung nach Menschlichkeit, die sich am Interesse für den Einzelnen wie für Völker zeigt.

Während die Stürmer und Dränger noch die Tatkraft und das Genie als Weltüberwinder zeigen, aber auch den Rausch und den Schmerz, die Leidenschaft wie die Verzweiflung der Protagonisten, wandeln sich die Autoren zur Klassik, indem sie die Spannung in Richtung auf die Ruhe lösen: Formung und Reifung, *edle Einfalt, stille Größe* werden zur Vision der Klassiker. Rationale und irrationale Elemente gelangen so zu einem Ausgleich, Freiheit und Gesetz finden zu einer neuen Synthese, denn freiwillige Selbstbeschränkung und Hingabe an das Große und Ganze stehen höher als individuelles Ausleben.

Die **Romantiker** heben dann die Bedeutung der Fantasie hervor, die ein Gespür für das Geheimnis habe und so den Verstand unterstützen könne, um die tiefere Wirklichkeit zu erkennen. Die Dichter setzen ihre Hoffnung auf das Gefühl des Individuums, das sich auf das Unendliche und Ewige richte und so den Verstand von den Fesseln von Raum und Zeit befreie. Die Menschen wenden sich dem Subjektiven und Individuellen neu zu. So richten die Dichter der Romantik (Novalis, Gebrüder Schlegel) ihre Gedanken auf das Unendliche und Ewige. Die Romantiker leiden an der Welt, fliehen die Tat und den Tag, schwelgen über Dunkelheit und Sehnsucht, sie wandern und versenken sich in ihre Stimmungen. Das Ferne schenkt den Reiz (fremde Länder, Völker, Epochen). Schließlich entsteht aus Klassik und Romantik eine neue Vorstellung über **Bildung**. Ihr Anliegen persönlicher Bildung aller Kräfte (nicht nur des Verstandes!) führt zur Geburt des neuhumanistischen Bildungsideals (Wilhelm von Humboldt). Anfang des 19. Jh. wächst ein neues Bedürfnis nach Glauben, eine Sehnsucht nach dem Ewigen und nach Halt, die sich in einer umfassenden Erweckungsbewegung in Europa und Nordamerika zeigt.

Bereits 1799 hat Friedrich Daniel Ernst **Schleiermacher** (1768–1834) seine Schrift *Reden über die Religion, an die Gebildeten unter ihren Verächtern* veröffentlicht. Er nimmt das mangelnde Interesse der Gebildeten an Religion wahr und versucht sie neu dafür zu gewinnen. Während die Aufklärung auf die Vernunft des Menschen setzt, wendet sich Schleiermacher an das Gefühl. Da er damit sehr erfolgreich ist, nennt man ihn den *Kirchenlehrer des 19. Jh.*

> *Ihr Wesen ist weder Denken noch Handeln, sondern Anschauung und Gefühl. Anschauen will sie das Universum, in seinen eigenen Darstellungen und Handlungen will sie es andächtig belauschen, von seinen unmittelbaren Einflüssen will sie sich in kindlicher Passivität ergreifen und erfüllen lassen. Religion ist Sinn und Geschmack fürs Unendliche. [...] Das Universum ist in einer ununterbrochenen Tätigkeit und offenbart sich uns jeden Augenblick. Alle Begebenheiten in der Welt als Handlungen eines Gottes vorstellen, das ist Religion, es drückt ihre Beziehung auf ein unendliches Ganzes aus [...]. Die religiösen Gefühle sollen wie eine heilige Musik alles Tun des Menschen begleiten; er soll alles mit Religion tun, nicht aus Religion. Den Weltgeist zu lieben und freudig seinem Wirken zuzuschauen, das ist das Ziel unserer Religion, und Furcht ist nicht in der Liebe. Wenn der Weltgeist sich uns majestätisch offenbart hat, wenn wir sein Handeln nach so groß gedachten und herrlichen Gesetzen belauscht haben: was ist natürlicher, als von inniger Ehrfurcht vor dem Ewigen und Unsichtbaren durchdrungen zu werden?*
> Schleiermacher: Reden über die Religion. zit. nach KThGQ IV/1, S. 167f.

Die Religion sieht er als selbstständige, spezifische und notwendige Dimension menschlichen Lebens, die aus dem Inneren kommt und daher nicht gelehrt, sondern ausgebildet werden müsse. Sie werde also nicht von außen an den Menschen herangetragen, sondern sie habe eine „Provinz im Gemüt". Damit versucht er, die Religion aus der Bevormundung durch Philosophie und Vernunft zu befreien und zugleich aus ihrer Verengung auf Moral. Der Mensch könne das *Universum* – damit meint er *Gott* – unmittelbar durch „Anschauung und Gefühl" erleben. Er fühle „Sinn und Geschmack fürs Unendliche". Religion ist also wichtig für die menschliche Selbsterkenntnis, sie ist sozusagen eine Anlage des Menschen. Schleiermacher spricht nicht vom Evangelium, sondern von Religion allgemein und ihrer natürlichen Verbindung zum Menschen. Damit versöhnt er sein kirchliches Anliegen mit dem Zeitgeist der Romantik und des Idealismus, pflegt er doch eine intensive Freundschaft mit dem romantischen Dichter Friedrich Schlegel (1772–1829). Für die Theologie sieht Schleiermacher eine praktische Aufgabe; sie bereite nämlich auf die Leitung der Kirche vor und sei für die Gemeinschaft wichtig.

In seiner Dogmatik *Der christliche Glaube* (1830/31) beschreibt er zuerst die Religion als solche, ordnet dann das Christentum zu und wendet sich darauf dem christlichen Glauben zu. Wesentlicher Unterschied zu anderen Religionen sei die „vollbrachte Erlösung" durch Jesus, die nicht bewiesen werden müsse, sondern die ihre Gewissheit in sich selbst besitze. Dogmatik zeige die in einer Kirche zu einer bestimmten Zeit geltende Lehre. Es gäbe also keine allgemein verbindlichen Normen, sondern Zeugnisse der Vergangenheit, deren heutige Bedeutung vom frommen Selbstbewusstsein des Individuums abhänge. Jesus habe seine Bedeutung weniger als Gottessohn, sondern durch sein ständiges, ununterbrochenes Gottesbewusstsein, wodurch sein Wille mit dem Gottes übereingestimmt habe. Errettung bedeute, dass Jesus den Glaubenden in die Macht seines Gottesbewusstseins hineinnehme.

Hier wird eine neue Vorstellung von Humanität greifbar, die sich an den Visionen eines Johann Joachim Winckelmann orientiert, dessen *Geschichte der Kunst des Altertums* (1764) ein neues Menschenbild propagiert, an dem sich die Dichter der deutschen Klassik (Herder, Schiller, Goethe) orientieren und das so auf die Bildung in Deutschland erheblichen Einfluss gewinnt. Die Losung von *edle Einfalt, stille Größe* wird zur Leitvision der Deutschen im Zeitalter des Idealismus. Aber auch der gefühlsbetonte Pietismus hinterlässt Einfluss bei den Klassikern.

Goethes Elternhaus in Frankfurt hat über die Mutter Kontakt zur Erweckung, die durch Zinzendorfs Aufenthalt in der Stadt ihre Spuren hinterlässt. Goethes Geschichtsbild wird bekanntlich durch Gottfried Arnolds *Kirchen- und Ketzerhistorie* (1688) geprägt, wie sich in verschiedenen Äußerungen des Dichters zeigt. Sein eigener Lebensweg führt zwar nicht in erwecklich-pietistischen Gleisen, aber noch im *Werther* taucht eine Person auf, die an die Bekanntschaft mit der Pietistin von Klettenberg bewusst erinnert.

Der deutsche Idealismus erreicht mit der Philosophie Georg Friedrich **Hegels** (1770–1831) seinen Höhepunkt. Seit seinen Jugendschriften müht er sich um Christus und das Christentum, er versteht sich als Christ und Theologe. Wie andere Klassiker erinnern seine Gedanken an die Mystik. Die Vernunft des Menschen identifiziert er mit dem Weltlogos. Alle Wirklichkeit ist seiner Überzeugung nach im Werden, das den Polen von Sein und Nichtsein entspringt und dialektisch beschreibbar ist. Nach Hegel offenbart sich der absolute Geist (den er mit Gott gleichsetzt und mitunter als „Weltgeist" bezeichnet) in der Geschichte: Der absolute Geist ringe in leidender Weise in der Endlichkeit um seine Gestaltung, komme in der

Geschichte zu sich selbst. Die Weltgeschichte scheine dabei von Osten nach Westen immer neue Hochkulturen hervorzubringen, bis sie mit der europäischen Kultur ihren Höhepunkt erreicht habe. Dies könne u. a. an der Geschichte der Philosophie wie der Geschichte der Religion betrachtet werden. Das Christentum nehme als Religion des Geistes die wichtigste Stellung in der Religionsgeschichte ein, so wie Hegels Philosophie die endgültige Gestalt der Philosophie sei. Gott sei zunächst die ewige Idee (*Reich des Vaters*), in Christus offenbare sich der Geist Gottes (*Reich des Sohnes*) im Endlichen und kehre zu sich selbst zurück im *Reich des Geistes*. Im Christentum offenbare sich Gott wirklich, denn hier sei die Inkarnation zentral. Der Schöpfer werde Mensch und gehe als Erlöser in die Menschheit ein. Christus komme real; in seinem Tod sterbe in letzter Entäußerung Gott. So kehre er zu sich selbst zurück und hebe alle Endlichkeit und den Tod auf. In Kreuz und Auferstehung des historischen Jesus werde das Todesschicksal durchbrochen, mit der Auferstehung beginne die Heimkehr.

Der Menschengeist entwickle sich, indem er durch die Gegensätze hindurch zu immer höherer Einheit fortschreite und so den absoluten Geist offenbare (These, Antithese, Synthese). Alles, was sich in der Geschichte ereigne, sei die Selbstverwirklichung des absoluten Geistes. Im Bewusstsein des Philosophen komme der Geist zu sich selbst, des Menschen Geist habe so Anteil am Geist Gottes.

Gott kommt so dem menschlichen Geist sehr nah! Das biblische Gottesbild hat der Idealismus sicher nicht im Blick. Immerhin prägt der Idealismus Philosophie und weite Teile der Theologie bis zum Ende des 1. Weltkriegs. Während die Theologie seiner Zeit Menschwerdung und Auferstehung Jesu, Lehre vom Heiligen Geist und die Trinitätslehre beinahe aufgeben, macht Hegel sie zum Zentrum seiner Geisteslehre. In der Verknüpfung von Gott und Mensch wird Karl Barth seine flammende Kritik äußern.

Unter den Theologen des 19. Jh. hat Hegel viele Anhänger, darunter den Heidelberger Professor Karl **Daub** (1765–1836), an dessen Werk der Einfluss Hegels exemplarisch gezeigt werden kann.

- *Wird die Lehre, wie sie an und für sich das Evangelium gibt, bedacht und*
- *durchdacht, so erhebt sich aus ihr selbst, mittels des Denkens, die Erkennt-*
- *nis, dass ihr Gegenstand Gott – wie er im Verhältnis zu ihm selbst der sich*
- *offenbare – und der Welt sich offenbarende ist – und dass sie selbst eben die*
- *Offenbarung seiner selbst an die Welt sei.*
- Karl Daub: Die Form der christlichen Dogmen- und Kirchenhistorie.
- zit. nach Philipp: Protestantismus, S. 114.

Daubs Theologie sieht die christliche Religion als die Religion des Geistes. Was der Mensch von Gott weiß, wisse er nur durch Gott. Das menschliche Wissen von Gott sei seiner Ansicht nach das Wissen Gottes von sich *im* Menschen. Dennoch versuche er zu verdeutlichen, dass diese wissendglaubende Identität weder die göttliche noch die menschliche Identität aufhebe. Durch das Selbstbewusstsein Gottes gelange der Mensch zum Gottesbewusstsein und zur Erkenntnis seines Menschseins. Neben ihm steht Ferdinand Christian **Baur** (1792–1860), der in Tübingen gelehrt hat. In der Religion vermittle sich der Geist dem Geist.

> *Im Denken wird der Geist sich selbst gegenständlich, er unterscheidet sich von sich selbst, geht in den Unterschied von sich heraus, stellt sich ein anderes von sich unterschieden gegenüber, aber nur dazu, um in dem von sich Unterschiedenen sich auch wieder mit sich eins zu wissen und aus dem Unterschiede in sich selbst zurückzunehmen, sich mit sich selbst zusammenzuschließen und in dieser Einheit des objektiven und subjektiven Geistes der freie selbstbewusste Geist zu sein.*
> Baur: Die Dogmengeschichte als notwendige Selbstbewegung des Geistes. zit nach Philipp: Protestantismus, S. 118f.

Dogmengeschichte sieht Baur als Entwicklungsprozess, in der der Geist zu sich selbst kommt. In der Alten Kirche sei er von Synode zu Synode vorangeschritten, bis das erste Stadium abgeschlossen gewesen sei. Dann sei es in der Scholastik darum gegangen, gegen die Übermacht der Dogmen die Freiheit des Subjekts zu stellen. „Die Scholastik will nicht bloß glauben, sie will auch wissen, was sie glaubt" (ebd.), das Subjekt möchte sich von den Banden der objektiven Autorität befreien. Allerdings stelle die Scholastik die Wahrheit der überlieferten Dogmen nicht grundsätzlich infrage. Das geschehe erst in der Reformation, als im Subjekt das Bewusstsein seiner Freiheit erwacht sei. Nicht mehr die kirchliche Tradition und Autorität, sondern allein die Autorität der heiligen Schrift gelte seitdem als Prinzip der Wahrheit, soweit das denkende Subjekt die Wahrheit mit seiner Vernunft als wahr akzeptieren könne. Mit der Reformation beginne dann ein neuer Entwicklungsprozess, in dem das Subjekt zum vollen Begriff der Freiheit gelangen werde.

Prägend für die bürgerliche Kultur werden etwa die Dichtungen von Adalbert **Stifter** (1805–68), der überall Gott am Werk sieht und so die christliche Tradition in die Kultur einbringen will. Der Dienst am Nächsten, Güte und Herzensreinheit machen seine Humanität aus, die in Ehrfurcht gegenüber dem Schöpfer gegründet ist.

In Gegnerschaft zu Hegel und seinen theologischen Gefolgsleuten wirkt der Däne Sören **Kierkegaard** (1813–55), der sich in immer neuen Schriften gegen dessen System richtet, allerdings zu seiner Zeit kaum wahrgenommen wird. Erst zu Beginn des 20. Jh. wird er von Barth und Bultmann neu entdeckt. Kierkegaards Leidenschaft gehört der Andersartigkeit Gottes, der niemals mit dem Menschen verglichen werden könne. Man könne ihn weder beweisen noch in ein System einfangen. Christus sei Mensch geworden, in der Inkarnation werde er fassbar, wenn wir die niedere Knechtsgestalt wahrnehmen. Niemals erhielten wir dabei Sicherheit, das Wagnis des Glaubens fordere uns zeitlebens heraus. Ein Christ sei zu radikaler Jüngerschaft gerufen, die nicht Kompromisse mache, sondern Nachfolge auch im Leiden übe. Hegels Synthese zwischen Glauben und Vernunft setzt er die bewusste Antithese entgegen. Der Glaubende müsse sich entscheiden.

Konfessionelle Theologie: Neuluthertum
Zwischen den vom Idealismus Beeinflussten und den Liberalen ist wenigstens knapp auf die **konfessionellen Theologen** hinzuweisen, die in den Wandlungsprozessen der Zeit auf die Ursprünge ihrer Konfessionen zurückgehen, um sich zu orientieren. Hierzu zählt etwa **Wilhelm Löhe** (1808–72) in Neuendettelsau, der seine lutherische Kirche für die reinste Form von Kirche hält.

> *Diese lutherische Kirche ist, weil sie Wort und Sakrament in reinstem Bekenntnis hält, die Brunnstube der Wahrheit – und von ihren Wassern werden alle anderen Kirchen gesättigt, die gesättigt werden! […] Von hier aus geht alles Heil; denn hier ist unverhüllt, nicht stückweise, sondern völlig, wie es nur immer diesseits des Grabes möglich ist, die klare Wahrheit des Evangeliums.*
> Löhe: Drei Bücher von der Kirche. zit. nach Philipp: Protestantismus, S. 149.

Für die lutherischen Auswanderer nach Nordamerika bildet er seit 1841 *Nothelfer* aus, die er aussendet. Neben ihm steht u. a. der Marburger Theologe August Friedrich Christian **Vilmar** (1800–68), der sich mit dem Rationalismus seiner Zeit auseinandersetzt und zum Glauben an Christus kommt; energisch verteidigt er die Bibel (7.3.3). In der Kirche wirke Gott durch seinen Heiligen Geist auch heute noch. Ähnlich den konfessionell orientierten Theologen in Deutschland entsteht in Großbritannien die **Oxfordbewegung** mit ähnlichen Zielen einer *hochkirchlichen Bewegung*.

John Henry **Newman** (1801–90) beginnt als reformierter Evangelikaler, wird anglikanischer Pfarrer und wendet sich schließlich 1845 dem römischen Katholizismus zu.

Bildung im 19. Jh.

Im Übergang vom 18. zum 19. Jh. stehen Klassik und Idealismus für Dichtung und Philosophie (Goethe, Schiller, Schelling, Hegel, Schleiermacher) in voller Blüte (7.3.1), das Individuelle und Innerliche, der Ausgleich von Irrationalem und Rationalem werden erstrebt. Vor allem geht es immer und überall um den Menschen, um wahre Humanität. Wilhelm von **Humboldt** (1767–1835) geht von der Individualität aus, die gebildet werden soll. Dabei kommt allem Tun und Handeln nur die Rolle der Selbstbildung zu. Wie die übrigen Klassiker erstrebt er Selbstbeherrschung und Gelassenheit, die Ausbildung aller Kräfte und Anlagen wird erstrebt, in der Bildung selbst sieht er den höchsten Zweck des Menschseins überhaupt, es handelt sich daher um einen Prozess ohne Ende, der die Bürger zur wahren Menschheit führt. Dabei geht es ihm nicht um das reine individuelle Glück, vielmehr soll der gebildete Mensch an der Gemeinschaft teilhaben, Selbstständigkeit und Selbsttätigkeit sind dabei die wesentlichen Aspekte seiner Beziehung zum Ganzen. Humboldt erscheint also als bürgerlicher Liberaler, der die Grenzen des Staates deutlich sieht und den Einzelnen nicht in seiner Rolle für die Gemeinschaft aufgehen sieht. Bildung soll Menschen und nicht Bürger hervorbringen! Die allgemeinbildenden Schulen sollen also die Kräfte des Menschen vollständig üben und ausbilden. Während es auf den Elementarschulen um die Volksbildung geht, zielt die Gymnasialbildung auf Reife und nutzt die Gebiete der Sprachen, Geschichte und Mathematik. Die Universität leitet schließlich zu eigenem Forschen an.

Humboldt richtet im Zusammenhang mit den bürgerlichen Klassikern die Gelehrtenbildung neu aus: Sein neuhumanistisches Bildungsideal soll alle Kräfte des Menschen nach möglichst allen Seiten ausbilden, jeder soll auf seine eigene Weise Menschheit darstellen. Nicht die klassische Sprache der Griechen steht im Zentrum, sondern man sucht den griechischen Geist neu zu erwecken (Winckelmann, Shaftesbury). Winckelmann hat mit seiner Sicht der griechischen Antike ein neues Weltbild vorgegeben, das alle Unruhe überwindet und zu heiterer und naiver Lebensansicht läutert; seine klassische Formulierung „edle Einfalt, stille Größe" wird zum Kernsatz der Epoche. Nach dieser ursprünglichen Harmonie der Antike möchte man über die eigene Zerrissenheit zu einer neuen Harmonie gelangen. Im Anschluss an Herder ist der Mensch der „Freigelassene der Schöpfung", der nicht mehr vom Instinkt gesteuert wird, sondern unter einem „Sollen" steht, er könne Gut und Böse wählen und steht so immer in einer Entscheidung.

Dabei wird auch die innere Bildung zunehmend entdeckt, der Mensch soll analog einem Kunstwerk geformt und gebildet werden. Dies geschehe nicht von außen, sondern wurzele eigentlich in den angelegten inneren Kräften des Menschen. Neben der Schulung des Verstandes geht es nun auch um die Ausbildung von Gefühl und Fantasie. Dabei soll gerade das Individuelle zur Geltung kommen. Neben der auf Harmonie ausgerichteten Innerlichkeit geht es aber auch um die Beziehung zur Welt und den anderen Menschen.

Ein wichtiger Pädagoge seiner Zeit ist aber auch der Theologe **Schleiermacher** (1768–1834), der sich auch für Selbstbildung einsetzt und der Religion für den Bildungskanon für selbstverständlich hält (*Reden über die Religion* 1799, 7.3.1). Seine pädagogischen Vorlesungen werden heute oft als Beginn einer wissenschaftlichen Pädagogik angesehen. Für ihn geht es um das Verhältnis der Generationen, die ältere führt die jüngere in die Kultur ein, Erziehung führt die junge Generation in die bestehende Kultur ein, insofern hat sie eine erhaltende Funktion. Zugleich soll das Leben durch die Pädagogik aber auch verbessert werden, daher geht es um die polare Spannung von konservativen und revolutionären Elementen. Dem Geist der Zeit gemäß arbeitet er verschiedene dialektische Aspekte heraus, die in polarer Spannung stehen und gemeinsam ein Ganzes ergeben. Pädagogik führt das Kind einerseits aus dem individuellen Bereich heraus und befähigt ihn zum Dienst am Ganzen. Zugleich soll sie ihn aber auch zu einer geprägten Persönlichkeit machen. Beide Aufgaben zeigen so zwei verschiedene Aspekte der Erziehung. Dafür setzt er zwei Phasen an, zunächst kommt es auf die Herausbildung der Eigentümlichkeit an, das geschieht im kleinen Kreis der Familie. Zweitens muss das Kind auf seine Aufgabe in der Kulturgemeinschaft vorbereitet werden, wozu der größere Lebenskreis der Schule notwendig ist. Die Schule vermittelt also nicht nur Wissen und Stoff, sondern bietet auch die größere Gemeinschaft als Rahmen der Erziehung. Daher lehnt er privaten Unterricht etwa in der Familie ab.

Für die breite Bildungsarbeit des Volkes kommen umfassende Impulse auch aus der Klassik, auch hier geht es um allgemeine Menschenbildung. Vorreiter wird der Schweizer Johann Heinrich **Pestalozzi** (1746–1827), für den das leitende Interesse allen Erziehens das Dienen ist. Kaum zu übersehen ist bei ihm seine religiöse christliche Prägung, die zur Liebe für die notleidenden Menschen führt. Statt Berufs- und Standesbildung zielt er auf allgemeine Menschenbildung. Für ihn als Schweizer stehen Einfachheit und Sparsamkeit hoch im Kurs, staatsbürgerliche Einsatz für die Gesellschaft ist ihm selbstverständlich, interessanterweise ist er vom griechischen Sparta begeistert, das in die gemeinsame Erziehung seiner Jugend alles investiert.

Für die Erziehung setzt er zunächst auf die Nähe, die engste Beziehung hat der Mensch für Pestalozzi zu Gott, daher sieht er in der Religion die Grundlage aller Bildung. Die zweitnächste Beziehung habe der Mensch zur Mutter, daher habe die Wohnstube Vorbild aller Erziehung zu sein. Das Kind solle natürlich, also in Ruhe und langsam reifen. In seinem Erziehungsroman *Lienhard und Gertrud* (1781–87) wird das Kind nicht wie in Rousseaus *Emile* isoliert, sondern im Rahmen einer Dorfgemeinschaft erzogen, dort sind die Armen die unverdorbenen Menschen, der Pfarrer unterstützt die Erziehungsarbeit der einfachen Leute. Im Mittelpunkt steht jedoch die herzliche und kluge Gertrud, die im familiären Umfeld mit der Erziehungsarbeit beginnt. In seiner späteren Schrift *Wie Gertrud ihre Kinder lehrt* (1801) bringt er seine methodischen Hauptgedanken auf die drei Begriffe *Kopf, Herz* und *Hand*. Neben der intellektuellen Bildung stehen also die sittliche und die körperlich-handwerkliche. Obwohl Pestalozzi mehrfach persönlich scheitert und viele seiner pädagogischen Modellversuche keinen Bestand haben, hat er namentlich durch seine Schriften unglaublich viel für die Volksbildung geleistet. Viele Staaten haben ihre Volksschulen nach Pestalozzis Grundsätzen eingerichtet.

Für didaktisch-methodische Seite der Pädagogik in den Volksschulen hat sich das Modell von Johann Friedrich Herbart (1776–1841) und seiner Schüler als fruchtbar und durchsetzungsfähig erwiesen. In der Schule gehe es weniger um das Wissen als vielmehr das Wollen. Für die Stoffvermittlung setzen sich schließlich fünf (bei Herbart sind es noch vier) Stufen durch: *Vorbereitung, Darbietung, Verknüpfung, Zusammenfassung und Anwendung*. Damit ist lange der Ablauf klassischer Unterrichtsstunden beschrieben.

Liberale Theologie

Seit der Mitte des 19. Jh. entsteht in Mitteleuropa der **liberale Protestantismus**, der christlichen Glauben und modernes Wissen zusammenhalten will. Man hat auch vom **Kulturprotestantismus** gesprochen. Die Vordenker möchten den Glauben neu denken und der modernen Kultur anpassen. Während sich in England die Darwin'sche Evolutionslehre verbreitet, nimmt man in Deutschland an der Lehre von der Erbsünde Anstoß, da sie im Denken Augustins gründe und nicht im Neuen Testament zu finden sei. Andere Dogmen werden neu interpretiert. So sei die Göttlichkeit Christi eine zeitgemäße Artikulation seiner Vorbildlichkeit als Lehrer. Der Glauben wird in der allgemeinen menschlichen Erfahrung gegründet, die dem modernen Denken nachvollziehbar ist. Fortschritt und Wohlstand bestimmen die Vision des Liberalismus des 19. Jh., dem das Christentum die Moral zur Verfügung stellt.

So hat etwa Albrecht **Ritschl** (1822–89) das Reich Gottes als moralisches System verstanden, auf das sich die Gesellschaft hin entwickele. Die Geschichte erscheint in seiner Sicht als ein gelenkter Prozess der Vervollkommnung, in deren Verlauf Menschen wie Jesus eine besondere Bedeutung zukomme. Eine Offenbarung gibt es seiner Ansicht nach nicht. Damit will er die Theologie vor den Angriffen der Naturwissenschaft verteidigen, indem er die vorhandenen historischen Religionen als Faktum beschreibt. Erlösung der Einzelnen und Reich Gottes als sittliches Endziel seien die zwei zentralen Aspekte des Christentums. Während die Reformatoren „das Reich Christi als den innern Zusammenhang der Gnade und ihrer Wirkungen zwischen Christus und den Gläubigen" erklärt haben, habe Kant die Ethik in ihrer Bedeutung für das Reich Gottes wiederentdeckt.

> *Da Jesus selbst in dem Reiche Gottes den sittlichen Zweck der von ihm zu gründenden Religionsgemeinschaft erkannt hat, da er darunter nicht die gemeinsame Ausübung der Gottesverehrung begreift, sondern die Organisation der Menschheit durch das Handeln aus dem Motiv der Liebe, so würde jeder Begriff vom Christentum unvollständig und deshalb unrichtig sein, der nicht diese spezifische Zweckbestimmung in sich schlösse.* Ritschl: Die christliche Lehre von der Rechtfertigung und Versöhnung. zit. nach KThGQ IV/2, S. 2.

Die Religion fördere die sittliche Entwicklung der Menschheit. Durch die Erlösung werde die sittliche Freiheit wiederhergestellt, durch den Glauben das Verhältnis zu Gott erneuert und dadurch der Wille verwandelt. Diese Umwandlung bezeichnet er als „Versöhnung". Durch die Erlösung wird nur der Einzelne selig, zugleich wird das Reich Gottes verwirklicht. So werde das Christentum eine ethische Bewegung, die das Handeln aus der Liebe begründe und alle Völker vereine.

Einer von Ritschls Schülern ist der Marburger Systematiker Wilhelm **Herrmann** (1846–1922); er identifiziert den Inhalt des Christentums mit dem persönlichen Erlebnis Christi, denn hier entstehe Glaube als Vertrauen. Durch die Erfahrung seiner eigenen Ohnmacht in der sittlichen Forderung leuchte ihm die Wirklichkeit der Religion ein, die Person Jesu hinterlasse einen nachhaltigen Eindruck. Diese Begegnung mit Gott geschehe im Verkehr mit der Schrift oder mit anderen Christen. Das Zeugnis von Jesus sei in der Gemeinde entstanden und könne auch durch die historische Kritik weder infrage gestellt werden, noch könne sie der Begegnung näher bringen. Erst müsse den Menschen Gottes Nähe gewiss werden, dann entwickle sich daraus Religion. Wenn Gott mit uns in Verkehr trete, dann vergebe er uns unsere Sünden. So entstehe Vertrauen zu ihm und zum Menschen.

> *Hat er uns einmal das Vertrauen abgewonnen, dass seine Sache Gottes Sache ist, so schöpfen wir aus seiner Anteilnahme an den Menschen, die jede Probe bestanden hat, die Zuversicht, dass in unserm Leben das Gute Wirklichkeit und eine Macht hat.*
> Herrmann: Der Verkehr der Christen mit Gott. zit. nach Philipp: Protestantismus. S. 271.

Jesus Christus sei für die Menschen das Zeichen, dass ihr Dasein in der Welt zu einem höheren Leben fähig sei. Gott schaffe uns ein Leben im Ewigen, indem er uns zur Freude am Guten bringe: So beugten sie sich unter das Notwendige und opferten sich für andere, die ihnen Kundgabe Gottes werden. Um das Vertrauen zu bekommen, müsse sich der Mensch Jesus zuwenden und ihn auf sich wirken lassen. Die eigene Erfahrung mit Gott und die eigene Entscheidung machen seiner Ansicht nach den Glauben aus. Jesus wird so für Herrmann real erfahrbar und ihm folgt er nach.

Ein weiterer bekannter Schüler Ritschls ist schließlich Adolf von **Harnack** (1851–1930), der ebenso wie sein Lehrer die historische Erscheinung des Christentums betont und zur zentralen Gestalt des Kulturprotestantismus wird. Er versucht die *Lehre Jesu* aus den Evangelien zu ermitteln.

> *Überschauen wir aber die Predigt Jesu, so können wir drei Kreise aus ihr gestalten. Jeder Kreis ist so geartet, dass er die ganze Verkündigung enthält; in jedem kann sie daher vollständig zur Darstellung gebracht werden:*
> *Erstlich, das Reich Gottes und sein Kommen,*
> *Zweitens, Gott der Vater und der unendliche Wert der Menschenseele,*
> *Drittens, die bessere Gerechtigkeit und das Gebot der Liebe.*
> Harnack: Das Wesen des Christentums. zit. nach Philipp: Protestantismus. S. 277.

Die Zivilisation erscheint Harnack als Teil der allgemeinen Evolution, einige Persönlichkeiten haben göttliche Erkenntnisse erkannt und tragen sie weiter. Jesu Botschaft erweise sich als großartig und einfach, das Reich Gottes sei einerseits Ereignis der Zukunft und andererseits etwas Innerliches und Vorhandenes. Harnack rechnet also mit einem inneren Reich, das ohne sichtbare Zeichen komme und schon da sei. An ein soziales Programm Jesu glaubt er nicht.

- *Das Evangelium ist keine theoretische Lehre, keine Weltweisheit; Lehre ist es nur insofern, als es die Wirklichkeit Gottes des Vaters lehrt. Es ist eine frohe Botschaft, die uns des ewigen Lebens versichert und uns sagt, was die Dinge und die Kräfte wert sind, mit denen wir es zu tun haben. Indem es vom ewigen Leben handelt, gibt es die Anweisung für die rechte Lebensführung. Welchen Wert die menschliche Seele, die Demut, die Barmherzigkeit, die Reinheit, das Kreuz haben, das sagt es, und welchen Unwert die weltlichen Güter und die ängstliche Sorge um den Bestand des irdischen Lebens. Und es gibt die Zusage, dass trotz alles Kampfes Friede, Gewissheit und innere Unzerstörbarkeit die rechte Lebensführung krönen werden.*
- Harnack: Das Wesen des Christentums. zit nach KThGQ IV/2, S. 43.

Bewusst weist Harnack auf die Aufnahme der Gedanken Jesu bei seinen Nachfolgern hin, zum Wesen des Christentums gehöre insofern der Wandel in der Geschichte hinzu; daher stehe nicht nur der Ursprung, sondern die Geschichte im Fokus des Interesses. Namentlich Paulus habe das Christentum aus dem Judentum herausgeführt und verdeutlicht, dass die Erlösung geschehen und das Heil gegenwärtig sei. Damit ende die Zeit des Judentums und eine neue Geschichte von Juden und Heiden habe begonnen.

Der heute schwer nachvollziehbare Optimismus bestimmt das ganze 19. Jh. bis zum Ende des 1. Weltkrieges. Zwar wird diese Sicht der Theologie namentlich nach dem 1. Weltkrieg angegriffen, dennoch bleibt sein Anliegen bestehen, nämlich zwischen Ablehnung und Traditionalismus einen dritten Weg zu gehen.

Der römisch-katholische Theologe Alfred **Loisy** (1857–1940) setzt sich mit Harnacks *Wesen des Christentums* 1902 mit seinem Buch *Evangelium und Kirche* auseinander, indem er die eigene Kirche als Weiterentwicklung des Evangeliums verteidigt, die zudem für dessen Verkündigung unbedingt erforderlich sei. Die Kirche sei das Evangelium in der Geschichte. Entsprechend kann er formulieren, dass Jesus das Reich Gottes verkündigt habe und die Kirche gekommen sei.

Mit Ritschl und Harnack setzt sich auch der Göttinger Neutestamentler Johannes Weiß (1863–1914) auseinander, der das Reich Gottes nicht mehr als diesseitige, sondern als jenseitige Größe begreift, die nur von Gott selbst hergestellt werden könne.

In Abgrenzung gegen Ritschl arbeitet auch der Systematiker Ernst **Troeltsch** (1865–1923), der besonders bekannt wird durch seine Vorstellung der mittelalterlichen Gebundenheit der Reformation. Damit propagiert er eine Kluft zwischen Reformation und Moderne, die auch von Historikern wie Dilthey gesehen wird. Dieser Abgrenzung von der Reformation hat dann der Berliner Kirchengeschichtler Karl Holl (s. u.) mit Leidenschaft widersprochen. Holl sieht in Luther sehr wohl einen modernen Menschen, der aus seinem individuellen Ringen mit Gott die Glaubensgerechtigkeit entdeckt und den Menschen so den neuen Weg vor Gott geebnet hat.

Troeltsch sieht die Gegenwart mit den Mystikern verbunden, die das Christentum in der innerlichen Fortwirkung Gottes in der menschlichen Seele gefunden und nicht an Jesu Person gebunden haben. Damit zeigt er die Theologie des Idealismus in einem interessanten Licht. Er selbst ist überzeugt, dass „eine wirklich innere Notwendigkeit der geschichtlichen Person Christi für das Heil nur bei der altkirchlich rechtgläubigen Erlösungs-, Autoritäts- und Kirchenidee besteht" (Die Bedeutung der Geschichtlichkeit Jesu für den Glauben. zit. nach Philipp: Protestantismus. S. 325). Für das Christentum sieht er eine rein innere „Überzeugungskraft", die nicht an Kultus oder Gemeinschaft gebunden sei, die persönliche Andacht und Meditation praktiziere. Entstanden sei der Christusglaube aus dem sozial-psychologischen Gesetz, dass sich viele Individuen nebeneinander irgendwann zusammenschließen, wobei in den Geistesreligionen die Stifter und Propheten verehrt werden. Hierin unterscheide sich das Christentum nicht von anderen Religionen. Für die Bedeutung Jesu sei daher nicht die außerchristliche Erlösungsunfähigkeit wichtig, sondern das Bedürfnis der religiösen Gemeinschaft nach einem Halt, einem Zentrum und Symbol ihres religiösen Lebens. Das Große sei, dass nicht ein Gesetz, sondern eine lebendige, erhebende und stärkende Persönlichkeit im Zentrum stehe.

Theologischer Aufbruch im 20. Jh.

Einen ganz anderen Neuzugang zur Religion legt der Marburger Systematiker und Religionswissenschaftler Rudolf **Otto** (1869–1937) 1917 mit seinem Buch *Das Heilige*. Dort zeigt er aus der Analyse der verschiedenen Sprachen das Moment des „Schauervollen", die „religiöse Scheu" als den Ursprung des Religiösen in der Menschheitsgeschichte. Im „Grauen" beginnt gegenüber gewöhnlicher Furcht ein „Sich-Erregen" und „Wittern des Mysteriösen". Religion entspringe also in der Erfahrung des Menschen, nach vielen Studien gelangt er schließlich zu Christus, der Manifestation des Heiligen. Im Christentum beginnt alles mit Jesus Christus,

- *wo man ihm in Demut sich beugt, vertrauend sich ihm anheimgibt, in*
- *Glaube und Aufschwung zu ihm Kraft, Frische, Freudigkeit zur Lebens-*
- *führung nach dem Ideal gewinnt, da ist man Jesu Jünger. Man ist, was er*
- *heute von seinen Jüngern erwarten würde.*
- Otto: Leben und Wirken Jesu nach historisch-kritischer Auffassung.
- zit. nach Philipp: Protestantismus. S. 344.

In Jesu Verkündigung werde das Neue vielfach deutlich, er warte nicht auf das Kommende, wie noch Johannes der Täufer, sondern für Jesus sei das Reich Gottes nicht jenseitig und zukünftig. Der Kaufmann sei im Besitz der kostbaren Perle, so werde das Reich Gottes langsam zu einem inneren Besitz, einem innerlichen Zustand, einem begonnenen Dienst gegen Gott; das Heil sei gegenwärtig, jedermann stürme hinein. Während Johannes noch asketisch gelebt habe, habe Jesus davon nichts gewusst, er habe sich sogar „Fresser und Säufer" nennen lassen. Er habe gottinnige Gemeinschaft gestiftet, seine Frömmigkeit benötige Erfahrung, „braucht Welt und Menschen, braucht Glück und Kreuz und das ganze Wechselspiel des Lebens" (ebd. S. 347). Jesus sei dabei nichts Abstraktes, vielmehr eine individualisierte Person, wie an den konkreten Überlieferungen deutlich werde, temperamentvoll, konkret, zornig. Bei allen Problemen der Überlieferung spüre man die Verehrung Jesu, werde neugierig auf ihn selbst, die ihn schließlich als Herrn und König verehre. Otto ist auf verschiedenen Reisen den großen Weltreligionen begegnet, hat sie verglichen und dabei auch die Unterschiede im Einzelnen aufgezeigt.

Gegen den Ansatz Schleiermachers und Hegels sowie ihrer Nachfolger äußern sich neben Otto nach dem 1. Weltkrieg kritische Stimmen, wozu Karl Barth, Emil Brunner, Rudolf Bultmann, Friedrich Gogarten und Eduard Thurneysen gehören. Ihr Anliegen ist es, die Gottheit Gottes in ihrer Unverfügbarkeit und Unberechenbarkeit ernst zu nehmen. Nachdem viele Theologen ganz dem Zeitgeist von Optimismus und Fortschritt gehuldigt haben, wodurch die menschliche Entwicklung oft überschätzt wurde, propagiert Karl **Barth** (1886–1968) Gott als den ganz anderen! In seinem Römerbriefkommentar (2. Auflage 1922) beschreibt Barth Gott als den Fremden und Unbegreiflichen.

Gott! Wir wissen nicht, was wir damit sagen. Wer glaubt, der weiß, dass wir es nicht wissen. [...] Der Kern in diesem Nebel ist der Wahn, als könne auch ohne das Wunder (senkrecht von oben), ohne die Aufhebung alles Gegebenen, abgesehen von der Wahrheit, die jenseits von Geburt und Tod liegt, eine Einheit oder auch nur eine Bündnisfähigkeit zwischen Gott und Mensch bestehen. Das religiöse Erlebnis [...] ist in seiner Geschichtlichkeit, Dinglichkeit und Konkretheit immer ein Verrat an Gott.
Barth: Der Römerbrief. zit. nach Philipp: Protestantismus. S. 381. 383.

In Anlehnung an Kierkegaard betont er den „unendlichen qualitativen Unterschied" zwischen uns Menschen und Gott! In reformierter Tradition zeigt er die Transzendenz Gottes, denn das Endliche sei nicht aufnahmefähig für das Unendliche! Gott sei nicht wie bei Schleiermacher das Unendliche bzw. das Universum, er sei vielmehr der ganz andere. Gnade sei ein Geschenk, das „senkrecht von oben" komme. In Jesus sei etwas ganz Neues in die Geschichte gekommen. In diese Geschichte können Menschen sich hineinnehmen lassen, wenn sie sich vom Geist Gottes ergreifen lassen! Durch ihr Verhalten sollen Christen dieses Neue demonstrieren, sich der Armen annehmen. Dabei komme es freilich auf Gottes Wirken an, auf den Christus in uns. Gott soll weltlich werden, er hat sich durch sein Wort offenbart.

In Barths *Römerbrief* wird Gott dem Menschen und seiner Welt als der ganz andere gegenübergestellt. Anfangs nahe steht diesem Anliegen der Marburger Neutestamentler Rudolf **Bultmann** (7.3.3), der die Entmythologisierung des Neuen Testaments betreibt. Da das neutestamentliche Weltbild aus Himmel, Erde und Hölle heute keine Bedeutung mehr habe, sucht er die Bedeutung hinter der mythologischen Redeweise.

Da Gott kein objektiv feststellbares Weltphänomen ist, lässt sich von seinem Handeln nur so reden, dass zugleich von unserer Existenz geredet wird, die durch Gottes Handeln betroffen ist.
Bultmann: Zum Problem der Entmythologisierung. zit. nach Philipp: Protestantismus. S. 368.

Bultmann geht also sehr wohl von einem Handeln Gottes auf den Menschen aus, das ihn ins Leben gerufen hat und das die Welt „durchwaltet". Dieses Wissen des Glaubens sei aber nur ein Bekenntnis und nie eine allgemeine Wahrheit wie eine naturwissenschaftliche Theorie.

Barths Kirchliche Dogmatik (1932–1967, unvollendet) dreht sich um die Selbstentfremdung Gottes in Christus. Allein in Jesus Christus werde die Distanz „überbrückt". Barth entwirft eine neue Theologie, in der Ethik Teil der Dogmatik ist. Umwälzend ist seine Interpretation der Prädestination: Wie Calvin und Luther geht er von der doppelten Prädestination aus. Allerdings ist nach Barth Jesus Christus allein der Verworfene und der Erwählte. Ohne ihn seien alle verworfen, in ihm seien alle erwählt. Jesus Christus habe die Verwerfung für alle stellvertretend auf sich genommen, Gott verwerfe sich am Kreuz selbst und übernehme Verdammnis und Tod des Menschen. „Das Weltgericht ist also im Grunde ein Selbstgericht Gottes" (Pöhlmann). Ausgehend von der hohen Wertschätzung des Glaubens in der Bibel wird man nach Joh 3,18.36 sagen können: Wer glaubt, kommt nicht ins Gericht. Wer nach Gottes Gnade fragt, bekommt sie, aber sie wird niemandem aufgezwungen.

Eindrücklich ist auch **Barths** Interpretation der Zehn Gebote als Freiheitsregeln (Kirchliche Dogmatik III,4): Er geht vom Feiertagsgebot aus und entdeckt, dass der Alltag des Menschen begrenzt ist, weil wir Menschen mit einem freien Tag beginnen. Der Mensch benötige Zerstreuung und Spiel, brauche Pause und Ruhe. Wer vor Gott ruhe und ihn machen lasse, könne viel tun. Auch hier zeigt sich, dass alles Gnade ist. Die Gebote dienen also dem Leben, auch dem Verhältnis zum Nächsten. Die Gebote ermöglichen das Leben und lassen neue Handlungsmöglichkeiten erschließen.

Neben Barths theologischer Neubesinnung aus der Krise des Weltkriegs entwickelt der Kirchengeschichtler Karl **Holl** (1866–1926) sein neues Lutherbild, in dem er Luther (gegen Troeltsch, s. o.) als neuzeitlichen Menschen zeigt, der Religion als Gewissensreligion verstanden habe, die dem Menschen ein Sollen offenbare, dem gegenüber der Mensch verantwortlich sei. Während im Katholischen der Glaube der Massen wichtig sei, in der die Menschen die Verantwortung an die Kirche abgeben, habe Luther dagegen den Willen zur persönlichen Verantwortung gezeigt. Sein Gottesbild sei durch sein persönliches Ringen mit Gott entstanden, in dem er die Heiligkeit Gottes neu kennenlerne als die andere Seite Gottes, die Gottes Liebe sei. So könne er einerseits dem von Paulus verkündeten Zorn Gottes über alle Menschen wieder Geltung verschaffen, weil er diesen Zorn als das fremde Werk durchschaue, dem die Liebe Gottes als eigentliches Werk entgegenstehe. So entsteht eine neue Weltanschauung, die Welt ist selbstständig und wirklich, in der der Mensch seine Verantwortung wahrzunehmen habe.

- *Aber es gibt auch einen „Zorn des Erbarmens", der läutert und befreit. Ihn*
- *erfährt der Mensch an sich, den Gott im Gewissensgericht heimsucht. Gott*
- *zerbricht mit ihm den Menschen, aber bloß um ein Neues, ein Besseres*
- *aus ihm zu machen. Er muss ihn immer wieder zerbrechen, wenn er ihn*
- *wirklich bis zu sich emporbringen und ihn in sein eigenes Wesen wandeln*
- *will. So offenbart sich durch den Zorn hindurch, ja selbst in dem Zorn Lie-*
- *be; die Liebe, die dem Menschen das Höchste gönnt und unermüdlich an*
- *ihm arbeitet. [...] Das Willensstarke, das heilsam Harte, das Erzieherische*
- *kommt in die Liebe hinein.*
- Holl: Was verstand Luther unter Religion? zit. nach Philipp: Protestan-
- tismus. S. 333ff.

Im 20. Jh. erringt Paul **Tillich** (1886–1965), der 1933 nach der national-sozialistischen Machtergreifung das Land verlassen muss, weltweit einen großen Einfluss auf die Theologie. Er vertritt die Methode der **Korrelation** (dt. *Anknüpfung*), wonach der christliche Glaube mit der menschlichen Kultur ins Gespräch eintreten müsse. Dazu müsse die Theologie auf die von der Kultur aufgeworfenen Fragen hören und antworten.

Zu den großen Theologen des 20. Jh. zählt auch Karl **Heim** (1874–1958), er stellt sich den naturwissenschaftlichen Fragen des Jahrhunderts neu. Sehr früh durchdenkt er die Theorien der Allgemeinen und Speziellen Relativitätstheorie und untersucht ihre Auswirkungen auf das *Weltbild der Zukunft* (1905). Das Werk wird damals von Studenten mit Begeisterung aufgenommen, seine Vorlesungen sind seitdem stets überfüllt, seine Kollegen bleiben im Grunde distanziert. Seine entscheidende Entdeckung ist, dass die Wandlung im naturwissenschaftlichen Weltbild die Voraussetzungen der Theologie ändert. Haben die Theologen im 19. Jh. die Naturgesetze in ihrer Allgemeingültigkeit noch hinnehmen müssen, so zeige sich durch die neuen naturwissenschaftlichen Forschungen, dass diese Annahmen nicht gelten. Wunder seien – aus naturwissenschaftlicher Perspektive – keineswegs unmöglich. Denn die Natur ist im strengen Sinne nicht kausal bestimmt, sondern etwas Lebendiges oder Determiniertes. Quantenmechanik und Relativitätstheorie zeigen, dass die makrokosmische Ordnung kein willkürliches Schicksal darstellt, sondern dahinter ein lebendiger Gott geglaubt werden kann. Der Mensch steht so neu in der Entscheidung, ob er mit einem unpersönlichen Schicksal „rechnen" will oder sich für einen persönlichen Schöpfer und Erhalter der Welt entscheidet.

In seinen Studien über Transzendenz zeigt er, dass sie im Weltbild der neuen Naturwissenschaft möglich ist. Gott nehme keinen Raum ein, sondern stehe in einer Dimension höher als Zeit und Raum. Zwar gelangen Menschen nicht selbst zu dieser Dimension, aber weil jede höhere Dimension eine niedere einschließe, finde Gott Zugang zu uns. Daher sei Gottes Selbstoffenbarung sein Weg zu uns. Das gebe den biblischen Zeugnissen ein ganz neues Gewicht. Gleichwohl hat sich für die Schriftforschung lange nichts geändert, die Weichen sind gestellt, die Paradigmen überleben immer wieder sich selbst.

Nach dem Ende des 2. Weltkrieges und den Erfahrungen mit dem Totalitarismus stellt sich für die Kirchen die Frage nach den bürgerlichen Freiheitsrechten neu. Der Ökumenische Rat der Kirchen spricht sich bereits 1948 (und 1961) für Religionsfreiheit aus. Die römisch-katholische Kirche nimmt diese Frage dann auf dem 2. Vatikanischen Konzil auf (7.3.2).

7.3.2 Konzepte von Weltgestaltung

Erweckung und Weltgestaltung

In den Umbrüchen der Französischen Revolution entstehen eine Reihe von neuen Ansätzen von Weltgestaltung. Auch unter den Erweckten ringen Theologen um eine neue Weltordnung. William **Wilberforce** (1759–1833) unterzieht das Christentum in Großbritannien einer Kritik (*Practical View of the Prevailing Religious System of Professed Christians* – Praktische Betrachtung des vorherrschenden Religionssystems angeblicher Christen, 1797), da es vom Herzensglauben weit entfernt sei. Der wahre Christ treffe aus seinem Glauben Entscheidungen, mit denen er etwa den Armen helfe. Daher sollen sie als Vorbild für andere in der Gesellschaft wirken. Durch den Glauben würden auch die unteren Schichten verändert, Christentum werde so gesellschaftsrelevant. Alles beginne im persönlichen Umfeld und verbreite sich von da universal. Ausgehend von einzelnen Glaubenden könne die Welt verändert werden. Wilberforce erweist sich so in der Tradition des britischen Methodismus, hat doch Wesley besonders die unteren Schichten im früh industrialisierten England angesprochen und erreicht. Später beruft sich der erweckte schottische Sozialreformer Thomas Chalmers (1780–1847) auf dieses Werk (6.3).

Aus den revolutionären Veränderungen reagieren in Deutschland etwa Erweckte mit den praktischen Maßnahmen der Inneren Mission (6.3). Zeitgleich entsteht die Dichtung des *Jungen Deutschland*, die zur Zeit der Restauration neue Wege suchen, z.B. Heinrich Heine (1797–1856) und Heinrich Hoffmann von Fallersleben (1798–1874). Beide treten nicht nur für (politische) Veränderungen ein, sondern schaffen durch ihr stimmungsvolles Liedgut Grundlagen für die deutsche Einheit. Georg Büchner (1813–37) versucht sich für soziale Veränderungen einzusetzen, bewertet die Revolution kritisch, möchte aber die Sicht der unteren Schichten einbringen.

Marxismus und soziales Evangelium

Der Marxismus wird für viele zu einer neuen Religion, denn er erklärt den Menschen ihre Lebenssituation (Unterdrückung durch die Kapitalisten) und zeigt ihnen einen Ausweg (Klassenkampf gegen die Kapitalisten): Die Proletarier müssten den Kapitalisten alles Kapital entreißen, alle Produktionsmittel dem Staat übertragen und diesen selbst beherrschen. Wenn es kein Privateigentum mehr gäbe, gäbe es auch keine Unterdrückung mehr. Die Religion ist Marx' Meinung nach an der Unterdrückung der Menschen beteiligt, seine Auffassung hat er von Feuerbach.

- *Der Mensch macht die Religion, die Religion macht nicht den Menschen.*
- *Und zwar ist die Religion das Selbstbewusstsein und das Selbstgefühl des*
- *Menschen [...]. Sie ist Opium des Volkes. Die Aufhebung der Religion*
- *als des illusorischen Glücks des Volkes ist die Forderung seines wirklichen*
- *Glücks.*
- Marx: Zur Kritik der Hegelschen Rechtsphilosophie. 1843, zit. nach
- KThGQ IV/1, S. 216f.

Im Hintergrund des Marxismus steht der Materialismus, nach dem die Welt ausschließlich aus Materie bestehe. Religion und Philosophie stellen den Überbau dar, der auf dem gesellschaftlichen und wirtschaftlichen Unterbau errichtet worden sei. Der Glaube erwachse so den grundlegenden Lebensbedingungen einer Gesellschaft. Die ungerechten gesellschaftlichen Verhältnisse brächten die Religion hervor und würden von der Religion gestützt. Die Religion erscheine insofern als Produkt der sozialen und ökonomischen Entfremdung der Menschen, sie fördere durch ihre betäubende Wirkung („Opium des Volkes") letztlich die Ausbeutung der Armen durch die Kapitalisten. Durch eine revolutionäre Gesellschaftsveränderung werde die Religion überflüssig, sobald der Kapitalismus zusammenbreche bzw. von einer proletarischen Revolution hinweggefegt werde (1.3.4). Sobald die Menschen nicht mehr entfremdet lebten, würde die Religion ihre Basis verlieren. Marx und Engels veröffentlichen 1848 ihr *Kommunistisches Manifest*, um die geschichtliche Entwicklung zu beschleunigen. Ihrer Ansicht nach ist alle Geschichte eine Geschichte von Klassenkämpfen.

Wichern ruft im selben Jahr auf dem Wittenberger Kirchentag zur Inneren Mission auf, um den Gefahren von Atheismus und Säkularisierung zu begegnen. Die Evangelisierung des Volkes, die Mission an den Getauften ist sein zentrales Anliegen, um die entkirchlichten Proletarier zu gewinnen (3.3.2, 6.3.1).

Andere sehen tiefer, dazu zählt Friedrich **Naumann** (1860–1919), der die neuen Arbeitsprozesse zur Kenntnis nimmt und theologisch daraufhin befragt, inwiefern die modernen Industriearbeiter am Hochofen ihre Berufsarbeit als Gottesdienst in Luthers Sinne sehen und verstehen können. Die Arbeiter sehen sich seiner Beobachtung nach nur im „Herrendienst", sie suchten Lohn allein für ihr Auskommen.

- *Der Gott, dem der Mann am Hochofen dient, sieht etwas anders aus als der Gott Abrahams, Isaaks und Jakobs. Jener Gott der Hirten war ein friedevoller Vater: Er weidet mich auf grüner Aue [...].*
- *Wie aber ist es möglich, dass der Blaugekleidete gelegentlich in seiner Arbeit die Empfindung hat, die der Hirte auf sonniger Heide so leicht bekommt: Gott ist gegenwärtig?*
- *Ein altes merkwürdiges Wort sagt, dass Gott seine Engel zu Winden macht und seine Diener zu Feuerflammen. Das heißt für uns: Dort wo die Hirten Engel sahen, sehen wir gewaltige Naturkräfte. Diese Naturkräfte werden dem Reiche Gottes unter den Menschen dienstbar, wenn sie in feste Bahnen gezwungen werden. Die Gluten und Gebläse [der Hochöfen] müssen mithelfen, dass es besser wird unter uns Menschen, sie sind Urkräfte einer neuen Zeit. Als solche müssen sie geglaubt werden [...]. Wir müssen glauben, dass Gott nicht nur in den Wolken des Sinai vor Zeiten gewohnt hat, sondern dass er nicht weniger in dem Hochofen allgegenwärtig ist als im Hain Mamre. Gott ist im modernen Getriebe.*
- Naumann: Im Eisenwerk. zit. nach Philipp: Protestantismus. S. 216.

Eindrücklich ist die Modernität Naumanns, der die neue Zeit genau beobachtet, aber an der biblischen Botschaft festhält, denn der eine Gott der Hirten ist auch der eine der Industriearbeiter. Eine neue Zeit ist gekommen, in der Gott neu verkündigt werden muss, denn er bleibt derselbe, der anwesend ist. Angesichts der sozialen Frage sieht Naumann das Aufkommen der atheistischen Sozialdemokratie als notwendig an. Die alte Ordnung ist am Zerfallen, das sieht er ziemlich klar und ohne Wehmut. Als „Schutzwächter einer zerbröckelnden Vergangenheit" kann er sich selbst nicht sehen. Vielmehr erwartet er aus den Umbrüchen seiner Zeit eine

Erneuerung aus dem Christentum, die an die Veränderungen der antiken Welt durch die ersten Christen erinnert.

- *Wir kennen in der ganzen Welt nichts Fortschrittlicheres, Zukunftvolle-*
- *res, Umgestaltenderes und Hinreißenderes als wirkliches Christentum. Ein*
- *Glaube, der nur Efeu für alte Mauern und Türme ist, ist uns innerlich*
- *ganz unverständlich.*
- Naumann: Was heißt christlich-sozial? zit. nach Philipp: Protestantis-
- mus. S. 219.

Die kraftvollen und zukunftsvollen Worte Naumanns sind zu seiner Zeit herausragend – und weitblickend. Während viele die atheistische Sozialdemokratie nur bekämpfen, sieht er in ihr nur etwas Vorübergehendes, das die Christlich-Sozialen einmal beerben werden. Christen müssten weiterdenken, wo die Sozialdemokraten aufhören. Statt Theorien zu entwickeln müsse man „Detailarbeit" leisten, statt nur über die „Gesamtgesellschaft" zu denken, müsste man die Teile im Blick haben, die Arbeitslosen, Industriearbeiter, Bauern und Handwerker in ihrer Besonderheit. Von den Sozialdemokraten müsste man den Ansatz „von unten" übernehmen: von den Bedrängten, für die Bedrängten und mit den Bedrängten. So hätte sich Jesus heute weniger um Kranke als vielmehr um Arbeitslose gekümmert.

Noch klarer als Naumann sieht der Schweizer Leonhard **Ragaz** (1868–1945) den Marxismus als berechtigt an. Den reinen Materialismus ihrer Weltanschauung lehnt er ab, auch sei Klassenkampf kein wirklicher Schlüssel der Geschichte. Sein Geschichtsbild ist dagegen christlich.

- *Es ist Gott, aus dem der Mensch wird. Nur von dem heiligen Gott aus*
- *wird der Mensch heilig; nur von der Persönlichkeit Gottes aus bekommt*
- *der Mensch einen persönlichen Wert [...]. Gott ist der Gott des Fremdlings,*
- *der Witwe und Waise, er hört das Schreien des Armen und Vergewaltigten.*
- *Aber weil schließlich Gott den Sieg behält und sein Wille über alles herr-*
- *schen wird, so wird das Reich einst den Armen und Elenden gehören. Die*
- *Weltumwälzung, die Umwertung aller Werte wird genauso groß sein, wie*
- *Gott anders ist als die Welt. Das ist der tiefe Quell aller politischen und*
- *sozialen Gerechtigkeitsforderung. Er liegt im Unbedingten und Heiligen.*
- *So wird Gott die ewige Weltrevolution.*
- Ragaz: Von Christus zu Marx – von Marx zu Christus. zit. nach Phil-
- ipp: Protestantismus. S. 250f.

Gott nimmt sich immer der Schwachen an, in der Andersartigkeit Gottes sieht Ragaz die Quelle aller politischen und sozialen Forderungen nach Gerechtigkeit. Gott selbst ist die „ewige Weltrevolution" – eine erstaunliche Weltsicht. Ragaz sieht daher klar, dass der Marxismus selbst eine Religion ist, der mit Verstandesgründen nicht beizukommen sei, sondern nur durch Religion. Weil das Christentum den Glauben an die neue Welt Gottes aufgegeben habe, habe sich der Marxismus überhaupt erst bilden können.

Zeitgleich greifen Dichter die soziale Frage auf, wie etwa die Werke des Naturalismus zeigen, der die Not dem bürgerlichen Publikum vor Augen stellt (vgl. Hauptmanns *Weber*). Neben den Dichtern nehmen auch bildende Künstlerinnen wie Käthe Kollwitz die Anliegen der Armen auf.

In den USA entwickelt man in den 1870ern die Theologie vom **sozialen Evangelium**, als man die Unterschicht und ihre sozialen Probleme wahrnimmt. Als Begründer der **Social-Gospel-Bewegung** gilt der liberale Washington **Gladden** (1836–1918), der ausgehend von der Goldenen Regel (Matth 7,14) für die Anliegen der Arbeiter kämpft. Einflussreich wird besonders Walter **Rauschenbusch** (1861–1918), der persönliche Bekehrung und soziales Engagement zusammenhält. Der Heilige Geist ist seiner Meinung nach die urtümliche Kraft, gegen soziale Ungerechtigkeiten vorzugehen. Kapitalistische Prinzipien wie Konkurrenzkampf und Spekulation sowie die Ansammlung großer Kapitalvermögen seien Ausdruck des strukturellen Bösen, das den Einzelnen zu Tatsünden veranlasse. Daher setzt er sich mit erwecklichen Kreisen auseinander, die nur auf persönliche Bekehrung drängen und die gesellschaftlichen Verhältnisse sich selbst überlassen. Rauschenbusch geht vom Reich Gottes aus, das eine vollkommene Gemeinschaft der Menschen sein würde: Alle Menschen seien darin Geschwister, die sich gegenseitig unterstützen und für Gerechtigkeit sorgten. Daher will er die Gesellschaft nach christlichen Prinzipien umgestalten und in Richtung auf Demokratie und einen unpolitischen Sozialismus entwickeln.

Für Rauschenbusch ist Sünde eine soziale und politische Macht, die beim Einzelnen von der Selbstsucht bestimmt werde, aber als soziales Problem überwunden werden müsse. Der Mensch werde von den sozialen und institutionellen Mächten manipuliert und zum Bösen verführt. Erlösung sei insofern Heilung von Selbstsucht und Bekehrung der autokratischen Organisationen. Sein Begriff von Bekehrung kommt ganz offensichtlich nicht aus einem reformatorischen Verständnis von Rechtfertigung. Er möchte die menschliche Gesellschaft in das Reich Gottes überführen, indem er die menschlichen Beziehungen erneuert. Sein Ansatz verrät, dass er in einem prämilleniaristischen Gedankengebäude lebt, das die Verbesserung der Welt anstrebt, um die Wiederkunft Christi zu beschleunigen. Damit steht er aber auch in der Eschatologie entgegen seinen Zeitgenossen, die das postmilleniaristische Denken praktizieren, nachdem Christus erst wiederkommt, wenn diese Welt weiter ins Chaos geraten ist.

Evangelikale Theologen setzen sich daher kritisch mit seinen Auffassungen von Sünde und Bekehrung auseinander. Von den USA aus wirkt die Bewegung auf den Weltbund für praktisches Christentum (später Teil des Ökumenischen Rates der Kirchen), wo es immer wieder zu Konflikten mit den deutschen Theologen kommt, die das Reich Gottes als jenseitige Größe verstehen. Viele national-konservative Theologen warnen vor den demokratischen Idealen der Neuen Welt und ihrem sozialpolitischen Glauben.

Christoph **Blumhardt** (1842–1919) tritt 1899 als württembergischer Pfarrer in die SPD ein, was die Kirchenleitung veranlasst, ihn zum Ruhenlassen seines Pfarramtes zu nötigen. Blumhardt strebt eine gerechte Gesellschaftsordnung an und provoziert durch seinen ungewöhnlichen Schritt viele seiner frommen Zeitgenossen. Ähnlich wendet sich auch Karl Barth den religiösen Sozialisten in der Schweiz zu.

Bis zum ersten Weltkrieg sind die Einflüsse der Marxisten in der Gesellschaft praktisch gering. Ihre Träger entstammen meist nicht den unteren Schichten, sondern wie Marx und Engels dem Bildungsbürgertum. Der russische Kommunist Lenin hat später die Idee der Avantgarde publiziert, die als professionelle Revolutionäre die Sache der Proletarier vertreten. Mit der Oktoberrevolution in Russland wird der Marxismus in der Sowjetunion bestimmend.

In der Zeit der Weltwirtschaftskrise gewinnt Reinhold **Niebuhr** (1892–1971) eine umwälzende Bedeutung in Nordamerika. In seinem Buch *Moral Man and Immoral Society* zeigt er 1932 die geringe Wirkung der Social-Gospel-Bewegung. Zwar seien Menschen moralisch, aber die Moral der Gesellschaft sähe ganz anders aus. Eigeninteressen und Ängste vervielfältigten sich, daher sei die Gesellschaft durch Liebe nicht zu reformieren, denn Liebe sei in Strukturen ohnmächtig. Das Recht müsse hier einen Ausgleich schaffen.

Römisch-katholische Kirche und moderner Staat

Mit der zunehmenden Verbreitung des modernen politischen Gedankengutes im 19. Jh. hat Papst Leo XIII. (Papst von 1878–1903) während seiner Amtszeit erstmals den römischen Antimodernismus dogmatisch begründet. Wie bereits Thomas von Aquin begreift er den Glauben als willentliche Zustimmung zur offenbarten Wahrheit. Glaube ist danach sozusagen ein Akt der Unterwerfung unter die Autorität Gottes, deren Lehre allein durch die römisch-katholische Kirche und den Papst verbreitet wird. Der Irrtum hat dagegen keine Berechtigung der Verbreitung, da diese nur der Wahrheit gebührt. Jeder Zweifel ist für Leo ein Ausweichen vor den Konsequenzen der Wahrheit, sie ziele auf Beliebigkeit und frage gerade nicht nach Wahrheit. Für den Papst sind daher die Freiheitsrechte der Moderne Ausdruck eines gefährlichen Verfalls, der die offenbarte Wahrheit ablehnt. Volkssouveränität, Kommunismus und Nihilismus gehören seiner Ansicht nach zusammen. Nicht Freiheit, sondern Hemmungslosigkeit wäre das Ziel der Modernisten, daher müsse die Kirche diesem Angriff standhalten.

Der Gehorsam gegenüber der Kirche sei notwendig, denn nur sie habe die offenbarte Wahrheit. Wer für Religionsfreiheit eintrete, trete in Wahrheit für Beliebigkeit ein und weiche der Wahrheit aus! Der Staat sei eine Ordnung Gottes, kein Produkt eines Gesellschaftsvertrages, daher lehnt Leo die Volkssouveränität ab. Zwar sei der Staat eine eigenständige Größe, habe aber religiöse Pflichten, zu denen auch die öffentliche Religionsausübung und die Anerkennung der römisch-katholischen Kirche als Staatskirche gehöre. Der Staat sei eine Zwischenstation für die Christen auf dem Weg zu ihrem Heil, er ist insofern eine irdische bzw. zeitliche Größe.

- *Wenn darum ein Staatswesen nur auf irdisches Wohlsein und Beschaffung*
- *eines behaglichen und ungestörten Lebensgenusses abzielte, dagegen bei*
- *Ordnung der öffentlichen Angelegenheiten Gott außer Acht lassen wollte,*
- *so würde es in der schlimmsten Weise seinen Zweck und seine natürliche*
- *Bestimmung verfehlen; eine solche Gesellschaft wäre kein menschenwürdi-*
- *ges Gemeinwesen mehr, sondern Täuschung und trügerischer Schein.*
- zit. nach Weißenborn: Religionsfreiheit. S. 67.

Staat und Kirche sind also von Gott gestiftet, aber während die Kirche die offenbarte Wahrheit lehrt und das Heil vermittelt, kümmert sich der Staat nur um das irdische Zusammenleben. Der Staat braucht die Kirche, da nur sie von Gott spricht und dem Staat seine göttliche Berufung mitteilen kann. Insofern bestimmt die Kirche den Staat, während der Staat die Kirche als Ordnungsmacht unterstützt.

Leo zeigt sich aber auch modern, insofern er grundsätzlich Toleranz ermöglicht, auch wenn er sie für ein Übel hält. Aber unter bestimmten Umständen kann sie für die römische Kirche hilfreich sein, wenn sie sonst Einfluss verlöre oder Unruhen ausbrächen. Mit dieser Bejahung der Toleranz leitet Leo selbst eine Modernisierung der Kirche ein, als immer mehr europäische Staaten Republiken werden und moderne Freiheitsrechte gewähren und man mit keinem Staat mehr ein Konkordat abschließen kann, das von der Vorherrschaft des Katholizismus ausgeht.

Auseinandersetzung mit dem Totalitarismus

Nur vorübergehend muss sich die christliche Theologie im 20. Jh. mit Faschismus und Nationalsozialismus (4.3.5) auseinandersetzen. Namentlich in der Frage der Weltgestaltung kommt es zu neuen Ansätzen, da die klassische Zwei-Regimenter-Lehre sich den Herausforderungen eines totalitären, atheistischen Regimes nicht gewachsen zeigt. Die klassische Vorstellung einer Eigengesetzlichkeit des Staates wirft vor den unvorstellbaren Verbrechen die Frage nach der Verantwortlichkeit und der Mitsprache im Staat auf. Während sich im Raum der reformierten Kirche früh die Frage nach einem kirchlichen Widerstandsrecht stellt, führt im lutherischen Raum erst die Auseinandersetzung mit dem Nationalsozialismus eine Neubesinnung herbei.

In der **Barmer Theologischen Erklärung** in der Auseinandersetzung mit dem Nationalsozialismus von 1934 formulieren die bekennenden Christen unter Federführung Barths die Abgrenzung des Glaubens an Christus gegen die Lehre von Schöpfungsordnungen, die Volk und Rasse als Zeichen göttlicher Gegenwart deutbar machen. Glaube sei niemals Innerlichkeit, sondern immer an Christus als dem einen Wort Gottes gebunden. Gottes Wort sei insofern Zuspruch und Anspruch auf das Leben des Glaubenden. Entsprechend gibt es in aller Gegenwart ein einzigartiges und unwandelbares Zeugnis der Kirche als Gemeinde von Brüdern, in der Jesus Christus in Wort und Sakrament durch den Heiligen Geist als der Herr gegenwärtig ist (KThGQ IV/2, S. 131). Diese Kirche passt sich wechselnden politischen Ansprüchen nicht an. In ihren Ämtern wird niemals Herrschaft begründet, sondern stets nur ein Dienst, der der ganzen Gemeinde anvertraut ist. Ein christliches „Führerprinzip" kann es daher niemals geben. Schließlich hält man an der Trennung von Staat und Kirche fest. Der Staat ist Gottes Anordnung für die Welt, er ist weder Heilanstalt noch darf er die Kirche dominieren. Ebenso wenig dürfe die Kirche staatliche Aufgaben übernehmen und zu einem Organ des Staates werden. In der letzten These wird die Kirche als Botschafterin der Gnade bestimmt.

Mitten in den Stürmen des Weltkrieges bringt Dietrich **Bonhoeffer** (1906–1945) neue Gedanken einer christlichen Weltgestaltung, die durch seine Haftzeit und seinen Tod nicht ausreifen können. Dennoch widmet ihm die Theologenwelt – im Ausland eher stärker als in Deutschland – einen großen Respekt. Sein Einsatz gegen den totalitären Staat, der ihn in den Widerstand treibt, verändert auch seine theologische Position. Dabei sieht er schon früh Kirche als „Kirche für andere", stellt sich zu den verfolgten Juden und kommentiert bereits am Tage der Machtübertragung an Hitler kritisch dessen Führertum im Radio, noch während der Übertragung wird die Ansprache abgebrochen. Seine Wirkungszeit ist extrem kurz: Nach verschiedenen Auslandserfahrungen wird er 1935 Studienleiter des Predigerseminars der Bekennenden Kirche, 1936 verliert er die Lehrerlaubnis, 1938 wird er aus Berlin verbannt, 1943 wird er verhaftet, 1945 im Chaos des Zusammenbruchs aufgrund eines Führerbefehls hingerichtet. So stirbt er mit 39 Jahren, bereits mit 27 endet seine akademische Laufbahn.

Hier zeigt einer unter den Angriffen einer säkularen Weltanschauung, dass Gnade und Nachfolge tatsächlich etwas kosten, dass sie insofern „teuer" sind. Glauben und Gehorsam gehören für ihn unbedingt zusammen (5.3.3, 7.3.1). In seiner (unvollendeten) Ethik (zwischen 1940 und 1943 geschrieben) geht Bonhoeffer immer wieder von Jesus Christus aus.

- *In Jesus Christus glauben wir den menschgewordenen, gekreuzigten und auferstandenen Gott. In der Menschwerdung erkennen wir die Liebe Gottes zu seiner Kreatur, in der Kreuzigung das Gericht Gottes über alles Fleisch, in der Auferstehung den Willen Gottes zu einer neuen Welt. Nichts wäre nun verkehrter, als diese drei Stücke auseinanderzureißen; denn in jedem von ihnen ist das Ganze enthalten.*
- Bonhoeffer: Ethik. zit. nach KThGQ IV/2, S. 159.

Die Bindung an Jesus gründet in seinem Kommen und dem Ruf, der an die Menschen ergeht und dem sie Folge leisten sollen. Die Liebe Gottes zur Kreatur, das Gericht Gottes über das Fleisch und Gottes Willen zu einer neuen Welt sind gleichsam die drei Aspekte, wie Ethik zu betreiben ist. Der Glaubende müsse in die Gestalt Christi hineingezogen werden. Besonders der Blick auf die neue Welt Gottes stärkt die **Verantwortung** für die anderen. Das ist für ihn ein wichtiger Gedanke, der ihn sehr beschäftigt.

- *Die Struktur des verantwortlichen Lebens: Stellvertretung*
- *Dass Verantwortung auf Stellvertretung beruht, geht am deutlichsten aus jenen Verhältnissen hervor, in denen der Mensch unmittelbar genötigt ist, an der Stelle anderer Menschen zu handeln, also etwa als Vater, als Staatsmann, als Lehrmeister. Der Vater handelt an der Stelle der Kinder, indem*

er für sie arbeitet, für sie sorgt, eintritt, kämpft, leidet. Er tritt damit real an ihre Stelle. Er ist nicht ein isolierter Einzelner, sondern er vereinigt in sich das Ich mehrerer Menschen. Jeder Versuch zu leben, als wäre er allein, ist eine Leugnung der Tatsächlichkeit seiner Verantwortlichkeit. Entgehen kann er der durch seine Vaterschaft gegebenen Verantwortlichkeit nicht. An dieser Wirklichkeit scheitert die Fiktion, als sei das Subjekt alles ethischen Verhaltens der isolierte Einzelne. Nicht er, sondern der Verantwortliche ist das Subjekt, auf das sich die ethische Besinnung zu richten hat.

Bonhoeffer: Ethik. zit. nach KThGQ IV/2, S. 160.

Selbstverantwortung sei die Verantwortung gegenüber der Menschheit. Da Jesus stellvertretend als menschgewordener Sohn Gottes gelebt hat, sei alles menschliche Leben stellvertretend. Jesus hat für alle gelebt, er ist der Verantwortliche schlechthin. In der Bindung an Gott und die Mitmenschen leben Christen stellvertretend und wirklichkeitsgemäß. Kein Mensch lebt nur für sich und in sich, immer lebt man in Beziehungen. Dabei hat der Mensch nie Einblick in die ganze Wirklichkeit, sein Handeln bleibt ein Wagnis, das auch das Risiko birgt, schuldig zu werden. Allerdings befreit die Hoffnung auf Vergebung zum wagenden Handeln. Bonhoeffer übernimmt bei seiner Teilnahme bewusst Schuld an seinem Handeln, auch er agiert stellvertretend – für die Opfer der Diktatur.

Kritisch geht er mit dem Begriff „Schöpfungsordnungen" um, denn der Mensch lebt in einer gefallenen Schöpfung, deshalb bevorzugt er den Begriff „Erhaltungsordnung". Seine Ethik fordert kein Durchsetzungsvermögen des Staates, sondern Opferbereitschaft. Krieg sei überhaupt keine Option mehr und müsse daher von der Kirche geächtet werden. Angesichts der totalitären Herrschaft entscheidet sich Bonhoeffer für den aktiven Widerstand. Seit der Machtübergabe an die Nationalsozialisten bekämpft er deren Führerprinzip und Rassismus. Immer wieder setzt er sich für die Juden ein.

Namentlich seine eher bruchstückhaft überlieferten Schriften aus seiner Zeit im Gefängnis haben eine große Wirkung. Ringt er vorher mit der Kirche, so öffnet er sich mit seiner Zuwendung zum Widerstand gleichsam der Welt. Fortan beschäftigt er sich mit der „Mündigkeit" des modernen Menschen. Die klassische Aufteilung eines Denkens in zwei Räumen teilt er nicht mehr. Gott ist in Christus inkarniert (Joh 1,14), daher vereinigen sich Gottes- und Weltwirklichkeit.

Intensiv fragt er sich während seiner Haft, wer Christus heute ist. Bonhoeffer sieht alles auf eine religionslose Zeit zulaufen, weil die Menschen seiner Meinung nach nicht mehr religiös sein können. Daher müsse man künftig „weltlich" oder „religionslos" von Gott reden. Christus ist nicht mehr Gegenstand der Religion, sondern „Herr der Welt".

Was mich unablässig bewegt, ist die Frage, was das Christentum oder auch wer Christus heute für uns eigentlich ist.[…] Wir gehen einer völlig religionslosen Zeit entgegen, die Menschen können einfach, so wie sie nun einmal sind, nicht mehr religiös sein.

[…] ich möchte von Gott nicht an den Grenzen, sondern in der Mitte, nicht in den Schwächen, sondern in der Kraft, nicht also bei Tod und Schuld, sondern im Leben und im Guten des Menschen sprechen. An den Grenzen scheint es mir besser, zu schweigen und das Unlösbare ungelöst zu lassen! Der Auferstehungsglaube ist nicht die ‚Lösung' des Todesproblems. Das ‚Jenseits' Gottes ist nicht das Jenseits unseres Erkenntnisvermögens! […] Gott ist mitten in unserem Leben jenseitig. Die Kirche steht nicht dort, wo das menschliche Vermögen versagt, an den Grenzen, sondern mitten im Dorf.

Bonhoeffer am 30.4.44 in: Widerstand und Ergebung. zit. nach KThGQ IV/2, S. 161.

Während im Zuge der kirchlichen Rückzugsgefechte gegen den Rationalismus die Gottesvorstellung immer mehr an den Rand, in die Grenzsituationen des Lebens verlegt worden ist, sucht Bonhoeffer ihn wieder in der Mitte. Die Mündigkeit der Welt zwingt die Menschen zu einer neuen Begegnung mit Gott: Sie leben weithin ohne Gott vor Gott.

Vor und mit Gott leben wir ohne Gott. Gott lässt sich aus dieser Welt herausdrängen ans Kreuz, Gott ist ohnmächtig und schwach in der Welt und gerade und nur so ist er bei uns und hilft uns.

ebd. S. 162.

Durch die Bibel wird der Mensch an das Leiden Gottes gewiesen, und nur dieser kann uns helfen, weil er durch seine Ohnmacht in der Welt Macht und Raum gewinnt. So entdeckt Bonhoeffer mitten im säkularen Zeitalter, mitten unter dem scheinbaren Triumph des totalitären Staates den gekreuzigten Christus, der in seiner Ohnmacht stark ist. Ihm vertraut Bonhoeffer bis in den eigenen Tod und das lässt ihn zum Märtyrer werden.

In seinen Briefen und Schriften aus dem Gefängnis (*Widerstand und Ergebung*) hinterlässt er bis in die Gegenwart ein eindrückliches Erbe, darunter sind in der Nachkriegszeit seine Gedanken über das Ende der Religion besonders herausfordernd. Der moderne Mensch könne seiner Ansicht nach nicht mehr religiös sein, es komme ein religionsloses Zeitalter und das werfe die Frage auf, wie Christus der Herr der Religionslosen werden könne.

Königsherrschaft Christi oder Zwei-Reiche-Lehre

Aus den Erfahrungen mit dem nationalsozialistischen Totalitarismus erwachsen in Europa unterschiedliche Visionen vom Verhältnis von Kirche und Staat. Die eine Vision setzt auf die Königsherrschaft Christi und geht auf **Karl Barth** zurück, der sich bereits in den 1930er-Jahren zu Wort meldet und nach dem 2. Weltkrieg sein Buch *Christengemeinde und Bürgergemeinde* veröffentlicht. Darin kritisiert er Luthers Zwei-Reiche-Lehre, denn der Reformator habe die Rechtfertigung aus Gnaden nicht auf das menschliche Recht bezogen. Mit der gefährlichen Unterscheidung lebe der Christ in zwei Bereichen, im geistlichen unter der Herrschaft des Evangeliums und im weltlichen unter dem Gesetz. So habe Luther den Staat aus dem Hoheitsbereich Gottes entlassen und die Kirche zur politischen Abstinenz verurteilt.

Dem gegenüber entfaltet Barth seine eigene Sicht von der Herrschaft Christi. Christengemeinde und Bürgergemeinde beschreibt Barth als zwei konzentrische Kreise. Die Christengemeinde ist dabei der innere, die Bürgergemeinde entsprechend der äußere Kreis; gemeinsame Mitte sei das Reich Gottes. Die Gerechtigkeit des Staates entspreche der Gerechtigkeit des Reiches Gottes, die in der Kirche geglaubt und verkündigt werde. In einer Vielzahl von Analogien entwirft Barth dann die Werte des christlichen Staates: Wie Gott durch Jesus sein ursprüngliches Recht auf den Menschen aufgerichtet habe, so stehe die Christengemeinde für den Rechtsstaat ein. Ähnlich stellt er dann Gewaltenteilung, Verantwortung, Freiheit, Gleichheit und soziale Gerechtigkeit als Ziele auf, die letztlich in der Staatsform der Demokratie ihren angemessenen Ausdruck finden würden. Dass die Demokratie sich ausgerechnet innerhalb der christlichen Kultur entwickelt habe, hält er für sachlich notwendig. Namentlich in Deutschland wehren sich die Lutheraner vehement gegen die Kritik an Luthers Staatsethik, denn Barth habe die Gefahr heraufbeschworen, dass aus dem Evangelium eine Verfassung für das Reich der Welt werde und so in eine christliche Scharia einmünden könnte. Barth habe keine Rücksicht auf die Struktur der Welt genommen, das lutherische Reich zur Linken sei ja trotzdem unter Gottes Herrschaft und durch die christlichen Fürsten sei die christliche Liebe durch ihre Person gewahrt.

Nach dem Krieg aktualisiert **Helmut Thielicke** (1908–86) als lutherischer Systematiker in Hamburg die Zwei-Reiche-Lehre nach den Erfahrungen mit dem Totalitarismus, indem er das anbrechende Reich Gottes stärker betont und damit sozusagen reformiert. Thielicke setzt sich dabei sowohl mit Barth als auch mit Bonhoeffer auseinander. Er geht von der Rechtfertigung aus Gnaden aus, die erfahrene Liebe treibe den Menschen zu Liebeswerken an den Nächsten. Von hier aus entwirft er seine Ethik, deren innerer Antrieb immer die erfahrene Rechtfertigung des Sünders bleibt, der als Mensch vor Gott in der Welt lebt: als Ehemann, Vater oder Single, als Arbeiter oder Unternehmer, als Richter, Politiker, Künstler, Offizier oder Gewerkschaftsführer. Diese Situation erforscht er in allen Bereichen menschlichen Lebens. Insbesondere die Grenz- und Konfliktsituationen haben es ihm angetan, dort setzt er an und fragt nach den christlichen Werten und Normen zurück. So handelt er die verschiedensten Felder des Lebens ab: die Konfliktsituation in einer Untergrundbewegung, den Konflikt zwischen Leben und Leben im Konzentrationslager, die Steuerehrlichkeit, die Verschleierung der Wahrheit in der Diplomatie u. v. a.

Die Erwartung der Wiederkehr Christi und die damit verbundene endgültige Erlösung der Welt versetze die Welt in einen spannungsreichen Zustand zwischen Kontinuität der alten Ordnung und Diskontinuität des anbrechenden Reiches Gottes. Die Ordnungen dieser Welt bestehen noch in Kontinuität in einer relativen Eigengesetzlichkeit weiter, aber diese alte Welt erfahre doch schon die Wirkungen aus der kommenden neuen Welt Gottes. Wir lebten daher in einer Zeit des anbrechenden neuen Tages, in dem nicht mehr alles grau ist, sondern in dem sich die neuen Konturen immer klarer zeigten. Der Christ lebe insofern im Spannungsfeld zweier Zeiten. Hinsichtlich der politischen Gestaltung der Welt könne es angesichts dieses Zustandes für die Christen weder den indifferenten Konservativismus noch den schwärmerischen Radikalismus geben. Während der erstere den Zustand der Welt mit ihren endenden Ordnungen unerlaubt verlängern wolle, tue der andere so, als sei die neue Welt schon vollkommen da. Die Bergpredigt sei aber für das neue Reich entworfen. Die Schwärmer versuchten, sich aus dieser Wirklichkeit aus eigenen Kräften zu befreien und den Anbruch des Reiches gleichsam vorwegzunehmen; eine solche Vorgehensweise löse Chaos aus, denn diese Welt sei noch zu Reich-Gottes-fremd. Andererseits täten die Konservativen so, als bestünde diese jetzige Welt mit ihren Eigengesetzlichkeiten ewig fort und sei letztlich gottgewollt. Nächstenliebe sei daher Privatangelegenheit und Christen lebten in politischer Apathie. Anzustreben sei vielmehr der Kompromiss, der mit dem

Nicht-mehr dieser Welt ernst mache und zugleich das Noch-nicht beachte. Man orientiere sich an den Lebensgesetzen des neuen Äons, entrichte aber dem alten noch seinen Tribut.

Der Schlüssel für Thielickes politische Ethik ist der Bund Gottes mit Noah. Gott will die Schöpfung erhalten, er bedient sich aber dabei der Menschen und der von ihnen geschaffenen Tatsachen. Der Gewalt von Menschen gegen Menschen wird mit Gegengewalt begegnet. (Wer Menschenblut vergießt, dessen Blut soll durch Menschen vergossen werden. 1Mose 9,6a). Gott heiße die Kampfgesetze dieser Welt nicht gut, aber er dulde sie und baue sie in seine Ordnung ein, um diese Welt zu erhalten. Dieses Vorgehen sei Ausdruck seiner Geduld. Alle politischen Ordnungen seien Notordnungen: Sie kommen aus der gefallenen Welt, richten sich aber gegen die zerstörerische Kraft und dienen der Erhaltung der Schöpfung. Von dieser Auslegung des noachitischen Bundes entwirft er den Kompromisscharakter aller Lösungen. Deutlich warnt Thielicke allerdings vor einem Kompromissgeist, der die Kampfgesetze dieser Welt vergotte oder diese als notwendiges Lebensgesetz überinterpretiert. Der Kompromiss zum Gewalteinsatz bleibt immer ein Kompromiss, der nie nur Schicksal sei, sondern uns immer auch mit Schuld behafte. Für die gefallene Welt seien alle Menschen mitverantwortlich. Der Einsatz weltlicher Mittel bleibe stets auch fragwürdig.

Die wesentliche Weiterentwicklung der Zwei-Reiche-Lehre Luthers besteht im Grunde vor allem darin, dass Thielicke die Wiederkunft Christi stärker betont und die mit ihm kommende neue Welt Gottes bereits wirke und man ihr daher Tribut zollen müsse. Die Bestimmung des Menschen als Sünder und Gerechter wird so zur Bestimmung des gegenwärtigen Zeitalters, wobei das Neue nicht nur im Blick sein, sondern auch zum Handeln bringen müsse.

In der Aufarbeitung des Totalitarismus und in der Auseinandersetzung mit dem Marxismus muss schließlich auch Jürgen **Moltmann** (* 1926) erwähnt werden. Als er 1948 aus der Kriegsgefangenschaft zurück nach Deutschland kommt, arbeitet das ganze Land am Wiederaufbau. Zum wichtigen Denkanstoß wird ihm das Buch *Das Prinzip Hoffnung*, das 1959 von Ernst Bloch erscheint. 1964 erscheint dann Moltmanns *Theologie der Hoffnung*, die weltweit intensiv aufgenommen wird und für sich die politischen Veränderungsprozesse in den 1960er-Jahren widerspiegelt und mit prägt. Zwar bleibt er in seiner Theologie weithin eher konservativ ausgerichtet, aber die Hoffnung wird ihm zum neuen Fixpunkt der Theologie, die Bilder der Hoffnung breitet er intensiv aus, der Exodus im Alten Testament und die Auferstehungsbotschaft im Neuen sind seine Sache. Und diese Hoffnung muss seiner Ansicht nach die Welt verändern.

- *Die kommende Herrschaft des auferstandenen Christus kann man nicht*
- *nur erhoffen und abwarten. Diese Hoffnung und Erwartung prägt auch*
- *das Leben, Handeln und Leiden in der Gesellschaftsgeschichte. Das leib-*
- *liche Leben, und damit auch das soziale und öffentliche Leben, wird im*
- *alltäglichen Gehorsam als Opfer erwartet (Röm. 12,1ff.). Sich nicht dieser*
- *Welt gleichzustellen, bedeutet nicht nur, sich in sich selbst zu verändern,*
- *sondern in Widerstand und schöpferischer Erwartung die Gestalt dieser*
- *Welt zu verändern, in der man glaubt, hofft und liebt.*
- Moltmann: Theologie der Hoffnung. 1965, S. 304.

So bringt Moltmann eine Veränderung mit auf den Weg, die allerdings nicht nur an der Spitze des Fortschritts verortet ist, sondern durch das Kreuz Christi gerade auch im Leiden und bei den Opfern ansetzt. Die Hoffnung sieht neue Möglichkeiten und schaut über den Horizont hinaus. Aus dem trinitarischen Gottesbild des Christentums leitet er ab, dass Gott kein autoritärer, sondern ein sozialer Gott ist. Anstelle eines autoritären Ein-Gott-Glaubens betont Moltmann immer wieder die Trinität, wodurch die Kirche eine „herrschaftsfreie Gemeinschaft" darstellt, in der nicht die Macht, sondern die Übereinstimmung regiert. Der Dialog löst so den Gehorsam ab. Indem Jesus sich für alle zum Knecht erniedrigt (Phil 2, 5ff.), ist dieser Herr anders als die Herren dieser Welt. Er befreit die Menschen.

Erneuerung der römisch-katholischen Kirche

Im Vorfeld des 2. Vatikanischen Konzils (1962–65) spielen amerikanische Theologen wie John Courtney **Murray** (1904–67) eine bedeutende Rolle. Ausgehend von den Traditionen der USA, wo sich der Staat nach seiner Verfassung in religiösen Fragen nicht einmischt, setzt Murray wie Johannes XXXIII. bei der Gewissensfreiheit des Menschen an. Jeder müsse auf die Stimme seines Gewissens hören, durch die Gott zu ihm spreche. Dieses Hören sei wichtiger als der Gehorsam gegenüber den staatlichen Gesetzen. Da die Wahrheit in dieser Welt nicht objektiv verfügbar sei, sondern immer nur als Überzeugung einzelner Menschen existiere, müsse Gott seine Wahrheit den Einzelnen im Gewissen mitteilen, wenn sie bestimmend sein soll. So vertraut Murray auf Gottes Reden und seine Überzeugungskraft.

Indem man auf staatliche Gewalt verzichte, zeige man seinen Glauben an jenes Wirken Gottes. Gott wolle, dass alle Menschen zur Erkenntnis der

Wahrheit kommen, aber er wolle auch, dass jeder seinem eigenen Gewissen folgen solle, daher habe er ihm Freiheit eingeräumt. Dadurch würden alle Steuerungs- und Lenkungsprozesse auch durch Bildung und Erziehung suspekt und gefährlich, wenn sie nicht in Freiheit geschehen. Denn das Gewissen entzieht sich allen Zugriffsversuchen. Murray sieht also die Begründung für den Pluralismus in Gott selbst, katholische Staatsgebilde stellen daher keinen wünschenswerten Zustand dar, zumal wenn sie durch Zwangsmaßnahmen Kontrolle erstreben, denn jeder Zwang widerspreche dem Willen Gottes.

Bereits früher haben andere Theologen die Nachteile der Intoleranz erkannt, denn viele Katholiken zeigen sich unter dem Schutz des Staates gegen Auseinandersetzungen mit atheistischen Wahrheitsansprüchen als unvorbereitet und schwach. So dient die Annahme der Herausforderung der Moderne auch dem Stärken der Verantwortlichkeiten der einzelnen Glaubenden.

Auf dem 2. Vatikanischen Konzil ringen die Bischöfe dann um einen Konsens. Während die übergroße Mehrheit sich für Religionsfreiheit ausspricht, gibt es doch eine einflussreiche Minderheit, die an der traditionellen Sicht festzuhalten sucht. Die Befürworter der Religionsfreiheit denken vom Einzelnen und seinem Gewissen her, die Gegner denken von der abstrakten und objektiven Wahrheit her. Beide Ansatzpunkte haben sich so diametral gegenübergestanden, ohne dass ein Kompromiss möglich gewesen ist. Für die Gegner hat nur die Wahrheit ein Recht auf Existenz und Verbreitung, sie sehen sich auf Gottes Seite und wollen die Wahrheit verteidigen, daher wollen sie gemäß der Tradition den Staat in die Pflicht nehmen. Ihr Problem besteht dann jedoch im Menschen selbst, denn zwar gestehen sie dem Menschen Gewissensfreiheit zu, lassen ihn diese jedoch nicht nach außen bekennen. Man betont daher die objektive Wahrheit auf Kosten des Gewissens. Um jeden Preis wollen sie die Wahrheit verteidigen und ihre Meinung durchsetzen.

Die Befürworter unterscheiden dagegen zwischen der abstrakten Wahrheitsfrage und dem konkreten menschlichen Zusammenleben: Gewissensfreiheit muss ihrer Meinung nach mit äußerer Freiheit einhergehen, insofern fordern sie den freiheitlichen Rechtsstaat, der die Freiheit der Bürger schützt. Sie haben den mündigen, verantwortlichen Bürger im Blick, der seinen Überzeugungen folgt. Mit diesem ganzheitlichen Ansatz nimmt man dann aber den Bruch in der Gesellschaft in Kauf, Staat und Kirche werden getrennt. Im Grunde genommen brechen die Befürworter mit der Tradition, es kann weder einen Obrigkeitsstaat geben noch eine Einheit von Kirche und Staat. Ausgangspunkt für menschliches Handeln wird das Gewissen. Auf einer ersten Abstimmung im Oktober 1965 stimmt bereits eine überwältigende Mehrheit für die Religionsfreiheit, aber man müht sich um höhere Zustimmung und nimmt über 600 Änderungsvorschläge auf. Als man im November noch einmal über den verbesserten Text abstimmt, stimmen 2308 der 2386 anwesenden Väter zu, nur 70 verweigern die Zustimmung (bei 6 ungültigen Stimmen).

Moderne sozialreformerische Theologien
Ausgehend von den Versuchen der Marxisten, die Welt und ihre Gesellschaften zu verändern, hat sich auch im theologischen Bereich eine entsprechende Richtung etabliert, die zunächst auf vielfache Ablehnung stößt, die **Theologie der Befreiung**, die eigentlich aus einer Mehrzahl von verschiedenen Theologien besteht. Ihre Vertreter nehmen die Unterdrückung der Menschen wahr, sei es wegen ihrer Rasse (*black theology*) oder wegen ihrer sozialen Stellung (*lateinamerikanische Befreiungstheologie*). Immer mehr Theologen äußern sich öffentlich über die Unterstützung der Unterdrücker durch Kirchenvertreter, immer mehr fordern die Transformation der Gesellschaft (Gutiérrez in Peru, Boff in Brasilien u.v.a.). Da Gott immer auf Seiten der Armen stehe, müssten die Armen für die Interpretation des Glaubens ernst genommen werden, Theologie müsse „von unten" ausgehen. Das habe Auswirkungen auf die Interpretation der Geschichten der Bibel, die doch weithin Befreiungsgeschichten seien. Vor diesem Hintergrund müsste auch die prophetische Kritik an den Reichen und Unterdrückern zur Sprache gebracht werden. Theologie müsse darüber hinaus in die Praxis münden, soziales Handeln und politisches Engagement müsse selbstverständlich sein. Theologie soll nicht die Welt erklären, sondern verändern. Oft benutzt man ein geradezu marxistisch anmutendes Vokabular, um zeitgemäß zu argumentieren. Im Zuge der 1968er-Veränderungen spricht sich eine lateinamerikanische Bischofskonferenz in Medellìn/Kolumbien gegen Ausbeutung und Neokolonialismus aus. Der Einsatz für die Armen wird zum erklärten Ziel der Kirchen.

Neben der Theologie der Befreiung erheben sozial engagierte Christen in den USA ihre Stimme (Carl F. Henry, Ronald Sider, John Howard Yoder) und sehen etwa in Jesus den Urheber eines sozialen Wandels. Henry (1913–2003) betont die sozialen Konsequenzen des Christentums, die zu einer neuen Reformation führen sollten. Christen solle es um die Lösung aller Probleme gehen. Daher seien alle Christen aufgerufen, sich für die Nöte der Menschen zu engagieren. Hier dürften auch Ausläufer der

Theologie des Social Gospel weitergeführt werden. Die genannten Quellen führen schließlich zur Gruppe der *Evangelikalen für soziale Gerechtigkeit*, die sich seit dem Lausanner Kongress 1974 formiert. Evangelisation und soziales Engagement sollen gemeinsam verfolgt werden. In den folgenden Jahren wird die soziale Verantwortung immer deutlicher artikuliert, auch wenn die Evangelisation ihr noch länger vorgeordnet bleibt. Während der Konsultation über *Relationship of Evangelism and Social Responsibility* (Beziehung zwischen Evangelisation und sozialer Verantwortung) zu der das *Lausanner Komitee* und die *Evangelische Allianz* 1982 nach Grand Rapids/USA einladen, wird soziales Handeln sowohl als Folge der Evangelisation, als Brücke zur Verkündigung und als Partner der Evangelisation gesehen. Die Konferenz in Wheaton/USA 1983 formuliert erstmals in einer von René Padilla geleiteten Gruppe das Thema *Transformation: The Church in Response to Human Need* (Transformation: Die Kirche und die Antwort auf die menschlichen Bedürfnisse). Hier entsteht ein ganzheitliches Missionsverständnis. Hier knüpft das 1999 von Padilla gegründete **Micah-Netzwerk** an.

Im Zuge gesellschaftlicher Veränderungen werden überdies klassische Rollenbilder aufgelöst, namentlich die Rolle von Ehe und Familie ist im Wandel. In diesem Zusammenhang wird insbesondere nach der Bedeutung der Frau gefragt, die nicht länger in der Rolle als Mutter aufgehe. Seit dem Ende des 19. Jh. wird die Emanzipation der Frau gefordert. In der Theologie entspricht dies der Bewegung des **Feminismus**. Dabei geht es zunächst um eine Gleichberechtigung in Kirche und Gesellschaft, spielen Frauen doch in den Gottesdiensten zu allen Zeiten eine große, in den Entscheidungsgremien jedoch kaum eine Rolle. Namentlich die Frage, ob Frauen predigen dürfen, führt dann zu Streit und Auseinandersetzung. Während dies die römisch-katholische Kirche weiter ablehnt, gehen die evangelischen Landeskirchen nach dem 2. Weltkrieg zur Frauenordination über. In vielen Freikirchen ist die Frage weiter umstritten.

Etwas grundlegender gehen die Theologinnen vor, die im Gottesbild des Christentums selbst den Hintergrund für die fehlende Akzeptanz der Frau sehen. Durch die männlichen Symbole für Gott den Schöpfer, Jesus Christus als Erlöser und den (maskulinen) Heiligen Geist würden Frauen benachteiligt. Das werde durch die lange Reihe von Männern, die als Theologen gewirkt haben, noch unterstrichen. Daher rufen radikale Feministinnen die Frauen dazu auf, diesen negativen Raum zu verlassen. Viele entdecken antike Göttinnen wieder oder beleben einen neuen Hexenglauben. Allerdings arbeiten feministische Theologinnen auch den Umfang frühkirchlicher Prägung durch Frauen heraus. Sie hatten rein zahlenmäßig eine große Bedeutung, einzelne Gestalten haben intensiv an der Mission mitgewirkt (etwa Priscilla oder Phöbe). Darüber fordern andere zu einer Neubewertung der Vergangenheit auf. Nicht zuletzt soll die Rolle der Frauen in der Geschichte des Christentums gewürdigt werden.

Gegenwärtig dreht sich die theologische Debatte stark um die sogenannte **Postmoderne**, die angeblich keine absoluten Werte und Gewissheiten mehr kennt. „Alles ist möglich, Vielfalt ist angesagt." Heftig kämpfen Vertreter der Moderne gegen solche Hinweise, denn für sie ist das Projekt der Moderne noch nicht abgeschlossen. Aber nach den grauenhaften Materialschlachten von Verdun, dem unbeschreiblich schrecklichen Holocaust, dem Abwurf der Atombombe auf Hiroshima und dem Störfall in Tschernobyl ist die Skepsis an der Fähigkeit der menschlichen Vernunft und der positiven Entwicklung der Menschheit eher gewachsen. Mit Hilfe der säkularen Vernunft hat sich die Welt nicht verbessern lassen, auch die Moral hat die Menschen nicht verwandelt. Es herrscht vielmehr Relativismus und Pluralismus. *Anything goes.* Nach dem Ende der großen Ideologien erhebt sich die Frage nach dem *Wohin*?

7.3.3 Streit um die Bibel

Intensiv forscht man im 19. Jh. an der Bibel, um den von Lessing aufgezeigten „garstigen Graben" zu beseitigen. Während Schleiermacher für die Bedeutung von Religion streitet (7.3.1), sieht er die biblischen Überlieferungen an das jüdische Volk kritisch. Angesichts der Untersuchungen seiner Zeit meint er, dass „der Glaube an die Offenbarung Gottes in Christo von jenem Glauben auf keine Weise irgend abhängig" sei (Schleiermacher: Wider das Alte Testament. zit. nach Philipp: Protestantismus, S. 98).

Die Forscher mühen sich intensiv um den **historischen Jesus**, was eine blühende *Leben-Jesu-Forschung* hervorbringt, die hinter den Überlieferungen den wirklichen Jesus finden will. Darunter gibt es auch Forscher, die die Existenz Jesu überhaupt bezweifeln (etwa Bruno Bauer). Jesus von Nazareth erscheint ein Lehrer, den seine Jünger später als Sohn Gottes verehrt und ihn posthum als Messias und Sohn Gottes bezeichnet hätten.

Obwohl im 19. Jh. der Historismus blüht, unterstellt man den altkirchlichen Quellen weitgehend Fehler, während man mit eigenen Hypothesen die Evangelienüberlieferungen analysiert und nach Belegen für die eigene Sicht sucht. Eigentlich verfährt Geschichtsforschung anders: Quellen gelten so lange als zuverlässig und ihre Aussagen als wahr, wie sie nicht durch andere Aussagen widerlegt werden können. Bei den Schriften des Neuen

Testaments und den altkirchlichen Quellen stellt man die eigenen Hypothesen jedoch über die Quellen, denen man grundsätzlich zu misstrauen scheint. Ausgehend von Hegels Dialektik geht etwa Ferdinand Christian **Baur** (1792–1860) davon aus, dass zwischen der judenchristlichen Theologie des Petrus und der heidenchristlichen Theologie des Paulus eine große Spannung geherrscht habe, die jüdische Gesetzeskirche habe dialektisch zur paulinischen Geistkirche gestanden, die dann im Frühkatholizismus des Johannesevangeliums ihre Synthese gefunden habe. Je nach Nähe zur frühkatholischen Theologie werden dann Anhaltspunkte in den Schriften gesucht und von hier aus Datierungen vorgenommen. Baur führt die historisch-kritische Methode in die Bibelauslegung ein: Seiner Ansicht nach habe Jesus selber einen Messiasanspruch erhoben, der sich in der Verkündigung der Urgemeinde widerspiegelt.

Baurs Schüler David Friedrich **Strauß** (1808–74) bestreitet schließlich ganz grundsätzlich die Zuverlässigkeit der Überlieferung des Neuen Testaments. Die Wundererzählungen hält er für *Mythen*, die die Messiaserwartungen ihrer Zeit erfüllen wollen und dadurch erdichtet worden seien, nicht im Sinne eines vorsätzlichen Betruges, sondern als unbewusster Prozess.

- *Besonders die Erzählungen des vierten Evangeliums sind großenteils so*
- *planmäßig angelegt, so ins einzelne hinein ausgeführt, dass, wenn sie nicht*
- *historisch sind, sie nur als bewusste und absichtliche Erdichtungen scheinen*
- *betrachtet werden zu können.*
- Strauß: Das Leben Jesu für das deutsche Volk bearbeitet. zit. nach Philipp: Protestantismus. S. 171.

Die Berichte betrachtet er als Dichtungen – wie Homer seine Dichtungen geschrieben hat und sich der Wahrheit bewusst gewesen sei, habe der Verfasser des vierten Evangeliums gehandelt, wenn er sein Evangelium verfasst habe. Sie werden in dem Moment zum Mythus,

- *sobald sie Glauben gefunden haben und in die Sage eines Volkes oder einer*
- *Religionspartei übergegangen sind; was dann immer zugleich beweist, dass*
- *sie von ihrem Urheber nicht bloß nach eigenen Einfällen, sondern im Zu-*
- *sammenhang mit dem Bewusstsein einer Mehrheit gebildet waren.*
- ebd. S. 175.

Im Vergleich zu den Synoptikern sei das Evangelium nach Johannes weniger historisch zuverlässig. Mitte des 19. Jh. entsteht die Zwei-Quellen-Theorie, nach der eine Redequelle und das Markusevangelium die Vorlagen für die synoptischen Evangelien gewesen seien. Heinrich Julius Holtzmann legt die Theorie dann 1863 ausführlich vor, die bis in die zweite Hälfte des 20. Jh. weitgehend als *gesicherte wissenschaftliche Erkenntnis* gilt. Die Vorstellung einer fortschreitenden Entwicklung der neutestamentlichen Schriften passt gut zum evolutionären Denken des Jahrhunderts.

In der Moderne treffen nun Offenbarung und Spekulation, Bibel und Naturerforschung, christlicher Himmel und Industrie zusammen. Das erfordere ein neues Denken und auch eine neue Dogmatik. So sehr viele Strauß als Häretiker bekämpfen, so sind die Weichen für die künftige Forschung durch ihn gestellt. Den biblischen Berichten begegnet man mit einer grundlegenden Skepsis. Mit der zunehmenden Verbreitung der Evolutionstheorie Darwins werden für viele die Schöpfungsberichte zum Problem.

Gegen die Vorstellung, die biblischen Berichte seien Mythen, erheben u. a. die konfessionellen Theologen wie der Marburger August Friedrich **Vilmar** (1800–68) ihre Stimme.

- *Anstatt mit kühner, freier Stirn – kühn durch Gottes Kraft und frei durch*
- *das Wissen von Gottes Wahrheit – die ersten Worte der Genesis kategorisch*
- *risch als das erste und einzige, weltbildende und weltbezwingende Wort*
- *der Autorität und des Friedens hinzustellen, welches mit dem Schall von*
- *tausend Donnern durch alle Jahrtausende hintönt und hundertfach in der*
- *Geschichte der Offenbarung, verglichen mit der Geschichte und Weisheit*
- *der Heidenwelt, widerhallt und sich bestätigt findet – anstatt dessen wird*
- *eine kühle, an sich resultatlose [...] dialektische Exposition über die Schöp-*
- *fung aus nichts gegeben; wäre sie indes wirklich dialektisch und nicht bloß*
- *rhetorisch, so würde sie nicht resultatlos sein, sondern den Prozess alsbald*
- *auf dem Gebiet der Naturbetrachtung überführen und der ganzen Schöp-*
- *fungslehre der Schrift schnell ein Ende machen.*
- Vilmar: Theologie der Tatsachen. zit. nach Philipp: Protestantismus.
- S. 158.

Natürlich steht der Marburger mit diesen Argumenten erst einmal auf verlorenem Posten, die immer neuen naturwissenschaftlichen Entdeckungen fordern die Theologen heraus.

Später versucht dann **Heinrich Holtzmann** (1832–1910) als liberaler

Theologe die Persönlichkeit Jesu ohne das überlieferte kirchliche Christusbild zu beschreiben, um einen erneuerten Glauben zu ermöglichen. Ausgehend von der Zwei-Quellen-Theorie erklärt er die Entstehung der synoptischen Evangelien, er sieht das Markusevangelium als ursprünglich an und vermutet daneben eine Redequelle als weitere Vorlage für die übrigen Evangelien. Ausgehend von Markus rekonstruiert er das Leben Jesu, bei diesem sei das Messiasbewusstsein allmählich gereift, sodass er sich nach Jerusalem aufgemacht habe, nachdem Jünger ihn als Messias angesprochen haben, worauf er sein Leiden ankündigt. Die authentischen Jesusworte aus der angenommenen Redequelle werden von Holtzmann jeweils nach seiner Vorstellung von der reifenden Persönlichkeit Jesu für authentisch gehalten oder nicht.

Martin **Kähler** (1835–1912) wendet sich gegen die Versuche, ein Bild des historischen Jesus zu gewinnen, denn die Evangelien sind seiner Erkenntnis nach keine modernen Biografien, sondern sie zeigten die Verkündigung der ersten Gemeinden. Sie seien Predigt, die Kirche gründe und den Glauben wecke. Damit ist er ein Wegbereiter der *kerygmatischen Theologie* Bultmanns. Allerdings glaubt er, dass sich Jesus im Evangelium finden lasse. Denn wie jede geschichtliche Größe Wirkung in der Geschichte hinterlässt, so sei es auch bei Jesus. In ihm finde man den Überwinder von Schuld, Sünde, Versuchung und Tod. Die Jünger hätten Jesus als den Lebendigen erlebt, als den Gekreuzigten und Auferstandenen, wie es Paulus erfahren habe.

- *Der auferstandene Herr ist nicht der historische Jesus hinter den Evangelien, sondern der Christus der apostolischen Predigt, des ganzen Neuen Testamentes. Und wenn dieser Herr Christus (Messias) heißt, so liegt darin das Bekenntnis zu seiner geschichtlichen Aufgabe oder […] zu seinem Berufe.*
- Kähler: Der sogenannte historische Jesus und der geschichtliche, biblische Christus. zit. nach Philipp: Protestantismus. S. 293.

Dieser von den Aposteln verkündete „historische Christus" ist der geglaubte Christus, dessen Botschaft die ganze Welt erreiche. Der Glaube entstehe nicht aus dem Wissen um den historischen Jesus, sondern aus der Begegnung mit dem historischen Christus. Später hat **William Wrede** (1859–1906) darauf hingewiesen, dass das Neue Testament im Rahmen der antiken Religionsgeschichte entstanden sei, er ist der Gründer der religionsgeschichtlichen Schule, die dann **Ernst Troeltsch** (1865–1923) weiter entfaltet. Wrede sieht das Markusevangelium bereits als theologisch verantwortete Schrift, in den Quellen des Markus werde Jesus als Lehrer und Wundertäter, nicht aber als Messias präsentiert, dies sei dann erst durch Markus (und die ersten Christen) vorgetragen worden, stamme aber nicht von Jesus selbst.

Im Jahr 1900 hält der Kirchengeschichtler **Adolf von Harnack** (1851–1930) eine viel beachtete Vorlesung, die unter dem Titel „Das Wesen des Christentums" veröffentlicht wird. Auch Harnack sucht nach den Lehren Jesu, sieht sie im Alten Testament wie im Hellenismus vorbereitet und führt aus, dass die „Liebe Gottes" und die Wertschätzung des Menschen im Kern das Anliegen Jesu darstellen. Ziel des Glaubens sei nicht an Jesus zu glauben, sondern wie Jesus, das werde im Gleichnis vom *Verlorenen Sohn* (Luk 15,1ff.) deutlich.

Albert **Schweitzer** (1875–1965) verfasst zu Beginn des 20. Jh. seine *Geschichte der Leben-Jesu Forschung* (1906/13); darin rechnet er mit den verschiedenen Versuchen seit Reimarus ab, eine Biografie Jesu zu schreiben. Letztlich führe das jeweils nur dazu, dass die Autoren ihr eigenes Bild von Jesus reproduzieren. Im Anschluss an Johannes Weiß weist er auf den apokalyptischen Charakter der Verkündigung Jesu und ihre Verankerung im Judentum hin. Die Eschatologie wird für Schweitzer zum Schlüssel des Verstehens Jesu, der als verborgener Messias gelitten und gewirkt habe, das Reich Gottes sei seiner Verkündigung nach nahe gewesen, nicht als etwas Innerliches, wie es die Liberalen verstanden haben, sondern als reales Geschehen, das mit dem Gericht einhergehe. Diese Sicht teilen seiner Ansicht nach Jesus, die Jerusalemer Gemeinde und auch Paulus. Dabei habe sich das Reich nicht eingestellt und Jesus sei nach Jerusalem gezogen, wo er gekreuzigt worden ist. Jesu Geist wirke weiter, er habe einst eine Interimsethik vor dem Anbruch des Reiches Gottes gelehrt, wir müssten heute eine neue Ethik schaffen, um uns zu vervollkommnen. Ähnlich fordert Schweitzer auch eine Beachtung der paulinischen Eschatologie. Man dürfe Paulus nicht aus der griechischen, sondern aus der jüdischen Perspektive beurteilen. Paulus habe mit einem baldigen Weltende gerechnet (*Die Mystik des Apostels Paulus*, 1930) und daher keine neue Religion gründen, sondern die Religion seiner Väter den aktuellen Erfordernissen anpassen wollen. Eine neue Weltzeit habe begonnen, in der Endlichkeit und Ewigkeit sich treffen; hier bringt Schweitzer die Mystik ins Spiel.

> *Mystik [... liege] überall da vor, wo ein Menschenwesen die Trennung zwischen irdisch und überirdisch, zeitlich und ewig als überwunden ansieht und sich selber, noch im Irdischen und Zeitlichen stehend, als zum Überirdischen und Ewigen eingegangen erlebt.*
> Schweitzer: Mystik des Apostels Paulus. 1930, zit. nach Bendik: Paulus in neuer Sicht. 2010, S. 51.

Paulus habe nach Schweitzers Sicht die Zwischenzeit zwischen Auferstehung Jesu und Wiederkunft erkannt, in der sich das Neue bereits anbahne. Das Neue liege für den Christen im Sein in Christo, in dem der Mensch mit Gott in Beziehung trete. Die Erlösung sei an die Sakramente gebunden.

Fundamentalismus

Gegenüber den naturwissenschaftlichen Entdeckungen und im Rahmen der allgemeinen Säkularisierung entsteht am Ende des 19. Jh. eine Bewegung unter den erweckten bzw. evangelikalen Christen, die die *fundamentals* (Fundamente) festhalten wollen. Anfang des 20. Jh. erscheint in den USA die Schriftenreihe *The Fundamentals: A Testimony to the Truth* (Die Fundamente – ein Zeugnis zur Wahrheit), die der Bewegung später als Selbstbezeichnung den Namen gibt. Hier treffen sich konservative evangelikale Christen, die auf die zunehmende Erschütterung des Glaubens durch den Modernismus nicht vorbereitet sind. So grenzt man sich gegenüber der Moderne bewusst und kategorisch ab, im Zentrum steht insbesondere die Irrtumslosigkeit (*inerrancy*) und Unfehlbarkeit (*infallibility*) der ganzen Heiligen Schrift. Die weiteren Fundamente sind die Jungfrauengeburt, der Sühnetod, die leibliche Auferstehung und die sichtbare Wiederkunft Christi; sie sind bereits im *Niagara Creed* 1878 festgehalten worden. Von diesen Überzeugungen ausgehend werden die Evolutionslehre in Biologie und Geologie bekämpft und alternative Theorien (Kreationismus) entwickelt.

Damals stellt man der Säkularisierung die buchstäbliche Autorität der Bibel und die bevorstehende Wiederkunft Christi als Grundlehren entgegen. Zunächst macht sich eine Belagerungsmentalität breit, man schottet sich ab wie in einer Wagenburg, die gegen angreifende Feinde verteidigt werden müsse. Bibelkritik könne und dürfe es nicht geben. So entsteht eine Gegenkultur, die keinen Diskurs mit anderen sucht. In Europa stehen die Vertreter der Heiligungs-, Gemeinschafts- und Pfingstbewegung wie viele Freikirchen diesen Positionen nahe. Erwecklicher Glaube und wissenschaftliche Theologie treten auseinander. Im Streit mit Johannes Lepsius (1858–1926) wird 1903 eine Erklärung von Seiten der Gemeinschaftsbewegung (5.3, 2.3) abgegeben, die die Inspiration und Autorität der biblischen Überlieferung festschreibt und quasi einen Keil zwischen die junge Erweckungsbewegung und die wissenschaftliche Theologie an den Hochschulen treibt.

Gegenüber der Social-Gospel-Bewegung laufen Fundamentalisten in den USA Sturm; Mitte der 1920er-Jahre werden sie durch eine Reihe von Gerichtsprozessen berühmt und geradezu berüchtigt, da so modernistische Lehren bekämpft werden sollen. Nachdem die Fundamentalisten sich aus dem evangelikalen Spektrum herausentwickelt haben, versuchen sie die Theorien der modernen Naturwissenschaften in der Gesellschaft zurückzudrängen. In den USA erlassen einige Bundesstaaten Gesetze, die die Behandlung der Evolutionstheorie in den öffentlichen Schulen untersagen. Liberale sehen durch diese Gesetze die verfassungsmäßige Trennung von Staat und Kirche gefährdet. Daher kommt es zu einer Reihe von Prozessen. Berühmt wird das Verfahren gegen den Lehrer John Thomas Scopes, der in seinem Unterricht die Evolutionstheorie gelehrt hat und sich wegen des Gesetzes anklagen lässt. Im Verlauf des Prozesses kämpfen Kreationisten und Evolutionisten gegeneinander, ein großes Medieninteresse führt zur landesweiten Beachtung: 120 Journalisten und 100 Prediger kommen in die 1.800 Einwohner zählende Gemeinde. Am Ende muss Scopes eine Strafe von 100 $ zahlen, die Fundamentalisten sehen sich als gedemütigt an und führen künftig keine entsprechenden Prozesse mehr.

Christliche Fundamentalisten bilden eine Teilmenge im evangelikalen Spektrum. Durch ihre Abgrenzung von der Moderne fordern und bekommen sie mehr Aufmerksamkeit und viele identifizieren pauschal beide Gruppen. Erschwerend für die Außenperspektive kommt hinzu, dass beide Bewegungen sich überkonfessionell betätigen und international arbeiten. Beide haben modernitätskritische Züge, wobei sich die Fundmentalisten, vereinfacht gesagt, stärker abgrenzen, während die Evangelikalen den Dialog suchen. In den USA kommt zum theologischen Motiv der *fundamentals* (v. a. in Gestalt der Verbalinspiration und Unfehlbarkeit der Bibel) noch die politische Einflussnahme auf die Gesellschaft, die es so in Europa kaum gibt. Vehement streiten Fundamentalisten in den USA für die Durchsetzung ihrer Weltsicht, dabei werden entsprechende Gesetze gemacht oder öffentliche Gerichtsprozesse geführt.

Neuaufbruch nach dem 1. Weltkrieg

Zu den konservativen Theologen bis zur ersten Hälfte des 20. Jh. zählt Adolf **Schlatter** (1852–1938), der einen fundierten biblischen Glauben vertritt. Die Schrift ist für ihn Gottes Wort. Allerdings weiß Schlatter sehr wohl, dass die Stellung zur Bibel davon abhängt, ob durch die Bibel Gott offenbart worden ist. Die Erkenntnis Gottes könne Gott nur selber schenken. Wenn die Schrift Gott erkennen lasse, dann sei ihre göttliche Herkunft gewiss. Allerdings gebrauche Gott Menschen als seine Boten, er begabe sie, erfülle sie mit seiner Wahrheit und Kraft. Nur über diese Zeugen könnten wir Gott in der Schrift begegnen. Er agiere durch seinen Geist, der in den Menschen gegenwärtig sei, sie bewege und mit Gott rede. Dabei bleibe sich der Mensch durchaus bewusst, versinke nicht etwa in einen Schlaf. Gottes Geist schaffe zwar Neues, er zerstöre dabei nicht die Persönlichkeit des Menschen, durch den er spreche. Gott zerbreche den sündlichen Willen und die bösen Gedanken, aber die natürliche Gestalt der Seele zerstöre er nicht, sondern er erfülle sie mit seinen Gaben und erwecke und kräftige sie. Die Gaben würden Eigentum des Menschen und Teil seiner Person, aber die Persönlichkeit bleibe erhalten, sie werde durch den Geist vollendet und nicht vernichtet.

Da nun jeder Zeuge ein eigener und vom anderen verschiedener Mensch sei, sei die Schrift kein Einerlei. Jeder habe seine besondere Gabe empfangen, sei Gott auf seine Weise nahe gewesen. Gott sei unerschöpflich reich an Gestaltungen, jeder Prophet und jeder Apostel sei eine eigene Person.

- *Die Einheit, die die Schrift bedarf und hat, besteht darin, dass alle ihre*
- *Weisungen sich gliedlich zu einem Ganzen zusammenfügen, an dem ich*
- *keinen Punkt verschieben kann, ohne dass das Ganze bewegt wird [...].*
- *Diese Einheit ist uns äußerlich dadurch dargetan, dass alle Teile der Schrift*
- *aus einer festgefügten Geschichte hervorwachsen, sie nirgends bricht und*
- *zerreißt. Sie treten aus einer einheitlichen Gemeinde hervor, deren Ent-*
- *wicklung einen genau zusammenhängenden Lebenslauf ergibt. Der größte*
- *Schritt ist der vom Alten zum Neuen Testament [...].*
- Schlatter: Hülfe in Bibelnot. zit. nach Philipp: Protestantismus. S. 304.

So bleibt die Bibel für Schlatter ein Ganzes und in sich Verschiedenes. Dabei sei sie durchaus nicht ohne Fehler, denn Gott spreche durch Menschen, die voller Schwachheit seien. Der Grund zum Glauben liege nicht in der Fehlerlosigkeit, sondern darin, dass Gottes Gnade zu uns herabkomme und uns zu sich erhebe, dass sie eine Beziehung zu uns stifte und seine Liebe zeige. Diese Herablassung Gottes bezeuge die Bibel.

Mit dem Beginn der Dialektischen Theologie (7.3.1) wird die Bibelwissenschaft von Karl Barth aufgerufen, sich erneut dem Inhalt des Neuen Testaments zuzuwenden. Hier entwickelt der Marburger Neutestamentler Rudolf **Bultmann** (1884–1976) seine Hermeneutik der *existentialen Interpretation* und das Programm der *Entmythologisierung des Neuen Testamentes*. Während die Forscher des 19. Jh. vor allem die Entstehungsbedingungen im Blick gehabt haben, fragen die Wissenschaftler nun verstärkt nach der Aussage der Texte. Bultmann fordert dazu 1941 die Entmythologisierung des Neuen Testaments, er denkt weiter in den Bahnen von Strauß, für den die neutestamentlichen Berichte Mythen der Gemeinde sind. Im modernen naturwissenschaftlichen Weltbild habe das dreistufige Weltmodell (Himmel, Erde, Hölle) der neutestamentlichen Zeit seine Geltung verloren, damit seien die neutestamentlichen Erzählungen, die von dieser Voraussetzung ausgegangen seien, nicht mehr verständlich (Himmelfahrt, Geist, Auferstehung u. a.). Der Ausleger müsse deshalb hinter den Mythen die wirkliche Aussage finden, die die damaligen Berichterstatter darstellen wollten und die für den modernen Menschen existential interpretiert werden. Der historische Jesus gehe den Betrachter nach Bultmanns Überzeugung nichts mehr an, denn nur sein Kommen sei seine Botschaft, dahinter könne nicht zurückgefragt werden.

- *Unter Entmythologisierung verstehe ich ein hermeneutisches Verfahren,*
- *das mythologische Aussagen bzw. Texte nach ihrem Wahrheitsgehalt befragt.*
- *Vorausgesetzt ist dabei, dass der Mythos zwar von einer Wahrheit redet,*
- *aber in einer nicht adäquaten Weise.*
- *Vorausgesetzt ist ebenso ein bestimmtes Verständnis von Wirklichkeit.*
- Bultmann: Zum Problem der Entmythologisierung. zit. nach Philipp: Protestantismus. S. 363.

Als verantwortliches Wesen müsse der Mensch Entscheidungen fällen, die sich auf sein leibliches Leben beziehen, wobei die Verantwortung für sich selbst immer auch die für die Welt und die Geschichte darstelle. Als Geschichtswissenschaftler müsse man die Berichte entmythologisieren, er könne nicht überirdische Mächte, Wunder oder ein Eingreifen Gottes akzeptieren. Der moderne Mensch könne nicht glauben, dass übernatürliche Kräfte die Naturgesetze aufhöben. Der Historiker könne nur den Glauben an ein Eingreifen Gottes als Phänomen wahrnehmen, aber nicht Gott selbst.

- *Ob diesem Glauben eine Wirklichkeit entspricht, kann sie nicht wissen, da*
- *eine Wirklichkeit, die jenseits der dem objektivierenden Blick sichtbaren*
- *Wirklichkeit liegt, für sie nicht sichtbar ist. Für sie muss die Rede als My-*
- *thologie gelten, die beansprucht, vom Handeln jenseitiger Mächte zu reden*
- *als von einem Handeln, das in der dem objektivierenden Blick vorliegen-*
- *den Welt beobachtbar, konstatierbar ist und etwa auch als Argument für*
- *den Beweis irgendwelcher Wahrheiten dienen kann.*
- ebd. S. 365.

Während die Naturwissenschaft den Mythos eliminiert, habe die Geschichtswissenschaft ihn als historisches Phänomen zu interpretieren, denn hinter der mythologischen Rede müsse ein Sinn stehen. Dieser Sinn bestehe darin, dass der Mythos von einer Wirklichkeit rede, die hinter der objektivierbaren und beherrschbaren Wirklichkeit liege, die für den Menschen von großer Bedeutung sei, insofern es um Heil und Unheil, Gnade und Zorn, Respekt und Gehorsam gehe. Das mythologische Verständnis mache gleichsam vereinfacht das Jenseits zum Diesseits, die Entmythologisierung versuche, die eigentliche Intention wiederzugeben. Bultmann möchte auf diese Weise die eigentlichen Anstöße des NT sichtbar machen und für die Gegenwart retten.

Mit Ernst **Käsemann** (1906–98), der als profiliertester Schüler Bultmanns gilt, beginnt 1954 eine neue Phase der Leben-Jesu-Forschung, als dieser seine Überzeugung vertritt, dass man sehr wohl gesicherte Erkenntnisse über den historischen Jesus gewinnen könne. Es handelt sich nahezu ausschließlich um ein deutsches Forschungsprojekt. Ausgangspunkt ist dabei nicht der Text der Evangelien selbst, der als mythologisch betrachtet worden ist, sondern das dahinter vermutete *Kerygma*. Ausgehend von der „Ostererfahrung" hat man also einige Blicke zurück auf den „vorösterlichen" Jesus von Nazareth geworfen, in dessen Auftreten der Anstoß für die christliche Verkündigung vermutet worden ist. Das Werkzeug für dieses Nachdenken wird das von Käsemann aufgestellte doppelte *„Differenzkriterium"*, mit dessen Hilfe nach dem Einzigartigen in der Verkündigung des historischen Jesus gesucht werden und ein Minimum an Wissen gesichert werden soll. Ein Wort Jesu gilt als echt, wenn es sich weder aus der jüdischen Umwelt noch aus dem Urchristentum herleiten lasse. Käsemann ist überzeugt, dass der Christusglaube der ersten Christen nicht daher gekommen sei, ob Jesus sich selbst als Messias verstanden habe. Die ihm beigelegten Hoheitstitel hätten vielmehr auf seinen Anspruch reagiert, der in seiner Botschaft vom Reich Gottes enthalten gewesen sei. Dieser Anspruch bestehe in dem Entscheidungsruf Jesu („Kehrt um") und in seiner radikalen Gesetzeskritik, die als „Ruf der Freiheit", aus jüdischer Tradition herauszutreten und sich Gott unmittelbar zu stellen, zu verstehen sei.

Bultmanns Schüler Willi Marxsen (1919–93) geht von einer Kontinuität zwischen dem Glauben der ersten Jünger und der nachösterlichen Gemeinde aus, allerdings seien die Evangelien und ihre Quellen bereits Zeugnisse des nachösterlichen Glaubens. Die Auferstehung versteht er so, dass der am Kreuz gescheiterte Glaube neu gewagt werden müsse. Die Auferstehung sage also, dass Jesu Sache weitergehe. Am Ende des 20. Jh. veröffentlicht der Göttinger Neutestamentler Gerd Lüdemann (* 1946) verschiedene Schriften wie etwa *Der große Betrug* (1998), die zum einen nur wenige echte Jesusworte identifizieren, vor allem behauptet er, dass das Urchristentum die Lehre Jesu „verfälscht" habe, es handele sich um Projektionen, Wünsche und Visionen, mit denen die Jesusanhänger auf Jesu Tod und Beerdigung reagieren, das Grab sei nicht leer gewesen.

Neue Perspektiven

Während die Theologie in Deutschland weithin die Ergebnisse der Forschung nach Bultmann und Käsemann in Ehren hält, aber Fehler aufarbeitet, werden im europäischen Raum seit 1980 einige Ansätze veröffentlicht, die ein neues Verhältnis zu den historischen Quellen zeigen. Zunächst entdeckt man die **Augenzeugen** wieder. Soziologen, Historiker, Archäologen und Orientalisten legen neue Erkenntnisse vor, die auch Theologen beachten. Während viele deutschsprachige Einleitungen ins Neue Testament meinen, die Worte Jesu wären ziemlich frei überliefert worden und aus ihren ursprünglichen Zusammenhängen gelöst und durch „Gemeindebildungen" ergänzt, gewinnen neuere Forschungen ein anderes Bild, die hinter den Evangelien nicht Unbekannte mit einem Wissen aus zweiter und dritter Hand setzen, sondern Augenzeugen der Ereignisse. So hat etwa der Schwede Samuel Byrskog die Überlieferung der Worte Jesu untersucht und ausgehend vom Matthäusevangelium die Jesus-Tradition mit der rabbinischen Überlieferung verglichen. Dabei hat er ganz ähnliche Gesetzmäßigkeiten gefunden. Im Unterschied zu den Rabbinen, die einzelne Sprüche unterschiedlichen Lehrern zugeschrieben haben, gilt Jesus nach Matth 23,8 unter seinen Jüngern jedoch als einziger Lehrer, dessen Überlieferung überwiegend von Jesus selbst stammen muss, denn auch bei den Rabbinen wird allgemein angenommen, dass ein Großteil der überlieferten Aussprüche tatsächlich auf rabbinische Autoritäten zurückgehen, womit die mündliche Überlieferung alles andere als „kreativ" gewesen sei. Diese Erkenntnisse werden durch Rainer Riesner (* 1950) durch sein Buch *Jesus als Lehrer* (1981) und den Briten Richard Bauckham (* 1946) untermauert, der der Problematik der Augenzeugenschaft der Evangelien im Vergleich zu antiken Geschichtsschreibern eine umfangreiche Abhandlung widmet und zu vergleichbaren Ergebnissen kommt. Hier wirken auch die Arbeiten von Otto Betz (1917–2005) nach, der die Verkündigung Jesu erforscht hat. Dazu passt auch eine Untersuchung des Prologs zum Lukasevangelium, die der Tübinger Theologe Martin Hengel 2007 vorlegt, in der er die Widmung an Theophilus ernst nimmt und fragt, welche Augenzeugen dieser Leser wohl unter den im Prolog erwähnten „vielen" (Luk 1,1) aus dem Evangelium zu erschließen sind. Hengel kommt dabei auf die „Zwölf" (insbesondere Petrus) sowie die Frauen.

Schließlich fragt u.a. **Nicholas Thomas Wright** (* 1949) nach dem historischen Jesus, in seinen Beiträgen über *Die Ursprünge des Christentums und die Frage nach Gott*. An die Stelle des grundsätzlichen Misstrauens gegenüber den neutestamentlichen Quellen, das Bultmann und seine Schüler beherrscht hat, tritt ein bei Historikern allgemein übliches *Zutrauen*. Aufgrund der *historischen Plausibilität* der Quellen nimmt man an, dass Jesus sehr *viel jüdischer* gewesen ist als bisher angenommen hat. Legt man dieses Kriterium zugrunde, muss also nicht mehr die *Echtheit* eines Jesus-Wortes begründet werden, sondern vielmehr die vermutete *Unechtheit*. Hier hat **Gerd Theißen** bereits mit seiner Untersuchung *Soziologie der Jesusbewegung* (1977) entgegen den Annahmen vom Divergenzkriterium als historisch wahrscheinlich angenommen, was im jüdischen Umfeld Jesu plausibel ist.

Damit verbunden ist eine über die Ökumene hinausgehende Öffnung der Erforschung des historischen Jesus, der als Teil des zeitgenössischen Judentums auch von jüdischen Theologen und Historikern untersucht wird. Aus dem Dialog mit dem Judentum wird die Zugehörigkeit Jesu zur jüdischen Kultur seiner Zeit erhärtet. Auffassungen wie die Gottessohnschaft Jesu werden deshalb konsequent vor jüdisch-alttestamentlichem Hintergrund als Vollmachtsansprüche verstanden, nicht im Sinne der griechischen Kirche als Seinsaussagen. Gerade in solchen Feststellungen liegen sicher die größten Anfragen an unseren Glauben.

In diesem Zusammenhang gerät auch das klassische Bild vom Judentum als strenger *Gesetzesreligion* ins Wanken. Nach den Forschungen von **Ed Parish Sanders** (* 1937) über den historischen Jesus ist das palästinische Judentum damals nicht eine einheitliche Größe, vielmehr haben wir es mit teilweise sehr unterschiedlichen jüdischen Gruppierungen zu tun, die in entscheidenden Punkten übereinstimmen: dem Glauben an den einen Gott (im Gegensatz zum polytheistischen Heidentum), dem Festhalten an der Erwählung Israels als Gottesvolk und der Befolgung der *tora*, dem Gesetz des Mose als grundlegender Lebensordnung.

Dabei sollte *tora* nicht mehr als „Gesetz", sondern als „Unterweisung" verstanden werden (so die wörtliche Übersetzung von *tora*). Es geht dabei also um den Bund, den Gott mit Israel geschlossen hat. Im Hintergrund steht das Gnadenhandeln Gottes, das in der unverdienten Erwählung Israels zum Ausdruck kommt. Die Befolgung der *tora* soll daher nicht die Zuwendung Gottes sicherstellen oder gar zum Heil oder in den Himmel führen, vielmehr geht es um ein dem bereits bestehenden Gnadenbund entsprechendes Verhalten. Die neuere Forschung spricht deshalb von *covenantal nomism* (dt. Bundesgesetzlichkeit), um die jüdische Frömmigkeit im ersten Jahrhundert zu beschreiben. Neben dem Bekenntnis zu dem einen Gott sind das vor allem die Beschneidung, die Einhaltung der Reinheitsgebote, insbesondere der Speisevorschriften sowie die Feier des Sabbats. Dabei geht es jedoch gerade nicht um den Erwerb des Heils oder der Zuwendung Gottes, sondern um die Bewahrung der jüdischen Eigenart in einer multikulturellen und synkretistischen Umwelt.

Betrachtet man Jesus vor diesem Hintergrund, fällt zunächst einmal auf, wie wenig er sich vom übrigen Judentum abgehoben hat. Über die mit dem *covenantal nomism* verbundene Lebensweise hat es offensichtlich keine grundsätzlichen Meinungsverschiedenheiten zwischen ihm und seinen Gegnern gegeben. Im Gegensatz zu ihren Vorläufern interpretiert man auch Jesu Selbstbezeichnung als „Menschensohn" ausschließlich vor alttestamentlich-jüdischem Hintergrund, d.h. von Daniel 7 her. Jesus hat sich damit als der von Gott mit Autorität über die Erde eingesetzte endzeitliche Richter verstanden, der deshalb in messianischer Vollmacht auftritt, um das Reich Gottes heraufzuführen. An dieser Stelle unterscheidet sich die *Third Quest* also am meisten sowohl von der *Leben-Jesu-Forschung* wie auch von der Frage nach dem historischen Jesus: Die Messianität Jesu wird nicht mehr als eine nachösterliche Interpretation der ersten Gemeinden verstanden, sondern als Selbstanspruch des historischen Jesus, der als solcher grundlegend ist für alle späteren Interpretationen seiner Person.

Damit verbunden ist auch eine Neubewertung des Kreuzes, das vorher immer wieder als *Unfall* betrachtet worden ist, der durch die nachösterliche Theologie vom stellvertretenden Sühneopfer *korrigiert* werden soll. Versteht man Jesus dagegen innerhalb seiner Zeit, kommt man auf ein anderes Ergebnis. Danach muss er spätestens beim Gang nach Jerusalem mit seiner

Hinrichtung rechnen, denn die zeichnet sich nicht nur durch die politische
Lage ab, sie ist auch durch die im Judentum des Zweiten Tempels weit
verbreitete Vorstellung von den Propheten als Märtyrern (vgl. Mt 23,37)
vorgegeben. Insofern ist es plausibel, dass Jesus seinen Tod nicht nur vor-
ausgesehen, sondern ihm auch eine Bedeutung gegeben hat. Anhaltspunkte
dabei sind nicht nur die Schicksale der Propheten, sondern auch die seit der
Makkabäerzeit nachweisbare Auffassung, wonach der Tod der Märtyrer das
Gericht Gottes abwendet. Nicht zuletzt ist schließlich die in den Abend-
mahlsperikopen vorausgesetzte Verbindung mit der sühnenden Wirkung
des Passahlammes ein Deutungshorizont, der ebenfalls sehr gut auf Jesus
als jüdischen Messias zurückgeführt werden kann.

Erstaunlicherweise beschäftigt man sich heute sogar mit der Frage der
Auferstehung. Dass das Grab Jesu am Ostermorgen leer gewesen ist, wird
jedenfalls weitgehend für plausibel gehalten, da man darin den Anstoß für
das „Osterkerygma" von der Auferstehung Jesu sieht, nicht umgekehrt wie
noch bei Bultmann und seinen Schülern. Die Auferstehung selbst kann
man zwar mit historischen Mitteln weder beweisen noch widerlegen, allerdings wird gemeinhin davon ausgegangen, dass die ersten Christen von
der leiblichen Auferstehung Jesu als einer Tatsache ausgingen. Jede andere Form der Auferstehung im Sinne eines „Jesus wirkt in seiner Botschaft
weiter" verlässt dagegen den alttestamentlich-jüdischen Hintergrund, nach
dem nicht nur die Seele als Funktion des Körpers verstanden (vgl. etwa Ps
26,2; 73,21), sondern auch die Auferstehung der Toten leiblich gedacht
wird.

Abkürzungen

BSLK. Unser Glaube 1991. Die Bekenntnisschriften der evangelisch-lutherischen Kirche [BSLK]. Ausgabe für die Gemeinde. Bearb. von Horst-Georg Pöhlmann. 3., erw. Aufl. Gütersloh

KThGQ III   Heiko A. Obermann, 1988, Die Kirche im Zeitalter der Reformation. 3. verb. Aufl. Neukirchen (= Kirchen- und Theologiegeschichte in Quellen III)

KThGQ IV/1   Hans-Walter Krumwiede, Martin Greschat, Manfred Jacobs, Andreas Lindt (Hrsg.). 1989: Neuzeit. 1. Teil: 17. Jahrhundert bis 1870. 3. Aufl. Neukirchen-Vluyn: Neukirchener Verlag (Kirchen- und Theologiegeschichte in Quellen. Ein Arbeitsbuch. Bd. IV/1)

KThGQ IV/2   Hans-Walter Krumwiede, Martin Greschat, Manfred Jacobs, Andreas Lindt (Hrsg.). 1989: Neuzeit. 2. Teil: 1870–1975. Neukirchen-Vluyn: Neukirchener Verlag (Kirchen- und Theologiegeschichte in Quellen. Ein Arbeitsbuch. Bd. IV/2)

KThGQ VI   Klaus Koschorke, Frieder Ludwig, Mariano Delgado (Hrsg.). 2010: Außereuropäische Christentumsgeschichte (Asien, Afrika, Lateinamerika) 1450–1990. 3., durchges. Aufl. Neukirchen-Vluyn: Neukirchener Verlag (= Kirchen- und Theologiegeschichte in Quellen VI)

Literaturverzeichnis

Paul Althaus. 1983: Die Theologie Martin Luthers. 6. Aufl. Gütersloh: Mohn.

Ivana Bendik. 2010: Paulus in neuer Sicht? Eine kritische Einführung in die „New Perspective on Paul" (Judentum und Christentum 18). Stuttgart: Kohlhammer.
Sehr guter Überblick über die Theologiegeschichte des 20. Jh. zum Thema Paulusforschung.

Erhard Berneburg. 1997: Das Verhältnis von Verkündigung und sozialer Aktion in der evangelikalen Missionstheorie – unter besonderer Berücksichtigung der Lausanner Bewegung für Weltevangelisation (1974–1989). Wuppertal: R. Brockhaus.

Erich Beyreuther. 1962: Geschichte der Diakonie und Inneren Mission in der Neuzeit. Berlin (Lehrbücher für die Diakonische Arbeit, 1).

Erich Beyreuther. 1968: Kirche in Bewegung. Geschichte der Evangelisation und der Volksmission. Berlin (= Studien für Evangelisation und Volksmission, 7).

Klaus Bockmühl. 1987: Gesetz und Geist. Eine kritische Würdigung des Erbes protestantischer Ethik. I. Die Ethik der reformatorischen Bekenntnisschriften. Gießen: Brunnen.

Daniel Bormuth. 2007: Die Deutschen Evangelischen Kirchentage in der Weimarer Republik. (= Konfession und Gesellschaft 41). Stuttgart.

David J. Bosch. 1991: Transforming Mission. Paradigm Shifts in Theology of Mission. New York: Orbis Books (America Society of Missiology Series, 16).

David J. Bosch. 2011: Ganzheitliche Mission. Theologische Perspektiven. Marburg: Francke.

Martin Brecht (Hrsg.). 1993: Der Pietismus vom 17. bis zum frühen 18. Jh. Göttingen: Vandenhoeck & Ruprecht (Geschichte des Pietismus 1).

Martin Brecht, Klaus Deppermann (Hrsg.). 1995: Der Pietismus im 18. Jh. Göttingen: Vandenhoeck & Ruprecht (Geschichte des Pietismus 2).

Gunilla Budde. 2009: Blütezeit des Bürgertums. Bürgerlichkeit im 19. Jh. Darmstadt: WBG (Geschichte kompakt).
Das Buch führt in die Epoche des Bürgertums in Deutschland ein und bietet auch für die Kirchengeschichte interessante Aufschlüsse.

Johannes Calvin. 2008: Unterricht in der christlichen Religion. Institutio

Christianae Religionis. Nach der Ausgabe von 1559 übersetzt und bearbeitet von Otto Weber. Neukirchen-Vluyn: Neukirchener Verlag

Michael Diener. 1998: Kurshalten in stürmischer Zeit. Walter Michaelis (1866–1953) – Ein Leben für Kirche und Gemeinschaftsbewegung. Gießen, Basel Brunnen (= Kirchengeschichtliche Monografien 1).

Wolfgang Dietrich (Hrsg.). 1988: Ein Act des Gewissens. Dokumente zur Frühgeschichte der Freien evangelischen Gemeinden. Witten: Bundesverlag (= Geschichte und Theologie der freien evangelischen Gemeinden, 2).

Tobias Faix & Thomas Weißenborn (Hrsg.). 2008: Zeitgeist. Kultur und Evangelium in der Postmoderne. 2. Aufl. Marburg: Francke.

Tobias Faix, Thomas Weißenborn, Peter Aschoff (Hrsg.). 2009: ZeitGeist 2. Postmoderne Heimatkunde. Marburg: Francke.

Tobias Faix, Johannes Reimer, Volker Brecht (Hrsg.). 2009: Die Welt verändern. Grundfragen einer Theologie der Transformation. Marburg: Francke.

August Franzen. 1988: Kleine Kirchengeschichte. Neubearbeitung jetzt mit Übersichtstafeln. Hrsg. v. Remigius Bäumer. Freiburg: Herder *Eine kurze und knappe Kirchengeschichte aus römisch-katholischer Sicht, oft etwas knapp.*

Dagmar Freist. 2008: Absolutismus. (= Kontroversen um die Geschichte.) Darmstadt: WBG.

Christofer Frey. 1994: Die Ethik des Protestantismus von der Reformation bis zur Gegenwart. 2. Aufl. Gütersloh.

Reinhard Frieling. 1992: Der Weg des ökumenischen Gedankens. Eine Ökumenekunde. Göttingen: V & R (= Zugänge zur Kirchengeschichte 10).

Ulrich Gäbler. 2000: Der Pietismus im 19. und 20. Jh. Göttingen: Vandenhoeck & Ruprecht (Geschichte des Pietismus 3).

Gemeinschaftsbewegung. In: Pietismus und Neuzeit. Ein Jahrbuch zur Geschichte des neueren Protestantismus 15 (1989).

Hans-Jürgen Goertz. 1988: Die Täufer. Geschichte und Deutung. Berlin: Evangelische Verlagsgesellschaft.

W. Grabert/ A. Mulot. 1976: Geschichte der deutschen Literatur. München.

Herbert Gutschera, Joachim Maier, Jörg Thierfelder. 2003: Geschichte der Kirchen. Ein ökumenisches Sachbuch mit Bildern. Freiburg i. B. *Ein mehr als gelungenes Buch: Es enthält zahlreiche Quellen, Bilder und gibt einen guten Überblick über das ganze Gebiet der Kirchengeschichte.*

Gottfried Hammann. 2003: Die Geschichte der christlichen Diakonie. Praktizierte Nächstenliebe von der Antike bis zur Reformationszeit. Göttingen.

Wolf-Dieter Hauschild. 2001: Lehrbuch der Kirchen- und Dogmengeschichte. Bd. 2: Reformation und Neuzeit. 2. durchges. Aufl. Gütersloh.

Norbert Hoerster (Hrsg.). 2006: Klassische Texte der Staatsphilosophie. 13. Aufl. München: dtv.

Stephan Holthaus. 2005: Heil – Heilung – Heiligung. Die Geschichte der deutschen Heiligungs- und Evangelisationsbewegung (1874–1909). Gießen, Basel: Brunnen (= Kirchengeschichtliche Monografien 14).

Gerharde Jordy. 1989: Die Brüderbewegung in Deutschland. 3 Bde. Wuppertal: R. Brockhaus.

Klaus Koschorke, Frieder Ludwig, Mariano Delgado (Hrsg.). 2010: Außereuropäische Christentumsgeschichte (Asien, Afrika, Lateinamerika) 1450–1990. 3., durchges. Aufl. Neukirchen-Vluyn: Neukirchener Verlag (= Kirchen- und Theologiegeschichte in Quellen VII).

Raymund Kottje, Bernd Möller (Hrsg.). 1988: Mittelalter und Reformation. Mainz, München (= Ökumenische Kirchengeschichte 2).

Herbert Krimm (Hrsg.): Quellen zur Geschichte der Diakonie. Reformation und Neuzeit. Stuttgart. 1962.

Hans-Walter Krumwiede, Martin Greschat, Manfred Jacobs, Andreas Lindt (Hrsg.). 1989: Neuzeit. 1. Teil: 17. Jahrhundert bis 1870. 3. Aufl. Neukirchen-Vluyn: Neukirchener Verlag (Kirchen- und Theologiegeschichte in Quellen. Ein Arbeitsbuch. Bd. IV/1)

Hans-Walter Krumwiede, Martin Greschat, Manfred Jacobs, Andreas Lindt (Hrsg.). 1989: Neuzeit. 2. Teil: 1870–1975. Neukirchen-Vluyn: Neukirchener Verlag (Kirchen- und Theologiegeschichte in Quellen. Ein Arbeitsbuch. Bd. IV/2)

Dieter Lange. 1979: Eine Bewegung bricht sich Bahn. Die deutschen Gemeinschaften im ausgehenden 19. und beginnenden 20. Jahrhundert und ihre Stellung zu Kirche, Theologie und Pfingstbewegung. Gießen, Brunnen, Dillenburg: Gnadauer Verlag.

Hartmut Lehmann. 2007: Transformation der Religion in der Neuzeit. Beispiele aus der Geschichte des Protestantismus. Göttingen: Vandenhoeck & Ruprecht (= Veröffentlichungen des Max-Planck-Instituts für Geschichte S. 230).

Frank Lüdke. 2003: Diakonische Evangelisation. Die Anfänge des Deutschen Gemeinschafts-Diakonieverbandes 1899–1933. Stuttgart: W. Kohlhammer.

Bea Lundt. 2009: Europas Aufbruch in die Neuzeit 1500–1800. Eine Kultur- und Mentalitätsgeschichte. Darmstadt: WBG (= Kultur und Mentalität).

Hans Küng. 1987: Theologie im Aufbruch. Eine ökumenische Grundlegung. München, Zürich: Piper.

Richard Lovelace. 1984: Theologie der Erweckung. Marburg: Francke.

Luther Deutsch. 1983: Hrsg. v. Kurt Aland. Die Werke Martin Luthers in neuer Auswahl für die Gegenwart. 10 Bde. Göttingen: Vandenhoeck & Ruprecht.

Robert B. Marks. 2006: Die Ursprünge der modernen Welt. Eine globale Weltgeschichte. Darmstadt: WBG.

Karl Marx /Friedrich Engels. 1973: Studienausgabe in 4 Bänden. Bd. III. Geschichte und Politik 1. Hrsg. v. Iring Fetscher. Frankfurt/M.

Alister McGrath. 2007: Der Weg der christlichen Theologie. Eine Einführung. 2. Aufl. Hrsg. v. Heinzpeter Hempelmann. Gießen: Brunnen

Gordon Mursell (Hrsg.). 2002: Die Geschichte der Christlichen Spiritualität. Zweitausend Jahre in Ost und West. Stuttgart. Kreuz Verlag.

Stephen Neill. 1990: Geschichte der christlichen Missionen. Hrsg. u. erg. v. Niels-Peter Moritzen. 2. erg. Aufl. Erlangen *Klassiker der Missionsgeschichte, sehr kompakt, leider sehr klein gesetzt.*

Hans-Werner Niemann. 2009: Europäische Wirtschaftsgeschichte. Vom Mittelalter bis heute. Darmstadt: WBG (= Geschichte kompakt II).

Heiko A. Obermann, 1988, Die Kirche im Zeitalter der Reformation. 3. verb. Aufl. Neukirchen (= Kirchen- und Theologiegeschichte in Quellen III)

Wolfgang Philipp (Hrsg.). 1988: Das Zeitalter der Aufklärung. Wuppertal (= Klassiker des Protestantismus).

Wolfgang Philipp (Hrsg.). 1988: Der Protestantismus im 19. und 20. Jh. Wuppertal (= Klassiker des Protestantismus)

Horst G. Pöhlmann 1984: Gottesdenker. Prägende evangelische und katholische Theologen der Gegenwart. 12 Portraits. Reinbek: Rowohlt,

Werner Raupp. 1990: Mission in Quellentexten. Geschichte der Deutschen Evangelischen Mission von der Reformation bis zur Weltmissionskonferenz Edinburgh 1910. Bad Liebenzell: VLM, Erlangen: VELM. *In Kombination mit Neill erhält man einen sehr guten Einblick in die Missionsgeschichte.*

Albert Reble. 1999: Geschichte der Pädagogik. Dokumentationsband. 4. Aufl. Stuttgart: Klett-Cotta.

Albert Reble. 2009: Geschichte der Pädagogik. 22. Aufl. Stuttgart: Klett

Reble ist ein Klassiker der Geistes- und Kulturgeschichte, in der die Pädagogik eine zentrale Stellung einnimmt.

Johannes Reimer. 2009: Die Welt umarmen. Theologie des gesellschaftsrelevanten Gemeindebaus. Marburg: Francke.

Erich Günter Rüppel. 1969: Die Gemeinschaftsbewegung im Dritten Reich. Ein Beitrag zur Geschichte des Kirchenkampfes. Göttingen: Vandenhoeck & Ruprecht (=Arbeiten zur Geschichte des Kirchenkampfes Bd. 22).

Hans von Sauberzweig. 1959: Er der Meister wir die Brüder. Geschichte der Gnadauer Gemeinschaftsbewegung 1888–1958. Offenbach: Gnadauer Verlag.

Klaus Scholder. 1977: Die Kirchen und das Dritte Reich. 2 Bde. Frankfurt, Berlin, Wien: Propyläen.

Hans Schwarz. 2005: Theologie im globalen Kontext. Die letzten 200 Jahre. Bad Liebenzell: VLM.

Armin Sierszyn. 2005: 2000 Jahre Kirchengeschichte. Bd. 3.: Reformation und Gegenreformation. 3.Aufl. Holzgerlingen: Hänssler (Hänssler Theologie).

Gabriel Stängle. 2003: Mission und interreligiöser Dialog. Frankfurt: Peter Lang (= Übergänge 3).

Andrea Strübind. 1995: Die unfreie Freikirche. Der Bund der Baptistengemeinden im „Dritten Reich". 2. korr. u. verb. Aufl. Wuppertal, Zürich: R. Brockhaus.

Unser Glaube. 1991. Die Bekenntnisschriften der evangelisch-lutherischen Kirche. Ausgabe für die Gemeinde. Bearb. von Horst-Georg Pöhlmann. 3., erw. Aufl. Gütersloh (BSLK).

Johannes Wallmann. 1990: Der Pietismus. Göttingen: Vandenhoeck & Ruprecht (Die Kirche in ihrer Geschichte. Ein Handbuch 4. O 1).

Thomas Weißenborn. 2003: Religionsfreiheit. Christliche Wahrheit und menschliche Würde im Konflikt? Marburg: Francke.

Winfried Zeller (Hrsg.). 1988: Der Protestantismus des 17. Jahrhunderts. Wuppertal: Brockhaus(= Klassiker des Protestantismus).

Personenregister